# 《汉语与非汉语比较研究论集》编委会

主　编　罗　骥　余金枝

编　委　戴庆厦　陈　娥（常务）

　　　　王育弘　田阡子

云南师范大学汉藏语研究院文库
总主编 戴庆厦

国家语委十二五科研规划2014年度委托项目"民族语文活态保护与双语和谐乡村（社区）建设研究"（项目编号：WT125-67）

云南哲学社会科学创新团队项目"云南少数民族语言研究"（项目编号2014CX01）

# Comparative studies on Chinese and non-Chinese

# 汉语与非汉语比较研究论集

主编 罗骥 余金枝

四川大学出版社

责任编辑:梁 平
责任校对:李冬梅
封面设计:米迦设计工作室
责任印制:王 炜

## 图书在版编目(CIP)数据

汉语与非汉语比较研究论集 / 罗骥,余金枝主编.
—成都:四川大学出版社,2015.12
ISBN 978-7-5614-9222-2

Ⅰ.①汉… Ⅱ.①罗… ②余… Ⅲ.①汉语-对比研究-外语-文集 Ⅳ.①H1②H3

中国版本图书馆 CIP 数据核字(2015)第 315808 号

| 书名 | 汉语与非汉语比较研究论集 |
|---|---|
|  | HANYU YU FEIHANYU BIJIAO YANJIU LUNJI |
| 主　编 | 罗　骥　余金枝 |
| 出　版 | 四川大学出版社 |
| 地　址 | 成都市一环路南一段24号(610065) |
| 发　行 | 四川大学出版社 |
| 书　号 | ISBN 978-7-5614-9222-2 |
| 印　刷 | 郫县犀浦印刷厂 |
| 成品尺寸 | 185 mm×260 mm |
| 印　张 | 23.25 |
| 字　数 | 606 千字 |
| 版　次 | 2016年5月第1版 |
| 印　次 | 2016年5月第1次印刷 |
| 定　价 | 58.00 元 |

◆读者邮购本书,请与本社发行科联系。
电话:(028)85408408/(028)85401670/
(028)85408023　邮政编码:610065
◆本社图书如有印装质量问题,请
寄回出版社调换。
◆网址:http://www.scupress.net

版权所有◆侵权必究

# 汉语和非汉语结合研究是深化我国语言研究的必由之路（代序）

## 戴庆厦[*]

[摘　要]　本文认为我国蕴藏有用之不竭、不可替代的语言对比资源,过去80年来的历史进程已显示出汉语研究结合非汉语的必要性。最后还对未来发展提出一些建议。

[关键词]　汉语和非汉语;结合研究;必由之路

汉语和非汉语结合研究,是指通过不同语言的反观、映照,加深对汉藏语的认识。这属于跨语言对比研究范畴。由于汉语在人类语言中的显赫地位,所以跨语言对比在中国主要是指汉语和非汉语对比。汉语和非汉语结合研究,是深化语言研究的一个重要的、可行的语言研究方法,也是充分利用本土资源深化语言研究的一个必要方法。

近20年我做了一些汉语和非汉语结合研究的个案,越做越觉得我国的语言研究必须加强汉语和非汉语的结合研究,认为这是深化我国语言研究的必由之路。本文先通过具体研究事例论述我国蕴藏着用之不竭、不可替代的语言对比资源,然后从过去80年来的经验论述汉语研究结合非汉语的必要性,最后还对未来发展提出一些建议。

## 一、我国蕴藏有用之不竭、不可替代的语言对比资源

语言学家如果能够立足于本土语言,即重视开发、利用本国的语言资源,就能较好地建立自己的特色和优势,发展语言学或深化语言研究。我国的语言资源取之不尽、用之不竭,对语言学的建设有着不可替代的价值。但是,人们对自己资源的丰富性往往认识不足,这就直接影响到对资源的开发和利用。怎么认识我国的语言资源的丰富性和复杂性呢?

1.我国语言类型多,能为语言对比提供不同类型、不同层次的语言事实。

我国约有120多种语言,近30种文字。中国语言分属汉藏、阿尔泰、南亚、南岛、印欧等五大语系,这些语言中既有分析型,又有黏着型、屈折型。尤其是世界上使用人口居第二位的汉藏语,主要分布在中国。中国是汉藏语的故乡,有着发展汉藏语得天独厚的资源。我国的诸多文字包含有文字发展史上各个阶段文字的特点,通过不同文字的对比,能够深化对文字性质、演变特点的认识。

2.我国的语言蕴藏着大量的对语言研究有价值的现象,这对通过语言比较认识语言本质、语言历史的演变以及发展语言学理论,都有着重要的价值。

---

[*]　作者简介:戴庆厦,男,云南师范大学汉藏语研究院院长,中央民族大学中国少数民族语言文学学院教授,博士生导师,中国语言学会副会长。

3. 我国的语言长期以来处于相互交融、相互影响的状态,许多语言"你中有我,我中有你",这对语言比较、语言接触的研究能够提供大量新鲜的语言事实。

在世界经济一体化、人口流动增多的今天,我国语言影响、语言转用、语言兼用的现象不断增多,出现了许多前所未有的新现象、新规律、新问题,等待我们去研究、去比较、去认识。诸如语言兼用问题应当怎么认识,双语关系要如何处理才好,怎样摆好强势语言和弱势语言的关系,语言濒危现象在我国应当如何定位、定性,中国少数民族语言的走势如何等,都是大有研究价值的课题。研究好了,必将丰富语言学理论。

4. 跨境语言也是有待开发的一大语言资源。

中国有 30 个跨境民族使用 35 种跨境语言。跨境语言差异有其自身的特点和规律,是语言变异的一种特殊的模式。它不同于年龄、职业等因素的差异而引起的社会语言学变异,不同于地域差异而出现的方言变异,也不同于正常的语言分化而形成的亲属语言变异。跨境语言研究的理论意义在于:从跨境语言的变异中,能够发现语言演变的新规律。而且,跨境语言往往或多或少地保留着古代语言的某些痕迹,有助于历史比较语言学的研究。

世界各国语言学发展的道路告诉我们:立足于本土发展语言学容易做出特色,能够做出别国做不出的特殊贡献。实践证明立足本土是必要的,是大有好处的。这是一条经验。

## 二、过去八十年的回顾

如果从 1939 年李方桂先生在为北京大学文科研究所所作的《藏汉系语言研究法》中提出"博而能精"的治学原则算起,近 80 年来语言学家在汉语和非汉语结合研究上进行了不懈的探索,取得了许多令人耳目一新的成果。这一时期的对比研究证明,汉语研究与非汉语结合是必要的,也是可能的。

1. 有助于语言共时特征的发现和解释。

发现和解释有价值的语言问题,是语言研究者必须具备的素质。但要走好这一步,有效的手段之一是通过跨语言比较。

举个例来说,分析性、单音节性是汉藏语的一个重要特点。但怎样认识这个特点,包括它是如何形成的,是否是由多音节变为单音节,由黏着性变为分析性? 再有,分析性、单音节性的特点对语法结构的特点及演变有哪些制约作用,会使句法结构出现什么特点? 这些都是有学术价值的问题。而我国汉藏语的不同语言分析特点存在不同的层次,有些语言(如嘉戎语、普米语等)有不同程度的黏着特点,而且多音节词相对较多,而有的语言(如景颇语)还保留大量"一个半音节"的词,通过这些差异的比较有可能深化对汉藏语分析性、单音节性特点的认识。"一个半音节",蕴藏着不可忽视的历史演变特点。

其他又如汉藏语的被动句、把字句、疑问句、差比句等句型,也只有通过不同语言的比较才能加深认识。

2. 有助于语言历史演变的研究,包括发现、印证、解释语言的历史演变规律。

语言历史上的一些特点,往往会遗留在现存的一些语言中。所以,通过跨语言比较,能够发现、印证、解释语言的历史演变。

梅祖麟先生通过汉藏语诸语言的比较,认为"*使动化 s-的清化作用产生汉语的清浊别义,如'败'*b-'自破'/'败'*p- < *s-b'破他'……使动化*s-前缀在原始汉藏语中

已经存在"。①

又如,潘悟云先生"通过'夜''死'等例子,论证藏文的部分ɕ-与z-对应于上古汉语带*l-的声母辅音,从而说明汉藏两语中发生过音变:l->lj->j->ɕ->z-与>-l>lj>ɕ->s-"。②石德富先生通过对帮组三等汉借词在黔东苗语中出现的不同表现形式的分析,认为"上古汉语重纽三等韵有*-r-介音"。③

其他又如汉藏语的互动范畴、人称范畴的历史演变,量词、结构助词、四音格词的产生和演变,复辅音声母、长短元音、松紧元音、辅音韵尾的起源及演变等,都可以从跨语言的比较中得到有用的信息。

3. 有助于语言学理论的建设。

跨语言比较能够深化类型学、语言的共性和个性、语言认知、语言接触等理论的研究。

如吴福祥先生通过东南亚语言"居住"义语素的比较,指出东南亚语言的"居住"义语素具有高度平行的多功能模式,并认为"这种共时多功能模式的平行性源自历史演化过程的相似性,实则是语言接触导致的语法化模式区域扩散的产物,而其扩散源和模式语很有可能是汉语"④。

再如,汉藏语语序的研究同样需要跨语言比较的帮助。汉藏语中,有的语言是 VO 语序,有的语言是 OV 语序,甚至有的语言(如白语)这两种语序共存于一个语言中。在历史演变上,究竟是 VO 语序在前还是 OV 语序在前?这两种不同的语序对整个语法系统甚至语义构造有何制约作用?这些理论问题要通过语言对比才能弄清楚。

如何认识汉语的述宾结构,也需要跨语言的反观。与藏缅语相比,我们清楚地看到汉语述宾结构的一些特点,如类别多、特点复杂,既有受事宾语,又有工具、处所、时间、施事等宾语,如"吃大碗、去北京、等半天、坐着孩子"等。但藏缅语则不同。藏缅语的宾语类别比较简单,主要是受事宾语,没有工具、处所、时间、施事等宾语。汉语的工具、处所等类的宾语,翻译为藏缅语时大多改为状语,也有改为主语的,说成:"用大碗吃、北京方向去、半天等、孩子坐着"等。汉语与藏缅语的这种差异,与语法类型包括分析性程度、语序是 VO 还是 OV 等特点有关。

类型学的规则显示,汉语的语序有一些不符合一般语言的共性,出现异常。这从非汉语的反观中看得更清楚。如 Greenberg 归纳的 45 条人类语言的共性,其中第 2 条和第 24 条就不符合汉语事实。共性是:使用前置词的语言中,领属语几乎总是后置于中心名词,而使用后置词的语言,领属语几乎总是前置于中心名词。但汉语的情况则相反,它属于前置词型语言,但领属语则前置于中心名词。这是为什么?有的学者依此就认为汉语是受各民族语言影响后形成的混合语,对吗?又如,分布在四川一带的"倒话",词汇是汉语的,语法是藏语的,因此有的学者认为"倒话"是汉语和藏语混合而成的混合语。问题是,人类语言究竟有没有混合语,划分混合语的标准又是什么,这些问题语言学界都没有

---

① 参看梅祖麟:《上古汉语动词浊清别义的来源——再论原始汉藏语*s-前缀的使动化构词功用》,载《民族语文》,2008 年第 3 期。
② 参看潘悟云:《藏文的ɕ-与z-》,载《民族语文》,2008 年第 4 期。
③ 参看石德富:《黔东苗语帮系三等汉借词的形式》,载《民族语文》,2008 年第 4 期。
④ 参看吴福祥:《东南亚语言"居住"义语素的多功能模式及语法化路径》,载《民族语文》,2010 年第 6 期。

共识的答案。底层理论能否成立,也有待于研究。

又如,为什么汉藏语普遍有四音格词,而非汉藏语的阿尔泰语、印欧语等则没有或者少有?我们还可以进一步追问,汉藏语诸多语言的四音格现象究竟是亲缘关系,即从原始共同语继承下来的,还是后来各自产生的属于类型学关系?用非汉语的四音格特征反观汉语,有助于认识汉语四音格,也有助于揭示汉语四音格形成的语言机制和演变轨迹。通过汉藏语诸多语言的比较,我们发现不同语言的四音格词找不到相互间的同源关系。总的看来,缺乏形态手段的分析性语言,一般比形态手段丰富的语言更易于产生四音格词。由此可以推测,汉藏语普遍存在的四音格现象,并非来源于原始汉藏语,而是各种语言后来各自形成和发展的,是语言类型作用的结果。我们还看到,韵律、双音节化、对称、重叠、类推以及词汇化等因素,是汉藏语四音格词形成和发展的动因。

4. 有助于单一语言研究的深化。

单一语言或单一专题的研究,如果能参照别的语言,对其特征的判定就会更贴近事实。语言研究有了跨语言视野就会加深深度。

比如汉藏语的被动义表达,不同语言存在差异。有的语言有明显的被动义,还有被动语法标记,而有的语言则无被动义,也无被动语法标记。汉语究竟有没有被动范畴,意见不同。有的称被动表述,有的称"被"字句,有的称被动句等。藏缅语中的一些语言如彝缅语支、景颇语支等,就没有像汉语那样的被动句或"被"字句,但这些语言则有一种强调施事的施动句,即"强调式施动句"。汉语的被动句不同于这些语言的强调式施动句。从藏缅语反观汉语,能够看到汉语的被动句是很特殊的,与藏缅语这些语言挂不上钩,应该是汉语后来独自发展的特点。而藏缅语的"强调式施动句",过去有的研究者模仿汉语也看成是被动句,现在看来是不合适的。因此在藏缅语的共时研究中,"强调式施动句"是要着力描写的。

汉语闽方言的"有字句"表示的是什么语法意义?我觉得与景颇语的存在式很相似。景颇语的谓语不仅有人称、数的变化,还有存在式和变化式的对立。存在式是告诉别人存在一件什么事,谓语说明主语有什么动作行为,有什么性质状态。这类句子相当于闽方言的"有字句"。另一类叫变化式,表示变化的语气,谓语说明动作行为或性质状态的变化,或发生了一件什么事,做了一件什么事,相当于汉语的句型"……了"。景颇语通过谓语后的句尾词的形态变化表示存在式和变化式的对立,如:第一人称的 $ŋai^{33}$ 和 $sǎ ŋai^{33}$,第三人称的 $ai^{33}$ 和 $sai^{33}$;前一个是存在式,后一个是变化式。试比较下列①②句:

① $ʃi^{33} kǎ^{31} lo^{33} ai^{33}$. 他做的;伊有做。
　他 做 　(尾)
② $ʃi^{33} kǎ^{31} lo^{33} ai^{33}$. 他做了;伊做了。
　他 做 　(尾)

例①的 $ai^{33}$ 是存在式;例②的 $sai^{33}$ 是变化式,二者通过变换声母表示。而闽方言的"有"是个虚化的动词,表示存在式。

## 三、当前亟待做的几件事

80年来,跨语言对比研究虽然取得了不少成绩,但与实际需要还有较大的距离。主要是:做跨语言研究的人尚少,还未形成一支强有力的队伍。而且比较的范围尚不平衡,早期语音比较较多,近期则是语法比较较多。在理论、方法上,还未形成一套切合实际的认识。为了使汉语和非汉语结合研究能得到较大发展,我提出以下两条建议。

一是要加强汉语和非汉语结合研究的理论方法建设,逐渐摸索出一套能够反映我国本土语言特点的语言对比理论和方法。

汉藏语和印欧语一样都是假设,但印欧语的假设已被证实,形成了一套历史比较语言学的理论与方法。说印欧语的民族都以自己创立历史比较法的理论与方法而引以为傲。汉藏语的假设至今未能解决,不是因为我们当今的语言学家的智慧不及当年的语言学家,而是因为我们面对的语言事实太复杂,遇到了许多新难题。所以我们要探索新理念,根据汉藏语的特点加强理论方法的研究。

二是鉴于汉藏语比较研究还缺乏群体基础,建议今后能在大学语言学专业的研究生中开设汉藏语比较课,使学习汉语言专业的学生也能多少懂得一些非汉语知识,为汉语和非汉语结合研究提供必要的基础。这当中存在"一头热"的现象,做非汉语研究的人普遍关心、重视汉语的研究,而做汉语研究的人关心、重视非汉语研究的则极少。朱德熙先生慧眼过人,1980年就与时任中央民族学院语文系主任的马学良先生商议在北京大学中文系开设汉藏语概论课。朱德熙先生说:"这门课1982年开出,以后又于1983年、1984年重开两次,每次都收到很好的效果,很受听课师生的欢迎。"[①]

当然,汉藏语比较研究要得到顺利发展,需要以各个语言的深入研究为基础。但目前的情况是,有许多语言还缺乏深入的研究,甚至有些语言还无人研究,成为阻碍汉藏语比较语言学发展的主要瓶颈。

总之,汉藏语是我国语言文化的一笔重大财富,也是未被开发的语言巨大资源,希望汉语学界和非汉语学界共同携手来开发这块宝地,为语言学的建设多做贡献。

**参考文献:**

[1] 李方桂. 藏汉系语言研究法[J]. 国立北京大学国学季刊,1951,7(2).
[2] 梅祖麟. 上古汉语动词浊清别义的来源——再论原始汉藏语 * s-前缀的使动化构词功用[J]. 民族语文,2008(3).
[3] 潘悟云. 藏文的 ɕ-与 z-[J]. 民族语文,2008(4).
[4] 石德富. 黔东苗语帮系三等汉借词的形式[J]. 民族语文,2008(4).
[5] 吴福祥. 东南亚语言"居住"义语素的多功能模式及语法化路径[J]. 民族语文,2010(6).

(原载《中国语文》2012年第5期 总第350期)

---

① 参看马学良《汉藏语概论》序,民族出版社,2003年10月。

# 目　　录

## 汉语与非汉语理论研究与方法

关于汉藏语语法比较研究的一些理论方法问题 …………………… 戴庆厦（ 3 ）
汉语言研究与少数民族语言结合的一些理论方法问题 ……………… 戴庆厦（ 9 ）
论语言对比 ……………………………………………………………… 戴庆厦（ 15 ）
再论汉语非汉语研究相结合的必要性 ………………………………… 戴庆厦（ 20 ）
跨语言视角与汉语研究 ………………………………………………… 戴庆厦（ 27 ）
古汉语研究与少数民族语言 …………………………………………… 戴庆厦（ 31 ）
再论汉语和非汉语结合研究的方法论问题 …………………………… 戴庆厦（ 38 ）
汉语与南方民族语言关系研究方法探析 ……………………… 丁崇明　荣　晶（ 47 ）
汉语与亲属语言比较的方法问题 ……………………………………… 郑张尚芳（ 54 ）

## 汉语与非汉语共时比较研究

汉藏语被动句的类型学分析 …………………………………… 戴庆厦　李　洁（ 67 ）
藏缅语因果复句关联标记研究
　　——兼与汉语比较 …………………………………… 戴庆厦　范丽君（ 77 ）
藏缅语与汉语连动结构比较研究 ……………………………… 戴庆厦　邱　月（ 86 ）
藏缅语、汉语选择疑问句比较研究 …………………………… 戴庆厦　朱艳华（ 95 ）
四音格词在汉藏语研究中的价值 ……………………………… 戴庆厦　孙　艳（104）
从藏缅语族语言反观汉语的被动句 …………………………… 戴庆厦　李　洁（110）
藏缅语的述宾结构
　　——兼与汉语比较 …………………………………… 戴庆厦　傅爱兰（118）
藏缅语的强调式施动句
　　——兼与汉语被动句对比 …………………………… 戴庆厦　李　洁（130）
藏缅语的述补结构
　　——兼反观汉语的述补结构 ………………………… 戴庆厦　黎　意（137）
藏缅语、汉语自主范畴语法形式的特征及其演变 …………………… 蒋　颖（145）
藏缅语的话题标记
　　——兼与汉语比较 …………………………………………… 余成林（153）
汉藏语动词重叠式的形式—意义匹配格局 …………………………… 戴宗杰（159）
汉语、藏缅语形容词重叠式的特殊用法 ……………………………… 丁崇明（166）
汉语与南方少数民族语言在语法类型学上的部分共性特征 …… 丁崇明　荣　晶（173）
汉语与蒙古语语音比较 ………………………………………………… 哈斯额尔敦（178）
汉语、蒙古语中的身体行为动词与言说义 …………………… 马云霞　宝玉柱（183）

· 1 ·

汉语"动词＋结果宾语"在朝鲜语中的对应 ················· 黄玉花(190)
布依语否定词 mi$^{11}$（不）和 fi$^{33}$（未）试析 ············· 陈　娥(195)

## 汉语与非汉语历史比较研究

藏缅语疑问方式试析
　　——兼论汉语、藏缅语特指问句的构成和来源 ········· 孙宏开(205)
论古汉语和藏语同源词比较的音韵框架模式 ············· 冯　蒸(216)
藏文＊-r、＊-l 韵尾与上古汉语若干韵尾的对应
　　——兼论前上古汉语的复辅音韵尾 ················· 薛才德(225)
藏文前加字＊ɦ和上古汉语的鼻音前置辅音 ············· 薛才德(232)
藏文后置辅音 j-和中古汉语＊-i-的来源 ················· 薛才德(239)
汉藏语系"风"字的读音
　　——兼论上古汉语"风"的构拟 ····················· 张玉来(246)
藏语和上古汉语中与 ɯ 元音相关的音变过程比较 ········· 徐世梁(250)
白语南部方言中来母的读音 ··························· 王　锋(260)
从几个词语讨论苗瑶语与汉藏语的关系 ················· 潘悟云(267)
汉、侗－泰、苗－瑶语声调和量词产生与发展的相同过程 ··· 罗美珍(278)
"九黎"之"九"考 ···································· 罗　骥(286)

## 汉语与非汉语接触研究

黔东苗语帮系三等汉借字的形式 ······················· 石德富(293)
汉借词与苗语固有词的语义变化 ······················· 石德富(303)
湘西苗语被动句研究 ································ 余金枝(313)
湘西州汉语与土家语、苗语的相互影响 ················· 李启群(322)
勉语早期汉语借词全浊声母探源 ······················· 谭晓平(334)
论苗瑶语古汉语借词的调类对应 ······················· 谭晓平(338)
程度副词作补语的跨语言考察 ················ 唐贤清　罗主宾(345)
从云南汉语方言阳声韵的演变看少数民族语言对汉语的影响 ··· 薛才德(354)

# 汉语与非汉语理论研究与方法

# 关于汉藏语语法比较研究的
# 一些理论方法问题

## 戴庆厦[*]

[摘 要] 汉藏语系语法比较研究的重要性表现在:为汉藏语的历史比较提供证据,为语言类型学研究提供材料,为语言教学提供理论、方法上的依据。当前要加强单一语言(或方言)的微观语法描写,建立供汉藏语比较研究的语料库,研究汉藏语比较研究的理论和方法。

[关键词] 汉藏语;语法;比较

本文是想以我近年来从事汉藏语系语言(以下简称汉藏语)语法比较研究的心得体会,谈谈汉藏语语法比较研究的重要性,以及汉藏语语法比较研究中的一些理论方法问题。我认为,汉藏语比较研究进展到今天,应该强调语法的比较研究,因为无论是语音还是词汇的研究都离不开语法研究的成果,语法的比较研究对语音、词汇的研究具有重要的推动作用。下面谈三个问题:一、汉藏语语法比较的重要性,二、比较研究的一些理论方法问题,三、当前亟待加强的三项工作。

## 一、汉藏语语法比较的重要性

汉藏语比较研究相对来说,语音、词汇做得较多,成果较丰富,而语法方面做得较少,比较薄弱。原因有二:

一是与传统语言学忽视语法研究有关。中国传统的语文学主要包括音韵学、训诂学、文字学3支,其中训诂学和文字学出现最早,音韵学稍晚。早在公元前2世纪,汉初学者就已编写了解释古语词义的专著《尔雅》,随后又有西汉扬雄的《方言》、东汉刘熙的《释名》等专著。东汉许慎的《说文解字》,是研究文字学的专门著作。音韵学研究开始于魏晋南北朝时期,先有魏李登的《声类》、晋吕静的《韵集》、梁沈约的《四声谱》,影响最大的是隋陆法言的《切韵》和宋陈彭年等的《广韵》。相比之下,语法研究开始较晚。古人虽已注意到语法现象,但并未对其做过系统研究。明清在虚词研究上有了很大的进展,但直到1898年,才出现语法研究的专门著作《马氏文通》。语法分析研究一直是训诂、文字研究的附属物。总的看来,历代学者中研究音韵、训诂、文字的人较多,而研究语法的很少。这一历史状况,必然会严重影响汉藏语语法的研究。

二是与历史比较语言学对我国语言研究的影响有关。18—19世纪始于欧洲的历史

---

[*] 作者简介:戴庆厦,男,中央民族大学中国少数民族语言文学学院教授,博士生导师,中国语言学会副会长。

本文是作者在"第34届国际汉藏语言暨语言学会"(2001.10.24—27,昆明)上的特邀主题发言稿,发表时略做修改。

比较语言学,主要是在印欧语材料的基础上产生的。20世纪起,我国学者才使用这种特殊方法研究汉藏语。历史比较法是以研究语言的亲属关系、构拟原始母语为主要目的,其研究重点是寻找亲属语言之间的语音对应规律和确定同源词,认为只有语音对应规律和词的同源关系才是确定语言亲属关系最可靠的证据,而不同语言的语法关系则对确定语言亲属关系不很完备,不那么有效。因而,在以往的历史比较语言学专著里,主要是语音、词汇的比较研究,而对语法的比较研究有所忽视。我国汉藏语的历史比较研究同样存在这一状况。20世纪以来,李方桂、罗常培等语言学大师运用历史比较法研究汉语史,在构拟中古、上古汉语语音系统方面做出了杰出贡献。汉语语法研究虽然有了长足的进步,但汉藏语语法比较研究则相对薄弱。语法比较研究的重要性不仅是在于语法是语言诸要素之一,而且还在于它关联着语音、词汇、语义等方面,制约其演变和发展。下面,我想通过一些实例论述汉藏语语法比较研究的重要性。

(一)汉藏语语法比较研究能为汉藏语的历史研究提供证据

语言亲属关系的有无、远近的判定,除了靠语音对应和词的同源关系外,还应有语法关系的参照。汉藏语的语法特点,有不少存在不同层次的同源关系,远的可以追溯到原始母语阶段,因此,语法关系也应是判断语言亲属关系的证据。例如:从已有的研究成果看,使动范畴是藏缅语的一个最古老、最普遍的语法范畴,可以追溯到原始藏缅语共同阶段,还可能与古代汉语的使动范畴挂钩。现代藏缅语的使动范畴带有普遍性,并存在一定数量的同源词和系统的语音对应关系,有可能构拟其原始形式。藏缅语的使动范畴形式可分为屈折式和分析式两种,屈折式又分变音式和加前缀式两种。变音式有声母交替、韵母交替、声调交替等,其中以声母交替为常见,韵母交替次之,声调交替最少。不同语言屈折式的同源词,存在语音对应关系,如带不带 *s 的交替、带不带 sǎ 前缀的交替、清浊交替、送气不送气交替、松紧交替等。例如:

沉/使沉:藏 nub/snub,阿昌 np⁵⁵/nɔp⁵⁵,波拉 nap³¹/n ap⁵⁵
　　　　 载瓦 mjup³¹/mj up³¹,缅 mjɔ⁵⁵/mjɔ⁵⁵
垮/使垮:普米 bje⁵⁵/phie⁵⁵,怒 bi a⁵³/phi a⁵³,景颇 pj a⁵⁵/phja⁵⁵
　　　　 载瓦 pjo²¹/phjo⁵⁵,独龙 bɯ⁵⁵/sə³¹bɯ⁵⁵,彝 bi a⁵³/phi a⁵⁵

从中可以看出,在藏缅语使动范畴的诸多语法形式中,屈折式是最早出现的,其中又以加前置辅音 s 出现最早。s 的出现与原始藏缅语动词词根的单音节性质有关。后来 s 在有的语言里影响声母的变化,从而构成清浊、送气不送气、松紧等对立,有的独立出来变为弱化音节。分析式的大面积发展,是在屈折式逐渐削弱或消失之后。藏缅语的使动范畴虽有同源关系,但不同语言的演变是不相同的,使用什么语法形式是由其内部系统的特点决定的。[1]

(二)汉藏语语法比较研究能为语言类型学研究提供丰富的材料

汉藏语中有缺少形态变化的分析型语言,如汉语、哈尼语、傈僳语等,也有形态丰富的既有屈折特点又有分析特点的语言,如嘉戎语、普米语等,即使是属于同一类型的语言,其间也存在着差异。这种复杂的关系,对分析、解释语言类型有着重要的价值。

如汉藏语有两种完全对立的语序类型:VO 型和 OV 型。这两种不同的语序有什么不同的特点,诸如谓语对宾语的选择关系或宾语的类别,语法标志的不同形式等。拿藏缅语的述宾结构与汉语对比,其差异是明显的。在宾语的类别上,藏缅语的宾语类别较汉语少,主要是受事宾语。汉语的工具宾语、方式宾语、时间宾语、处所宾语等在藏缅语中几乎全是状语,与动词构成状谓结构。至于材料宾语,在大多数语言中也是状谓结构,只有个别语言是述宾结构。从语法标记看,藏缅语的语法标记有助词(或格助词)、语序、动词的形态变化等3种。但在同一种语言中也存在优先等级,其等级取决于各自的语法类型。藏缅语的述宾结构之所以需要语法标记,而且语法标记多种多样,是与OV型语序有关的。因为宾语在动词之前,主语、宾语容易出现混淆,所以必须加上语法标志以示区别。而汉语形态变化少,语序和虚词是表示语法意义的主要手段,从语序的先后容易判断哪个是主语,哪个是宾语。一般认为,凡是放在动词谓语之后的都是宾语(大多是受事者,也可以是施事者),在动词谓语之前的是主语(大多是施事者,也可以是受事者)。汉语既无指示述宾结构的形态变化,又无指示宾语的结构助词,只能靠语序和语义关系来区别述宾结构和别的结构。[2]

(三)汉藏语语法比较研究能为语言教学提供理论、方法上的依据

汉藏语在我国是语种最多的一个语系,约有30多种语言。各少数民族都面临着如何学好汉语的问题,在少数民族地区生活、工作的汉族也要学习少数民族语言。在语言相互学习中,如何掌握好另一语言的语法是个重要内容。语法比较有表层和深层之分,表层的粗线条的对比,对语言学习是不大有用的,只有微观、深入的对比才能"解渴"。而过去的汉藏语语法比较,多是停留在表层上,算得上深入的不多。

## 二、汉藏语语法比较研究的一些理论方法问题

汉藏语语法比较研究的历史尚短,加上研究的人少,又忽视理论、方法的总结,因而目前还未形成一套行之有效的理论、方法。我这里只能谈几点体会,望能起到抛砖引玉的作用。

(一)区分是同源关系还是并行关系

同一语言现象在亲属语言间,有的有同源关系,即从一个源头分化下来的;有的无同源关系,即是后来各自并行产生的。我将前者称为"同根同源",将后者称为"同根异源"。历史比较法在探索语言历史关系时的一个重大难点是不易判定哪些现象是同源关系,哪些是后来各自并行产生的。这个难点在语法研究中同样存在,而且在某些方面更为突出。

证明语法特征是否有同源关系,借助语音对应是一个有效的办法。如果某一语法范畴是通过形态变化的语法形式来表示的,就可以根据语音对应规律的有无来证明历史上有无同源关系。上面谈到的使动范畴在藏缅语里使动词的语音变化存在对应关系,能够用来证明是藏缅语原始母语遗留下来的,是有同源关系的。如果藏缅语的使动词的语音形式能在汉语里找到对应关系,也能证明藏缅语与汉语的使动范畴是有同源关系的。以结构助词表示句法关系,这在现代藏缅语里是很普遍的。但这是不是原始共同语固有的?通过藏缅语结构助词的比较研究,我们看到,那些表示同一概念的结构助词,在语支之间没有同源关系,仅在语支内部有少数为同源关系。这说明结构助词在藏缅语里是分化为不同语支后各自产生的。也就是说,以结构助词(虚词)来表示句法关系不是原始藏缅语固有的语法手段。[3]

(二)寻找参照点

把不同层次、不同类型或不同特点的语言现象放在一起,如何确定其先后次序、解释

其演变途径,是语言比较研究的一个难点。根据以往的经验,要寻找一个参照点作为依据。因为参照点是有先后位置的,因而有可能通过某一语言现象与参照点的对比,确定其先后次序,并进而证明其演变途径。如《诗经》语法反映了古代汉语语法的特点,是研究汉语语法史和汉藏语语法的一个有价值的参照点。

汉藏语系语言,有的有丰富的反映古代语言的历史文献,如藏、缅等语言。这类语言(方言)的比较可以通过参照点对照,确定某种语言特点的先后次序及演变轨迹。而对于缺少历史文献的汉藏语来说,寻找说明历史演变的参照点存在许多困难。今后汉藏语语法比较研究的一个重要任务,是尽可能多发掘参照点。

汉语语法历史演变的前后顺序及其演变方式,是非汉语语法研究可依据的重要的语法参照点。如:藏缅语许多语言中都存在的反响型个体量词的性质应如何看待,究竟是古老的形式还是后来出现的新形式? 甲骨文中就已出现的"人十人、玉十玉"等反响型个体量词,则能帮助我们判断反响型量词是汉藏语中较早出现的。

汉语语法研究可以从藏缅语研究中获取大量有价值的参照物。这是由于藏缅语中保留了许多古代汉藏语的特点。比如,对汉语是非疑问句的来源问题如何认识,在汉语语法界并未取得一致意见,但藏缅语是非疑问句的特点能对汉语研究有所帮助。是非疑问句在藏缅语中存在多种形式,不同形式构成一个相互关联、复杂而有规则的系统。各种形式的出现,均受该语言的语法系统的制约。从不同形式的对比中,能够看出它们相互间的承接关系。反复式(如"去不去")只出现在个别的语言中,很可能是由选择式演变而来的一种后起形式,而选择式(如"去呢? 不去呢")在藏缅语里较普遍,大约是一种比较古老的语法形式。反复式在藏缅语里很少出现,这与藏缅语的语法结构一般只有一个中心谓词有关。[4]

### (三)区分语法标记的优劣等级的不同形式

汉藏语不同语言间,语法标记的特点不一样,揭示不同语言间语法标记的特点,有助于认识语言的亲属关系和类型关系。如藏缅语述宾结构有助词、语序、形态变化等3种语法标记,其中格助词和语序是直接标记宾语的手段,而动词形态是间接手段。因为形态在句子层面总体地表明句中谓语动词及其论元的属性,体现的是谓语和主语、宾语的一致关系,而不是主语、宾语的本身。格标记和语序这两种手段是互补的。格助词越丰富,语序的句法作用就越不重要。有宾语助词的语言,宾语后面加上助词,可以移至谓语之前,成为"OSV"语序。我们分析了藏缅语各种不同类型的语言,看到格标记和语序的句法功能由强到弱的次序如下:

格标记:藏—普米—景颇—哈尼—纳西—载瓦—独龙—彝

语序:彝—独龙—纳西—载瓦—哈尼—景颇—普米—藏

对语法标记还要区分是否专用、强制。专用或非专用,强制或非强制,在语言结构中的作用是不相同的,其演变的方式也不相同。如:景颇语制约宾语的语法标记有宾语助词、句尾助词、语序。其中句尾助词是强制性的,所有谓语句都要带句尾助词。但句尾词在句中除了表示句子的式、体、方向外,还表示主语、宾语(部分)的人称、数,对宾语来说是非专用的。宾语助词在景颇语里是专用于宾语之上的,但只在有生性名词当宾语时才是强制性的,对无生性宾语一般不加,只在强调的环境下才加。[2]分析语法形式的共现有助于深入对语法特点的认识。如藏缅语中表达是非疑问句的形式有词缀式、重叠式、助词式、反复式、选择式5种。这些不同的形式在不同语言里的共现情况不同。以普遍出现的助词式为例，它与其他 3 种形式的出现规律是：一般能与选择式共现，即所有选择式也能加助词；一般不与词缀式、反复式共现；与重叠式共现只出现在个别方式中。

## （四）区分隐性和显性的不同语法特点

同一语法范畴的语法形式，在不同语言中有的是显性的，有的是隐性的。显性特点容易引起注意、被发现；而隐性特点则往往容易被忽视、不易被发掘。我们可以借助某些语言显性的特点，进而发掘别的语言的隐性特点。汉语的结构助词"的"，其多种功能隐藏在不同的句法结构中，而在词上只有一种形式，因而，仅从词的表层形式上是无法认识汉语"的"的多功能性的。而景颇语表示"的"义的结构助词，则有 $ai^{33}$、$a^{ʔ31}$、$na^{55}$ 三个，各有不同的语法功能。$ai^{33}$ 用于形容词、动词之后，表示定语是修饰性的；$a^{ʔ31}$ 用于名词、代词之后，表示定语是附属性的；$na^{55}$ 用于名词之后，表示定语是表示时间、范围的。[5]例如：

$phʒo^{31}$ $ai^{33}$ $n^{55}$ $ta^{55}$ 白的房子
白　　的　房子

$mǎ^{31}$ $ni^{33}$ $ai^{33}$ $wa^{33}$ 笑的人
笑　　　　的　人

$ma^{31}$ $a^{ʔ31}$ $lǎ^{31}$ $pu^{31}$ 孩子的裙子
孩子的　　　裙子

$ŋie^{55}$ $a^{ʔ31}$ $lai^{31}$ $ka^{33}$ 我的书
我　　的　书

$tai^{31}$ $niŋ^{33}$ $na^{55}$ $khai^{55}$ $n^{55}$ $mai^{51}$ 今年的庄稼
今年　　　的　　　　　　庄稼

$kǎ^{31}$ $naŋ^{55}$ $na^{55}$ $mǎ^{31}$ $ʃa^{31}$ 哪儿的人
哪儿　　　　的　　　人

景颇语的结构助词"的"具有显性特点，对揭示验证汉语结构助词"的"的隐性特点有着一定的参考价值。

再举一个例子。汉藏语许多语言的名词有个称和类称的区分，但有的语言在词上基本上无语法标记，是隐性特点。如汉语的"我吃了一个水果（个称）"和"我爱吃水果（类称）"，两个"水果"是同一形式。而景颇语则通过形态变化区分个称和类称，水果的个称用 $nam^{31}$ $si^{31}$，类称用 $nam^{31}$ $si^{31}$ $nam^{31}$ $so^{33}$。个称和类称不仅词的形式不同，而且各自在句法中也有一些不同的特点。

## （五）区分语法现象的层次

由于语言演变在亲属语言里存在不平衡性的特点，因而语法的亲缘关系及其演变轨迹可以从不同语言语法层次的分析、排列、对比中得到认识。藏缅语的量词的产生和发展，是从无到有、从少到多的，这可以从现代藏缅语不同语言量词演变的不同层次中得到证明。藏缅语可依名量词的发达与否分为两类：一类为不发达型，如藏语、景颇语、普米语等语言。这类语言的量词较少，除了度量衡量词、集体量词外，个体量词很少。在表示个体名词的数量时，大多不用量词，数词可以直接与名词结合，存在"名+数"句法结构，如景颇语的 $mǎ^{31}$ $ʃa^{31}$（人）$lǎ^{55}$ $ŋi^{51}$（一）"一个人"，$n^{55}$ $ta^{51}$（房）$lǎ^{55}$ $khoŋ^{51}$（两）"两个房子"，$kum^{31}$ $ʒa^{31}$（马）$ʃi^{33}$（十）"十头马"等。种种特性显示这类名量词正处于萌芽或不发达的阶段。而另一类为发达型，如彝语、缅语、哈尼语等。这类语言的量词很丰富，除了度量衡量词、集体量词外，还有大量的个体量词。个体量词还根据名词的形状、类别而有不同的分类。在句法上,名词称量时一般都要加量词,只有"名+数+量"一种数量词修饰名词的结构,如哈尼语的 tsho$^{55}$(人)tɕhi$^{31}$(一)ɣa$^{31}$(个)"一个人",la$^{31}$ xy$^{55}$(房)ni$^{31}$(二)jɔ$^{55}$(个)"两个房子",mo$^{31}$(马)tshe$^{55}$(十)mo$^{55}$(头)"十头马"。在这两种不同类型的内部,还存在不同层次。如名量词发达型语言中,有的语言反响型量词比较丰富,有的不太丰富等。根据藏缅语量词的不同层次再参照汉语同样存在名量词从无到有、从不丰富到丰富的历史演变,以及参考古代汉语也有大量的反响型量词等特点,可以判断藏缅语量词逐步丰富发展的历史轨迹。

## 三、当前亟待加强的三项工作

从我国语言学的发展趋势看,汉藏语语法的比较研究在今后会得到较大的发展。要把这项研究做好,我想下面几个工作应该得到加强。

(一)要加强单一语言(或方言)的微观语法描写

开展汉藏语语法比较研究当前面临的最大难题是:除少数几种语言外,普遍缺少单一语言(或方言)的微观语法描写成果。进行语言比较研究,要涉及众多语言,研究者不可能对所比较的语言都很熟悉或都做过研究。根据过去的经验,研究者若能对其中的一两种语言比较熟悉,或做过一些研究,效果就很不一样。因为不同语言之间有共性,特别是有亲属关系的语言,语法是相通的。因而若有一两种语言"垫底",就能举一反三,就会理解得更好些。

(二)要建立供汉藏语语法比较研究的语料库

这些年来,汉语语料库(包括语音、语法、词汇等方面)有了很大的进展,少数民族语言的语料库在语音、词汇方面也做了一些工作,但语法语料库做得较少,特别是供汉藏语语法对比研究的语料几乎是空白。而语法语料库究竟要怎样做,其性质、范围、要求等应如何确定,目前尚缺少经验。理论、方法研究应与语料库建设相辅相成,互相促进。

(三)要研究汉藏语语法比较的理论与方法

汉藏语语法的比较研究,要有理论方法作指导。汉藏语语法有自己的特点,不同于印欧语、阿尔泰语等语言的特点,因而要建立适合汉藏语语法特点的理论与方法,其中包括怎样认识汉藏语的语法关系、语法层次,怎样认识语言接触对语法演变的影响及使用什么方法等。

**参考文献:**

[1]戴庆厦.藏缅语族语言使动范畴的历史演变[J].中国语言学报,2001,29(1).
[2]戴庆厦,傅爱兰.藏缅语的述宾结构[J].方言,2001(6).
[3]戴庆厦.缅彝语的结构助词[J].语言研究,1989(2).
[4]戴庆厦,傅爱兰.藏缅语的是非疑问句[J].中国语文,2000(1).
[5]戴庆厦.景颇语的结构助词"的"[J].语言教学与研究,1998(4).
[6]戴庆厦.藏缅语的个体量词[G]//彝缅语研究.成都:四川民族出版社,1997.

(原载《中央民族大学学报(哲学社会科学版)》2002年第2期)

# 汉语言研究与少数民族语言结合的一些理论方法问题

戴庆厦[*]

[摘 要] 本文从语言接触关系和语言同源关系两个角度论述汉语方言研究与少数民族语言结合的必要性,认为这种结合有助于认识汉语方言的现状及历史变化;并指出在结合中要科学地区分同源、借用、类型的不同性质;还强调在研究中必须重视非语言材料和文献材料的运用。

[关键词] 汉语方言;少数民族语言;结合研究

过去的半个多世纪,汉语方言研究取得了巨大成绩。在研究方法上,汉语方言研究一直以普查、描写各地方言为基础,进而通过不同方言间、方言与古汉语的比较,深入探索方言的现状及其发展规律。近期,一些方言学家越来越重视汉语方言研究与少数民族语言结合,认为这是扩大汉语方言研究的一个好路子。这方面的研究成果已不断增多,显示出这条路子的可行性。我很赞成这个观点。下面就汉语方言研究与少数民族语言结合的一些理论方法问题,谈谈我的一些不成熟的看法,以求教于同行学者。

## 一、恰如其分地认识汉语方言研究与少数民族语言结合的必要性

汉语方言研究与少数民族语言结合的必要性,是由我国的民族分布、语言分布以及由此产生的民族关系、语言关系决定的。

中国是由汉族与少数民族共同组成的一个多元一体的国家。据2000年人口统计,我国少数民族人口有10643万人,数量虽只占全国总人口的10%左右,但分布面积很广,民族自治地方的面积占全国总面积的6.5%左右。少数民族主要聚居在内蒙古、新疆、宁夏、广西、西藏、云南、贵州、青海、甘肃、四川、湖南、湖北、吉林、辽宁、黑龙江、海南、台湾等省、自治区,还有少量散居在其他各地。汉族与少数民族或相邻而居,或交错杂居。多元一体的格局,已有悠久的历史,早在远古时期就已出现,但至秦统一中国后才形成统一的国家。长期以来,各民族之间相互交流、相互影响,你中有我,我中有你,形成密切的民族关系。这种分布局面和历史渊源,决定了我国不同民族的语言关系,对各民族语言(包括汉语和少数民族语言)的形成和发展都有着重要的促进作用。在历史的长河中,我国各民族语言的发展、演变既有分化又有融合,但后者的表现往往更为突出,成为推动语言发展、演变的一个最重要的也难以理清的动因。因而,研究我国任何一种语言或方言,都要重视语言关系的研究,必须将其置于与周边语言相互接触的语言关系中去考察,孤立

---

[*] 作者简介:戴庆厦,男,云南师范大学汉藏语研究院院长,中央民族大学中国少数民族语言文学学院教授,博士生导师,主要从事民族语言学、社会语言学研究。

地研究一种语言或方言是难以认识其庐山真面目的。

汉语方言与少数民族语言的关系,包括接触关系和同源关系两大方面。二者的性质不同,研究的方法也不同。就接触关系而言,少数民族语言分布在全国各地,与汉语的各个方言有着长期而广泛的接触,因而汉语方言与少数民族语言的相互影响是不可避免的。不同的语言随着民族关系的发展和变化,一直处于相互影响、互为补充之中。语言的接触,既丰富了自己,又改变了自己的一些特点。由于人口多等原因,汉语对少数民族语言的影响相对大一些,但少数民族语言对汉语也有影响。我们看到,凡特点突出的一些汉语方言(如闽、粤方言等),历史上都与少数民族语言有过接触而且其中有的或多或少受到周围少数民族语言的影响。我们从地理位置上大致能看到这样一个轮廓:汉语南方方言的一些特点与分布在南方的壮侗语、苗瑶语接近。如粤语是汉语方言中特点最靠近壮侗语的一个方言,在语音、词汇、语法等方面与壮侗语之间有着许多共同点。而与阿尔泰语、藏缅语相邻或杂居的汉语北方方言,有的语言又与这些少数民族语言接近。如青海西宁话有大量的 SOV 型句子,其中有的句型是别的方言所没有的,其存在大约与周围大面积分布着 SOV 型的藏语、蒙古语有关。北京话的词汇受到满语的影响是肯定的,但语音、语法是否也受到满语的影响(如北京话的轻声)有待进一步研究。

再从语言的渊源关系上说,我国 80 多种少数民族语言分属汉藏、阿尔泰、南岛、南亚、印欧等五大语系,其中属于汉藏语系的语言有 52 种,占我国少数民族语言总数的一半以上。这些与汉语有亲缘关系的语言,对汉语的现状及历史研究都有重要价值。因为自原始汉藏语分化后,由于语言演变的不平衡性,不同的语言都会或多或少地保留一些原始汉藏语不同阶段的特点,因而语言学家就有可能从不平衡现象的比较中窥见语言演变的轨迹。与汉语相比,非汉语的少数民族语言在语音、语法、词汇等各个方面较多地保留了原始汉藏语的一些特点,这对汉语的现状描写以及历史比较研究能够提供有价值的证据,汉语方言中的一些特点也能够从与非汉语的比较中得到合理的解释。少数民族语言与汉语方言之间存在的相同、相似的成分,除了对论证语言影响、同源关系有用外,还对论证语言类型有一定的价值。比如,藏缅语的一些语言如纳西语、哈尼语等,系统地保留了古代汉语类似"玉十玉、羊十羊"中的反响型量词,其语义、句法上的诸多特征,是研究古代汉语量词特点及其演变的有力证据。又如,"吃大碗、写毛笔"一类述宾结构,汉语里有的方言有,有的方言没有,而与汉语有亲属关系的语言则普遍没有。这就是说,在汉藏语里,工具名词不作宾语是普遍现象,而作宾语的是特殊现象。这一共性和特性的确定,无疑对认识"吃大碗、写毛笔"一类述宾结构的性质会有许多帮助。最近,很高兴读到张惠英的《汉藏系语言和汉语方言比较》一书,她从量词、词头词尾、代词、称谓以及与给予、被动、使役、处置及相关的动词等方面,对汉语方言和少数民族语言开展了多方面的比较,很有新意。[1]

汉语方言研究与少数民族语言结合至少会有以下两方面的好处:

一是汉语方言的一些特殊的语言现象有可能从周围的少数民族语言中找到关系,从而有助于对其性质的认识。比如,粤语里有些特殊的词与古汉语没有渊源关系,又不是外来借词,但却与壮侗语语音形式接近,二者存在明显的关系(是同源,还是借用,有待进一步确定)。例如:

| 粤语 | 壮语 | 汉义 | 粤语 | 壮语 | 汉义 |
| --- | --- | --- | --- | --- | --- |
| jai$^4$ | jai$^2$ | 差劲 | lam$^4$ | lam$^4$ | 倒 |
| la:l$^1$ | pla:l$^1$ | 末(尾) | nam$^2$ | no:m$^3$ | 软 |

二是少数民族语言能为汉语方言历史演变的研究提供旁证。与汉语有亲属关系的少数民族语言,二者的历史演变必然会有某些相同或相似,因而,有可能从少数民族语言里得到印证汉语历史演变的旁证。例如,上古汉语有无清化鼻音,一直是汉语音韵学家所关注的问题。汉字中的谐声字留下了一些痕迹,如"墨"与"黑"、"每"与"悔"等,但方言中已无保存清化鼻音与非清化鼻音对立的现象。李方桂、董同和先生根据谐声字,构拟了上古汉语有清化鼻音和非清化鼻音两套系统。但与汉语有亲缘关系的藏缅语族语言,有一些仍保留这一对立。如"闻":彝 $ni^{31}$,藏 snom,景颇 $mă^{31} nan^{33}$。藏缅语现在保留的清化鼻音的词,与汉语的联系有的可以推到上古汉语以前的时期。

总之,结合少数民族语言能够深化汉语方言的研究,能够开辟一个新角度认识汉语方言的特点,能够验证汉语方言研究的成果。当然,这种结合应当建立在对汉语方言基本特点认识的基础之上。对汉语方言研究结合少数民族语言的必要性,目前认识不够,还不到定性、定位的时候,需要随着今后研究的不断深入逐渐加深认识。过低或过高地估计这种作用,都是不利于研究的。

## 二、科学地区分同源关系、借用关系、类型关系

找出汉语方言与少数民族语言之间存在相同或相近的语言现象,不是一件很难的事。难的是,如何区分二者是同源关系,还是借用关系,或是类型关系。这是一个关键。如果不把这种关系确认,对比成果就只能是参考,不可能是证据,即达不到说明问题的目的。

与汉语没有亲缘关系的语言,相同或相近的语言现象不是借用关系,就是类型关系,不可能是同源关系。特别是语音形式相同或相近的词,除个别偶合的外,一般是借用的。比如新疆汉语里有一些与突厥语相似的词,又是其他方言所没有的,显然是借用突厥语的。例如:

| 新疆汉语 | 维语 | 新疆汉语 | 维语 |
| --- | --- | --- | --- |
| 乃麻孜(礼拜名) | namaz | 皮牙孜(洋葱头) | bajaz |
| 巴衣(财主) | baj | 巴扎(集市) | bazaar |

由于语法特点比较稳固,不同语言间相同、相近的语言现象相互借用的可能性较小,大多是类型的共性。如形容词修饰名词的词序,汉语和突厥语都是修饰语在前,这是共性,不可能是语言影响。当然,语法的借用也是有的,如土家语原是"名词中心语+形容词修饰语",近代受汉语影响,增加了"形容词修饰语+名词中心语"的语序。

但有亲属关系的语言,同源、借用、类型的区分有的比较容易,有的比较难。如苗瑶语、壮侗语都是 VO 型,无迹象能证明是语言影响的结果,而应认为是语言的共性。又如汉语有 a 词头,其他的亲属语言也有,特别是南方一些汉语方言的 a,与藏缅语、苗瑶语的特点很接近,究竟是借用关系,还是同源关系?有的学者认为是同源关系,是原始汉藏语的产物。我认为不是,因为许多语言的 a 词头是后来各自产生的。傅爱兰教授在《藏缅语的 a 音节》一文中,通过 20 多种藏缅语的比较,论证了 a 词头"很可能不是原始藏缅语阶段便已存在的特征,而是分化为不同语支后由于语音节奏调整的需要、语言的影响而产生的一种新特点"[2]。a 词头在藏缅语内部的语支之间还无同源关系,语族之间要有共同来源就更难说了。

如何区分壮侗语、苗瑶语和汉语之间的同源词和借词,一直是汉藏语系属分类争议

的焦点,成为汉藏语学者难以攻克的尖端问题。比如,粤语里有些与壮侗语相似的词,是同源还是借用就不好区分,如果是借用,也不好区分是谁借谁。袁家骅先生早已看到民族杂居(即汉族与壮侗族杂居)对粤语的影响,说过"造成粤方言特殊地位的原因,固然主要应该从汉民族入粤的复杂过程中去寻找。但是,我们还不能不注意另外一个对方言形成有重大影响的因素,那就是因民族杂居而产生的语言影响"[3]。詹伯慧先生的认识就更进一步了。他说:"假定粤方言是在北方汉语基础上吸收了某些壮侗语因素,而形成的一种独特方言也许是切合实际的。"[4] 近十多年,又出现了一种"底层"观点,认为粤语中有壮侗语的底层。所谓"底层",是指古老的融合成分,这种成分是借用还是同源很难区分。[5]

运用系统论观点分析具体的语言现象,是区别同源、借用、类型的一种方法。语言系统包括多方面:不同方言是个系统,语音、语义、句法之间是个系统,三者内部又是个系统,等等。分析一个系统内部不同成分的关系,能够帮助我们区分研究对象的不同性质。如果某一特点只在这个方言里有,其他方言没有,而这个特点又能从周围的少数民族语言里找到相同、相似点,那就可初步认为这一特点在这个方言里是与少数民族语言有关系的。而如果汉语方言与少数民族语言相同、相似的现象,在其他方言里也有,就难以确认是同源关系,很可能是类型关系。如:昆明话有丰富的鼻化元音,有人曾怀疑是受周围彝语的影响,因为古代彝族在这一带分布比现在广得多,势力大得多。其实,从汉语方言的系统上看,说是影响关系不可能不大。因为,带鼻音尾韵母向鼻化元音韵母转化后再向口元音韵母转化,是汉藏系语言的共性,不是昆明话所独有的。吴、湘、闽等方言以及官话区西北话等都有丰富的鼻化元音,与非汉语的亲属语言在演变的方向上、模式上都有不少共同的类型特征。[6][7]

语言关系是有历史层次的,因而,研究少数民族语言和汉语的接触关系或同源关系必须要有层次观点。现代少数民族语言中不同层次保留的古代汉语语词,对汉语词汇史的研究具有价值。蓝庆元先生把壮汉对应词分为现代、近代、中古、前中古和上古五个历史层次,认为现代、近代、中古和前中古层次都是汉语借词,上古层次既有同源词又有借词。壮语中不同层次的汉语借词,或多或少反映了汉语词汇历史上的一些特点。[8] 又如,"筚篥"(古代管乐器)一词,在汉语里是个古词,现代汉语方言已不使用,但许多少数民族语言有这个古代汉语借词(意为"笛子"),能够用来证明古代汉语确实存在过这个词。如:纳西语的 $pi^{31}li^{55}$,怒语的 $phi^{33}le^{31}$。南方的汉语方言有的称"筷子"为"箸",这个古词很早就借入少数民族语言,并延续使用至今。如怒语的 $dzu^{33}$,彝语的 $dzu^{31}$,白语的 $tsu^{21}$。

在研究少数民族语言与汉语的同源关系中,出现了"混合语"的问题。有无混合语,什么是混合语,在语言学界至今尚未有统一的认识。近期发表的若干汉语与少数民族语言融合的混合语论文,很值得重视。如:分布在甘肃省临夏、青海循化一带的河州话,是一种混合语。这种语言的语音、词汇是汉语的,语法结构与阿尔泰语系的语言有许多相同点。不过在语音上,河州话在音节单念时不区别高低,连读时有三个调值,声调功能弱,又似阿尔泰语。[9] 分布在青藏高原东部的倒话,词汇主要来自汉语,语法则接近藏语,是一种混合语。[10] 混合语是汉语与少数民族语言融合而成的一种特殊语言,必然会多少留下当地汉语方言的历史沉淀,这对汉语方言的研究是有用的。如上所述,少数民族语言中的确保留了一些原始汉藏语或古代汉语的成分,但当最后要确定时就必须谨慎,防止扩大化、简单化。20世纪50年代以来,随着在藏缅语中揭示了大量松紧元音的特征之后,研究汉语音韵的学者有的就认为上古汉语也有松紧元音的对立。其实,这种推断难以成立。因为,藏缅语的松紧元音主要来自两条途径:一是头部的声母清浊对立,二是尾部的韵母舒促对立。上古汉语这两个特征都不具备,松紧元音的对立又从何而来呢? 又如,汉语南方一些方言都有"鸡公、鸡母"的说法,有的认为这是受壮侗语、苗瑶语影响而产生的。我认为不一定,我的闽语仙游话里也大量存在这种结构。我以为这是"名词修饰语+名词中心语"的结构,"公、母"是中心语。因为在仙游话里,"公"和"母"是名词,不但能受名词形式修饰,而且能作带词头的词根(如"阿公")。张惠英教授在做了深入的比较之后,也有这个体会。她说:"在汉语方言学界,常有这样的情形:当遇到比较特殊、难以解释或来历不明的语言现象时,就会这样猜测:大概受少数民族语言影响而致。这种情况当然是有可能的,但事情往往不是那么简单。"[1]

## 三、重视人文材料和文献材料的运用

语言关系的现状及其演变,是由语言使用者的社会历史特点决定的,因而研究汉语方言和少数民族语言的关系,必须重视人文材料和文献材料的使用。尤其是汉语方言的历史研究,更要重视历史上少数民族与汉族的关系。邢公畹先生在《汉藏语系研究和中国考古学》一文中说:"离开社会生活,语言就不能存在;所以要探索汉藏语的起源和演变,就必须探索中国原始社会的情况。"他用一些考古学的材料(特别是新发现的),探索了远古汉藏系语言的源流。[11]

历史上的民族关系与现在的民族关系有相同点又有不同点,因而切忌用现在的眼光去看待历史上少数民族语言与汉语方言的关系。如认识粤语与壮侗语的关系,不能只依据现在的地理分布和民族关系,而应当看到历史上的民族分布。历史上,壮侗语的分布比现在广阔,现在的粤语区有一些原来就是壮侗人居住的地区,从这些地区至今还保存的壮侗语地名就能得到证明。近代,粤语因其社会地位对壮侗语有着强烈的影响,一般是单向的;但在历史上,壮侗人曾有过鼎盛时期,那时壮侗语与汉语有过双向的影响关系,甚至有可能是壮侗语更多地影响壮粤语。研究苗语的曹翠云教授认为,苗语在语法上与《楚辞》有许多相同点,存在这种关系是有可能的。因为苗族是一个古老民族,很早就分布在楚地,而且当时是一个颇有威力的民族。党项族于1038年至1227年在西北建立的西夏国,西夏文与汉文同时并用,编写了数部西夏语韵书、字典,西夏语对当地汉语方言不能没有影响。

历史文献中保留下来的一些汉语与少数民族语言对音的材料,对汉语方言的研究有一定价值。罗常培先生在《唐五代西北方音》一书中,根据敦煌千佛洞的四种汉藏对音文献,考证了唐五代西北方音系统。他说:"由这番比较研究的比较结果,我发现唐五代西北方音很有些前人所没说过的特点。"[12]扬雄《方言》所记录的词语中,有一些词跟少数民族语言有关系。但究竟是少数民族语言的词,还是汉藏语同源词,还弄不清楚。刘志成教授认为:"扬雄《方言》所记录的楚方言词语,不一定都是汉语。"[13]这部书对汉语与少数民族语言词汇关系的研究非常有价值,可惜至今还未有人做过系统、深入的研究。

历史文献中少数民族语言的汉字记音,对汉语方言研究是有价值的。西汉刘向所著《说苑》一书中的《越人歌》,经韦庆稳先生研究,记载的是壮族先民的语言。这首歌是汉字记音,而且出现年代较早,对壮语、汉语的历史语音研究有价值。如通过声调的比较,能够多少了解到上古汉语的一些特点。[14]《白狼王歌》是《后汉书》中用汉字记录的一种属于藏缅语族语言的一首歌,由于它出现的年代比较早,加上有汉字记音,对藏缅语族语言乃至古代汉语研究都有一定价值。这首歌中用了一些汉语借词,其中有的是用同音字借用的,如柳(里)、孽摸(慈母),这对理解当时中原地区的语音是有帮助的。

半个多世纪以来的实践告诉我们:汉语与少数民族语言研究相结合是必要的,也是大有可为的,但要取得成效是不易的。这当中重要的是要有科学的、可行的方法。由于这种方法不同于单一语言的研究,因而要做新的探索,而且要集思广益,一点一滴地去积累。本文希望在这一探索中起到抛砖引玉的作用,引起更多人的注意和兴趣。

**参考文献:**

[1]张惠英.汉藏系语言和汉语方言比较[M].北京:民族出版社,2002.
[2]傅爱兰.藏缅语的a音节[J].民族语文,1996(3).
[3]袁家骅.汉语方言概要[M].北京:文字改革出版社,1983.
[4]詹伯慧.现代汉语方言[M].武汉:湖北人民出版社,1981.
[5]李锦芳.粤语中的壮侗语族语言底层初探[J].中央民族学院学报,1990(6).
[6]马学良,戴庆厦.藏缅语族辅音韵尾的发展[G]//语言文字学术论文集.北京:知识出版社,1989.
[7]张维佳.关中方言鼻尾韵的音变模式[J].语言研究,2001(4).
[8]蓝庆元.白土壮语中的汉语山摄对应词的历史层次[J].民族语文,2000(6).
[9]马树均.汉语河州话与阿尔泰语言[J].民族语文,1984(2).
[10]意西微·阿错.藏汉混合语"倒话"述略[J].语言研究,2001(3).
[11]邢公畹.汉藏语系研究和中国考古学[J].民族语文,1996(4).
[12]罗常培.唐五代西北方音[M].北京:科学出版社,1961.
[13]刘志成.楚方言考略[J].语言研究:增刊,1991.
[14]韦庆稳."越人歌"与壮语的关系试探[G]//民族语文论集.北京:中国社会科学出版社,1981.

(原载《满语研究》2003年第1期)

# 论语言对比

## 戴庆厦[*]

[摘　要]　语言对比,是双语教学研究的重要环节之一。我国少数民族双语领域的语言对比,必须做好以下几点:区分类型,有的放矢;宏观把握两种对比语言的特点;捕捉难点,区分难易顺序;从习得偏误中发现双语特点。

[关键词]　语言对比;类型;难点;偏误

语言对比,是双语教学研究的重要环节之一,也是搞好双语教学研究的基础。近十多年,少数民族语言与汉语对比的专著、论文不断增多,有分量、有深度的不乏其数。这说明在语言研究特别是在双语研究中,人们越来越重视语言对比手段的运用,预计今后会有更多的成果问世。下面,就我能看到的资料,对我国少数民族双语领域的语言对比有关问题谈一些想法。

## 一、区分类型,有的放矢

语言对比又称语言比较,通常是指通过对不同语言的对比或比较,找出它们之间的共性和个性。语言对比是语言研究的一个重要手段,一直是古今语言研究中的一种常用的、不可或缺的研究方法。

但是,由于对比的目的不同,语言对比存在不同的类型。从目的性上看,大致可分为两类:一类是服务于理论语言学建设的,包括通过与亲属语言对比探索语言历史发展的规律,并进而构拟原始母语;还包括通过亲属语言或非亲属语言的对比,研究语言的共性和个性,研究语言类型学等。另一类是服务于应用语言学的,具体说是为语言教学、语言翻译、语言文字的现代化应用服务的,具有明确的应用目的。这两种不同类型的语言比较,都要寻求不同语言的共性和个性,研究成果也可互为利用,但由于目的不同,在研究的重点、切入点乃至研究方法上都会有所不同。语言应用研究以解决实际应用为宗旨,不能只停留在语言的描写和分析上,还要有助于解决语言习得的难题,其结论是否符合语言实际要受实践的检验。从这一意义上说,它比纯语言的描写、分析,难度更大。

少数民族双语领域的语言对比,其终极目的是为了帮助少数民族尽可能更好、更快地学会汉语。对这一成果的衡量标准,是看它能不能科学地揭示少数民族学习汉语的规律,能不能分清难点和非难点,能否提出一条效率好、易操作的教学途径。要达到上述要

---

[*]　作者简介:戴庆厦,男,云南师范大学汉藏语研究院院长,中央民族大学中国少数民族语言文学学院教授。

本文是作者在第三届国际双语学研讨会上(2003年8月26日—28日在湖南吉首大学召开)的主题发言。

求,语言对比不能只停留在语言结构的分析、对比上,而要体现语言习得的要求,也就是说,要有的放矢。

回顾过去已经出版的语言对比论著,其中专门或侧重为解决双语教学服务的实在太少。所以,广大从事双语教学的教师苦于没有指导性的论著可读,只能从单一语言描写研究中或从一般性的语言对比研究中汲取知识和方法。其结果常常是,工夫花了不少,但收获还只停留在对语言理论、知识的了解上,对解决实际问题效果不大,有着不"解渴"的感觉。如果在双语教学领域能有一批既有语言学理论知识又有实际教学经验的教师,他们能够写出一批专门或侧重为解决双语教学问题的论著,那就必将大大促进双语教学的进程。

开展为双语教学服务的语言对比,目前积累的经验还不多,今后应当强调从学科建设的高度上认真探讨、总结。我认为,做好语言对比研究应当遵循以下几个基本原则:一是语言学原则,即要重视汲取语言研究已经积累下的理论与方法作为分析、认识语言的武器,包括怎样认识语言本质、语言关系,如何对语言单位进行切分、分类,术语如何使用等。二是针对性原则,即在研究中要围绕语言习得这一主题,针对语言习得的需要安排、取舍内容,突出难点、重点。三是实用性原则。这类研究成果虽也为语言研究者服务,但主要对象应是双语教师。所以要深入浅出,易于读者自学,还要便于操作。

关键是要有人才。我国少数民族双语教学领域从事教学的教师不少,但从事研究的人太少。许多有长期教学实践经验的教师,未能利用其宝贵的实践经验在理论研究上再上一层楼。教学实践经验与理论研究脱节,或未能配套实施,是阻碍双语教学质量提高的一个重要原因。

## 二、宏观把握两种对比语言的特点

语言对比,必须对母语和目的语的异同关系有深刻的认识,能够从宏观上把握两种不同语言的主要特点,包括语言类型、语言基本特征等。从语言类型上说,汉语是分析型语言,形态变化少;而少数民族语言中有不少(如维吾尔语、蒙古语、朝鲜语等)属于黏着型语言,形态变化丰富。这一类型上的差异,还蕴涵着其他一些不同特点,如语序固定的程度、语法关系的隐性特征、语义对语法制约的特点、韵律特征等。与汉语有亲缘关系的汉藏语系语言虽都属于分析型语言,但特点也不一样。拿藏缅语来说,属于北部语群的嘉戎语、普米语、独龙语、景颇语等,形态变化比汉语丰富,说这些语言的人学习汉语另有一番特点。从事双语教学的学者,若能从宏观上把握母语和目的语的不同特点,并以此"垫底",肯定会有助于认识如何教好汉语。语言特点是隐性显著,还是显性显著,也是语言对比必须把握好的。汉语与少数民族语言相比,一般说来,汉语隐性特点比较强。汉语词类缺少形态标志,句法结构多为隐性关系;而使用形态标志丰富的语言的人习得汉语,不易分清其内在关系。如"胜"与"败"是一对反义词,但在一定的语境下能够依靠隐性的语义、语法关系,表达相同的意义。如:"中国队胜韩国队=中国队败韩国队"。[①]"胜"与"败"的这种深层关系,是外族人难以掌握好的。汉语有自主动词和非自主动词的对立,这一对立主要是语义上的,并对语法结构有影响。但语法结构所表现出的特点则是隐性的,没有语音形式标记。如:"看"和"见","解"和"散"。而属于藏缅语的一些语

---

① 吕叔湘先生的《说"胜"和"败"》一文(载《中国语文》,1981年第1期)对此做了深入的分析。

言,自主动词和非自主动词的对立很大一部分靠形态变化,如安多藏语的 tɕu"解"、tɕhu"散"。说这些语言的人,对汉语自主动词和非自主动词的对立缺乏敏锐,不容易学好。语义对语法的制约关系,虽是语言的共性,但在具体分布上不同语言都存在差异,各有自己的特点,因而常常成为语言习得中的一个难点。所以在语言对比中,要从整体上把握两种语言语义与语法的关系。朝鲜族学生学汉语,由于受到母语的干扰,在语义的搭配上就出现过以下的偏误:提高人们的知识、眼里塞满了泪水、能喝新鲜空气、改变了坏毛病。语义搭配不当,有的是由于义项分布的不同引起的。汉语的"胖"和"肥"在哈萨克语里只用一个词 simnz 表达,所以学生习得中分不清用法,出现"这只鸡很胖"的病句。"提升"和"提高"在哈萨克语里也用一个词 køtɛr 表达,使得该用"提升"的地方错用了"提高",如"提高为领导"。汉语是一个很讲究韵律的语言,而且有自己的韵律规则。一些少数民族学生学汉语,往往在韵律上暴露破绽。哈萨克族学生的病句如听错误、写完成、听见不了。朝鲜族学生的病句如认错误、增智力、添游戏的趣味性等。又如,名词性并列复合结构的词(或词素)顺序,许多语言都受到韵律条件的制约,但不同语言的特点会有所不同,如汉语受声调条件的制约,景颇语受元音舌位高低的制约,等等。由于制约的条件不同,因而词的顺序有的相同,有的不同。如汉语的"兄弟、姐妹、天地、东西、金银、高低、冷热"等,在景颇语里也是这个顺序;而"父母、男女、手脚、大小"等,在景颇语里则是相反的顺序,读做"母父、女男、脚手、小大"。景颇族学习汉语这类结构时,不易分清哪些是与汉语相同的,哪些是不同的,容易出现母语干扰。

宏观把握还包括对少数民族地区汉语方言的了解。少数民族学生学汉语,在学校里学的是普通话,而在社会上学的是地方方言,因而地方方言的一些不同于普通话的成分很自然地会带进他们的口语。这种因方言差异造成习得普通话的不纯正,往往很难改正,因为习得者认为这也是汉语,关系不大。如:湘西矮寨苗族说汉语时,把"心寒"说成"冷心",把"肚子疼"说成"疼肚子",把"盐咸"说成"咸盐"。这是因为当地汉语吉首方言就是这么说的,而且这种陈述对象在后的结构与苗语是一致的。如矮寨苗语:ts⁴⁴(冷)ʑɛ⁵³(肝)"心寒(冷心)"、muŋ⁵³(疼)tɕi⁵³(肚子)"肚子疼(疼肚子)"、ɛ⁵³(苦)dzɯ⁴⁴(盐)"咸盐"。①

## 三、捕捉难点,区分难易顺序

不同语言的差异有大有小,有难有易。但从语言习得的角度看,差异大的有的是难点,但有的则不一定是难点;差异小的也有难点,但也有非难点。一定要做具体分析,结合偏误确定难易。比如,哈尼语的韵母只有口元音,没有鼻化韵母或带鼻辅音尾的韵母,与汉语普通话相比,这是个重要差异。这个差异成为哈尼族学习汉语在语音上的一个重大难点,甚至受过高等教育的学生许多还发不好带鼻辅音尾的韵母,如把"北京"读作 pe³¹ tɕi⁵⁵,把"天安门"读作 thiɛ⁵⁵ a⁵⁵ mɛ³¹,把"公共"读作 kɔ⁵⁵ kɔ³⁵。无疑,这应当成为语音教学中的一个难点,必须采取有效的措施多讲多练,否则收效不大。但差异大的不一定都是难点。比如:OV 型与 VO 型在语序特点上差异较大,但说 OV 型语言(如藏缅语、阿尔泰语等)的人学习汉语的 VO 型语序,则不是太难的事。只要告诉他这一差异,通过一些具体实例加强练习,一般都会自觉地类推转换,很少会出现"我衣穿、你花种、他秧栽"这样

---

① 汉语吉首方言这一结构的来源是否受湘西苗语的影响而成,有待进一步研究。

的病句。难的是其中"吃大碗、写毛笔"之类的工具名词做宾语的述宾结构,很不易掌握。另外,汉语中的OV型的句子,如"弟弟功课做完了没有?"也不容易掌握好。

差异大的当中,难度也不相同。举例来说,属于阿尔泰语系的哈萨克语缺少与汉语相似的补语形式,汉语的述补结构所表达的意义译为哈萨克语多为修饰结构或连动结构,因而哈萨克族人学习汉语补语时出现偏误较多,成为教学中的一个突出的难点。但不同类别的补语难度不一,最难的是程度补语。比如"他全身湿透了",哈萨克族往往说成"他全身都湿了"或"他全身很湿了"。其他如"累坏了、气坏了、忙死了、喜欢得很、厉害得很"等述补结构,哈萨克族一般不易掌握好。各小类补语的难易顺序是:程度补语—趋向补语—可能补语—状态补语—结果补语—数量补语。

差异小的当中,也有难点。如汉语反义词的使用,外族人大多不出错,但也有出错的。如:有的按母语类推,把"打败了敌人"错推为"*打胜了敌人",把"合打一把伞"错推为"分打一把伞";以为"没命"能说,"有命"也能说;"穿旧了衣服"能说,"穿新了衣服"也能说。有的受母语义项分布的干扰,把"养花"说成"培养花"等。

"空缺"多为语言习得的难点。习得者在习得目的语时,必须对"空缺"进行填补,经历一个"从无到有"的过程。这一难度是比较大的。拿语法来说,是指目的语有而母语没有的语法范畴或语法结构关系,这不同于某一语法范畴或语法结构母语和目的语都有但形式不同。习得者在使用目的语时,常常难以填补"空缺",或回避使用,或错误类推。如:汉语的"把"字句、"被"字句是许多语言所没有的,成为学习汉语的难点之一。汉语的介宾结构,阿尔泰语、藏缅语等语言都没有,在语言习得中是个"空缺",习得者在说汉语时常常丢失介词,如"(在)家里做作业、(从)这个方面思考、(把)字写好、(从)学校里出来"等。①

## 四、从习得偏误中发现双语特点

偏误分析是认识两种语言特点和差异的一种有效方法。因为第二语言习得中出现的偏误,大多是由母语与目的语的差异引起的,因而从偏误分析中能够获得语言差异的真知,能够准确地抓住第二语言习得中的难点,在教学对策上能够更有针对性。还应该看到,偏误分析是一种动态分析,它是从语言使用的动态过程、中介语向目的语演化的过程中,揭示语言习得规律,这不同于不考虑语言习得状况的静态语言对比。近期出版的和即将出版的一些语言对比著作,花了很大力气收集、分析偏误语料,把偏误分析与语言结构分析紧密结合在一起,相互映照,深化了语言对比。这里简要介绍两个成果。《汉朝语述宾结构对比研究》一书,作者以朝鲜族习得汉语述宾结构为专题,在掌握大量的偏误语料的基础上,分析、描写偏误类型,解释产生偏误的原因和机制,并提出教学对策,是近期出现的一部重偏误、重语料的双语对比研究专著。为了收集偏误语料,作者三次到朝鲜族地区的中小学进行实地调查,收集了大量有价值的材料。书后所附的《汉语朝鲜语述宾结构语料汇集》不仅是本书分析问题的主要依据,而且还是进行朝、汉语对比的一个有价值的语料库。文中分析了18种体词宾语的异同点,从中认为体词宾语在汉语朝语里都非常丰富,汉语有16种,朝语有17种。除汉语特有的施事宾语、朝语特有的协同宾语和被动宾语外,15种是朝汉共有的,求出汉语与朝鲜语的对应形式,并指出汉语的处

---

① 参看戴庆厦、关辛秋:《第二语言习得中的语法"空缺"》,载《语言教学与研究》,2002年第5期。

所、结果、工具、方式、目的、时间、等同、原因等宾语组成的述宾结构,是朝鲜族学生习得汉语述宾结构时出现缺格偏误的难点。① 《哈萨克族汉语补语习得研究》一书,作者投入相当精力收集、分析哈萨克族习得汉语补语出现的偏误语料,并在此基础上进行难易分类。作者从偏误语料中归纳出哈萨克族习得汉语补语存在的五大难点:一是哈萨克语没有补语,总以状语代替补语,如把"扫干净"说成"干净地扫"。二是趋向动词二者的引申义不相等,容易出错,如把"过上了幸福的生活"说成"过上来幸福的生活"。三是形容词后带"着、了、过"的结构,哈萨克族在使用时要把形容词转为动词,就把"花红了"说成"花变红了"。四是汉语复杂的述补结构,哈萨克族往往掌握不好,如把"爷爷说话说累了"说成"爷爷说话,累了"。五是哈萨克族习得汉语的难易顺序有自己的特点:最难的是程度补语和趋向补语。书中还进一步分析了偏误产生的原因和对策。值得注意的是,书中还从哈萨克族学习汉语补语的偏误反观汉语补语的特点,对汉语语法的研究提供一些有益的启示。② 我国有数以千万的少数民族学生在学习汉语,双语教学不仅历史长,而且类型复杂,开展语言对比,从事双语教学研究有着广阔天地、取之不尽的源泉。我们相信,随着双语现象的发展,语言对比必将不断深入,出现新的局面。

(原载《中央民族大学(哲学社会科学版)》2004年第1期)

---

① 该书由黄玉花著,2002年10月由延边教育出版社出版。
② 该书由成燕燕主编,作者写作本文对该书即将由云南民族出版社出版。

# 再论汉语非汉语研究相结合的必要性

## 戴庆厦[*]

[摘　要]　本文从两个角度论述汉语非汉语研究相结合的必要性：一是从现代语言学的发展趋势看汉语非汉语研究相结合的必要性；二是从我国的语言国情看汉语非汉语研究相结合的必要性，认为汉语与少数民族语言研究的结合，是发展我国语言学的一个重要的结合点。

[关键词]　汉语；非汉语；结合；必要性

对汉语非汉语研究相结合的必要性，我曾经发表过文章，也在一些高校中文系讲过，但总觉得言犹未尽。这是因为汉语与非汉语研究的结合，虽属于语言研究的方法论问题，但涉及对语言的认识，特别是对语言发展演变如何认识，而且还关系到怎样认识我们这样一个多民族国家的语言关系，怎样进行我国语言学学科建设的问题。这些问题不是轻易就能认识到位的。汉语非汉语研究相结合包括两个方面的内容：一是汉语研究结合非汉语，二是非汉语研究结合汉语。在这里主要讲汉语研究如何结合非汉语的问题。论述汉语非汉语研究相结合可以有不同的角度，我今天从以下两个角度来讲：一是从现代语言学的发展趋势看汉语非汉语研究相结合的必要性，二是从我国的语言国情看汉语非汉语研究相结合的必要性。

## 一、现代语言学的发展趋势决定了汉语非汉语的研究必须相结合

随着对客观世界认识的不断深化，以及科学研究中不同学科的交叉、渗透，现代语言学的发展出现了几个新的趋势。这当中既有认识论的变化，也有方法论的变化。这种新的变化，促使汉语非汉语的研究必须更加紧密地结合在一起。

（1）现代语言学发展的新趋势之一是，对语言的分析研究逐渐从单一角度、单一方法向多角度、多方法的方向转变。人们研究语言、认识语言，已不再停留在单一固定的模式上，而是追求多角度、多方法。多角度、多方法的语言研究，其实质是语言研究视角的扩大，这样做有助于对语言的认识更加接近客观实际。汉语非汉语研究的相结合，就是语言研究视角的扩大，符合现代语言学发展的新趋势。

语言研究视角的扩大，有不同的层次。在语言内部结构上，语音、语法、语义、语用等几个要素的结合是一个层次。研究视角的扩大，指的是研究语言中的某一成分，必须考虑到与其相关的其他成分，也就是要摆脱过去那种研究语音却不管语法，研究语法却不

---

[*]　作者简介：戴庆厦，汉族，云南师范大学汉藏语研究院院长、中央民族大学教授、中国语言学会副会长、中国民族语言学会副会长。

本文在"二十一世纪中国语言学论坛"（2005年3月18日—19日于广西大学召开）上宣读过。

懂语音的偏向。语言的各要素,构成了一个密不可分的系统,在相互制约中存在,在互为条件中演变。因而,研究语言如果只是死守一个角度、一个方法是不可能接近真谛的。

举个例子来说,藏缅语族语言(以下简称"藏缅语")使动范畴的研究虽是个语法课题,但在研究中不能只困在语法范围之内,而要把语法点与语音、语义结合在一起分析观察。藏缅语使动范畴的语法手段,有屈折式和分析式两种。屈折式是通过语音变换构成对立的,其中有清浊声母变换、送气不送气声母变换、松紧元音变换、不同声调变换等不同语音形式。不同语言存在的不同语音变换形式,是语音演变不同特点的反映。有的语言屈折式很少,成为残留,是因为语音简化引起的,如清浊声母对立消失、松紧元音对立消失等。由语音简化引起的屈折式退化,促使分析式的兴起。分析式是通过词汇手段表示使动范畴的语法意义的,既有语义问题,又有语法问题。由此可见,要较好地完成藏缅语使动范畴的研究,必须把语法与语音、语义结合在一起。[1]

从语言演变的不同时期看,有现代语言、古代语言的划分;从语言的地域变体看,有不同方言的差异。因而研究语言,要顾及现代语言、古代语言、不同方言的关系。这是语言系统的又一层次。吕叔湘先生曾经说过一段很有见地的话:"一种事物的特点,要跟别的事物比较才显示出来。语言也是这样。要认识汉语的特点,就要跟非汉语比较;要认识现代汉语的特点,就要跟古代汉语比较;要认识普通话的特点,就要跟方言比较。无论语音、词汇、语法,都可以通过对比来研究。"[2]汉语研究许多人按这条路子去做,取得了许多新成果。少数民族语言研究也是这样。

例如:胡坦先生的《藏语(拉萨话)声调研究》一文[3],通过拉萨话与藏语别的方言、古代藏文的对比,大致理清了藏语(拉萨话)声调产生、分化的条件和规律。藏语有三个方言,其中卫藏方言、康方言有声调,安多方言尚未产生声调。藏文产生于公元7世纪左右,是一种拼音文字,是按当时藏语的语音特点创制的。论文通过不同方言的比较,并与代表藏语7世纪语音的藏文进行比较,得出藏语如何由无声调到有声调、从声调少到声调多的演变过程。文中认为:藏语古无声调,拉萨话声调是后起的现象,影响声调分化的主要因素在于声母清浊对立消失、前缀音脱落、韵尾的简化。这是声调研究的一篇很有价值的论文。

语言的内外,又是一个系统。语言内部,是指语言本体结构的诸要素;语言外部,是指制约语言发展演变的社会、人文等条件。语言研究必须联系说这种语言的人的社会历史才能有成效,这早已成为人们的共识,这里不再多说。

从所研究的语言扩大到与另一相关语言相结合是另一层次。汉语与非汉语的结合,属于这一层次。一个个具体的语言,不是孤立存在的,而是相互关联构成一个语言关系系统。所以要认识一种语言的真面目,只研究这个语言是不可能取得完满结果的。因为,对一种语言特点的认识,除了要对它进行深入的分析外,还要通过比较来发现单一语言研究所看不到的特点。有的特点,如果仅仅只停留在对一种语言的观察和分析上,往往难以发现它是个特点;但通过不同语言的比较,就有可能显示出它是个特点。

不同语言之间的关系有多种,其中有的是亲属关系,有的没有亲属关系,是类型学关系,或是接触关系。其中,参考亲属语言的特点及其研究成果对语言研究具有特殊价值。

---

[1] 戴庆厦:《藏缅语族语言使动范畴的历史演变》,《中国语言学报》,2001年第29卷第1期。
[2] 参看1977年5月5日吕叔湘先生在北京语言学院题为《通过对比研究语法》的讲稿。
[3] 胡坦:《藏语(拉萨话)声调研究》,《民族语文》,1980年第1期。

亲属语言比较,一直是历史比较语言学使用的一个重要方法,这个方法是构拟原始母语和寻找一组亲属语言的历史演变规律所不可缺少的。但我们这里所说的参考亲属语言的特点及其研究成果来研究自己所研究的语言,与构拟原始母语及寻找亲属语言的历史演变规律不完全相同。前者是为了加深所研究的语言而采取语言研究视角扩大的做法,也就是为我所用的做法。通过亲属语言比较,往往能帮助你揭示所研究语言的隐性特点,区分出某一现象在历史发展中的地位。

这里举个例子来说。最近我和蒋颖在做藏缅语反响型量词的研究,并以此反观古代汉语的反响型量词,有一些体会。反响型量词(echo classifiers)是指与被限定的名词或动词形式相同(或部分相同)的量词。在藏缅语的许多语言里,反响型量词都或多或少地存在。如哈尼语:孩子一孩子(一个孩子),河一河(一条河)。藏缅语的反响型量词起源较早,性质特别,在量词的发展中起到了承上启下的作用。但过去对它的研究多集中在单一语言上,不同语言的综合研究较少,因而研究还不够深入。这次,我们对藏缅语的反响型量词进行了综合研究,看到反响型量词虽是个体量词的一种,但在性质上与其他个体量词有较大差异。非反响型个体量词用来称量名词时,除了语法意义外,都还有较明显的概念意义。反响型量词也有表示"称量名词的单位"的语法意义,但其语法功用超过了语义功用。特别是典型的反响型量词还不具有概念意义,仅是语音和语法的结合体。但从量词的发展上看,反响型量词作为早期的个体量词,在整个量词体系的发展中处于中介地位,起到了承上启下的作用。它经历了由"语音语法"结合体向"语义语法"结合体发展的过程。这与语法化过程相反,是一个"由虚到实"的演变过程,可以称之为"词汇化"过程。藏缅语与汉语是有亲属关系的语言,藏缅语有如此能产的反响型量词,古代汉语有没有?都说古代汉语有反响型量词,但各家列举的都仅是"玉十玉、田十田、牛十牛"等一些例子,为什么没有从古代文献中发现出更多的例子?还有个问题是,这些例子反映出的"名+数+量"的语序,究竟是古代汉语"数量词修饰名词"的修饰关系语序,还是用于纪事、列举的主谓关系语序。这涉及古代汉语有没有反响型量词。但从藏缅语与汉语的亲缘关系以及藏缅语反响型量词演变的规律上看,古代汉语应该有可能出现过反响型量词,因为这符合汉藏语系语言(以下简称"汉藏语")量词产生、发展的基本规律。如果这个认识可以确定下来,那么紧接着还有一个问题值得进一步探讨,那就是古代汉语的反响型量词后来为什么停止发展了,在后代的文献中不再出现新的例子,是什么原因造成的。是否与语序由"名+数+量"转变为"数+量+名"有关?尽管这些问题还未完全解决,但非汉语的参照对认识古代汉语的反响型量词是很有益的。[①]

上面讲的是亲属语言的参照。即使是非亲属语言的参照,比如汉语研究参照阿尔泰语系、南亚语系等语言,对语言研究也是有益处的。这个问题留在后面讲类型学问题时再讲。

(2)现代语言学发展的新趋势之二是,语言研究从以描写为主转为描写与解释相结合;而汉语非汉语研究相结合,则有助于对语言现象的解释。

语言研究的经验使人们认识到,要真正认识语言的本质和规律,光有全面、细微的语言描写是不够的,还要有对语言现象、规律的科学解释。描写只能提供对现象的认识,而解释才能透过现象进一步看到现象的本质。也就是说,解释是更高层次上的认识活动。但要对某一语言现象做出科学的、合理的解释,则必须参照别的语言。

---

① 戴庆厦、蒋颖:《论藏缅语的反响型名量词》,《中央民族大学学报》,2005年第2期。

前几年,我与傅爱兰一起做过汉藏语述宾结构的比较研究,从而对汉语、藏缅语的述宾结构特点有了一些新的认识。从谓语对宾语的选择关系或宾语的类别上看,藏缅语宾语的类别较少,主要是受事宾语。汉语的工具宾语、方式宾语、处所宾语在藏缅语里几乎全当状语用,与谓语构成状谓结构。比如:汉语的"吃大碗",在景颇语(属于藏缅语)里必须说成"(用)大碗吃";汉语的"去北京",景颇语必须说成"北京(处)去"。那么,汉语的宾语类别为什么比藏缅语复杂呢?为什么有这么多类别?我们的解释有两条:一是汉语的分析性比藏缅语强,谓语和宾语的关系除了语序外,主要靠语义关系,因而能够容纳更多的语义关系。而藏缅语则有较多的形态变化,述宾结构的语法标志除了语序外,还有格标记和形态变化。这些语法标记的限定,使得述语与宾语的搭配比较严格。藏缅语的大多数语言,主语与宾语、施事与受事是一致的,即主语是施事者,宾语是受事者,即使改变了语序,将受事者提到施事者之前,受事者也还是宾语。二是与语序的不同有关。汉语是"VO"型语序,宾语大多居于句子的末尾,有可能容纳更多的宾语类别;而藏缅语是"OV"型语序,宾语在动词之前,述宾结构的语序与状谓结构相同,二者能由形态或助词区分清楚,这就限制了宾语类别的扩大。总之,汉语也好,藏缅语也好,其述宾结构的特点是由各自语言的内部结构特点决定的。参照藏缅语述宾结构的特点,对解释汉语述宾结构呈现出的复杂现象会有一些帮助。① 值得注意的是,形态发达的阿尔泰语系语言之中,述宾结构的特点与藏缅语族有许多共性,所以汉语述宾结构的研究,不妨进一步参考阿尔泰语系等语言,这肯定对汉语研究会有好处的。

(3)现代语言学发展的新趋势之三是,越来越重视语言类型学和语言共性的研究。汉语非汉语研究相结合,能为语言类型学和语言共性的研究增添大量新的养料。

人类对语言的研究和认识,是从一个个具体的语言开始,然后再进行多种语言的综合对比研究。在很长的时间里,人们把注意力更多地放在对具体语言个性的认识上,但后来发现只注意个性还不够,必须研究语言的类型,研究语言的共性。于是,在20世纪60年代初出现了当代语言类型学学派。语言类型学是通过语言比较,包括亲属语言和非亲属语言比较,研究世界语言相同、相异的特点,从复杂的、无限的、纷繁的语言现象中归纳出少量的、有限的类型,其目标是揭示人类语言的共性、普遍性,包括语言结构、语言演变、语言认知、语言与文化等方面的内容。这个学派一出现,很快就风行一时,成了热门学派,成为当今语言学三大学派——形式学派、功能学派、类型学派之一。我国语言丰富,是研究语言类型学的广阔天地。汉语与非汉语的结合,既能深化我国语言的研究,又能丰富语言类型学研究。

先举个四音格词的例子。这两年,我与孙艳一起从语言亲属关系和类型学关系两个角度研究汉藏语的四音格词。我们看到,亚洲地区许多语言都有四音格词,除了汉藏语普遍有丰富的四音格词外,与汉藏语没有亲属关系的南亚语系也有四音格词,而且不同语言之间四音格词的语音结构和语义、语法的特点,还不同程度地存在共同点。比如,绝大多数四音格词都具有联绵特征,即音节之间具有双声、叠韵或谐韵等韵律关系。常见的音节类型都有 AABB、ABAB、ABAC 等类型。不同语言的四音格词,在功能上都具有较强的表意特征。存在这些共性绝非偶然,必定有其语言类型学的理据。但阿尔泰语、印欧语则没有像汉藏语这样的四音格词。四音格词的出现与否、发达与否,似乎与语言类型有关。我们看到,形态变化少的分析性语言,一般比形态变化多的语言容易接受四

---

① 戴庆厦、傅爱兰:《藏缅语的述宾结构——兼与汉语比较》,《方言》,2001年第4期。

音格词。再说,四音格词的出现与否、发达与否,与这个语言是否讲究韵律有关。我们还看到,讲究韵律的语言,四音格词比较丰富。① 类型不同,决定某一语法范畴的差异。

再举个声调的例子。亚洲地区有声调的语言,不同语言之间包括有亲属关系和无亲属关系的,声调都存在共性和个性。共性方面主要有:

①在有亲属关系的语群内部,声调的发展往往不平衡,一般都可分为发达型、不发达型、萌芽型、无调型等四种不同的类型。如:藏缅语这四种类型都有。属于发达型的语言如哈尼语,声调比较稳定,区别意义的功能较强。属于不发达型的语言如独龙语,声调虽已固定,但区别意义的功能相对弱些。属于萌芽型的语言如嘉戎语,虽然每个音节都有固定的声调,但是声调区别意义的功能很小,只有极少数词用声调区别意义。无调型的语言如安多藏语。再看与汉藏语没有亲属关系的南亚语系孟高棉语的情况。孟高棉语中有声调的语言有三种声调类型:属于不发达型的有德昂语广卡话、布朗语关双话等,有的有两个调,有的有三个或四个调;老挝克木语北部方言的昆话等属于萌芽型,只有两个调,有少数对立的词;佤语岩帅话等属于无调型,音节音高的高低不区别意义。

②从无调型到有调型转化都要经过"固定音高"的阶段。固定音高不区别意义,又称"习惯音高"。如:藏语安多方言的浊声母都读得低些,清声母都读得高些。老挝南部方言的鸟话的固定音高也是这样:清声母读低些,浊声母读高些。

③声调的产生和发展是声韵母简化、词的音节数减少的结果,是一种补偿手段。通过藏缅语四种声调类型的比较,可以看到这样一条共性:凡是没有声调或声调不发达的语言,声母、韵母都比较丰富,而且多音节的比例较大;而声调发达的语言,声母、韵母都比较简单,而且多音节的比例较小。也就是说,声调发达与否,与声母、韵母的丰富与否以及多音节词的比例大小正好成反比。如:属于无调型的道孚语,声母有 299 个,韵母有 58 个;羌语(北部方言)有声母 90 个,韵母 244 个。而属于声调发达型的哈尼语,声母有 30 个,韵母有 20 个。两相对比,界线分明。从藏缅语声调发展的不平衡性中,可以得到这样一个认识:声调不是原始藏缅语固有的,而是后来由于语音结构的变化而产生的,是某些语音功能弱化后出现的"补偿物"。我们设想,原始藏缅语有丰富的声母、韵母系统,多音节词的比例较大,但后来由于声韵母系统的简化,多音节向单音节演变,语言内部需要新的补偿物,于是出现了声调。这是藏缅语内部表达手段的转换。又如:属于孟高棉语族的佤语岩帅话没有声调,但有声母 53 个,韵母 162 个,元音分松紧两套;但有四个调的布朗语勐昂话,声母只有 25 个,韵母有 99 个,元音不分松紧。

④声调分化的条件主要是韵尾舒促、声母清浊,而且大多数语言是韵尾舒促影响声调分化在先。如嘉戎语新萌芽的声调按韵尾的舒促分为两类。② 德昂语广卡话的促声韵只固定在高平调上,舒声韵则因声母的清浊分化为高低两个调。

以上所谈的声调的这些共性特点,对研究汉语声调的产生及演变有着重要的参考价值。

汉语声调产生的历史长短如何,现不得而知,上古汉语究竟有几个声调,各家说法不一。但藏缅语声调研究的成果有助于汉语声调的研究。藏缅语声调研究的成果有两点已取得了共识:一是藏缅语声调产生的历史不会太长,这可以由藏缅语有一些语言至今

---

① 戴庆厦、孙艳:《四音格词在汉藏语研究中的价值》,《汉语学习》,2003 年第 6 期。
② 戴庆厦、刘岩:《从藏缅语、孟高棉语看亚洲语言声调的起源与演变》,载《中国民族语言论丛第二辑》,云南民族出版社,1997 年。

尚未有声调,以及反映7世纪藏语语音特点的藏文也显示出当时的藏语没有声调这些事实中得到证明。二是藏缅语的声调与汉语没有共同的来源。从以上两点可以推断,原始汉藏语共同语不会有声调,汉语的声调应当是在汉语与藏缅语分化之后产生的,其历史不会太长。藏缅语声调分化的条件,与汉语会有一些共同点,对汉语声调的研究会有借鉴作用。

不仅如此,汉藏语声调的对比研究,对解释人类语言为什么有的语言有声调,有的没有,具有一定的类型学的价值。

再如,汉语述补结构范畴的研究,如果能参照阿尔泰语、朝鲜语述补结构的特点,也能为认识汉语述宾结构的类型学特征提供有益的思路。因为阿尔泰语、朝鲜语的述补结构与汉语相比,无论在类别范围、语义关系、句法特征等方面既有共性,又有差异,有助于反观汉语的类型学特征。

## 二、我国的国情决定了汉语与非汉语研究应紧密结合

科学是属于全人类的,是无国界的。但任何一个国家的科学研究,都会从本国的国情出发,带有本国国情的特点,也都会利用本国的优势资源,发展具有本国特色的科学研究。语言学也是这样。

我国的语言有什么特点?从宏观上看,一是语种多,是世界上的一个语言资源大国。全国56个民族使用100种以上的语言。二是语言特点多样、复杂。100多种语言分属汉藏、阿尔泰、印欧、南亚、南岛等五大语系,有分析、黏着、屈折等不同类型。语言使用人口多少不一,多的如壮语,使用人口在1000万以上,少的如赫哲语,现在的使用人口在百人以下。语言功能大小也很不一样。有的语言如蒙古、藏、维吾尔等语言,使用范围广泛;而有些语言如独龙、阿昌、基诺等语言,只在较小地区使用。有的语言有文字,有的没有。

还有一个重要特点是,我国不同语言相互间的语言接触和语言影响频繁。由于各民族的分布呈现大分散、小聚居的特点,加上各民族在长期的历史发展过程中互相交流,相互融合,因而在语言上不可避免地存在相互影响,出现你中有我、我中有你的局面。这是一个重要的基本国情,决定了要科学地、深入地认识我国语言的特点必须注意语言之间的关系。

汉语与少数民族语言之间的语言接触和语言影响是双向的。但由于人口差异的原因、经济文化的原因,汉语对少数民族语言的影响是全方位的,各少数民族语言都毫不例外地与汉语有过接触,都程度不同地受到汉语的影响。这是因为在我国众多的民族中汉族人口最多,占绝对优势。据2000年人口普查数字,全国总人口有1242612226人,其中汉族有1137386112人,占全国总人口的91.5%。少数民族人口有105225110人,仅占全国总人口的8.5%。汉语对少数民族语言的影响有着悠久的历史,有史料可查的就可以追溯到秦汉时期。如《后汉书西南夷列传》中记载的一首《白狼王歌》,是后汉明帝永平年间(58—75年)白狼王为了歌颂中央政权使用一种藏缅语写作的诗歌。从诗歌的用词上看,当时这种藏缅语已借用了不少汉语词。有不少语言受到汉语的深层影响。如:白语中的汉语借词高达60%以上,语音、语法方面也受到不少影响。历史上汉语在不同时期留在少数民族语言里的成分,对于汉语或少数民族语言的研究都有宝贵的价值,可以从中窥见历史上汉语或少数民族语言的特点。

在漫长的历史长河中,不仅是汉语影响少数民族语言,少数民族语言也影响了汉语。

特别是在史前,少数民族语言有可能比后来更多地影响汉语。在汉语(包括不同的方言)和少数民族语言的比较研究中,人们已经从汉语里发现了一些少数民族语言成分,而且预计随着研究的深入将会从汉语里发现更多的少数民族语言成分。

  汉语与少数民族语言研究的结合,是发展我国语言学的一个重要的结合点。我相信,这个结合点将会有力地推动我国语言学的发展。我希望能有更多的人从事这项结合的研究。

(原载《语言与翻译》2005 年第 3 期)

# 跨语言视角与汉语研究

戴庆厦*

[摘　要]　本文认为汉语研究如果能把视角扩大一些,看看其他语言特别是亲属语言的特点,做些语言间的比较,就会发掘出单个语言研究所看不到的特点和规律。文中还举例说明如何从跨语言视角发现问题、解释问题以及验证已有的认识。

[关键词]　跨语言;反观;验证;解释;藏缅语;汉语

我主要是做与汉语有亲缘关系的藏缅语族语言研究的,这几年做了一些汉语和少数民族语言的比较研究,深感跨语言视角下进行语言研究的必要性。下面谈几个问题。

## 一、汉语研究要有跨语言视角

认识一种语言的特点(包括共时特点和历时特点),如果只把视角局限在单个语言上,显然是不够的。如果能把视角扩大一些,看看其他语言特别是亲属语言的特点,或者进一步做些语言间的比较,就会感到天外有天,也就能发掘出单个语言研究所看不到的特点和规律。汉语研究是这样,非汉语的研究也是这样。

汉语是属于汉藏语系(以下简称"汉藏语")的一种语言。它的周围有众多的亲属语言,如藏缅语族的藏语、缅语、羌语、景颇语、彝语,壮侗语族的壮语、侗语、傣语、水语、黎语,苗瑶语族的苗语、瑶语等。这些语言与汉语有亲缘关系,相互间既有共性,又有个性。汉语的亲属语言都不同程度地保留着原始汉语的一些特点,以及与现代汉语相同、相近、相关的特点。因而,汉语的研究有可能通过与亲属语言的比较得到启示,看到单一语言研究所看不到的特点和规律。近期相继在暨南大学、山西大学、河北师范大学等高校召开的有关21世纪语言学的论坛,探讨在21世纪如何加快发展中国语言学,与会专家普遍认为汉语研究与非汉语研究相结合是深化汉语研究的一条重要的路子。

即便是没有亲属关系的语言,如阿尔泰语系的维吾尔语、蒙古语,南亚语系的佤语、布朗语等,汉语研究也可以通过与这些语言的比较得到启示。因为没有亲属关系的语言之间,也存在语言共性。另外,阿尔泰语系、南亚语系等语言长期与汉语有着接触关系,"你中有我,我中有你",因而汉语的研究可以从比较中得到一些有益的旁证。

## 二、从跨语言视角中发现问题

发现问题、提出问题,是语言研究重要的一步,关键的一步。做语言研究的人,当接

---

* 作者简介:戴庆厦,男,云南师范大学汉藏语研究院院长,中央民族大学教授,中国语言学会副会长。

触到所研究的语言后,必须尽快提取该语言的特性,并从中提出所需要解决的问题。发现和提出有价值的问题,是语言研究者必须具备的素质。但要走好这一步,则要有对具体语言的敏感性;而语言敏感性的获得,有效的手段之一是通过语言比较。

比如,现代汉语有没有自主动词与非自主动词的对立,20世纪80年代之前几乎没有人提出现代汉语有自主动词与非自主动词的语法范畴。1988年,马庆株受到藏语自主动词与非自主动词的启发,提出了现代汉语也存在自主动词与非自主动词的主张,并提出划分这两类动词的语法标志。其结论是:"汉语动词由语义上自主与非自主的对立形成了一对语法范畴。自主动词和非自主动词对语法结构有重大的影响,是汉语动词的基本类别。"[①]藏语的自主动词与非自主动词的对立是有形态标志的,如"看"一词,自主动词是 blta,非自主动词是 mthong。而汉语是由语义差异影响语法结构的。二者有同有异,但有密切关系。又如,汉语究竟有没有被动范畴,学术界意见不同,因而就有不同的称法:有的称被动表述,有的称被字句,有的称被动句等。但从跨语言的视角看,汉语的被动表述则有其不同于其他语言的显著特点。藏缅语中的一些语言如彝缅语支、景颇语支等,就没有被动态,也没有像汉语那样的被动句或被字句。但这些语言则有一种强调施事的施动句,即"强调式施动句",其语法手段是在施动者后加施动助词,构成"受动者+施动者+谓语"的句式。这些语言在翻译英语或汉语的被动句时,由于意义上的某些相通,往往使用这一句式与之对应,所以有的语法书就以为这种句式就是被动句。其实不然,这种句式是一种特殊的主动句句型,不是被动句。藏缅语许多语言没有被动态的事实,使我们推测被动态不是原始汉藏语就有的,汉语的被动句可能是后来自己产生的。汉藏语语法研究中被认为最先有被动句的语言是汉语,但汉语"被动句"的提出则与英语语法研究的影响有关。英语被动句有严格的形式标记,由"Subject+be+V-en"构成(其中的 V-en 是过去分词),引导施事的 by 介词短语可以省略。在语义上,被动句表示动作、行为不是主动的而是被动的。显然,汉语的被动句与英语的被动句在性质上是不同的。汉语的被动句也不同于藏缅语的强调式主动句,在汉藏语中独树一帜,是一种非常复杂的句式。因此,认清汉语的被动句,不仅要摆脱印欧语的眼光,还要参照亲属语言。

## 三、对发现的问题进行解释

发现问题,是揭示语言内部规律的第一步。但只发现问题是不够的,还要对问题进行解释。因为解释是认识从感性到理性的升华,是认识事物由表层向深层的推进。现代语言学发展的趋势之一,是从单纯的语言描写转为描写与解释相结合。

语言问题(包括语言现象和语言规律)的解释,内容是多方面的。其中主要有:它的性质如何,它是如何形成的,其形成的机制是什么,受哪些因素制约,等等。固然,语言问题的解释,要从语言自身结构中去发掘,但跨语言的比较则能为语言问题的解释提供有价值的证据。

比如,汉语有丰富的四音格词(又称"四字格"),属于汉藏语的其他语言也有,相互间既有共性也有个性,而且有的语言之间的共性大于个性。这是为什么?为什么汉藏语普遍有四音格词,而非汉藏语的阿尔泰语、印欧语等则没有或者很少?我们还可以进一步追问,汉藏语诸多语言的四音格现象究竟是亲缘关系(即从原始共同语继承下来的)还是

---

① 参见马庆株:《自主动词和非自主动词》,载《中国语言学报》1988年第3期。

后来各自产生的,属于类型学关系?从非汉语的四音格特征反观汉语,能否有助于认识汉语四音格演变的轨迹,能否有助于揭示汉语四音格形成的语言机制?我们通过汉藏语诸多语言的比较,看不到其相互间的同源关系,而且注意到缺乏形态手段的分析性语言,一般比形态手段丰富的语言更易于产生四音格词,并且更容易将它作为构词的重要手段来使用。就是同属一个语族的语言,四音格词的丰富与否,也与分析性强弱有关。比如,藏缅语中的彝、载瓦、土家语等语言,分析性相对较强,这些语言都拥有丰富的四音格词;而藏、羌(南部)、普米语等语言,其形态变化相对丰富一些,四音格词也相应地较少。由此可以推测,汉藏语普遍存在的四音格现象,并非来源于原始汉藏语,而是各种语言在后来各自形成和发展的,是语言类型作用的结果。我们还看到,韵律、双音节化、对称、重叠、类推以及词汇化等因素,是汉藏语四音格词形成和发展的动因。不同语言间有相同的动因,是类型关系的作用。通过亲属语言的反观,我们可以认为汉语之所以有如此丰富的四音格词,是与汉语的分析性特点以及讲究韵律、对称分不开的。

再谈如何认识汉语的述宾结构。与藏缅语相比,我们可以明显地看到汉语的述宾结构类别多、特点复杂:既有受事宾语,又有工具、处所、时间、施事等宾语。比如:吃大碗、去北京、等半天、(台上)坐着主席团。只要是在动词后的体词,都算宾语。但藏缅语则不同。藏缅语的宾语,类别比较简单,主要是受事宾语,没有工具、处所、时间、施事等宾语。汉语中工具、处所等类的宾语,藏缅语表达时大多都改为状语,也有改为主语的,说成"用大碗吃、北京方向去、半天等、主席团坐着"。汉语与藏缅语的这种差异,与语法类型的差异有关。其一,汉语的分析性比藏缅语强,谓语与宾语的配合关系除靠语序手段外,还要靠语义关系,因而能够容纳更多类别的宾语;而藏缅语则有较多的形态变化,述宾结构的语法标志除了语序外,还有格标记和形态变化,使得述语与宾语的语义搭配比较严格,主语就是施事者,宾语就是受事者。其二,与基本语序的差异有关。我们知道,汉语是"谓语+宾语"语序,谓语之后的宾语是补语之外唯一的句子成分,有可能容纳多种宾语类别。而藏缅语是"宾语+谓语"语序,宾语在谓语之前,述宾结构的语序与状谓结构的语序相同,限定动作行为的工具、地点、时间等均由状语成分承当。可见,汉语宾语的类别,是受动词的特点和语序的特点制约的。

动词研究,一直是汉语词类研究的重点,但要深入认识汉语的动词,则要有汉藏语的整体眼光做指导。汉藏语的动词从形态上可以分为两类:一类是分析性强的语言,如汉语、壮侗语、苗瑶语等;另一类是屈折性强的语言,如藏缅语中的嘉戎语、独龙语、景颇语等。两类语言的动词特点的不同,也制约了其他方面的特点。

## 四、从跨语言的视角中验证已有的认识

汉语研究的历史较长,过去形成了不少共识,但随着人们认识的深化,有可能对过去的共识重新再作思考。比如,什么是主语,什么是宾语,主语和宾语如何辨别的问题,在汉语研究中是一个尚未解决好的问题。汉语形态标志少,不能靠形态辨别主、宾语,于是受大多数人首肯的是语序标准,即在前的是主语,在后的是宾语。这样处理倒是容易操作,但简化后又带来了新问题。比如"台上坐着主席团"的"主席团",因在谓语之后,被视为是"施事宾语",宾语不是受事者;"他被打了"的"他",因在谓语之前,被视为是"受事主语",主语不是施事者。"施事宾语"和"受事主语"的概念不甚科学,与语义句法是有矛盾的。我们看一看亲属语言的情况。亲属语言中形态比较丰富的独龙语、景颇语等,辨

别主语、宾语主要靠形态标志(包括助词和变音)。这类语言的主语与施动、宾语与受动一般是一致的,即主语就是施动,宾语就是受动,不存在受事主语或施事宾语。以景颇语为例:

① ŋai³³ ʃi³³ phe⁵⁵ kă³¹ jat³¹ să³¹ ŋai³³. 我打他了。
　　我　他(宾助)　打　　(句助)

② ʃi³³ phe⁵⁵　ŋai³³ kă³¹ jat³¹ să³¹ ŋai³³. 我打他了/他被我打了。
　　他(宾助)我　打　　(句助)

③ naŋ³³ nam³¹ si³¹ ʃa⁵⁵ ka̲u⁵⁵ u³¹! 你把水果吃掉吧!
　　你　水果　　吃掉　(句助)

④ nam³¹ si³¹ naŋ³³ ʃa⁵⁵ ka̲u⁵⁵ u³¹! 你把水果吃掉吧!/水果你吃掉吧!
　　水果　　你　吃掉　(句助)

上面例①、②语序不同,但基本意思相同:主语都是"我",是施动者,由句尾助词"să³¹ ŋai³³"指示和限定;宾语都是"他",是受动者,由宾语助词"phe⁵⁵"指示和限定。例①是基式,主语在宾语之前;例②是变式,是宾语提前句。例③、④的主语都是"你",由句尾助词"u³¹"指示和限定。汉语的"台上坐着主席团"译为景颇语时,其语序必须改为"主席团台上坐在"。"主席团"是主语。汉语和景颇语是亲属语言,为什么汉语把"主席团"看成宾语,而景颇语则看成主语。是语言特点不同而用不同的标准还是汉语不该这么看?汉语这种辨别主、宾语的标准,在理论上能否站得住?如果站得住,为什么汉语与有亲属关系的藏缅语,在主宾语的辨别上存在不同的标准?这应该如何解释,在语法理论上是否可行?是语言特点的不同而采取不同的处理方法还是汉语研究使用的方法存在问题?这些值得我们进一步去反思。

又如,汉语的助词包括结构助词、语气助词、体助词几类,这种归纳法是否妥当?在藏缅语里,三者之间的语法特点很不相同,放在一起跨度太大。如何分合,应该再作思考。

总之,从非汉语反观汉语有助于汉语的深入研究。我这里主要是提出一些问题供大家思考。至于这种反观的方法论问题,则有待今后进一步去总结。

**参考文献:**

[1]戴庆厦.汉语结合非汉语研究的一些理论问题[J].长江学刊,2002(1).
[2]戴庆厦.关于汉藏语语法比较研究的一些理论方法问题[G]//藏缅语族语言研究.昆明:云南民族出版社,2004.

(原载《汉语学习》2006年第1期)

# 古汉语研究与少数民族语言

戴庆厦[*]

[摘　要] 本文主要论述古汉语研究结合少数民族语言的必要性及其难点,还对方法论问题进行了初步的探讨分析。

[关键词] 古汉语;少数民族语言;必要性;难点

我不是做古汉语研究的,但做过一些汉语和少数民族语言的比较,还对汉语的古今演变有兴趣。这些研究实践,使我认识到汉语研究与少数民族语言结合的价值和意义。所以,过去我曾经写过几篇论文,论述汉语研究结合少数民族语言的重要性、可能性以及方法论等问题,但还没有专门写过少数民族语言与古汉语研究的关系。[①] 最近,湖南师范大学邀请我参加《古汉语研究》创刊 20 周年学术研讨会,希望我在会上做个发言。这使我有机会集中思考了一下古汉语研究与少数民族语言的关系,写成了这篇论文。在这篇论文里,我想通过以往汉语研究结合少数民族语言的实践经验,论述一下古汉语研究结合少数民族语言的必要性及其难点,并就其方法论问题发表一些不成熟的想法。

## 一、古汉语研究需要少数民族语言参照

研究语言,如果只局限在所研究的单一语言上是不够的,还要通过语言对比,从别的语言的反观中加深对所研究语言的认识。我国的语言研究也是如此。对古汉语研究或者是汉语史研究来说,少数民族语言的参照作用则有其特别的价值,不同于一般的语言对比。少数民族语言对古汉语研究的参照价值,可以从以下几方面来认识。

1.汉语有众多的亲属语言,是研究古汉语宝贵的、难得的资源,应当重视开发、利用。每种具体语言,除了极少数还无法辨明其系属关系而确定不了其亲属语言外,都有其亲属语言群。但亲属语言的数量不等,有的语言多些,有的少些;与亲属语言的特点差异也不相同,有的语言差异大些,有的小些。数量和特点存在的差异,对语言研究获取参照物构成了含金量不等的价值。有的价值大些,有的小些。但不管大小如何,都会有价值。

汉语有为数众多的亲属语言。其中属于我国少数民族语言的,有藏、羌、彝、景颇、阿昌、苗、瑶、壮、侗语等语言。在我国的语言中,汉藏语系语言约占语言总数的一半多。

---

[*]　作者简介:戴庆厦,男,云南师范大学汉藏语研究院院长,中央民族大学教授,中国语言学会副会长。

[①]　这些论文是:《汉藏语和粤语》,载《第一届国际粤方言研讨会论文集》,香港现代教育研究社出版,1993 年。《跨语言视角与汉语研究》,载《汉语学习》,2006 年第 1 期。《再论汉语非汉语研究相结合的必要性》,载《语言与翻译》,2005 年第 3 期。《汉语结合非汉语研究的一些理论问题》,载《长江学刊》第 1 辑,2002 年 5 月。《汉语方言研究与少数民族语言结合的一些理论方法问题》,载《满语研究》,2003 年第 1 期。《关于汉藏语语法比较研究的一些理论方法问题》,载《中央民族大学学报》,2002 年第 2 期。

《中国的语言》一书汇集的语言有 129 种,其中属于汉藏语系语言的就有 76 种,占收入总数的 58.9%。[①] 此外,在境外还有数量繁多的属于汉藏语系的语言,如缅语、克伦语、列普查语、塔曼语等。汉语的亲属语言不仅语种多,而且特点丰富。既有形态变化复杂的语言,如嘉戎语、羌语、普米语等;又有分析性特点非常强的语言,如哈尼语、傈僳语、拉祜语等。丰富的亲属语言资源,为古汉语研究提供了多渠道的养料,是古汉语研究绝好的、取之不尽的源泉。这种研究条件是许多语言所没有的。凭借这种优越的语言资源条件,我们完全能够在语言学的建设上做出自己特殊的贡献。

2. 由于语言发展的不平衡性,少数民族语言中保留了许多汉藏语古代的特点,有些也是古汉语的特点,因而古汉语和汉语史的研究能够从中获取有用的证据。

语言纵向的特点,往往在亲属语言共时的、横向的特点上有所反映。汉语也是如此。汉语史的演变特点,在有亲属关系的少数民族语言里往往表现为横向的对应关系。比如:古汉语中曾经出现过的"田十田""牛十牛"等反响型量词,在现代的哈尼语、载瓦语里还大量出现。又如使动范畴的形态变化,这种语法形式古汉语曾经有过,但后来衰退了,而藏缅语中许多语言如景颇语、载瓦语、独龙语等,现今仍保留不少这种古代语法形式。亲属语言之间存在的这种关系,使得少数民族语言能为汉语的历史研究提供大量的、有价值的线索和旁证,也能为构拟原始汉藏语和揭示汉藏语历史演变规律提供证据。

3. 少数民族语言与汉语接触留下的烙印,能为古汉语研究提供线索和证据。

汉语和少数民族语言之间的关系历史悠久,经历过长期的语言接触、语言影响的历史过程,形成了"你中有我,我中有你"的交融局面,因而语言研究有可能从语言分析对比中获取某些线索和证据。如古汉语的"箸",现代汉语只有少数方言如闽方言还用这个词,但汉语的许多亲属语言都使用这个词,有些是借用汉语的,有些是同源的。如:彝语的 $dʑɯ^{21}$、怒语的 $dʑu^{55}$、哈尼语的 $dʑu^{55}\,da^{55}$、傈僳语的 $a^{55}\,dʑu^{33}$、白语的 $tsʋ^{31}$、阿昌语的 $tam^{55}\,tso^{31}$ 等。这些词的读音对研究汉语的古音是有帮助的。即便是没有亲缘关系的语言,如阿尔泰语系的维吾尔语、哈萨克语、蒙古语,南亚语系的佤语、布朗语等,在这些语言里也都不同程度地含有古汉语的成分和特点。一些用民族古文字记录的历史文献,都会散落着或多或少的古汉语信息,研究者也能通过某种对比、考证,从中筛出有用的证据或参考材料。汉语古代的一些特点,在现代汉语里消失了,但保存在少数民族语言里。

4. 汉语研究和少数民族语言研究的结合,是从汉语史研究的需要开始的,也是二者结合主要要做的工作。

从 20 世纪的上半叶开始,当时一些研究汉语的学者,主要是研究汉语史的语言学家,由于接触了少数民族语言,认识到研究汉语史若能从少数民族语言里吸取养分是大有好处的。如 1934 年国学大师陈寅恪在致沈兼士的信中曾强调汉语的词源研究联系亲属语言的重要性。他说:"读大著(注:《右文说在训诂学上的沿革及其推阐》,1933)所列举诸方法外,必须再详考与中国语同系诸语言,如:西藏、缅甸语之类,则其推测之途径及证据,更为完备。"[1](p183) 这期间,一些语言学家做了二者结合的尝试,并取得了一些令人瞩目的突破。其中,李方桂、罗常培是较早的开拓者。汉藏语比较语言学家龚煌城说:"李先生的《上古音研究》最重大的意义在于它开启了一条通往汉藏语比较研究的大道:

---

[①] 孙宏开、胡增益、黄行主编:《中国的语言》,商务印书馆,2007 年 6 月。该书汇集的语言,有汉藏语系语言 76 种,阿尔泰语系语言 22 种,南岛语系语言 16 种,南亚语系语言 9 种,印欧语系语言 1 种,混合语 5 种。

如果没有它,真正的汉藏语音韵的历史比较将无法展开。"[2](p57) "汉藏比较语言学虽然已有一百多年的历史,然而到目前为止,仍然没有什么成就,究其原因,乃是因为我们未曾把汉语语音史(汉语音韵学)的研究与汉藏语比较语言学的研究结合起来。"[3](p63) 罗常培先生在《唐五代西北方音》一书中,使用敦煌千佛洞的四种汉藏对音文献,考证了唐五代西北方音系统。他说:"由这番比较研究的结果,我发现唐五代西北方音很有些前人所没有说过的特点。"并认为这种对音研究"对于拟测汉字的古音确实开辟了一条新途径","如果有人肯向这块广袤的荒地去耕植,一定还会有更满意的收获"[4](p1)。后来,一些研究汉语的学者也有过不少有关汉语和少数民族语言研究相结合的论述。如朱德熙先生1987年8月在《汉藏语概论》一书的序中说:"为了加强汉藏语的研究,就国内的情况来说,首先要清除汉语研究和汉语以外的汉藏语言研究之间长期存在的隔离状态。"[5](p2) 如今,这一认识已经成为语言学家的共识。

近期,汉藏语的一些学者把注意力投向汉语和少数民族语言的结合上,在做专题的、细微的语言比较,出现很好的势头。如:潘悟云的《藏文的ɕ-与z-》一文,"通过'夜''死'等例子,论证藏文的部分ɕ-与z-对应于上古汉语带*-l的声母辅音,从而说明汉藏两语中发生过音变:l->lj->j->z->z-与l->lj->ɕ->s-。"[6] 石德富的《黔东苗语帮系三等汉借字的形式》一文,通过苗语汉借字的分析,"讨论帮组三等词在黔东苗语的不同表现形式,说明上古汉语重纽三等韵有*-r-介音"。[7] 又如:蒋颖在《论甲骨文、金文的反响型量词——兼与藏缅语比较》一文中,运用类型学理论,通过藏缅语与汉语的比较,对甲骨文、金文中存在少量"A+数+A"的结构,如"羌百羌"做了研究。"A+数+A"结构中的后一个"A",是不是反响型量词,学术界有过争论。她认为"甲骨文、金文'A+数+A'格式中居后的'A',可以而且应该是反响型量词。"但对于为什么汉语反响型量词产生的时代早,使用时间不长,数目不多,而藏缅语许多语言的反响型量词至今仍是能产、活跃的一类量词,同是亲属语言,为什么二者的发展道路如此不同这些问题,该文解释道:"汉语此期的反响型量词未达到重新分析的阶段,使用上具有专用黏着性,主要作用不在表义。汉语与藏缅语反响型量词之所以出现两条不同的发展道路,主要是由语序、句法关系、语音形式等方面的因素决定。"她又说:"甲骨文、金文时期汉语量词仍处于萌芽状态,其句法地位还不稳定,量词的使用没有强制性,多数情况下名词计量根本不用量词。……'名+数+量'语序对反响型量词的产生有很大影响,它是最有利于反响型量词产生和发展的语序。如哈尼语、纳西语等语言数量名短语的语序是'名+数+量',其反响型量词发达;汉语甲骨文、金文使用量词的语序格式不固定,有'名+数+量''名+量''数+量'等多种语序,其中以'名+数+量'格式最多见,只有少量的反响型量词;藏语、景颇语等语言是'名+量+数'语序,这些语言都没有反响型量词。"[8] 看来,这把火今后会越烧越旺!

## 二、汉语史研究与少数民族语言结合的难点

1. 难点之一是,在寻求证据时有时分不清是类型学关系还是亲属语言关系。汉语与其亲属关系的语言做比较,二者形式上的相同、相似有两种可能的关系。

一是由语言亲属关系引起的。就是说,某种相同、相似的语言成分,由于是亲属语言,相互间有着共同的来源和有共同的语言演变规律,因而,有可能用乙方存在的特征来证明甲方特征的存在。比如,现代藏缅语的许多语言都还保存使动范畴的形态变化,并且还能构拟出原始藏缅语的使动形式。但古代汉语有无使动范畴的形态变化?多年的

研究已趋向于认为古汉语有使动范畴的形态变化。所以,用藏缅语的使动范畴材料来发现、印证古汉语的使动范畴就比较可信。梅祖麟的《上古汉语动词浊清别义的来源——再论原始汉藏语＊s-前缀的使动化构词功能》一文中,通过汉语与藏缅语的比较,证明"使动化＊s-前缀的清化作用产生上古汉语的浊清别义,如'败'＊b-'自破'/'败'＊p<＊s-b'破也'。折'断也'/折'拗折'。藏语、缅彝语、西夏语、哈由语(Hayu)等9种藏缅语都有自动词/使动词的浊清别义,而藏缅语的比较表明这些语言的浊清别义也是由使动化＊s-前缀产生,可见使动化＊s-前缀在原始汉藏语中已经存在。"[9]

二是类型学关系引起的。如果所比较的问题没有发生学上的关系,其形式上的相同、相似就只是类型学上的关系。这种关系的"反观",虽然也有价值,但只能是一种参照,一种旁证,不及上一类型的有力。例如,关于上古或上古以前的汉语声调研究,汉语方言及文献已提供不出更多有价值的证据,于是研究者就把目光投向少数民族语言,试图通过汉语和少数民族语言的比较,揭示上古或上古以前的汉语声调状况。但究竟能否突破,主要看汉语的声调与少数民族语言有无发生学上的关系,当然还要看现存的语言能否提供揭示早期语言声调的线索。如果用来比较的语言与汉语有发生学上的关系,所求证据的含金量就会高些;而如果没有发生学上的关系,那就只能提供类型学演变的旁证材料。藏缅语声调的演变很不平衡,存在发达型、萌芽型、无调型三种不同的类型。现有的研究成果已经证明:藏缅语声调产生的历史不是很长,至今藏缅语中还有一些语言尚未产生声调(如道孚语)或声调只处于萌芽状态(如嘉戎语)。藏缅语声调研究通过古藏缅文和现代方言的比较,已求出藏缅语从无声调到有声调的演变规律。藏缅语和汉语有亲缘关系,藏缅语声调产生和演变的规律对古汉语声调演变的研究是有价值的。但是,藏缅语和汉语的声调是这两个语群分化后的产物。也就是说,原始汉藏语是无声调的。这样,藏缅语声调的演变规律,就无法直接印证汉语声调是怎么演变的,只能从类型学的角度为汉语声调演变的方式提供参考,如声调的分化与声母清浊、辅音韵尾的关系等。

2. 难点之二是,由于汉语与亲属语言分化的时间久远,同源关系和对应关系保留在现代语言里的成分多少不一,给汉语研究结合少数民族语言带来一定的困难。

不同语言的古代特点的遗存,有的语言多些,有的少些。如果遇到遗存成分少的,在论证关系时就会感到语料不足,出现论点大于语料,甚至容易得出似是而非的结论。这个现象,在过去已发表的一些论文中能够看到。比如,有的学者在确定少数民族语言与汉语的同源词时,只凭语音相似就确定是同源词,缺乏一组词的语音对应规律,给人一种孤证的感觉。在调配社会文化因素和语言本体的凭据时,有的出现了社会文化参照因素盖过了本体论证材料。我认为,语言关系的判定,最后还是要由语言本体的证据来确定,社会文化因素只能作为参照。遗迹成分保留少的语言,是研究语言关系的难点,也是需要多用力的。这是最见水平的研究。但这不是说不重视社会文化因素,而是说要区分社会文化因素与语言本体证据的不同性质。

3. 难点之三是,非汉语的研究有许多研究得不深入,成果少,在取材时容易错位,即把不是同一性质的东西放在一起比。

比如,拿汉语单音节词与藏缅语的多音节词进行比较,如果多音节词的构成没弄清楚,就分不清要与哪个音节对应。如果选错了,就会得出错误的结论。又如,藏缅语的复辅音有的是古代特点的遗存,有的不是,如果对单一语言研究不够,就分不清哪些是古代遗留的成分,哪些是后起的,就无法确定比较对象的关系。如发现羌语的韵尾有复辅音韵尾时,有的就认为这是古代藏缅语的遗存,有价值,并为之振奋。但后来经过进一步的研究,才发现这是后来羌语自己创新的,没有太大的历史比较价值。

4. 难点之四是,不同语言的相关成分放在一起比较,有的不易判断其发展上的先后顺序。从亲属语言里寻找证据,总是先要把相关成分放在一起比较,然后确定其价值。为了寻求其发展规律,在操作过程中必须确定比较成分的先后顺序。但有的容易判断,有的则有许多困难。比如,汉语与彝语支语言的松紧元音韵母对应,汉语促声韵母对彝语支的紧元音韵母,舒声韵母对松元音韵母,由此假设彝语支语言的松紧元音韵母来自原始汉藏语的促声韵母。这个假设能够从彝语支语言的音变规律、变读现象、借词特点等方面得到证明。彝语支这一音变取向,能够反过来为上古汉语有无松紧元音韵母对立提供旁证。当彝语支的松紧元音被发现后,从事汉语史研究的有的学者就猜想上古汉语有无松紧元音的对立。彝语支语言的研究成果否定了这一猜想。[10]

OV 型和 VO 型是人类语言的两大语序类型。这两种语序在一些语言的历史演变中曾有过互变的关系。如古英语的 OV 语序后来演变为今日的 VO 型语序。汉语的情况又是如何?至今意见不一。一种意见认为,古汉语是 OV 型,后来变为 VO 型;另有相反的意见,认为古汉语是 VO 型,后来进一步强化。少数民族语言中,有 VO 型的,如壮侗语、苗瑶语;也有 OV 型的,如藏缅语;有的语言,两种语序都有,如白语。这两种语序各有自己的蕴含特征:属于 VO 型的,分析性较强,动词的语法形式缺少形态变化;而 OV 型语言则屈折性较强,动词的语法形式有较丰富的形态变化。汉藏语的历史比较成果初步认为,古代汉语(上古或上古以前)的形态变化比现代汉语丰富,根据蕴含规则,古代汉语是 OV 型的可能性较大。但只有这一条,证据还不足。如果我们通过汉藏语的深入比较,进而发现古汉语曾经存在更多的形态变化,如使动范畴的形态变化等,就有可能为证明古代汉语曾是 OV 型语序增添证据。

## 三、加强古汉语研究与少数民族语言结合的几点想法

半个世纪以来,古汉语研究与少数民族语言研究相结合虽然做了不少的工作,但总的看来这个资源还开发得很少。

1. 必须认识到古汉语研究与少数民族语言结合虽然有重要价值,但却不是容易做好的。

这是因为汉语在语言系属关系中有其特殊性。特殊性之一是:汉语没有与它特别接近的亲属语言,这就造成了古汉语研究参照亲属语言缺少了"过渡证据"。一般说来,一种语言都会有一定数量的或近或远的亲属语言。以藏缅语的哈尼语为例,其亲属语言中与它最近的是傈僳语、拉祜语、彝语等,其次是景颇语,再远的是羌语、普米语、藏语等。如果一种语言的亲属语言既有远的又有近的,在研究取证上就有其方便之处。传统的汉藏语分类是"一语三族",即把汉藏语分为汉语、藏缅语族、苗瑶语族、壮侗语族。三个语族内部都有一群远近不等的亲属语言,唯独汉语是孤零零的一个。汉语单独与三个语族并列,处于语族的地位(所以有的学者称之为"汉语族")。汉语与亲属语言比较,一开始就要与不同语族的语言比较,跨度很大,没有较近的语言可以依托,这就有难度。特殊性之二是:汉语与亲属语言之间分化时间久远,相互间的特点差别大,要疏通、证实所比较成分的关系不是轻而易举的事。就拿同源词比较来说,由于分化的时间长,保留下来的同源词不多,再加上语言之间长期接触而出现的借贷关系,支撑语音对应规律的例词不

多,很难凭一两个或几个例词就确定有同源关系。过去的研究成果中,有的同源词的确定只凭"貌似",缺少语音对应规律做依据,甚至出现"孤证"和"拉郎配"的现象。汉语系属关系的特殊性,决定了其研究上的难度。但有难度的,更能显示研究者的水准。汉藏语比较不是一蹴而就的,要靠逐渐摸索,逐步积累,这当中会有反复,会有失败。论证不足的假设是难免的,可以作为进一步研究的基础。

2. 要用系统论的观点观察、研究语言关系。

语言关系中出现的局部共性,是与其他特点相关联的。所以在比较中要广开思路,寻找各方面的证据。善于从隐性现象中发现显性特点,从不被重视的现象中提取有用的证据。比如,研究汉语的使动词,不能只研究语法,还要研究使动词的语音特点,以及与使动词有关的同族词等。又如,研究上古汉语有无清化鼻音和边音,谐声字是一个突破口。董同龢(1967)看到了谐声字互谐中有 m-与 hm-谐的情况,如"每——悔、海""毛——耗""黑——墨"等,曾为上古汉语构拟了一个清鼻音 hm-。李方桂大致同意这个意见,并进而构拟出一套清化鼻音和非清化鼻音的声母。若这一设想能够扩大与亲属语言比较,就有可能获取更多的证据。这当中必须涉及鼻音、边音的历史演变、复辅音和单辅音的演变规律等。地名、人名、固定结构词语等都会留下一些语言的历史遗迹,值得重视。

3. 要加强汉藏语亲属语言的基础比较研究,特别是由下而上的比较研究。

汉语研究与少数民族语言结合成效如何,很大程度上取决于汉藏语亲属语言比较的水平如何,特别是由下而上即由近程到远程的比较研究。这是汉语研究与少数民族语言结合所要依赖的基础;没有这个基础,二者结合只能建立在不牢靠的沙滩之上。汉藏语比较,有远程和近程之分,两种方法各有千秋,但近程比较相对比较实在、牢靠。汉语研究与少数民族语言结合,需要更多地关注、使用近程比较的方法。

4. 辩证地处理好假设和求证的关系。

在科学研究中,假设是必要的,这是研究客观世界的一个重要方法。汉语研究结合少数民族语言,也需要有假设。如上所述,汉语和非汉语分化的时间久远,分歧很大,大量的关系残缺不全、似是而非,因而要做到"十分材料六分观点",在很多情况下是不可能的。这就需要有假设。假设经过论证,有的能够得到证实,但也会有错的,得不到证实。"一孔之见",有看到片面的,但也会看到正面的。不能因为没有百分之百的把握就否定假设在语言研究中的重大意义。比如,通过汉语与藏缅语的比较,能够看到二者存在少量使动范畴形态变化的相似关系,可以以此提出原始汉藏语存在使动范畴形态变化的假设,然后通过逐步深入的研究而求得进一步的证实。原始汉藏语存在复辅音的假设,现在还有不同的意见,有待今后证实。提出假设,不怕证据不足(证据不足还可以再补足),怕就怕在用了错误的语料,或比错了对象,如把汉语的词根与藏语的后缀或前缀放在一起比,把偶合的语音相似看成是同源词等。这种现象,在过去的汉藏语比较中常能看到。

综上所述,汉语研究结合少数民族语言有广阔的前景,会取得丰硕的成果。它对汉藏语语言学的发展、现代语言学理论的建设,都会起到重要的作用。这一研究,今后需要加强,需要更多的人去做。但我们要看到,汉语研究结合少数民族语言毕竟历史还不长,是个新事物,其理论方法还很不成熟,需要今后多做个案研究,更多地重视理论、方法的建设。汉语研究结合少数民族语言,是一门专门的学问,具有鲜明的中国特色,也是中国人要多做贡献的。

**参考文献:**

[1] 沈兼士. 右文说在训诂学上之沿革及其推阐[G]//沈兼士学术论文集. 北京:中华书局,1986.
[2] 龚煌城. 李方桂先生的上古音系统[G]//汉语史研究:纪念李方桂先生百年冥诞论文集. 台北:台湾地区"中央研究院"语言学研究所,2005.
[3] 龚煌城. 从汉藏语的比较看汉语上古音流音韵尾的拟测[G]//汉藏语研究论文集. 北京:北京大学出版社,2004.
[4] 罗常培. 唐五代西北方音[M]. 北京:科学出版社,1961.
[5] 马学良. 汉藏语概论[M]. 北京:民族出版社,2003.
[6] 潘悟云. 藏文的 ɕ- 与 -ʑ[J]. 民族语文,2008(4).
[7] 石德富. 黔东苗语帮系三等汉借字的形式[J]. 民族语文,2008(4).
[8] 蒋颖. 论甲骨文、金文的反响型量词——兼与藏缅语比较[G]//汉藏语系量词研究. 北京:中央民族大学出版社,2005.
[9] 梅祖麟. 上古汉语动词浊清别义的来源——再论原始汉藏语*s-前缀的使动化构词功能[J]. 民族语文,2008(3).
[10] 胡坦,戴庆厦. 哈尼语元音的松紧[J]. 中国语文,1964(1).
[11] 戴庆厦,等. 汉语与少数民族语言关系概论[M]. 北京:中央民族大学出版社,1992.
[12] 孙伯君. 西夏译经的梵汉对音与汉语西北方音[J]. 语言研究,2007(1).
[13] 蒋冀骋.《回回药方》阿汉对音与元代汉语北方话的疑母[J]. 汉语学报,2007(1).

(原载《古汉语研究》2008 年第 4 期)

# 再论汉语和非汉语结合研究的方法论问题

戴庆厦*

[摘　要]　本文根据近年来的研究成果阐述汉语和非汉语研究的四个方法论问题：必须明确汉语和非汉语结合研究的作用及类别，必须寻找、确立汉语和非汉语的演变链，从非汉语反观汉语必要的知识和方法，汉语和非汉语结合研究必须"三忌"。

[关键词]　方法论问题；演变链

为什么要反复讲这个问题？这里有必要做些历史的回顾。

1987年，朱德熙先生在《汉藏语概论》一书的"序"中就已尖锐地指出："为了加强汉藏语的研究，就国内的情况来说，首先要清除汉藏语研究和汉语以外的汉藏语言研究之间长期存在的隔绝状态。……要彻底改变这种状况绝非易事，需要假以时日。"①

朱先生这一论断是在李方桂、罗常培等汉藏语语言学家的研究实践和研究成果的基础上提出的，再一次强调了汉藏语研究中汉语和非汉语结合研究的重要性。先辈语言学大师形成的这一共同认识，是汉藏语研究必须走的路子，对当今和今后的汉藏语研究都具有重要的指导意义。

时隔20多年，汉语和非汉语结合研究有了较大的发展，出现了一片逐步扩大、不断深入的良好趋势。做汉语研究的，越来越多的人关注非汉语的研究，并从非汉语研究成果中汲取养分来丰富自己的研究；做非汉语研究的，普遍关注汉语的研究，重视从汉语的研究成果中吸收理论、方法和语言事实。预计，汉语和非汉语的结合研究在今后将会有更大的发展，必将成为汉语、汉藏语研究的一个重要的方法。

多年来，随着汉语和非汉语结合研究的逐步深入，如何建立方法论的问题被提上了日程。为此，去年我在《中国语文》创刊60周年的学术报告会上，提出"汉语和非汉语结合研究是深入我国语言研究的必由之路"的观点，具体阐述了汉语和非汉语结合研究的必要性、可能性和理论、方法等问题。②今天我想使用近年来汉语与非汉语结合研究的新案例，进一步论述汉语和非汉语结合研究的问题。

## 一、汉语和非汉语结合研究的作用及类别

汉语和非汉语结合研究有不同的类别和作用，所追求的目的和使用的方法也不相

---

　　*　作者简介：戴庆厦，男，云南师范大学汉藏语研究院院长，中央民族大学教授。
　　本文是在"第十一届全国语言学暑期高级讲习班（2013）"讲课稿的基础上整理而成的。
　　① 朱德熙：《汉藏语概论·序》，马学良主编《汉藏语概论》，民族出版社，2003年。
　　② 戴庆厦：《汉语和非汉语结合研究是深化我国语言研究的必由之路》，载《中国语文》2012年第5期。

同。从作用上说,主要有四个"服务"。

## (一)为汉藏语比较语言学服务

汉藏语是世界语言中使用人口最多的语系之一(仅少于印欧语系)。汉藏语是个假设。19世纪初,研究历史比较语言学的一些学者模仿印欧语把分布在亚洲地区的诸多语言,如汉语、藏语、缅语、台语等列为有亲缘关系的一个大语系,曾用"藏汉语系、汉藏语系、印度支那语系"等名称。近二百年来,陆续有一些欧美的学者应用历史比较法的原则和方法比较这些语言,目的是为了论证它们的亲属关系,证明汉藏语的假设也像印欧语一样可以成立。还有一些学者使用结构语言学的语言描写方法,调查研究这些语言,出版了一批质量不等的语言描写著作或调查报告。

我国的汉藏语比较研究起步较晚。李方桂先生在1939年12月29日为国立北京大学文科研究所做的"藏汉系语言研究法"讲演中分析了汉藏语研究迟缓的原因。他指出汉藏语与印欧语存在差异,要有不同的方法;提出汉藏语比较由近到远的原则;还提出"博而能精"的治学路子。这个报告吹响了汉藏语比较的号角,具有划时代的意义。如果从这次报告算起,汉藏语比较研究走过了80年。这80年,汉藏语比较研究主要在两个方面进行:一是运用历史比较语言学的理论和方法,寻找语音对应规律和同源词,确定语言之间的亲缘关系,并构拟原始共同语的面貌;二是通过汉藏语的比较,寻找语言的共性和个性及类型学特征。近20年,随着类型学理论在语言学界的普及,汉藏语类型学的比较研究有了长足的进展。

但是,随着汉藏语研究的范围不断扩大,程度不断提高,汉藏语历史比较研究遇到了难啃的硬骨头——汉藏语的语言系属如何确定,即汉藏语究竟包括哪些语言。20世纪40年代,美国语言学家白保罗(Paul Benedict)等学者发现壮侗语族、苗瑶语族有许多基本词与汉语不同源,提出汉藏语只有汉语和藏缅语两部分的新观点。从这时起,汉藏语的亲缘关系,成为半个世纪以来国内外语言学界的一个难以解决、长期困扰语言学家的焦点问题。

汉藏语语言学的发展和更新,必须靠不同语言的比较和反观。语言比较得越深入,汉藏语的真相就越明。今后大致有以下一些课题要做:(1)原始汉藏语的构拟,包括下属各语族、各语支、各语言的原始共同语的构拟。比如,原始汉藏语有无复辅音声母,如果有的话有哪些种类;有无长短音的对立;有无小舌音声母;有无清化的鼻音、边音;有无声调等。(2)汉藏语历史演变规律的探索。其中包括语音、语法、词汇、语义等方面的历史演变特点。语言类型的历史转变,是否存在由屈折特点较多向分析性类型转换的情况。(3)汉藏语的共时特点中,有哪些共时的类型学特点和亲缘关系的特点,等等。这些课题都要通过语言比较来解决。

## (二)为汉语研究服务

汉语由于使用人口多,历史悠久,经历了非常充分的发展,具有非常丰富的特点。所以,要真正认识汉语的特点,哪怕是一个明显的特点(如"把"字句)都很不容易。汉语的特点究竟是什么?有的说是分析性,有的说是语义性,有的说是文化性,至今都还说不清楚。汉语研究的经验已经证明:只研究汉语不可能深入认识汉语的特点,必须要有非汉语的参照。下面举个例子来说明。

范丽君博士通过藏缅语与汉语的因果复句对比,发现了这些亲属语言因果复句的一些特点:(1)汉语的因果复句的语法标记比藏缅语丰富,形式多样,这与汉语长期有丰富的书面语有关。现代汉语使用的因果关联标记,大多是从古代汉语传承下来的(有的由单音节变为双音节)。相比之下,藏缅语因果复句的关联标记不甚发达。特别是没有文字的语言(如羌语、格曼语等)相对于有文字的语言(如藏语、缅语等)就更不发达,甚至有的语言只有一两个关联标记。(2)因果复句关联标记的位置不同,这与语言类型是前置型还是后置型有关。藏缅语属于后置型语言,关联标记居后的为多;前置型的关联标记大多是因语言接触而受其他语言影响产生的。而汉语是前置型语言,所以关联标记居前。(3)汉语因果复句关联标记的位置比藏缅语灵活。汉语的关联标记可以根据强调对象的不同而移动,可以位于分句主语之前或之后,具有一定的灵活性。但藏缅语的关联标记一般不能移动,都居于第一分句的后边或第一、第二分句的最前面,位置比较固定。(4)汉语因果关系的关联标记比较丰富,表达的语义更为细致。藏缅语各语言关联标记不是很丰富,表达因果关系复句时,表达的语义关系比较笼统和粗略,只是标明两个分句之间具有因果关系。(5)藏缅语因果复句关联标记的多功能性比汉语强。如哈尼语的关联标记 $a^{55}ne^{33}$,除了做因果复句的连词外,还可以连接先后发生的两个动作。藏缅语因果复句关联标记还能表示其他意义的特点,与其不发达有关。而汉语因果复句关联标记一般只有一个意义,不表示与因果关系意义距离远的语法意义。①

### (三)为非汉语的语言研究服务

我国的非汉语语言,与汉语的关系有两类:一类是藏缅语族、苗瑶语族、壮侗语族等语族的语言,与汉语的关系既有亲缘关系,又有类型学关系;另一类是阿尔泰语系、南岛语系、南亚语系等语系的语言,与汉语没有亲缘关系,但有类型学关系。语言之间有无亲缘关系,其反观的价值和研究方法存在差异。

由于汉语研究有悠久的历史,积累了相当丰富的成果和经验,加上研究的人多,近代又重视吸收现代语言学的理论、方法,所以非汉语的研究一直都注视、模仿汉语的研究,无论在理念上还是在方法论上,都受到汉语研究的广泛影响。比如:在语音研究中,汉藏语非汉语的语音研究都模仿汉语音韵学使用的声韵调分析法分析音节结构。实践已证明,声韵调分析法适合汉藏语系语言的特点,其明确的位置观念和语音结构的层次特点,便于揭示亲属语言之间和方言之间的对应关系,也便于揭示语言的历史演变,比辅音、元音音位分析法更有解释力。此外,汉语研究中使用的促声、舒声对立的概念,区分调值和调类的方法,都被非汉语研究所使用,成为观察音韵历史演变的好办法。再如,在语法研究中,汉语语法研究中运用的语法化、话题化、类型学、韵律学等理论、方法,都陆续移植到非汉语研究中来。不仅如此,非汉语研究还从汉语事实的反观中加深对自身语言的理解。汉语能够依靠历史文献的分析对比,理出三千年的历史演变,这对非汉语的历史演变提供了难得的旁证。比如汉语双音节化的结构规律及历史的演变,是非汉语双音节化研究的一个有力的参照,其他还有量词研究、虚词研究、复句研究等。

### (四)为现代语言学的理论建设服务

中国的语言丰富、特点复杂,能为现代语言学理论的建设补充新的养料和新的认识。最近刘丹青发表了一篇名叫《显赫范畴的典型范例:普米语的趋向范畴》的论文,认为普米语是显赫范畴的典型范例,全面符合显赫范畴的五个指标。这五个指标是:语法化程度高或功能强大,具有向其他范畴的扩张力,具有该语法形式的原型范畴或核心范畴的

---

① 范丽君:《汉藏语因果类复句研究》,中央民族大学博士学位论文,2011年。

地位,富有类推、能产性和使用强制性,心理上可及性高,容易激活。① 这是用中国本土语言事实来丰富现代语言学理论的一个好例子。

又如判断句的研究。张军博士曾经深入探讨汉藏语判断句的类型学特征,指出其共性和个性。判断句是中国语言学家提出和使用的一个语法学术语,王力、吕叔湘等在20世纪三四十年代对古今汉语的判断句有过深入的研究。后来随着结构主义语言学的兴盛发展,人们一般把判断句在结构上归入动词谓语句(系词相应地成为动词的一个小类),但对于判断句及系词许多方面的特点,还认识不够。国内非汉藏语的少数民族语言的判断句,与汉语的判断句有类似的一面,但也有不同之处,它们之间的异同比较可以深化对汉语判断句的认识。如景颇语的判断句有使用 ʒai$^{55}$ 和 ʒe$^{55}$ 的不同句式,前者能带表示时体意义的形态标记——句尾词,后者则不能带。可见,判断句与普通动词句的异同需要具体区分。联系到上古汉语,准系词"为"字句比后来的系词"是"字句更像动词句。②

通过汉语与非汉语的语言对比研究,能够加深对判断句本质的认识。就汉语来说,把判断句归结为主谓句或者动词谓语句,似乎问题不大。但汉藏语系的其他语言中,有的语言能通过形态手段来标记主谓结构,形态标记有指示主语(施事)的助词、表示主谓一致关系的句尾助词等;而有些语言,判断句一般不带有这些形态特征(少数如景颇语用 ʒai$^{55}$ 的判断句例外),通常带有话题标记。所以,从语言类型学的角度看,判断句更倾向于采用话题-述题的表达策略。

词类中的系词的来源问题应如何认识?汉语的系词"是"是由古代汉语的指示代词"是"发展而来的。但这一语法化现象在少数民族语言中还没有发现。指示代词发展为系词的语法化机制是它在话题结构中的回指功能,即"话题+回指代词+述题"发展为"话题+系词+述题",这一演变的外部环境是 SVO 语序条件。但大多数藏缅语是 SOV 型语言,没有发现代词性系词,它们的系词都不同程度具有动词的特点,可能是动词发展来的。

再如,动词重叠式的形式——意义匹配关系应如何认识?戴宗杰博士的近期研究成果中认为,除汉语外,我国境内的藏缅语、苗瑶语、壮侗语等很多汉藏语系语言的动词都可以重叠,构成多种重叠形式,表达不同的语法意义。汉藏语动词重叠式的语法意义分为"多量"和"少量"两级,至少可以表示以下语法意义:(1)多量:反复、频繁(傣语)、持续(藏语拉萨话)、经常、惯常(载瓦语)、加强(纳西语)、周遍(普米语)、互动(羌语)。(2)少量:动量小(景颇语)、时量短(布依语)。

汉藏语动词重叠式的形式和意义匹配有以下类别:(1)动词的 AA 式重叠式在一些语言中表示经常、反复、频繁、持续、周遍等多量义,如藏语、景颇语、纳西语、波拉语、仓洛门巴语等;在另外一些语言中则表示短暂、尝试、轻微等少量义,如苗语、布依语、莫语、侗语、基诺语、勉语、标话等;此外,部分语言用 AA 式重叠式来表示互动态,如纳西语、普米语、羌语等;有的语言的 AA 式动词重叠式可以用来表达周遍义,如普米语等;有的语言的 AA 式动词重叠式还可以用作句子的话题,如景颇语等。(2)双音节动词的 ABAB 式重叠式在多数有双音节动词且可重叠的语言中表示短暂、尝试、轻微等少量义,如基诺语、勉语、景颇语、仓洛门巴语等;在个别语言中表示反复、扩大、加强等多量义,如嘉戎语等。(3)所有语言都采用 AABB 式来表达频繁、反复、持续、加强等多量义;个别语言还可

---

① 详见《民族语文》2013年第3期。
② 张军:《汉藏语系语言判断句研究》,中央民族大学出版社,2005年。

以表示互动态,如纳西语等。但总的看来,汉藏语倾向于用 ABAB 式动词重叠式来表达少量义,用 AABB 式动词重叠式来表达多量义。单音节动词的重叠式 AA 式则可在不同的语言中分别表达多量和少量两种不同意义。汉语属于"少量义优势型语言"。

总之,汉藏语的研究,包括其语言事实、研究方法等,对现代语言学理论、方法的建设都有着重要的作用。但究竟能起多大的作用,埋在地下的"语言矿场"究竟有多深、有多大,我们都还认识不清。

## 二、必须寻找、确立汉语和非汉语的演变链

汉语研究结合非汉语的一个重要方法,是寻找、确立汉语和非汉语的演变链。近年来,对其重要性的认识不断上升,所以,有必要专门讲一讲这个问题。

什么是"语言演变链"?语言演变链(Evolutionary Chain),是指语言(方言)间存在的不同特点反映出的语言演变关系。它如同一条由多个链节构成的链条,把不同语言出现的特点有机地连接在一起,表明被连接的不同特点在历史演变过程中的地位、性质,显示其演变的先后、主次、方向等,并能系统地展示被比较的语言群在历史演变中存在的共性和个性。"演变链"是语言演变图示化的形式,演变链图式的形成,是语言研究抽象化、理性化的结果,反映人们对语言演变认识的深化。

语言关系有亲属语言关系和非亲属语言关系两类。不管是有亲缘关系的语言,还是无亲缘关系的语言,相互间都存在语言的共性和个性,都能抽取一些有代表性、有认识意义的项目各自串成语言演变链。汉藏语系中汉语与非汉语比较研究求出的演变链是亲属语言演变链,下面举些例子来说明。

### (一)藏缅语使动范畴屈折变化的演变链

藏缅语使动范畴有屈折式和分析式两种,是原始藏缅语的一个语法范畴。后来经过长期的演变,各语言的屈折式出现了多种形式。主要有:(1)音节带不带 s-的语音交替,如藏文的 nub "沉"和 snub "使沉"。(2)清浊声母交替,如彝语的 ge$^{33}$ "断"和 khe$^{33}$ "使断"。(3)送气不送气声母交替,如载瓦语的 pji$^{21}$ "开"和 phji$^{21}$ "使开"。(4)松紧交替,如波拉语的 nap$^{31}$ "沉"和 na̱p$^{55}$ "使沉"。(5)不同声调对应,如门巴语的 ter$^{33}$ "掉"和 ter$^{55}$ "弄掉"。这些屈折式的使动词,有一些在不同语言里还存在同源关系,是原始屈折式同源词的遗迹。

根据同源词的语音对应规律以及音理演变的分析,可以理出使动范畴的语音演变是:s-表示使动是最早的,这是原始藏缅语的使动形式。后来各语言的语音变化都是从这个源头变来的。但出现了两条途径:一条是前置辅音 s-与后面的成分分离,变为"一个半音节",如景颇语;另一条是与后面的辅音合并,从复辅音声母变为单辅音声母。若自动词是浊声母,由 s-同化为清声母,构成清浊声母交替表示使动。这是一个重大的变化。后来的送气不送气交替、松紧交替、不同声调交替等都是由清浊交替演变而来,如彝语、哈尼语、载瓦语等。这一语族屈折式使动范畴的演变链是:

带 s-的复辅音音节 { s-变为独立音节
s-与后面的音节合并构成清浊交替 { 送气不送气交替
松紧交替
不同声调交替等

## (二)汉藏语是非疑问句的演变链

每个链节在演变链中处于什么地位,是由它自身的语言系统特点决定的。要把演变链的链节放到各自的语言系统中去考察。下面以是非疑问句为例来说明这个问题。

是非疑问句在藏缅语里存在多种形式,主要有词缀式、助词式、选择式、反复式、重叠式等。某一语言使用什么形式表示是非疑问,与该语言系统的特点相关。形态变化丰富的语言,多用词缀式,如羌语、普米语、独龙语等;而分析性强的语言多用句法和助词,如彝语、哈尼语、傈僳语等。景颇语语法系统特点介于二者之间,属于"中介性语言",所以是非疑问句的特点也介于二者之间。从句法特点观察,是非疑问句的主要形式有选择式、反复式、重叠式三种。例如:

(1)选择式:

景颇语:naŋ$^{33}$ sa$^{33}$ n$^{31}$ ni$^{51}$,ʃiŋ$^{31}$ n$^{55}$ ʒai$^{55}$ sa$^{33}$ n$^{31}$ ni$^{51}$? 你去还是不去?
　　　　你　去(句尾)(连)　　　不去(句尾)

(2)反复式:

哈尼语:no$^{55}$ xo$^{31}$ dza$^{31}$ ma$^{31}$ dza$^{31}$? 你吃不吃?
　　　　你　饭　吃　不　吃

(3)重叠式:

盐源彝语:sʅ$^{55}$ tshʅ$^{33}$ dzi$^{55}$ nu$^{33}$ ndzʅ$^{31}$ ndzʅ$^{31}$? 这件事你相信不相信?
　　　　　事　这　件　你　相信　相信

结合其他因素做综合考虑,可以确认这三种形式是构成是非疑问句演变链的三个链节。其顺序如下:

选择式→反复式→重叠式

在藏缅语里,选择式具有普遍性,是一种古老的形式。从分句各带疑问助词的选择式到只有一个谓语的反复式单句,是语法结构的质变。再从反复式经过吃掉否定副词变为重叠式,也是一种质变。这三段的变化,都有理据可寻。

用这一演变链来反观汉语,可以预测汉语将来有可能进一步发展重叠问式。现代汉语中有不少方言已有"吃吃?"的重叠问句,如江苏淮阴方言、江西于都客家方言、湖北仙桃方言、山东招远方言、黑龙江宾县方言、福建连城客家方言等。这说明,重叠问句可能是无标记正反问句进一步发展的方向。①

## (三)藏缅语松紧元音的演变链

同一现象有的有多个演变链。如藏缅语松紧元音的历史来源至少有两个源头:一是来源于古代舒促韵母的。属于这一来源的有彝语支诸语言。其演变链是:古舒声韵→松元音韵,古促声韵→紧元音韵。例如:

| 哈尼语(松韵) | 藏文(舒韵) | |
|---|---|---|
| ŋa̠$^{55}$ | aŋ | 我 |
| dza$^{31}$ | za | 吃 |
| 哈尼语(紧韵) | 藏文(促韵) | |
| na̠$^{33}$ | nag | 黑 |

---

① 参看戴庆厦、朱艳华:《藏缅语选择疑问句范畴句法结构的演变链》,《汉语学报》,2010年第2期。

| sę³¹ | bsad | 杀 |

另一是来源于古代清浊声母的。属于这一类语言的有景颇语、载瓦语等。其演变链是：古浊声母→松元音韵；古清声母→紧元音韵。例如：

| 载瓦语（松韵） | 藏文（浊声母） | |
| kau³¹ | dgu | 九 |
| koi⁵⁵ | ɦgug | 弯 |
| 载瓦语（紧韵） | 藏文（清声母） | |
| tʃo̰⁵⁵ | btsos | 煮 |
| tʃa̰p⁵⁵ | btsugs | 插 |

松紧元音的进一步演变，是紧元音松化，经历了从松紧完全对立到不完全对立、再从不完全对立到全部不对立（紧元音全部消失）的全过程。其途径有多种，也不是只有一条"演变链"。如：有的语言（如哈尼语碧约话、彝语凉山话），松紧元音转为不同舌位的元音，有的语言（如傈僳语、拉祜语），松紧元音转为不同的声调。

## 三、从非汉语反观汉语必要的知识和方法

从事汉语研究的一些专家和研究生也想做汉语和非汉语结合的研究，不时地问我："我们都知道汉语研究要结合非汉语，但不知如何去做。""汉语与非汉语结合研究，应如何下手，怎样选题？""我们不懂少数民族语言，汉语研究结合少数民族语言能行吗？""汉语和非汉语结合研究要注意哪些方法？"等等。这说明汉语与非汉语结合研究这一新领域的理论方法有待进一步充实、完善。

（一）必要的知识

(1)大致了解中国除了汉语外究竟有多少种少数民族语言、文字，有哪些类型，其基本特点是什么。(2)中国少数民族语言究竟有哪些系属类别。(3)中国少数民族语言的本体结构究竟有哪些特点。(4)中国少数民族文字的特点是什么，有哪些类型。(5)了解中国少数民族语言研究的基本情况，哪些比较深入，哪些薄弱，哪些是空白点。

（二）必要的方法

(1)要学会认识语言的关系，辨别同源词、异源词。掌握寻找同源词语音对应规律的方法。还要学会识别哪些词是固有词，哪些词是借词。学会识别借词中老借词和新借词的不同层次。

(2)要善于排比语言现象，理出汉语和非汉语的历史演变链。汉藏语的不同语言发展很不平衡，存在许多差异，差异是研究语言历史演变的主要依据之一。所以，要善于收集同一专题在不同语言中的表现，并能进行科学的排比，揭示其演变的路径。

(3)善于提取有亮点的专题进行研究。提取有亮点的专题是一个必备的硬功夫。要根据汉藏语的特点、研究现状以及个人的兴趣、条件选取有价值的专题，进行跨语言比较。下面是跨语言比较的一些题目：被动范畴、趋向范畴、连动范畴、否定范畴、是非疑问句、判断句、宾动结构、谓补结构、话题句、差比句、名量词、动量词、结构助词、复句、四音格词等。摆脱单语言的束缚进入跨语言领域，思路就会无限扩大。但在研究中，还要脚踏实地地一步一步地往前走。

(4)学会广泛收集各种语料。有了好题目后，还要会广泛收集为课题服务的各种语

料。语料越多越好。由于不同语言研究的水平不一,会出现语料参差不齐的情况,所以一般都要再做问卷向母语人补充调查,这当中还有一些具体的操作方法。

(5)科学区分固有成分和接触成分。人类语言除了本语固有成分之外,还会有数量不等的接触成分。二者来源不同,对说明语言规律有不同的价值。所以在做汉语和非汉语的结合研究时,必须区分固有成分和接触成分。

## 四、汉语和非汉语结合研究必须"三忌"

从上面的论述中可以说明,汉语和非汉语结合研究是一个有用的、可行的语言学方法。但在运用这一方法时,必须务实求真,即要坚持语言事实是第一性的,用事实说话,防止主观臆断,脱离事实说大话。在对比中要注意各自的系统性,操作时要谨慎、讲究科学,防止绝对化。下面三个"忌讳"是要强调的。

(一)忌讳孤证,把"偶合"当"对应"

语言现象是复杂的,不是轻易能认识清楚的。不同语言的现象放在一起,有的有演变上的内在关系,有的没有。有的现象貌似有关系,其实"风马牛不相及"。所以,寻找、确立演变链,要细心考证,寻找有力的证据。用来证明的材料或例词要丰富些,至少不能是孤证。

在过去的语言考证中,我们常见到孤证的现象,即证明一条语音规律只有一个例词,找不到第二个例词。比如,过去有的研究怒族的学者错误地认为 $nu^{33} su^{33}$ "怒族"的 $nu^{33}$ 是由 $na^{53}$ "黑"变来的,并以此证明怒族族称与"黑"的关系。如果要证明怒族与"黑"存在同源关系,至少要证明 a 能变为 u、53 调能变为 33 调,还要找出更多的例子,只有这一个例子是不行的。其实,怒族的 a 与 $na^{53}$ "黑"没有同源关系,它只是表示族称义。

(二)忌讳"拉郎配",把"貌似"都当成有关系

语言比较中,常常会遇到"貌似"的现象。"貌似"的成分中有真关系,但也有偶合的,不是都有同源或对应关系的。如同人群中长得像的人不见得都有亲缘关系。所以要多方面、多角度进行确认,辨别"真伪",不能看到一点相似或相近就拉到一起。近期在词源比较中,"拉郎配"的现象时而可见。

(三)忌讳颠倒顺序,强拼硬凑

做好汉语和非汉语的演变比较,关键之一是摆好不同语言正确的顺序。在过去的成果中,我们看到出现一些属于强拼硬凑的错位现象。比如,松紧元音历史演变的轨迹,学界大多已接受了是从舒促韵母或清浊声母演变而来的,但有的学者没有事实根据就提出了相反的轨迹,认为是先有松紧元音的对立然后才有舒促韵母的对立。又如,20世纪松紧元音研究深入后,有的学者大胆提出上古汉语有松紧元音的对立,但缺乏语料的证明。其实,认真地看一看松紧的来源及后来演变的情况,就不难判断上古汉语不会有松紧元音的对立。

寻找、确立亲属语言演变链,是一项理论、方法很强的研究工作,值得不断总结经验。我国的语种多,语情复杂,能为语言演变链的研究提供丰富的语言事实。

**参考文献:**
[1]戴庆厦,闻静.汉藏语"的"字结构[J].汉语学报,2011(4).

[2]戴庆厦.从非汉语反观汉语[J].民俗典籍文字研究,2011(8).
[3]戴庆厦,朱艳华.藏缅语选择疑问句范畴句法结构的演变链[J].汉语学报,2010(2).
[4]戴庆厦,范丽君.藏缅语因果复句关联标记研究[J].中央民族大学学报,2010(1).
[5]戴庆厦,朱艳华.藏缅语选择疑问句范畴句法结构的演变链[J].汉语学报,2010(2).
[6]戴庆厦,邱月.藏缅语与汉语连动结构的比较研究[J].世界汉语教学,2008(2).
[7]戴庆厦.汉语与少数民族语法比较[M].北京:民族出版社,2006.
[8]戴庆厦,蒋颖.从词源关系看藏缅语名量词演变的历史层次[J].语言学论丛,2006(34).
[9]戴庆厦,蒋颖.论量词的功能与演变——汉语景颇语量词比较[G]//汉语与少数民族语法比较.北京:民族出版社,2006.
[10]戴庆厦.藏缅语的强调式施动词——与汉语被动句比较[J].语言研究,2005(3).
[11]戴庆厦.汉语结合非汉语研究的一些理论问题[J].长江学术:第1辑,2002.
[12]戴庆厦.藏缅语族语言使动范畴的历史演变[J].中国语言学学报,2001,29(1).
[13]戴庆厦,傅爱兰.藏缅语的是非疑问句[J].中国语文,2000(5).
[14]戴庆厦.汉语与少数民族语言关系概论[M].北京:中央民族学院出版社,1992.
[15]戴庆厦.藏缅语族松紧元音研究[G]//藏缅语族语言研究.昆明:云南民族出版社,1990.
[16]冯胜利.韵律句法学研究的历程与进展[G]//世界汉语教学研究,2011(1).
[17]李方桂.藏汉系语言研究法[J].国立北京大学国学季刊,1951,7(2).
[18]马学良.汉藏语概论[M].北京:民族出版社,2003.
[19]梅祖麟.上古汉语动词浊清别义的来源——再论原始汉藏语 * s-前缀的使动化构词功用[J].民族语文,2008(3).
[20]马庆株.自主动词和非自主动词[J].中国语言学报,1988(3).
[21]潘悟云.藏文的ɕ-与z-[J].民族语文,2008(4).
[22]闻静.从藏缅语定语助词的演变反观汉语[J].汉语学习,2012(4).
[23]吴福祥.东南亚语言"居住"义语素的多功能模式及语法化路径[J].民族语文,2010(6).

(原载《民族语文》2013年第6期)

# 汉语与南方民族语言关系研究方法探析

## 丁崇明[*] 荣 晶

[摘 要] 由于最初确定汉藏语系依据的类型学的相似不能作亲属关系的依据,汉语及南方民族语少量形态也不可靠,后期寻找同源词证明侗台语归属分歧大,故在此基础上,近二十年学术界在理论方法有新突破:徐通锵的三步法,邢公畹的深层对应法,尤其是陈保亚无界有阶理论及核心词分阶考察法使汉语与南方民族语言关系研究更进了一步。

[关键词] 亲属关系;语序;无界有阶;核心词分阶考察

20世纪30年代,李方桂受欧洲历史语言学谱系分类的启发,提出了汉藏语系的假说,认为汉语、藏缅语、壮侗语和苗瑶语属汉藏语系。在国内似乎这已是定论。美国学者本尼迪克特在70年代发表了其研究成果,提出侗台语(壮侗语)、苗瑶语不属汉藏语系。80年代起,一些中国学者提出一些反证,支持李方桂的划分。李氏的划分在中国仍占主导地位,但在国际上,两种观点势均力敌,谁也说服不了谁。这是由于这些语言不同于印欧语,难于找到稳定的成分证明其同源关系,研究方法与思路有缺陷,存在一些令人困惑的问题。近20年来,一些学者努力在理论方法上探索。徐通锵先生从理论上总结出"三步法";邢公畹提出深层对应法;陈保亚提出语言接触"无界有阶"理论,并提出核心词分阶考察法,对侗台语与其他语言的关系作出新的解释。本文拟对研究方法及思路作评述,指出困惑所在,进而肯定近20年特别是"语言接触元界元阶"的重要贡献。

## 一

李方桂提出汉藏语系假说以及国内大多数学者支持这一假说,主要是基于这些语言类型学上的相似,它们都有声调和量词,语序和虚词是主要语法手段,语音系统有相似之处。语言亲属关系的确定主要是要找出原始母语保留下来的共同特征或由这些特征演变而来的共同要素。在比较研究时,语言材料的选择直接影响结论的可靠性。徐通锵先生对此提出以下原则:"第一,稳固性……第二,能够代表某一语言的特征的一些特殊语言事实,尽管语音、词汇或一般的语法规则会发生变化,但这种特殊的语言事实所代表的特征的性质却可以保持不变。第三,这种特殊的语言事实在语言中虽然可能是零散的,但却具有系统的性质。第四,从这些事实中归纳出来的原则不能只适用于某些语言,而不适用于其他语言,即用来分析的原则的适用范围具有普遍性,尽可能适用于各种类型的语言。"[①]下面我们来衡量一下人们最初确定汉藏语系的主要依据是否能证明其亲属关系。

---

[*] 作者简介:丁崇明,男,北京师范大学汉语文化学院副教授。
[①] 徐通锵:《历史语言学》,商务印书馆,1991年,第31页、61页,67~68页。

语序和虚词是汉语、藏缅语、侗台语、苗瑶语主要的语法手段,它们也同样是孟高棉语和越南语的主要语法手段。但孟高棉语属南亚语系,越南语系属未定但不属于汉藏语系,对此学者们没有异议。语序和虚词是主要的语法手段是分析语的共有特征,它不是确定亲属语言的主要依据,仅能作一个参考项。

语序的具体形式能否作为确定亲属语言的依据,世界上数千种语言从主语、动词和宾语的语序看,共有 SOV、SVO、VSO、VOS、OVS、OSV 六种逻辑上可能的类型。伯纳德·科姆里指出:"这些类型在世界各种语言的分布有重大偏差,即偏向于头三种,特别是头两种。"①显然主、动、宾的相对语序不能作为确定亲属语言的依据。汉语、英语、越南语都是 SVO 语序为主的语言,它们之间没有亲属关系。藏缅语是 SOV 为主的语言,与汉语不同,但其亲属关系是公认的。

另外语序并不是一成不变的。上古汉语基本语序是 SVO 的句子,但有些 SOV 的句子。上古疑问代词作宾语放在动词前,指示代词复指名词宾语也放在动词前。例如:

(1)吾谁欺?欺天乎?(《论语·子罕》)

(2)日居月诸,下土是冒。(《诗·邶风·日月》)

否定词为"莫、未、毋(无)"等,代词作宾语,多放在动词前。②例如:

(3)汝念哉,无我殄。(《书·康诰》)

陈述句中也有些代词宾语在动词前。王力认为是残留现象。例如:

(4)民献有十夫予翼。(《书·大诰》)

王力认为:"在原始时代的汉语里,可能的情况是这样:代词作为宾语的时候,正常的位置本来就在动词的前面(像法语一样)。"到先秦有了些变化。③ 我们推测原始汉藏语的共同母语基本语序可能是 SOV。之所以这样推测还因为藏缅语之中除白语和克伦语外多数语序为 SOV。不论这一推论能否成立,有一点是肯定的,不是汉语就是大多数藏缅语的语序发生了变化。因此语序作为判断亲属语言的主要依据是不太可靠的。④

确定语言亲属关系,语法形态是十分重要的依据。梅耶指出:"一种形态繁杂的语言,包含着很多特殊事实,它的亲属关系自然比较容易得到证明;反过来,一种形态简单的语言,只有一些一般的规则,如词的次序,要找出有力的证据就很不容易了。"⑤形态能作亲属语言的重要依据,第一因为它具有稳固性,第二它不易被借用,第三是因有相当数量的可供选择形式,一般不具偶然重复性。

下面是南方民族语言以及汉语形态的情况。⑥

第一,内部曲折法的运用。汉语内部曲折的形态极少,中古汉语少数词声调变化区别词性。有的名词或形容词作动词时变为去声。例如名词"衣"为平声,作动词读去声。有的动词变为名词时读去声。例如动词"闻"意为"知声也",读平声,变为名词读去声(《广韵》),意为"名达",《诗》"令闻令望"。

---

① 伯纳德·科姆里:《语言的共性和语言的类型》,沈家煊译,华夏出版社,1989年,第104页。

② 王力:《汉语语法史》,商务印书馆,1989年,第199~205页。

③ 王力:《汉语语法史》,商务印书馆,1989年,第199~205页。

④ 参见丁崇明、荣晶:《汉语与南方少数民族语言在语法类型学上的部分共性特征》,载《思想战线》1997年第3期。

⑤ 徐通锵:《历史语言学》,商务印书馆,1991年,第31页、61页,67~68页。

⑥ 参考了瞿霭堂:《论汉藏语的形态》,载《民族语文》1988年第4期;还参考了《中国少数民族语言简志丛书》,民族出版社,2009年。

王力认为词性变后声调变化的现象上古没有，只是中古才有。这样的内部曲折在近代逐渐消失，现代只有少数残留。① 例如"好"作形容词读上声，作动词读去声。侗台语、苗瑶语很难找到内部曲折的现象，藏缅语则有一些。例如，藏、羌、普米、彝、拉祜、基诺、阿昌、景颇、载瓦、怒族语等语言用内部曲折法表示动词的自动与使动态范畴。

基诺语：to$^{55}$"燃"（自动），tho$^{55}$点燃（使动）

第二，附加法的运用。汉语几乎没有构形形态的词缀，"们"加在人称代词后表复数可算是一个，但产生于宋代。侗台语、苗瑶语基本没有构形词缀。藏缅语要多一些。羌语、独龙语、景颇等语言用前缀，其他多用后缀，主要表方位、时、体、态、人称等语法范畴。羌语有8种方位，普米语有6种方位。例如：sto$^{55}$看，tə$^{55}$ sto$^{55}$向上看，nə$^{13}$ sto$^{55}$往下看，thə$^{13}$ sto$^{55}$看过去，də$^{13}$ sto$^{55}$看过来，khə$^{13}$ tso$^{55}$往外看，xə$^{13}$ sto$^{55}$往里看（普米语）。

第三，重叠法的运用。

量词的重叠。汉语量词能重叠。侗台语中，侗、壮、布依、傣、仫佬、水、毛南、拉珈等语言量词能重叠。苗瑶语中苗、勉、布努、畲等语言量词能重叠。藏缅语多数量词不能重叠，独龙、阿昌、基诺、白、景颇、载瓦等语言词能重叠。重叠后表达的意义相近，表"每一""逐一""全部"的语法意义。有的是词根重叠；有的重叠后要加别的语缀，是重叠法与附加法的综合运用；有的加了词缀，重叠的词根还有音变，是重叠法、附加法、内部曲折的综合运用。

代词重叠。藏缅语部分语言疑问代词重叠表示多数、全体、强调等语法意义。如藏语 su$^{55}$ su$^{53}$"哪些人"。个别汉语方言代词可以重叠。

动词重叠。汉语，藏缅语中基诺语，侗台语中仫佬、布依、黎、拉珈语，苗瑶语中勉、布努语动词重叠表动作"短暂""尝试"等语法意义。藏缅语中彝、景颇、载瓦、纳西等语言动词重叠表示动作的经常性、习惯性。

形容词重叠。汉语，藏缅语中多数语言，苗瑶语中勉、布努、畲语，侗台语中黎、拉珈等语言的形容词重叠表程度加深的语法意义。

形态一般是确定亲属语言的重要依据，但还应具体分析。重叠法虽然是一种形态手段，但由于是整个音节重叠，与语音对应规律没有关系，它很容易在语言接触中被借用。属南岛语系的高山族布嫩语形容词重叠表多数或程度加深，动词重叠表动作的反复性、恒久性等意义。属南亚语系的佤语，属阿尔泰语系的东乡语形容词重叠均表程度加深。系属未定但不属汉藏语系的京语（境外称越南语）动词、形容词、量词的重叠形式及语法意义均与汉语相似。由此足以说明重叠不能作为亲属语言的证据。

附加法在汉语、侗台语和苗瑶语中极少，在藏缅语中相对多些，只在确定藏缅语内部关系时有价值。由于在其他南方民族语中无可比对象，故无法通过它确定与这些语言的关系。

语法形态一般对确定亲属语言最有价值。但也要具体分析，只有能够反映语音对应规律的音素的曲折变化才有价值。音素曲折变化在藏缅语中是少量的，而汉语、侗台语和苗瑶语也极少有，故不具可比性。汉语、藏缅语声调的曲折变化是中古才产生的，且只有少数词有，后代又趋于消失。因此无法通过内部曲折来确定汉语与南方民族语的亲属关系。

声调常作为确定汉藏语系的一个重要依据。声调是否可以成为重要依据？这首先

---

① 参见王力：《汉语史稿》中册，1980年，第212页。

要看它是不是汉藏语固有的。顾炎武、江永、段玉裁、黄侃、王力和陆志韦都认为上古汉语有声调,他们都是依据《诗经》得出有声调的结论。明代陈弟说:"四声之辨,古人未有。"梅祖麟认为汉语声调产生于中古。罗美珍认为三千年前黎族先民迁海南岛时侗台语母语就有两个声调,她认为侗台、苗瑶语是在汉藏母语产生声调以后才分化的。① 不论上古汉语是否有声调,原始汉藏语共同母语并无声调。因为藏语从7世纪创立藏文直至8世纪都没声调,据胡坦、黄布凡的研究,其声调产生于9—12世纪。缅语声调一般认为产生于14—17世纪间。藏语安多方言、藏缅语崩尼—博嘎尔语、道孚语部分方言、羌语北部方言都无声调。却域语、扎坝语大多数词没有声调。② 汉语从汉藏原始母语分化出来才产生了声调。

声调的产生主要是语言系统自组织运动的结果。语言是能自我调节的符号系统。一种语言系统某方面的简化必然要在其他方面进行补偿,以使其较好地区别意义满足交际需要。声调的产生主要是音段音位简化的结果。藏语拉萨方言主要是因浊声母清化,音节头尾简化产生声调的。③ 汉语、侗台语声调的产生可能与辅音韵尾的减少有关。据法国学者奥德里古《论越南语声调的起源》的研究,不属于汉藏语系的越南语的声调是由于清浊声母对立的消失于12—13世纪产生的,在这一时期东南亚许多语言产生过浊音清化的变化。有人认为声调产生与语言接触有关,但这只是外因,主要原因在于语言类型特点及音位的简化。这些产生声调的语言都是单音节语素语言,当音段音位系统简化后,同音现象增多,就以音高承担辨义功能,作为超音段音位补偿音段音位的简化。所以声调不能作为亲属语言的证据。④

既然语序、声调都不能作为语言发生学关系的依据,而对汉语和南方民族语言来说又缺乏系统的可比形态,少数形态也不可靠,那就要通过寻找同源词来确认汉藏语系的范围了。寻找同源词是对不同语言的基本词进行比较,在意义相同或相近的词之间寻找具有成系统的符合语音对应规律的词。同源词并非语音形式的简单相同,有的形式相同却往往靠不住,因可能是借词。语音可不同,但只要符合语音对应规律就可作为判定亲属语言的依据。

从结构类型看,汉语与藏缅语有许多不同,但正如本尼迪克特指出的:"现在可以证实绝大多数汉语亲属称谓和身体部位的基本词在藏缅语言中都有同源词,而且一般词也很少发生变化……只有当我们涉及非基本词汇范围时,同源词的数目才少一些。"⑤所以它们之间的亲属关系是公认的。

汉语与侗台语、苗瑶语在结构类型上有多方面的相似,但它们是否有亲属关系存在分歧。自本尼迪克特否认侗台语、苗瑶语与汉语存在亲属关系后,李方桂举出140个汉语、泰语、藏语同源词,以证明其亲属关系。20世纪80年代起国内学者努力寻找其间的同源词,邢公畹、罗美珍、董为光等也找出一些词证明汉语与侗台语同源。⑥ 王辅世、陈其

---

① 罗美珍:《对汉语和侗台语声调起源的一种设想》,载《中国语文》1988年第3期。
② 马学良主编:《汉藏语概论》,北京大学出版社,1991年,第228页。
③ 胡坦:《藏话(拉萨话)声调研究》,载《民族语文》1980年第1期。
④ 徐通锵:《历史语言学》,商务印书馆,1991年,第31页、61页、67~68页。
⑤ 本尼迪克特:《再论汉藏语系》,转引自徐通锵《历史语言学》,商务印书馆,1999年。
⑥ 邢公畹:《论汉语台语"关系字"的研究》,载《民族语文》1989年第1期。罗美珍《试论台语的系属问题》,载《民族语文》1983年第2期。

光找出同源词证明苗瑶语与汉语同源。① 苗瑶语的归属国内尚无人反对。20世纪90年代初法国学者沙加尔提出汉语与南岛语同源,邢公畹找出一些同源词支持沙氏,更扩大了汉藏语系的范围。与之不同的是,本尼迪克特举出侗台语、苗瑶语的同源词,认为它们属奥-台语系。中国学者倪大白、蒙斯牧找出侗台语与属南岛语的印尼语同源词,证明其间有亲属关系,只是倪大白认为侗台语受汉语影响太大,类型转变了。② 王敬骝、陈相木则找出同源词证明侗台语与南亚语系有亲属关系。③

本尼迪克特、马提索夫认为中国学者为证明侗台语、苗瑶语属汉藏语系找出的例证是借词,其语音对应不可靠。中国南方少数民族数千年与汉族杂居,这些民族大量的词借自汉语,如何区分真正的同源词与古借词是个难题。李方桂也说其同源词"是汉台语可能的关系词的一个试释""无疑,南岛语和南亚语的学者也会发现这里的许多说法也可以跟他们的语言相比较。我们还没有办法确定哪些词是可以接受的,哪些不行,也没有一个判断是否是借词的标准"。④

## 二

同源词与借词难以区分,中国南方民族语言的发生学分类存在如此大的分歧是可以理解的。近20年来,中国学者从理论及方法上作了一些探索。20世纪70年代末80年代初,严学宭、董为光、曹广衢等提出同族词比较法:第一步,分别建立侗台语和汉语的同族词,第二步,找出同族词的语音对应规律,相互间具有语音对应规律的就是同源词。⑤ 徐通锵先生在此基础上从理论和方法论的角度对同族词比较法作了提升与修正。徐通锵先生提出了一条汉藏语历史比较的原则,"在进行同源成分的比较以前先弄清楚每个语言或语族的语音演变规律,这是一条总的原则"。这是其方法的第一步。第二步是建立各语言或语族的词族,第三步是"对词族进行比较,根据语音对应关系鉴别同源词,确定相互间是否有亲属关系"。⑥ 这套分三步进行的同源比较法是中国语言学家对历史语言学理论的贡献。实践证明,成功的运用于印欧语比较研究的方法并不适于汉藏语的比较研究。因此这一方法的提出是学者们在探索中向前迈进的一大步。当然,这一方法一时还难以得到最后的结果。因为要在缺乏古代文献资料的条件下搞清这些语言的语音史及词族是一项十分艰巨的任务。

为进一步论证汉语与侗台语有亲属关系,20世纪90年代初邢公畹提出了一种新的方法——深层对应法,用此方法他找出了19个例证来证明它们之间的关系。例如:

---

① 王辅世:《苗瑶语的系属问题》,载《民族语文》1986年第1期。陈其光:《苗汉同源词谱》,载《中央民族学院学报》1990年增刊。

② 倪大白:《中国的壮侗语与南岛语》,载《中央民族学院学报》1988年第3期。蒙斯牧:《印尼语和侗泰语的关系词》,载《民族语文》1990年第6期。

③ 王敬骝、陈相木:《论倪语"街"和傣语"街"的同源关系》,载《民族调查研究》1985年第4期。《论孟高棉语与侗台语的"村寨""姓氏""家"的同源关系》,载《民族语文》,1982年第3期。

④ 李方桂:《Sino-Tai》,第237~238页,转引自马学良主编《汉藏语概论》第921页。

⑤ 严学宭:《汉语同族词内中曲折的变换模式》,载《中国语文》1979年第2期。董为光、曹广衢、严学宭:《汉语和侗台语的亲缘关系》,载 Computational Analyses of Asian and African Languages,1984年。

⑥ 徐通锵:《历史语言学》,商务印书馆,1991年,第31页、61页、67~68页。

$$\begin{cases} \text{广州 ɔːn}^1 <{}^* \text{c}^{\circ}\text{an} \text{``鞍''}; \text{泰 ʔa:n}^1 <{}^{*\text{ʔ}}\text{-``马鞍''} \\ \text{广州 ɔːn}^1 <{}^* \text{c}^{\circ}\text{an} \text{``侒''}; \text{泰 ʔa:n}^1 <{}^{*\text{ʔ}}\text{-``吃''} \end{cases}$$

现代泰语"马鞍"与"吃"是同音词，汉语"鞍"与"侒"（意为"享宴"）是同音词。邢公畹认为这是汉语与侗台语有发生学关系的证据。[①]

通过不同语言同义的同音词的对应来确定语言的亲属关系是一种新思路，无论是否可靠，它可以深化对语音与语义在不同语言间的对应规律及借词与同源词的认识。这是中国学者在历史比较语言学领域中的又一新探索。

随着研究的深入，分歧似乎越来越大，人们逐渐认识到汉语与南方民族语言的关系异常复杂，在同源词与古借词无法区别开来，民族语言语音史、词族尚不清楚的情况下，有没有其他更具有普适性、更科学的办法来确认汉语与南方民族语言关系的方法呢？能不能用新的理论对这些语言的关系作出解释？1994年陈保亚在自己的博士论文《论语言的接触与语言联盟》对此作出了肯定的回答。陈保亚提出了语言接触"无界有阶"的理论和与之相配套的"核心词分阶考察法"，向人们展示了一种判定语言的同源关系和接触关系的全新方法，对汉语与侗台语的关系作出了新解释。通过大量的调查与分析，他发现基本词汇甚至是核心词，通过深刻的接触也会形成有语音对应的关系词，所以仅仅举出关系词还不能确定有同源关系。他发现语言的接触虽然无界，但是有阶的，越是核心词在接触中受到的冲击越小。基于这一发现，他创造了核心词分阶考察法。

其基本方法是：第一步，选定核心词，按其与人类世世代代日常生活关系的密切程度分出由核心到外围的阶。他把斯瓦迪士语言年代学重新精选的100个词作为第一阶词，因为它更稳定些，然后从斯瓦迪士最初选定的200个词表中找出另100个作为第二阶词。第二步，就是用这两阶核心词，对所要考察的语言进行考察，找出其中有语音对应关系的关系词。第三步，根据考察结果用数学方法计算并绘制出关系词的阶曲线图。用此方法，他分别对几种印欧语系语言，侗台语几种语言、傣语的几个方言、汉语的几大方言进行考察，结果显示在这些各自同源关系确定无疑的语言或方言之间，越是核心的词汇中关系词越多，关系词阶曲线下倾。而用这一方法考察汉语与侗台语，则情况相反：越是核心的词汇中关系词越少，关系词阶曲线上扬。据此，只能得出侗台语和汉语没有同源关系的结论。

用核心词分阶考察法，陈保亚对侗台语和属于南岛语的马来语、印度尼西亚语进行了考察，得出了侗台语与南岛语有同源关系的结论。鉴于侗台语与汉语的确存在一些关系词，还有邢公畹所举出的深层对应，陈保亚认为侗台语与汉语之间深刻的接触是一种语言联盟关系。[②] 实际上，这也证明了由沙加尔提出的得到邢公畹等学者支持的汉藏泰澳语系（沙称为"华－澳语系"）的假设并不存在。

陈保亚的研究是语言关系研究上的一项十分重要的突破。其贡献主要体现在以下方面：

首先，语言接触"无界有阶"的理论作为历史语言学中一种新的理论模型，它完全可与西方学者提出的谱系树理论、波浪理论相提并论，是对语言学理论的一个重要贡献。

---

[①] 刑公畹：《汉台语比较研究中的深层对应》，载《民族语文》，1993年第3期。

[②] 陈保亚：《从核心词分布看汉语和侗台语的语源关系》，载《民族语文》1995年第5期；《论语言接触与语言联盟——汉越侗台语源关系的解释》，语文出版社，1996年。陈的理论及方法的雏形在《羌夏－澳越文化联盟论》(《云南民族学院学报》1993年第3期)作了初步表述。

建立在印欧语基础上的谱系树理论若明若暗地使人感到语言的接触是有界限的，没有发生学关系的语言长期接触也不会产生有语音对应规律的关系词。陈保亚证明语言接触无界限而有阶，越靠近核心的基本词被借用而产生关系词的概率越小。这一理论不仅适用于东方语言，而且也适用于印欧语，在理论语言学上具有普遍意义，是中国学者对语言学理论的一个重要贡献。

其次，创造了一套区分语言同源关系与接触关系的科学有效、具有普遍适应性的方法——核心词分阶考察法。且这一方法抛开目前无法解决的古借词与同源词的区分这一难题，把核心词按稳定性分阶，根据不同语言在不同阶关系词的比例来判定是同源关系还是接触关系，这显然比仅根据有没有关系词来确定同源关系的传统方法要科学得多，且这一方法又是经他多方验证了的。

最后，陈保亚的贡献还在于他不仅证明了侗台语与汉语没有亲属关系而与南岛语有亲属关系，而且他根据侗台语与汉语有深刻的接触，把它们之间的关系解释为语言联盟关系。我们认为语言联盟这种现象在汉语与中国南部的其他语言之间较普遍地存在着，例如越南语与汉语有诸多相似之处，又何尝不是一种联盟关系呢？因此这一解释具有普遍意义。

汉语与中国南方民族语言关系研究有诸多令人困惑的问题，但在几代语言学家几十年的努力探索下，已经开始在理论和方法上有了新的突破，汉语及南方民族语言的关系将随着探索的深入更加清楚。

(原载《云南民族学院学报(哲学社会科学版)》1999年第4期)

# 汉语与亲属语言比较的方法问题

郑张尚芳[*]

[摘　要] 本文论述汉语与亲属语言比较的方法问题,指出亲属语言同源词的比较中我们非常强调重视"择同",必须选择核心词根来进行比较,特别关注同族词系和共行词系的比较。在语音对应上,对上古复辅音、藏泰文中的流音塞化、原始的复辅音及可替换的韵尾等情况的了解,在汉语和亲属语的比较中具有重要意义。

[关键词] 汉语;亲属语言;比较;同源词;核心词根;同族词系;复辅音;流音塞化;韵尾替换

## 一、小　引

亲属语言比较可以为拟测原始汉语及上古汉语提供活的参照形式、结构模型和变化模式,并可借以研究亲属语言间共同的结构规则和发展规律。

真正要搞古汉语史的人不能不重视汉语的亲属语言比较,有了亲属语言比较的实践体验,习见汉语亲属语言中一些同源词所反映的古老形式后,对汉语史尤其上古汉语应有的面貌很自然地就会产生新的观念。一些时候汉语史界曾争议过的热门话题,比如古汉语有无复辅音问题,在较为熟悉亲属语言比较的人看来,那实际上是不应成为问题的。实际值得花力气争论的问题应放在如何来探究出古汉语到底有哪些复辅音,它们到底具有哪些结构形式和结构规则,其中有哪些可归为具有语法作用的结构成分,怎样分析它们的构形或构词作用,它们和后代音类及亲属语言音类的对应规律,等等。而对有些误以为承认了上古汉语有复辅音就是承认一个字读两个音节或三个音节,从而使他无法读《诗经》的四言诗的人来说,想来花多大力气去争论可能也未必有用。最好是请他先去了解一下我们兄弟语言中复辅音是怎么说的、了解一个音节能负载多少个复辅音,有了共同的语言比较的观感体验时再来论议,那讨论才会有意义。

我们知道,历史比较语言学是在印欧语言比较的基础上产生的,因为印欧语言语法变化发达而且对应明显,因此西方学者在作亲属语言比较时,除语音对应外更重视语法形式的对应。这在印欧语言比较中的确容易取得成效,产生巨大影响。可是这不是适应一切语言的万灵丹方,尤其对汉语亲属语言比较是不适合的。像学界大抵公认的汉语和藏语亲属关系,就不是在语法形式的对应上建立的。依藏文的语法,其语序的"宾动"结构更像朝鲜语、日语、阿尔泰语,"名形"结构更像苗语、侗台语;而且语法范畴上动词有三时一式的屈折变化,有格、祈令、方向等语法范畴的表现,都跟汉语大不一样。如果以语法标准为主来划定发生学上的亲缘关系,人们几乎能凭几点巨大的语法差异就否定汉藏两语有亲属关系。如果连藏语都不算汉语亲属语,那么汉语几乎要成为没有亲属孤独产

---

[*] 作者简介:郑张尚芳,男,中国社会科学院民族学与人类学研究所研究员。

生的怪胎了。而学界现在大抵是在承认汉藏两语是亲属语言的基础上建立汉藏语系的。汉藏同源关系的认定,则主要是依据大量同源词,尤其是依据存在核心词根、两语共形词根在语音上严密对应的事实作出的。所以对汉语跟别的亲属语言的比较和认定,都应该主要依照这个模式、这种方法来进行操作。对藏语这样具备多种前缀音后缀音的语言,在比较中更期望能对这类附缀音的对应形式和语法功能也取得成果,那更说明了双方在词式变化上的一致。

## 二、同源词根的选择

亲属语言比较依靠同源词,怎样选择比较的词项呢? 好些人强调要选基本词汇。这个精神是对的,可是在具体操作上,在选词时,仍会出很大的偏差。桥本万太郎在其名著《语言地理类型学》的"基本词汇的差异"一节里认为汉语的五大方言实际是汉化的语言,理由是各语抽象词和文明词相同而基本词汇中的好些实词"几乎可以说完全不同",他的第一例是母亲"北语 mutshin,吴语 nian,闽语 laubu,粤语 loumu,客家语 oi-ei"。先不说以"母亲"书面读音代替北语口语"妈、娘"之不妥,粤闽实际同是"老母",吴语说"娘"也说"姆妈"(是引称和对称的不同),客家对称也作"阿妈",潮州闽语引称也说"阿嬭"。"妈"本是"母"的古音之一读("母"《诗经》叶之鱼二韵部)。所以这五个方言里他所举和未举的该词的不同说法实际上可归为仨同义词根"母、娘、嬭"①,各方言还是在汉语的同义词系内部选择用语的,而且都不限一种说法,怎么就完全不同了呢? 李壬癸(1995)试图通过比较原始南岛语与汉藏语基本词汇的差别来否定沙加尔的"南岛汉语同源说",把南岛 * pipi 用汉语"阴户"去对而不对"牝(屄)",把 * butuq 用"阴茎"去对而不写"鸟(屌)、涿(鼗)"(按沙氏指出南岛和汉语的共同词根在南岛语末音节)。这样怎能对得好呢。* pintu 只对"户"就不管至少汉语常见的还有"门扉窬"(且不提《尔雅》《说文》那些更多的特指同义词)②,而此词正可对"窬"; * kupit 对"关"而不写"闭", * mamis 对"甘"而不写"蜜", * qumah 对"田"而不管"亩", * inih 对"此"而不管"尔"……照这样的随意择词,最好的同根对应也是没法发现的,所以李氏列了 285 个基本词,就说他比对起来"几乎没几个词项同源"(光就他所选列出的南岛—汉藏对比词根看,末音节语音相近的大概也有十来条:* nunuH 对"乳"、siku 对"肘"、* m-ari 对"来"、* e(m)bay 对"飞"、* tutuh 对"椓"、* TukTuk 对"啄"、* tələn 对"吞"、* nəmnəm 对"恁"、* d'aNih 对"迩"、* səŋsəŋ 对"塞")。的确,沙氏有好些择对也并不适当,但就李氏所举的 285 词来看,如果另择一些汉藏同义词根换去他所对的那些汉藏词根作比较,我们就会发现实际有近百词是相关的,完全可作为同根对应的候选词项(郑张尚芳,2001)。所以择词不当的话,同样的材料会得到完全不同的结论。因此在语言比较中我们要非常强调重视"择词"。

从上面所述,可看出应该强调的有两点:一是词项比较不是比单词,而应该选取词根来比。每个时代语言的基本词汇也是有变化的,我们跟兄弟语言分开的时代多数是在三

---

① 此采用李如龙、张双庆《客赣方言调查报告》的写法。"嬭"音同哀,与湘语"嬭馳"(祖母)同源。虽《说文》注"卑贱名也。"《广韵》引《仓颉篇》"妇人贱称也。"《广雅·释亲》:"婢也。"那不过像"妈"之转称老妈子,张妈李妈之例。及"母"转为"姥"通称老妇或已婚妇人之例。旧戏小说太后还自称"哀家",贵贱不避同辞。

② 且不提《尔雅》的"闳闱闺阁闳"《说文》的"闬闉闼阊、阎闾阓"等特指同义词。

四千年以前的原始社会,那个时代的词汇特点是以单音根词或词根为主,反映质朴生活的具体实词为主,所以比较现在的多音单词时,必须先把添加词素剥离,分析出主词根来,再拿词根相比较。比如:假使我们没掌握古汉语的"目耳鼻口尻",那也不能直接拿"眼睛、耳朵、鼻子、嘴巴、屁股"作亲属语言比较,至少要剥取"眼、耳、鼻、嘴、股"这些词根来相比,民族语言也同样要剥离前附后附音以突出词根,才使比较可以有个相似的起点或基础。至于那些不属于原始口语的雅词"大便、小便、排泄物、阴户、阴茎、阳具、下体",或没有特指词根的组合词"口水、脑袋、头毛、血管",在作身体词同源比较上是不好直接选用的,因为既无词根比较意义,那摆上去岂非白费工夫。二是要注意,不是比较一般的基本词汇,而必须是核心词根。它们是在这个语言中借以产生词汇包括基本词汇的根本词素。语言如果有亲属关系,必然拥有一批共同的核心词根。尤其在反映身体、资以生活的动植物方面,生活资料及技能方面。而这些意义在语言里也并非以单一词根反映的,往往形成意义相关的同义词系,在比对时要尽量穷究式地全面搜集该系成员,排比其时代先后,应用广狭,选择可能是原始时代的普用词根,然后依其原始语音形式的对应程度来选择最合适的对当词。由于同义词系是积累形成的,其中混杂他源借词的可能性也是存在的。但核心词根的借用比例应该是最小的,选核心词根而不选一般词根已经包含这方面的考虑。许多语言已经有讨论语族内部变化规律的文章,其中选来相比较的词大多是语族内公用的根词,一般产生在语族形成之前,从它们中间择词,借词的可能性应会更小。

当然核心词内夹杂有个别借词还是免不了的。但是如果像有些人说某一个语言它的大多数的核心词根是"借词",这却是不成立的,站不住脚的。我们判别语言属系既然主要是根据核心词根来定,核心词根的改变就意味着语言属系的改变。日语、韩语、越南语借用了大量汉语词,有人甚至说达到百分之六七十,但因为其核心词根始终不变,其语言属系跟汉语就没有直接关系。海南岛的回辉话是宋代占城移民的遗语,比起古占语来它已经受黎语汉语的影响而单音化,声调化了,语言类型形式上跟台语已非常接近,但其核心词根基本上仍同于占语,所以仍判定是占语支语言(郑贻青,1997)。白语历史上一直在彝语的而非汉语的包围影响下,但核心词根及词根形式却大多数同于古汉语,故我们认为它是"汉白语族"语言(郑张尚芳,1999)。假定有一种B语言原来跟A语言不同源,后因密切接触不断接受A的影响,直到大多数的词根已借用了A语言,出现了核心词根换用现象,那实际上就发生了更换语言的质变,表明实际它已被同化为一种A语言的分支语言,不再是原来属系的B语言了。少量B语言成分作为战败语言底层遗留下来,反而会成为异质成分。这时候,它不可再根据B的属系而只能根据A语言的属系来确定其词根的同源关系,那么A性质的词根就成为"本源",而非"他源"的借词了。历史上有多个民族更换了语言,年代较晚近的像定居云南的蒙古族换说彝语支的嘎卓语,原说苗瑶语的畲族的多数换说接近汉语客家话的畲话,对其今语言的比较便只能依彝语支和汉语支来选择同源词根,假使留有少量蒙语或苗瑶词根,则要作为异质的底层成分处理,是"他源"词根。颇有些人认为侗台语就是因为接触而加盟汉藏语系的。我们认为照核心词根看,侗台语无疑是汉藏的。即使我们承认它本非由汉藏语分化而是因换用核心词根而加盟汉藏语系的假设,既然已经放弃了原来的词根体系而改用了汉藏的词根体系,那就成为一种汉藏语了。既然承受汉藏语言历史传承的词根体系为其词汇基干,自然应依汉藏词根体系这一边来溯源,它跟汉藏同根的词根就是"本源"而不能还说它们为他源的"借词",否则在理论上就是自相矛盾的(这里说的自然不包括后世再借入的词,连汉语北京话也有吴语粤语的方言借词呢)。

当然,在同源词比较中尽量排除借词的干扰,还是个值得留意的问题。一般说,现代的、近世的借词是容易辨认的,并且是应该排除和容易排除的,主要的困难是古代借词跟固有词常常有共同的语音对应规律,不易区分。我们认为,这类借词无疑是这两种语言里一种特殊的同源成分,它们同起于一源是可以肯定的,只是就起源来说双方都无法断定是"本源"词或是"他源"词。它对判定属系也许不便起主证作用,但它的古老形式对构拟古音的作用是一样的。其实有的最古的相关形式目前很难说清楚其本源,最终可能要借助别的学科来帮助辨认。像印尼语 labu"葫芦",有认为是梵语借词的,有认为与古汉语"匏"*buu 同源的。"匏"此名早见于《易经》《诗经》,并与中国人传说的祖先"庖羲"(闻一多《伏羲考》说即"匏桸"谐音)及葫芦生人的古神话相联系,既有关国人始祖该不会是借词了吧。也许"匏"在中国和印度同样古老,它的真正发源地就有待生物学家查找和比较野生种的基因来判别了。又像汉语"牙",罗、梅(1976)认为是南亚语借词,但汉语"牙 *ŋraa、齶 *ŋaag³[①]、咬 *ŋreew、啮 *ŋeed、芽 *ŋraa"是一族词,泰文"ŋaa 象牙、hŋuak 牙龈、giau 咬嚼、ŋab 咬、ŋɔk 发芽"也是可相对当的一族词,都不是孤立的单词,既难断定汉台间的源流关系的早晚,更不易说这些对汉台都是"他源"而非本源词("牙"在《易·大畜》"豮豕之牙"已经指獠牙了,并且是指华夏正音的"雅"的声符。而孟文 ŋek[ŋiak]牙齿也只相当汉台"齶"的音,跟越南京语"象牙"ŋa 一样既少同族词,又都不能解释汉语"牙"为何 ŋ 有后垫音-r-,而这是"牙"字作以邪母"邪"*laa 字声符不可或缺的语音理据,也是跟京、佤等其他南亚语言"牙齿"raŋ 作同源比较的根据,所以即使 Bahnar 语有 ngo'la 獠牙,也不能判定那就是借词而非同源)。该文又说汉语"江"是南亚借词,但不仅汉语和孟文有,在藏文、缅文、泰文也都有相应的对当词,并且还都有一组同根的同族词,如表:

| 汉字 | 汉语古音 | 藏文 | 缅文 | 泰文 | 孟文 |
|---|---|---|---|---|---|
| 巷 | *groongs | grong 村庄、市镇 | krongh 路 | gl 路道 | glong[klo]道路 |
| 江 | *kroong | klung 江河 | khjongh 河溪 | gl 河港、渠、路 | krung[kr]河川 |
| 谷 | *kloog | grog 深谷 | khjok 山谷 | glk 道路[古] | |

大家可以清楚看到,这是一组同族词("谷"本指山间水道,"巷"是里居内通道),都具有 KL 型复声母、圆唇元音及舌根尾。"江"的水道义就是这个有关通道的共同词根的一个原始义,最初是河流,形成了河谷,再形成了道路和村镇的街巷。孟文比其他三语还少个对应词呢,怎么能确定知道它最早起源于南亚而非汉藏?单否定了"江"是不够的,还得同时否定"谷"和"巷"才行,这就不容易了。所以关于这类最古的"借词"是谁借谁,孰为本源孰为他源,目前是很难贸然下结论的,这类"结论"也不见得能得到普遍的认可。而我们以为,有词族联系的词根都不可贸然作借词予以排斥。它们很可能正是华澳语系的共同词根[(郑张尚芳和邢公畹先生都主张汉藏、南亚、南岛三语系合为"华澳大语系",参邢氏(1991),郑张(1995)。邢先生原称"汉藏泰澳语系",同时介绍了我主张称"华澳语系")]。

就在核心词根的范围内,各个语言也并不是都只用单一的一个词根表示一义的,前面指出过,语言常会积累并存了一些同义词,来表示同一概念或相关而小异的概念,例如汉语眼睛就有"目、眼、眸、矑、瞳、睛……"嘴巴有"口、嘴、喙、咮、吻、辅……"脚有"足、疋、

---

① 《字统》原从口"齦齶也。"又上腭义与"腬"*gag 同源。

止(趾)、脚、胫、腿、骹、股……"一个语言自己的古今语和方言用词也有不同的选择,更何况不同的亲属语言。所以比较时应尽量考虑曾经在历史上使用过的同义词。但要注意,不要选择只在辞书上偶尔一见而没有文献使用例证的僻字(我就不怎么赞同我的朋友沙加尔先生找个"齞"跟印尼的牙齿 gigi 比对,直接拿"齿"*khjɯ 来比多好,今闽语说 khi 还很像呢。不必死求清浊一致,汉藏、汉台间都有大量的清浊互对:藏文雇、价 gla,泰文价 gaah、贾 gaax 依文字都是浊的,汉语却都对清的见母字"雇价贾",藏文他 kho,泰文他 khau 都清送气,汉语"其"却是浊的)。也不要轻易拿表示某一种动植物的专称来跟"虫蛇鱼鸟兽草木"这类大名对比,除非这是该类最常见有代表性的品种。例如张元生、王伟《壮侗语族语言和汉语的关系》是主张汉台同源关系的专文,已着重指出亲属语言主要依据同源词来判断,并列举72组对当词。其中大多数的择对是可行的,有的还相当精彩。但找一个《说文·鸟部》从鸟白声的僻字来对台语的 rok、nok(鸟)的做法却不可取。像这类特指某一种具体鸟名的字,古字书里多了去了。《说文》本部就有15个"鸟也",绝大多数是大家不熟悉的鸟的名称,它们哪有丁点资格来对作为大类名的"鸟"呢。再说该字音也不合,"居玉切"属见系,而武鸣 yok 只是舌音 rok 的晚近音变,择对时先要注意双方都要追溯原始古音形式(以"沱"对 $ta^6$、"胡"对 $ho^2$ 也是误用中古音比对,上古音反远了,应以"渡""喉"上古音对才合,因藏泰语发展较慢,a 多还处于对应汉语上古鱼部 *a 的阶段)。文中为狗吠找个'从吠交声'的僻字,其实"号嘐哮"都是同源词,《楚辞·九章》有"鸟兽鸣以号群兮","号吠"也常用,没必要找僻字。还有择词应理解其古义,如以"謇"对吃食的 kɯn¹,未弄明白该字"吃也"是"口吃"之意,这就对拧了。

## 三、共同词根的推定问题

我们曾经提出过,在亲属语言比较中最重要的是同源词根(根词是独立词根)的比较(郑张尚芳,1995)。如果语言间有亲属关系,应会在核心词汇上拥有共同的词根系统。用历史比较法来阐明其系统的对应关系,就能对其发生学关系作出说明。

语言的词汇内部拥有大量根词和词根,各自有自己的语音形式和意义。从音义关系来分析,有各不相关的,也可能在音义两方面或一个方面相关的。其中虽然绝大部分是互不相干的异音异义词,但总有一部分词彼此音义相关,并形成相关词词系。可分三类:第一是同族词词系,指音义都相关的,通常是从同一词根分化出来的同根词族,或者说是以一个母词的"同源异式词"为中心所形成的滋生词系统,如汉语的"舌甜、汤烫、江谷峪、局曲"。第二是共形词词系,音相关而义不相关,这是由原始同音关系产生的"异源共形词"所形成的系统,也即这些不同语义在该语言里习惯上采用共同的语音形式(语根同音或相近)。[①] 如"无舞、方芳房、五吾语、父斧釜"。第三是共义词词系,义相关而音不相关,这是由同义词、反义词、对义词、类义词等同义域词的词对所形成的系统,如"江河、关闭、远近、男女、咸甜、日月、春秋"。因为语言存在这些相关词系,所以在文字上才反映为"转注"("大太、句勾、谷峪、汤烫"是基于同根词族),"假借、谐声"(土借为"杜"、土谐"杜吐肚"是基于共形词系),"合形、训读"("月夕、石担"是基于共义词系)。

这三个词系是语言词汇发展后依内部音义关系形成的,每个语言中的相关词系系统

---

[①] 蒙朝吉:《畲语属语苗支补证》(《民族语文》1993年第3期)语:"一对对意义塾不同而声韵相同、声调也相同或对应的词,我们认为'成对的语音相同语义不同的词'。"所说即本文"异源共形词"。

自然不会一样。在不同语言中如发现相近相似的相关词系,就可肯定它们有共同的起源,是有过共同的词汇发展阶段的亲属语言。也就是说语言如果同源,往往有相类似的语词分化方式和相类似的同音近音词。邢公畹先生所提的"深层对应"就以指语言间共形词系的对应为主。他把这种对应词系称为"同源体系",把查寻对应词系的方法称为"语义学比较法"。① 郑张尚芳(1981)在《汉语上古音系表解》也曾举一群汉语"卖"(从古文睦得声、读若育)声字"倿续读黩棂睦",分别与藏文"lhugs 不保留、lhugs 续、lhogs 读、rog 黑、drog 包裹、rog 友助、rlug 信"作比较,承王远新、陈保亚同志在其论著中介绍了我这种同声符字群的亲属语比较法,并称之为"同族词比较法"。但此称与同根词族比较法容易相混。其实此即"共形词系"的谐声字群比较(同谐声的字具有无可怀疑的古共形词身份,对这类比较自然是更有力的证据)。实际跟邢先生所说的方法大致相似,都立足于比较语言间是否有共同的词根音义关系系统。

所以我们在发生学研究上特别关注同族词系和共形词系的比较。比如在同族词系方面,汉语里有些同源异式词,在藏语中往往也有相当的同源异式词,就足以证明汉藏两语的亲缘关系。例如:(藏为藏文字母转写,﹡号后为我的上古汉语拟音)

1. "量"平声 ﹡raŋ 为动词,去声 ﹡raŋs 为名词——藏"数"(b)grang 动词,grangs 名词。

2. "汤"﹡lhaaŋ 为"热水","烫"﹡lhaaŋs 为"热水灼或热度高"(古也写作汤:《山海经·西山经》:"汤其酒百樽")——藏 rlangs"蒸汽",lhangs"热气"。

3. "舌"﹡ɦljed 名词,"舐"﹡ɦljeʔ 动词——藏 ltje"舌",ldjag"舌(敬)",ldag"舐"。②

4. "髆"﹡paag 为肩近臂处,"臂"﹡pegs——藏 phrag"肩",phjag←pheg"手(敬)"。

5. "迩"njiʔ 表"近","昵"﹡nid 表"亲近","衮"﹡snjed 为"狎近"("衵"﹡nid 为近身衣)——藏 nje"近",snjen"亲近"。

汉语有些异源共形词,在藏语中同样可以找到对当词,如:

1. 汉语"量凉谅"共形 ﹡raŋ——藏文也都为共形的 grang,而分别表示"数""寒冷""应当"。从"凉谅"都从"京"声看,更古时汉语前面也应有 g·冠音,藏文形式比汉语要古。

2. 汉语"吾"﹡ŋaa、"五"﹡ŋaaʔ、"鱼"﹡ŋa 上古同属疑母鱼部——藏文"吾"nga、"五"lnga、"鱼"nja 词根也相似。缅文更像,都说 ŋa。

3. 汉语"田猎""田地"共形都说"田"﹡ɦlʼiŋ——藏文亦为近形词:lings"狩猎、罗网",zjing←ljing"田地"(同语支的错那门巴语仍为 leŋ)。

4. 汉语"绩"﹡ʔseeg、"簀"ʔsreeg(《史记·范睢列传》:"睢详死,即卷以簀置厕中。")、"碛"﹡sheg 共形——藏文 seg-ma 编的、sle-ba 织编;seg-ma 竹席;seg-ma 石子、沙砾。

5. "九"(丁山说是肘的象形,本肘字,借为九)﹡kuʔ、"肘"﹡klʼuʔ 古音近,"九"又作

---

① 邢公畹 1983 年说:"一些字在意义上,或者在语音上(包括古文字的谐声关系上)相关联,我们就说它们有'同源关系',两个或两个以上的有同源关系的字,构成一个'同源体系'。"1993 年说:"如果汉台两语中各有一群意义不相同的'同音字',两能在意义和音韵形式上互相对应,我们就管它叫'深层对应'(或'多层对应')。"

② 比较缅文 hlja"舌"、ljak"舐",可知藏文声母的 lti、ldj、ld 只是 lj、l 的塞音化的变式,藏文的 dji"重""蚤"缅文也只作 l:lei"重迟",hlei"蚤"藏文 lt 在夏话尚读 lh-。在闽语建阳话"舌"尚读 lɛ⁸,"舐"尚说 la⁷,在福州口语中也说 lia⁷。

"尻"*khuu 的声符——藏文分别为"肘"gru，"九"dgu，"尻"dku。

近年我和邢公畹先生都提出将汉藏语系与美国学者白保罗所主张的澳泰语系合一为"华澳语系"，也是根据两者间存在相对应的"同族词系"和"共形词系"。先举些同族词例：

1. 汉语"乳"*njoʔ 为"乳房、生孩子"，"孺"为"乳婴、幼儿"——藏文 nu-ma"乳"，nu-bo"弟"，nu-mo"妹"；景颇族波拉语（缅语支）nau"乳"，na̱uŋ"弟妹"——泰文 nom"乳"，nɔɔŋx"弟妹"；武鸣壮语 nau⁵"乳"，nuɯɯ¹"弟妹"；靖西壮语 nou⁴"乳"，nooŋ⁴"弟妹"——原始南岛语 nunuh"乳"；印尼语 nung 昵称小孩。

2. 《释名》："雾：冒也，气蒙乱覆冒物也。"说明"雾"*mogs 与"冒帽"*muugs，"蒙"*moong 等同源——藏文 smug-pa"雾"，rmog"头盔"，rmongs"迷糊"——泰文 hmɔɔk"雾"，hmuak"帽"，hmɔɔŋ"模糊的"，muŋ"蒙盖"。

3. 汉语"嘬"*toogs，"咮"*tos/toh，"啄"*rtoog、toog，"椓"*rtoog、toog（敲击）——藏文 mthju"嘴唇、鸟嘴"，ɦthu"啄"，rdung"敲击"——印尼语词根在后：patok"鸟嘴"，patuk"啄"，ketuk"敲击"。

4. 汉语"壤"*njaŋʔ，"洳"*nja 湿地——藏文 mang"田地"，na"水草地"——印尼 tanah"地"，ranah"洼地、沼泽地"——泰文 naanh"地域"，naa"水田"；壮语 naam⁶"土壤"，na²"水田"。

5. 汉语"腹"*plug，"包"*pruu（《说文》云：象人怀孕），"胞"*phruu、pruu（胞衣），"保"puuʔ（抚养），"褓"*puuʔ，"胚"*phlɯɯ，"胎"*lhɯɯ，"孕"*lɯŋ，"育毓"*lug（产子）——藏文 bru"腹（古）"，pho"腹、胃"〔参：缅文 bouk 兼表肚子、怀孕〕，phru"子宫"，phrug，phru-gu"孩子"，bu"儿子"，rum，lhum"怀胎"，rog"胞衣"——泰文 buŋ"腹"，phauh"族裔、子孙"，luuk"孩子、子女"，rok"胞衣"；武鸣壮语-poŋ⁵"小腹"，-buk⁸"褓"，lɯk⁸"子女"，rok⁸"胞衣"。汉语"育"lug 与藏语胞衣 rog、泰语壮语胞衣 rok 明显同源，表明它们的确是同胞语言。

同族词系的关系有亲有疏。关系特别亲的如一母同胞，由一个细胞分裂生成，一对一对的可称"孪生词"（如"夹峡、见现、迎逆、林森、小少、食饲、令命、墨黑"等）。有的则如同堂兄弟一家子，可称"孳生词"。疏的则只能称"同族词"。像上面第 5 例所列即为有关生育的孪孳词，从汉语说，其同族词还可加上"巳 ljɯʔ（胎儿，甲文干支表作'子'）、嗣 ljɯɯs、似 ljɯʔ、子 sl'wʔ、息 slug、字 zlɯs（生养）、孽 sl'ɯ、慈 zlɯ"，甚至"抱 buuʔ、菢 buus、孵 phu、伏 bug"（包胞转义还及苞匏袍）等。因为这些词的语根也都在"pru（包胞词根）、(p)lɯ（胚胎词根）"的音义变化范围之内。

词族研究是一项值得重视和费力复杂的研究领域。在我国，训诂学有深厚的基础，已有不少成果。但在继承传统成就时，必须注意防止前人有过的偏差，即在语根的声韵音变条件允许的范围之外无限制地牵连开去、任意扩大同源词的倾向。有人单凭双声或叠韵关系，把不是同根的词掺和在一起，随便说是一声之转，那是不科学的。王力先生就批评过。我们在利用前人相关成果时必须自己细加甄别。并且在如今古音研究取得更大的进展后，还能避免前人在这方面的缺陷，例如知道上古汉语有*hm-，"荒"是亡声的*hmaaŋ，就会知道不应与见系"广旷凶秽"列为同根（参《同源字典》），而应和"芒膴亡"同族了。

当然并不能期望所有的同族词都能在亲属语言里找到对子。"雁"*ŋraans 驯化育成"鹅"*ŋaal，韵母"元歌"相转是汉语同源滋生词的好例，但藏文 ŋaŋ、缅文 ŋaanh，鹅雁不分,泰文 haanh、格木语 ŋan、甘塘布朗语 ŋaŋ 指鹅,音韵上都是对当"雁"的,可见"鹅"是汉语独立的发展出来的同根词,是汉白语族跟其他兄弟语族分离以后滋生的。

汉语的共形词也有成批的对应例:

1. 汉语同为"土"声的"土"*hl'aaʔ、"吐"*fil'aaʔ、"杜"*fil'aaʔ(根,《方言》三:"杜,根也。东齐曰杜。《诗鸤鸠》作"土",传:"桑土,桑根也。")——泰文分别为"土"hlaax(大地)、"吐"raak、"杜"raak(根)——藏文"土"sa、"根"rtsa,由于同支的保留原始形式更多的错那门巴语"根"仍作 ra,可知藏文声母应为 sr-变音,其词根也是 ra。

2. 汉语"俞"*lo(《说文》"空中木为舟"),"窬"*lo、fil'oo>doo(《说文》"穿木户")[上二字应同源],"喻"*los/loh(知晓),"腴"*lo(《说文》"腹下肥也")——泰文分别作"俞"rɯa(舟船,壮语作 ru)、"窬"ruu(孔眼)、"喻"ruux(知晓、懂)、"腴"roo(大腹便便)。

3. "旧"义鸺鹠,借为故旧义,两词共形——泰文 gaux(猫头鹰)、kauh(故旧)近音共形。

4. "粝疠"*rads——藏文 ɦbras 米、疮疠——印尼 beras 米、baras 麻疯,词根皆共形。

5. "女"*naʔ 声谐"如洳*nja、挐*naa、呶*naaʔ"——藏文 njag、nag 妇人、妻、na 如果、水草地,mna 儿媳——印尼 ranah 沼泽地、anak 孩子、panah 射箭——泰文 naa 水田、naax 姨母、hnaax 呶。

6. 郭沫若说"父"是"斧"的初文,同声符字有"父"*baʔ、"斧"*paʔ、"釜"*baʔ(《说文》正体从鬲甫声)、"攴"*paʔ、baʔ(《说文》只作捕,此与口辅的辅同源)——印尼语"父"bapak,"斧"kapak,"釜"tapak,"攴"papak(咀嚼),词根都是 pak,正能说明其谐声关系。

又汉字"甫"也从父得声,故上引字常有从甫的别体。从"甫"声的又有"傅"*pags、"髆"*paag、"补"*paaʔ、"辅"*baʔ(口辅,《易·咸》上六:"咸其辅颊舌")——泰文分别作 ʔbaa(师傅)、ʔbaah(肩)、pa(补)、paak(口,此字对"辅"可比较 ʔbaak 砍削对汉语"斧",也是 aak 对 *aʔ,《说文》"斧,斫也")。

像这类"父甫"声旁共形字的系统对应,应可说明双方的关系不是偶然相合的。

## 四、对应中的音义问题

上古复辅音研究取得的成果为亲属语比较增加了助力,以前不易判别的同源词现在可以认定了。芝麻苏子泰文作 ŋa,德昂语作 l-ŋa,以前难以肯定它与"苏"同源。现在明白汉语上古除基本的 pl、kl 型后垫式复辅音外,还有前加咝音、喉音、鼻流音、塞音的冠音结构,从"蘇"从鱼*ŋa 声,先秦又可与"瘥迕御"通假(《诗·女曰鸡鸣》"琴瑟在御"阜阳汉简诗经作"琴瑟在苏",也借"苏"代疑母的"御"),苏稣应有冠音 s-读*sŋaa,则苏《方言》郭注江东呼[草字头吾]、音鱼*ŋa,正是"苏"失 s-头的词根形式。在芝麻外来之前苏子曾是重要的油料作物。藏文 snja 紫苏、snum 油(对汉语"荏")也可能有关。

同样,了解藏泰文中的流音塞化现象后,我们对它们中的 d、t、n 声母字的本来面貌是 r、l 有了清楚认识,这样才知道泰文"眼 ta、鸟 nok"都不过是后起的形式,就不会相信白保罗把印尼的 mata、manuk 看作其始源形式了(郑张尚芳,1995)。了解原始的复辅音及可替换的韵尾情况后,就会理解泰文的"腹 buŋ""舌 lin"其实跟汉语的这两词同源。

比较工作确有难处:双方音义全合的像汉语与泰文"马"常被人看作借词,音义一有小异,又会有人指责对应不严。其实有的未免自我作茧,台语"马"ma⁴ 是语族内共有词(古傣文是 mlaa⁴),比较佤 brauŋ、布朗 brak、格木 hmbraŋ、缅 mraŋh、嘉戎 mbro、哈尼

mo、藏 rmaŋ(古)、rta(今,由 ra 塞化)、景颇 kurma、门巴 kurta、印尼 kuda 等形式,基本都同根,无非有无 ŋ 尾之别,看不出台语无尾一定是从汉语 * mraaʔ 借的。

闻宥先生(1957 年)于《"台"语与汉语》中比较了 142 组词,认为"左聋笑黄屎"只是貌似,"肥心餍薄马骑臆腰燕白酸沙颊"是借词或共同借词,连"尿熟风雾"都是古老借词,只有"鸡血"可定为同源词。既然同源词这样少,所以断言两语没有亲缘关系。

闻氏常要求台语与侗水、黎都合了才考虑与汉语的同源关系,但是他不考虑黎语等的不同形式许是借的别的语言(如黎语有明显的南亚南岛语影响),怎能一致得起来。他说审母"屎"没有舌根音痕迹,不确。此字除《说文》古体外古籍一般作矢,《庄子·知北游》作屎,而"屎"就有"喜夷切"一读,古音研究也表明审三的主要来源是 * qhj、hlj,所以双方古音正好相合。

依我们分析 142 词中有 108 条是同源的,如第 1 组身体词 36 条中(各取首语例标目):头 rau 对首 * hluʔ,脸 hna 对腮 * snɯɯ,眼 ra 对眵 * raa,颊 kem 对脸 * kramʔ,耳 ru 对颐 * lɯ,嘴 pak 对辅 * baʔ,齿 khriw 对咬 * grewʔ,舌 lin 对舌 * ɦljed(cf 标敏 blin 对勉瑶 bjet),颔(下巴)gaŋ 对吭 * gaaŋ,颈 kho(本作 gɔ)对喉 * goo,肩 ʔba 对髆 * paag,臂 ken 对肩 * keen(类似汉语臂今称胳膊),手 mu 对拇 * muʔ,指 niuʔ 对手 * hnjuʔ,肝 tap 对胆 * taamʔ,肺 put 对肺 * pods,胸 ʔak 对臆 * ʔɯg,肠 zai 对胔(《广韵》疾移切)* ze,腰 eu 对腰 * ʔew,腿 kha 对股 * kaaʔ,膝 khau 对骹 * khreew,脚 tin 对底 * tilʔ,臀 kun 对髋 * khuun,毛 khon 对翰 * gaans,骨 ʔduk 对髑 * doog,血 hluet 对血 * hwiig,肉 no 对肉 * njogs(《集韵》儒遇切)等 27 条。第 2 组 40 条可对 34 条,现选几条说,天 wa 对宇 * ɦwaʔ,地 ʔdin 对甸/田 * ɦliin,火 wai/foi 即对火 * hwooiʔ,水 nam(ram)对饮 * ʔrɯmʔ,应取溪水 rul、huai 对汉语水 * hljui?←qhwliʔ,石 rin 对磷 * rin,木 maiʔ 对卉 * hmɯiʔ,叶 ʔbai 对菩〔改竹头〕* bɯ,(像闽语以箬为叶),黄牛 mo/vua 对牛 * ŋwɯ,水牛 guai 对为(本义役象)* ɦwai←Gwal,狗 hma 对莽(猎犬)* maaʔ,蛇 ŋu 对虺 * hŋuui,鸭 pit 对匹 * phid,鱼 pla 对鮒 * pa(据庄子音义),鸟 nuk/rok,当据拉珈 mlok、侗语 mok 对鹜,虫 non 对蠕 * njonʔ,翅 pik 对翼 * p-lɯk。

其中"云雨"当互换相对,"颐辅吭颈肩臂手指肝"等意义都有偏移,"齿咬"是名动交替,鮒为古小鱼统称,鹜既为古人最常猎食的鸟——野鸭,又为雏鸟统称,故可转指大名。这些都是对应中可允许的意义差异,意义偏差正可表明这些词都不会是借词。语音上像沙 zai/sai 对沙 * sraai,跟同为歌部的"左"zai/sai 一样有 i 尾,正合于古音。"右"khua 对右 ɦwɯ←Gwɯs,跟"牛"一样读如之部合口而带 w,都非后世借词可比。尤其风 rum 如是借词怎么没有了 p 声母,雾 hmok 如是借词怎么又有 h-冠又带-k 尾?因为闻先生要维护否定汉台同源的曲说,这些都顾不得了,结果弄成核心词根有众多人为"借词"的局面,令人惋叹。

亲属语言比较中我们非常珍视那些此无彼有的成分,它们既是非借词的标志,又是构拟原始共同语形式的宝贵根据。像"风降"汉语有复辅音,泰语只有流音,"蓝懒林铃"汉语只有流音声母而文为 gr-,都是最重要的信息,却受忽视,这是不应当的。

陈保亚同志对有阶分析下了很大功夫,核心词再分阶是可行的,但是要凭一阶高于或低于二阶来判定同源与否却有困难。因为每人辨识的同源词多少不同,他认为一阶低于二阶的,别人看来就许高于二阶。所以先要把合适的核心词表选定,再据双方的古音把同源词根落实下来,才能有更好的推论结果。

**参考文献:**

[1] 陈保亚. 从核心词分布看汉语和侗台语的语源关系[J]. 民族语文,1995(5).

[2] 陈保亚. 汉台关系词的相对有阶分析[J]. 民族语文,1997(2).

[3] 李壬癸. 汉语和南岛语有发生学关系吗?[J]. 中国语言学报,1995(8).

[4] 桥本万太郎. 语言地理类型学[M]. 余志鸿,译. 北京:北京大学出版社,1985.

[5] 王力. 同源字典[M]. 北京:商务印书馆,1982.

[6] 闻一多. 神话与诗——闻一多全集选刊之一·伏羲考·伏羲与葫芦[M]. 北京:古籍出版社,1956.

[7] 邢公畹. 汉语遇蟹止放流五摄的一些字在侗台语里的对应[J]. 语言研究.1983(1).

[8] 邢公畹. 关于汉语南岛语的发生学关系问题——L. 沙加尔《汉语南岛语同源论》述评补证[J]. 民族语文,1991(3).

[9] 邢公畹. 台 tɕ-、s-组声母的字和汉语的深层对应[G]//语言研究论丛. 北京:语文出版社,1997.

[10] 徐通锵,陈保亚. 二十世纪的中国历史语言学[G]//二十世纪的中国语言学. 北京:北京大学出版社,1998.

[11] 郑贻青. 回辉话研究[M]. 上海:上海远东出版社,1997.

[12] 张元生,王伟. 壮侗语族语言和汉语的关系[G]//汉语与少数民族语关系研究. 中央民族学院学报:增刊,1990.

[13] 郑张尚芳. 汉语的同源异形词和异源共形词[G]//汉语词源研究第 1 辑,长春:吉林教育出版社,2001.

(原载《南开语言学刊》2003 年)

# 汉语与非汉语共时比较研究

# 汉藏语被动句的类型学分析

## 戴庆厦　李　洁[*]

[摘　要]　汉藏语诸语言在语义上都有被动表述,但被动义的强弱存在不同的层次,而且在语法形式上缺乏共同的形态标记。在语法标记上,有的主要是带被动义的介词或动词,有的主要是语序或由结构助词与体词组成的语法关系。汉藏语被动表述的这些特点,使其对类型学研究有着特殊价值。

[关键词]　汉藏语;被动句;类型学

汉藏语系语言(以下简称汉藏语),应该说都有被动表述。也就是说,被动表述是汉藏语的共性。这个共性是由说汉藏语的人的共同认知特点决定的。但有被动表述的语言不一定都有被动范畴,因为一种语法范畴除了依赖于语义特征外,更重要的是要有语法形式作为依托。印欧语的被动范畴,既有被动的语义特征,又有"be+V-ed"的语法形式,因而学者们对印欧语有被动范畴的认识并无异议。但汉藏语的情况则有很大的差异。虽然汉藏语诸语言在语义上都有被动表述,但被动义的强弱存在不同的层次,而且在语法形式上缺乏共同的形态标记。在语法标记上,有的主要是带被动义的介词或动词,有的主要是语序或由结构助词与体词组成的语法关系。汉藏语被动表述的这些特点,使其对类型学研究有着特殊价值。本文主要通过对汉藏语诸语言的比较,探讨汉藏语被动表述的类型学特征。为便于比较,本文采用被动句广义的概念,将凡具有被动义的句子统称被动句。

## 一、汉藏语被动句的多类型性

汉藏语被动句存在不同的类型。不同类型的划分,主要是根据语法形式,但还结合语义特点。所依据的语法形式(介词、结构助词、语序、形态变化等)往往不是单一的,而是有多种形式在起作用。不过,其中总有一个是主要的,对被动句的性质起决定性的作用。汉藏语被动句主要有介词型、结构助词型、动词形态型三种类型。[①]

(一)介词型被动句

介词型被动句主要以介词作为被动句的语法标记。属于这一类型的语言有汉语、白语和壮侗语、苗瑶语等语言。

1.通过亲属语言比较,可以看到汉语被动句型的发展比较充分。汉语被动句以被动

---

[*]　**作者简介**:戴庆厦,男,云南师范大学汉藏语研究院院长,中央民族大学教授,博士生导师。李洁,女,云南师范大学讲师,语言学博士。

本文是作者在"庆祝李方桂全集出版及中国语言学集刊出版国际学术会议"上的学术讲演。该会议于 2006 年 5 月 30 日至 6 月 2 日在我国台湾地区举行。

①　本文所用的语料凡未注明出处的均为问卷调查材料。

标记词和受事居前的语序共同作为语法形式标记。被动标记词有"被、叫（教）、让、给"等。在语义上，这些语言的被动义都较强，除了表示"不如意、遭受"等消极义之外，还能表示"如意、愉快"的积极义，有时还能用于表示中性义。

2. 白语在不同土语里有 e⁴²"挨"、tɕo³⁵"着"、tɯ³⁵"被"等被动标记词，被动句以"受事＋e⁴²/tɕo³⁵/tɯ³⁵＋施事＋VP"为基本结构。例如：

ŋɯ⁵⁵ thi³³ e⁴² ɯ⁴⁴ tshɯ⁵⁵ kɑ³⁵ tshẽ⁵⁵．我的弟弟挨骂了几句。[1](p33)
我的弟弟挨骂了　几句

ɑ⁵⁵ nɑ⁴⁴ ji⁴² ē⁴² tẽ⁴⁴ lɑ⁴²？哪个挨打了？[1](p33)
哪　个 挨 打 了

lia⁴² sɿ³⁵ a⁴⁴ tɕo³⁵ sv⁴⁴ ta³³ ɣɯ⁴⁴ uo³⁵ lɔ⁴²．粮食被老鼠偷吃光了。
粮　食 些 着 鼠 些 偷 吃　完 了

tɯ³⁵表被动，多用在施事主体不明确的情况下。例如：

pɔ³³ tɯ³⁵ tɛ⁴⁴ tɯ⁴⁴ tui⁴⁴．他被打了一顿。
他　被 打 得 顿

ŋɯ⁵⁵ thɛ⁴⁴ kɛ⁵⁵ ŋi⁴⁴ tɯ³⁵ ɯ⁴⁴ lɔ⁴²．弟弟今天被骂（批评）了。
我　弟 今 日 被 骂 了

ɕua⁴⁴ nɯ⁵⁵ mɯ⁵⁵　nɔ³³ pɯ³³ tɕhɛ⁵⁵，tɯ³⁵ ɯ⁴⁴ lɔ⁴² mu⁴⁴？跟你说你不听，被骂了吧？
说　你的（话助） 你 不　听　　被 骂 了 没

3. 壮侗语的被动句以介词结构和受事提前的语序作为语法标记。各语言的介词被动标记词大多借自汉语的动词"挨、着（被）"，这些动词语法化后当介词使用。例如：

壮语（武鸣）：
tak³³ nu:ŋ⁴² ŋa:i³¹ ta⁴² po³³ da³⁵．弟弟挨父亲骂。[2]
弟弟　　挨 父 亲 骂

壮语（红水河）：
kva:k³³ daɯ⁵⁴ ɣa:n¹¹ te:ŋ⁵⁴ wun¹¹ ɕi³³ pai⁵⁴ kva³³．家里的锄头被人借走了。
锄头　里面 家　被　人　借 去 过

布依语（北盘江镇）：
sen³¹ te³³ tso³³ ðak¹¹ lo²．他的钱被偷了。[3]
钱　他 遭 偷 了

傣语（景洪）：
xau³¹ tso³¹ kai¹¹ sak³⁵ sam⁵³ hən³¹．谷子被鸡啄完了。[4]
谷子 被 鸡 啄 完 了

傣语（陇川）：
tăŋ¹¹ tso³¹ măn⁵⁵ lăŋ³³ lɛu³⁵ hăɯ⁵³．凳子被他坐坏了。
木凳 被 他　坐 坏 了

傣语（金平）：
phuɯm³³　sə²⁵　tsɔ³¹ fɯn³³ jăm⁴³ ɯn³³ mɛt⁵⁵ lɔ⁵²．衣服被雨全浇湿了。[5]
件　衣服 被 雨 浇 湿 全 了

侗语（车江）：
tɕiu¹¹ mɐi³ 1 tɐ⁵³ təu³³ nam³¹ la:u³¹ khuk²⁴ wa:i³³ ja:ŋ³¹．那条木桥被大水冲坏了。[6]
桥 木 那 被 水 大 冲 坏 了

水语（三洞）：

man$^{24}$ ŋaːi$^{42}$（laːu$^{55}$ s$_1$$^{33}$）phai$^{33}$ phin$^{42}$ ljeu$^{31}$. 他挨批评了。[7]
他　挨　老师　　　批评　　了

毛难语（上南）：

man$^{231}$ tiːŋ$^{51}$ zuːi$^{231}$ cit$^{23}$ ljeu$^{231}$. 他被蛇咬了。[8]
他　被　蛇　咬　了

黎语（海南乐东保定）：

na$^{53}$ ia$^{53}$ aːu$^{53}$ phoːi$^{55}$ pheŋ$^{11}$. 他被人家批评。[9](p56)
他　被　人家　批　评
khai$^{53}$ nei$^{55}$ goːm$^{11}$ pa$^{53}$ kaːŋ$^{11}$ be$^{53}$. 这只鸡被狗咬了。[9](p56)
鸡　这　被　狗　咬　了

仡佬语（比贡）：

tau$^{31}$ ua$^{55}$ ŋua$^{31}$ tau$^{31}$ tia$^{55}$ khəu$^{31}$ mai$^{13}$ ko$^{53}$. 羊被老虎吃了。
只　羊　被　只　虎　吃　了　啦

仡佬语（安顺）：

u$^{33}$ ŋkai$^{31}$ ŋkau$^{44}$ tau$^{24}$ kəw$^{33}$. 他被蛇咬了。[10](p41)
他　被　蛇　咬　了

布央语（巴哈）：

ma$^{55}$ lu$^{322}$ ŋɛ$^{31}$ tɕaːi$^{45}$ pjaːŋ$^{322}$. 钱被花光了。[11]
钱　被　花　完

4. 苗瑶语的被动句也是以介词结构和受事提前的语序作为语法标记。介词有的也来自汉语动词"让""着"等。例如：

苗语（养蒿）：

ʐen$^{13}$ nen$^{55}$ ti$^{33}$ ɕaŋ$^{55}$. 被他打了。[12](p608)
着　他　打了

苗语（弥勒）：

ni$^{21}$ tou$^{13}$ ni$^{21}$ vai$^{24}$ ntou$^{33}$ i$^{43}$ tha$^{31}$. 他被爸爸打了一顿。
他　被　他　父亲　打　一顿
mei$^{31}$ ʐei$^{21}$ i$^{44}$ tso$^{24}$　la$^{13}$　tlen$^{55}$ tou$^{13}$. 他们被人骗了。
他　们　着　别人　骗　着

苗语（凯里）：

to$^{22}$ noŋ$^{55}$ hə$^{53}$ ko$^{21}$ to$^{22}$ nɯ$^{44}$ ȵɯ$^{21}$ noŋ$^{55}$ tɕə$^{22}$ ɕɛ$^{55}$. 粮食被老鼠偷吃光了。
些吃　喝　被　些　鼠　偷　吃　完了

瑶语（金秀）：

ni$^{331}$ pun$^{33}$ koŋ$^{33}$ an$^{33}$ ky$^{311}$ tsɔ$^{55}$ kye$^{133}$ thəŋ$^{35}$. 他给公安局抓过两回。[13](p77)
他　给　公　安　局　拿过　两　遍

畲语（惠东）：

ntuŋ$^{54}$ paŋ$^{33}$ tshin$^{33}$ tsan$^{33}$ ɔ$^{33}$. 他被黄蜂蛰了。[14]
他　给　黄蜂　刺　了

（二）结构助词型被动句

属于这一类型的语言，主要是属于SOV型的藏缅语。其特点主要是依靠结构助词

将受事者提至施事者之前,改 SOV 语序为 OSV 语序。由于受事提至句首,加之结构助词对施事(少数是受事)的强调,使句子带有不同程度的被动义。这些语言在翻译汉语的被动句时,均以这种句型与之对译。与前一类型相比,这类语言被动句的被动义都比较弱。例如:

珞巴语(米林):
oŋo: ali: nɯŋ doːgəɳɛ. 鱼被猫吃了。[15](p67)
鱼　猫　(施助)　吃　(尾助)

崩尼－博嘎尔语(米林):
taːpə ɦam koː (nɯŋ)　pupak　gəɳeː. 绳子被他拉断了。[16](p54)
绳子　(受助)他 (施助)　拉断　(尾助)

羌语(荣红):
q' theː-wu paXuE-wu E-TuE. 我被他踢伤了。
我 他(施事) 脚(工具) 踢(方向)

吕苏语(湾坝):
ɣua³⁵ kɯ⁵⁵ le⁵³/³¹ pzə³⁵. 鸡被老鹰叼走了。[17](p149−150)
鸡　鹰　(施助)　叼走了

纳木兹语(甘海子村):
ɦæ⁵⁵ tsɿ⁵⁵ jæ³¹ kæ³¹　ŋi⁵⁵　ʁæ³¹ ha⁵⁵. (一)只小鸡被老鹰叼走了。[17](p149−150)
鸡　儿只　老鹰　(施助)　叼　走

景颇语(盈江):
ŋai³³ phe³³ ʃi³³ e³¹ kǎ³¹ jat³¹ sǎ³¹ ŋai³³. 我被他打了。
我　(受助)他(施助)打　　(尾助)

载瓦语(潞西):
mji³¹ jaŋ³¹　e³¹　lo̱⁵⁵ sat⁵⁵ pe⁵¹. 火被他搞灭了。[18](p75)
火　他　(施助)搞　灭　了

阿昌语(户撒):
ma³¹ kɔ³¹ ŋaŋ³¹　a³¹　tɕɔ³¹ pɔ³¹. 梨子被他吃了。
梨子　他　(施助)　吃　了

勒期语(芒海):
taŋ⁵⁵ khuk⁵⁵ ŋjaŋ³³　ŋjei⁵³　tsuːŋ³³ khjɔp⁵⁵ pjɛ³³. 凳子被他坐坏了。
凳子　他　(施助)　坐　坏　了

浪速语(三台山):
ɣɔ³¹ ɣauŋ³¹　jaŋ³¹/⁵¹ pəŋ³⁵/⁵⁵ sɛ³¹/⁵⁵ va⁵⁵. 鸡被野猫咬死了。[19](p78)
鸡　野猫　(施助)　咬　死　(助)

波拉语(三台山):
khui³⁵ jɔ̃³¹/⁵⁵　jaŋ³¹　pɛ³¹ sɛ⁵⁵ vɛ⁵⁵. 狗被他打死了。[17](p350)
狗　他　(施助)　打　杀　(助)

怒语(碧江):
ʂa⁵⁵ mɯ³³ ŋɛ³¹　e³¹　a⁵⁵ a³¹ ga³³. 肉被猫吃了。[17](p238)
肉　猫　(施助)吃　(助)

柔若语(兰坪):

xo³³ ku³¹ ŋa⁵³ ni³³ ku³¹ ɕi³³ tso³³ zɔ³¹. 肉被猫吃了。[20](p122)
肉　个　猫　　　个　(施助)　吃　(助)

阿侬语(福贡):

tʂʰ⁵⁵ŋi³¹ bɯ⁵⁵ dzɑ³¹ vu³¹ su⁵⁵ ba³¹ dɛ³¹ gi⁵⁵ mi⁵³ tʰi⁵⁵ mo³³ kʰi⁵³ a³¹ ba³⁵. 昨天乞丐被狗咬了一口。[21](p78-79)
昨　天　乞　　丐　　(受助) 狗　(施助) 一　口　咬　去

独龙语(龙拉村):

ɕɔ³¹ sɯŋ⁵⁵ tãn⁵⁵ a³¹ lɑŋ⁵³ tsaŋ³¹ kɔ⁵⁵ wa⁵³ a³¹ ja⁵⁵ ĭŋ⁵⁵ le³¹ a³¹ ta⁵⁵ ɕɯ³¹. 学生在唱歌被我们听见了。[22](p148)
学　生　现　在　唱　歌　那　我　们　(助) 　听　见

彝语(凉山):

ŋa³³ tsʰɿ³³ kɯ³¹ tsʅ⁵⁵ ko⁴⁴ ba³³ o⁴⁴. 我被他骂惨了。[23](p41)
我　他　(施助) 骂　惨　　了

ŋa³³ tsʰɿ³³ si³¹ tsʰɿ³¹ vi⁵⁵ ho³¹ ma⁵⁵. 我被他教育了一通。[23](p41)
我　他　(施助) 一　阵　教　育

拉祜语(拉祜纳):

zɔ⁵³ ve³³ pʰv³³ tʃhɔ³³ qhɔ⁵³ cʰɔ⁵³ vɯ³¹ ɔ³¹. 他的钱被贼偷了。
他　的　钱　小　偷　　走　了

哈尼语(绿春):

xa³³ ma³³ a⁵⁵ xɔ⁵⁵ ne³³ ba³¹ a³¹ a⁵⁵. 母鸡被野猫抓吃了。
母　鸡　野　猫　(施助) 抓　吃　了

纳西语(丽江):

sa³³ la³¹ tʰɯ³³ nɯ³³ dzɿ³¹ tɕʰər³³. 凳子被他坐坏了。
凳　子　他　(施助) 坐　折

土家语(仙仁):

kuɛ⁵⁴ ɣa³³ pa³³ ko³³ tɕi³³ pʰa³³ tsa³⁵ o⁵⁴ sã⁵⁵ lu³³. 他被石头砸伤了脚。[24](p100)
他　石　头　(施助) 脚　　砸　伤　了

### (三)动词形态型被动句

有的语言通过动词形态的变化滋生被动义。但动词形态变化也不是单一的手段,还要有语序或结构助词与之配合。属于这一类的语言有拉坞戎语、扎话、义都珞巴话等。动词的形态变化,主要是添加附加成分(前加和后加)。①

但对彝语是否有以动词的声调变化表示被动义,则存在不同的意见。有人认为凉山彝语的被动句有屈折形式和分析形式两种手段。[25-28]有人则认为凉山彝语中并不存在"被动态"的语法标志,被动句主要依赖谓语所表示的"结果性"而成立,即采取"受事+施事+动词"这个词序来构成。如《凉山彝语的被动句》[29]《凉山彝语的被动结构》。[30]

除了以上三种类型外,在藏缅语许多语言里还有通过动词(虚化动词)、使动词等构

---

① 有关动词形态型被动句,我们在《从藏缅语族语言反观汉语的被动句》(载《云南师范大学学报(哲学社会科学版)》,2006年第3期)一文中有了较多的分析。请参看。

成被动句。但这类句子是不是被动句,存在不同的意见,因为这类句子被动义很弱。如哈尼语用动词 bi³³ 和其他谓语动词共同组合的连动结构,有人认为它含有被动义,有人认为它不含被动义。哈尼语的 bi³³,由动词 bi³¹"给"语法化而来。例如:

a³¹jo³³ma³¹bi³¹ɣe³¹dza³¹a⁵⁵. 他们被骗了。
他　给　骗　了

a³¹ŋi⁵⁵je³¹nɔ³³bi³³ja³¹a⁵⁵. 弟弟今天被骂(批评)了。
弟弟　今　天　给　骂　了

a³¹jo³¹ɣ³¹tshɔ⁵⁵pɣ³¹bi³³ŋɔ³³tse³³a⁵⁵. 她的辫子被剪掉了。
她　的　辫　子　给　剪　掉　了

载瓦语被动句有用动词的使动形式表示被动义的用法。如:
khjin⁵¹lo⁵⁵nuŋ⁵⁵pe⁵¹. 线被搞乱了。(nuŋ⁵⁵ 乱——nuŋ⁵⁵ 或 lo⁵⁵nuŋ⁵⁵ 使乱)
线　搞　使乱　了

jo⁵¹xji⁵¹ʒa⁵⁵pe⁵¹. 这地被弄平了。(ʒa⁵⁵ 平——ʒa⁵⁵ 使平)
地　这　使平　(谓助)

总之,汉藏语的被动句存在多类型性的特点。从大的方面看主要有两种类型:一是介词型,另一是结构助词型。还有少量语言有动词形态变化型。不同类型之间既有共性,又有个性。类型的区分,既与语言机制系统的不同特点有关,又同历史演变规律的不同取向有关,还与语言接触有密切的关系。

## 二、制约汉藏语被动句不同类型的语言机制

作为独立语法范畴的被动句,其形成和发展必有其语言外部条件和语言内部机制的理据。汉藏语的被动句也是如此。语言机制的特点有多种,其中有的作用大些,有的小些。分析制约汉藏语被动句不同类型的语言机制特点,必须分清主次,并从不同的制约因素中发现相互间的联系。

(一)分析性的特点,决定了汉藏语被动句缺少形态特征

与以形态变化作为被动表述语法形式的印欧语相比,汉藏语的被动表述主要是依靠词汇手段来体现的,普遍没有印欧语那样的形态变化。汉藏语这个特点,是由汉藏语的分析性特点决定的。

分析性强是汉藏语的一个共同特点。分析性是指缺少形态变化,以语序和虚词作为表达语法意义的主要手段。形态变化主要反映在动词上。形态变化丰富的语言,在动词上有表示时、体、人称、数、使动、方向等语法意义的形态变化。其次,在名词上有表示数、格、性的形态变化。但汉藏语的大多数语言,动词、名词上的形态变化都不丰富,各种语法意义主要靠词的结合关系、词序的变换、虚词的使用来表达。虽然藏缅语的一些语言,有相对丰富的形态变化,如动词有使动范畴、人称、数、体的形态变化等,但在总体上仍以分析性的特征为主。

不同语言之间,分析性强弱程度不尽相同。有的语言如汉语、壮侗语、苗瑶语等,分析性特点相对较强;藏缅语的中、北部语言分析性特点相对较弱,形态变化多些,如嘉戎语、羌语、景颇语等。分析性强的语言,缺少形态变化,在被动表述上主要靠词汇手段,没有形态变化作为支撑。由于词汇手段具有不确定性的特点,即可以通过各种不同的词来

表达被动语义,这就成为对汉藏语被动表述在认识上容易产生分歧的一个重要原因。

(二)汉藏语被动句的类型划分与语序类型存在一致关系

语序类型的特点,决定了汉藏语被动句的不同类型。汉藏语的基本语序有两大类型,一是 SVO 型,属于这一类型的有汉语、苗瑶语、壮侗语以及藏缅语的克伦语等;二是 SOV 型,藏缅语绝大部分语言均属这一类型。属于藏缅语的白语,SOV 和 SVO 两种语序并存。从这两种不同语序类型的对比中可以看到:属于 SVO 型语序的语言,其被动句发展得较充分,"被动"义也较强;而属于 SOV 型的语言,被动句不发达,普遍缺乏像汉语那样的介词结构被动句,与被动有关的施受关系多通过格助词来表示。

为什么存在上述的一致性?这是因为汉藏语 SVO 型语序的语言,能形成表示被动义的"介词+施事者宾语"的短语结构,这种结构与 SVO 型语序是一致的。因此,汉藏语中凡是属于 SVO 型语序的语言,都有被动义较强的被动句;而 SOV 型语序的语言则不同,因为宾语在动词之前,不可能产生介宾结构,因而这一语序的语言被动义都比较弱,或者说难以形成典型的被动句。

(三)词类的不同特点也会对被动句类型的形成起影响作用

与被动句有关的词类主要是介词、动词、结构助词。特别是介词,在被动句形成过程中对被动义的表达起着至关重要的作用。但汉藏语诸语言中不是所有的语言都有介词,特别是藏缅语中大部分语言都没有介词。通过比较,我们看到汉藏语中凡有介词词类的语言,都有被动义较强的被动句,如汉语、壮侗语、苗瑶语以及藏缅语的白语。而没有介词的藏缅语则无被动义较强的被动句,这些语言只有靠结构助词表示较弱的被动义。这种被动句,称之为类被动句似乎更合适。介词的有无、结构助词的丰富与否,与语序是 SVO 型还是 SOV 型有关。在词类分布上,SVO 型与 SOV 型语言最大的不同是,SVO 型语言有介词一类,而 SOV 型语言一般没有介词。因为 SVO 型语言谓语动词居于宾语之前,容易虚化为介词,是产生介词的最好土壤。而 SOV 型语言的谓语动词位于宾语之后,不可能产生介词和介宾结构。虽然 SOV 型语言有丰富的结构助词,但结构助词并不直接表示被动义。总之,介词是 SVO 型语言区别于 SOV 型语言的一个重要词类,也是两种语序类型语言在词类上相区别的一个重要类型学参项。藏缅语被动句的被动义较弱、被动表述使用频率较低、习惯用主动句,与缺乏介词结构的语义表达有关。

(四)语言接触的特点也会对被动句类型的形成产生影响

语言接触是人类语言的共性。制约语言接触的因素既有来自外部的,又来自内部的。来自外部的,是不同语言的社会文化等因素;来自内部的,是语言本身机制特点的适应性如何。为什么有的语言容易接受外来因素的影响,而有些则相对封闭,这除了与民族间接触的强弱有关外,还与语言机制的特点有关。从汉藏语的总体情况看,苗瑶语、壮侗语和藏缅语的白语等语言,被动句受到汉语较大的影响,产生了由汉语借词("着、挨"等)构成的被动句,而藏缅语被动句的形成和发展没有受到汉语较多的影响,走的是一条不同的路。

## 三、汉藏语被动句研究的类型学价值

语言类型学(Linguistic Typology)以跨语言研究为基础,旨在通过语言(包括亲属语言和非亲属语言)的比较,从纷繁复杂的语言现象的比较中揭示人类语言的共性与个性,是语言研究的新视角。使用语言类型学的新视角来研究语言,可以加深对语言现象的认识。

（一）汉藏语被动句的研究有助于对人类语言共性和个性的认识

语言类型学研究的内容广泛,但特别重视语序的研究。除了关注主语、谓语、宾语组成的语序外,还特别重视介词在句中的语序。格林伯格(Greenberg)通过众多语言的比较,将人类语言的语序分为6类,并求出了各类语序在人类语言中的使用频率,排列了频率高低的顺序。但格林伯格等类型学家并没有对被动句进行专门的类型学研究。

汉藏语被动句的研究是汉藏语语法研究中的一个重要问题。因为被动句涉及动词的配价、施受关系以及虚词的使用、句子语气的选择等语法问题,而且与语序的特点密切相关。由于汉藏语的被动句具有不同于其他语系语言的显著特点,因而汉藏语被动句的研究具有重要的类型学价值。我们有可能通过汉藏语被动句的研究,认识汉藏语被动句在人类语言中所处的地位,包括它与其他语系语言之间存在的共性和个性,从而有助于在这一论题上进一步完善语言类型学的理论。

（二）汉藏语被动句的研究有助于反观不同语言的特点

汉藏语不同于其他语系,内部不同的语言也有较大差异。通过语言比较,能够在深入认识单一语言的基础上反观不同语言的特点。"反观",是认识具体语言特点的一个重要途径。比如,通过汉藏语与印欧语比较,我们反观到了汉藏语被动句不依赖于形态变化的特点;通过汉藏语内部语言间的比较,可以看到不同语言在被动表述上的重大类型学差异。同属汉藏语系的语言,为什么有的语言是介词型,有的语言是结构助词型;为什么有的语言被动义强,有的语言被动义弱,甚至有的很微弱。从反观中还能看到,汉语的被动句主要依靠"被"字显示其被动义,其形成和发展与"被"字的发展演变形影不离,构成与其他亲属语言不同的特点。这一角度的观察,有助于深入分析汉语的被动句。

（三）汉藏语被动句的研究有助于建立适合汉藏语被动句的理论框架

既然汉藏语被动句有不同于其他语系语言的特点,这就需要寻找适合汉藏语系被动句的理论框架。建立好这种框架,必须做到现代语言学理论和汉藏语具体语言特点相结合。既要有借鉴,又要有创新,要"量体裁衣",而不能"削足适履"。我们不妨回顾一下汉藏语被动句研究的历程,这有助于建立适合汉藏语被动句的理论框架。汉藏语被动句的研究起于汉语被动句的研究,而汉语被动句的研究强烈地受到印欧语被动句研究的影响。比如,汉语"被动句"概念的提出,很大程度上是受到英语语法研究的影响。印欧语的被动句有形态变化,语法形式很有规律,其语义和语法的对应关系也比较简单。而汉语的情况则不同,虽也有被动义表述,但却没有像印欧语那样的形态标志。这就给汉语被动句研究带来了先天的不足,成为近半个世纪以来被动句研究不断出现分歧的症结所在。

汉语的被动句研究始于19世纪末,自《马氏文通》(1898年)最早论及"被动式"相关问题以来,经历了不断探索的过程。经过一个多世纪的研究,语法学界普遍认识到,被动句是现代汉语的一种特殊句型,有其特殊的语用和研究价值。这期间,被动句的研究,既有模仿又有摆脱,经历了由浅入深、由表及里的逐步发展的过程。学者们围绕汉语被动句的定义、语法形式、语义特征、语用功能、分类、演变,以及与其他句式的转换关系等问题进行了广泛的讨论。在研究方法上,从被动句语法平面的研究逐渐扩展到语义和语用的平面,并将三个平面的研究结合在一起,既有宏观的把握又有微观的观察,既有共时的观察又有历时的追溯,既有传统的结构主义研究方法,又有现代的转换生成或认知解释。但存在的问题仍然很多,比如汉语被动句的本质属性如何,汉语是否存在真正意义上的被动句,汉语被动句语法标记的性质究竟是什么,应该如何对汉语被动句进行分类,古今被动句语义发生变化与哪些因素有关,等等。问题的不断出现,反映了人们对汉语被动句的认识过程的加深,也说明了汉语被动句自身的复杂性。

再看非汉语被动句研究的情况。非汉语被动句的研究远远晚于汉语被动句,是在汉语语法研究的影响下逐步开展起来的。因而非汉语的被动句研究,不免受到汉语语法研究框架、研究方法的束缚,研究成果也显得薄弱,涉及的问题也比较窄。从总体上看,虽然有关学者已对汉藏语非汉语的被动句做了尝试性的研究,但至今对这些语言"被动句"相关问题的认识仍还只停留在初步的阶段,对相关语言被动句在句法、语义、语用以及类型学特征等方面的问题还缺乏深入的认识。特别是跨语言的深入比较研究所做工作很少。在方法论上,以往对如何运用现代语言学理论分析非汉语的被动句所做工作不多,未能处理好模仿与创新的关系。

### (四)汉藏语被动句的研究有助于汉藏语语言系属关系的研究

汉藏语的语言系属问题是汉藏语研究中的一个重大难题。半个多世纪以来,围绕着壮侗语、苗瑶语与汉语有无亲缘关系,存在着两种完全对立的观点,而且长期未能取得共识。其焦点在于,壮侗语、苗瑶语与汉语的相关、相似成分究竟是同源关系还是借用关系。同源论者认为是同源关系,非同源论者认为是借贷关系。语言学家虽然付出了不少努力,但至今还不能科学地回答什么是同源词,什么是借词。过去,汉藏语亲属关系的界定,语言学家主要是在同源词和语音对应规律上下功夫,这是对的。今后,能否再从语法比较入手,寻求汉藏语系属关系的新理据。从汉藏语诸语言被动句的比较中,我们大体能看到这些语言关系的轮廓,也能获取一些证明语言关系远近的证据。比如,可以通过介词是否同源、结构助词是否同源看语言关系的远近,还可以通过被动义强弱层次的分布、被动句语序在不同语言中的表现等看语言的亲属关系。

由于汉藏语被动句的复杂性,其研究面临着艰巨的任务。我们认为做好这项工作的关键应该是:深入、科学地描写各个语言的被动句,进而进行语言比较,求出语言的共性和个性,并在此基础上进行理论概括,求出汉藏语被动句的结构规律和历史演变规律。

**参考文献:**

[1]徐琳,赵衍荪.白语简志[M].北京:民族出版社,1984.
[2]韦庆稳,覃国生.壮语简志[M].北京:民族出版社,1980.
[3]周国炎.布依语被动句研究[J].中央民族大学学报:哲学社会科学版,2003(5).
[4]喻翠容,罗美珍.傣语简志[M].北京:民族出版社,1980.
[5]刀洁.金平傣语概况[J].民族语文,2005(2).
[6]梁敏.侗语简志[M].北京:民族出版社,1984.
[7]张均如.水语简志[M].北京:民族出版社,1980.
[8]梁敏.毛南语简志[M].北京:民族出版社,1980.
[9]欧阳觉亚,郑贻青.黎语简志[M].北京:民族出版社,1980.
[10]贺嘉善.仡佬语简志[M].北京:民族出版社,1983.
[11]李锦芳.巴哈布央语概况[J].民族语文,2003(4).
[12]马学良.汉藏语概论[M].北京:民族出版社,2003.
[13]赵敏兰.柘山勉话概况[J].民族语文,2004(1).

[14]毛宗武,蒙朝吉. 畲语简志[M]. 北京:民族出版社,1986.

[15]欧阳觉亚. 珞巴语概况[J]. 民族语文,1979(1).

[16]欧阳觉亚. 珞巴族语言简志(崩尼－博嘎尔语)[M]. 北京:民族出版社,1985.

[17]戴庆厦,黄布凡,等. 藏缅语十五种[M]. 北京:北京燕山出版社,1991.

[18]徐悉艰,徐桂珍. 景颇族语言简志:载瓦语[M]. 北京:民族出版社,1984.

[19]戴庆厦. 浪速语研究[M]. 北京:民族出版社,2005.

[20]孙宏开,黄成龙,等. 柔若语研究[M]. 北京:中央民族大学出版社,2002.

[21]孙宏开,刘光坤. 阿侬语研究[M]. 北京:民族出版社,2005.

[22]孙宏开. 独龙语简志[M]. 北京:民族出版社,1982.

[23]胡素华. 彝语结构助词研究[M]. 北京:民族出版社,2002.

[24]戴庆厦,田静. 仙仁土家语研究[M]. 北京:中央民族大学出版社,2005.

[25]李民. 凉山彝语的主动句和被动句[J]. 西南民族学院学报,1984(1).

[26]陈士琳,等. 彝语简志[M]. 北京:民族出版社,1985.

[27]陈康,巫达. 彝语语法[M]. 北京:中央民族大学出版社,1998.

[28]朱文旭,张静. 彝语被动句式研究[G]//现代语言学理论与中国少数民族语言研究. 北京:民族出版社,2003.

[29]小门典夫. 凉山彝语的被动句[J]. 语言研究,2003(4).

[30]胡素华. 凉山彝语的被动结构[G]//第37届"国际汉藏语言及语言学"会议论文,2004.

(原载《中央民族大学学报(哲学社会科学版)》2007年第1期)

# 藏缅语因果复句关联标记研究
## ——兼与汉语比较

### 戴庆厦　范丽君[*]

[摘　要]　藏缅语不同语言的关联标记既有共性,又有个性。通过亲属语言对比,能够看到藏缅语因果复句的历史演变轨迹。藏缅语因果复句多是前因后果句;关联标记的优先语序是居中;关联标记具有多功能性;不同语言的关联标记大多无同源关系;与汉语对比,既有共性又有个性。

[关键词]　藏缅语;因果复句;关联标记

因果复句是藏缅语复句中使用频率较高的一个类型,其语法形式之一是关联标记。藏缅语不同语言的关联标记既有共性,又有个性。通过亲属语言对比,能够看到藏缅语因果复句的历史演变轨迹。本文通过27种藏缅语[①]的比较,就关联标记的语序类型、语源关系、功能特点以及语言接触等几方面,分析其特点,试图理出藏缅语因果复句关联标记的演变脉络。

## 一、藏缅语因果复句多是前因后果句

藏缅语因果复句中因句和果句的位置有两种情况:一是前因后果句。这种复句与人的认知顺序相同,即先说出一件事情的原因,再说出由于这个原因引起的结果。藏缅语各语言中大多数句子都是前因后果句。如藏、羌、景颇、彝、载瓦等语言。如景颇语:

tʃă$^{31}$ khʒu$^{31}$　ai$^{33}$　mă$^{31}$ tʃo$^{31}$, mă$^{55}$ tʃap$^{55}$ n$^{33}$ mai$^{33}$ ʃa$^{55}$ sai$^{33}$. 因为咳嗽,不能吃辣椒了。[1](p240)

　咳嗽　(句尾)　因为　　辣椒　不　可以吃(句尾)

又如阿昌语:

a$^{55}$ mu$^{55}$ xot$^{55}$ ŋoŋ$^{31}$, xɔʔ$^{31}$, teʔ$^{55}$　ŋo$^{55}$ te$^{55}$ ka$^{31}$ sɿ$^{31}$. 因为做错事,所以爸爸说我。

　事　做　错　因为　爸爸 我(助)说 (助)

二是前果后因句。果句在前主要是为了强调结果。例如:

---

[*]　**作者简介**:戴庆厦,男,中央民族大学中国少数民族语言文学院教授,云南师范大学汉藏语研究院院长。范丽君,女,中央民族大学中国少数民族语言文学院博士生。

①　本文语料除了标明具体出处外,均引自《中国少数民族语言简志丛书》的藏缅语部分。景颇语、阿昌语等语料除标明出处外,均来自戴庆厦田野调查记录。

羌语(曲谷话):

tsaːd　ʁa　qa　tɕa-ʁla-zə-n　ba,　qa　me-zde　qule
现在　(时间)　我　别耽误　(语气)　我　不空　很

ɕi. 现在别打扰我吧,因为我忙得很。[2](P249)

因为

毕苏语:

ga³³　ba³¹　tsɤk⁵⁵　phɤ³¹　la³¹ ga³³,　thu⁵⁵ mɯ⁵⁵　ga³³　thi³¹　lum³¹　nɤ³¹
我　不　借　能够　(助)(助)　因为　我　一　个　仅

a³¹. 我不能借,因为我只有一个。[3](P149)

(助)

为了强调结果,有的语言在原因分句的后面还要加动词 re³¹ "是"。如景颇语:

u³¹　phʒoŋ³³　mat³¹　sai³³,　mǎ⁵⁵ ni⁵⁵　tʃiŋ³³ kha³³　n⁵⁵　laʔ³¹　n³¹ na⁵⁵
鸡　跑　掉　(句尾)　昨天　门　没　关　因为

ʒe⁵¹. 鸡跑掉了,因为昨天没关门。

是

果句提前的,多使用判断句,以判断词"是"结尾。如白语的前果后因句,要在果句后加判断词 tsɯ³³ "是",偏句后边还可以加 tsi³¹ "缘故"。

ŋa⁵⁵　ɣɯ³⁵　ta⁴²　na⁵⁵　ɣɯ⁴²　tsɯ³³,　kɛ⁵⁵　na⁵⁵　ka³⁵　ji̠²¹　tɕɯ̄³¹　ɣɯ³⁵
我们　来　帮　你们　忙　是　怕　你们　几　个　紧　来

tua⁴². 我来帮助你们,因为怕你们几个忙不过来。

不得

ji⁵⁵ tɑ⁵⁵　lɯ³¹　tsi³³　ji³¹　phia⁴⁴　lia⁴² no³³　tsɯ³³,　ŋo³¹　mo²¹　tshɯ⁵⁵　mo³¹　t ɑ³¹
刀子　这　把　快　到　这样的　是　我　磨　了　它　次

tsi³¹. 这把刀这么快,是由于我磨了它一次。

缘故

## 二、藏缅语因果复句关联标记的优先语序是居中

藏缅语因果复句关联标记在复句中的位置,有居中、居首和成对使用等三种情况。其中,优势语序是居于分句之中。成对使用的关联标记多与语言接触有关。

(一)居中的关联标记

居中的关联标记又分为两种,一是关联标记位于前一分句,即原因分句的末尾,这一类型最多。例如:

羌语(曲谷话):

juwə˧teːɦa-qʰua-jyɕi, pəs kə ɦe-mi-se-jy. 因为路垮了,今天走不成了。[2](p249)
　　路　一　垮　因为 今天　去不行

彝语:

tshʅ³³　hi²¹　ndzi³³　kɔ³³　ta³³,　kha⁴⁴ di³³ ɲi³³　tshʅ⁴⁴　gɯ³³　a²¹
他　说　快　太　因为　大家　他　听　不

tshe³³. 因为他说得太快了,大家都听不清楚。

清

景颇语：

  sau$^{55}$ paŋ$^{33}$ ʃǎ$^{31}$lo$^{55}$ kau$^{55}$ n$^{31}$na$^{55}$， lau$^{33}$ lau$^{33}$ ŋa$^{33}$
  油  放  使多  （助动） 因为  腻  腻  （泛动）

sai$^{33}$．因为油放多了，感到有点腻。[1](p244)
（句尾）

载瓦语：

  ʃi$^{21}$ lum$^{51}$ tso$^{21}$ mjo$^{21}$ lui$^{55}$， wam$^{55}$ no$^{51}$ pe$^{51}$．由于果子吃多了，所以肚子疼。
  果子 太 吃 多 由于……所以 肚子 疼 了

错那门巴语：

  ʔi$^{53}$ te$^{31}$ pe$^{35}$ le$^{31}$ mʌ$^{35}$ ɕʌt$^{53}$ ko$^{55}$we$^{31}$， pe$^{35}$ rʌ$^{35}$ cuʔ$^{53}$
  你 （助） 他 （助） 不  说  连词  他 不  来

mo$^{35}$noʔ$^{35}$．因为你不通知他，所以他不来了。
（助动）

另一是关联标记位于后一分句，即果句的开头，也是居于两个分句之间。例如：

彝语：

  ɬo$^{21}$bo$^{21}$ du$^{33}$ la$^{33}$ o$^{44}$， ɕi$^{21}$uɛ$^{54}$ m(u)$^{44}$du$^{33}$ ko$^{33}$ tsho$^{33}$ bu$^{33}$ʐɿ$^{33}$ dzi$^{21}$
  月  出 来 了  因此  地 下  人  影  有

o$^{44}$．月亮出来了，因此地下有了人影。
了

桑孔语：

  tɕhaŋ$^{31}$ ŋɯ$^{55}$ tɤ$^{33}$ kho$^{33}$ sa$^{33}$， the$^{55}$ tɕa$^{33}$ a$^{55}$ ma$^{33}$ si$^{33}$ tsɯŋ$^{55}$ a$^{31}$ tɕa$^{33}$
  别人 些 砍 全  完  所以       树  没  有

ŋe$^{55}$．别人全都砍完了，所以没有树了。[4](p170)
（助）

毕苏语：

  zoŋ$^{33}$ tsa$^{31}$ an$^{31}$， u$^{55}$ a$^{31}$ zoŋ$^{33}$ ba$^{31}$ tsa$^{31}$ ɕi$^{55}$．他们吃过了，所以他们不想吃。[3](p149)
  他们 吃 （助） 所以 他们 不 吃 想要

格曼语：

  ki$^{53}$ ɯi$^{53}$ lai$^{55}$ giat$^{35}$ mu$^{31}$ phʌi$^{55}$ ni$^{55}$， wʌn$^{35}$ xi$^{55}$ juŋ$^{55}$ xa$^{55}$ tɯ$^{31}$ phi$^{55}$ wʌn$^{35}$ ki$^{53}$
  我 他 话 听见 没 完 （语气） 因此  许多 事情  （助） 我

kɯ$^{31}$sɯt$^{55}$mɯ$^{31}$ŋit$^{55}$ni$^{55}$．我没有听完他说的话，因此有些事情我不清楚。[5](p213)
清楚 不 知道（助）

（二）居首的关联标记

关联标记放在居前的因句首，有的语言是汉语借词，本语词的很少。例如：

羌语（桃坪话）：关联标记是 iŋ$^{55}$ue$^{15}$"因为（汉语借词）"。

  iŋ$^{55}$ue$^{15}$ xmə$^{33}$ da$^{31}$ pə$^{33}$ ti$^{33}$ u$^{55}$xna$^{55}$ tshyi$^{31}$， tʂuan$^{55}$tɕa$^{55}$ tə$^{31}$pia$^{55}$tsʅ$^{33}$
  因为  天 （助） 旱  厉害  庄稼   生长

tə$^{31}$mi$^{55}$ʂe$^{51}$i$^{31}$．因为天旱，所以庄稼长得不好。
不好

白语:关联标记是 tshu³³ui⁴⁴ "就为"(汉语借词)。

tshu³³ui⁴⁴　tw³³　no³¹　no³³,　ja³⁵mu³³tsi⁵⁵　ŋa⁵⁵　tsu³³　tshu³³　phia⁴⁴
就为　　　 等　 你　(助)　　要不(连)　　 我们　 早　 就　 到
la⁴². 就因为等你,要不我们早就到了。
了

桑孔语:

a³¹ȵe³¹ le³³thaŋ⁵⁵ a³¹ he³³ tɕaŋ³¹, the⁵⁵a³¹ a⁵⁵ȵaŋ³¹ thaŋ⁵⁵ la³³ he³³ tɕhaŋ³¹
因为　　　　 他　 不　 干　 会　　所以 我们　 他　 (助) 干 帮
ŋa⁵⁵. 因为他不会干,所以我们帮他干。[4](p169)
(助)

(三)语言接触对关联标记的影响

只有少数的几种语言有双用关联标记。有一些是汉语借词,是受语言影响而产生的。羌语(桃坪话):iŋ⁵⁵ue¹⁵(汉语借词)……the¹³mə³¹ "因为……所以"。

iŋ⁵⁵ue¹⁵ tsuə³³ ti³³ ɚ⁵⁵ pə³¹ tʂhe⁵¹i³¹, the¹³mə³¹ tsuə³¹ dʐe⁵⁵ ti³³ da³¹ɕye³³la⁵⁵
因为　　 水　(助) 小　　　　　 所以　 水　 磨　(助) 旋转
mi⁵⁵qe³³pa³³i³¹. 因为水小了,所以水磨转不动了。
不　行

扎巴语:mtsha³¹ȵi⁵⁵……tə³⁵mtshu³¹ "因为……所以"。

ŋa⁵⁵ mui̥³¹mui⁵⁵ ʂka⁵⁵ mtsha³¹ȵi⁵⁵, tə³⁵mtshu³¹ ŋa⁵⁵zi³⁵ ɕho⁵⁵kə³⁵ ma⁵⁵ ntɕhe³¹
我　 很　　 累　 因为　　 所以　　 我 去(助)　(否定) 想
z̩e³¹. 因为我实在太累了,所以不想去。[6](p151)
(助)

桑孔语:a³¹ȵe³¹ le³³……the⁵⁵a³¹/the⁵⁵ma³³ "因为……所以"。

a³¹ȵe³¹ le³³ȵam³⁵ nɯ³³ mo³⁵ mbja³¹ a⁵⁵mba³³ zi³³, the⁵⁵ma³³ qo³³ te³¹ mbɯ³¹
因为　 今　 年　 雨　 很　　 下　　　 所以　 稻子 长 好
zi³³ŋa⁵⁵. 因为今年雨水充足,所以稻子长得好。[4](p169)
来(助)

喀卓语因果分句的连词,本语词与汉语借词并用。如:zi³³wui³⁵……so³¹zi³¹ "因为……所以"(汉语借词)和ʑa⁵³ni³¹ "因为……所以"(本语词)并用。例如:

ŋa³³ na³²³ la³⁵wa³³, ʑa⁵³ni³¹ ma³¹zi³²³ la³¹. 因为生病了,所以我没去。[7](p100)
我　 病　(助) 所以　　 没　 去(助)
zi³³wui³⁵ ŋa³³ na²⁴ni²⁴, so³¹zi⁵¹ ŋa³³ ma³¹zi³²³la³¹. 因为生病了,所以我没去。
因为　 我 病(助) 所以 我 没 去(助)

从以上的描写中,可以得出两点认识:第一,关联标记的优先语序是居于分句之间,前一原因分句的末尾。第二,不同的是:使用的标记丰富程度不同,语言接触的特点不同,借用关联标记的特点不同。

## 三、藏缅语因果复句关联标记的多功能性

藏缅语因果复句的标记,有的语言还兼有其他方面的功能。如有的语言,因果复句

的标记还能连接连动结构,有的还能当别类复句的关联标记,如假设复句、目的复句等,有的还有兼表补语的标记。但不同的语言,兼用的种类多少不一(最多的有三种,少的只有一种);兼用对象不一。其差异,是由使用语言的人在认知上的归纳特点不同决定的。不同功能的孰先孰后,有的难以判断。下面举些例子。

阿昌语:表示因果复句的关联标记 xɔʔ$^{31}$ 有多种功能。除连接因果分句外,还连接两个先后的动作,相当于"之后"义。而且还能连接假设分句。相当于"的话"。此外还可以连接中心语和补语。例如:

a. mau$^{31}$ zo$^{55}$ pɔ$^{31}$ xɔʔ$^{31}$ ŋo$^{55}$ ma$^{31}$ zə$^{35}$. 因为下雨所以我不来。(因果)
　　下雨　(助)因为 我　不来

b. xot$^{55}$ pza$^{31}$ xɔʔ$^{31}$ lo$^{35}$ aʔ$^{31}$! 做完之后去吧!(连动)
　　做　完　之后去(助)

c. nuaŋ$^{55}$ ma$^{31}$ tɕo$^{31}$ xɔʔ$^{31}$ ŋo$^{55}$ ze$^{31}$ ma$^{31}$ tɕo$^{31}$. 你不吃的话我也不吃。(假设)
　　你　不　吃的话我 也　不吃

d. ŋo$^{55}$ tɕo$^{31}$ xɔʔ$^{31}$ zua$^{31}$. 我吃得饱。(补语)
　　我　吃 得　饱

这几个不同的句子,在认知上有个共同点,就是先发生的动作在前,后发生的动作在后。例 a 是,原因在结果之前;例 b 是,"做完"在"去"之前;例 c 是,假设在结果之前;例 d 是"吃"在"饱"之前。

波拉语:jaŋ$^{31}$ 有三种功能,一是因果关系的标志;二是施事助词的标记;三是工具助词的标记。

e. tǎ$^{31}$ nɛʔ$^{31/55}$ jɔ̃$^{31}$ sɔ$^{35}$ jaŋ$^{31}$, khji$^{55}$ pu$^{31}$ ʒɛ$^{31}$ na$^{55}$ vɛ$^{55}$. 因为走了一天,腿也疼了[8](P243)(因果)
　一　天　(助)走 因为　腿　也 疼(助)

f. ŋa$^{55/35}$ jaŋ$^{31}$ ʃauʔ$^{55}$ vɛ$^{55}$. 被我喝了。[8](P156)(施事)
　我　(助) 喝　(助)

g. jɔ̃$^{31}$ laʔ$^{31}$ jaŋ$^{31}$ ju$^{55}$. 他用手抓。[8](P156)(工具)
　他　手　用 抓

以上三种功能在认知上的共通点是:原因在前,结果在后。施事和工具是形成动作行为的条件,条件也是原因。在波拉人的认知上,是把施事和工具看成是形成动作行为的原因。

载瓦语:lui$^{55}$ 或 mu$^{51}$ 是因果关系标志。它还可以用来连接两个动词、形容词、词组,表示连贯关系,有"以后""之后"义。

ʃi$^{21}$ lum$^{51}$ tso$^{21}$ mjo$^{21}$ lui$^{55}$ wam$^{55}$ no$^{51}$ pe$^{51}$. 由于果子吃多了,所以肚子疼。(因果)
果子 太　吃　多 由于 肚子　疼 了

lo$^{55}$ mu$^{51}$ tum$^{21}$ lo$^{51}$ pe$^{51}$. 回去之后又来了。(连动)
回去之后　又　回来了

ŋje$^{55}$ lui$^{55}$ tum$^{21}$ ŋam$^{55}$ pe$^{51}$. 热了以后又凉了。(承接)
　热 以后　又　凉　了

基诺语:mja$^{33}$ 除了连接因果关系外,还用于连接承接关系的分句。

ji⁵⁵ na⁴² ʃɯ⁵⁵ khœ⁴² mja³³ , ŋɔ⁴² ta⁴² tʃe³³ mɤ⁴⁴ tʃɤ⁴⁴ vɛ³⁵ khœ⁴² tɕhu⁵⁵
　　玉婻　　带领　　　由于　我　打　针　（助)更　快　做　会
mɤ⁵⁵.（因果）由于玉婻的帮助,我很快就学会了打针。
(语助)

　　ŋɔ⁴² a⁴⁴ mɛ⁴⁴ tsɔ³⁵ sɔ³⁵ mja³³ azo⁴⁴.我吃了饭就走。（承接）
　　我　饭　吃　完　之后　走

　　傈僳语的 pɯ⁵⁵do⁴⁴ "因为""为了"在复句中承担两种职能:一是表示因果关系的"因为",二是表示目的"为了"。

　　go³³ thi³¹ xua³⁵ ma⁴⁴ pɯ⁵⁵ do⁴⁴, ŋua³³ ʒɛ⁵⁵ tsɿ⁴⁴ tɛ³³ sɯ⁵⁵ ŋu³³. 因为那一次,我认识了她姐姐。
　　那　一　次　（助）因为　　我　她　姐　助　认识了

　　sɿ³⁵ dzɿ³³ tu⁴⁴ mi³¹ ma⁴⁴ dʒi³³ dʒi³³ ʒe³³ ua⁴⁴ tsɿ⁴⁴ pɯ⁵⁵ do⁴⁴, tsɯ³⁵ tshɛ³¹ tʃua⁴⁴ tʃua⁴⁴
　　树　种　事（助）好好　做　得　使　为了　　政策　　根据
dʒi³³ dʒi³³ tʃho⁴⁴ se³¹. 为了把植树搞好,还要好好按照政策办。
好好　　跟　还

## 四、藏缅语不同语言的关联标记大多无同源关系

　　藏缅语因果复句的关联标记,是构成因果复句的主要语法形式。不同的语言,因果复句关联标记的语源存在什么关系,是同源的,还是不同源的？弄清语源关系,对我们认识藏缅语因果关联标记的形成和发展会有帮助。

　　我们收集了 27 种语言的关联标记,并进行了对比。对比后看到:大部分语言的关联标记不存在同源关系,只有少量比较接近的语言有同源关系。见下表:

| 语序<br>语言 | 因句首 | 因句末 | 果句首 |
|---|---|---|---|
| 玛曲藏语 | | ɤə | təɤə |
| 错那门巴语 | | ko⁵⁵ we³¹ | |
| 嘉戎语 | | tʃhəskɐ | |
| 白马语 | | i⁵³ | |
| 羌语（桃坪话） | * iŋ⁵⁵ ue¹⁵ | | * the¹³ mə³¹ |
| 羌语（曲谷话） | | ɕi | |
| 普米语（河西话） | | ga¹³ ua⁵⁵ ʒə¹³ | |
| 扎巴语 | | * mtsha³¹ ni⁵⁵ | * tə³⁵ mtshu³¹ |
| 白语 | tshu³³ ui⁴⁴ | | |
| 彝语 | | ta³³ 或 m(u)³³ ta³³ | ɕi²¹ ne⁴⁴ |
| 纳西语 | | tsɯ³³ gɛ³¹ nɯ³³ | |
| 怒苏语 | | ba³¹ dō³⁵ le³¹ | |
| 喀卓语 | | ta³¹ ni²⁴ | ʑi³³ we²⁴ |
| 桑孔语 | * a³¹ ne³¹ le³³ | | * the⁵⁵ a³¹ /the⁵⁵ ma³³ /the⁵⁵ tɕa³³ a⁵⁵ ma³（单） |
| 毕苏语 | thu⁵⁵ mɯ⁵⁵ | | u⁵⁵ a³¹ /ni⁵⁵ ne³³ mɯ⁵⁵ |

续表

| 语言\语序 | 因句首 | 因句末 | 果句首 |
|---|---|---|---|
| 哈尼语 | | a$^{55}$ ne$^{33}$/thɔ$^{31}$ ŋɔ$^{31}$ | |
| 傈僳语 | | pɯ$^{55}$ do$^{44}$/kua$^{44}$ be$^{33}$ | |
| 拉祜语 | | pa$^{33}$ tɔ$^{33}$ | |
| 景颇语 | | n$^{31}$ na$^{55}$/n$^{31}$ khan$^{33}$/niŋ$^{31}$ khan$^{33}$/mǎ$^{31}$ tʃo$^{31}$/jaŋ$^{31}$ | |
| 浪速语 | | a$^{31}$ ʒɛ$^{55}$ muŋ$^{31}$/jaŋ$^{31}$ | |
| 波拉语 | | a$^{31}$ sǔ$^{55}$ muŋ$^{31}$/jaŋ$^{31}$/jaŋ$^{31}$ a$^{31}$ | |
| 格曼语 | | | wʌn$^{35}$ xi$^{55}$ |
| 独龙语 | | mi$^{55}$/bǎi$^{53}$ tɕe$^{53}$ | |
| 载瓦语 | | mu$^{51}$/lui$^{55}$/mu$^{51}$ lui$^{55}$ | |
| 阿昌语 | | xɔʔ$^{31}$ | |
| 基诺语 | | vu$^{44}$ zə$^{44}$/mja$^{33}$（关系助） | khɔ$^{42}$ lo$^{33}$ ŋu$^{44}$ |
| 仙仁土家语 | zi$^{55}$ wui$^{33}$ | | ɛ$^{33}$ ka$^{54}$/so$^{54}$ zi$^{33}$ |

注：带＊号的为可以双用的关联标记

上表中的彝缅语支语言的关联标记都比较接近，但没有语源关系。其中有关系的是浪速语的 jaŋ$^{31}$、波拉语的 jaŋ$^{31}$ 和景颇语的 jaŋ$^{31}$。但却是浪速语、波拉语是借自景颇语的。其他不同语支之间的关联标记，相去甚远，可以明显看出没有语源上的关系。

## 五、从语言对比看藏缅语因果复句的形成和发展脉络

藏缅语的因果复句，大多数语言都有标记，标记具有普遍性。但当我们比较了标记的语源后，看到绝大多数语言之间都没有同源关系，正如上表所显示的。这一现象说明藏缅语不同语言的因果复句，标记是后起的，也就是说是在它们分化为不同的语言后才各自创新的。

至于原始藏缅语的因果复句是否经历了由无标记到有标记的演变过程？从少数语言因果复句标记不发达的现象中，可以假设原始藏缅语曾经历了无标记的过程。格曼语的话语材料给我们一个重要启示，这个语言在表达因果关系的句子时，基本不用关联标记表示，因果关系只能凭前后语义关系判断。羌语也有这个特点。格曼语、羌语是否反映藏缅语因果复句无标记的形式，虽然现在还无法完全肯定，但可能性是存在的。

至于为什么大多数语言都出现了因果复句的标记形式，而且大都数量有限，格式又基本统一？这可以看成是类型学引发的共同特点。也就是说，藏缅语大多数语言的因果分句标记是后起的，共同的语言结构特点和认知特点使得它们都具有产生因果复句语法标记的条件。但各自产生的标记，没有共同的来源，所以也就没有语源上的联系。

由于藏缅语的因果复句的标记不发达，所以容易接受别的语言的影响而产生借词标记。以羌语（曲谷话）为例，表示因果关系或申述理由的，一般不用连词连接。但近年来，在一部分青年和干部的口语中，借用了一些汉语的连词 iŋ$^{55}$ ue$^{15}$ "因为"。同时，不仅借用了汉语的连词，而且还采用汉语因果关系的构式，即 iŋ$^{55}$ ue$^{15}$ 一词位于原因分句的开头。

又如仙仁土家语,除本语词 $ε^{35}ka^{54}$ "所以"外,又借用了汉语关联标记 $zi^{55}wui^{33}$……$so^{54}zi^{33}$。同时,外借的关联标记可以和本语词互相搭配使用,衔接自然连贯。例如:

仙仁土家语:

$z^{55}wui^{33}$　　$ne^{35}pie^{55}tsə^{33}$　　$lu^{33}$,　　$ε^{35}ka^{54}$　　$kha^{54}$　　$phu^{33}phu^{33}$　　$ɕi^{33}$　　$zi^{33}$

因为　　　　打瞌睡　　　　　了,　　　　所以　　　　　花　　　　　　开　　　　　　（助）　　见

$te^{33/35}$. 因为打瞌睡了,所以没看见花开。[9](p145)

没

语言之间相互接触和影响,一般是从词汇开始的,然后逐步深入到语音、形态和句法。在词汇的借贷中,一般借用的新词是实词,很少能够深入到虚词层面。因果关联标记的借用属于深层次的词汇借用,而且不是单纯的词汇借用,而是牵动句法结构变化的语言影响。

## 六、藏缅语和汉语的对比

### (一)汉语的因果复句的语法标记比藏缅语丰富

复句语法标记丰富与否,这与书面语发达与否密切相关。汉语的因果复句比较丰富,形式多样,这与汉语长期有丰富的书面语有关。

现代汉语使用的因果关联标记,大多是从古代汉语传承下来的(有的由单音节变为双音节)。如表示因句的语法标记有:"非不呺然大也,吾为其无用而掊之。"(《庄子·逍遥游》)"因前使绝国功,封骞博望侯。"(《史记·卫青传》)"不识庐山真面目,只缘身在此山中。"(苏轼诗)"左右以君贱之也,食以草具。"(冯谖)"殷礼吾能言之,宋不足征也。文献不足故也。"(《论语·八佾》)古汉语表结果的关联标记有:"求也退,故进之;由也兼人,故退之。"(《论语·先进》)此外还有"以故、是故、为之"等用在结果分句中。[11]

相比之下,藏缅语因果复句的关联标记不甚发达。特别是没有文字的语言(如羌语、格曼语等)相对于有文字的语言(藏语、景颇语等)就更不发达,甚至有的语言只有一两个关联标记。

### (二)因果复句关联标记的位置不同

因果复句关联标记的位置与语言类型是前置型还是后置型有关。藏缅语属于后置型语言,所以关联标记居后的为多;前置型的关联标记大多是因语言接触而受其他语言影响产生的。而汉语是前置型语言,所以关联标记居前。

### (三)汉语因果复句关联标记的位置比藏缅语灵活

汉语的关联标记可以根据强调对象的不同而移动,可以位于分句主语的前或后,具有一定的灵活性。例如:(1)因为他排行老二,人们都叫他二姑娘。(2)这位老太太因为年纪大,住在后院,年轻人都叫她后院奶奶。例(1)为了强调事件"排行老二","因为"居前。例(2)为了突出人物"老太太","因为"居后。[12]

但藏缅语的关联标记一般不能移动,都居于第一分句的后边或第一、第二分句的最前面,位置比较固定。

### (四)汉语因果复句关联标记表意的细致性

藏缅语各语言关联标记不是很丰富,表达因果关系复句时,表达的语义关系比较笼

统、粗略,只是表明两个分句之间具有因果关系。汉语因果关系的关联标记比较丰富,表达的语义更为细致。例如汉语表原因的关联标记"因为"和"由于",二者除了在搭配上的不同特点外,在所运用的语体方面存在一定差异,口语里常用"因为",较少用"由于"。

### (五)藏缅语因果复句关联标记的多功能性比汉语强

哈尼语的关联标记 $a^{55}ne^{33}$,除了做因果复句的关联标记外,还可以连接先后发生的两个动作。例如:

$ga^{55}\ u^{33}$　　$dze^{31}\ khɯ^{31}$　　$ma^{31}$　　$ɤ^{31}$　　$a^{55}ne^{33}$,　　$kha^{55}je^{33}$　　$dɔ^{33}$　　$ma^{31}$
　从前　　　肥料　　　不　　背　　　由于　　　庄稼　　　很　　不

$mɯ^{31}$. 从前由于不施肥,庄稼很不好。(因果)
好

$mjɔ^{31}$ ȵ$e^{31}$ ɔ$^{55}$ $sa^{31}$ $ne^{33}$ $ga^{55}$ $dzŋ^{33}$ $dzu^{31}$ $li^{33}$. 干完活儿赶街去。(承接)
　活儿　干完　连　　街子　　　赶　去

藏缅语因果复句关联标记还能表示其他意义的特点,与其不发达有关。而汉语因果复句关联标记一般只有一个意义,不表示与因果关系意义距离远的语法意义。

**参考文献:**
[1]戴庆厦,徐悉艰.景颇语语法[M].北京:中央民族学院出版社,1992.
[2]黄布凡,周发成.羌语研究[M].成都:四川出版集团四川人民出版社,2006.
[3]徐世璇.毕苏语研究[M].上海:上海远东出版社,1998.
[4]李永燧.桑孔语研究[M].北京:中央民族大学出版社,2002.
[5]李大勤.格曼语研究[M].北京:民族出版社,2002.
[6]龚群虎.扎巴语研究[M].北京:民族出版社,2007.
[7]戴庆厦.云南蒙古喀卓人语言使用现状及其演变[M].北京:商务印书馆,2008.
[8]戴庆厦,蒋颖,孔志恩.波拉语研究[M].北京:民族出版社,2007.
[9]戴庆厦,田静.仙仁土家语研究[M].北京:中央民族大学出版社,2005.
[10]黄伯荣,廖序东.现代汉语[M].北京:高等教育出版社,2000.
[11]吕叔湘.吕叔湘文集第一卷·中国文法要略[M].北京:商务印书馆,2004.
[11]储泽祥,陶伏平.汉语因果复句的关联标记模式与"联系项居中原则"[J].中国语文,2008(5).

(原载《中央民族大学学报(哲学社会科学版)》2010年第2期)

# 藏缅语与汉语连动结构比较研究

## 戴庆厦  邱 月[*]

[摘　要]　本文通过亲属语言藏缅语与汉语连动结构的比较,包括共性和个性的提取,认识藏缅语与汉语连动结构的特点。藏缅语与汉语的连动结构存在诸多共性:都是语法中一个独立的结构;制约连动特点的因素都是多方面的,而语序是最重要的;连动的补语都容易出现语法化,其制约条件也大致相同。二者的差异主要是连动结构的紧密度不同,以及连用动词的顺序受"临摹原则"制约的强弱不同,其原因是 OV 型、VO 型语序的差异造成的。

[关键词]　连动结构;藏缅语;汉语

本文通过亲属语言藏缅语与汉语连动结构的比较,包括共性和个性的提取,来进一步认识藏缅语与汉语连动结构的特征,并从比较中反观各自的特点。

## 一、连动结构是藏缅语、汉语的共有特征

1. 什么是连动结构? 连动结构(serial verb constructions)是一个以语义语法范畴为链条组成的结构。从语义上看,是指同一主体发出的一个以上的动作行为;从语法上看,是指一个句子有一个以上存在连用关系的动词。连动结构描述的是完整的一个事件,一个事件可能由一个以上的次事件组成,是对可以概念化为彼此关联的、按一定顺序结合的若干次事件进行编码。从这个概念出发,OV 型语言的藏缅语和 VO 型语言的汉语,都存在连动结构。这是二者的共性。但对藏缅语和汉语连动结构范围的界定则存在不同的认识。归纳起来大致有宽式和窄式之分。

2. 汉语窄式的连动结构只限于动词或动宾短语的连用(一般以两个动词或动宾短语的连用为最常见),不包括有其他成分插入的连动结构。如吕叔湘(1953:72)认为,连动不能有插入成分,也不能有语音停顿。窄式在结构上主要有四种形式:两个动词紧连,不带宾语;前一个动词带宾语,后一个动词不带宾语;后一个动词带宾语,前一个动词不带宾语;两个动词都带宾语。汉语宽式的连动结构除了窄式外,还包括介词结构与动词的连用(赵元任,1979:170;朱德熙,1982:160)、动词之间有语音停顿的连动结构(张志公,1953:219)、内部有插入成分(如连词、副词、助词、关联词等)的连动结构(张志公,1953:214)、主语是施事主语或受事主语以及施受同体、换体传动等各种形式的连动结构(周国光,1985)等。

3. 藏缅语同属一个主语的多个动词也有两种情况,一是几个动词紧密相连,另一是中间可以插入别的成分,我们将前者称为窄式,将后者称为宽式。如下列景颇语的例句,

---

[*] 作者简介:戴庆厦,男,云南师范大学汉藏语研究院院长,中央民族大学教授,博士生导师。邱月,女,中央民族大学语言学及应用语言学专业博士研究生。

(1)(2)是窄式,(3)(4)是宽式。

(1)ai³³ n⁵⁵ ka̠m³³ ka³¹ lo³³ n³¹ ai³³. 我不愿意做。
　　我　不愿意　做　　（句尾）

(2)na³³ nu⁵¹　phe⁵⁵　lau³³ sa³³ phai³³ ka ʒ³¹ um³³ u³¹！你赶快去帮助你母亲抬吧！
　　你　母亲　（宾助）赶快去　抬　　帮助（句尾）

(3)ae³¹ a⁵⁵ ae³¹ ko̠⁵⁵ si³³ n³¹ ai³³. 我越吃越饿。
　　越　吃　越　　饿　　（句尾）

(4)a³¹ kha⁵⁵ phji⁵⁵ n³¹ na⁵⁵ sa³³ u³¹！你请完假再去吧！
　　假　请　　之后　去（句尾）

4. 藏缅语和汉语在宽式、窄式连动结构的范围上是不一致的,这是由于它们之间的特点不同。在划分宽式与窄式连动结构时,可以根据各自的语言实际有所不同而划分。当两个动词都不带宾语或只有后一个动词带宾语时,藏缅语、汉语都视为窄式连动结构。这是相同点。如景颇语：

(5)an⁵⁵　a³¹ au³¹ sa³³ âai³³ ka³¹！我俩一起去玩吧！
　　我俩一起　去　玩　（句尾）

(6)ai³³ a³¹ mu⁵⁵ sa³³ ka ʒ³¹ lo³³ n³¹ ai³³. 我去干活。
　　我　活儿　去　做　　　（句尾）

前一个动词带宾语的连动结构,汉语视为窄式。因为这种结构在汉语里大量出现。如赵元任(1979:167)认为："第一个动词在大多数例子里带宾语,第二个动词带或不带的相对频率跟其他场合的动词相同。"朱德熙(1982:161-162)也认为："前一个动词往往带宾语",这是连动结构中"最常见的一种类型"。如：倒水喝、打开窗户呼吸。汉语将其视为窄式的原因是它出现频率高,而不考虑相连的动词中间是否插进宾语。这种结构在藏缅语里,由于宾语在动词前,两个动词仍然相连,所以视为窄式也不会有问题。如下列句子,藏缅语和汉语都属于窄式。

(7)哈尼语：a⁵⁵ xo³¹ tɖa³¹ dza³¹. 我煮饭吃。
　　　　　我饭　煮　吃

(8)喀卓语：a³³ tsa³²³ xa³³ tsa³¹. 我煮饭吃。
　　　　　我饭　煮　吃

(9)彝语：o³¹　dza³³ mu⁴⁴ dzə³³. 我们做饭吃。
　　　　我们饭　做　吃

但是,两个动词都带宾语的连动结构是属于宽式,还是属于窄式,汉语与藏缅语则不同。汉语由于这种结构出现频率高,而且紧密相连,也视为窄式;而藏缅语则要在两个支配短语之间加连词,形成两个短语结构的并列,视为宽式为宜。例如：

(10)景颇语：i³³ n³³ ku³³ ma ʒ³¹ i³³ n³¹ na⁵⁵ at³¹ aß³¹ tu³¹ n³¹ ai³³. 他买米煮饭。
　　　　　他米　买　　之后　饭煮　在（句尾）

(11)藏语(玛曲)：mr　hi　hl　len　ɯor　rejemdɯ otkh. 她唱着歌写信。
　　　　　　　她（具格)歌　唱　一边　（虚）信　写着

(12)哈尼语：a³¹ jo³¹ xo³¹ dza³¹ a⁵⁵ ne³³ so³¹ a³¹ dzo⁵⁵. 他吃了饭读书。
　　　　　他　饭吃　之后　书　读

由上可见,藏缅语和汉语的连动结构虽然范围存在大小不同,宽式和窄式所管辖的内容也存在差异,但作为连动结构的核心成分还是一致的。这是藏缅语和汉语的共性。

5.藏缅语和汉语的连动结构还都包括多种句法关系。其中主要有：并列关系、修饰关系、补充关系和支配关系。由于连动结构偏重于语义，因而与这些句法关系不在同一个层面上。连动结构与其他几个结构的关系是：连动分散在各个句法关系中，而各个句法关系又都包含有连动结构，相互间是一种嵌套的关系。例如：

并列关系：

(13)景颇语：kaʒ³³ kjin³³ ko³¹　　phun⁵⁵ ti³¹ an³³ tha³¹ phu³¹ jot³¹ ka p⁵⁵ a³¹　　ai³³. 蚂蚁向枯树枝游去贴上。
　　　　　　　蚂蚁　（助）树　　枯枝　（助）游　　　贴　（助）（句尾）

(14)阿昌语：kja³¹ pha⁵⁵ tan⁵¹　　l³¹　　 ua³⁵ s³⁵ ua³⁵ tsa⁵¹ ti⁵⁵. 公鸡在田里找食吃。
　　　　　　　公鸡　　田　（方所助词）东西　找　吃　（语助词）

修饰关系：

(15)勒期语：âhu:³³ âhu:³³ a:p⁵⁵ a³¹ ! （你把铅笔）削细吧！
　　　　　　　砍削　砍削　削　（语助词）

(16)羌语(荣红)：tɕile  χu   nku    ¹/⁴e-sue-i          dz. 我们削黄瓜吃。
　　　　　　　　 我们 黄瓜　　　（方向-削-状语标志）　吃:1复

补充关系：

(17)景颇语：n³¹ pu³³ li³³ pjen³¹ lu³¹ wa³¹ sai³³. 飞机飞上去了。
　　　　　　　飞机　　飞　上去　（句尾）

(18)傈僳语：e⁵⁵ di³³ phə³¹ do³³　　i⁴² le³³ u⁴⁴. 他喝醉了。
　　　　　　　他 酒　　喝　　醉了

支配关系：

(19)拉祜语：a³¹ ma²¹ za⁵³ te³³ a⁵³. 我想参军。
　　　　　　　我 战士　做 想

(20)纳西语：thə³³ i³³ pe⁵⁵ kv⁵⁵. 他会钓鱼。
　　　　　　　他 鱼 钓 会

## 二、藏缅语、汉语连动结构的紧密度存在差异

藏缅语、汉语连动结构的紧密度存在差异。相对而言，藏缅语的连动结构比汉语紧凑，出现频率也高。具体表现在以下几点：

1.汉语在连动结构动词之间可以插入别的成分（如宾语、助词等），而藏缅语大都不能，两个动词紧密相连。例如：

(21)景颇语：i³³ an⁵⁵ the³³　　phe⁵⁵　　a⁵⁵ khan³³ sa³¹ so³¹ ai³³. 他约我们去捕鱼。
　　　　　　　他我们　（宾助）　鱼捕　去 约（句尾）

(22)勒期语：o⁵³ mji⁵³ nuk³¹ pu:⁵⁵ ts:³³. 我炸花生吃。
　　　　　　　我 花生　使炸 吃

(23)波拉语：a⁵⁵ lai³⁵ p³¹ p³⁵ kt⁵⁵ va³¹ ! 我来替帮做吧！
　　　　　　　我 来 替 帮 做（助）

(24)仓洛门巴语：rok¹³ te⁵⁵ pa¹³ ta¹³ surtsai¹³ than⁵⁵ tin¹³ ɖi. 他们喊叫一阵子就走开了。
　　　　　　　　　他们　　稍　喊　放下 走

2.连动结构被否定时，汉语的否定词可以在两个动词之间，藏缅语的否定词大都在

连动动词之前(藏语支的否定词出现在动词之后较多)。例如:

(25)景颇语:ai³³ n⁵⁵ a⁵⁵ khu⁵⁵ n³¹ ai³³. 我吃不饱。
　　　　我 不 吃 饱 （句尾）

(26)勒期语:âhou⁵⁵ tso³³ ja³³ pou³³ tsa³³ kou³³ ju³¹ nk⁵⁵ ji⁵³ le⁵⁵ a³³ tei⁵³ :³³.
　　　　孤 儿 他独 仅 九 个 弟兄 （宾助) 不说 赢
　　　　孤儿独自说不过那九个兄弟。

(27)哈尼语:a⁵⁵ ma³¹ xu³³ ā³³. 我看不懂。
　　　　我 不 看 会

(28)白语(大理):p³³ ə⁴⁴ pu³⁵ t³³, ³³ ə⁴⁴ pu³⁵ tuo³³. 他吃得饱,我吃不饱。
　　　　他 吃饱 得 我 吃饱 不得

上述例句中的"吃不饱""说不过""看不懂"等都是补充关系的连动结构,后一个动词多为前一个动词的结果补语。汉语的这种否定词插入连用动词的成为"V₁+不+V₂"结构,其肯定式则为"V₁+得+V₂",如"吃得饱"等。而在藏缅语中,否定词只能放在整个连动结构之前或之后(如白语)。

3. 连动结构加体貌范畴补语时,汉语居前动词的后面可以加体貌范畴的补语,而藏缅语不能。藏缅语如果要在居前的动词后加补语,则必须在两个动词之间加连词。例如:

(29)载瓦语:vu⁵⁵ meʒ²¹ non⁵¹ le⁵¹. 看了妒忌。
　　　　看 妒忌 （助)

(30)浪速语:kj³⁵ nak⁵⁵ mjan³¹ a⁵⁵. 听了同情。
　　　　听 同情 （助)

(31)哈尼语:a⁵⁵ du³³ mi³¹ kho³¹ xe³¹ sa³¹ a⁵⁵ ne³¹ li³³. 咱们砍完柴后去。
　　　　咱们 柴 砍 完（连) 去

4. 主语带双宾语时,汉语有两种形式,可以两个动词连用,再与间接宾语和直接宾语相连;或者两个动词分开后分别与直接宾语、间接宾语构成支配结构。而藏缅语只能是两个动词相连,直接宾语和间接宾语都置于动词之前。例如:

(32)景颇语:ai³³ nu⁵¹ phe⁵⁵ paʒ³¹ lo³³ laʒ³¹ ai⁵¹ mi³³ maʒ³¹ i³³ ja³³ saʒ³³ ai³³. 我买给妈妈一件衣服。
　　　　我 妈妈（宾助) 衣服 一 买 给（句尾)

(33)哈尼语:a⁵⁵ a³¹ ma³³ j⁵⁵ phe⁵⁵ x³¹ tɕhi³¹ x³¹ ·⁵⁵ bu³¹. 我买给妈妈一件衣服。
　　　　我 妈妈（宾助)衣服 一 件 买 给

(34)羌语(荣红):q the: f a-qai z-p-ī de-la. 我买一件衣服给他。
　　　　我 他 衣服 一件（方向-买-状语标志方向)-给:将行体:1 单

总的看来,藏缅语连动结构的紧密度强于汉语。但在汉语中,两个动宾结构可以直接连用而不需要任何连词,而藏缅语则需要在它们之间加连词。中间插入连词的连动结构,藏缅语视之为宽式连动结构为宜。

## 三、藏缅语、汉语连动结构的语法化

当代语法化理论认为,两个动词经常连用容易出现语法化。藏缅语和汉语的连动结构也是如此,但存在一些各自的特点。

1. 补语的语法化。

在并列、修饰、补充和支配这几种语法关系中,藏缅语和汉语连动结构的语法化都主要出现在动补关系的后一个动词补语上。因为动补关系的连动结构,重心在前一个动词上,所以后一个动词常出现语法化,由实在的意义变为不同程度虚化的意义。但不是所有的补语都语法化,而是某些词、某些补语类别容易出现语法化。

比如,动词"看"在藏缅语和汉语里,如果用在另一动词之后,大都虚化为"尝试"义,对另一动词进行补充。这是这些语言的共性。例如:

(35)勒期语:o$_3^{53}$ nu$^{55}$ ja$_3^{33}$ nu$^{55}$ ta: i$^{53}$ tse$^{53}$   kj:$^{33}$ ju$^{55}$ a$^{53}$! 我们暂且先听听看他们说的!
　　　　我们　他们　说　的　暂且　听　看(语助词)

(36)仓洛门巴语:nan$^{13}$ lok$^{55}$ at$^{13}$ kot$^{13}$ tɖo$^{55}$. 你再听听看。
　　　　你　再　听　看　(助)

(37)基诺语:n$^{42}$ p$^{42}$ t$^{44}$ p$^{42}$ t$^{44}$. 你打打看。
　　　　你 打 看 打 看

(38)阿昌语:na$^{31}$ wut$^{31}$ tɖau$^{33}$ ɯ$^{155}$! 你穿穿看。
　　　　你　穿　看　(语助词)

动词"死"在汉语里用在另一动词之后,表示前面动作行为的极限程度,相当于"极"。藏缅语里也有相同的情况。例如:

(39)景颇语:i$^{33}$ ka$_3^{31}$ u$^{33}$ si$^{33}$ sai$^{31}$. 他高兴死了。
　　　　他高兴　死(句尾)

(40)哈尼语:a$^{33}$·i$^{55}$ si$^{55}$ la$^{33}$ ja$^{33}$. 我高兴得要死。
　　　　我高兴死 来(助)

(41)拉祜语:a$^{31}$　k$^{54}$　s$^{33}$ e$^{33}$! 我害怕死了。
　　　　我害怕　死(助)

藏缅语中的一些语言,"吃"用在另一动词之后,出现语法化,表示动作行为的"获取"。如景颇语的 a$^{55}$,以及哈尼语的 dza$^{31}$:

(42)景颇语:n$^{55}$ ma$_3^{31}$ tat$^{31}$　ja$^{31}$　ma$_3^{31}$ a$^{31}$ khup$^{31}$ a$^{55}$ u$^{131}$! 不听的话就任(你)遭罪吧!
　　　　不听　　的话 罪　遭　吃(句尾)

(43)哈尼语:a$^{31}$ jo$^{31}$ u$^{31}$ tshe$^{31}$·$^{55}$ dza$^{31}$ 他买梨。
　　　　他　梨　买 吃

藏缅语和汉语连动结构中表示"趋向"义的补语也都很容易语法化,表示前面动作的发展变化。例如:

(44)白语:tsha$^{55}$ a$^{44}$ tsi$^{55}$ khə$^{35}$ l$^{55}$ mu$^{44}$? 饭煮熟了没有?
　　　　午饭 些 做 起来 了没有

(45)阿昌语:tsh$^{31}$ ku$^{55}$　s$^{35}$　a$^{33}$ am$^{55}$ ta$^{55}$ la$^{55}$ kau$^{35}$　l$^{55}$　kə$^{33}$. 这件事我想起来很高兴。
　　　　这 件 事　我想　起 来 高兴 很

景颇语中有一类助动词,专门作动词的补语,构成连动结构。这类补语数量很多,表示的意义丰富多彩。但由于它老跟在另一动词之后,容易语法化,而且存在不同的语法化层次。语法化程度高的,动词实在意义较少,语法化程度低的,则含有较多的动词实在意义。如 na$^{33}$,原是实义动词,本义是"跟随",当助动词用时,语法化为"表示动作行为跟随他人进行"义。又如,khat$^{55}$ 原为实义动词,本义是"打仗",当助动词用时,语法化后的意义是"表示动作行为是相互的"。例如：

(46)na$^{55}$ the$^{33}$ thi$^{55}$ na$^{33}$ mu$^{31}$！你们跟着读吧！
　　你们　读　跟随　（句尾）

(47)an$^{55}$ the$^{33}$ aß$^{31}$ ta$^{31}$ kaʒ$^{31}$ um$^{55}$ khat$^{55}$ ka$^{31}$！我们互相帮助吧！
　　我们　互相　帮助　相互　（句尾）

2."来""去"的语法化。

在藏缅语和汉语中，连动结构中的"来""去"容易语法化，而且语法化后还具有不同于其他动词的特点。"来""去"语法化后，补充说明动作行为的趋向、结果、发展等。例如：

勒期语：

(48)tshn$^{55}$ xj$^{33}$ pei$^{55}$　ke$^{33}$　o$^{53}$·$^{53}$ l$^{55}$ tse$^{53}$. 这些菜是我买来的。
　　菜　这些　（话助）我买　来的

(49)jm$^{33}$ m$^{53}$ ta$^{55}$ khp$^{55}$ mo$^{55}$ sç$^{55}$ pei$^{55}$ jei$^{53}$　l:$^{55}$　:$^{55}$ lo$^{55}$ pj$^{33}$. 家里的锄头被别人来借去了。
　　家里　的锄头　别人（施助）来借　去了

怒苏语：

(50)za$^{55}$ e$^{35}$ vji$^{35}$ a$^{55}$ J$^{35}$ la$^{35}$ a$^{31}$. 小孩子们唱起来了。
　　小孩（助）唱来（助）

(51)ɖi$^{55}$ va$^{53}$ va$^{53}$ la$^{35}$ a$^{31}$. 桃花逐渐开了。
　　桃花　开　来（助）

哈尼语：

(52)mə$^{33}$ si$^{31}$ a$^{55}$ tɖu$^{33}$ tɖu$^{33}$ la$^{55}$ na$^{31}$. 黄豆发芽了。
　　黄豆　芽　发　来（助）

(53)la$^{31}$ x$^{55}$ bja$^{33}$ ji$^{55}$ a$^{55}$. 房子快要倒塌了。
　　房子　倒塌去了

由上可见，藏缅语和汉语一样，连动的补语容易出现语法化，其条件主要有三：一是从位置上看，居后的动词容易语法化，未见居前的动词语法化；二是从使用频率上看，高频率的动词容易语法化，如"看""吃""来""去"等都是日常生活中较常用的词；三是从音节上看，语法化的动词大都是单音节。

## 四、藏缅语、汉语连动结构与认知的关系

1. 认知语言学提出语言表达存在"临摹原则"和"抽象原则"，二者在语言符号的排列上共同起作用。临摹(icon)是与对象相像的符号，"语言可以有不同程度的临摹性。"（谢信一，1991）戴浩一（1988）提出了"时间顺序原则"（PTS, The principle of temporal sequence），即"两个句法单位的相对次序决定于它们所表示的概念领域里的状态的时间顺序"，并认为PTS是最广泛的临摹现象，是出于临摹的最好例子。汉语属于临摹原则占主导的语言。但不同语言临摹的特点各有不同，应作具体考察。

2. 藏缅语与汉语一样，连动结构连用动词之间的次序在大多数情况下，都会临摹概念领域里的时间顺序，即先发生的动作在前，后发生的动作在后。例如：

(54) 羌语(荣红): the: sim　　it-χquag-i　　dz. 他偷水果吃。
　　　　　　　 他　水果　(方向-偷-状语标志) 吃
(55) 景颇语: an$^{55}$ the$^{33}$ n$^{33}$ kjin$^{33}$ sep$^{31}$ a$^{55}$ ka$^{31}$ ai$^{33}$. 我们削黄瓜吃。
　　　　　　 我们　黄瓜　削　吃(句尾)
(56) 傈僳语: $^{55}$·$^{55}$ ma$^{44}$ dz$^{33}$ tho$^{35}$ dz$^{31}$. 母鸡啄食吃。
　　　　　　 鸡　母　食　啄　吃
(57) 彝语: a$^{33}$ dza$^{44}$ dzə$^{33}$ nbu$^{33}$ o$^{44}$. 我饭吃饱了。
　　　　　 我　饭　吃　饱　了
(58) 哈尼语: no$^{55}$ xo$^{31}$ tɕhi$^{31}$ x$^{31}$ khu$^{31}$ dza$^{31}$! 你舀碗饭吃!
　　　　　　 你　饭　一　碗　舀　吃

3. 藏缅语与汉语也有些不同的地方。如表示目的的连动结构,汉语也遵循"临摹原则",而藏缅语并不完全遵循。

1) 含"来""去"的连动结构,有的遵循,有的不遵循。遵循的如:
(59) 勒期语: na$^{53}$ a$^{33}$ mo$^{55}$ po$^{53}$ âa$^{55}$ o$^{53}$ le$^{55}$ jm$^{33}$ mo$^{33}$ l:$^{55}$o$^{33}$ a$^{131}$! 你有事的话就来我家找我。
　　　　　　 你 事　有　的话 我(宾助) 家 (方助) 来 找(语助词)
(60) 浪速语: n$^{31}$ j$^{35}$ ju$^{131}$ l$^{31}$ a$^{131}$! 你去拿回来吧!
　　　　　　 你　去　拿　回(助)

不遵循的如:
(61) 羌语(荣红): q　the:me:u k:k:. 我去找他。
　　　　　　　　 我 他 找　　去:将行体:1单
(62) 喀卓语: ɯi$^{31}$ a$^{33}$ tsh$^{31}$ ti$^{35}$ ɯi$^{33}$ ka$^{33}$ ɯi$^{33}$. 今天我们去看电影。
　　　　　　 今天我们　电影　看　去
(63) 仙岛语: ja$^{31}$　n　k$^{55}$ kʉuai$^{55}$ j$^{55}$ tam$^{55}$ mu$^{51}$ ku$^{155}$ s$^{51}$ i$^{55}$ p$^{51}$. 他俩去田里栽秧了。
　　　　　　 他　俩 都　　田　里　谷子 栽 去了
(64) 哈尼语: a$^{55}$ xo$^{31}$ tɕa$^{31}$ li$^{33}$. 我去煮饭。
　　　　　　 我饭　煮　去

哈尼语的情况比较特别。如果在两个动词之间加上连词 a$^{55}$ ne$^{33}$ ("之后"),就不违背"临摹原则",但语义有点差异。如:

(65) a$^{55}$ xo$^{31}$ tɕa$^{31}$ a$^{55}$ ne$^{33}$ li$^{33}$. 我煮饭后去。
　　　 我 饭 煮 (连) 去

这种差异在彝语的方言里也有表现。威宁彝语遵循"临摹原则",而禄劝、寻甸彝语不遵循。例如:
(66) 彝语(威宁): u$^{21}$ li$^{13}$　$^{21}$b$^{33}$　$^{21}$m$^{33}$ʂo$^{13}$. 我来找爸爸妈妈。
　　　　　　　　 我 来　爸 妈　找
(67) 彝语(禄劝): $^{33}$thi$^{21}$ ʂ$^{33}$ li$^{21}$. 我去找他。
　　　　　　　　 我　他　找去
(68) 彝语(寻甸): u$^{33}$ ti$^{21}$ ʂu$^{33}$ ɯi$^{33}$. 我去找他。
　　　　　　　　 我 他 找 去

景颇语表示目的的连动结构,"临摹原则"与"抽象原则"很明显同时起作用,互相补充。sa$^{33}$ ("来""去")的位置比较灵活,大多置于目的动作之前。例如:

(69)i³³ n⁵⁵ ta⁵¹ sa³³ kaʒ³¹ lo³³ lom³¹ sai³³. 他去帮忙盖房子。
　　　他房　　去 做　　 参加（句尾词）
(70)nan⁵⁵ the³³ sa³³ khom³³ âai³¹ mu³¹! 你们去随便走走吧。
　　　你们　　去走　　玩 （句尾词）

但也可以置后。其条件有二：一是连动结构中另一动词与宾语结合较紧。例如：

(71)khum³¹ a³¹ kja³¹ sa³³ ka⁵⁵! 我们去锻炼身体吧！
　　　身体　锻炼　去（句尾词）

二是当 sa³³ 带助动词补语时，由于结构复杂化，只能放在别的动词之后。例如：

(72)at³¹ a⁵⁵ sa³³　wa³¹　　 sa⁵⁵ ka³¹! 我们去吃饭吧！
　　　饭 吃 去　（助动词）（句尾词）

2)从结构上看，连动结构的四种关系遵循"临摹原则"的情况也不相同。汉语四种关系基本上都遵循，而藏缅语支配关系的连动结构则不遵循。主要是由于藏缅语是 OV 型语序，支配语动词在后，而它的动作则是先发生的。例如：

(73)羌语（荣红）：the：f xs u topu. 他喜欢穿新衣服。
　　　　　　　　　 他 衣服 新 穿喜欢
(74)彝语：tsh³³ s³¹ nda⁵⁵ dzə³¹ tɕhi³³. 他想吃梨。
　　　　　 他 梨　　 吃　想
(75)喀卓语：a³³ thu³³ ku³³ fi³³ so²⁴. 我学绣领子。
　　　　　　 我 领子　 绣 学

从藏缅语和汉语的比较中大致可以看到这样一种现象："临摹原则"对 VO 型语言的解释力强于 OV 型语言。由此是否可以认为，在认知和语序的关系上，语序特点仍占主导地位，当二者不一致时，必须遵循语序特点而违反"临摹原则"。

## 五、小　结

通过藏缅语与汉语连动结构的比较，可以形成以下几点认识：

(1)汉语与藏缅语都存在连动结构，而且存在诸多共性。如：二者都有不同的句法结构类型，都有语法化现象，都与认知规律有一定的联系。这种共性是由二者的亲属关系的基因和类型学的因素所决定的。

(2)制约连动特点的因素是多方面的，但语序是最重要的，其中谓语的语序尤为重要。由于 VO 型汉语和 OV 型藏缅语的语序差异，使得连动结构的连用特点出现差异。汉语带宾语的连动结构，连用动词被宾语隔开；而藏缅语则不然，不管是两个动词带有同一个宾语，还是其中一个动词带宾语，都不影响动词的连用。

(3)连动结构的紧密度，汉语不如藏缅语。汉语在两个连用动词之间可以较灵活地插入宾语、连词和助词等成分；而藏缅语大多数则紧密相连，不易插入别的成分，凝聚力强。这就是说，汉语的连动结构具有一定的松散性，这个特点使得汉语连动结构包括的内容比较庞杂，被人称之为"大杂烩"，在范围的划定上出现种种困难，以致长期争论不休。

(4)藏缅语和汉语连动的补语都容易出现语法化，其制约的条件也大致相同，主要是：位置居后的动词容易语法化、高频率的动词容易语法化、单音节动词容易语法化。

(5)连用动词的顺序受"临摹原则"制约的强弱不同，是由 OV 型、VO 型语序的差异造成的。总的看来,"临摹原则"对 VO 型语言的解释力强于 OV 型语言。

**参考文献:**

[1]戴浩一,黄河.时间顺序和汉语的语序[J].国外语言学,1988(1).
[2]戴庆厦.景颇语的连动式[J].民族教育研究(动词研究专辑):增刊,1999.
[3]戴庆厦,李泽然.哈尼语的"来去"[J].民族语文,2000(5).
[4]戴庆厦,徐悉艰.景颇语语法[M].北京:中央民族学院出版社,1992.
[5]吕叔湘.语法学习[M].北京:中国青年出版社,1953.
[6]吕叔湘.汉语语法分析问题[M].北京:商务印书馆,1979.
[7]沈家煊,吴福祥,马贝加.语法化与语法研究(二)[M].北京:商务印书馆,2005.
[8]石毓智.语法化的动因与机制[M].北京:北京大学出版社,2006.
[9]吴福祥.汉语语法化研究[M].北京:商务印书馆,2005.
[10]谢信一.汉语中的时间与意象[J].叶蜚声,译.国外语言学,1991(4).
[11]张志公.汉语语法常识[M].北京:中国青年出版社,1953.
[12]赵元任.北京口语语法[M].李荣,译,北京:开明书店,1952.
[13]赵元任.汉语口语语法[M].吕叔湘,译,北京:商务印书馆,1979.
[14]周国光.现代汉语里几种特殊的连动句式[J].安徽师范大学学报:哲学社会科学版,1985(3).
[15]朱德熙.语法讲义[M].北京:商务印书馆,1982.

(原载《世界汉语教学》2008 年第 2 期)

# 藏缅语、汉语选择疑问句比较研究

## 戴庆厦　朱艳华[*]

[摘　要]　本文通过藏缅语与汉语选择疑问句的比较,指出在句法结构的共时平面上二者同中有异,在句法结构的历时演变上二者的演变链大致相同。从藏缅语反观汉语,汉语选择疑问句的演变链应该可以再向前延伸,其初始形式是无标记的选择问句和无标记的正反问句。如果将汉语方言纳入研究视野,则汉语选择疑问句的演变链还可以向后延伸,有可能发展出重叠问句。制约选择疑问句句法结构演变的因素是语言类型的特点和各个语言系统的特点。

[关键词]　藏缅语;汉语;选择疑问句

本文所说的"选择疑问句",包括选择问句、正反问句、重叠问句三种句式。藏缅语、汉语都有几种不同的选择疑问句句式,二者有共性也有个性。通过藏缅语与汉语选择疑问句的比较,有可能从相互的观照中加深对二者现状及历时演变的认识。

本文在梳理28种藏缅语选择疑问句特点的基础上,通过与汉语进行对比,对二者的共时特点和历时演变特点进行分析,并进一步探讨汉语选择疑问句研究中的若干问题,以及制约选择疑问句句法结构演变的因素。

## 一、句法结构的共时平面:同中有异

### (一)藏缅语选择疑问句的特点

藏缅语选择疑问句的特点可以从不同的角度去观察。

#### 1. 从标记使用与否,可分为有标记和无标记两类

选择疑问句从语气来看,表达的是疑问语气;从语义关系来看,体现的是一种选择关系。因而这种句子存在两类标记:一是表达疑问语气的传疑标记,即疑问语气词或词缀;二是表达选择关系的关联标记,即关联词。根据标记的出现情况,存在以下几种类型:

（1）无标记的。即既不使用传疑标记,也不使用关联标记。例如:

玛曲藏语:ndə hgo kan hgo?　要这个还是那个?
　　　　　这要　那要

仓洛门巴语:nan¹³ka¹³a⁵⁵pa⁵⁵la⁵⁵sa⁵⁵ka¹³te¹³wa ma¹³te¹³wa?　你爸爸到拉萨去了没有?
　　　　　你　的　爸爸　拉萨(结助)去　　没　去

（2）有传疑标记,无关联标记的。例如:

载瓦语:naŋ⁵¹e⁵¹　ʒa⁵¹　　lu⁷²¹, jaŋ²¹e⁵¹　ʒa⁵¹　　lu⁷³¹?　你去还是他去?
　　　　你　去(谓助)(语助)　　他　去(谓助)(语助)

---

[*] 作者简介:戴庆厦,男,云南师范大学汉藏语研究院院长,中央民族大学教授,博士生导师。朱艳华,女,北京语言大学讲师。

浪速语：nɔ̃³¹jɛ³⁵　laʔ³¹，mə³¹jɛ³⁵laʔ³¹？你去不去？
　　　　　你　去（语助）　不　去（语助）

(3)有关联标记，无传疑标记的。例如：
错那门巴语：ŋA³⁵ ŋrAʔ⁵³ ji³⁵ ci⁵³ pri³⁵ cuʔ⁵³ tA³¹ ni⁵⁵　tshAk⁵⁵ pA⁵³ te⁵⁵　cuʔ⁵³　jin³⁵？
我们写信还是看报纸呢？
　　　　　　我们　信　写（后加）（连词）报纸　　看（后加）（助动）
阿昌语：naŋ³³ʑin³³ lɑʔ³¹ xɑ³¹s̩³¹ n³¹ lɑʔ³¹~³⁵？你回家还是不回？
　　　　　你　家　去（连词）不去

(4)既有传疑标记，又有关联标记的。例如：
西摩洛哈尼语：no⁵⁵ ja³³ tʃhv⁵⁵ ŋjv⁵⁵　liɛ⁵⁵，mʌ⁵⁵ s̩⁵⁵ khɯ³¹ tʃhv⁵⁵ ŋjv⁵⁵ liɛ⁵⁵？你想养鸡呢，还是想养狗呢？
　　　　　　你　鸡养　想（语助）（连词）狗　养　想（语助）
景颇语：naŋ³³ sa³³ n³¹ ni⁵¹，ʃiŋ³¹ n⁵⁵ ʒai⁵⁵ n⁵⁵ sa³³ n³¹ ni⁵¹？你去还是不去？
　　　　　你　去（句尾）　（连词）　不去（句尾）

景颇语的句尾词与句子的语气，主语的人称、数，以及谓语的式相一致。上例中的n³¹ni⁵¹用在疑问句里，表示主语是第二人称单数，谓语是存在式。

2.从表现手段上，可分为语法手段和语音手段两类

(1)语法手段。有三种情况：分析手段，屈折手段，分析、屈折手段兼用。一般说来，虚词的使用属于分析手段，词缀、重叠、语音交替等属于屈折手段。藏缅语的选择疑问句，多数语言采用分析手段，少数语言采用屈折手段，还有个别语言分析、屈折手段兼用。

A.采用分析手段的。例如：载瓦语、阿卡语、卡多哈尼语、西摩洛哈尼语、错那门巴语、仓洛门巴语、浪速语、仙岛语、阿昌语、波拉语、怒苏语等语言。举例如下：
卡多哈尼语：ŋ⁵⁵ kɯ³³ a³¹ phjɔ³¹~³⁵　na⁵¹，ma⁵⁵ ʃ̩⁵⁵ phi³⁵　na⁵¹？我的快还是慢？
　　　　　　我（话助）快　（语助）（连词）慢　（语助）
仙岛语：nŋɔ⁵⁵ thi⁵⁵　te⁵⁵　lɔ⁵¹ su⁵⁵　la⁵¹，n⁵⁵ lɔ⁵¹ su⁵⁵　la⁵¹？你去不去那里？
　　　　　你　那里（助）去（助）（语助）　不去（助）（语助）

B.采用屈折手段的。例如：独龙语、荣红羌语是在选择项后添加表疑问的后缀，勒期语采用动词长短元音的交替，喀卓语采用动词的重叠形式。例如：
独龙语：təŋ⁵⁵ ŋaʔ⁵⁵ na³¹-pə³¹ geu⁵³，neu⁵³-ma³¹，tɕa⁵⁵-ma³¹？你想喝什么？酒还是茶？
　　　　什么喝（人称）想　酒（疑问）茶（疑问）
荣红羌语：ʔu　tɕy：pez̩　topu-n-a？kʰuəpez̩topu-n-a？你喜欢养鸡呢，还是喜欢养狗呢？
　　　　　　你　鸡　养　喜欢-2单-疑问　狗　养　喜欢-2单-疑问
勒期语：naŋ⁵³ fu⁵⁵ khjap⁵⁵ ʃu:k⁵⁵ a³³ ʃuk⁵⁵ la⁵³？你喝不喝茶？
　　　　　你　茶　喝　不　喝（语助）
喀卓语：nɛ³³ tsa³¹ tsa³¹？你吃不吃？
　　　　　你　吃　吃

C.分析、屈折手段兼用的。例如：
景颇语：naŋ³³ phaʔ³¹ lap³¹ luʔ³¹ n³¹ ni⁵¹，(ʃiŋ³¹ n⁵⁵ ʒai⁵⁵)khaʔ³¹ luʔ³¹ n³¹ ni⁵¹？你喝茶还是喝水？
　　　　你　茶　喝（句尾）　（连词）水　喝（句尾）

ʃan³³ the³³ pha⁷³¹ lap³¹ lu⁷³¹ ma⁷³¹ ni⁵¹ , (ʃiŋ³¹ n⁵⁵ ʒai⁵⁵) kha⁷³¹ lu⁷³¹ ma⁷³¹ ni⁵¹ ? 他们喝茶还是喝水?
   他们  茶   喝（句尾）  （连词）水  喝（句尾）

  前一例的句尾助词是 n³¹ni⁵¹,后一例是 ma⁷³¹ni⁵¹,通过句尾助词的前缀 n³¹ 和 ma⁷³¹ 的语音交替表示不同的人称、数。另外,句中还可以添加连词 ʃiŋ³¹ n⁵⁵ ʒai⁵⁵。

  (2)语音手段:语音手段是指通过语调的变化来表示疑问。例如:
  玛曲藏语:kan hji re thɕə re? 那是水还是油?
       那  油 是 水  是

  玛曲藏语第一个谓语动词(或动词语尾)或形容词最末音节的韵尾要拉长、上扬。第二个谓语动词(或动词语尾)或形容词最末音节则要降调,形成此起彼伏的状态。

  3. 从句式上,可分为选择、正反、重叠三种问句

  这三种句式并不是在所有语言中都存在。其中,选择问句、正反问句是所有藏缅语都有的,而重叠问句只在彝语、喀卓语等少数语言中存在。以盐源彝语为例:
  选择问句:nɯ³³ ɕe⁵⁵ ndo³³ tɕhi³³? ndʐʅ³³ ndo³³ da³¹ la⁵⁵ zʅ³³ ndo³³? 你喝点什么?喝酒还是喝茶?
      你 什么 喝 愿意  酒  喝(连词)茶水 喝
  正反问句:sʅ⁵⁵ tshʅ³³ dzi⁵⁵ nɯ³³ ndʐʅ³¹ da³¹ a³¹ndʐʅ³¹? 你相信不相信这件事?
      事 这 件 你 相信 （连词） 不相信
  重叠问句:sʅ⁵⁵ tshʅ³³ dzi⁵⁵ nɯ³³ ndʐʅ³¹ ndʐʅ³¹? 你相信不相信这件事?
      事 这 件 你 相信 相信

  (二)汉语选择疑问句的特点

  汉语选择疑问句有其自成系统的方面。若从上述三个方面去观察,则可归纳为以下几个特点。

  1. 从标记的使用与否来看,同样可分为有标记和无标记两类

  (1)无标记的。如:你吃饭吃面?你去不去?
  (2)有传疑标记,无关联标记的。如:你吃饭呢吃面?你去呢不去?
  (3)有关联标记,无传疑标记的。如:你吃饭还是吃面?你去还是不去?
  (4)既有传疑标记,又有关联标记的。如:你吃饭呢还是吃面呢?你去呢还是不去呢?

  汉语的语气词"呢"是一个可有可无的羡余成分,上述例句中的语气词"呢"都可以省略。

  2. 从表现手段来看,有语法手段和语音手段两类

  语法手段中,只有分析手段,没有屈折手段;语音手段中,通过上升语调来表达疑问。例如:
  你喜欢北京还是武汉?(使用虚词"还是"连接选项)
  你要喝什么?饮料,茶?(两个选项均读为上升语调)

  3. 从句式来看,包括选择问句、正反问句两种句式
  选择问句:你是找工作还是读研?
  正反问句:你吃不吃?

通过藏缅语和汉语的共时比较可以看到：(1)最大的共性是：二者的句法结构都分为有标记和无标记两类。(2)在表现手段上有共性也有差异。藏缅语、汉语都用语法手段和语音手段来表达选择疑问范畴，但是藏缅语的语法手段多数是分析手段，少数是屈折手段，还有个别语言分析、屈折手段兼用；而汉语只有分析手段。(3)在句式上，藏缅语比汉语丰富。藏缅语有选择问句、正反问句、重叠问句三种句式；而汉语只有选择问句、正反问句两种句式。

## 二、句法结构的历时演变：演变链大致相同

（一）藏缅语选择疑问句在历时演变上的特点

从历时演变的角度来看，藏缅语的选择疑问句有以下两个特点。

1. 传疑标记先于关联标记产生

通过藏缅语传疑标记（疑问语气词或词缀）和关联标记（关联词）的词源比较，可以分辨这两类标记产生的先后顺序。

(1)传疑标记的词源比较。通过对藏缅语 28 种语言（方言）的词源比较，我们看到藏缅语诸语言的传疑标记在源头上呈现出以下特点：①不同语支之间的传疑标记大多不同源。如错那门巴语的 $k_A^{31}$，荣红羌语的 $\eta ua$、$-a$，格曼语的 $lai^{35}$，景颇语的 $-ni^{51}$，载瓦语的 $lu^{r21}$，盐源彝语的 $a^{33}$，白语的 $n\varepsilon^{55}$，都是不同源的。②同一语支内部同源的比较多。如属于彝语支的武定彝语的 $l\eta^{33}$，阿卡语的 $la^{31}$，拉祜语的 $l\varepsilon^{31}$，怒苏语的 $l\varepsilon^{31}$，有同源关系。又如属于缅语支的载瓦语的 $lu^{r21}$，浪速语的 $la^{31}$，波拉语的 $la^{51}$，勒期语的 $la^{53}$，仙岛语的 $la^{51}$ 也有同源关系。这说明，藏缅语这一类语气助词的产生应该是在语族分化为不同语支之后，如果不是这样，这些词在不同语支之间应该是同源的。③同一语支内部也有不同源的。如普米语和荣红羌语同属羌语支，但普米语的 $so^{31}$ 和荣红羌语的 $\eta ua$、$-a$ 不同源。

选择疑问范畴应该是藏缅语的一个古老的语法范畴。传疑标记的同源状况启示我们，藏缅语在有了选择疑问范畴后的一段时间，并不使用疑问语气词作为语法标记，后来才逐渐出现了疑问语气词。所以至今有的语言疑问语气词的功能还比较弱，可以不用，或通过语音变化或语调来代替它的功能，如玛曲藏语主要通过语调的变化来表示选择疑问。

(2)关联标记的词源比较。藏缅语诸语言的关联标记呈现出以下特点：①关联标记在不同语言之间大多是不同源的，包括语支之间的语言和语支内部的不同语言。例如：错那门巴语的 $tAni^{55}$，仓洛门巴语的 $ma^{13}ni^{55}la$，普米语的 $dia^{13}$，格曼语的 $na^{55}$，景颇语的 $\int i\eta^{31}n^{55}\mathfrak{z}ai^{55}$，载瓦语的 $a^{21}\eta ut^{55}tsa\eta^{33}$，勒期语的 $m\vartheta^{55}ke^{33}$，阿昌语的 $m^{33}s\eta^{31}/xa^{31}s\eta^{33}/xai^{31}s\eta^{33}$，喀卓语的 $\eta^{33}s\eta^{33}$，卡多哈尼语的 $ma^{55}\int^{55}$。②有些语言至今尚未产生关联标记，如玛曲藏语、荣红羌语、浪速语、拉祜语、独龙语等。③有些语言的关联标记是借用汉语的，如"还是"一词，阿昌语是 $xa^{31}s\eta^{33}/xai^{31}s\eta^{33}$，嘉戎语是 $hais\vartheta$ 等。④有些语言的关联标记是复合构成的，历史还不长，如景颇语的 $\int i\eta^{31}n^{55}\mathfrak{z}ai^{55}$（这样＋不＋是），载瓦语的 $a^{21}\eta ut^{55}tsa\eta^{33}$（不＋是＋的话，其中的 $tsa\eta^{33}$ "的话"是借用景颇语的）。

这说明原始藏缅语阶段表示选择疑问范畴的关联标记是不发达的，这类关联词是后来语支分化之后逐渐发展起来的。总之，我们可以认为，用于选择疑问句的关联词的产生，其时间要晚于疑问语气词。

2. 存在以下演变链

在《藏缅语选择疑问范畴句法结构的演变链》[①]一文中,我们曾经揭示出藏缅语选择疑问句句法结构的演变链为:

无标记的选择问句→有标记的选择问→无标记的选择问句
　　↓　　　　　　　　↓
无标记的正反问句→有标记的正反问句→无标记的正反问句→重叠问句[②]

这一演变链显示,藏缅语的选择疑问句的初始形式是无标记的选择问句(A,B?)和无标记的正反问句(A-Neg-A?)。后来随着疑问语气词和关联词等标记的产生,发展出了有标记的选择问句(A-part,conj-B-part?)[③]和有标记的正反问句(A-part,conj-Neg-A-part?)。由于语言经济原理的作用,并不承载疑问焦点的疑问语气词和关联词逐渐脱落,从而又产生了无标记的选择问句(A,B?)和无标记的正反问句(A-Neg-A?)。但是,在这一阶段形成的无标记的选择问句和无标记的正反问句,其背景与初始阶段的完全不同。初始阶段是因为标记尚未产生,而这一阶段则是因为标记的脱落。无标记的正反问句稳定使用一段时间后,在韵律机制及语言经济原理的共同作用下,这类正反问句中的否定副词进一步脱落,从而形成重叠问句(AA?)。藏缅语28种语言(方言)的共时比较,能够帮助我们梳理出选择疑问句的这一演变链。

(二)汉语选择疑问句在历时演变上的特点

根据现有文献材料及前人的研究成果,汉语的选择疑问句在历时演变上存在以下特点。

1. 疑问语气词、关联词经历了由繁趋简的过程,其中有继承也有淘汰

上古汉语用于疑问句的语气词较多,主要有"乎""哉""与(欤)""邪(耶)""焉""诸""也邪""乎哉"等。中古汉语中,用于选择疑问句的疑问语气词大大简化,常用的只有"乎""邪""耶"。现代汉语的疑问语气词,有两个半:"吗""呢"和半个"吧",但用于选择疑问句的只有一个"呢"[1]。上古汉语的疑问语气词在发展过程中全都被淘汰,代之以新起的语气词。

上古汉语用于选择疑问句的关联词,主要有"抑""抑亦""抑为""为""将""其""且""意""妄其"等。中古汉语的选择问句中出现了新的关联词"是""为是""为当""为复""亦复""还""当""或"等。上古汉语选择疑问句使用的关联词"抑""抑亦""抑为""妄其"在这一时期已经被淘汰而不再使用。这一时期有两个现象具有重要的意义:一是上古时期使用较少的"为",在这一时期成为最常用的关联词,并可以与"是""当""复"等词组合成"为是""为当""为复"等复音词,表示选择关系;二是判断动词"是"也开始用于选择疑问句,但从用法上看,还没有虚化成连词。近代汉语的关联词,对前代既有继承,也有淘汰,主

---

① 戴庆厦、朱艳华:《藏缅语选择疑问范畴句法结构的演变链》,载《汉语学报》2010年第2期。

② (1)纵向的箭头代表类推关系,横向的箭头代表演变关系。本文主要讨论演变关系。(2)演变不一定是新形式产生,旧形式就消失的替代过程,有可能是新旧形式并存。下文"汉语演变链"部分同此。

③ part代表疑问语气词,conj代表关联词,Neg代表否定副词。"A-part,conj-B-part?"在本文涉及的28种藏缅语中,有若干变式。主要有:"A-conj-B?"式、"A,conj-B-part?"式、"A-part,conj-B?"式、"A-part,B-part?"式等。正反问句根据part和conj的使用与否,也有一些变式,本文不再一一列举。括号里是最完备的格式。

要有:"是""还是""却""却是""只是""或是"等。其中,"是""还是"在发展过程中逐渐成为最主要的关联词。到清代,选择疑问句的主要句式为:"是……是……""还是……还是……""是……还是……"。现代汉语选择疑问句的句式至此已发展成型。

2. 演变链与藏缅语大致相同

汉语的选择疑问句,若只考察有文献记载的材料以及现代汉语普通话,则呈现出的演变链是:

有标记的选择问句 → 无标记的选择问句
↓ ↓
有标记的正反问句 → 无标记的正反问句

先秦两汉时期的选择疑问句一般要在分句末尾加疑问语气词"乎""与(欤)""邪(耶)",有的还可以在句中加关联词,构成"A-part,(conj-)B-part?"格式的选择问句。如果选项是正反相对的两个方面,则构成"A-part,Neg-A-part?"。例如:

(1)吾未知善之诚善邪,诚不善邪?若以为善矣,不足活身;以为不善矣,足以活人。(《庄子·至乐》)

(2)"且天下立两帝,王以天下为尊齐乎,尊秦乎?"王曰:"尊秦。"(《史记·田敬仲完世家》)

(3)仲子所居之室,伯夷之所筑与?抑亦盗跖之所筑与?(《孟子·滕文公下》)

(4)尧治天下五十年,不知天下之治欤不治欤?不知亿兆之愿戴己欤不愿戴己欤?(《列子·仲尼》)

(5)尊者赐之曰:"其所取之者义乎不义乎?"(《孟子·万章下》)

吕叔湘曾指出"文言里的抉择是非问句差不多必用语气词,并且多数是上下都用。"[2]284他所说的文言应是指上古时期。随着语言的发展演变,到中古时期,疑问语气词开始脱落,关联词也可以不用,出现了"A,B?"式无标记的选择问句和"A-Neg-A?"式无标记的正反问句。至宋、元、明、清,直至现代汉语,这种无标记的选择问句仍在使用。例如:

(6)不知卿家君法孤,孤法卿父?(《世说新语·政事》)

(7)只见茶博士道:"官人,吃茶吃汤?"(《杨温拦路虎传》)

(8)已下便即讲经,大众听不听?能不能?愿不愿?(《敦煌变文集·佛说阿弥陀经讲经文》)

(9)行者合掌道:"不知文洗,武洗?"国王道:"文洗如何?武洗如何?"(《西游记》第四十六回)

(10)你真心和我好,假心和我好?(《红楼梦》)

汉语选择疑问句发展演变的上述历程,只反映了汉语有文字可考的历史阶段,这一时间段的发展演变过程与藏缅语选择疑问句演变链的中间部分基本相同。

3. 在句式上,有"A-Neg?"式的正反问句,与"A-Neg-A?"式并存

"A-Neg?"式正反问句见于文献的时间最早是在西周时期。据裘锡圭(1988)[3]的研究,西周中期五祀卫鼎铭文中就已出现一例"A-Neg?"式问句:"正乃讯厉曰:汝贾田不。"到战国末期的出土文献《睡虎地秦墓竹简》中,这一句式的用例逐渐增多。如:

免老告人以为不孝,谒杀,当三环之不?不当环,亟执勿失。(《睡虎地秦墓竹简·法律答问》)

两汉至魏晋南北朝,"A-Neg?"式几乎是文献中唯一的正反问句式。但这一时期用于句末的否定词比先秦时要丰富得多,除常用的"否(不)"之外,还有"未""非""无"等否定词。例如:

(11)张仪谓其妻曰:"视吾舌尚在不?"其妻笑曰:"舌在也。"(《史记·张仪列传》)

(12)君除吏已尽未?(《史记·魏其武安侯列传》)

(13)如此衣形者,是汝所拟者非邪?(《世说新语·贤媛》)

(14)佛言:"我故问之,若随所报之。于须菩提意云何?幻与色有异无?幻与痛痒思想生死识有异无?"(《道行般若经》)

近代汉语中,"A-Neg?"式正反问句进一步发展,句末的否定词除了"否(不)""未""非""无"外,"不是""不曾""没""没有"等否定词也开始用于这一句式。此外,还出现了大量在"Neg"之前插入语气词"以""已""也""阿"的现象。例如:

(15)你曾杀人也不曾?(《简贴和尚》)

(16)这个是阿谁不是?(《敦煌变文集·舜子变》)

(17)你来的时候太太动身没有?(《儿女英雄传》第十七回)

至现代汉语,"A-Neg?"式正反问句句末的否定词只保留"不""没""没有""A 不?""A 没?""A 没有?"成为与"A-Neg-A?"式并存的正反问句式。

4. 没有重叠问句

汉语的选择疑问句,只有有标记的选择问句、有标记的正反问句、无标记的选择问句、无标记的正反问句四种句法结构形式,没出现"AA?"式的重叠问句。

## 三、几点思考

(一)从藏缅语反观汉语,汉语选择疑问句的演变链应该可以再向前延伸,其初始形式是无标记的选择问句和无标记的正反问句

汉语现存最早的文献,距今仅3000余年,而汉语的历史远不止3000多年。那么,在这之前的汉语究竟是一种怎样的面貌呢?这恐怕很难做出科学的考证。但是,从与汉语的亲属语言藏缅语的比较中,我们还是可以做出一些合理的推断。

前面已经论述,汉语的选择问句,从最早的文献看来,是有标记的选择问句和有标记的正反问句;而藏缅语选择疑问句的演变链,其初始形式是无标记的选择问句和无标记的正反问句。从藏缅语反观汉语,我们认为,汉语选择疑问句的初始形式有可能也是无标记的。理由有二:

首先,汉语传疑标记(疑问语气词)和关联标记(关联词)的产生,一般认为在春秋战国时期。王力在《汉语史稿》中指出:"春秋时代以后,语气词逐渐产生和发展了。"[4]296 李英哲、卢卓群的《汉语连词发展过程中的若干特点》一文则认为,"上古时期,开始形成的连词,绝大多数是单音连词,比较集中地形成于春秋战国时期"[5]。而选择疑问范畴是一个古老的语义范畴,那么,在疑问语气词和连词形成之前,汉语的选择疑问句很可能如藏缅语一样,以"A,B?"式无标记选择问句和"A-Neg-A?"式无标记正反问句来表达这一语义范畴。

其次,上古文献中有少量无标记的选择问句和无标记的正反问句。上古汉语中,虽然如前文所述,选择疑问句的句尾几乎必加语气词,是有标记的选择问句和有标记的正反问句。但是,我们仍能发现一些不加任何标记的例句。如:

(1)王占曰:吉。东土受年?南土受年?西土受年?北土受年?(《甲骨文合集》36975)

(2)知人通钱而为藏,其主已取钱,人后告藏者,藏者论不论?(《睡虎地秦墓竹简·法律问答》)

(3)甲告乙盗牛,今乙贼伤人,非盗牛也,问甲当论不当?(《睡虎地秦墓竹简·法律问答》)

(4)今郡守为廷不为?(《睡虎地秦墓竹简·法律问答》)

这四个例句中,例(1)出现于语气词和连词产生之前的殷商时期,其余三例出现于语气词和连词产生之初的战国时期。这些例句显示,在汉语选择疑问句的初始阶段,应该是存在无标记的形式的。

"A-Neg-A?"式无标记正反问句有一个奇特的现象,那就是,在秦以后约1000年中,历代汉语文献都没再见到这种句式,直到唐五代时期才又出现。对这一现象,不同的学者做出了不同的解释,如朱德熙的"方言"说[6]、刘子瑜的"口语化"说[7]、何亚南的"求简"说[8]。通过藏缅语反观汉语,并考虑到语气词、连词产生的时间,我们可以认为,这一现象反映了汉语的正反问句在发展演变上的一条路径:无标记正反问句→有标记正反问句→无标记正反问句。甲骨卜辞和秦简中的少数用例,反映了语气词和连词产生之前的面貌;此后,随着语气词和连词的产生,选择疑问句通过标记的使用,来凸显选择疑问句的语义关系,这也就是先秦至唐五代之前再没发现"A-Neg-A?"式无标记正反问句的原因。唐五代之后,由于带有传疑标记和关联标记的选择疑问句经过长期的运用,其结构关系和句法功能已固化为稳定的认知模式,这时,在语言经济原理的作用下,并不承担疑问焦点的标记就可以省略,从而再次出现"A-Neg-A?"式无标记的正反问句。

(二)如果将汉语方言纳入研究视野,则汉语选择疑问句的演变链还可以向后延伸,有可能发展出重叠问句

汉语没有"AA?"式的重叠问句,这是指汉语普通话,如果将汉语方言纳入研究视野,就会发现,不少方言中存在这类句式。如湖北来凤话(属西南官话)里,"AA?"式的重叠问句和"A-Neg-A?"式无标记正反问句并存。在口语中,"A-Neg-A?"中的Neg可以省略,这时,动词或形容词就重叠在一起,形成了"AA?"句式。如果是双音节词,则重叠第一个音节。例如:

你买买?(你买不买?)

你理理发?(你理发不理发?)

这些菜新新鲜?(这些菜新鲜不新鲜?)

她长得漂漂亮?(她长得漂亮不漂亮?)

存在重叠问句的汉语方言还有不少,如江苏淮阴方言、江西于都客家方言、湖北仙桃方言、山东招远方言、黑龙江宾县方言、福建连城客家方言等。汉语方言的语言事实启示我们,重叠问句可能是无标记正反问句进一步发展的方向。

(三)制约选择疑问句演变的因素

通过语言比较(包括汉语普通话、汉语方言、藏缅语的比较),我们发现,制约选择疑问句句法结构演变的因素有两个方面。

1. 语言类型特点的制约

汉语和藏缅语虽都属于分析型语言,但分析性程度不同。相对而言,汉语的分析性更强。即使是藏缅语内部,分析程度也不一,北部语言如羌语、普米语、道孚语保留屈折

变化相对多一些,南部语言如彝语、傈僳语、哈尼语等语言保留屈折变化相对少一些,而景颇语介于二者之间,比南部语言具有更多的形态变化。这种语言类型上的差异,制约了选择疑问句句法结构的演变。在藏缅语中,有的语言产生了"A-Neg-A?"式无标记的正反问句,而有的语言如景颇语、独龙语、荣红羌语等则没有产生,原因是什么?跨语言的比较显示,这与它们在动词上保留丰富而系统的形态变化有关。如景颇语的动词谓语,都必须带表示动词谓语人称、数的句尾助词,句尾助词与动词谓语的结合是强制性的。若动词是两个,则两个动词都要带上句尾助词,不可以省略。因此,景颇语的正反问句只能是"A-part, Neg-A-part?"式。例如:

  景颇语:naŋ$^{33}$ sa$^{33}$ n$^{31}$ ni$^{51}$, n$^{33}$ sa$^{33}$ n$^{31}$ ni$^{51}$? 你去不去?
    你 去 (句助) 不去 (句助)
  *naŋ$^{33}$ sa$^{33}$ n$^{33}$ sa$^{33}$? 你去不去?
    你 去 不去
  sã$^{31}$ ʒa$^{33}$ ŋa$^{31}$ a$^{31}$ ni$^{51}$, n$^{55}$ ŋa$^{31}$ a$^{31}$ ni$^{51}$? 老师在不在?
    老师 在 (句助) 不在 (句助)
  *sã$^{31}$ ʒa$^{33}$ ŋa$^{31}$ n$^{55}$ ŋa$^{31}$? 老师在不在?
    老师 在 不在

## 2. 语言系统特点的制约

语言是一个由语音、词汇、语法诸要素构成的系统,这几个系统内部又有若干小系统。在语言系统内部,各个成分之间相互依存,相互制约。语言的这种系统性特点,也会影响到选择疑问范畴句法结构的演变。

为什么汉语普通话没有重叠问句,而有的汉语方言却有?这就要从语言的系统性特点来考察。普通话的语法系统中,动词可以重叠表示"短暂""尝试"等语义,形容词也可以重叠表示"程度加深"。动词、形容词已经采用了"重叠"这一语法手段来表示一定的语法范畴,就制约了其以同样的手段来表示疑问范畴。而产生了重叠问句的汉语方言,动词、形容词重叠不能表示别的语法意义,只能表示疑问。如来凤话中,"短暂""尝试"等语义是通过在动词后添加"下""下子"来实现的,"程度加深"的语义是通过在形容词前添加"几""好"等副词来实现的。仙桃话中,动词、形容词的重叠除了表疑问外,也没有别的语法意义,"短暂""尝试""反复多次"等语义是通过在动词后添加"下"来实现的,"程度加深"的语义是通过在形容词前添加"太"来实现的。

**参考文献:**
[1]陆俭明.关于现代汉语里的疑问语气词[J].中国语文,1984(5).
[2]吕叔湘.中国文法要略[M].北京:商务印书馆,1982.
[3]裘锡圭.关于殷墟卜辞的命辞是否问句的考察[J].中国语文,1988(1).
[4]王力.汉语史稿[M].北京:商务印书馆,2003.
[5]李英哲,卢卓群.汉语连词发展过程中的若干特点[J].湖北大学学报,1997(4).
[6]朱德熙."V-neg-VO"与"VO-neg-V"两种反复问句在汉语方言里的分布[J].中国语文,1991(5).
[7]刘子瑜.敦煌变文中的选择问句[J].古汉语研究,1994(4).
[8]何亚南.《三国志》和裴注句法专题研究[M].南京:南京师范大学出版社,2004.

(原载《语言研究》2010年第4期)

# 四音格词在汉藏语研究中的价值

## 戴庆厦　孙　艳*

[摘　要]　四音格词是汉藏语的一个重要特征。本文通过汉藏语比较,在分析四音格词基本特征的基础上,初步论述四音格词在历史比较、类型学研究上的价值,进而指出今后研究的前景。

[关键词]　汉藏语;四音格词;类型学

汉语有丰富的四音格词,非汉语的亲属语言也有。这绝非偶然,必定有其语言学上的理据。四音格词虽属于语法范畴,但其特点与语音、语义、语用紧密相连。这些年来,四音格词的研究难以深入,似乎受到冷落,其原因大概与人们对其价值认识不足、缺乏有效的研究方法有关。现在看来,单就汉语进行研究,是难以深入认识四音格词的。如果能够扩大至非汉语的亲属语言,必定能够加深认识,看到单一语言研究所看不到的现象。本文试图通过汉藏语亲属语言的比较,在分析四音格词基本特征的基础上,初步论述四音格词在历史比较、类型学研究上的价值,进而指出今后研究的前景。

## 一、汉藏语四音格词的基本特征

根据现已掌握的汉藏语四音格词的材料,可以认为汉藏语诸语言普遍存在四音格词,四音格词是汉藏语不同于印欧、阿尔泰等语系的一个重要特征。[①] 汉藏语四音格词的界定应做以下说明:(1)四音格词的提法基本限于除汉语外的其他三个语族。一般认为这级单位是词,属构词法范畴。由于四音格词多有音节间的联绵关系,因而也称四音格联绵词。汉语研究领域一般称为四字格。(2)四音格词大都与重叠混杂,其中包括构词重叠和构形重叠。二者采用相同的音节重叠形式,给区分造成一定的困难。(3)若按藏缅语四音格词的标准衡量,汉语的四音格词当指"四个字一组的联绵字"[②]和四音节重叠词等。这部分词在汉语中所占比例不大,也不典型。汉语的四字格是以四字成语为代表的固定词组,与汉藏语中典型的四音格词属于不同的语言单位。二者的类型学关系有待确定。实际上,藏缅等三个语族中也存在四音格词与四音格词组划界不清的问题。例如,傣语四音格包括词和词组,有的则是跟汉语十分相似的成语。独龙语的四音格也包括词和词组两级单位。苗语有大量的并列四音格,有的是词,有的是成语,因为二者结构相似,鉴定它们是词或是成语有时很困难。傈僳语四音格中除联绵词外,还有"四音骈

---

* 作者简介:戴庆厦,男,云南师范大学汉藏语研究院院长,中央民族大学教授,博士生导师。孙艳,女,河北师范大学文学院副教授,中央民族大学博士研究生。

① 此论点主要依据民族出版社1980—1986年间出版的《中国少数民族语言简志丛书》对四音格词的描写。除汉藏语外,南亚语系也有丰富的四音格词。

② 见徐通锵:《基础语言学教程》,北京大学出版社,2001年,第119页。

体",也与汉语的四字格类似。这样看来,划界问题的确是汉藏语四音格研究首先需要解决的问题。是否可以区分狭义四音格和广义四音格两个概念,将狭义的称为四音格词,将广义的称为四音格词语。(本文暂用"四音格词"这一术语,但一时还不能完全取代汉语的"四字格"。)

汉藏语广义的四音格词的共性特征有以下几点:(1)就整个汉藏语的情况看,四音格分布在词和词组两级单位中,其中汉语以固定词组为主,藏缅等其他语言以词为主。但不论是词还是词组,也不论是单纯词、合成词或是成语,它们都是以四个音节为外部标志的独立整体,拆开后便丧失意义或改变意义。(2)绝大多数四音格词都具有联绵特征,即几个音节之间具有或双声或叠韵或谐韵的和谐关系。比如,彝语、景颇语、载瓦语、傣语、苗语等。汉语的"劈劈啪啪""叽里咕噜""哗啦哗啦"等象声词也具有联绵关系,但构词能力和数量都非常有限。笔者统计了《汉语成语小词典》(第三次修订本)(商务印书馆,1973)的约3000个常用四字成语,发现汉语的四字格基本上无联绵构词规律。可以看出,非汉语的四音格词的韵律特征突出,而汉语的不突出。还有一点值得注意:绝大多数语言的四音格词都与重叠紧密相连。重叠是汉藏语系语言普遍使用的构词、构形手段,这也不是偶合。(3)四音格词最常见的音节类型有:AABB、ABAB、ABAC、ABCB、ABCD等,其中ABAC型占绝对优势,几乎有四音格词的语言必有此类型。① 当然,不同语言的结构方式又有各自的特征,比如景颇语、载瓦语都有五种类型,每种类型又根据双声、叠韵、谐韵关系分为若干小类;拉祜语有六种;土家语有七种。出现频率最高的结构类型是并列关系四音格词。比如,汉语四字成语中,描写性强的并列式结构占了绝对优势。蒋文清、陈爱文(1982)对《汉语成语小词典》的统计表明,在3000余条成语中,并列结构有599条。② 又如,彝语有丰富的四音格联绵词,其结构关系多是平等并立的。苗语的四音格词也以并列关系为主。(4)四音格词在语言运用中的修辞特征十分显著。无论是词或是词组,无论是口语还是书面语,均能使语言的表达更加形象、生动。比如,独龙语中有大量的四音联绵词,即四音格词,它在独龙语中得到普遍使用。"特别是在老人讲故事的时候,有时,四音联绵词成串成串地使用,在丰富语言的表达能力,增强故事或话语的感染力方面起着比较好的作用。"③汉语的四字格成语在语言运用中的修辞功能更是显而易见的。

## 二、四音格词与汉藏语历史比较

四音格词如此普遍地存在于汉藏语中,其特点又如此之相似,在历史上是否有共同来源?是不是原始汉藏语的共同特征?这一直是汉藏语研究者关注的一个问题。

近代开始的汉藏语研究,始终以汉藏语发生学为中心。李方桂1937年的汉藏语系假说,正式提出汉藏语系诸语言具有亲缘关系,其依据是该语系的语言在单音节和声调上具有一致性。但直到20世纪70年代,这一假说仍未得到证实。由于语言材料不足,汉藏语系至今仍是一个谜团,学术界对汉藏语系究竟包括哪些语族未能达成共识。80年

---

① 笔者排列比较了现已描写过的20种语言的四音格语音类型,除普米语外,均有此类型。AABB、ABCB型也较普遍。

② 见蒋文清、陈爱文:《关于并列结构固定词语的内部次序》,载《中国语文》1982年第4期。

③ 见孙宏开:《独龙语简志》,民族出版社,1982年。

代以后,随着汉藏语调查研究的进一步深入,汉藏语系的亲缘关系依然是语言学家们所关注的问题,并为此对相关语言进行了较为细致的调查和描写。

确定汉藏语亲缘关系的依据,传统的做法是寻求语音对应规律和同源词。但是,由于汉藏语分化时间久远,一些语言之间(如汉语和藏语)的语音对应支离破碎,难以作为确定亲缘关系的依据。加上汉藏语诸语言在长期演化的过程中,语言自身演变与语言接触交集在一起,导致上位语言之间(如汉语和壮侗语族)同源词和借词难以区分,也就分不清相同、相近成分属于同源关系,还是借贷关系。学术界展开多年的同源词研究,但因语言接触和借词大量存在而屡屡受挫,无法为谱系分类提供可靠的证据。于是,语言学家就想从别的方面寻找证据。比如,有的想通过语法中的使动范畴,证明汉语和藏缅语的同源关系;有的提出四音格词有可能是原始汉藏语的一个特征,可以作为论证汉藏语亲缘关系的证据。丁邦新(2000)强调了构词法的作用,指出构词法应该比语音、语法、词汇更为保守,构词的功能最不容易移借,因此研究藏缅、侗台语,应该多发掘构词法的内容。

四音格词在共时状态下普遍存在的事实究竟表明什么?能否设想四音格词的研究将为汉藏语亲属关系的认定或否定提供一个证据:是汉藏语早期共同特征的延续,还是语言接触的结果?汉藏语系属关系有上位、下位的不同层次之分,四音格词即使不能成为确定上位语言关系的证据,至少也能成为确定下位(部分语支内部)语言关系的辅证。作为汉藏语共同特征之一的四音格词无疑是汉藏语谱系分类的一个重要参考因素。

## 三、四音格词与类型学研究

近年来兴起的类型学研究,旨在揭示各种语言(包括亲属语言和非亲属语言)的共性,进而认识语言的本质。有发生学关系的语言,共性特点自然多一些,因而类型学研究有助于历史比较语言学的研究。

语言共性是由语言内部因素决定的,是语言的客观存在。四音格在汉藏语中普遍存在,并在构造方式和结构特征上存在不同程度的相似性是否有其类型学研究价值,答案应该是肯定的。因为生成语法和现代语言类型学都已表明语言共性是大量存在的,属于同一类型的语言往往并没有亲属与地域关系,却有不同的历史文化习俗,而且处于不同的社会发展阶段(程工,1999)。这一理论表明,语言间诸多相似性的存在,可能是语言亲属关系的早期遗存,也可能是语言长期接触的结果,还可能是由人类认知、心理、生理的共同特征引起的。从类型学的角度看,汉藏语四音格词的普遍存在正是汉藏语的共性特征之一,只是以往的汉藏语类型学研究多着眼于语序、词类等方面,几乎未涉及包括四音格词在内的构词法问题。但我们知道,四音格不是一个单纯的构词法问题,它与语音、语法、词汇都存在着密切的联系。

对四音格词类型学价值的阐释,目前还只停留在初期阶段。下面就我们现有的认识提出几点以供参考:(1)四音格词的出现和丰富与否与语言类型有关。缺乏形态手段的分析性语言,一般比形态手段丰富的语言更易产生四音格词,并且更容易将它作为构词、构形的重要手段来使用。比如,藏缅语中的彝语、载瓦语、土家语等都是分析性相对较强的语言,其语法关系主要由虚词和语序表示,这些语言恰好拥有丰富的四音格词语;而同属一个语族的藏语、南部羌语、普米语等则具有更多的屈折语特征,形态变化相对丰富一些,其四音格词也相应地不太发达。那么,是否可以推测,某种语言在形态变化消失后容易产生四音格词,进而推测四音格词可能不是汉藏语的远古形式,而是这个语系在分化后,大多数语言逐渐向分析语发展过程中的产物。汉语有非常丰富的四音格词,这与汉语的分析性特征有关。(2)四音格词的出现和丰富与否跟汉藏语的语音特点有着必然的联系。汉藏语是典型的单音节性和韵律手段丰富的语言,讲究构词、组句的语音和谐,包括双声、叠韵、谐韵、重叠、元音和谐、重音和谐等,这是汉藏语语音的一个重要特征。这一特征使得四音格的出现成为可能。同时,ABAC 型(即一、三音节重叠)成为四音格词的典型形式,也应是追求有限结构内韵律和谐的结果。(3)四音格词平衡整齐、对称和谐的形式特征,体现着东方人的认知心理和哲学追求。四音格词对音节数目的严格限制,在西方人眼里可能是一种束缚,但东方人则认为是通过归顺宇宙法则来摆脱束缚,从而于规矩中求得自由。汉藏语普遍拥有四音格词这一特征的认知价值也是一个有意义的课题。

## 四、四音格词研究的现状及前景

四音节词是汉藏语语法研究中比较薄弱的一个领域。半个世纪以来,汉藏语语法研究(特别是汉语语法研究),在一些领域(如动词的研究、虚词的研究等)除作了大量的语法分析、描写外,在理论、方法上都有重大进展。而四音格词的研究,仅只停留在粗略的描写上,理论、方法的研究极少。在非汉语领域,我们对四音格词的了解主要依靠《中国少数民族语言简志丛书》,而"简志"对四音格词的描写粗略,靠它无法准确地认识四音格词在汉藏语中的分布状况,也难以进行深入细致的分析归纳。其中彝语、景颇语、纳西语、独龙语等 16 种语言的"简志"对四音格词的状况作了简略地描写。《藏缅语十五种》[①]也简略介绍了道孚、却域、纳木兹等 14 种语言的四音格词,其中只有独龙、浪速、勒期、波拉四种语言明确提到四音格词,其余大都以四音节的重叠方式看待。20 世纪 80 年代以来,专谈四音格词的论文只有景颇语、土家语、傣语、藏语等数篇。另外,四音格词在汉藏语中的发展是不平衡的。汉语以外的其他三个语族中,藏缅语族的景颇语支和彝语支四音格词最丰富;缅语支的载瓦语,羌语支的土家语也比较丰富。苗瑶语族中的苗语、壮侗语族中的傣语都有四音格词,但由于个体语言描写中四音格词描写的缺漏,整个语族的情况不好把握。因此可以说,我们对四音格词在单个语言中的状况还缺乏全面的了解,至于语言间的比较研究,基本上无人涉及,整个语系的共性规律的考察当然更谈不上。

现代汉语四字格的研究首推陆志韦先生。他的《汉语的并列四字格》讨论了四字格的词性问题;稍后出版的《汉语的构词法》提出了"四个字两两并立的格式""重叠格式"和"重叠又并列的格式"等问题,初步确定了汉语的四字格的语法结构类型,并尝试用扩展法区分外部形式均为四字格的词、固定词组和一般词组。刘叔新《汉语描写词汇学》认为四字格是汉语固定语最多见的、典型的、有代表性的语音形式,它整齐的音段和匀称的节奏形式非常符合汉族人民喜欢对称的心理习惯。冯胜利《汉语的韵律、词法与句法》运用韵律理论解释汉语的四字格,指出汉语的四字格是汉语韵律构词系统的产物,并提出了四字格的标准组合方式,从一个全新的角度对四字格问题进行了一次有意义的探讨,引起了学术界的关注。周荐《词汇学问题》[②]收录了作者多篇关于四字格研究的论文,主要

---

① 见戴庆厦、黄布凡等:《藏缅语十五种》,北京燕山出版社,1991 年。
② 见周荐:《词汇学问题》,天津古籍出版社,1998 年。

讨论熟语分类中涉及的四字格问题。徐通锵在《语言论》中提出了音义转化与四字格的关系这样一个新的命题:用历时的眼光观察汉语四字格形成的过程,从而认识四字格的实质。姜德梧《汉语四字格词典》①以200多种"四字格语型"为基本框架,收录了现代汉语中符合此类语型的四字格词语3000余条,是第一部汉语的四字格词典。其编纂方式反映了作者对四字格的认识。目前,汉语研究中还没有一部关于四字格研究的专著,不论历时的,还是共时的;四字格方法论的论文也不多;有关四字格的讨论大都出现在词语的重叠和成语等研究的论述中。至于汉语和非汉语的四音格词比较,所见成果极少。

目前,汉藏语四音格词比较研究的主要难点有:(1)怎样沟通汉语与非汉语关系的问题。汉语几千年前就与同语系的其他语言分开,独立发展了。加之汉语发展过程中受数千年丰厚的社会文化传统的影响,而词语又是最易被影响的因素,四字格必然会具有不同于同语系中其他语言的特征,比如,与非汉语相比,汉语四音格词包含的范围大,不同层次的四音格词又有明显的韵律特征的强弱差别。比如联绵象声词的韵律特征较强,而成语等固定词组的韵律特征相对较弱,进行同一平面上的比较研究是不容易的。另外,几乎被汉语成语取而代之的四音格涉及的范围在汉语研究领域已比较明确,它基本上被限定在固定词组中。习惯上,汉语典型的四音格是成语,至多扩大到熟语中四个音节的非成语单位,如惯用语、谚语等。要将汉语的四音格词的研究纳入整个汉藏语的研究中去,还需要一个合适的切入点。(2)语言单位问题。四音格是怎样的语言单位?是一级还是若干级?这个问题普遍存在于汉语和汉藏语其他语言中。关于汉语的四字格,冯胜利(1997)认为它是汉语中独立的语言单位,是"汉语韵律构词系统的产物。"也就是说,韵律构词理论可以将成语、谚语、俗语、重叠,甚至一般短语等以四字为之的词语的单位统一于一个语言单位。而传统的四字格研究基本上是把它定位在固定词组上,这与成语长期取代四字格有关。汉藏语的其他语言的四音格主要是词,包括单纯词、复合词及重叠词,也有固定词组。那么,能否确定适用于整个汉藏语的四音格单位呢?比如,仅以四个音节作为其外部特征,以结构关系的整体性作为内部特征来确定四音格词,这是否行得通还有待深入探讨。(3)怎样确立四音格词的类型学范畴。经典类型学旨在归纳语言的结构类型,而现代语言类型学则旨在揭示语言的句法特征的共性,并以语序类型的归纳为要。那么四音格词与结构类型及语序的关系又是怎样的呢?四音格研究属于构词法范畴,而构词法的类型学分析归纳还是一片待开垦的处女地,很多问题并不明朗。(4)我们还需考察产生四音格词的结构机制,分析是什么结构机制才使四音格词得以生存。

尽管汉藏语四音格词的研究还处于初始阶段,研究中的困难也很多,但这个领域的研究是有前途、有价值的。存在的难点正是我们今后发展的重点。四音格词与语音、语法、语用的密切关系,决定了它不仅可能是汉藏语亲属关系认定的因素之一,而且还是汉藏语类型学研究的一个新角度和新思路。我们应把研究重点放在寻找四音格词中蕴涵的汉藏语谱系分类和类型学的价值上,力求从汉藏语的共时特征中窥见其历时变化的轨迹。

今后的研究应首先加强单一语言的描写研究。这种描写研究,应当是微观的、系统的、全面的。在掌握丰富的语料的基础上,进行不同类型、不同角度的比较。此外,还应重视方法论的确立,使四音格词的研究具有一定的理论高度。

---

① 见姜德梧:《汉字四字格词典》,北京语言文化大学出版社,2000年。

**参考文献：**

[1]程工.语言共性论[M].上海:外语教育出版社,1999.
[2]丁邦新.汉藏系语言研究法的探讨[J].中国语文,1999.
[3]戴庆厦.汉藏语系概要[G]//语言调查研究讲座.西宁:青海人民出版社,1986.
[4]傅懋勣.论民族语言调查研究[M].北京:北京语文出版社,1998.
[5]冯胜利.汉语的韵律、词法与句法[M].北京:北京大学出版社,1997.
[6]姜德梧.汉语四字格词典[M].北京:北京语言文化大学出版社,2000.
[7]刘叔新.汉语描写词汇学[M].北京:商务印书馆,1995.
[8]陆志韦.汉语的构词法[M].北京:科学出版社,1957.
[9]田德生.土家语四音格分析[J].民族语文,1986(3).
[10]徐通锵.语言论[M].长春:东北师范大学出版社,1999.
[11]徐悉艰.景颇语的四音格词[G]//民族语文论文集.北京:中国社会科学出版社,1981.

(原载《汉语学习》2003 年第 6 期)

# 从藏缅语族语言反观汉语的被动句

## 戴庆厦* 李 洁

[摘 要] 本文通过藏缅语与汉语的比较,反观汉语被动句的如下特点:汉语与亲属语言藏缅语在被动表述上没有共同来源;汉语被动表述有不同于其他语言的类型学特点;"被"字是构成汉语被动句的关键要素,也是汉语被动句的特色。

[关键词] 藏缅语;汉语;被动句;反观

有亲缘关系的语言,在共时状态上既有共性又有特性,在语言演变上也还会存在一些共同的规律。即便它们之间有差异,差异也有规律可循。因而,研究某种语言,有可能从与其有亲缘关系的语言特点中得到启发、得到印证,还可以从类型学的比较中加深对不同语言的认识。藏缅语族语言(以下简称藏缅语)与汉语有亲缘关系,同属汉藏语系,因而有可能通过它们的相互比较、反观,去认识不同语言的共性和个性,弥补单一语言所看不到的语言现象。本文在分析汉语、藏缅语被动句的基础上进一步通过藏缅语与汉语的比较,反观汉语的被动句特点,旨在对汉语被动句的研究有一些帮助。

## 一、汉语被动句的基本特点和认识上的不确定性

汉语被动句是一个复杂的语法现象,有着一个庞杂交错的系统,因而对其本质特征难以认识清楚。虽然语法学家经过了长期的研究,但至今未能取得比较清晰、统一的认识,甚至连汉语有没有被动范畴都还存在争议。加上汉语被动句的提出最初受到英语语法研究的影响,不免多少套用了英语的语法概念和分析框架,这就更增加了研究的难度。在这一节里,我们先对汉语被动句的基本特点做些简要的梳理,以便于认识汉语被动句研究面临的问题及其症结所在。

(一)汉语被动句的基本特点

汉语被动句的基本特点主要可以从语法、语义两方面来认识。

1.在语法标志上,被动句可分为有标记被动句和无标记被动句两类。汉语被动句有多种形式标记,其中常见的是以"被"字作为被动标记,构成"N+被+(N)+VP"式(N是名词性成分,VP是动词性成分)。这在语法学界的认识是一致的。"被"是个带有实词意义的虚词,由动词语法化而来。此外,"叫、让、给"等也是被动标记,由这些词组成的句子也是被动句,如"饭叫狗吃了、我的钱让小偷偷了、这张纸给弟弟撕坏了"。

无标记被动句是指不用"被"字词汇标记,但含有被动意义的句子。有的人将它称为

---

\* 作者简介:戴庆厦,男,云南师范大学汉藏语研究院院长,中央民族大学教授,博士生导师。
基金项目:本成果为教育部人文社会科学研究项目"汉语和少数民族语言比较语法"(批准号:01JB740009)的一部分。

"意念被动句",如"桌子搬走了、队伍解散了、失散的亲人找着了"。但对"意念被动句",有的学者认为不应该算是真正的被动句。

汉语的被动句包括有词汇标记的和无词汇标记的两种。二者都带有"受事+施事+动词"的语序特征。语序特征也是确定语法范畴的参项,特别是对分析性较强的语言来说尤为重要。语序特征不属于形态变化,但它也是语法形式的一种,从广义上说也是一种语法标志。

2.在语义上,汉语的被动句主要是表示"不如意、遭受"等消极义,如"我被他骂了、弟弟被老师批评了、我的钱被偷了"。但人们又发现,被动句除"不如意、遭受"等消极义外还能表示"如意"的积极义,如"我被表扬了、他被提拔了、他的病被治好了"。还有表示"中性"义的,如"那本书被压在箱子下面了、杯子被拿走了"。

(二)认识的分歧

1.在定义上,主要是对汉语究竟有没有被动范畴存在不同的认识。有的认为由"被"字等组成的句子表达了被动的语法意义,而且其语法形式是词汇标记和语序,既有语法意义又有语法形式,应该可以确认为是被动范畴。但有的则认为"被"字表达的被动义是词汇现象,主要属于语义范畴而不是语法范畴,由"被"字组成的结构只能称"被动结构"或"被字句",不能称被动范畴。他们还把汉语的被动句与英语相比,以形态有无的眼光判断汉语不存在被动范畴。汉语究竟有没有被动范畴,这是被动句研究面临的重要问题之一。

2.在被动句的分类问题上存在分歧。有的学者从结构形式的角度对被动句做了广义上的划分,认为汉语被动句包括有词汇标记的被动句和无词汇标记的"意念被动句"两种。但也有学者指出被动句式的本质在于其"结构格局"(即"语序"),因而认为所谓"意念被动句"的提法不妥,不必在被动句下面再单列"意念被动句"一类。

3.对"被"字的词性和句法功能,也存在不同的看法。"被"字的属性与被动句的性质密切相关,对它应如何认识,在被动句研究中至关重要。对"被",普遍认为是介词,但有的认为是动词或助动词,还有的把"被"字视作"介·助"兼类词。在具体的问题上也存在许多分歧。主要有:关于"被"字前面是受事主语的提法,有的认为不完全是受事(宋玉柱,1995)。关于"被"字后的宾语名词性成分,有的认为不一定是施事(李临定,1980)。关于被动句作为谓语的动词,有的认为必然是及物动词(刘慧英,1998),但有的认为"被"字句的谓语动词大都是及物动词,有些自主动词也能做"被"字句谓语动词(王还,1984)。关于"被"字句和"把"字句的关系,有的认为二者的性质大致相同(王力,1985),但有的认为二者在语义上、结构上存在着若干差异,只有一部分可以相互转换(梁东汉,1960),等等。

(三)分歧的主要原因

由于汉语属于分析性类型的语言,其被动句的语法标志不像英语由"be+V-en"的形态变化那样易于被确认,因而在对分析性成分的认识上容易产生分歧。此外,汉语的句法结构是受语义强烈制约的,因而如何结合语义来研究语法是个难题,也不容易取得一致的意见。在语序方面,由于语序的排列除了有固定特点外,还存在灵活性的一面,这也容易造成认识上的分歧。还有,被动句在口语和书面语上的差异,在方言和共同语上的差异,也是一个不易弄清楚又容易产生观点分歧的问题。

## 二、藏缅语被动句的基本特点

藏缅语是汉藏语系中语种最多、分布最广的一个语族,而且藏缅语类型复杂,下属语支之间在语法特点上差异很大,呈现出复杂的层次关系。这与藏缅语分化的时间长、分布地区广、不同群体长期隔绝等因素有密切关系。但藏缅语与汉语有亲缘关系,二者在语言特点和语言演变规律上有共性又有个性,藏缅语对汉语的研究有不可替代的参考价值。

(一)藏缅语的被动表述手段

藏缅语的被动表述手段有虚词、语序和形态变化等三种。虚词和语序是最常见的手段。虚词是使用格助词、介词表示施受关系。形态变化主要有以下几种:声调屈折表被动,动词后附词素表被动,动词前缀表被动。

这些不同的被动表达手段在藏缅语诸语言中有不同的分布。如:表示施受关系的格助词在大多数语言里都有;而用介词表被动只存在于白语里。有的语言只有一种被动表述方式,如白语、扎话、珞巴话、景颇语、纳西语、拉祜语、独龙语等;而有的语言在以格助词表示被动的同时还可以跟其他被动表达方式并用,如彝语表被动可以用施事格助词和声调屈折两种方式,载瓦语除了以格助词表达被动关系之外,还可以用动词的使动变化表示被动义,哈尼语被动句施事出现时用格助词表施受关系、施事不出现时用连动结构表被动。这些不同的方法都能表达被动义,但被动义表达效果的强弱却有所不同。以前置型介词做被动标记的语言,其被动义最强;以格助词表达的被动义则相对较弱。

(二)藏缅语被动句的类型划分

藏缅语被动句的分类标准与其表达方式的多样性密切相关。虽然以格助词表示施受关系的语言中有的语言还可以兼用其他被动表述手段,但所兼用的方法大多不常用(如载瓦语的使动表被动),而且学术界对一些被动表述方法(如彝语的声调屈折表被动)也尚存争议。无论一种语言中有几种被动表述方式共存、并用,其中必定有一种是主要手段。

从意义和形式两个参项入手,可以把藏缅语被动句分为三种类型:

1. 被动句含有较强的被动义,也有词汇标志。这种被动句用被动介词做被动句型的词汇标记。属于这一类型的语言不多,如白语等。白语以前置型介词作被动标记,以"受事＋$e^{42}$/$tɕo^{35}$/$tɯ^{35}$＋施事＋VP"为基本句式结构,具有较强的被动义。这大约与白语同时具有"VO"型句法结构以及与汉语有较深的接触关系有关。白语的被动标记词有 $e^{42}$、$tɕo^{35}$、$tɯ^{35}$ 等,前两者均借自汉语西南官话介词,$tɯ^{35}$ 的来源和词性则需进一步探明。例如:

ŋɯ⁵⁵ thi³³ ḛ⁴² ɯ⁴⁴ tshɯ⁵⁵ ka³⁵ tshɛ̰⁵⁵. 我的弟弟挨骂了几句。
我的 弟弟 挨 骂 了 几 句

ŋɔ³³ tɕo³⁵ pɔ³³ tɯ⁴⁴ pe³³ lɔ⁵⁵. 我被他踢伤了。
我 着 他 踢 病 了

pɔ³³ tɯ³⁵ tɕ⁴⁴ tɯ⁴⁴ tui⁴⁴. 他被打了一顿。
他 被 打 得 顿

白语的被动句多表示"不如意、不愉快、遭受"等消极义。受事所指称的事物多是在具体语境中实际存在的特定个体,多为定指(实指)性成分。多种被动标记词可并用。虽然白语有被动句,但它还是习惯用处置式表达施受关系。一些在汉语里是被动句的句子,白语既可以用处置式句型来表达,又可以用被动句来表达。如"小偷被我们赶走了"这个句子有两种表示法,但首选的是前者:

ŋa⁵⁵ ka⁴⁴ tsɯ⁴² tɯ²¹ tɕi⁴² mu²¹ lɔ⁴².

我们 把 贼 头 赶 跑 了

tsɯ⁴² tɯ²¹ tɕo³⁵ ŋa⁵⁵ tɕi⁴² mu²¹ lɔ⁴².

贼 头 着 我们 赶 跑 了

2. 被动句只含有轻微被动义,没有被动词汇标记。这种类型的被动句以格助词表示与被动有关的施受关系,被动的语义很弱,与上一类型有较大差别。属于这一类型的语言包括景颇语、哈尼语、纳西语、载瓦语、勒期语、浪速语等。如景颇语以 e³¹ 表示施事者,组成的"受事+施事+e³¹+VP"结构,主要表示强调施动的语义,只含有轻微的被动义。例如:

n⁵⁵ phje⁵¹ ʃi³³ e³¹ la⁵⁵ kau⁵⁵ sai³³. 背包被他拿走了。

背包 他(施助)拿 掉 (句助)

ʃi³³ pheʔ⁵⁵ kã³¹ wa³¹ e³¹ kã³¹ jat³¹ tɔn³¹ nuʔ³¹ ai³³. 他被父亲打了。

他(受助)父亲(施助) 打 着 (句尾)

又如哈尼语以 ne³³ 表示施事者,组成"受事+施事+ne³³+VP"的结构,表示轻微被动义。例如:

a³¹ jo³¹ ɣ³³ phju⁵⁵ sɔ⁵⁵ xø³¹ ne³³ xø³¹ dza³¹ a⁵⁵. 他的钱被贼偷了。

他 的 钱 贼 (施助)偷 了

a³¹ jo³¹ jɔ⁵⁵ ŋa⁵⁵/³¹ ne³³ di³¹ a⁵⁵. 他被我打了。

他 (受助)我 (施助)打 了

又如载瓦语以 eʔ³¹ 表示施事者。例如:

mji³¹ jaŋ³¹ eʔ³¹ lɔʔ⁵⁵ sat⁵⁵ pe⁵¹. 火被他搞灭了。

火 他(施助)搞 灭 了

这类句子由于含有轻微的被动意味,所以翻译汉语的被动句时,都用这种结构的句子来翻译。其实,这类句子与上一类型相比,不是真正的被动句,母语人根据语感也认为这类句子被动义很弱。我们在《藏缅语的强调式施动句——兼与汉语被动句对比》一文中,将这类句子称为"强调式施动句"。

3. 含有被动义,并且有外部的形态标志。这种类型的被动句的形态标志,有动词前附和动词后附两种。属于这一类的语言有拉坞戎语、扎话、义都珞巴话等。如拉坞戎语(属羌语支)的被动句,施事不出现时,在动词完成时态的词根前加前缀 χ-(词根第一音素为浊音时则加 ʁ-)并将完成态前缀的元音变为 ɑ。如果词根第一音素是 χ 或 ʁ,则不再加被动前缀(黄布凡,2003)。

| 动词原形 | 完成时态 | 被动态 |
| --- | --- | --- |
| thi⁵⁵ | kə³³-thi⁵⁵ | kɑ³³-χ-thi⁵³ |
| 收 | 已收 | 已被收 |
| rə³³-ne⁵³ | rə³³-ne⁵⁵ | rɑ-ʁ-ne⁵⁵ |
| 驱赶 | 已驱赶 | 已被驱赶 |

χscçho⁵⁵　　　nə³³-χscçho⁵³　　　nɑ³³-χscçho⁵³
锁　　　　　　已锁　　　　　　已被锁

此外，西藏昌都察隅县上察隅区义都珞巴话被动态的构成方式是在动词后加 liɑ⁵⁵ bɑ⁵⁵（孙宏开，1983）。例如：

thu⁵⁵ 咬　　　　　thu⁵⁵ liɑ⁵⁵ bɑ⁵⁵ 被咬
bo⁵³ pɹe³¹ 烫　　　bo⁵³ pɹe³¹ liɑ⁵⁵ bɑ⁵⁵ 被烫
ȵɑ⁵⁵ pɹɑ⁵⁵ 踩　　 ȵɑ⁵⁵ pɹɑ⁵⁵ liɑ⁵⁵ bɑ⁵⁵ 被踩

4. 此外，对有些语言的情况还不完全清楚或存在争论。如彝语究竟有没有被动态，被动句的语法标记又是什么，还存在不同的意见（与彝语同属一个语支的语言，如上述的哈尼语、纳西语等都没有真正的被动态）。有的认为凉山彝语的被动句有屈折形式和分析形式两种手段（李民，1984；陈士林等，1985；陈康等，1998；朱文旭，2003）。如《彝语简志》（陈士林，1985）指出，彝语低降调（21）单音及物动词跟相应的次高平调（44）动词利用声调交替表示被动态和主动态的区别。如：

主动：tshɿ³³ nɯ³³ ndu⁴⁴（a³³ di⁵⁵ ta⁵³）他打你。
　　　他　你　打　那里　搁
被动：ŋa³³ tshɿ³³ ndu²¹（a³³ di⁵⁵ ta⁵³）我被他打。
　　　我　他　打　那里　搁

又如《彝语语法》（陈康、巫达，1998）指出，彝语（北部方言圣乍话）被动态的屈折形式用低降调（21）动词的次高调（34）形式表示被动态。作者举出例证：

ndu²¹ 打（施动）——ndu³⁴ 被打（受动）
ŋa³³ ndu²¹. 我打。（主动态）
　我　打
ŋa³³ ndu³⁴. 我被打。（被动态）
　我　被打

然而，有的学者对彝语被动句有着不同的观点，对所谓彝语"声调曲折被动态"提出了质疑。《凉山彝语的被动句》（小门典夫，2003）一文认为凉山彝语有被动句，但他认为凉山彝语中并不存在"被动态"的语法标志。而且认为被动句主要依赖谓语所表示的"结果性"而成立，即采取"受事+施事+动词"这个词序来构成。《凉山彝语被动义的表达方式》（胡素华，2004）一文认为凉山彝语（北部方言圣乍话）没有通过动词本身的形态变化来表示被动义的严格意义上的被动态范畴。作者论及，"声调的屈折变化常被误认为是形成被动义的手段"，其实"它只是动词与名词性成分间的不同关系"，即"不同的语义指向在语音和谐上的表现"。

至于通过动词（虚化动词）、使动词等构成含有被动义的句子，在藏缅语里都不同程度地存在着。如哈尼语用动词 bi³³ 和其他谓语动词共同组合的连动结构表达被动义。bi³³ 是由"给"义动词 bi³³ 语法化而来。例如：

ŋa³¹ ɣ³³ so³¹ ɣa³¹ bi³³ xø³¹ dza³¹ a⁵⁵. 我的书被偷了。
　我的　书　被　偷　了
no³¹ ɣ³³ phju⁵⁵ xa⁵⁵ mja³³ ne³³ bi³³ xø³¹ dza³¹ ja³³ la³¹? 你被偷了多少钱？
　你的　钱　多少　被　偷　了

载瓦语被动句有用动词的使动形式来表示被动义的用法。如：

khjo⁵¹ xji⁵¹ khat⁵⁵ pan³¹ ʐa⁵⁵ pe⁵¹. 这条路全被弄平了。（ʐa⁵⁵平——ʐa⁵⁵使平）
路　这　条　全　　　使平（谓助）
va³¹　lɛ⁵⁵　pat³¹koi⁵⁵ pe⁵¹. 竹子被打弯了。（koi⁵⁵弯——koi⁵⁵使弯）
竹子（受助）打 使弯 了

这类句子是否能算是被动句，有待进一步研究。或者把它看成是含有被动义的施动句。一种句子类型的语义、语法特点往往不是单一的，有的会含有数个不同的特点。但不同的语义、语法特点揉在同一句子中时，总有一个是主要的，而句子的性质是由主要特点来决定。使动句中即使含有被动义，但还是使动句。

总的看来，藏缅语被动句的特点是多元的。除了少数语言使用形态变化构成被动句外，大多数语言都是通过词汇（包括介词、动词、格助词）手段构成被动句。在被动义的含量上，除了白语等少数语言外，大都比较弱，特别是用格助词表示施受关系的句子被动义就更弱了。

## 三、从藏缅语反观汉语

通过藏缅语和汉语被动句的比较，可以得到以下几点认识。

（一）汉语和藏缅语在被动表述上没有共同来源

通过对比，我们看到汉语和藏缅语在被动表述上存在较大的差异。在语法标记上，汉语主要靠介词"被"组成的结构表示被动，而藏缅语有多种被动表述方式。有的是格助词，有的是用"着"等，也有少数语言用形态表示的。在语义上，汉语的被动义比藏缅语突出、鲜明。这些重要的差异，说明汉语和藏缅语在被动表述上没有共同来源，可以认为汉语的被动表述是原始汉藏语分化为不同的语族后产生的，不可能追溯到原始汉藏语阶段，因而要重建原始藏缅语的被动表述形式是不可能的。即使是藏缅语内部不同语支的语言，被动表述的语法标记和语法意义也有较大差异。拿藏缅语共有的格助词来说，不同语言之间大多是不同源的，这说明它们是后来各自产生的。请看下表：

| 语　言 | 受事格助词 | 施事格助词 |
|---|---|---|
| 藏语（拉萨） | —— | -kɛ（作格、工具） |
| 门巴语（仓洛） | ka¹³（又表处所、时间） | ki/ki¹³（又表工具、原因） |
| 珞巴语（崩尼—博嘎尔） | me（指人）<br>ɦam（指人或指物，兼表比较） | nɯŋ（又表工具） |
| 珞巴族崩如语 | wo⁵³ | ni³¹ |
| 羌语（麻窝） | -k, ɕi | ji |
| 普米语（兰坪） | tɕi⁵⁵（单数）/bie⁵⁵（多数） | gue⁵⁵ iɛ¹³（单数）/ʐʱue⁵⁵ iɛ¹³（多数） |
| 嘉戎语 | —— | kə/k（兼表工具） |
| 道孚语 | gi, ʁa | ɣu |
| 却域语 | kɯ³³ | ji¹³ n̪i⁵⁵ |
| 扎坝语 | wu³³（又表处所） | —— |
| 贵琼语 | wu³³ | |
| 尔苏语（甘洛） | vɑ⁵⁵ | i⁵⁵ kɛ⁵⁵（i⁵⁵兼表工具、领格） |

| 语　言 | 受事格助词 | 施事格助词 |
|---|---|---|
| 景颇语 | phe $?^{55}$（书面语）/e $?^{55}$（口语） | e$^{31}$（强调式） |
| 独龙语（木力王） | dʑaŋ$^{55}$ | mɛ$^{31}$ |
| 阿昌语 | te$^{55}$（兼表时间、处所方位） | a$^{31}$（兼表属格） |
| 仙岛语 | te$^{55}$（兼表比较、地点、至格） | a$?^{55}$（兼表工具、地点、从由） |
| 载瓦语 | lě$^{55}$/ʒě$^{55}$ | e$?^{31}$（兼表工具） |
| 勒期语 | le$^{55}$（可变读为 ʒe$^{55}$） | ŋjei$^{53}$（兼表工具） |
| 怒语 | na$^{33}$ | e$^{31}$，i$^{31}$（兼表工具） |
| 彝语 | —— | kɯ$^{31}$，si$^{31}$（兼做工具、补语助词） |
| 傈僳语 | te$^{55}$（不能省略，兼表领属） | ne$^{33}$（兼表工具、补语） |
| 哈尼语 | jɔ$^{55}$（受事），a$^{33}$（间接宾语） | ne$^{33}$（兼表从由、处所、工具） |
| 拉祜语 | tha$^{31}$ | —— |
| 基诺语 | ɑ$^{33}$（兼表方所） | —— |
| | jɔ$^{33}$（兼表从格、比较格） | |
| 纳西语 | to$^{55}$ | nɯ$^{33}$（兼表状语、补语、从由） |
| 嘎卓语 | —— | kɛ$^{33}$（兼表从由、工具） |
| 白语 | na$^{21}$（宾语助词） | |
| 土家语（仙仁） | o$^{54}$（予格） | ko$^{33}$（兼表工具） |

既然被动表述不是原始汉藏语原来就有的，汉语的被动表述就应该是汉语从汉藏语分化出来之后产生的，其产生是由汉语内部的机制和条件决定的。能有这一认识是很重要的，它对于认识汉语的被动表述特点具有宏观的指导意义。

（二）从类型学的角度看，汉语被动表述有其不同于其他语言的特点

印欧语的被动表述靠的是屈折式形态变化，而汉语、藏缅语缺少屈折式形态变化，主要靠词汇和语序，在类型上是不同的。

汉语、藏缅语之间，被动表述的类型学特征也不同。虽然汉语和藏缅语都属于分析性语言，但分析性的程度不同。从总体上看，汉语的分析性比藏缅语更强，藏缅语的不同语言都不同程度地保留了一些形态变化。分析性强弱的不同，直接影响被动表述采取哪种语法形式。汉语主要用"被"字结构表达被动，而藏缅语主要用格助词外还有形态变化。认识藏缅语与汉语被动表述类型学特点的不同，有助于帮助汉语研究者扩大视角认识汉语被动表述的特点。

（三）"被"字是构成汉语被动句的关键要素，也是汉语被动句的特色所在，是其他亲属语言所没有的

汉语被动句的形成与"被"字的语法化过程是分不开的。"被"字能够成为汉语被动句词汇标记，与其自身的语义基础有密切关系。汉语的"被"字，源自于动词，本义是"披"义、"覆盖"义，后引申为"及于"义、"蒙受"义等，虚化为介词。一般认为，"被+动"式的被动句出现于战国末期。关于"被"字语法化过程，有的认为"到十三世纪才完全语法化"（刘世儒，1956），有的认为"在十三世纪就已经语法化了"（宋采娃，1958）。"被"字的语法化与被动句的形成是相辅相成的。"被"字成为介词后，随着表达的需要，"被"字结构也

在不断发展,出现了多种不同的表述形式。"被"字结构的发展,既丰富了语言的表达功能,又充实了语法的结构模式。因而,"被"字及其结构的研究始终成为汉语语法学家关注的热点,也将是今后继续深入研究的课题。

**参考文献:**
[1] 刘世儒. 被动式的起源[J]. 语文学习,1956(8).
[2] 宋采娃. 关于确定汉语被动句主语的标准[G]//语言学论丛(第二辑). 上海:上海新知识出版社,1958.
[3] 李临定. "被"字句[J]. 中国语文,1980(6).
[4] 孙宏开. 义都珞巴话概要[J]. 民族语文,1983(6).
[5] 王还. 把字句和被字句[M]. 上海:上海教育出版社,1984.
[6] 李民. 凉山彝语的主动句和被动句[J]. 西南民族学院学报,1984(1).
[7] 王力. 中国现代语法[M]. 北京:商务印书馆,1985.
[8] 陈士林,边仕明,李秀清. 彝语简志[M]. 北京:民族出版社,1985.
[9] 宋玉柱. 被动句[J]. 天津教育学院学报,1989(2).
[10] 梁东汉. 现代汉语的被动式[J]. 内蒙古大学学报,1960(2).
[11] 李珊. 现代汉语被字句研究[M]. 北京:北京大学出版社,1994.
[12] 陈康,巫达. 彝语语法[M]. 北京:中央民族大学出版社,1998.
[13] 黄布凡. 拉坞戎语概况[J]. 民族语文,2003(3).
[14] 小门典夫. 凉山彝语的被动句[J]. 语言研究,2003(4).
[15] 朱文旭,张静. 彝语被动句式研究[G]//现代语言学理论与中国少数民族语言研究,北京:民族出版社,2003.
[16] 戴庆厦,李洁. 藏缅语的强调式施事句——兼与汉语被动句对比[J]. 语言研究,2005(3).

(原载《云南师范大学学报(哲学社会科学版)》2006 年第 3 期)

# 藏缅语的述宾结构
## ——兼与汉语比较

## 戴庆厦　傅爱兰[*]

[摘　要] 本文在描写藏、普米、独龙、景颇、载瓦、哈尼、纳西、彝等八种藏缅语述宾结构主要特点的基础上,重点分析了诸如形态、格助词、语序等语法标记及其优先等级,并尝试与 VO 型的汉语进行比较。

[关键词] 述宾结构;语法标记;优先等级

本文抽样出代表藏缅语族语言(以下简称藏缅语)不同类型的藏、普米、独龙、景颇、载瓦、哈尼、纳西、彝等八种语言[①]进行对比,分析藏缅语述宾结构的基本特点。着重探讨了 OV 型藏缅语述宾结构的几种语法标记及其优先等级,并与 VO 型的汉语进行比较。

## 一、藏缅语述宾结构的基本特点

藏缅语述宾结构的特点主要有以下三点。

(1)从语序上看,藏缅语的述宾结构除克伦语是 VO 型、白语部分是 VO 型外,均为 OV 型。若宾语是双宾语,述宾结构的语序是"间接宾语＋直接宾语＋谓语"。这与同属汉藏语系的汉语、苗瑶语、壮侗语等 VO 型语言不同。藏缅语由于句子主语、宾语、状语一律出现在动词谓语前,因而述宾结构、主谓结构以及部分状谓结构(如时间状语和处所状语)在语序上是一致的。如景颇语:ma$^{31}$(孩子)phe$ʔ^{55}$(宾助)kă$^{31}$ jat$^{31}$(打)　打孩子;ma$^{31}$(孩子)khʒap$^{31}$(哭)　孩子哭;ldai$^{31}$ ni$^{55}$(今天)kă$^{31}$ lo$^{33}$(做)　今天做;ln$^{55}$ ta$^{51}$(家)koʔ$^{55}$(状助)ŋa$^{31}$(在)　在家。

(2)从谓语对宾语的选择关系或宾语的类别上看,藏缅语宾语类别较少,主要是受事宾语。汉语的工具宾语、方式宾语、处所宾语等在藏缅语中几乎全是状语,与动词构成状谓结构。至于材料宾语,在大多数语言中也是状谓结构,只有个别语言是述宾结构。例如:

---

[*] 作者简介:戴庆厦,男,云南师范大学汉藏语研究院院长,中央民族大学教授,博士生导师。傅爱兰,女,北京师范大学。

本文曾在第一届肯特岗国际汉语语言学圆桌会议(新加坡国立大学,2001 年 8 月 16—18 日)宣读。另蒙会议论文评议人刘丹青教授指正,谨深表谢意。

① 八种语言的语料除作者熟悉的外,其余由下列先生提供:胡坦(拉萨藏语)、和玉庭(普米语)、杨将须(独龙语)、木仕华(纳西语)、李泽然(哈尼语)、胡素华(彝语)、徐悉艰(载瓦语)。他们中大多数为母语人或该语言的研究专家。在此向上述各位先生的热情帮助表示深深的谢意!

| | | |
|---|---|---|
| 汉 语 | 我打他。(受事) | 他写毛笔。(工具) |
| 藏 语 | ŋɛʔ¹³² kho⁵⁵ ɲe¹¹ ki⁵¹. | khøʔ⁵¹ pir⁵⁵-ki ji¹¹ ke⁵³ tʂhi¹¹ ki⁵¹. |
| | 我(作格) 他 打他(作格) | 毛笔 (具格) 字 写 (正在) |
| 普米语 | a⁵⁵ nie⁵⁵ je³¹ tə⁵⁵ gə⁵⁵ xə⁵⁵ ʃ³¹. | tə⁵⁵ gə⁵⁵ mao³¹ pi²⁴ tsɛ³¹ ʐəu³¹. |
| | 我(施助) 他 打(1单,将行) | 他 毛 笔 用 (3单) |
| 独龙语 | ŋi⁵³ əŋ⁵³ (le³¹) sənʔ⁵⁵. | əŋ⁵³ mɔ³¹ pi⁵³ mi³¹ bri⁵³. |
| | 我 他(宾助)打 | 他毛 笔 (助)写 |
| 景颇语 | ŋai³³ ʃi³³ pheʔ⁵⁵ kǎ³¹ jat³¹ n³¹ ŋai³³. | ʃi³³ mo³¹ piʔ³¹ theʔ³¹ ka³¹ ai³³. |
| | 我 他(宾助) 打 (句助) | 他毛 笔 (结助) 写 (句助) |
| 载瓦语 | ŋo⁵¹ jaŋ²¹ ʒeʔ⁵⁵ pat²¹ le⁵¹. | jaŋ²¹ mau²¹ pji²¹ eʔ²¹ ka⁵⁵ le⁵¹. |
| | 我 他(结助)打 (助) | 他 毛 笔 (结助)写(句助) |
| 纳西语 | ŋe³³ nɯ³³ thu³³ to⁵⁵ la⁵⁵. | thɯ³³ mɑ³¹ pi²⁴ nɯ³³ per⁵⁵. |
| | 我(主助) 他(宾助)打 | 他 毛 笔 (状助)写 |
| 彝 语 | ŋa³³ tʂhɿ³³ ndu⁴⁴. | tʂhɿ³³ mo³¹ pi³¹ si⁴⁴ bu̠³³. |
| | 我 他 打 | 他 毛 笔(结助)写 |
| 哈尼语 | ŋa⁵⁵ a³¹ jo³¹ jɔ⁵⁵ di³¹. | a³¹ jo³¹ mɔ³¹ bi³¹ ne³³ bu̠³¹. |
| | 我 他 (结助)打 | 他 毛 笔(结助)写 |

| | | |
|---|---|---|
| 汉 语 | 他吃大碗(方式) | 我去北京(处所) |
| 藏 语 | khøʔ⁵¹ pho:⁵⁵ pa⁵⁴ tɕhen⁵⁵ | ŋa¹² pe⁵⁵ tɕiŋ⁵⁵ -la tso¹² |
| | 他(作格) 碗 大 一 | 我(通格)北 京(方向格)去 |
| | po⁵⁴ ji⁵¹ kika⁵⁵ la⁵³ sa¹² ki⁵¹. | ki⁵⁵ jin¹². |
| | (具格) 饭 吃(正在) | 将 |
| 普米语 | tə⁵⁵ gə⁵⁵ qhua³¹ ta⁵⁵ tsɛ³¹ ʐəu³¹. | a⁵⁵ pɛ³¹ tʃin⁵⁵ ʃɿ⁵⁵-ʃə³¹. |
| | 他 碗 大 用 (3单) | 我 北 京 去(将行) |
| 独龙语 | əŋ⁵³ pɯr⁵⁵ dɯŋ⁵³ mi³¹ kəi⁵³. | ŋa⁵³ pe³¹ tɕiŋ⁵⁵ le³¹ diŋ⁵⁵. |
| | 他 碗 大 (助) 吃 | 我 北 京 (助)去 |
| 景颇语 | ʃi³³ wan³¹ kǎ³¹ pa³¹ theʔ³¹ ʃa⁵⁵ ai³³. | ŋai³³ pe³¹ kjin³³ teʔ³¹ luŋ³¹ mǎ³¹ ju³³. |
| | 他 碗 大 (结助) 吃 (句助) | 我 北 京(方助) 上 想 |
| | | n³³ ŋai³³. |
| | | (句助) |
| 载瓦语 | jaŋ²¹ khoʔ⁵⁵ mo⁵⁵ eʔ²¹ tso²¹ le⁵¹. | ŋo⁵¹ pə²¹ kjin⁵⁵ ma⁵⁵ lo⁵⁵ le⁵¹. |
| | 他 碗 大 (助) 吃(助) | 我 北 京 (方助)去(助) |
| 纳西语 | thɯ³³ khua⁵⁵ pa⁵⁵ nɯ³³ ndzʔ³³. | ŋə³¹ pə²⁴ tɕi³³ khɯ⁵⁵ |
| | 他 碗 大(状助) 吃 | 我 北 京 去 |
| 彝 语 | tʂhʅʔ³³ tsɯ³¹ zu³³ a⁴⁴ ʐɿ³³ si⁴⁴ dzu³³. | ŋa³³ pi³¹ tɕi⁵⁵ bo³³. |
| | 他 碗 大 (结助)吃 | 我 北 京 去 |
| 哈尼语 | a³¹ jo³¹ xɔ³¹ ma³¹ ma³¹ ma³³ ne³³ dza³¹. | ŋa⁵⁵ pe³¹ dzi⁵⁵ (a³³) li³³. |
| | 他 碗 大 (结助)吃 | 我 北 京(方助)去 |

(3)从语法标记看,藏缅语述宾结构的语法标记有助词(或格助词)、语序、动词的形态变化等三种。但在同一种语言内部,通常不是一种而是多种标记在起作用。这几种语

法标记在每种语言中的地位都不相同,在同一语言中也存在优先等级。其等级主要取决于各自的语法类型。由于藏缅语的语法特点存在不同的类型,有的语言形态变化比较丰富,有的语言分析特点比较明显;有的语言具有"作格—通格"型语言的某些特点,而有的语言主要属于"主格—宾格"型,因而述宾结构的语法标记及其等级因语言类型的不同而不同(详见下文)。

## 二、述宾结构的语法标记

总的看来,藏缅语述宾结构中的宾语主要是受事宾语。在一些语言中,受事宾语又可依主命度/有生性①(animacy)分为有生性宾语和无生性宾语两大类。有生性宾语的主要语法标记是宾格助词②,无生性受事宾语则主要靠语序来标志。如景颇语、载瓦语、哈尼语、纳西语等,这些语言具有主格—宾格型语言的特点,S/A 往往是零形式,有生性的 O/P 则带有专用格助词。至于具有作格性(ergativity)的藏语和普米语,主要依动词的自主性和及物性来选择格标记:自主的强及物动词句中,主语一般用作格(藏语)或施事格(普米语),宾语为零形式;不自主的弱及物性的情感动词句中,宾语带有非专用格助词。彝语比较特别,既没有作格性,也不属于"主格—宾格"型语言,所以不管受事的生命度如何、动词的及物性如何,都不用格标记,只靠语序来区别施事和受事。

现在再看这八种语言格助词的具体分布:

| | 受助/格助 | 作格/施助/主助 |
|---|---|---|
| 藏　语 | ø | -ki(或用韵母、声调交替标记作格) |
| 普米语 | ø | gue/-je |
| 独龙语 | $le^{31}$ | ø |
| 景颇语 | $phe\text{ʔ}^{55}$ | ø |
| 哈尼语 | $jɔ^{55}$, $a^{33}$(兼表处所) | ø |
| 载瓦语 | $ʒe^{55}$, $le^{55}$ | $(eʔ^{21})$ |
| 纳西语 | $ko^{55}$, $to^{55}$ | $nɯ^{33}$(兼表补语和名词性状语) |
| 彝　语 | ø | ø |

根据上表所列的事实,大致可以把这八种语言分为三类:一类是没有专用宾格助词,但有专用施格助词(或作格标记),如藏语和普米语。一类是有专门宾格助词,如景颇语、哈尼语、载瓦语、纳西语等。其中前两种语言没有施格助词,而后两种语言虽有施事助词,但不专用,还兼表别的功能,也不常用。独龙语的宾格助词不是专用的,但分布和这四种语言基本一样,因此也列入此类。还有一类是既没有宾格助词也没有施格助词,但有与格助词,如彝语。

---

① 生物学意义上的有生性还包括植物,但这几种藏缅语中,生命度低的植物和无生命度的客体具有共同的句法特性,为简便起见,本文用有生性来泛指人和动物的特性。

② 藏缅语主语、宾语后的格助词术语不一致。藏语中用作格、通格,普米语中用施事格助词(简称施助)、受事格助词(简称受助),其他语言中用主语助词(简称主助)、宾语助词(简称宾助)。本文基本保持各自的用法,只是有时使用"格助词"或"格标记"作为统称。

## 三、下面对这三类语言述宾结构的具体特点作些分析

（1）藏语具有作格型语言的主要特点：不及物动词句的主语和及物动词句的受事宾语同形，采用通格（零形式），而及物动词句的施事主语则需标记作格。现代藏语的作格，代词通过韵母和声调变化表示，名词则后加－ki（古代是用辅音尾表示[①]）。如：

① ŋa$^{12}$　　na$^{11}$ki$^{52}$. 我病了。
　　我（通格）病

② khø?$^{51}$　　ŋa$^{12}$　ȵe$^{11}$ ki$^{51}$. 他打我。
　　他（作格）我（通格）打

③ ŋɛ?$^{132}$　　kha$^{55}$ la?$^{51}$ sɛ?$^{132}$pa jin$^{12}$. 我吃饭了。
　　我（作格）　饭　　吃　　　了

④ a$^{55}$ ma$^{55}$　la-ki　thuk$^{55}$ pa$^{54}$ kø$_;$$^{55}$ ki$^{54}$ tu?$^{132}$. 妈妈在熬粥。
　　妈妈　（作格）　　粥　　煮　　（正在）

及物动词中，有一类情感动词（如"喜欢、讨厌、恨、怕"等）及物性比较弱，所带宾语的后面需加与位格同形的 la。由于这类动词句中主语不用作格，显然不同于一般的及物动词句。如：

⑤ ŋa$^{12}$ khoŋ$^{55}$ -laka$^{13}$ -po$^{54}$ jø$^{132}$. 我喜欢他。
　　我　他　喜欢

与藏语一样，普米语一般及物动词句的受事宾语也是零标记，但施事主语后加标记比藏语限制更多。不像藏语的作格那样不依赖于宾语的生命度，普米语的作格性比藏语弱，是否用施事助词取决于受事的生命度。只有当受事具有较高的生命度（higher animacy）时，施事助词才出现。上文③④两句在普米语中都不加施事助词。如：

⑥ tə$^{31}$ gue$^{24}$ je$^{31}$ a$^{55}$ xə$^{55}$ -ʐəu$^{55}$. 他正打我。
　　他（施助）　我　打（3单,进行）

⑦ a$^{55}$ dzi$^{55}$ khə$^{31}$ -dziŋ$^{55}$ -san$^{31}$. 我吃饭了。
　　我　饭（完成）吃　（1单,已行）

⑧ maŋ$^{55}$ maŋ$^{31}$ wɑ$^{55}$ -ʐəu$^{31}$. 妈妈在熬粥。
　　妈妈　粥　煮　（3单,进行）

普米语施事助词因施事人称和数不同而变化：第一人称单数用 nie$^{24}$je$^{31}$，第三人称单数用 gue$^{24}$je$^{31}$，其余都用 je$^{31}$。第⑥句中，由于受事宾语是生命度高的人称代词，施事主语必须带上格助词，宾语则取零形式。受事宾语如果是无生性的，一般通过 SOV 语序来区别主语和宾语，如第⑦句。需注意的是："我吃饭"只是客观叙述施事实施了某动作，如果要强调施事通过某动作影响或处置了受事，则施事主语也要加上施事格助词。如：

⑨ a$^{55}$　nie$^{24}$ je$^{31}$ dzi$^{55}$ khə$^{31}$ -san$^{31}$. 我把饭吃了。
　　我（施助）　饭（完成）　吃　（1单,已行）

这时，句子的主语不仅是有生性名词，还可以是具有影响力的自然现象。如：

---

[①] 公元 7—9 世纪的古代藏语已有作格(-s)、格(-r)、通格(-ø)标志。如"医生给病人药"：smanpa(医生)-S(作格)nadpa(病人)-r(与格)sman(药,通格)bjin(给)。引自《汉藏语概论》上册，北京大学出版社，1991年，第158页。

⑩ mo⁵⁵ ʁo²⁴ gue²⁴ je³¹ sin³¹ vboŋ⁵⁵ thə³¹ -phzɛ³¹ -si⁵⁵. 风把树刮倒了。
　　　风　（施助）　树　（完成）劈（已行）

尽管受处置的受事宾语是无生性的,但具有和有生性受事宾语共同的句法及句义构成:施事主语(处置者)+(施助)+受事宾语(受处置者)+(零标记)+及物动词(处置性动作)。类似于藏语,普米语的情感动词所涉及的对象后也加助词 bie⁵⁵;不同于藏语的是,意愿动词("想、要")也有同样属性,但 bie⁵⁵ 主要用于下面两类宾语后:

A)生命度高于主语的宾语如主语是非人称代词时,人称代词宾语必须加 bie⁵⁵:

⑪ tʂən²⁴ a⁵⁵ bie⁵⁵ ta³¹ ʐou⁵⁵. 孩子亲近我。
　　孩子　我　（受助）亲近（3单,一般）

这个句子的人称代词即使带有标记也不能提前,只有在否定句中才可提前,但主语后必须加上施事助词。如：

⑫ tʂən²⁴ a⁵⁵ bie⁵⁵ ta³¹ ma³¹ ʐou⁵⁵. 孩子不亲近我。
　　孩子　我　（受助）亲近（否定）(3单,一般)

⑬ a⁵⁵ bie⁵⁵ tʂən²⁴ gue⁵⁵ je³¹ ta³¹ ma³¹ ʐəu⁵⁵.
　　我（受助）孩子(施助)亲近　（否定）(3单,一般)

⑭ *a⁵⁵ bie⁵⁵ tʂən²⁴ gue⁵⁵ je³¹ ta³¹ ʐəu⁵⁵. (*孩子亲近我。)

B)有定的(definite)宾语。如:

⑮ a⁵⁵ ti⁵⁵ tʂən²⁴ ɻ¹⁵⁵ bie⁵⁵ ʒdʒa⁵⁵ ti⁵⁵. 我喜欢这些孩子。
　　我　这　小孩　们（受助）　喜欢

⑯ a⁵⁵ tʂən²⁴ ɻ¹⁵⁵ ʒdʒa⁵⁵. 我喜欢孩子。
　　我　小孩　们　喜欢

由于情感动词和意愿动词所表示的可以是施事单方的行为(如单相思),受事可以不知情或知道了也不理会,这种对受事的弱影响或无影响使得施事不需加格助词。即使是宾语前置于句首,也只出现在有标记的否定句中,无标记的肯定句则不能通过加施事助词而使宾语前置。这些句法特征都不出现在及物性强的动作动词句中,可见,动词本身及物性的强弱是制约格助词的重要因素。普米语强及物动词句和弱及物动词句的句法构成可归纳如下：

有生性主语/自然力+（施助）+受事宾语+（零标记）+强及物动词
有生性主语+（零标记）+高生命度/有定性受事宾语+（受助）+弱及物动词

需说明的是,bie⁵⁵ 并非是弱及物动词所带宾语的专用标记。bie⁵⁵ 的另一用法是表示"某物在某人身上(只是暂时携带)",与"某物属于谁"形成对立。如：

⑰ a⁵⁵ bie⁵⁵ la³¹ bʐa⁵⁵ ti⁵⁵ bəuŋ³¹. 我带着一个口袋。
　　我（位助）口　袋　一　有

⑱ a⁵⁵ la³¹ bʐa⁵⁵ ti⁵⁵ bəuŋ³¹. 我有一个口袋。
　　我　口　袋　一　有

第⑰句的确切意思应该是"在我身上有一个口袋",与其认为"我"是"暂时携带的主体",不如看成是"口袋暂时存在之处",因此 bie⁵⁵ 具有表明方所的功用,有点类似第⑲藏语的 la：

⑲ ŋa¹³ -la pe⁵⁵ tɕha⁵⁴ jø¹³². 我有书。
　　我　（于格/位格）书　有

藏语、普米语中情感动词所带名词短语的句法性质问题,除看成是宾语外,也有看成状语的①。这种处理方法也不无道理，因为名词短语加上的是与表方位的助词同形的标记，如果同一个标记既加在状语后，又加在宾语后，就存在直接题元和间接题元相混淆的问题。再说，这些语言都具有不同程度的作格倾向，作格语言的受事应当和不及物主语一样不带标记，及物句施事要带标记，而这些句子主语不带标记，可见被母语者看作不及物动词。与其将情感动词相所带名词短语处理为述宾结构，不如处理为状谓结构。这个问题值得进一步研究。

(2) 与藏语、普米语不同，景颇、载瓦、哈尼、纳西等四种语言都具有专门的宾格助词，独龙语的宾格助词尽管不专用，但使用范围远远超过藏语和普米语。当有生性名词作宾语时，这五种语言一般都要带宾格助词。有了宾格助词，语序较灵活，宾语可以随表达的需要移至主语之前。如"我打他"在这类语言中都有两种语序：

景颇语　ŋai$^{33}$ ʃi$^{33}$ pheʔ$^{55}$ kă$^{31}$ jat$^{31}$ n$^{31}$ ŋai$^{33}$.　　ʃi$^{33}$ pheʔ$^{55}$ ŋai$^{33}$ kă$^{31}$ jat$^{31}$ n$^{31}$ ŋai$^{33}$.
　　　　我　他　(宾助)　打　(句助)　　他　(宾助)　我　打　　(句助)

哈尼语　ŋa$^{55}$ a$^{31}$ jo$^{31}$ jɔ$^{55}$ di$^{31}$.　　　　　　a$^{31}$ jo$^{31}$ jɔ$^{55}$ ŋa$^{55}$ di$^{31}$.
　　　　我　他　(结助)打　　　　　　　　他　(结助)　我　打

纳西语　ŋə$^{33}$ nɯ$^{33}$ thɯ$^{33}$ to$^{55}$ lɑ$^{55}$.　　　thɯ$^{33}$ to$^{55}$ ŋə$^{33}$ nɯ$^{33}$ lɑ$^{55}$.
　　　　我(主助)　他(宾助)打　　　　　　　他(宾助)我(主助)打

载瓦语　ŋo$^{51}$ jaŋ$^{21}$ ʒeʔ$^{55}$ pat$^{21}$ le$^{51}$.　　jaŋ$^{21}$ ʒeʔ$^{55}$ ŋo$^{51}$ pat$^{21}$ le$^{51}$.
　　　　我　他　(宾助)　打　(助)　　　他(宾助)我打(助)

独龙语　ŋəi$^{53}$ əŋ$^{53}$ (le$^{31}$) sənʔ$^{55}$.　　　　əŋ$^{53}$ (le$^{31}$) ŋəi$^{53}$ sənʔ$^{55}$.
　　　　我　他　(宾助)打　　　　　　　　他(宾助)　我　打

其中，独龙语"打"用 sən$^{55}$，其原式是 sat$^{55}$，变韵已指明宾语是第三人称单数，因而宾格助词 le$^{31}$ 可以省略。纳西语由于前面用主语助词，所以宾格助词也可省略，若宾语语序提前则不能省。景颇语、载瓦语的宾格助词都不能省略。哈尼语中，当动物名词作宾语时，宾语的语法标记性有所减弱，宾格助词有可加、可不加两种句式。如"我打狗"：ŋa$^{55}$(我)a$^{31}$khɯ$^{31}$(狗)(jɔ$^{55}$)(宾助)di$^{31}$(打)。

这类语言又可分为两小类：形态变化较丰富的景颇语、独龙语是一类。独龙语用动词本身变韵或者加前缀表示宾语的身份，而景颇语主要用句尾助词的形态变化来表示主、宾语的属性。句尾助词在景颇语中非常丰富，所有谓语句都要带句尾助词。句尾助词在句中是强制性的，其功能除表示句子的式、体、方向外，还表示句子主语(有些句子还兼表宾语)的人称、数。如：

⑳ŋai$^{33}$ ʃat$^{31}$ n$^{55}$ ʃa$^{55}$ n$^{31}$. 我不吃饭。
　　我　饭　不　吃(句助)

㉑ŋai$^{33}$ nan$^{55}$ the$^{33}$ pheʔ$^{55}$ ʒai$^{31}$ n$^{55}$ mu$^{51}$ ju$^{33}$ mă$^{31}$ teʔ$^{31}$ ai$^{33}$. 我还没有见到你们。
　　我　你们　(宾助)还　没　见　过(句助)

第⑳句的 n$^{31}$ ŋai$^{33}$ 只表主语是第一人称单数，因而动词"吃"前面应是宾语。第㉑句的 mă$^{31}$ teʔ$^{31}$ ai$^{33}$ 既表主语是第一人称，又表宾语是第二人称复数，因而"你们"应是宾语。

有生性名词构成的施受句中，可用两套句尾助词，其中一套只标记施事主语的身份，受事宾语便成为零标记；而另一套则同时标记主语和宾语的身份。相比较而言，标记宾语比标记主语更重要，因为要具体指明宾语的人称、数，而主语则只指明人称，数的语法

---

① 周季文先生在他的《藏语语法讲义》中就是这样处理的。

意义可忽略(在只标记主语时人称、数是同等重要的)。如"他告诉我"：

㉒ʃi³³ ŋai³³ pheʔ⁵⁵ thun³³ tan⁵⁵ ai³³.
　　他　我(宾助)告诉　(句助)

㉓ʃi³³ ŋai³³ pheʔ⁵⁵ thun³³ tan⁵⁵ niʔ³¹ ai³³.
　　他　我(宾助)　告诉　　(句助)

㉒句的句尾助词 ai³³ 只表示主语是第三人称单数，不表示宾语；而㉓句的 niʔ³¹ ai³³ 既表示主语是第三人称，又表示宾语是第一人称单数。相对而言，㉓句比㉒句更常用。可见，当主语和宾语同时用句尾助词来标记时，宾语优先于主语。这一特征和景颇语中只有宾语助词而没有主语助词也许存在某种一致关系。

与宾语助词相比，句尾助词对宾语的制约不是专用的。句尾助词在句法结构中的功能是属于句子层面的，对动词的不同论元都有制约作用，是谓语句不可缺少的语法手段，既表示主语、宾语的人称、数，又表示谓语的式、体、方向。而宾语助词则是在句子的某一成分层面来标记宾语，只指向宾语，是专用的。

景颇语里，语序是无生性宾语的标记之一。如：ʃat³¹(饭)ʃa⁵⁵(吃)　吃饭；puŋ³¹li³¹(活儿)kã³¹lo³³(做)　干活儿。①但当宾语不是词而是从属性短语时，为了明晰结构关系和强调宾语，也可加宾语助词 pheʔ⁵⁵。如：

㉔an⁵⁵ the³³ sã³¹ ʒa³³ ni³³ tsun³³ ai³³ ka³¹ pheʔ⁵⁵ mã³¹ tat³¹ ʒaʔ³¹ ai³³. 我们要听老师说的话。
　　我们　老师　们　说　的　话(宾助)　听　要　(句助)

㉕tai³³ wa³³ ko³¹ khai⁵⁵ n⁵⁵ mai⁵¹ kã³¹ niŋ³¹ ti³³ khai⁵⁵ na³³ pheʔ⁵⁵ n³³ tʃe³³ uʔ³¹ ai³³. 那人不知道庄稼怎么种。
　　那　人　(话助)　庄稼　怎么(泛动)种　要　(宾助)不　知道(句助)

有生性名词宾语带上宾语助词，主语和宾语的语序可以自由变换。因此，语序只有同时具备下列三个条件时才具有标记宾语的功能：宾语是无生性的；宾语是名词或并列性短语；宾语是非话题性的。因此，整体考察景颇语述宾结构的三个语法标记，其优先等级应该是：宾语助词—句尾词—语序。

独龙语中，尽管形态变化也有一定的标记宾语的作用，但主要手段是语序，宾语一般在谓语前主语后。因为独龙语的宾语助词 le³¹ 并不是宾语的专门标记，而主要用于表示动作的目的和指向。当表示目的时，宾语一般是处所名词或动宾短语(主要表示"去干什么")；当表示指向时，宾语一般是人称代词或指人名词，但指向性不太具体的动词，le³¹ 可以省略，如"骂"的对象必须加，而"嘲笑"的对象则可加可不加。

㉖ŋa⁵³ pe³¹ tɕiŋ⁵⁵ le³¹ diŋ⁵⁵. 我去北京。
　　我　北　京　(助)去

㉗ŋa⁵³ ɕiŋ⁵⁵ ɻi⁵⁵ le³¹ diŋ⁵⁵. 我去背柴。
　　我　柴　背(助)去

---

①　景颇语中，当代词和指人名词做主语时，主语和无生性宾语由语序便能区分。但动词前的名词性成分是自然现象或与人、动物相关的名词时，该名词是主语还是宾语不易确定。如 n³¹puŋ³³(风)puŋ³³(刮)"刮风"、sã³¹lat³¹(汗)pʒu³³(出)"出汗"、u³¹ti³¹(蛋)ti³¹(下)"下蛋"。这个问题比较复杂，将另文讨论。

㉘əŋ⁵³ ŋa⁵³ le³¹ tə³¹ ɔŋ⁵³ e³¹. 他是在骂我。

　他　我（助）骂　是

㉙əŋ⁵³ ŋa⁵³（le³¹）pja⁵⁵ e³¹. 他是在嘲笑我。

　他　我　（助）嘲笑 是

上面四句中带 le³¹ 的名词或动宾短语都不能前置到句首。㉖㉗两句中带 le³¹ 的名词或动宾短语都是目的状语。可见独龙语中助词标记宾语的功用比景颇语小。独龙语中宾语标记的等级大致是：语序—助词—动词形态。

另一小类是载瓦语、纳西语和哈尼语。这几种语言除宾格助词标记有生性受事宾语外，其他受事宾语都靠语序来确定，语序的功能大于景颇语。这是由这几种语言形态变化很少、分析性较强的特点决定的。

(3) 凉山彝语是这几种语言中唯一既缺乏宾格助词，也没有主格助词，还缺少形态变化的语言，基本靠语序来标记施事主语和受事宾语。例如：

㉚tʂʅ³³ ŋa³³ ndu⁴⁴. 他打我。

　他　我　打

㉛ŋa³³ tʂʅ³³ ndu⁴⁴. 我打他。

　我　他　打

值得研究的是，当施事、受事均为人时，部分低降调单音节动词可通过本调和变调来区分基式和变式（母语使用者根据语感认为变式句相当于汉语中的被动句①）。可见，凉山彝语除了主要使用语序作为确定述宾结构的手段外，还尽可能采用谓语动词的变调来表示施受关系的变化。但与常例不同的是，本调表变式，变调表基式。如：

㉜ŋa³³ tʂʅ³³ ndu⁴⁴. 我打他。（基式，变调）

　我　他　打

㉝ŋa³³ tʂʅ³³ ndu³³. 我被他打了。（变式，本调）

　我　他　打

高平调上的动词不发生变调，没有基式和变式的区别。其中有的动词只有基式，如ŋa³³（我）tʂʅ³³（他）ma⁵⁵（教）"我教他"。而有的动词只有变式，如：ŋa³³（我）tʂʅ³³（他）du⁵⁵（踩）我被他踩了｜tʂʅ³³（他）ŋa³³（我）du⁵⁵（踩）他被我踩了。

通过对八种语言宾语标记的具体分析，我们试图对各语言的标记优先等级作初步归纳：

| | 格助词 | 动词的形态变化 | 语序 | | 格助词 | 动词的形态变化 | 语序 |
|---|---|---|---|---|---|---|---|
| 藏语 | 1 | 2 | 3 | 哈尼语 | 1 | | 2 |
| 普米语 | 1 | 2 | 3 | 载瓦语 | 1 | | 2 |
| 景颇语 | 1 | 2 | 3 | 纳西语 | 1 | | 2 |
| 独龙语 | 2 | 3 | 1 | 彝语 | | 2 | 1 |

现在再看看双及物动词谓语句的宾语情况。八种语言中，根据与格助词是否和宾格

---

① 如果尊重母语人的语感，将本调的动词谓语句看作被动句，便出现不依赖句法结构而表达句法变换的情况。不像大多数语言的被动句转换过程中，句子的主语被删除或降级为施事短语，既没有前置词或介词作标记，也不变换主语、宾语的语序句法。主语是和语义施事相关还是和语义受事相关完全取决于动词的声调屈折，这一现象很费解，因为彝语通常被认为是藏缅语中最具分析性的语言之一。

助词相同而分为两大类:一类是不同的,有独立的与格助词,如藏语、普米语和彝语;另一类是相同的,但二者的功用并不完全对等。现对比列表如下:

| | 宾格助词 | 与格助词 | | 宾格助词 | 与格助词 |
|---|---|---|---|---|---|
| 藏语 | ø | -la | 景颇语 | pheʔ$^{55}$ | pheʔ$^{55}$ |
| 普米语 | ø | tʃi$^{33}$ | 载瓦语 | ʒe$^{55}$;le$^{55}$ | ʒe$^{55}$;le$^{55}$ |
| 彝语 | ø | ka$^{33}$ | 纳西语 | ko$^{55}$;to$^{55}$ | ko$^{55}$ |
| 独龙语 | (le$^{31}$) | le$^{31}$ | 哈尼语 | jɔ$^{55}$;a$^{33}$(兼表处所) | jɔ$^{55}$ |

藏语、普米语、彝语由于有专门的与格助词,便没有严格意义上的给予类动词的双宾式,而只有"与格式"。与事成分出现在客体宾语及谓语前,可看成是状语。如"我给他一本书":

藏　语:ŋɛ$^{132}$ khoŋ$^{55}$ -la pe$^{55}$ tɕha$^{54}$ tɕi$^{54}$ tʂɛ$^{54}$ pa jin$^{12}$.
　　　　我　　他　(与助)  书　　　一　　交给(1,过去,自主)

普米语:a$^{31}$ nie$^{24}$ je$^{31}$ tə$^{55}$ gə$^{55}$ tʃi$^{55}$ dzɿ$^{31}$ dzɿ$^{31}$ bo$^{31}$ thə$^{31}$ -tʃhiŋ$^{31}$ -san$^{31}$.
　　　　我　(施助)他　(与助)书　　本　(完成)给(1单,已行)

彝　语:ŋa$^{33}$ thɯ$^{31}$ ʑɿ$^{31}$ po$^{33}$ ka$^{33}$ tshɿ$^{33}$ bɿ$^{44}$.
　　　　我　书　　本(与助)他　给

三种语言与格句语序的固定程度很不一致。藏语最灵活,可以有以下四种语序:主语+间宾+直宾,主语+直宾+间宾,间宾+主语+直宾,直宾+主语+间宾。普米语只有两种语序:主语+间宾+直宾,间宾+主语+直宾,直接宾语必须在动词前的最后位置。而彝语是最固定的,只有一种语序。普米语与格助词的使用受到人称等级(person hierarchy)和生命度等级(animacy hierarchy)的制约。其次序是:第一、二人称—第三人称、指人名词、动物—植物、无生物。如"a$^{31}$(我)tʃi$^{55}$(助)tʃɿ$^{55}$(水)tə$^{55}$ tsɿ$^{31}$(一点)给我点水│nə$^{31}$ tʃi$^{55}$ tʃɿ$^{55}$ tə$^{55}$ tsɿ$^{31}$给你点水"两句中与格助词 tʃi$^{55}$ 必须连同与事宾语出现,不可省略。而"(tə$^{55}$ gə$^{55}$ tʃi$^{55}$)tʃɿ$^{55}$ tə$^{55}$ tsɿ$^{31}$ thə$^{31}$-tʃhiuŋ$^{31}$(给)给他点水│(tʃhɿ$^{55}$ tʃi$^{55}$)tʃɿ$^{55}$ tə$^{55}$ tsɿ$^{31}$ thə$^{31}$-tʃhiu$^{24}$给狗点水"两句中与格助词连同与事宾语均可省略。至于"siŋ$^{31}$ vboŋ$^{55}$ po$^{55}$ tʃɿ$^{55}$ tə$^{55}$ tsɿ$^{31}$ nə$^{31}$ tʃiu$^{31}$给树浇点水│qua$^{55}$ ʃɿ$^{31}$ to$^{55}$ tʃɿ$^{55}$ tə$^{55}$ tsɿ$^{31}$ ɛ$^{31}$ tʃiu$^{31}$给牛肉放点水",则不用与格助词,而使用其他助词。

其他五种语言由于与事宾语和客体宾语享有共同的助词,给予义动词便存在双宾句。如景颇语双宾句一般是间接宾语(与事宾语)在直接宾语(客体宾语)之前(如㉞a)。但为了强调直接宾语或主语充当话题,也可将直接宾语提前到间接宾语之前(如㉞b、㉞c)。由于间接宾语带宾语助词,因而不会和直接宾语混淆。间接宾语也可以提到句首成为句子的话题(如㉞d)。但由于句尾助词已标明主、宾的属性,直接宾语的句法身份不变。如"老师给了我一本书":

㉞a. sǎ$^{33}$ ʒa$^{33}$ ŋai$^{33}$ pheʔ$^{55}$ lai$^{31}$ ka$^{33}$ lã$^{55}$ ŋai$^{51}$ mi$^{33}$ ja$^{33}$ sai$^{33}$.
　　　老　师　我(宾助)书　　一　　一　给(句助)

b. lai$^{31}$ ka$^{33}$ lã$^{55}$ ŋai$^{51}$ mi$^{33}$ sǎ$^{33}$ ʒa$^{33}$ ŋai$^{33}$ pheʔ$^{55}$ ja$^{33}$ sai$^{33}$.
　　书　　一　　一　老师　我　(宾助)　给　(句助)

c. sǎ$^{33}$ ʒa$^{33}$ ko$^{31}$ lai$^{31}$ ka$^{33}$ lã$^{55}$ ŋai$^{51}$ mi$^{33}$ ŋai$^{33}$ pheʔ$^{55}$ ja$^{33}$ sai$^{33}$.
　　老　师(话助)书　　一　　一　我　(宾助)给(句助)

d. ŋai$^{33}$ pheʔ$^{55}$ ko$^{31}$ sǎ$^{33}$ ʒa$^{33}$ lai$^{31}$ ka$^{33}$ lã$^{55}$ ŋai$^{51}$ mi$^{33}$ ja$^{33}$ sai$^{33}$.
　　我　(宾助)(话助)老师　书　　一　　一　给(句助)

载瓦语、纳西语中,由于主语助词和宾语助词同时存在,双宾句中主语、直接宾语、间接宾语三个成分的语序灵活(但主语不能在双宾语之后)。有四种语序:主语+间宾+直宾,主语+直宾+间宾,间宾+主语+直宾,直宾+主语+间宾。如载瓦语:"我给了他一本书",有以下四种语序六种形式(前两句的主语助词可省略),之间并无常用、不常用之分:

㉟a. ŋo$^{51}$ (eʔ$^{21}$)① jaŋ$^{21}$ ʒeʔ$^{55}$ mau$^{51}$ sau$^{21}$ lə$^{21}$ lum$^{21}$ pji$^{21}$ le$^{51}$.
　　我 （主助）他（宾助） 书　　一　本　给（助）
　b. ŋo$^{51}$ (eʔ$^{21}$) mau$^{51}$ sau$^{21}$ lə$^{21}$ lum$^{21}$ jaŋ$^{21}$ ʒeʔ$^{55}$ pji$^{21}$ le$^{51}$.
　　我 （主助）书　　一　本　他（宾助）给（助）
　c. jaŋ$^{21}$ ʒeʔ$^{55}$ ŋo$^{51}$ mau$^{51}$ sau$^{21}$ lə$^{21}$ lum$^{21}$ pji$^{21}$ le$^{51}$.
　　他（宾助）我 书　　一　本　给（助）
　d. mau$^{51}$ sau$^{21}$ lə$^{21}$ lum$^{21}$ ŋo$^{21}$ eʔ$^{21}$ jaŋ$^{21}$ ʒeʔ$^{55}$ pji$^{21}$ le$^{51}$.
　　书　　一　本　我（主助）他（宾助）给（助）

独龙语的双宾句和其他四种语言的双宾句略有不同。因为宾格助词不是专用的,即使是在述宾结构中,一般情况下可省略(例见前)。而同形的与格助词却是强制性的,可见独龙语中与格句的功用大于双宾句。如:

㊱puŋ$^{55}$ mi$^{31}$ ŋa$^{33}$ le$^{31}$ dzɯ$^{31}$ kje$^{55}$ ti$^{31}$ puŋ$^{55}$ nə$^{31}$-biŋ$^{55}$. 普给了我一本书。
　普 （施助）我 （与助）书　　一　本 (1单受事) 给
㊲kja$^{55}$ əŋ$^{53}$ le$^{31}$ pə$^{31}$-dzɔːn$^{55}$. 把这交给他。
　这　他 （与助）（命令）交

## 四、几点认识

下面,我们就上述分析对藏缅语述宾结构的特点提出几点认识。

(1)八种藏缅语述宾结构的语法标记有格助词、语序、形态变化等几种,其中最重要的是格助词。具有"作格性"型特点的藏语、普米语,通过作格或施事格标记主语,而使宾语带零标记。具有"主格—宾格"型特点的景颇语、载瓦语、哈尼语、纳西语,主要使用宾格助词。宾格助词紧跟在宾语之后,显示宾语的功能最强,是这些语言组成述宾结构的最主要的语法标记。此外,形态变化丰富的语言,形态变化也有标记述宾结构的功能,如藏语、普米语、景颇语和独龙语。像彝语这样的既缺少格助词又缺乏形态变化的语言,语序便成为区分主语和宾语的主要语法手段。

藏缅语述宾结构的语法标记是多样的,之所以需要多种语法标记,而且主要以宾格助词为主要语法标记,这大约与这些语言的 OV 型语序有关。因为宾语在动词之前,主语、宾语容易发生混淆,所以必须加上明显的语法标记。汉语的情况不同。汉语形态变化少,语序和虚词是表示语法意义的主要手段。若拿汉语的分析特点与藏缅语相比,藏缅语中最富有分析特点的语言(如彝语、哈尼语)也不及汉语的分析特点显著。汉语述宾结构的语法标记主要靠语序,以语序的先后判断哪个是主语,哪个是宾语。一般认为,凡是放在动词谓语之后的都是宾语(大多是受事者,也可以是施事者),在动词谓语之前的是主语(大多是施事者,也可以是受事者)。若受事者居于动词谓语之前,也视为是主语。

---

① 徐悉艰《载瓦语简志》(民族出版社,1982年)中指出,eʔ$^{21}$ 的功能有两种:一是标记主动者,如果是已知的共识的主动者,可省略;二是标记工具状语,不能省略。

汉语既无指示述宾结构的形态变化,又无指示宾语的结构助词,只能靠语序和语义关系来区别述宾结构和其他结构。

尽管格助词、形态变化、语序是区别施事、受事的三类标记手段,实际上语义在主宾语辨认中的作用也不可忽略。宾语只在有生性时才加标记,就是因为无生性时默认(default)其成分就是受事,无需标记。实际上存在下述标记性模式:施事为有生性、受事为无生性,是默认的状态,语义就决定了施受关系,只有违背这种默认模式(无标记模式)的情况,才需要上述三种手段①。

(2)三种语法标记中,格助词和语序是直接的、充足的标记宾语的手段,而动词形态是间接的、不充足的手段。形态是在句子层面总体地表明句中谓语动词及其论元的属性,体现的是谓语和主语、宾语的一致关系。尽管从一致关系中我们能看出主语的人称、数(有时也指明宾语的人称、数),但形态直接体现的还是谓语和主、宾语的一致关系,而不是主、宾语本身。所以,藏语、普米语、景颇语这些核心标注型(head-marking)语言中,动词后成分的形态变化综合体现动词与主语、宾语(主要是主语)的一致关系,如人称、数等,尽管主语、宾语的句法身份已隐含在其中,但这种隐含并不充分,还是需要格助词来直接标记施事主语和受事宾语。

(3)直接标记宾语的两种手段中,格标记和语序是互补的、协同的,格助词越丰富、标记名词短语的主、宾语句法身份功能越强的语言,语序的句法作用就越不重要,语序的变化被用于表明语用角色。这也正符合已有成果对语言共性的解释(Croft,1990:F17),如藏语的格助词在八种语言中是最丰富的,五大类格标记能表示多种格关系(王志敬,1994:535-543)②。而语序则比较灵活,一般有作格的句子,宾语都可提前到主语前,只是提前后产生各种附加的语用意义。普米语的格助词没有藏语丰富,受事宾语是无生性名词时,一般陈述句中不出现格助词,语序便成为区分主语、宾语的手段。景颇语、载瓦语、哈尼语、纳西语也类似。而独龙语中宾格助词常省略,语序相对便固定一些。语序最固定的是彝语,因为彝语是八种语言中唯一既没有主格助词,也没有宾格助词的语言。这八种语言中,格标记和语序句法功能由强到弱的次序可大致排列如下:

格标记:藏语—普米语—景颇语、哈尼语、纳西语、载瓦语—独龙语—彝语。
语　序:彝语—独龙语—纳西语、载瓦语、哈尼语、景颇语—普米语—藏语。

(4)动词的及物性、名词的生命度和有定性是影响受事宾语是否加格标记的几个因素。根据已有的语料看,各自的适应范围是不同的。其中,生命度作用于除藏语、彝语之外的其他六种语言;而及物性的强弱主要作用于藏语、普米语;至于有定性,只在个别语言如普米语中某些弱及物性动词上具有区别意义。但这种概括只是初步的。只有随着各语言语法研究的深入,当能够更全面地认识动词、名词的语义范畴次类对句法的不同影响时,才有可能做出较可靠的概括。

(5)藏缅语宾语类别比较简单,主要是受事宾语,没有施事、工具、处所、时间等宾语。藏缅语大多数语言,主语、宾语与施事、受事是一致的,即主语是施事者、宾语是受事者。即使受事者在施事者之前,也还是宾语。这是因为藏缅语可以凭借结构助词和形态变化来指示主语和宾语,不致因为语序变化而改变身份。汉语则不同。汉语中宾语的类别比

---

① 这一默认模式的存在是刘丹青先生提示的。
② 尽管王志敬先生强调藏语只有语义上的格(王志敬,1994:535),但在施事主语和受事宾语的标定上格助词是有明显的句法功能的。

较复杂,除受事宾语外,还有施事、工具、处所、时间等宾语。汉语的这些宾语在藏缅语中都当状语使用,是不同的句法成分。汉语与藏缅语的这种差异,与各自语言语序的特点有关。汉语的宾语在动词之后,是补语之后的唯一的句子成分,因而有可能容纳复杂的宾语类别;而藏缅语的宾语在动词之前,与状谓结构语序相同,除了动词直接作用的受事外,其他补充说明动作的方向、时间、处所、工具等名词性成分则均由状语来承担。

最后,附带再谈一下,是汉语的 VO 型在先还是藏缅语的 OV 型在先的问题。汉语和藏缅语有亲缘关系,都是由一个原始母语分化而成的,但二者在主要语序上截然不同。按历史比较语言学的原则,二者语序的差异应视为是原始母语分化的结果。为什么形成这种差异,制约差异的条件是什么? 是 OV 型在先、还是 VO 型在先? 这些问题一直都困扰着汉藏语语法研究者。藏缅语述宾结构的研究,能够为思考这一问题提供蛛丝马迹。

藏缅语亲属语言述宾结构的比较说明,语序类型与语法类型的系统特点密切相关。采用什么语序或语序如何演变,是由该语言自身的语法系统决定的。OV 型语言的句法结构是"重心后置型",即多种句法成分都在动词之前,"体词+谓词"包含了宾动、主谓、状谓等多种结构,这就形成了多种短语结构在语序上的同一性。而要区别这几类不同的结构,就需要助词和形态变化的帮助,因而可以认为助词、形态变化比较丰富的语言,对 OV 型语序较能适应。而 VO 型语言如汉语,不同的句子成分被分别安排在动词谓语的两端,在动词谓语前的是主语、状语,在后的是宾语、补语,因而,主要依靠语序就可以把宾语与主语、状语区别开来,而不需要其他更多的语法标记。原始汉藏语若有较丰富的形态变化和格助词,语序的灵活性就会更大些,有可能是以 OV 型为主,也有可能是 OV 型与 VO 型同时存在。后来,汉藏语随着语言类型向分析型演变,形态变化逐渐减少,语序逐渐固定,以致最后形成以 VO 型为主,但也还保留一些 OV 型特点的语言。在现代汉语的许多方言里,都保留有 OV 型的句型。如闽语仙游话就存在不少 OV 型句子,但这类句子的出现有一定的条件。其中如:凡简单谓语句多是 VO 式,而复杂谓语句多是 OV 式,例如:

我食肉 我吃肉　kua$ʔ^{55}$ ɬia$^{13}$ ny$ʔ^{55}$
我肉不会食 我不会喜欢吃肉　kua$ʔ^{55}$ ny$ʔ^{55}$ ny$ʔ^{55}$ pe$^{31}$ ɬia$^{13}$
伊栽树 他栽树　ji$^{55}$ tsai$^{55}$ tɕhiu$^{51}$
伊树栽好了 他栽好了树　ji$^{55}$ tsai$^{55}$ tɕhiu$^{52}$ tsai$^{55}$ xʋ$^{33}$ lɔ$^{55}$

至于是语法类型制约语序类型,还是语序类型制约语法类型,这是暂时难以说清的问题。

**参考文献:**

[1] Croft William. Typology and Universals[M]. Cambridge:Cambridge University Press. 1990.
[2] 戴庆厦. 景颇语语法[M]. 北京:中央民族大学出版社,1995.
[3] 傅爱兰. 普米语动词的语法范畴[M]. 北京:中国文史出版社,1998.
[4] 刘丹青. 汉语给予类双及物结构的类型学考察[J]. 中国语文,2001(5).
[5] 马学良. 汉藏语概论[M]. 北京:北京大学出版社,1991.
[6] 王志敬. 藏语拉萨口语语法[M]. 北京:中央民族大学出版社,1994.

(原载《方言》2001 年第 4 期)

# 藏缅语的强调式施动句
## ——兼与汉语被动句对比

### 戴庆厦　李　洁[*]

[摘　要]　藏缅语一些语言没有被动态和被动句,但有强调式施动句。强调式施动句的形成原因与该语言的分析性特点,包括谓语动词的形态状况、谓语动词与施受者的关系以及语序等因素有密切关系。

[关键词]　藏缅语;强调式施动句;被动句

藏缅语中有些语言如彝缅语支、景颇语支等语言没有被动态,没有像印欧语那样的被动句,也没有像汉语那样的被动句或"被"字句。但这些语言有一种强调施事的施动句,即"强调式施动句",其语法手段是在施动者后加施动助词,构成"受动者+施动者+谓语"的句式。这些语言在翻译英语或汉语的被动句时,由于意义上的某些相通,往往使用这一句式与之对应,所以有的论著就以为这种句式就是被动句。其实不然,这种句式是一种特殊的句型,不是被动句。本文以彝缅语支、景颇语支语言为分析对象,剖析这一句式的性质、特点及类型学特征。

## 一、问题的提出

从类型学上看,最初从印欧语归纳出来的动词"被动态",在人类的不同语言中究竟是否具有普遍性,特别是分析性特征较强的汉藏语系语言是否也具有被动态? 这是语言共性研究中尚未解决的一个问题,我们在研究汉藏语语法范畴时也面临着这一问题。而要解决这个问题,必须追溯一下"被动态"概念的来源,以及弄清与之相关语言的被动态的基本状态及其相互关系。

"态"(voice)又称"语态",是指与动词形态变化相关的语法范畴,即表示动作行为与主语、宾语的关系。"被动态"(Passive Voice),指动词与施、受者的关系。当主语为动词的施动者(Agent)时,动词的形式称为主动语态;当主语是动词的受动者(Patient/Subject)时,动词的形式称为被动语态。英语有被动态,这已成为共识。Passive 在英语里含有"被动的、消极的"意义,是指主语处于被动、被支配的位置。从句式上说,主动语态和被动语态构成主动句和被动句两种句式,这两种句式在语法形式、语义上都存在差异。在语法形式上,英语被动句有严格的形式标记,由"Subject+be+V-en"构成(其中的 V-en 是过去分词),引导施事的 by 介词短语可以省略。在语义上,被动句表示动作、行为不是

---

[*]　作者简介:戴庆厦,男,云南师范大学汉藏语研究院院长,中央民族大学教授,博士生导师。李洁,女,云南师范大学博士生。

主动的而是被动的。

汉藏语语法研究中,最先被认为有被动句的语言是汉语。汉语"被动句"的提出,大约与英语语法研究的影响有关。在汉语语法史上具有开创之功的《马氏文通》就曾经模仿印欧语的分析模式在句类中列出了被动句[1]。黎锦熙在《新著国语文法》中认为,"被"字句属于被动句[2](p42)。王力是与他同一时代语法学家中分析被动式最为系统的一位。他在《中国现代语法》中把"被"字句叫作"被动式",把"被动式"定义为"凡叙述词所表示的行为为主位所遭受者";并对"被"字句的语义特征,以及"被"字句与处置式的变换关系作了讨论[3]。

然而,到了20世纪中叶,一些学者开始对汉语有没有被动态产生怀疑。有的认为,汉语和英语虽然都有作为逻辑范畴的"被动义",也有作为语法范畴的被动句型,但两种语言被动句的性质、功能和表现形式却彼此迥异。有的认为英语和汉语都属于"分析型"语言,但汉语主要依靠语序和虚词来表达被动义,其分析性较之英语更强。有的还认为汉语由于缺少形态变化,因此不能说它有严格意义上的"被动态",最多只能算是"被"字句型。50年代以后,语法学界围绕"被"字句在结构上、语义上、语用上的特征展开了广泛的讨论,把"被"字句的研究不断引向深入。华中师范大学2003年召开了"汉语被动表述问题国际学术研讨会",这是专题讨论汉语被动表述问题的一次盛会。近百年来,汉语语法学界对"被"字句的研究经历了不断深入、视角不断扩大的过程。但直到目前,对汉语是否存在被动态、被动态的语法标记是什么及被字句表示什么语法意义等问题尚未取得共识。正因为如此,华中师大召开的研讨会只好提"汉语被动表述问题",而不提"汉语被动句问题"。

藏缅语的语法研究起步较晚,大多数语言的语法研究还只停留在初步分析描写的阶段,甚至有一些语言至今尚未涉猎。但藏缅语的语法研究,就大多数情况而言,在借鉴汉语研究成果的同时,可以说一开始就不同程度地受到汉语语法研究的影响甚至束缚。被动句的研究也是这样。藏缅语究竟有没有被动态、有没有被动范畴,这个问题一直困扰着藏缅语的语法研究。在一些研究藏缅语的语法论著里,有的认为藏缅语有被动态或被动句。如对彝语,李民认为凉山彝语的被动句有屈折形式和分析形式两种手段[4],陈士林的《彝语简志》认为彝语有被动句[5](p154,159,210),陈康、巫达《彝语语法》认为凉山彝语有被动态[6](p127-132),朱文旭、张静在《彝语被动句式研究》一文中也同意这个观点[7]。小门典夫在《凉山彝语的被动句》一文中也认为凉山彝语有被动句,但他认为凉山彝语中并不存在"被动态"的语法标记,被动句主要依赖谓语所表示的"结果性"而成立,即采取"受事＋施事＋动词"这个词序来构成[8]。黄行、唐黎明在《被动句的跨语言类型对比》一文中,认为独龙语有被动格式和被动句,"施事者在句首时是主语,在非主语位置时为被动格式",并列出主动句和被动句对立的句子,还认为"阿昌语施事格助词是$a^{31}$,用在句首为主动态,用在句中为被动态。"[9]然而我们看到,在分析与动词有关的施受关系的大多数藏缅语论著里,语言学家则不轻易使用"被动态""被动句"这两个术语,而只分析结构助词(格助词)与施事受事、主动他动、自动使动等的关系,也不在句型中单列出被动句句型。这反映出他们对这些语言是否有被动态或被动句,还未形成理性的认识,至少是持保留态度,即他们并不认为这些语言有被动态或被动句。应当怎么认识上面提出的问题呢?我们认为,必须从藏缅语语言事实出发,根据现代语言学理论方法对具体语言事实做出科学的分析描写,还要根据跨语言的比较和对比对具体语言事实做出合理的解释,并从中反观语言的共性和个性。

## 二、藏缅语存在一种强调式施动句

句型可以从不同角度作不同的分类：从语法上，可以划分出主动句和被动句；从语用上，可以划分出话题句和非话题句；从施受关系上，可以划分出施动句和受动句；从语气上，可以划分出陈述句、疑问句、祈使句、感叹句等。若进一步划分，可以根据句子的完整与否分出完整句和省略句，还可以根据强调与否分出强调句或非强调句，等等。

从施受关系上观察，藏缅语存在一种强调式施动句。这种句子常用来翻译汉语的被动句，在有的语法分析中就把它看成是被动句。先看景颇语的一对例句：

1) ŋai$^{33}$ kǎ$^{31}$jat$^{31}$ sai$^{33}$. 我打了。 2) ŋai$^{33}$ e$^{31}$ kǎ$^{31}$jat$^{31}$ sai$^{33}$. 我打了。/被我打了。
   我 打 （句尾）                我（施助）打 （句尾）

例1)是非强调施事句，例2)是强调施事句。这两句话的差异是例2)比例1)句多了一个 e$^{31}$。其余全部相同。那么 e$^{31}$ 的作用究竟是什么？通过这两句话对比可以看出，e$^{31}$ 在例2)里是起到强调施动者的作用。它虽然也有指明施事者的作用，但不是强制性的，因为句尾词已经指明了施事者。由此可见，景颇语施事句存在强调和非强调的区分，其语法标志是加不加 e$^{31}$。类似景颇语的这种强调、非强调的对立，在彝缅语大多数语言中都存在。例如：

哈尼语：1) ŋa$^{55}$ di$^{31}$ a$^{55}$. 我打了。 2) ŋa$^{55/31}$ ne$^{33}$ di$^{31}$ a$^{55}$. 我打了。/被我打了。
         我 打 了                我（施助）打 了

阿昌语：1) ŋɔ$^{55}$ te$^{ʔ55}$pɔ$^{31}$. 我打了。 2) ŋɔ$^{55}$ a$^{31}$ te$^{ʔ55}$pɔ$^{31}$. 我打了。/被我打了。
         我 打 了                我 （施助）打 了

仙岛语：1) ŋɔ$^{55}$ ta$^{35}$pɔ$^{51}$. 我打了。 2) ŋɔ$^{55}$ a$^{ʔ55}$ ta$^{35}$pɔ$^{51}$. 我打了。/被我打了。
         我 打 了                我（施助）打 了

这类句子如果加了受事者，受事者一般都放在施事者的前面，构成"受事者+施事者+谓语"的句式。但当施受关系容易混淆时，要在受事者后面加受事助词，构成"受事者+（受事助词）+施事者+（施事助词）+谓语"的句式。如"他被我打了"：

景颇语：ʃi$^{33}$ phe$^{ʔ55}$ ŋai$^{33}$ e$^{31}$ kǎ$^{31}$jat$^{31}$ sǎ$^{33}$ŋai$^{33}$. 阿昌语：ŋaŋ$^{31}$ te$^{55}$ ŋɔ$^{55}$ a$^{31}$ te$^{ʔ55}$pɔ$^{31}$.
       他（受助）我（施助）打 （句尾）                他 （受助）我 （施助）打 了

哈尼语：a$^{31}$jo$^{31}$ jɔ$^{55}$ ŋa$^{55/31}$ ne$^{33}$ di$^{31}$ a$^{55}$. 仙岛语：ɲjaŋ$^{31}$ te$^{55}$ ŋɔ$^{55}$ a$^{ʔ55}$ ta$^{35}$ pɔ$^{51}$.
       他 （受助）我 （施助）打 了                他 （受助）我 （施助）打 了

如果施事和受事不会混淆，受事者的后面可不加受事助词。例如：

景颇语：n⁵⁵phje⁵¹ ʃi³³ e³¹ la⁵⁵ kau⁵⁵ sai³³.　　背包被他拿走了。
　　　　背包　　他（施助）拿 掉　（句助）

阿昌语：ma⁷³¹kɔ⁷³¹ ŋaŋ³¹ a³¹ tɕo³¹ po³¹.　　梨子被他吃了。
　　　　梨子　　他（施助）吃　了

载瓦语：mji³¹ jaŋ³¹ e⁷³¹ lo⁷⁵⁵sat⁵⁵pe⁵¹.　　火被他搞灭了。
　　　　火　他（施助）搞 灭 了

藏缅语是 SOV 型语言，其基本语序是"主语+宾语+谓语"，从施受关系上说是"施事者+受事者+谓语"。因而，"受事者+施事者+谓语"的句式应该看成是"施事者+受事者+谓语"的变式。

上述这种强调式施动句句式若译为汉语，直译是"他，我打"，意译是"他被我打"。在施事者与谓语的语义关系上，由于强调施事，含有微弱的"受、着"义，因而容易将它与汉语的被动句对应，甚至在语法分析中把它看成是被动态和被动句。但严格地说，在语义语法范畴上，藏缅语这种强调式施动句不是被动句。其理由是：

1. 从语义上看，它不是被动义，更无遭受义。我们询问了一些母语人，让他们体会一下在语感上有无被动义。结果他们大都认为这种句子无被动义，与汉语的被字句不同，只是强调动作行为是谁发出的、谁接受的，也就是表示施受关系的意义。汉语的被动句，大多都带有"被"字，被动的语义较明显。与被动相关的还有遭受义和消极义，此外有时还表示中性义和积极义。但强调式施动句不含有被动义，与汉语的"被"字句不同。

2. 从语法形式上，大多数语言在施动者后要加上表示施动意义的助词，如景颇语加 e³¹、哈尼语加 ne³³、纳西语加 nɯ³³；也有少数语言在施事者后面不加格助词，而仅是在受事者后面加上表示受动意义的助词，如拉祜语。表示施动意义的助词是一种语法标志，但不是被动句的语法标志。因为加施动助词是为了使施受关系更加明确，对施事者起到了强调、凸显的作用。试比较景颇语的下列两句话：

1) nam³¹si³¹ŋai³³e³¹ ʃa⁵⁵kau⁵⁵ sǎ³³ŋai³³. 水果，我吃了。
　　水果　　我（施助）吃掉　（句助）

2) nam³¹si³¹ŋai³³ʃa⁵⁵kau⁵⁵ sǎ³³ŋai³³. 　　水果我吃了。
　　水果　　我 吃 掉 （句助）

这两句话的基本意义相同，施受关系清楚，所以可加施动助词 e³¹，也可不加。例 1) 加 e³¹，对施动者在某种程度上起到了凸显的作用，例 2) 没有 e³¹ 也不会影响施受关系，加不加 e³¹ 全然与被动语法意义无关。

再者，施动助词具有多功能性。如景颇语的 e³¹ 除了表示施动外，还能引申表示动作行为发生的处所、时间。例如：

tʃa³¹phot³¹ e³¹ sa³³ wa³¹ sai³³. 　　他早上去了。（时间）
早上　（时助）去（助）（句尾）

mǎ³¹niŋ³³ e³¹ kǎ³¹lo³³ toŋ³¹ ai³³ ʒe⁵¹. 　　是去年做好的。（时间）
去年（时助）做　　下（句尾）是

nu⁵¹ n⁵⁵ta⁵¹ e³¹ ŋa³¹ ai³³. 　　妈妈在家。（处所）
妈妈 家 （处助）在（句尾）

sǎ³¹ʒa³³ tʃoŋ³¹ e³¹ a⁵⁵ŋa⁵¹ ŋa³¹ai³³. 　　老师老在学校。（处所）
老师　学校（处助）老　在（句尾）

哈尼语的 ne³³，也是一个使用频率很高的结构助词。除表示施动外，还可以表示"从由、处所、工具"等语法意义。例如：

xa³³ma³¹a⁵⁵xɔ⁵⁵ ne³³ ba³¹ dza³¹a⁵⁵.　　　　母鸡被野猫抓吃了。（施动）
母鸡　　野猫　（施助）抓　吃　了

tɕhi⁵⁵za³¹tɕhi³¹mo⁵⁵ ø⁵⁵phɤ³³ ne³³ ɕe³³a⁵⁵.　　一个麂子从那边跑了。（从由）
麂子　　一　个　　那边　（从助）跑　了

a³¹zɔ³¹ ga⁵⁵ma³³ ne³³ zu³¹.　　　　　　　　他在路上走。（处所）
他　　路　　（处助）走

a³¹jo³¹ bu³¹ du⁵⁵ ne³³ so³¹mja³³ bu³¹.　　　他用（毛）笔写字。（工具）
他（毛）笔　（工助）字　　写

此外，ne³³也能表示时间，但使用频率很低。例如：

a³¹da³³ mi⁵⁵nɔ³³ ne³³ ka³¹.　　　　　　　　爸爸昨天就走。（时间）
爸爸　　昨天　（时助）走

载瓦语的助词 e²³¹除表施事外，还能表示动作行为凭借的工具。例如：

mji³¹jaŋ³¹ e²³¹ lo⁷⁵⁵sat⁵⁵ pe⁵¹.　　　　　　火被他搞灭了。（施事）
火　他（施助）搞　灭　了

tho⁵⁵la⁵⁵kji⁵⁵ e²³¹ jo³¹ phu³¹ ʒa⁵⁵.　　　　用拖拉机犁田。（工具）
拖 拉 机 （工助）田　犁　（语助）

上述施动助词的多种功能，在意义上都与被动无关。不同的功能分布存在一个共同点，即都表示动作行为的发生、进行与主体、客体的关系。比如，当作为施动义时，表示动作行为由谁发出；当作为时间义时，表示动作行为是在什么时间发出；当作为地点义时，表示动作行为在什么地点发生。这些意义都不是被动义。

总之，强调式施动句与被动句是不同的。确定一个语言是否存在某种语法范畴，应当主要根据这种语言自身存在的语言事实，并从语言事实相互关系的系统中去确定语言事实的性质，而不能根据不同语言的简单对应刻意仿照。过去在少数民族语言语法研究中曾出现过一些"生硬仿照"的现象。比如：汉语有介词而藏缅语大多数语言没有，这些没有介词的藏缅语翻译汉语的介宾结构时，大多用"体词+结构助词"的格式来表达，这样也就把这种格式中的结构助词当成介词。其实，藏缅语这些语言的结构助词与汉语介词无论在性质上、来源上都不相同[10]。

## 三、藏缅语强调式施动句的成因

一种句式的形成，必定会受到该语言内部结构系统的制约，也就是说有其形成的原因。强调式施动句是一种表达施受关系的句型，其成因应该与动词的特点，包括谓语动词的形态状况、谓语动词与施受者的关系以及语序等因素有关。

1. 藏缅语是一种以分析性为主的语言。但不同语支分析性的程度不尽相同：处于北部地区的语言，如嘉戎语、羌语等，形态变化多些；而处于南部地区的彝缅语形态变化较少，分析性较强；景颇语与其地理位置一样，处于中间地位，虽以分析形式为主，但形态变化比彝缅语多些。彝缅语、景颇语以分析性为主的特点，决定了它们的语序比较固定，但也有一定的灵活度。在基本语序上，这些语言以 SOV 为主，但在一定的条件下也可以是OSV。强调式施动句就是在这种固定性和灵活性的相互对立又相互补充的关系中应运而生的。

　　彝缅语、景颇语分析性的特点决定了结构助词在语法手段中的重要性。它不但能够连接不同的语法成分构成不同性质的短语结构，而且还能与词序一起加强对语法意义的表达，或弥补词序功能的不足。施动助词的出现，不仅使这些语言的施受关系句子增加了一个强调式施动句，而且还使受动宾语提前成为可能。

　　2.彝缅语、景颇语的句法是一种以谓语为中心、重视施受关系的语言。这个特点使得强调式施动句的出现成为可能。因为在信息的传递上，这类语言注重明确哪一个是施动者，哪一个是受动者，而施动和受动的区分主要有两种手段：一是靠结构助词指示，二是靠语序。一般是施事者在受事者之前，若违反了这个次序，则要以结构助词予以辅助。结构助词放在体词之后，能指明该体词是施事者还是受事者。彝缅语、景颇语的大部分语言的施受句，既有施事助词又有受事助词。一般是加一个结构助词就可以，因为只要明确其中的一个，另一个就不言而喻。加一个时，优先加施动助词。例如：

阿昌语：ma⁷³¹kɔ⁷³¹ȵaŋ³¹ a³¹ tɕo³¹po³¹.　　梨子被他吃了。
　　　　梨子　　他（施助）吃　了

载瓦语：mji³¹jaŋ³¹ e⁷³¹ lo̠⁷⁵⁵sat⁵⁵pe⁵¹.　　火被他搞灭了。
　　　　火 他（施助）搞　灭 了

波拉语：khui³⁵jɔ̃³¹/⁵⁵jaŋ³¹ pɛ⁷³¹sɛ⁷⁵⁵vɛ⁵⁵.　　狗被他打死了。
　　　　狗　他（施助）打　杀（助）

怒　语：ʂa⁵⁵ mɯ³³ ȵɛ³¹e³¹ dza⁵⁵ a³¹ga³³.　　肉被猫吃了。
　　　　肉　猫（施助）吃（助）

　　但为了使施受关系更为明确，可以二者都加结构助词。例如：

景颇语：ʃi³³ phe⁷⁵⁵kǎ³¹wa³¹ e³¹ kǎ³¹jat³¹ton³¹ nu⁷³¹ai³³. 他被父亲打了。
　　　　他（受助）父亲（施助）打　着　（句尾）

纳西语：thɯ³³to⁵⁵ ŋə³¹nɯ³³ lɑ⁵⁵. 他被我打。
　　　　他（受助）我（施助）打

　　如果为了强调受动者，就在受动者后加结构助词。这时，施动助词就可以不加。如载瓦语：

khui³¹ lě⁵⁵ jaŋ³¹ pat³¹ sat³¹ pe⁵¹.　　狗被他打死了。
狗（受助）他　打　杀（谓助）

va³¹ lě⁵⁵ pat³¹ koi⁵⁵ pe⁵¹.　　竹子被打弯了。（koi⁵⁵弯——koi⁵⁵使弯）
竹子（受助）打　使弯　了

　　但如果施受关系明确，则可以不加任何结构助词。例如：

阿昌语：kǎ³¹tsui⁷³¹no³¹ tɕo³¹ po³¹.　　谷子被牛吃了。
　　　　谷子　牛　吃　了

载瓦语：vo⁷³¹tso³¹ tsun³¹ ju⁵¹ tso³¹ pe⁵¹.　　小鸡被老鹰抓吃了。
　　　　小鸡 老鹰 拿 吃（谓助）

　　此外，也有个别语言只有受事助词而没有施事助词，如拉祜语。这种语言就不存在强调式施事句与非强调施事句的区分。但拉祜语有受事居于句首的句型。如果施受关系容易混淆，必须在受事后加受事助词。例如：

zɔ⁵³ tha²¹  ɔ³¹pa³³ te⁵³  pɔ⁵⁴ dɔ⁵⁴pi⁵³o³¹.    他被他爸爸打了一顿。
他（受助）爸爸   一   次   打 给 了

zɔ⁵³ tha²¹  vɤ³¹ thɔ⁵⁴pi⁵³ve³³.    他被蛇咬了。
他（受助）蛇   咬  给 了

  我们虽然认为藏缅语的彝缅语、景颇语没有被动态，也没有被动句，其强调式施动句也不是被动句，但并不是说这些语言就不能表示被动义。彝缅语、景颇语的被动表述是通过别的手段表示的，比如通过加补语、使动义的变化等。另外，语言接触对藏缅语某些语言被动句的形成有着一定的影响。这些问题，我们将另文论述。

**参考文献：**

[1] 马建忠. 马氏文通[M]. 北京：商务印书馆，2002.
[2] 黎锦熙. 新著国语文法[M]. 北京：商务印书馆，1924.
[3] 王力. 中国现代语法[M]. 北京：商务印书馆，1985.
[4] 李民. 凉山彝语的主动句和被动句[J]. 西南民族学院学报，1984(1).
[5] 陈士林，边仕明，李秀清. 彝语简志[M]. 北京：民族出版社，1985.
[6] 陈康，巫达. 彝语语法[M]. 北京：中央民族大学出版社，1998.
[7] 朱文旭，张静. 彝语被动句式研究[G]//现代语言学理论与中国少数民族语言研究. 北京：民族出版社，2003.
[8] 小门典夫. 凉山彝语的被动句[J]. 语言研究，2003(4).
[9] 黄行，唐黎明. 被动句的跨语言类型对比[J]. 汉语学报，2004(1).
[10] 戴庆厦，胡素华. 凉山彝语的体词状语助词——兼论彝语词类中有无介词类问题[J]. 语言研究，1998(1).

(原载《语言研究》2005 年第 3 期)

# 藏缅语的述补结构
## ——兼反观汉语的述补结构

### 戴庆厦 黎 意[*]

[摘 要] 藏缅语述补结构的特点主要有：发展不平衡，呈现出不同的层次类型；结构方式有黏着式（无标记）和分析式（有标记）两种，二者比例因不同的语言而不同；补语不同程度地出现语法化趋势。从藏缅语的述补结构反观汉语可以看到：汉语述补结构的类型存在两个不同的层次；汉语述补结构的能产性是由其语言分析性强的特点决定的；藏缅语述补结构与汉语大都无共同来源，其相似点是由类型学决定的。

[关键词] 藏缅语；结构；反观；汉语

述补结构是汉藏语系语言（简称汉藏语）的句法结构之一。汉语和藏缅语族语言（简称藏缅语）是亲属语言，都有述补结构。二者既有共同点，又有不少相异点。过去对藏缅语述补结构的研究甚少，特别是汉语和藏缅语的对比研究实属空白。本文在分析、描写藏缅语述补结构基本特点的基础上，进一步反观汉语述补结构的特点，以期有助于亲属语言关系和类型学的研究。

## 一、藏缅语述补结构的基本特点

藏缅语诸多语言中，除处于北部地区的部分语言无述补结构外，大多数语言都有述补结构。藏缅语述补结构的特点主要有以下几个。

（一）发展不平衡，呈现出不同的层次类型

藏缅语的述补结构根据其发展程度，大致可分为3种类型。

1. 零状态述补结构：指句法中无述补结构，如嘉戎语、独龙语、羌语等。[①] 其他语言的述补结构在这类语言里都用别的语法结构（状中结构、加词缀等）表示。以嘉戎语为例：

| kə-mʃor | ka-tʂop | | 缝得漂亮。 |
| 漂亮 | 缝 | | |
| ŋə- | mɲak | ko- | ktsəm. （我）闭上眼睛了。 |
| （前缀） | 眼睛 | （向心前缀） | 闭 |
| ndzo | nə- | mbak. | 竹子裂开了。 |
| 竹子 | （离心前缀） | 裂 | |

---

[*] 作者简介：戴庆厦，男，云南师范大学汉藏语研究院院长，中央民族大学教授，博士生导师。黎意，女，华南师范大学中文系副教授，硕士生导师，博士。

[①] 在《汉藏语概论》（马学良主编，2003年10月民族出版社再版）一书关于羌语支的论述中，作者未提及羌语有述补结构。但在《羌语简志》（孙宏开著，1981年7月民族出版社出版）中，作者列出补充词组，列举"好得很"：ʂe33（好）tshyi31（厉害），"剪完"：tsɿ55（剪）əʐ31 ʂɑ55（前缀）ko55（完）等例词。

2. 不发达的述补结构：指只有少量简单的述补结构，如安多藏语。安多藏语中有三种结构形式与述补结构有关，但不是很典型。分别是 $V_1+ni+V_2(P)/A(P)$，$V_1+V_2$，$V_1+no+A(P)/V_2(P)$。例如：

(1) $V_1+ni+V_2(P)/A(P)$

hdzab　ni　chi　打死　　　hsi　ni　hdzak　吃饱
打　（助词）死　　　　　吃　（助词）饱

(2) $V_1+V_2$

hti　　tshar　　　看完
看　　完

(3) $V_1+no+A(P)/V_2(P)$

zok　no　tchi　放得大　　ceno　no　　ci yə　sha　yə.　说得很清楚
放　（助词）大　　　　　说　（助词）很　　　清楚（助词）

与(1)式相比，(2)式不多见。(1)和(2)式在有关的语法著作中一般被当作连动式来看待①，这说明在某种程度上它们还不是严格意义上的述补结构。它们与述补结构的区别主要表现在哪里，如何界定它们的结构类型，还有待探索。

3. 发达的述补结构：指述补结构的类型多种多样，表义丰富。如景颇语及彝缅语支语言。以景颇语为例：能充当补语的主要是助动词、动词，其次是形容词。例如：

mu³¹ toŋ³¹　　　　见着　　　　tu³¹　ju³³　　　　　到过
见　着　　　　　　　　　　　　到　过

ju³³　nut⁵⁵　　　　看完　　　　thu⁵⁵　kǎ³¹lau³¹　　推倒
看　完　　　　　　　　　　　　推　倒

kǎ³¹ lo³³　ʃǎ³¹ ʒai⁵⁵　纠正　　κ　kǎ³¹ jat³¹　tʃǎ³¹ then³¹　打坏
做　　　　使正　　　　　　　打　　　　　使坏

ʃa⁵⁵　khʒu⁵⁵　　　吃饱　　　　tu³¹　khum³³　　　到齐
吃　　饱　　　　　　　　　　　到　齐

tsa³³　tʃǎ³¹ khje³³　染红　　　lam³³　tʃǎ³¹ khʒo²⁵⁵　晒干
染　　使红　　　　　　　　　　晒　　使干

从语义特点上看，补语给谓语增添各种附加意义。补语有表示动作行为结果的，有表示动作行为的势态的，有表示动作行为的过程的，有表示动作行为属性的，等等。例如：

kǎ³¹ jat³¹　thin³¹ nut³¹　打退　　　ko²³¹　kau⁵⁵　　　拔除
打　　退　　　　　　　　　　　　铲　　掉

khai⁵⁵　on³¹　　　　种下　　　　mu³¹　o n³¹　　　　见到
种　　下　　　　　　　　　　　　见　　到

tʃǎ³¹　tha²³¹　tsɑi³³　随便聊天　khom³³　ta i³³　　随便说
聊天　　随便　　　　　　　　　　走　　　随便

tǎ³¹　ʒu³³　sat³¹　批评得严厉　ʃǎ³¹ tʃu⁵⁵ t sat³¹　追得急
批评　严厉　　　　　　　　　　追　　急

tu³³　wa³¹　　　长起来　　　　ʃa⁵⁵　ŋa³¹　　　　正在吃
长　　起来　　　　　　　　　　吃　　正在

n⁵⁵ ta⁵¹　wa³¹　mat³¹　回家　si³³　mat³¹　　　死掉
家　　　回　　掉　　　　　死　　掉

---

① 金鹏：《藏语简志》，民族出版社，1983年。

## (二)结构方式

结构方式有黏着式(无标记)和分析式(有标记)两种,二者比例因不同的语言而不同。如:哈尼语两种形式都有,二者发展程度相当。彝语、仙岛等语言的分析式比黏着式丰富。景颇语比较特殊,只有粘着式,无分析式。例如:

| | 黏着式 | | | 分析式 | | | | | |
|---|---|---|---|---|---|---|---|---|---|
| 哈尼语 | tshi$^{31}$ 洗 | so$^{55}$ 净 | 洗净 | tshi$^{31}$ 洗 | ɣ$^{33}$ (助词) | dɔ$^{33}$ 很 | so$^{55}$ 干净 | | 洗得很干净 |
| 彝 语 | tsʐ$^{33}$ 洗 | nza$^{55}$ 干净 | 洗干净 | tsʐ$^{33}$ 洗 | si$^{44}$ (助词) | ndza$^{55}$ 干净 | dzʐ$^{33}$ 很 | ndza$^{55}$ | 洗得很干净 |
| 仙岛语 | zu$^{31}$ 看 | pe$^{35}$ 完 | 看完 | tshi$^{31}$ 洗 | xɔ$^{?55}$ (助词) | kɤŋ$^{55/31}$ 干净 | | | 洗干净 |
| 阿昌语 | ɔŋ$^{55}$ 进 | zɔ$^{35}$ 来 | 进来 | kkam$^{35}$ 冻 | xɔ$^{?31}$ (助词) | sʅ$^{31}$ 死 | | | 冻死 |
| 纳西语 | ndzɯ$^{33}$ 吃 | gɯ$^{33}$ 饱 | 吃饱 | ndzər$^{33}$ 唱 | le$^{33}$ (助词) | kɑ$^{33}$ v$^{31}$ 高兴 | | | 唱得高兴 |
| 怒苏语 | do$^{33}$ 喝 | ʒi$^{42}$ 醉 | 喝醉 | tshʅ$^{31}$ 洗 | ne$^{33}$ (助词) | ya$^{44}$ 鸡 | fu$^{44}$ 蛋 | ko$^{55}$ 壳 | ɑ$^{31}$ le. 一样 | 洗得像蛋壳一样白. |
| 景颇语 | kă$^{31}$ 洗 | ʃin$^{31}$ | ʃă$^{31}$ tsa i$^{33}$ 使干净 | | | | | | 洗干净 |

同一意义的述补结构,在有的语言里两种形式都有,在有的语言里只有一种形式。如上例的仙岛语有"洗得干净"式而无"洗干净"式。若不用助词,只能说成状中结构"干干净净地洗"(kɤŋ$^{55}$ kɤŋ$^{55}$ tshj$^{31}$)。

景颇语不同于其他语言,补语与谓词结合得很紧。非但不能加助词,而且也不能加否定词。述补结构要否定时,必须加在述语前,而不能加在补语前。例如:

| mă$^{31}$ 抓 | kʒa$^{31}$ 住 | toŋ$^{31}$ | 抓住 | n$^{33}$ 不 | mă$^{31}$ 抓 | kʒa$^{31}$ 住 | toŋ$^{31}$ | 抓不住 |
|---|---|---|---|---|---|---|---|---|
| la$^{33}$ 拿 | kau$^{55}$ 掉 | | 拿掉 | n$^{33}$ 不 | la$^{33}$ 拿 | kau$^{55}$ 掉 | | 拿不掉 |

## (三)补语不同程度地出现语法化趋势

藏缅语的述补结构,补语的位置都固定在动词之后,这种固定的语序位置久而久之必然会出现补语的虚化。但补语的虚化不是齐头并进的,存在不同程度的差异。其差异是由补语类别的不同决定的。景颇语是藏缅语中补语语法化最明显的一种语言。在补语中,助动词语法化的程度最高。在景颇语里,助动词均由意义实在的动词语法化而来,使用频率很高,表示体貌和其他语法意义。这种词介于实词和虚词之间。例如:

| ʃi$^{33}$ 他 | kʒai$^{31}$ 很 | ʃă$^{31}$ ku t$^{31}$ 努力 | ŋa$^{31}$ (助动) | ai$^{33}$. (句尾) | 他很努力。 |
|---|---|---|---|---|---|
| ŋai$^{33}$ 我 | phe?$^{55}$ (宾助) | no?$^{55}$ 再 | la$^{31}$ 等 | la$^{55}$ (助动) | ʒit$^{31}$! (句尾) | 请你再等我一下吧! |

上例的 ŋa$^{31}$ 表示动作行为"正在进行"或"正存在着",由动词"在"虚化而来。la$^{55}$ 表示动作行为"结果的取得",由动词"拿"虚化而来。

景颇语有使动范畴,使动词通过加前缀或变音表示。为了强调谓语的使役义,动词当补语时多使用使动词。使动词与原形动词相比,增加了范畴意义,也是语法化的一种表现。例如：

kă³¹ jat³¹    tʃă³¹ then³¹    打坏    sat³¹ ʃă³¹ mjit⁵⁵    杀尽
打   使坏                      杀    使尽

## 二、藏缅语的述补结构与汉语对比

汉语述补结构的研究已取得较大的进展。但对汉语述补结构的范围及分类,不同学者不尽相同。我们以陆俭明的分类[1]为基础,将汉语述补结构的类型归纳为 7 类：①带结果补语的述补结构（洗干净）；②带趋向补语的述补结构（拿来）；③带程度补语的述补结构（好极了,好得很）；④带可能补语的述补结构（洗得干净）；⑤带状态补语的述补结构（洗得很干净）；⑥由介词结构充任补语的述补结构（走到王府井）；⑦由数量词充任补语的述补结构（摁三下）。我们将这 7 类与藏缅语比较,从中观察二者之间的异同。汉语的述补结构与藏缅语相比,类别上的对应主要有：

1. 汉语的述补结构在缺乏述补结构的藏缅语里,均用状中结构、加词缀、含述补语义的单个谓词等方式表示。以独龙语为例：

tsən³¹ ma⁵⁵ ca⁵³ ta⁷⁵⁵    dzəl⁵⁵    洗干净    pə³¹ sai⁵⁵ sai⁵³ tɕa⁵⁵    染红
干净    成  （助词）    洗                  红红地    染

lu⁵⁵ tɛɹ⁵⁵                拿来    də³¹ glo⁷⁵⁵ luŋ³¹              推上来
拿  （向心后缀）                   推       （向上向心后缀）

ŋa⁷⁵⁵                            推倒    sət⁵⁵                      打死
推倒                                    打死

2. 汉语的①②③类在有述补结构的藏缅语里大都有相同形式的对应,但并不完全等同。③类中的分析式在藏缅语多数语言里仍然用黏着式表示。例如：

哈尼语  xu³³ sa³¹     看完        ba³¹/⁵⁵ la³³        拿来
        看  完                    拿   来

        mɯ³¹ tɕha³¹   好极        na⁵⁵ si⁵⁵ la³³      疼得厉害
        好   极                    疼  死  来

彝 语   hɯ³¹ sa⁵⁵     看完        si³¹ la³³           拿来
        看   完                    拿  来

        va⁵⁵ ko⁴⁴ ba³³   好极      mu⁵⁵ sɿ³³           气得要命
        好         极               气  死

浪速语  tʃam³¹ pɛʔ³¹ kho⁷⁵⁵  打破   kjɔ⁵⁵ lɔ⁵⁵         下去
        打    破                   下   去

        ʁkai³¹ tək³¹    好极
        好     极

但汉语有的述补结构,在藏缅语里则以别的结构（主要是状中结构）来表示。例如：

汉语     安多藏语                汉语    景颇语
好极了   ɕi ɣi ʂa ɣə.            学得会  tʃe³³ kh ʒa³¹ lu³¹ ʃă³¹ ʒin⁵⁵
         极  好 （助词）                  会   直至   能   学习

香死了   ɕi ɣi ɕəm gə.           看见    mu³¹
         极  香 （助词）                  看见

3. 汉语的④类是分析式,在藏缅语里大都用黏着式对应。有的是分析式和黏着式两种形式都用,有的则用状中结构对应。如"看得懂":

哈尼语 xu³³ xv³³ tɕho⁵⁵   彝 语 huɯ³¹ sʅ³¹ / huɯ³¹ si⁴⁴ sʅ³¹   景颇语 tʃe³³ khʒa³¹ ju³³
　　　看　懂　能　　　　　　看　懂　看（助词）懂　　　　　　能　（助动）看

4. 汉语的⑤类是分析式,在藏缅语里大都用分析式对应,但有的语言改为主谓结构。如"洗得很干净":

哈尼语　tshi³¹　ɣ³³　dɔ³³　so⁵⁵.　　　　　　　　洗得很干净.
　　　　洗　（助词）很　净
彝　语　tshʅ³³　si⁴⁴　ndza⁵⁵　dzŋ³³　ndza⁵⁵.　　洗得很干净.
　　　　洗　（助词）干净　很　干净
景颇语　kă³¹　ʃin³¹　ai³³　kʒai³¹　tsa i³³　ai³³.　洗得很干净.（主谓结构）
　　　　洗　　的　　很　干净　　　（句尾）

5. 汉语的⑥⑦类在藏缅语里都不用述补结构表达,而用状中结构。如"坐在门口"和"看过两次":

哈尼语　yo³³　xe³¹　a³³　dzo⁵⁵　　　　　ȵi³¹　thɑ³¹　xu³³　be³³
　　　　门口　（助词）坐　　　　　　　　两　次　看　过
彝　语　i³¹ kho³³ bu⁴⁴ ȵi³³　　　　　　　ȵi³¹ gu³¹ huɯ³¹ ndzo⁴⁴
　　　　门口　　　　坐　　　　　　　　两　次　看　过
景颇语　tʃiŋ³³ kha³³ lam³³ e³¹　　　　　tuŋ³³ ŋa³¹ ai³³.
　　　　门　口　（助词）　　　　　　　坐　正在（句尾）
　　　　lă⁵⁵ khoŋ⁵¹ a ŋ³¹ ju³³ ju³³ sai³³.
　　　　二　　次　　　看一看　（句尾）

从以上对比中看到,汉语和藏缅语的述补结构虽有一些共同点,但差异还相当大。比较突出的是,汉语中以介词短语和数量词作补语的述补结构形式,在藏缅语里几乎都不使用述补形式对应,而用状中或其他形式对应。其次,从能产性上看,由短语(包括主谓短语、述宾短语、述补短语、状中短语等)充当的补语在汉语里比较开放,能产性强;而藏缅语相对比较贫乏,即使是动词、形容词作补语,藏缅语的数量也远远不及汉语,有许多常用的动词、形容词都不能作补语。例如:

仙岛语　na⁵⁵ na⁵⁵ xjɔt⁵⁵　染红　　kje⁵⁵ phɔ⁵⁵/³³　补好
　　　　红　红　染　　　　　　　　好　补
拉祜语　qhʌ³³ dɛ³¹ ni³³ xʌ³³　看个仔细
　　　　好　好　看　（助词）

汉语的动词作补语时都使用原形,不区分自动、使动,而在藏缅语有使动屈折变化的语言(如景颇语),动词作补语多用使动词。例如:

tsu n³³ ʃă³¹ tan³¹　说清楚　　　a³¹ ʒut³¹ tʃă³¹ san³¹　擦亮
说　使清楚　　　　　　　　　　擦　使亮

至于补语的语法化,藏缅语语法化的程度要比汉语高。汉语的动词当补语用时,语法化程度高的只限于少量动词,如趋向动词。而藏缅语有的语言如景颇语,除了趋向动词外,还有不少动词出现程度较高的语法化,构成一大类意义虚化的体貌化补语,是汉语所没有的。这大约与汉语分析性强有关。

## 三、从藏缅语的述补结构反观汉语

通过以上对比,我们能够从藏缅语述补结构的特点上看到汉语述补结构的一些特点,并能窥见汉语述补结构历史演变的某些线索。

1. 通过藏缅语与汉语述补结构的比较,我们看到汉语的 7 类补语实际上存在两个不同的层次。①~⑤是一个层次,⑥~⑦是另一个层次。汉语能以介词短语、数量词等作为补语,而藏缅语不能,是什么原因造成的?

按照类型学的观点,句子的基本语序与句法结构特点及其演变存在着蕴含关系。Dik 认为,类型学上的联系项(relators)居中原则中的联系项指的是介词、连词、比较标记等,它们的理想位置是介于所联系的两个单位之间。因而,当一个动词短语(VP)、一个名词短语(NP)和一个介词(P)组合时,SOV 型语言多倾向于采用"NP+P+VP"语序,而 SVO 型语言则倾向于采用"VP+P+NP"语序[2]。根据这条原则,我们可以解释为何汉语有位于动词之后的介词短语,而藏缅语里与动词组合的介词短语都位于动词之前。

石毓智对量词型语言的统计结果表明,名词性数量短语和动词性数量短语的语序之间具有对立关系,即如果一个语言采用了"数量+名"语序,那么它就有"动+数量"语序;反之,如果一个语言采用了"名+数量"语序,那么它就有"数量+动"的语序①。汉语是采用"数量+名"语序的语言,所以有"动+数量"的语序;而藏缅语是采用"名+数量"语序的语言,所以是"数量+动"语序,而不是"动+数量"的语序。汉藏语述补结构在各语族的构成情况都能够证明这一统计结果。

2. 述补结构的形成和演变特点是受具体语言的语言机制特点制约的。相对而言,汉语的述补结构比藏缅语种类多,发展得较充分。这是为什么?通过汉语和藏缅语的比较可以看到,凡分析性强的语言,述补结构都比较发达,反之亦然。藏缅语有些语言形态比较发达,多使用附加成分和内部屈折来表达各种语法意义,在语言类型上黏和屈折的特征比较明显;属于这类的语言述补结构都不发达甚至尚未产生,如嘉戎语、独龙语、羌语等。而有些语言形态比较简单,多使用语序和虚词来表达各种语法意义,分析特征比较明显。这类语言述补结构比较发达,使用频率高,如彝语、哈尼语、纳西语、傈僳语等。景颇语属于中间状态,它虽是一种以分析性为主的语言,但黏着特点比上述后一种类型丰富,如,有大量通过屈折变化来表示的人称、数、体等范畴,还有大量句尾词表示人称、数、体、式等范畴。这种居中的特点也使得它的述补结构也处于藏缅语的中间地位。

构词的特点对述补结构是否充分发展也存在制约关系。因为述补结构的结构方式是词的组合,本质上与词的构成一致。分析性强的语言,多以词根的组合表示各种意义,容有较大的构词空间,不同于附加成分的构词法;而黏着性强的语言,谓词多不能以词根形式出现在句法中,其前后往往要附加大量表示各种词汇、语法意义的附加成分,共同构成一个复杂的词的结构,而且可以不需要通过多个词根的组合表示述补结构的意义。这就说明黏着型语言或黏着特点强的语言为什么不易发展述补结构。

3. 藏缅语与汉语的述补结构在原始汉语阶段有无共同来源?从共时的特点看,回答

---

① 石毓智:《量词型语言的一个类型学特征——汉藏语系的名词和动词数量格式的语序对立的动因》,2003 年。

应该是否定的。因为述补结构在藏缅语有些语言里至今尚未产生;有些语言还处于萌芽状态;有些语言还不甚发达,这说明述补结构在藏缅语里是一种后起的语法结构。述补结构的层次性,反映了藏缅语述补结构从无到有、从不发达到发达的演变过程。与汉语相比,藏缅语的述补结构在使用频率上不及汉语高,在使用范围上不及汉语广,在充当补语成分的词语上也不及汉语多。汉语一部分用述补结构表达的意义在藏缅语里已分派到其他结构上,让其他结构来共同承担。由此可见,在汉语与藏缅语尚未分化之前,原始汉藏语还没有形成述补结构。汉语和藏缅语的述补结构,其主干是后来各自发展出来的。但藏缅语述补结构的产生比汉语晚,在表意功能上与汉语不在同一个层面上。从藏缅语反观汉语,也能证明学术界关于汉语述补结构是后起的(秦汉)结论。

藏缅语有些语言述补结构的特点与古汉语有相似之处。余健萍、梅祖麟、志村良治、袁毓林等人都分别对汉语动结式的起源作过探究[3-5]。余健萍认为,汉语动结式在萌芽时期在语法构造上具有多样性,有以下 4 种:第一,"副动结构",如:"其犹可扑灭"(《尚书》)是指用"扑"的方法来"灭",是前偏后正的;第二,"连动结构",如"病死""射中"之类;第三,"并列结构",如"杀戮""休息"之类;第四,"主谓结构",如:"战胜而守固"(《管子·五辅》),其中"战胜"意为"战争胜利了"。余健萍为动结式的产生总结了甲乙两个公式,并认为动结式主要是从乙式发展而来的[3]:

甲式:A→A 而 B→AB。如:饿→饿而死→饿死。

乙式:B→A 而 B→AB。如:死→饥而死→饥死。

藏语中的 $V_1+ni+V_2(P)$、$V_1+V_2$ 这两个结构中前后两个动词在结构成分以及语义关系上均与汉语中的动结式相当。但 $V_1+ni+V_2(P)$ 在结构形式上是分析式的,汉语的动结式却是黏着式的,二者在这点上不吻合。假如考虑到汉语动结式的历史来源和演变形式,我们把它与动结式联系在一起就不无道理了。

以"饿死"为例,甲式的发展演变经历了以下三个阶段:(1)原有的说法只用"饿",这是最经济的表达方法,如:"伯夷叔齐,饿于首阳山下"(《论语·季氏》);(2)表明结果时用"饿而死",这是为求语义的表达更加明显,如:"夷齐北至于首阳之山,遂饿而死"(《庄子·让王》);(3)简化形式用"饿死",这是语言的经济表达的需要,如:"遂饿死于首阳山"(《史记·伯夷传》)。

以"饥死"为例,乙式的发展演变也经历了三个阶段:(1)最经济的表达只用"死",如:"伯夷死于首阳兮,卒夭隐而不荣"(《楚辞·哀时命》);(2)强调原因时用"饥而死",这也是为求语义的表达更加明显,如:"如之何其使斯民饥而死也"(《孟子·梁惠王》);(3)简化的形式用"饥死",这仍然是语言的经济表达的需要,如:"伯夷委国饥死"(《论衡·书虚》)。

通过与汉语动结式述补结构的历史来源的对比,不难发现安多藏语的 $V_1+ni+V_2(P)$ 和 $V_1+V_2$ 分别与古汉语时期的"A 而 B"(即"$V_1+$而$+V_2$")和"AB"(即"$V_1+V_2$")两个格式存在着某种一致性。

**参考文献:**

[1]陆俭明.述补结构的复杂性[J].语言教学与研究,1990(1).

[2]余健萍.使成式的起源和发展[G]//语法论集第二集.北京:中华书局,1957.

[3]梅祖麟.从汉代的"动、杀""动、死"来看动补结构的发展[G]//语言学论丛 16.北京:商务印书馆,1991.

[4]志村良治. 中国中世语法史研究[M]. 江蓝生,白维国,译. 北京:中华书局,1995.
[5]沈家煊. 现代汉语"动补结构"的类型学考察[J]//汉语言文字学. 2003(12).

(原载《语言研究》2004 年第 4 期)

# 藏缅语、汉语自主范畴语法形式的特征及其演变

蒋 颖[*]

[摘 要] 藏缅语和汉语都存在自主范畴。都有隐性的语法形式,但显性的语法形式只在藏缅语部分语言里出现。藏缅语、汉语的自主范畴具有变异性和交叉性。可以根据其演变的不平衡性构拟出一条演变链。

[关键词] 藏缅语;汉语;自主;非自主

在人类语言中,动词的自主范畴(包括自主、非自主的对立)在许多语言都存在,而且是一个比较抽象的语法范畴。[①] 20世纪70年代以来,藏语中的自主、非自主动词研究开始引起人们对此范畴的兴趣。但纵观几十年来的研究,对动词的时、体、式、态等常见的语法范畴研究较多,而对自主语法范畴的研究相对较少。

自主范畴在不同语言里有不同的表现。本文比较、讨论在亲属语言藏缅语和汉语里这一范畴所使用的语法手段的异同,并构建藏缅语、汉语自主范畴的演变链。

## 一、藏缅语、汉语都存在自主范畴

所谓"自主",指动作者能够自己做主发出、支配、控制某一动作行为,如"吃、喝、走、坐"等;"非自主"反之,指动作者不能自己做主发出、支配、控制某一动作行为,以及某一动作行为、性质状态没有实质的动作者或动作者生命度为零的情况。如"渴、痒、散、垮"等。也就是说,"自主"必然要发挥动作者的主观能动性,"非自主"则与主观能动性无关。藏缅语、汉语的自主、非自主范畴的对立,虽然在结构表现上有很大的不同,但共同的是这一范畴的存在都可以从不同的语法表现中得到验证。

藏缅语北部语群语言有自主范畴已成为公认[1](p434),但南部语群语言究竟有没有这一范畴至今尚未有人论及。因此,自主、非自主范畴究竟是藏缅语部分语言的特点,还是具有普遍性的共同特点,这是一个需要解决的理论问题。这一问题的解决,不仅有助于语法本体的深入研究,而且对第二语言习得也能提供有益的参考。

藏缅语族北部语群常以形态变化的语法手段表现自主、非自主的语法范畴,这种有显性语法形式的语言容易被认可。如木雅语自主、不自主的对立以添加自主动词后缀、变化不自主动词的人称后缀等形态变化为区别性手段。其中,"自主动词的未完成体是通过在原形动词后分别加 po(第一人称单数)、pæ(第一、二人称复数)、pi(第三人称)等后

---

[*] 作者简介:蒋颖,女,中央民族大学教师,博士。
[①] 本文的"动词"是广义的动词概念,包括表示属性的形容词性动词。

缀表示;完成体是由原形动词或原形动词加后缀 sə 起人称和数的变化表示。不自主动词的未完成体除第一人称不能加后缀外,第二、第三人称所加后缀与自主动词相同,另一方式是原形动词要起人称与数的变化;完成体不能加后缀 sə,只有原形动词起人称与数的变化一种形式。"[2]

又如普米语的自主范畴也表现为形态变化上的区别。① 普米语自主动词随体、式、人称、数等的变化而变化,但不自主动词在任何体、式、人称、数中都没有词根内部的屈折变化,而且动词后缀也不随人称、数而变化。如自主动词的第一人称单数已行体后缀为 $san^{31}$,其他人称已行体后缀为 $si^{31}$;不自主动词的已行体后缀不区分人称,全部都用 $si^{31}$。例如:

1) $ε^{31}nie^{55}je^{31}\ ʃtʃu^{55}\ san^{31}.$   我藏(起来)了。(自主动词"藏")
　 我(施事) 藏　(缀)

2) $tə^{31}zę^{24}je^{31}\ ʃtʃua^{55}\ si^{31}.$   他们藏(起来)了。(自主动词"藏")
　 他们(施事)藏　(缀)

3) $ɑ^{55}\ ni^{55}\ si^{55}.$   我病了。(不自主动词"病")
　 我病(缀)

   \* $ɑ^{55}\ ni^{55}\ san^{31}.$   \*我病了。(不自主动词"病")
   　 我　病　(缀)

而且,大多数不自主助词用完成体(加趋向前缀)的形式来表示已行体的意义(动作行为或状态已经发生),第一人称单数完成体后缀也要由 $san^{31}$ 改为 $si^{31}$。例如:

4) $ɑ^{55}\ ʒə^{55}ni^{24}\ qan^{55}\ nə^{31}\ dzi^{55}\ si^{31}.$   我昨天嗓子哑了。(不自主动词"哑")
　 我　昨天　脖子(趋)　哑(缀)

   \* $ɑ^{55}\ ʒə^{55}ni^{24}\ qan^{55}\ nə^{31}\ dzi^{55}\ san^{31}.$   \*我昨天嗓子哑了。(不自主动词"哑")
   　 我　昨天　脖子(趋)　哑　(缀)

藏缅语北部语群多数语言存在自主、非自主的对立,可以从显性的形式中得到确定。但对于自主范畴没有显性特征的语言——藏缅语族南部语群语言、北部语群少数语言(如景颇语)以及汉语,是否存在自主范畴有一定的争议。有人认为没有以形态变化的方式区分自主、非自主对立的,不能算有自主范畴。我们认为自主范畴不一定都要靠形态变化的手段来表示,句法、语义特征也能表达这一语法范畴,所以藏缅语以及汉语都存在自主范畴。

如北部语群的景颇语,其自主范畴就是隐性的,它通过不同的词语构成语义上和句法上自主与非自主的对立。先看景颇语的下面两句话②:

5) $naŋ^{33}\ mə̌^{31}tat^{31}\ uʔ^{31}!$   你听吧!
　 你　听　(句尾)

   \* $naŋ^{33}\ na^{31}\ uʔ^{31}$   \*你听见吧!
   　 你　听见(句尾)

前例里的 $mə^{31}tat^{31}$ "听"是自主动词,可以用于命令句中,而后例里的 $na^{31}$ "听见"是非

---

① 普米语语言材料来自本人的田野调查。下文中本人调查所得的语言材料(普米语、仙岛语、波拉语)不再另加注。

② 景颇语语料来自戴庆厦教授,下文里的载瓦语语料来自朱艳华博士,在此一并表示感谢。

自主动词,它不能进入命令句里,所以后例是病句。如果要用非自主动词 na³¹"听见",则只能用于陈述句、一般疑问句等句式中。如：

6) ʃi³³ na³¹ sai³³　他听见了。
　　他　听见（句尾）
　　naŋ³³ na³¹ ju³³ să⁵⁵ni⁵¹?　你听见过吗？
　　你　听见　过（句尾）

由此我们可以看出景颇语自主、非自主动词不仅在语义上构成对立,而且在能否构成命令式上也构成对立。此外,我们发现自主、非自主动词在能否重叠、能否后加特定的句法成分上也构成对立状态。至此,我们可以肯定地说,景颇语也存在自主范畴。

再看属于南部语群的载瓦语例子。载瓦语的自主范畴和景颇语一样以句法、语义特征的对立来区分。例如：

7) naŋ⁵¹ wu⁵⁵ aʔ³¹！　你看吧！
　　你　看　吧
　　naŋ⁵¹ kjɔ³¹ aʔ³¹！　你听吧！
　　你　听　吧

再如南部语群的仙岛语也是如此：

8) nɔŋ⁵⁵ a³¹pzo²⁵⁵ zu³⁵/³¹ a²⁵⁵！　你看书吧！
　　你　书　看　吧
　　*nɔŋ⁵⁵ a³¹pzo²⁵⁵ mzaŋ⁵⁵ a²⁵⁵！　*你看见书吧！
　　你　书　看　吧

再看汉语的情况。汉语是典型的孤立语,自主、非自主范畴的对立虽然极少有形态变化上的表现①,但却有较丰富的语法表现。马庆株在《自主动词和非自主动词》中讲道："汉语动词由语义上自主与非自主的对立形成了一对语法范畴。自主动词和非自主动词对语法结构有重大的影响,是汉语动词里的基本类别。"[3](p160) 马文中归纳出了汉语自主、非自主范畴对立多方面的语法表现,如在动词 V 前后加上"来/去"的格式作为鉴定格式时,能进入该类格式的是自主动词,不能进入该类格式的是非自主动词。

从自主、非自主动词对立的语法表现来看,我们可以确定在形态变化不发达的藏缅语南部语群语言以及汉语里都存在自主、非自主的语法范畴。总之,藏缅语和汉语都存在自主范畴,这种共同的语法范畴可能是原始共同语的遗留,而不是类型学的共性,下文我们还将作进一步分析。

## 二、显性、隐性语法手段在藏缅语、汉语自主范畴上的表现

藏缅语、汉语的自主范畴都有隐性的语法形式,但显性的语法形式只在藏缅语部分语言里出现。显性的语法手段指以词法、句法上的外在结构表现区分该范畴,包括动词词根的内部屈折、动词前后附加词缀或附加自主助词等；隐性的语法手段指以词语对立的方式区分该语法范畴。这两种语法手段在部分语言里有叠用现象。

---

① 有个别汉语动词自主、非自主的对立,使用了语音变化的屈折手段,但这类动词极少。例如吐(tǔ)与吐(tù)的对立,是通过声调变化来区分自主和非自主。

### (一)显性语法手段

藏缅语族北部语群语言主要以显性的语法手段表达自主范畴。显性的语法手段可分为两种方式：一是屈折式（动词内部屈折），如藏语；二是附加式（变化与动词相关的后缀、添加自主助词），如普米语。

#### 1. 屈折式

屈折式指以动词词根内部语音屈折的方式表达自主、非自主的语法范畴。以藏语安多方言为例，动词常以声母的送气与不送气、声母的清浊、声母前加或不加前缀音 h/β 或不同韵尾对立等方式来区分自主、非自主动词。例如：

自主动词

| tɕu | 解 |
| fet | 印 |
| hdzʑəp | 做 |
| βkam | 晒干 |
| phoŋ | 投 |

非自主动词

| tɕhu | 散 |
| vet | 印出 |
| ndzʑəp | 做成 |
| kam | 干 |
| phok | 投入 |

#### 2. 附加式

附加式指以动词后加自主助词或变化动词的体后缀的方式来表达自主、非自主的语法范畴。① 以普米语为例，普米语非自主动词之后常常附加自主助词，使本来没有自主性的动词获得一定的自主性，从而能够取得与自主动词同等的句法地位。自主助词的原形为 $pʉ^{55}$，它要随主语体、式、人称、数等的变化而产生韵母的屈折变化。其变化形式具体见表1：

表1　普米语自助动词 $pʉ^{55}$ 的形态变化表

| 体 | | 第一人称 | 第二人称 | | 第三人称 |
|---|---|---|---|---|---|
| | | 单复数 | 单数 | 复数 | 单复数 |
| 体 | 已行体、完成体 | $pʉ^{55}/pin^{55}$ | $pu^{55}$ | $pin^{55}$ | $pɑ^{55}$ |
| | 进行体、将行体、即行体、曾行体 | $pʉ^{55}$ | | | |

除了附加自主助词之外，普米语非自主动词的体后缀也与自主动词有所不同。体后缀的变化参见本文第一部分相关内容，此处不再赘述。

### (二)隐性语法手段

南部语群语言以及汉语主要以隐性的语法手段即词语对立的方式来表达自主范畴。

---

① 木雅语里称"自主动词后缀"的成分(参见黄布凡《木雅语》[2])与普米语里的"自主助词"(参见傅爱兰《普米语动词的语法范畴》[4](p80))比较接近，这一成分究竟是助词还是后缀本文不展开讨论。作者倾向于赞同"自主助词"之说，而且这个助词来源于动词"做"，在羌语支语言里"做"有整齐的语音对应关系。普米语自主助词的来源与演变详见蒋颖《普米语自主助词及其语法化》[5]一文，此处不予赘述。

如仙岛语、汉语等语言都以"想"——"想起""睡"——"睡着"等动词词语的对立来表现自主范畴。词语对立可以分为两种形式,一是直接以根词构成对立的自主、非自主动词,二是在根词的基础上,以词根复合的方式构成新词而形成对立的自主、非自主动词。

以波拉语为例。以根词构成对立的自主、非自主动词的如:

9) ŋa⁵⁵ ɣə³¹ᐟ⁵⁵ pə³¹ u³⁵ a⁵⁵. 我可以帮看。
    我 可以 替 看(助)

10) ŋa⁵⁵ mjɔ̃⁵⁵ᐟ³⁵ ɛ³¹ sɛ³⁵ᐟ³¹ a⁵⁵. 看见的我就知道
    我 看见 的 知道 (助)

    a³¹ mjɔ̃⁵⁵ᐟ³⁵ ɛ³¹ a³¹ sɛ³⁵. 看不见的就不知道
    不 见 的 不 知道

以词根复合的方式构成新词而形成对立的自主、非自主动词如:

11) ŋa⁵⁵ thɔ³⁵ xa⁵⁵ ai³¹ a⁵⁵. 我去找柴。
    我 柴 找 去(助)

12) ŋa⁵⁵ mau⁵⁵ ta³¹ mau⁵⁵ ʐ̩³¹ a³¹ mjɔ̃⁵⁵ᐟ³¹xa⁵⁵. 我一个蘑菇也没找到。
    我 蘑菇 一 个 也没 找见

13) khăk⁵⁵ᐟ³¹ jauʔ³¹ᐟ⁵⁵ ti³⁵ ʐɛ³¹ lɔ⁵⁵ jɔ³¹ a³¹ kja³¹. 无论谁说他都不听。
    哪 个 说 的话都他不听

14) ŋa⁵⁵ pam⁵⁵ mɛ̃³¹ pju⁵⁵ tă³¹ jauʔ³¹ᐟ⁵⁵.
    我 山 (助) 人 一 个
    mɔ̆³¹khon⁵⁵ᐟ³⁵ thɔ⁵⁵ᐟ³⁵ ɛ³¹ ɣə³¹kja³¹ᐟ⁵¹ ɛʔ³¹. 我在山上听见一个人唱歌。
    歌 唱 (助) 听见 (助)

北部语群语言主要采用显性语法手段表达自主、非自主范畴,但也能采用隐性的词语对立手段来表达这一对范畴。以安多藏语为例。安多藏语大部分自主、非自主动词有齐整的语音屈折变化,但也有少部分自主、非自主动词没有语音变化规律,只能靠语义对立来加以区分。如 hti"看"——zək/thoŋ/ɕhi"见"、ȵan"听"——ko/thi/ɕhi"听到"等。[6] 由于北部语群语言既使用显性手段又使用隐性手段,表达自主、非自主范畴,而南部语群语言和汉语都只使用隐性手段,不使用显性手段。由此我们可以得出一条类型学规律:使用显性语法手段的语言可以同时使用隐性的词语对立的手段,但不使用显性语法手段的语言只能使用隐性语法手段。

## 三、藏缅语、汉语自主范畴的变异性

藏缅语、汉语的自主范畴由于与其他的语法范畴共同作用于动词,所以容易出现特点的变异性和交叉性。可见,对自主范畴的分析不能只是简单地追求完美的界线,而应该看到在除了主要规则之外,它还具有变异和交叉的特性,在研究中要对其做出可能的解释。

藏缅语自主、非自主范畴的界线多数是清晰的、典型的,在语义、形态、句法等多个方面都处于严格的对立排斥状态,即一是一,二是二。但在某些条件下,如自主、非自主动词连用时,二者的界线会出现变化,如有的自主动词会失去原有的形态变化,出现了和非自主动词一样的形式。这种现象,我们称之为"变异性"。

以普米语为例。在已行体和完成体里,普米语自主动词随人称、数的变化而产生形态变化,但当与不自主动词连用时,受不自主动词的影响,自主动词也会失去其形态变化,都使用动词原形。动词后缀也会随着自主动词、自主助词的出现而产生变化。例如:

15) tə⁵⁵gɯ⁵⁵ zdiəuŋ³¹zdy⁵⁵ si⁵⁵.　她打扮了。
　　　她　　打扮　　（助）

自主动词 zdiəŋ³¹adi⁵⁵"打扮"使用了第三人称已行体形式 zdiəuŋ³¹zdy⁵⁵。

16) tə⁵⁵gɯ⁵⁵ zdiəuŋ³¹zdi⁵⁵ thəuŋ⁵⁵ si³¹.　她打扮完了。
　　　她　　打扮　　　完　（缀）

自主动词 zdiəŋ³¹adi⁵⁵"打扮"与不自主动词 thəuŋ⁵⁵"完"连用,自主动词改用原形形式。

17) ɑ⁵⁵ zdiəuŋ³¹zdi⁵⁵ san³¹.　我打扮了。
　　我　打扮　　（缀）

自主动词 zdiəŋ³¹adi⁵⁵"打扮"在第一人称已行体中使用原形形式,句尾使用第一人称单数已行体后缀 san³¹。

18) ɑ⁵⁵ zdiəuŋ³¹zdi⁵⁵ thəuŋ⁵⁵ si⁵⁵.　我打扮完了。
　　我　打扮　　　完　（缀）

自主动词 zdiəŋ³¹adi⁵⁵"打扮"与不自主动词 thəuŋ⁵⁵"完"连用,句尾动词后缀改用非第一人称单数已行体后缀 si³¹。

从上面的例句中我们可以看出,自主动词与不自主动词连用时,受到不自主动词的影响,改变了形态变化的方式。

再以藏语卫藏方言为例。卫藏方言通常是自主动词表示主观能动的行为动作,不自主动词表示客观的状态和结果。但如果把不自主动词名物化,再在其后加上自主动词,可以构成主动·使动式动词。这个动词不仅能表示结果,还能表示主观能动的性质。[7]这也是自主、非自主动词产生变异性的一个例子。

汉语自主、非自主范畴也有这个特点。汉语自主、非自主范畴相互制约甚至相互转变的特定条件通常与增强非自主动词的自主性有关。例如甘智林认为汉语非自主动词在特定条件下,也可以进入自主动词专用的"V+一下₂"格式。[8]单宝顺等分析了汉语非自主动词的自主用法,研究了非自主动词获得自主用法的语义特征、句法格式、语境类别问题。[9]这些研究都显示出汉语自主、非自主范畴之间的界线是动态的,可以在相应的语义、句法、语用条件下发生与常规状态相反的变化,即具有变异性。

## 四、藏缅语、汉语自主范畴的交叉性

自主范畴常与其他语法范畴(如自动使动范畴、及物不及物范畴、情态范畴等)一起作用于动词,共同作用形成的"合力",容易使自主范畴的语法特点与其他语法范畴的特点交叉在一起,呈现出错综复杂的面貌,让人难以简洁、清晰地认识到这对范畴的核心特征与语法功能。

以藏语安多方言为例,"在安多藏语中,动词的自主、非自主范畴及自动、使动范畴是动词所具有的最重要的两个语法范畴。这两个不同的语法范畴不是平行,而是交叉;不是截然分开,而是错综复杂。从动词的词性上看,一部分动词只属于其中一个范畴,而一部分动词却同时属于两个范畴。"[10]由于动词不同范畴之间的划分标准不同,标准界线的交叉使得动词的范畴分类也出现了交叉。安多藏语从动词与主语的关系出发,可以分为自主动词与非自主动词两类;从动词与主语宾语双方的关系出发,又可分为自动词和使动词两类。自主、非自主与自动、使动之间有相互交叉的地方。

藏语卫藏方言也是如此。卫藏方言"动词的及物不及物、自主不自主、自动他动这些语法范畴是从不同的角度划分的,因此它们之间的关系不是截然对立的,而是相互交叉的。"[7]它们共同作用于动词,在句法上形成了"合力"现象。要解释清楚语法现象中蕴含的语法规律,就必须把形成合力的语法范畴结合起来进行分析。例如卫藏方言"一个句子的主语加不加结构助词以及加什么结构助词的问题,主要是根据谓语动词的及物和不及物来决定,动词的自主和不自主所起的作用似乎不大。但是,一个句子在用什么语尾的问题上,动词的自主和不自主在一定范围内却起着决定性的作用。"[7]

自主、非自主范畴除与及物不及物、自动使动范畴交织在一起之外,还与其他语法范畴如情态范畴有密切的关系。黄布凡在《藏缅语的情态范畴》一文中说道:"情态范畴与动词的自主和不自主、及物与不及物类别也有关系。如表示自控情态均需用自主动词;表示非自控情态,如主语为自称则需用不自主动词,如主语为他称所用动词则不论自主与否。"[11]自主、非自主范畴在形态变化丰富的藏缅语北部语群里呈现出复杂的面貌,在南部语群以及汉语里也是如此。南部语群与汉语虽然极少有复杂的形态变化形式,但自主非自主范畴在语法表层也常与其他语法范畴交织,呈现出复杂的面貌。

以波拉语为例。波拉语没有自主、非自主的形态变化,但有自动、使动的形态变化,这两类语法范畴从表现手段上来看,前者是隐性的,后者是显性的,二者似乎应该是截然对立的。但实际上波拉语有的动词既是非自主动词又是自动动词,有的动词是非自主动词但却不是自动动词;有的动词既是自主动词又是使动动词,有的动词是自主动词但却不是使动动词。由于两类范畴的交叉,使得自主与非自主范畴在特定的条件下也具有了形态变化的表现形式。例如:

19)au$^{35}$ ka$^{231}$ ve$^{35}$. 锅裂了。(非自主的自动动词)
　　锅　裂　(助)

20)au$^{35}$ kha$^{255}$ ve$^{35}$. 锅(摔)裂了。(自主的使动动词)
　　锅　使裂 (助)

再以汉语为例,自马庆株引入藏语自主、非自主范畴对汉语进行研究以来,相关的研究与争论不断。这恰恰反映了汉语动词自主、非自主范畴的复杂性。马庆株认为自主动词可分为属性动词和变化动词,袁明军认为非自主动词还应包括专职的状态动词,并分析列举了属性动词和变化动词的内部小类,最后用"汉语动词的功能是千姿百态的"来概括自主、非自主范畴的复杂性。[12]此外,王振来讨论了被动表述与自主、非自主动词之间的选择关系,认为动词小类与句型之间的关系是复杂的,进行进一步的考察是有价值的。[13]正因为自主、非自主范畴与其他语法范畴之间有着千丝万缕的联系,范畴交叉而形成的"合力"使自主、非自主范畴的面貌显得模糊而复杂。

## 五、藏缅语、汉语自主范畴的演变链

藏缅语加上汉语共有数十种语言,它们之间的发展并不平衡。如藏缅语北部语群语言保留了更多的黏着语的特点,南部语群语言和汉语都向孤立语方向发展,[14]但汉语的分析性比藏缅语更强。如果我们把这些语言自主范畴的发展序列串在一起,则能发现它们存在一种先后的次序,可以根据其演变的不平衡性构拟出一条演变链。

自主范畴的语法形式的演变链中,藏语所具有的内部屈折形式应该是最早的形式,普米语的附加形式应是下一阶段的演变形式,因为这种形态变化已经向助词的方向发展,具有用虚词表达的特点。汉语的自主范畴已经没有内部屈折形式,也没有附加形式,都靠语义和句法关系表示,应该是最后期的形式。这条演变链可以用下图表示:

以内部屈折变化为主的形式(早期形式)→以附加法为主的形式(中期形式)→无形态变化,仅以语义和句法关系表示(后期形式)

藏缅语族藏语支内部和羌语支内部的自主范畴,其语法形式存在对应关系,这能证明它们之间有同源关系。如白马话与藏语拉萨话的可控、非可控情态动词有鲜明的对应关系,白马话自控情态动助词为 ji$^{53}$,非自控情态动助词为 z̵e$^{21}$;拉萨话分别为 jin 和 red。[15]普米语自主助词 pɯ$^{55}$ 在羌语支语言里也有一系列的对应词语。这说明自主范畴的萌芽应该早于语支分化的时间。

**参考文献:**
[1]戴庆厦.关于我国藏缅语族系属分类问题[M]//藏缅语族语言研究.昆明:云南民族出版社,1990.
[2]孙宏开,胡增益,黄行.中国的语言[M].北京:商务印书馆,2007.
[3]马庆株.自主动词和非自主动词[G]//著名中年语言学家自选集:马庆株卷.合肥:安徽教育出版社,2002.
[4]傅爱兰.普米语动词的语法范畴[M].北京:中国文史出版社,1998.
[5]蒋颖.普米语自主助词及其语法化[J].中央民族大学学报:哲学社会科学版,2012(3).
[6]多杰东智.藏语安多方言动词的自主非自主研究[D].北京:中央民族大学,2004.
[7]车谦.藏语的自主与不自主[J].西北民族大学学报,1985(2).
[8]甘智林.非自主动词也可以进入"V+一下$_2$"格式[J].汉语学报,2005(2).
[9]单宝顺,肖玲.非自主动词的自主用法[J].淮北煤炭师范学院学报,2009(1).
[10]多杰东智.简析安多藏语动词的自主非自主与使动自动关系[J].中央民族大学学报,2008(1).
[11]黄布凡.藏缅语的情态范畴[G]//藏语·藏缅语研究论集.北京:中国藏学出版社,2007.
[12]袁明军.非自主动词的分类补议[J].中国语文,1998(4).
[13]王振来.被动表述对自主动词和非自主动词的选择[J].汉语学习,2004(6).
[14]戴庆厦,朱艳华.藏缅语选择疑问句法结构的演变范畴链[J].汉语学报,2010(2).
[15]黄布凡,张明慧.白马话支属问题研究[J].中国藏学,1995(2).

(原载《云南师范大学学报(哲学社会科学版)》2012年第5期)

# 藏缅语的话题标记
## ——兼与汉语比较

### 余成林[*]

[摘 要] 藏缅语的许多语言都有话题标记。话题标记可分为强制性使用、非强制性使用和零标记三种类型,具有多功能性。藏缅语的话题标记是后起的,各语言没有同源关系。与汉语相比,二者属于类型学的关系,不是发生学的关系。

[关键词] 藏缅语;话题标记;类型学

话题(topic),又称主题,是现代语言学中的一个重要概念。[1]藏缅语族(以下简称"藏缅语")的许多语言都有话题,这些话题主要是通过话题标记来体现。话题都出现在一个完整的述题句的左侧,都是定指或类指的,具有为说话人和听话人所熟知这一特点。述题是跟在话题后边的一个分句,对话题进行陈述。目前学术界主要是对单一语言话题的研究,尚无跨语言的比较研究。本文主要从类型学的角度,分析藏缅语话题标记的类型、多功能差异及其语源关系。

## 一、藏缅语话题标记的三种类型

藏缅语话题标记根据使用情况大致可分为以下三种类型。

(一)话题标记是强制性使用的

属于这一类的语言在话题后加上表示语气停顿、突出强调的话题助词作为标记,这种标记具有强制性特点。藏缅语是 SOV 型语言,藏缅语的话题结构和句法结构顺序相同。在话题和主语一致的情况下,有些句子的话题比较容易判断,有些句子需要通过话题助词才能判断。有话题标记,句首部分就是话题;没有话题标记,句首部分就是主语。如:

景颇语　ŋai³³　ko³¹　kǎ³¹ phu³¹　ʒai⁵⁵　ŋa³¹　n³¹ŋai³³. 我是哥哥。
　　　　我　(话助)　哥哥　是　(助动)　(助)

波拉语　a³¹ŋji³⁵/³¹ nɛʔ³¹/⁵⁵　a³¹　la⁵⁵ɛ³¹. 是昨天去的。
　　　　昨天　(话助)　去 的

　　　　mauk³¹ kjap⁵⁵　tʃhə⁵⁵　a³¹　khak⁵⁵ na̱³¹/⁵⁵? 这帽子是谁的?
　　　　帽子　这　(话助)　谁　的

---

[*] 作者简介:余成林,男,黔南民族师范学院副教授,中央民族大学少数民族语言文学学院 2008 级博士生。
本文所用语料主要选自民族出版社出版的相关语言简志及语言研究,在此感谢!

这些句子依靠话题标记,就能区分哪个是话题,哪个是述题。

(二)话题标记是非强制性使用的

属于这一类的语言,在多数情况下,话题结构不需要任何标记。如:

哈尼语　a$^{55}$ go$^{33}$ mi$^{31}$ kho$^{31}$ xe$^{31}$ li$^{33}$ a$^{55}$. 哥哥砍柴去了。
　　　　哥哥　柴　砍　去(助)

勒期语　lai$^{33}$ ta$^{55}$ ŋo$^{53}$ a$^{33}$ wo$^{33}$. 重的我不要。
　　　　重　的 我　不要

　　　　ʃo$^{55}$ thə$^{33}$ luan$^{55}$ naŋ$^{53}$ tsɔ:$^{33}$　la$^{53}$　a$^{33}$ tso$^{33}$ la$^{53}$? 那块肉你吃不吃?
　　　　肉　那　块　　你　吃 (助)不吃(助)

但是,为了突出、强调某些成分,可以加上话题标记。话题标记主要凸显主题、述题之间的语用结构关系,使用范围较窄。如:

哈尼语　a$^{31}$ khɯ$^{31}$　ne$^{33}$　a$^{55}$ mi$^{55}$ zɔ$^{55}$　kɔ$^{31}$. 狗咬猫。
　　　　狗　　(话助)　猫　　(助)咬

勒期语　naŋ$^{53}$ wəm$^{33}$ lɔ:$^{55}$ tsɔ:$^{33}$ ma$^{55}$　ke$^{33}$　lɔ:$^{55}$ ju:p$^{55}$ la$^{53}$? 你是去吃饭还是去睡觉?
　　　　你　饭　去　吃　么 (话助) 去　睡觉 (助)

苏龙语　a$^{31}$ dzian$^{55}$ a$^{31}$ pua$^{55}$　ɹe$^{33}$　wu$^{55}$ da$^{33}$. 孩子的爸爸来了。
　　　　孩子　　爸爸　(话助)　来　(助)

有了话题标记,句子的语用功能就发生变化。如苏龙语的例子:如果不在话题 a$^{31}$ dzian$^{55}$ a$^{31}$ pua$^{55}$ "孩子(的)爸爸"之后加上 ɹe$^{33}$,句子的话题就有可能变成 a$^{31}$ dzian$^{55}$ "孩子"了。话题不同,句子的语用结构不同,甚至整个句子在实际话语中的地位或作用也会发生程度不等的变化。[2]

(三)话题是零标记的

属于这一类的语言,主要是通过语气停顿和表达需要来突出话题,不需要任何话题标记,我们称之为零标记语言。如:

扎巴语　lɿ$^{35}$, ŋa$^{55}$ na$^{55}$ ji$^{55}$　kə$^{55}$　tsʅ$^{55}$ gɿ$^{31}$. 包子,我吃了两个。
　　　　包子 我 两 (量)(前加) 吃 (助)

　　　　tɯ$^{31}$ zɿ$^{55}$ ɕhɿ$^{31}$ tɯ$^{55}$, ŋa$^{55}$ mpɿ$^{31}$ lɿ$^{55}$　kə$^{55}$　tsʅ$^{55}$ nə$^{55}$. 这些果子我都吃过了。
　　　　这些　果子　我 都 (前加)吃 (助)

拉坞戎语　ə$^{55}$ dʁu$^{33}$ tə$^{33}$ sɣɛ$^{33}$ mne$^{53}$ sliu$^{33}$ də$^{33}$. 一年有十二个月。
　　　　　一年　十二　月 有

藏缅语话题标记的三种类型体现话题标记的多样性。这说明藏缅语话题标记产生的时间有先后差异。从语言演变的角度,我们可以把藏缅语话题标记的三种类型归纳为发达型和不发达型。话题标记强制使用的属于发达型,话题标记非强制使用的和零标记的属于不发达型。发达型语言的话题标记使用频率高,不发达型语言的话题标记使用频率低。藏缅语话题标记发展的不平衡性,反映其历史演变的不同层次。

## 二、藏缅语话题标记大多无共同来源

藏缅语的许多语言有话题标记。话题标记都是由虚词充当,是虚词语法化的结果,还看不出其具体来源。通过对藏缅语话题标记的考察，我们可以看到它们之间没有同源关系。列表如下：

| 语言 | 话题标记 | 语言 | 话题标记 |
|---|---|---|---|
| 拉祜语 | lɛ$^{33}$ | 浪速语 | a$^{31}$ |
| 彝语 | li$^{33}$ | 仙岛语 | xɔ$^{31}$ |
| 基诺语 | ɣ$^{33}$ | 载瓦语 | ki$^{31}$ |
| 喀卓语① | kɛ$^{33}$ | 勒期语 | kɛ$^{33}$ |
| 哈尼语 | lɔ$^{31}$② | 景颇语 | ko$^{31}$ |
| 纳西语 | nu$^{33}$ | 苏龙语 | ʒɛ$^{33}$ |
| 波拉语 | a$^{31}$ | 格曼语 | wʌn$^{35}$ |

由上表可以看出，藏缅语除了有亲缘关系的波拉语和浪速语、载瓦语和勒期语的话题标记同源以外，其他语言的话题标记看不出有同源关系。从语源关系，我们可以看到藏缅语的话题标记是后起的。虽然有少数语言的话题标记有一定的同源关系，但都是各自创新的，而且在使用上，各自的特点也不一样。

### 三、藏缅语话题标记体现句法成分的多功能性

与 SVO 型的汉语不同，藏缅语是 SOV 型语言，句子的基本结构是"主语＋宾语＋动词"，话题结构和句子语序一致，主语和话题一般都位于句子的开头。但是，与汉语一样，藏缅语主语不一定就是话题，话题也不一定就是主语。主语和话题是两个不同层面的概念。主语是从词与词之间的语法结构关系的角度说的，属于句法学概念；话题则是从表达的角度说的，属于语用学概念，二者不能划等号。从话题与句子成分的关系看，由于话题标记的作用，藏缅语话题既可以是主语，也可以是宾语、状语。也就是说，主语、宾语、状语在句子中都能被强调当话题使用，而定语、补语则不能作话题。[3]

1. 由于藏缅语话题结构和句子结构的一致性，藏缅语主语通过话题标记直接做话题的现象比较普遍。话题后的述题可以是 OV 型结构。如：

浪速语　mauk$^{31}$ kjap$^{55}$ tʃhɛ$^{31}$　a$^{31}$　khak$^{55}$ nɔ$^{31}$ ŋat$^{31}$ ʒa$^{55}$? 这帽子是谁的？
　　　　帽　子　这　（话助）谁　（助）是（助）

仙岛语　njaŋ$^{31}$　xɔ$^{31}$　ŋɔ$^{31}$ po$^{31}$ɲɛ$^{55/31}$ xji?$^{55}$. 他是我的父亲。
　　　　他（话助）我　父亲　是　（助）

波拉语　ǎ$^{31}$ tɔ̃$^{55}$ tʃhɿ$^{55/35}$ ɛ$^{31}$　a$^{31}$　jɔ̃$^{31}$ vɛ$^{55}$ ɛ$^{31}$. 刚才用的是他买的。
　　　　刚　才　用　的（话助）他　买　的

话题后的述题也可以是动词性成分或名词性成分，与汉语主语后是谓语的句法结构一致。如：

拉坞戎语　qhra$^{33}$ tə$^{53}$　kɛ$^{33}$　thə$^{53}$，zə$^{33}$ zu$^{55}$ tə$^{53}$　kɛ$^{33}$　χtɕhur$^{53}$. 大的比较甜，小的比较酸。
　　　　　大的（话助）比较　甜　小的（话助）比较酸

---

① 原称"卡卓语"，现统称"喀卓语"。
② 李泽然：《论哈尼语的话题》（载《中央民族大学学报（哲学社会科学版）》2007 年第 5 期）记作 nɔ$^{31}$。

仙岛语　kzฺai⁵⁵　xɔ³¹　ŋai⁵⁵ŋai⁵⁵，fut⁵⁵　xɔ³¹　kɔi³⁵．说起来容易，做起来难。
　　　　　　说　（话助）　容易　　做　（话助）　难
勒期语　ŋa⁵⁵ ta⁵⁵　ke³³　nɛː⁵³ tse⁵³，lɛ⁵⁵ ta⁵⁵　ke³³　ŋjaːu⁵³tse⁵³ 我的是红的，你的是绿的。
　　　　　　我的　（话助）　红的　　你的　（话助）　绿的。

正因为话题和主语的一致性，所以，有的语言主语标记可以充当话题标记。当话题是主语时，话题与主语重合。二者的区别在于话题要突出主语，而主语则没有这一附加意义。如：

仙岛语　a³¹ na⁵⁵　xɔ³¹　ŋ⁵⁵ n³¹ ŋju³⁵．红的我不要。
　　　　　红的（话助）我　不　要
　　　　　nɔŋ³¹/⁵¹ a³¹　xɔ³¹　n⁵⁵ŋiɛ⁵⁵．不是你的。
　　　　　　你　的（话助）不是

在判断句里，如果用了话题标记，判断助词可以省略。如：
　　xai⁵⁵　xɔ³¹/⁵⁵　a⁵⁵ na⁵⁵．这是红的。
　　　这　（话助）　红的

ŋjaŋ³¹　xɔ³¹/⁵⁵　xau⁵⁵ jɛ⁵⁵？他是谁呀？
　他　（话助）　谁　呀

浪速语　mauk³¹ kjap⁵⁵　tʃhɛ³¹　a³¹　khak⁵⁵ nɔ³¹　ŋat³¹ ʒa⁵⁵？这帽子是谁的？
　　　　　帽　子　这（话助）　谁　（助）是（助）
　　　　　ŋɔ³¹ na³¹ nɛʔ³¹　a³¹　jam³¹ lɔ⁵⁵ nɛ⁵⁵．我今天是要回家的。
　　　　　我　今天（话助）　家　回（助）

有的语言不仅有话题标记，也有主语标记。话题标记和主语标记分别是不同的助词。如仙岛语还有主语标记 aʔ⁵⁵：

　　kjin³¹ mɔ³¹/⁵¹　aʔ⁵⁵　kzฺɔʔ⁵⁵/³¹ tsɔ³¹/⁵¹ op⁵⁵．老鹰抓小鸡。
　　　老鹰　（主助）　鸡　小　抓

ŋɔ⁵⁵　aʔ⁵⁵　ŋjaŋ³¹ ta⁵⁵/³⁵ ʂat⁵⁵．我告诉他。
　我（主助）他　（助）告诉

2.为了突出宾语，藏缅语还可以通过话题标记把句子的宾语提到句首充当话题。如：

苏龙语　a³¹ dziaŋ⁵⁵ kɯ³¹ dziu⁵⁵　ɹe³³　goh⁵⁵ ŋwa⁵⁵ dza³¹．我见到过孩子的书包。
　　　　　孩子　书包　（话助）我　见　（助）
拉祜语　pɤ²¹ tsi³³ a³⁵ pɛ³¹　lɛ³³　ŋa³¹ xu³³ mɤ³¹ u³¹．我养过北京鸭。
　　　　　北　京　鸭（话助）我　养　过　（助）
扎巴语　tʊ³¹ zฺɿ⁵⁵ wu⁵⁵ ʂə⁵⁵ ʂə⁵⁵　me⁵⁵ ŋa⁵⁵ ma⁵⁵ ɕhə³¹．我不知道他们谁是谁。
　　　　　他们　（助）　谁　（话助）我不　认识

3.为了突出、强调事情发生的时间或动作行为的方式，藏缅语还可以通过话题标记把时间或方式状语提到句首充当话题。如：

仙岛语　fu³¹ nɛn³⁵　xɔ³¹　ŋ⁵⁵ i⁵⁵，na³¹ zฺɔ⁵¹ xɔ³¹ ŋjaŋ³¹ i⁵⁵/³⁵．今天我去，明天你去。
　　　　　今天　（话助）我 去　明天　（助）你　去

格曼语　　wʌn³⁵ lau⁵³　　wʌn³⁵　　ɕan⁵⁵　　kin⁵⁵　　xi³⁵　　tɯ³¹gli⁵³ kɯ⁵³toŋ³⁵　kɯ⁵³mu⁵³
　　　　　　　　　　　　那年　　（话助）　县　　我们　（助）　　铁桥　　　　一
ɹul⁵⁵pu⁵⁵. 那一年县里为我们架了一座铁桥。
架（助）

景颇语　　tai³¹ ni⁵⁵　ko³¹　ŋai³³ n³³ sa³³ niʔ⁵⁵ai³³. 今天我不去。
　　　　　今　天（话助）我　不　去（助）

4. 为了突出某些成分,藏缅语还可以通过话题标记把插入语或者小句、分句提到句首充当话题。如：

仙岛语　　nɔŋ⁵⁵/³⁵ n³¹ jum³⁵/⁵¹　cɔ³¹,　su⁵⁵/³¹　te⁵⁵　ni⁵⁵ lɔʔ⁵⁵. 你不相信的话,去问别人。
　　　　　你　　不相信　（话助）别人　（助）问　去

勒期语　　naŋ⁵³ ji³³ nou⁵³ tʃaŋ⁵⁵　ke³³　ji³³ aʔ³¹! 你想去的话你就去!
　　　　　你 去 想　的话（话助）去（助）

波拉语　　lam³¹ phau³⁵ tʃɔ⁵⁵　a³¹,　tă³¹ tʃit⁵⁵ ʃau³¹ vɛ⁵⁵ ε³¹. 如果太贵,就少买一点。
　　　　　太　贵　的话（话助）一点　少　买（助）

　　由于话题本身具有较强的信息焦点,多是定指、类指的,代表已知信息、旧信息(即交际双方共知的信息),是叙述的出发点。述题是说话者提供的新信息,是未知信息,是叙述的核心。只要是能够表现说听双方已知信息的成分都可以通过话题标记充当句子的话题。话题结构是一种"语用—语法范畴",是适应语用的需要而产生的句法模式。而句子成分结构则注重句子成分的搭配,句子的构造,要求句子成分按句法规划构成句子。在语法形式上,二者各有自己的特征。话题的语序为"不可移动性"的,只能是话题在前,述题在后;而句子成分结构的语序则是具有"可移动性"的特点,它能借助结构助词或方位词的帮助改变语序,如宾语可以提到主语前,状语可以提到主语前,定语可以提到中心语前等。[3] 由于话题标记的作用,话题的兼用成分出现多样性特点,句子的主语不仅可以充当话题,句子的宾语、状语甚至插入成分或者小句都可以提到句首充当句子的话题,话题的范围远远超出主语的范围。

## 四、与汉语比较

　　通过对藏缅语话题标记的分析,藏缅语与汉语的话题标记没有共同来源。藏缅语与汉语的话题既有亲属语言之间相似的类型学特点,有相同的语言演变基因,也有其发展的不同差异。

　　1. 藏缅语和汉语都是有话题结构的语言,其结构形式都是"话题+述题"。话题和主语的关系,藏缅语与汉语都不是等同的。话题是语用成分,是句子关联的对象,必须位于句首;而主语是句法成分,是动词所述的对象,不一定在句首。话题与句子其他部分之间常有停顿;而主语和谓语之间不必有停顿,否则句子就会显得松散。与汉语一样,藏缅语的话题既可以是句子的主语,也可以是句子的宾语、状语,还可以是句子的插入成分或者小句。也就是说,藏缅语和汉语做主语的并不都是话题,其他成分也可以充当句子的话题,话题和主语既有交叉、一致的地方,也有一定的区别,话题范围远远大于主语的范围。

　　2. 藏缅语与汉语的话题标记不同。藏缅语的话题标记都是由虚词充当,其具体来源及演变还需进一步考察;而汉语却可以用"啊""呢""吧""吗""嘛"等多个语气词充当话题标记。藏缅语除了话题标记以外,还有主语标记;而汉语只有话题标记,没有主语标记。

3. 藏缅语与汉语的述题结构类型不同。藏缅语属于 SOV 型的黏着型语言,汉语属于 SVO 型的分析型语言。藏缅语的述题部分虽然是"OV"型结构,但符合藏缅语的句法结构特点,其"O"仍然是句子的宾语;而汉语的述题部分虽然也是"OV"型语序,这种语序被认为是一种"主谓谓语句",其"O"不能认为是句子宾语的倒装。如:烈性酒他不喝/他烈性酒不喝。

4. 话题在藏缅语和汉语中的地位不同。话题在汉语交际使用中非常广泛,话题的句法地位可能比主语的句法地位更加重要而明显,通过停顿、语序,尤其是话题标记可以较清楚地确认话题,而主语的句法身份因为经常空缺和缺少形式标记而不太突出。藏缅语的话题结构和句法结构是两个独立的系统,各有各的作用,并且在交际中可以灵活使用,不存在哪个优先、哪个突出、哪个是主体的情况。

**参考文献:**

[1] 徐烈炯,刘丹青. 话题的结构与功能[M]. 上海:上海教育出版社. 1998.
[2] 李大勤. 苏龙语研究[M]. 北京:民族出版社. 2004.
[3] 戴庆厦. 景颇语的话题[J]. 语言研究,2001(1).

(原载《中央民族大学学报(哲学社会科学版)》2011 年第 1 期)

# 汉藏语动词重叠式的形式—意义匹配格局

## 戴宗杰[*]

[摘 要] 除汉语外,我国境内的藏缅语、苗瑶语、壮侗语等很多汉藏语系语言的动词都可以重叠,构成多种重叠形式,表达不同的语法意义。根据动词重叠式的语法意义,汉藏语可分为"多量义优势型语言"和"少量义优势型语言"。不同语言的动词重叠式有不同的形式—意义匹配格局。汉语和亲属语言有相同的动词重叠形式,汉语属于"少量义优势型语言"。

[关键词] 汉藏语;动词重叠式;匹配格局

除汉语[①]外,我国境内的藏缅语、苗瑶语、壮侗语等很多汉藏语系语言[②]的动词都可以重叠,构成多种重叠形式,表达不同的语法意义。本文在前人研究的基础上,分析这些语言动词重叠式的重叠形式和语法意义,探讨其形式—意义匹配格局,并对汉语进行反观。

## 一、动词的主要重叠形式

我们考察了我国境内分别属于藏缅语族、壮侗语族、苗瑶语族的多种不同类型汉藏语的动词重叠式。在这些语言中,单音节动词重叠式 AA 式是最基本的重叠形式,如:[③]

景颇语:je$^{22}$ 扫 je$^{55}$je$^{55}$ 常常扫
 paŋ$^{33}$ 装 paŋ$^{33}$paŋ$^{33}$ 常常装
基诺语: thɛ$^{42}$ 拍 thɛ$^{42}$thɛ$^{42}$ 拍拍
 phju$^{33}$ 烤 phju$^{33}$phju$^{33}$ 烤烤
波拉语:[1](p109) na$^{55}$ 痛 na$^{55}$na$^{55}$ 很痛;常痛
 ŋau$^{55}$ 哭 ŋau$^{55}$ŋau$^{55}$ 经常哭
苗语(川黔滇方言):[2] nua$^{24}$ 看 nua$^{24}$nua$^{24}$ 看看
 ntshua$^{44}$ 洗 ntshua$^{44}$ntshua$^{44}$ 洗洗
仫佬语:tshaːm$^3$ 走 tshaːm$^3$tshaːm$^3$ 走走
 tui$^6$ 坐 tui$^6$tui$^6$ 坐坐

语言中的双音节动词如需重叠,则一般重叠为 ABAB 式:

景颇语[3]:ʃā$^{31}$mu$^{33}$ 动 ʃā$^{31}$mu$^{33}$ʃā$^{31}$mu$^{33}$ 轻微地动
 koʔ$^{55}$si$^{33}$ 饿 koʔ$^{55}$si$^{33}$koʔ$^{55}$si$^{33}$ 有点饿
基诺语: m̩$^{42}$tshɣ$^{42}$ 挑 m̩$^{42}$tshɣ$^{42}$m̩$^{42}$tshɣ$^{42}$ 挑选挑选
嘉戎语:[4](p268) kɐ-lɐt 打 kɐ-lɐt kɐ-lɐt 打呀打呀

---

[*] 作者简介:戴宗杰,男,北京语言大学 2010 级博士研究生。
[①] 如无特别说明,均指现代汉语普通话。
[②] 为方便陈述,本文有时简称为"汉藏语"。
[③] 本文所用民族语料如无特别说明,均引自《中国少数民族语言简志丛书》。

lɛ-n 想 lɛ-n lɛ-n 想啊想啊

也有语言的双音节动词有 AABB 式重叠形式（或只重叠词根，构成 ABB 式）：

拉祜语[5](p184) xi⁵⁴ na⁵³ 摇晃
　　　　　xi⁵⁴ xi⁵⁴ na⁵³ na⁵³ 摇摇晃晃
景颇语[3] ʃā³¹ mu³³ 动
　　　　ʃā³¹ mu³³ mu³³ 一直动
　　　　ko̠ʔ⁵⁵ si³³ 饿
　　　　ko̠ʔ⁵⁵ si³³ si³³ 总是饿

但 AABB 式通常是由两个意义相关的单音节动词重叠后合并构成：

纳西语：sy⁵⁵ 杀 ndɑ⁵⁵ 砍
　　　　sy⁵⁵ sy³³ ndɑ⁵⁵ ndɑ³³ 互相厮杀
　　　　phu³¹ 逃 na³³ 躲
　　　　phu³³ phu³¹ na³³ na³³ 躲躲藏藏
拉祜语：ta⁶ 上 za⁵ 下
　　　　ta⁶ ta⁶ za⁵ za⁵ 上上下下
　　　　qai¹ 去 la² 来
　　　　qai¹ qai¹ la² la² 去去来来
傣语：xap⁷ 唱 fɔn⁴ 跳
　　　xap⁷ xap⁷ fɔn⁴ fɔn⁴ 唱唱跳跳
　　　pai¹ 去 ma² 来
　　　pai¹ pai¹ ma² ma² 来来去去
畲语：phɔ⁴ 进 kun⁵ 出
　　　phɔ⁴ phɔ⁴ kun⁵ kun⁵ 出出进进

## 二、动词重叠式的语法意义

动词重叠式有较为丰富的语法意义，根据我们所掌握的材料，汉藏语的动词重叠式至少可以表示以下语法意义：

1. 动量小：
ʃā³¹ mu³³ ʃā³¹ mu³³ 轻微地动（景颇语）
　动　　　动

2. 时量短：
ŋuan⁵ ŋuan⁵ 看看（布依语）
　看　　看

3. 尝试、试行：
ȵen⁶ ȵen⁶ 吃一吃（勉语）
　吃　　吃

4. 反复、频繁：
xau³ xau³ ʔɔk⁹ ʔɔk⁹ 出出进进（傣语）[6](p67)
　进　进　出　出

5. 持续：

ŋa kun khjab rluŋ ɦphrin ȵan ȵan par sdod kji jod. 我一直在听广播。（藏语拉萨话）[7]
我　广　播　听　听　呆着　（现行时）

6. 经常、惯常：

mau³¹ vo⁵¹ vo⁵¹ tut³¹（或 kut⁵⁵）ʐa⁵⁵. 经常下雨。（载瓦语）
　雨　下　下　变成　　做（语助）

7. 加强：

mba³³ mba³¹ 大声喊叫（纳西语）
喊　　喊

8. 周遍：

pɛ⁵⁵ pɛ³¹（许多花）都开（普米语）[3]
开　开

9. 互动：

χo³¹ χo³³ 互相追逐（羌语）
追赶追赶

10. 话题化：

tʃai³³ tʃai³³ ko³¹ naŋ³³ lu³¹ tʃai⁵⁵ n³¹ tai⁵³. 论玩，要算你能玩。（景颇语）[3]
玩　玩（助）你　能　玩（句尾）

除上述外，个别语言还用重叠谓词（多是动词）的方式来表达疑问。如：

sɿ⁵⁵ tshɿ³³ dʑi⁵⁵ nɯ³³ ndʑ³¹ ndʑ³¹？你相信不相信这件事？（彝语）
事　这　件　你　相信　相信

nɛ³³ tsa³¹ tsa³¹？你吃吗？（喀卓语）
你　吃　吃

戴庆厦、朱艳华[8]将此类疑问句称为"重叠问句"，并指出"重叠问句"是在经济原理和韵律机制的作用下，由"无标记的正反问句"演变而来。这种动词重叠结构和一般所谓的"动词重叠式"有不同的来源和发展历程，且涉及的语言较少，本文暂不进行关注。

可见，各语言动词重叠式的基本语法意义是"动量"义，即表示动作行为的量，大致可分为"多量"和"少量"两级。"多量"级指动作行为的量多，含有"老是""经常""反复"等义；"少量"级指动作行为的量少，含有"有点""稍微"等义。戴庆厦、傅爱兰[3]指出，"互动态"表示的动作也发生了量的变化，也是动作行为的多数。不同的是，这种多数表现为动作行为的双方，而不是施动者单方的多数。本文认为，除互动态外，周遍义和话题化也是动作行为的多量，并由此引发了动词及其他相关成分语义或句法功能变化。汉藏语动词重叠式的语法意义可以归并为"多量义"和"少量义"两个大类：

多量义：反复/频繁、持续、经常/惯常、加强、周遍、互动、话题化

少量义：动量小、时量短、尝试/试行

## 三、动词重叠的形式—意义匹配格局

在我们所考察的分属于不同语族的、不同类型的汉藏语中，动词重叠式的形式—意义匹配关系呈现出以下特点：

1. 动词的 AA 式重叠式在一些语言中表示经常、反复、频繁、持续、周遍等多量义,如藏语、景颇语、纳西语、波拉语、仓洛门巴语等;在另外一些语言中则表示短暂、尝试、轻微等少量义,如苗语、布依语、莫语[9]、侗语、基诺语、勉语、标话[10]等;此外,部分语言用 AA 式重叠式来表示互动态,如纳西语、普米语、羌语等;有的语言的 AA 式动词重叠式可以用来表示周遍义,如普米语等;有的语言的 AA 式动词重叠式还可以用作句子的话题,如景颇语等。

2. 双音节动词的 ABAB 式重叠式在多数有双音节动词且可重叠的语言中表示短暂、尝试、轻微等少量义,如基诺语、勉语、景颇语、仓洛门巴语等;在个别语言中表示反复、持续、加强等多量义,如嘉戎语等。

3. AABB 式在所有语言中均表示频繁、反复、持续、加强等多量义;个别语言还可以表示互动态,如纳西语等。

可见,汉藏语倾向于用 ABAB 式动词重叠式表示少量义,用 AABB 式动词重叠式表示多量义。单音节动词的重叠式 AA 式则可在不同的语言中分别表示多量和少量两种不同意义。我们认为,多量义和少量义作为汉藏语动词重叠式最常表示的两种语法意义,在具体语言中存在竞争关系。二者之间的力量对比,主要体现在对动词重叠式的最基本形式——单音节动词重叠式 AA 式的争夺上:在一种语言中,单音节动词重叠式 AA 式表示的语法意义,通常就是在二者的竞争中占据优势地位的那种。

我们将景颇语、藏语、纳西语、普米语、嘉戎语、羌语、仓洛门巴语等多量义在动词重叠式语法意义的竞争中占据优势地位的语言称为"多量义优势型语言",将基诺语、畲语、壮语、苗语、布依语、莫语、侗语、勉语、拉珈语、仫佬语、标话等少量义占据优势地位的语言称为"少量义优势型语言"。其最主要的分类标准为:如果一种语言的 AA 式动词重叠式表示多量义,则该语言为"多量义优势型语言";如果一种语言的 AA 式动词重叠式表示少量义,则该语言为"少量义优势型语言"。① 分别以景颇语和基诺语为代表,其形式—意义匹配格局可表示如图 1:

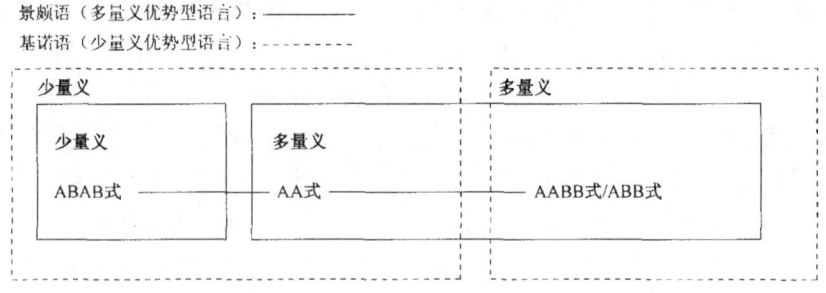

图 1　景颇语和基诺语动词重叠式的形式—意义匹配格局

除图 1 外,不同的"多量义优势型语言"和"少量义优势型语言"有多种不同的形式—意义匹配关系。如有的语言没有少量义的动词重叠式,多量义作为唯一语法意义,与其动词重叠的所有形式相匹配,如嘉戎语[4];有的语言动词不能以某一种或几种形式重叠,如傈僳语[11],等等。其共性是,"多量义优势型语言"的 AA 式动词重叠式一定和多量义相匹配,"少量义优势型语言"的 AA 式动词重叠式一定和少量义相匹配。

---

① 傈僳语等极个别语言没有单音节动词重叠式 AA 式,则需要采用其他标准进行分类。

## 四、从亲属语言反观汉语的动词重叠式

有亲缘关系的语言,在共时状态上既有共性又有特性,在语言演变上也还会存在一些共同的规律。即便它们之间有差异,差异也有规律可循。因而,研究某种语言,有可能从与其有亲缘关系的语言特点中得到启发、得到印证。[12]汉藏语系的诸民族语言,与汉语既有发生学上的亲缘关系,又有历史上的密切接触。因而有可能通过它们的相互比较、反观,认识不同语言的共性和个性,揭示语言发展的规律,弥补单一语言研究的不足。在汉语动词重叠式的研究中未能解决的问题,或许可以在亲属语言对比中找到答案。

(一)汉语和亲属语言有相同的动词重叠形式

汉语动词重叠式的基本形式和亲属语言相同,主要有 AA 式、ABAB 式和 AABB 式三种。单音节动词的基本重叠形式为 AA 式。如:

想——想想
写——写写
管——管管

双音节动词的重叠形式以 ABAB 式为常。如:

休息——休息休息
打扮——打扮打扮
活动——活动活动

有些双音节动词还可以重叠为 AABB 式。如:

唠叨——唠唠叨叨
啰唆——啰啰唆唆
嘀咕——嘀嘀咕咕

同亲属语言一样,汉语中也有很多 AABB 式动词重叠式并没有基式 AB,而是由意义相关的两个单音节动词分别重叠为 AA 和 BB 后组合构成。如:

蹦蹦+跳跳——蹦蹦跳跳
哭哭+啼啼——哭哭啼啼
走走+停停——走走停停

(二)汉语是"少量义优势型语言"

汉语动词重叠式的语法意义存在争议。① 多数学者认为表示"动量小、时量短、动作轻"等少量义,如范方莲[13]、朱德熙[14]、邢福义[15]、邵敬敏、吴吟[16]等;也有学者持相反意见,认为表示动作的"反复""延续"或"惯常"等多量义,如朱景松[17]、钱乃荣[18]等;此外,吕叔湘[19]、赵元任[20]、朱德熙[14]认为动词重叠还可以表示"尝试"义;王还[21]认为以"一次完整动作作为一个单位"的动词重叠式"有轻松悠闲的意味",等等。

Bybee[22]等在研究世界各语言的体(aspect)成分虚化过程时指出,各语言中动词重叠的最早意义是动作的重复、频繁或持续。

汉语亦不例外。汉语史的研究显示,上古汉语即存在 AA 式动词重叠式,表示动作反复多次,连续不断地进行,含有多量意义。汉魏六朝时期,AA 式动词重叠式逐渐增多,

---

① 主要指 AA 式。

但大多只见于韵文,且都是表示绵延、反复或久长等多量义。从唐代起,AA式动词重叠式大量出现,大多仍是表示多量义;但在《敦煌变文集》等文献中出现的个别AA式动词重叠式,除按绵延、反复等多量义理解外,也可以理解为短时等少量义,有些AA式重叠式后面还带有宾语。① 除AA式外,《敦煌变文集》中还出现了汉语史上最早的双音节动词的ABAB式重叠式;此外,《敦煌变文集》中还能看到一些AABB式动词重叠式。宋元及以后,表示少量义的AA式动词重叠式正式形成且大量出现。[22](p13-19)到元末明初,随着少量义动词重叠式语法范畴的确立,双音节动词的ABAB式重叠式也开始大量产生。[24]至此,AA式基本丧失了其固有的表示反复多次、连续不断等多量义的功能,多量义转由AABB式来承担表达。[25]

可见,汉语的AA式动词重叠式的语法意义在历史上发生过深刻的变化,即由表示多量义转为表示少量义。这一变化或萌芽于唐代,到宋元开始大量出现并最终形成语法范畴。在AA式被认为可能开始表示少量义的同一文献——《敦煌变文集》中,出现了汉语史上最早的ABAB式动词重叠式;而ABAB式的大量产生,则发生在少量义的AA式业已形成语法范畴的元末明初。也就是说,少量义动词重叠式语法范畴的形成,是促使ABAB式产生的先决条件之一。这和我们在前文对亲属语言的考察中所得出的"汉藏语的ABAB式动词重叠式倾向于表示少量义"的结论不谋而合,也从另一个角度为汉语的AA式动词重叠式的基本语法意义为"动量小、时量短"等少量义的观点提供了依据。

据此我们认为,汉语和汉藏语系亲属语言有共同的倾向:用ABAB式表示少量义,AABB式表示多量义。除ABAB式外,汉语单音节动词的重叠式AA式也表示少量义。这反映出少量义作为汉语动词重叠式后起的语法意义,在与固有的多量义的竞争中占据了优势地位。汉语属于"少量义优势型语言",其动词重叠式的形式—意义匹配格局可表示如图2:

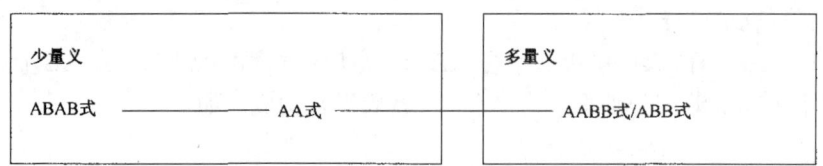

图2 汉语动词重叠式的形式—意义匹配格局

## 五、结语

以上,我们通过跨语言考察,从语言共性角度对我国境内汉藏语动词重叠式的形式、意义及其匹配关系进行了初步探讨,得出以下结论:

1.汉藏语有丰富的动词重叠式,其重叠形式主要有AA、ABAB、AABB三种,可以表示动量小、时量短、尝试或试行、反复、持续、频繁、经常或惯常、语义加强、周遍等语法意义;此外,部分语言的动词重叠式可以用来表示互动态,有的语言的动词重叠式还可以充当句子的话题。其中,动量小、时量短、尝试或试行等语法意义属于"少量义";反复、持续、频繁、经常或惯常、语义加强、周遍、互动和话题化属于"多量义"。

---

① 石毓智《汉语动词重叠式产生的历史依据》(载汪国胜、谢晓明主编:《汉语动词重叠问题》,华东师范大学出版社,2009)认为,及物动词的重叠式带宾语是表少量义的动词重叠式的主要句法特征之一。

2. 汉藏语倾向于用 ABAB 式动词重叠式表示少量义,用 AABB 式动词重叠式表示多量义。单音节动词重叠式 AA 式则可在不同的语言中分别表示多量和少量两种不同意义。少量义和多量义在具体语言中的力量对比,主要体现在对动词重叠式的最基本形式——单音节动词重叠式 AA 式的争夺上。汉藏语可分为"多量义优势型语言"和"少量义优势型语言",不同语言的动词重叠式有不同的形式—意义匹配格局。其共性是,"多量义优势型语言"的 AA 式动词重叠式一定和多量义相匹配,"少量义优势型语言"的 AA 式动词重叠式一定和少量义相匹配。

3. 汉语和亲属语言有共同的倾向:用 ABAB 式表示少量义,AABB 式表示多量义。除 ABAB 式外,汉语单音节动词的重叠式 AA 式也表示少量义。这反映出少量义作为汉语动词重叠式后起的语法意义,在与固有的多量义的竞争中占据了优势地位。汉语属于"少量义优势型语言"。

**参考文献:**

[1] 戴庆厦,蒋颖,孔志恩. 波拉语研究[M]. 北京:民族出版社,2007.
[2] 李云兵. 苗语重叠式的构成形式、语义和句法结构特征[J]. 语言科学,2006(2).
[3] 戴庆厦,傅爱兰. 从语言系统看景颇语动词的重叠[J]. 汉语学报,2000(2).
[4] 林向荣. 嘉戎语研究[M]. 成都:四川民族出版社,1993.
[5] 刘劲荣. 拉祜语四音格词研究[M]. 北京:民族出版社,2009.
[6] 罗美珍. 傣语方言研究(语法)[M]. 北京:民族出版社,2008.
[7] 王会银. 藏语拉萨话动词的重叠形式[J]. 民族语文,1988(3).
[8] 戴庆厦,朱艳华. 藏缅语选择疑问范畴句法结构的演变链[J]. 汉语学报,2010(2).
[9] 杨通银. 莫语研究[M]. 北京:中央民族大学出版社,2000.
[10] 梁敏,张均如. 标话研究[M]. 北京:中央民族大学出版社,2002.
[11] 《中国少数民族语言简志丛书》编委会. 中国少数民族语言简志丛书[M]. 北京:民族出版社,1980—1987.
[12] 戴庆厦,李洁. 从藏缅语族语言反观汉语的被动句[J]. 云南师范大学学报,2006(3)
[13] 范方莲. 试论所谓"动词重叠"[J]. 中国语文,1964(4).
[14] 朱德熙. 语法讲义[M]. 北京:商务印书馆,1982.
[15] 邢福义. 说"V—V"[J]. 中国语文,2000(5).
[16] 邵敬敏,吴吟. 动词重叠的核心意义、派生意义和格式意义[G]//汪国胜,谢晓明. 汉语重叠问题. 武汉:华东师范大学出版社,2009.
[17] 朱景松. 动词重叠式的语法意义[J]. 中国语文,1998(5).
[18] 钱乃荣. 现代汉语的反复体[G]//侯精一,施关淦. 《马氏文通》与汉语语法学. 北京:商务印书馆,2000.
[19] 吕叔湘. 中国文法要略[M]. 北京:商务印书馆,1982.
[20] 赵元任. 汉语口语语法[M]. 北京:商务印书馆,1979.
[21] 王还. 动词重叠[J]. 中国语文,1963(1).
[22] Bybee Joan,Revere Perkins and William Pagliuca. The Grammaticization of Tense,Aspect,and Modality in the Languages of the World[M]. Chicago:Universtiy of Chicago Press,1994.
[23] 李珊. 动词重叠式研究[M]. 北京:语文出版社,2003.
[24] 徐正考. 双音节动词重叠形式探源[J]. 烟台师范学院学报:哲学社会科学版,1996(3).
[25] 李文浩. 动词重叠式的源流[J]. 汉语学报,2007(4).

(原载《中央民族大学学报(哲学社会科学版)》2013 年第 2 期)

# 汉语、藏缅语形容词重叠式的特殊用法

丁崇明[*]

[摘 要] 汉语和藏缅语中有的语言或方言一般的形容词重叠式具有特殊表意功能。还有一些形式特殊的形容词重叠式,如形容词重叠式之间加入中缀或其他词、带后缀或前缀、词根部分重叠等,则表示程度更深、程度降低,经常或反复,多数等语义。

[关键词] 藏缅语;汉语;形容词;重叠式

形容词重叠式是汉语和藏缅语绝大多数语言普遍存在的一种语法现象,主要表示程度的加深或语气加强。例如土家语、纳西语、基诺语、白语、独龙语、怒语等表示程度加深,普米语、仓洛门巴语表示加强语气。但在藏缅语中其功能及表现形式不尽相同。本文讨论汉语和藏缅语形容词重叠式的特殊形式及其表意功能,且只讨论单音节形容词和双音节形容词的重叠,不讨论形容词的生动形式。

## 一、形容词一般重叠式的特殊表意功能

(一)形容词重叠式的语法意义因其充当的句法成分而异

现代汉语形容词原式与重叠式比较,形容词重叠式除了表示词汇的理性意义之外,还包含着发话人对形容词所表述对象在程度上的主观估价,而在程度上的主观估价有量方面的区别。朱德熙先生指出:"一般说来,完全重叠式在状语和补语两种位置上往往带着加重、强调的意味。""在定语和谓语位置上的时候,完全重叠式不但没有加重、强调的意味,反而表示一种轻微的程度。"如:

| 大大地请了一次客 | (状语) |
| 写得大大的挂在墙上 | (补语) |
| 高高地挂起来 | (状语) |
| 挂得高高的 | (补语) |
| 短短的头发,大大的眼睛 | (定语) |
| 眼睛大大的,像个洋娃娃 | (谓语) |
| 高高的个子,四十来岁 | (定语) |
| 个子高高的 | (谓语) |

(二)形容词重叠后表示程度的减轻

景颇语单音节形容词重叠表示程度减轻:

ti³¹la³³ 老  ti³¹la³³ti³¹la³³  有点儿老

---

[*] 作者简介:丁崇明,男,北京师范大学汉语文化学院副教授。

lum³³暖和　lum³³lum³³　有点儿暖和

（三）重叠式中声调屈折变化表示不同的程度

怒语的形容词重叠式中声调的曲折变化可以表示不同的程度。

1. 第一个音节为高升调,第二个音节为本调表示程度加深。例如：

b³⁵b　白白的

ə³⁵ə³¹th³⁵ 绿绿的

2. 两个音节的声调相同,表示程度不深,"有点儿"的意思。例如：

b³¹b³¹th³⁵ 不太白;有点儿白

ə³¹ə³¹th³⁵ 不太绿;有点儿绿

## 二、形容词重叠式加词缀及其表意功能

（一）形容词重叠式嵌入中缀

1. 汉语有的方言里有的形容词重叠式比较特殊。李兆同先生（1984）讨论了属于汉语北方方言的昆明话中,形容词中间嵌入中缀 l⁵³ 表示程度更深的语法意义的现象。① 例如：

好 l⁵³ 好　　　　快 l⁵³ 快

坏 l⁵³ 坏　　　　红 l⁵³ 红

烦 l⁵³ 烦　　　　酸 l⁵³ 酸

硬 l⁵³ 硬　　　　白 l⁵³ 白

漂亮 l⁵³ 漂亮　　干净 l⁵³ 干净

整齐 l⁵³ 整齐　　嘈耐 l⁵³ 嘈耐（脏得使人恶心）②

昆明方言形容词重叠式 Alu⁵³A 中的中缀 l:⁵³ 也可以读为 lu⁵³,l:⁵³/lu⁵³ 要重读,其中主要元音拖长可以表示程度进一步加深。昆明话的 Al:⁵³A 重叠式的句法功能是作谓语。例如：

（1）她的脸色白 l:⁵³ 白,看上去就像得了一场病一样的。③

（2）那些农民煮的饭硬 l:⁵³ 硬,就像枪子一样。

有必要指出的是,昆明话形容词可以受程度副词的修饰。如可以受"太、特别、扎是、相当、老实"等的修饰表示程度深。但形容词重叠式不能受程度副词的修饰。

2. 汉语昆明话形容词重叠式插入中缀表示程度深的这种语法现象并非绝无仅有,在属于藏缅语的土家语中也有同样的语法现象。土家语是在形容词重叠式之间加进中缀 lie:²² 表示程度的加深。土家语单音节、双音节和三音节形容词都可以用这样的重叠式表示程度的加深。例如：

---

① 李兆同先生在文章中还指出少数动词也可以构成这种重叠式。李兆同认为这种重叠式中的 l⁵³ 是"了",我们认为这其中的 l⁵³ 不是"了",而是一个中缀,具体原因我们将另文讨论。其实李兆同先生已经注意到这种重叠式中的"了"不同于"了₁"和"了₂",认为姑且把它称为"了₃"。

② 以下例子是我们自己调查的。

③ 昆明话的结构助词"的"读为 n。

sa⁵⁵lie:²²sa⁵⁵　很冷　　ze⁵⁵lie:²²ze⁵⁵　很美
　冷　　冷　　　　　　美　　美

so³⁵li⁵⁵lie:²²so³⁵li⁵⁵　很干净
　干净　　干净

te³⁵kha⁵⁵la⁵⁵lie:²²te³⁵kha⁵⁵la⁵⁵　很坏的
　坏的　　　　坏的

dʑi³⁵ka⁵⁵lai⁵⁵lie:²²dʑi³⁵ka⁵⁵lai⁵⁵　很细的
　细的　　　　细的

土家语还有一种形容词重叠式——带音节重音的重叠式,这种重叠式基本按一般的重叠式重叠,所不同的是其中有一个音节要重读。这种重叠式又可以分为三种,(重读音节下加横线):

ABAB式:kho²¹kh⁵⁵ 困难
　　　　kho²¹kh:⁵⁵kho²¹kh⁵⁵ 很困难

AABB式:kho²¹kh⁵⁵ 困难
　　　　kho⁵⁵kho:²¹kh⁵⁵kh⁵⁵ 很困难

ABCABC式　这是状态形容词重叠式:

thuñ²¹kho⁵⁵li²¹ 圆的

thuñ²¹kho⁵⁵li:²¹thuñ²¹kho⁵⁵li²¹ 很圆的

(二)形容词重叠式加前缀或后缀

1.傈僳语形容词重叠后加上不同的后缀表示不同的语法意义

傈僳语形容词重叠后加后缀 mu⁴⁴ 表示程度略微加重,也可以表示委婉语气。

li³¹ 重　li³¹li³¹mu⁴⁴ 重重的

i⁴² 弯　i⁴²i⁴² 弯弯的

傈僳语不同意义范畴的形容词加不同的后缀表示的程度有区别。表示深、远、宽、大、满等强的意义的形容词重叠后加上前缀表示语义的加强,重叠后声调要变化,不论原调是什么调,前一个音节读 55 调,后一个音节一般读 44 调。例如:

mo⁴⁴ 高　　mo⁵⁵mo⁴⁴　高高的

thu³³ 厚　　thu⁵⁵thu⁴⁴　厚厚的

表示弱方面意义的形容词,如:小、浅、近、窄、矮,重叠后不变调,加后缀 z³¹,表示其性状稍微减弱。例如:

o⁴⁴ 小　　o⁴⁴o⁴⁴z³¹　小小的

du³¹ 短　　du³¹du³¹z³¹　短短的

2.重叠形式加词缀表示程度不深

怒语的大多数形容词可以重叠,重叠以后表示程度的加深。但与许多语言不同的是,怒语的形容词重叠后可以加前缀 mə⁵⁵ 和 a³¹ 表示程度减轻,表示"有点儿"等意义。例如:

mə⁵⁵dui³¹dui³¹a³¹　有点儿浑浊

3.重叠式加前加成分表示程度不深

怒语单音节形容词加上前加成分 mə⁵⁵,同时声调发生一定的变化表示程度不深。

例如：

mə$^{55}$n$^{31}$n$^{31}$th$^{35}$　不太黑

mə$^{55}$thu$^{35}$thu$^{35}$th$^{35}$　不太厚

### 4. 重叠式加前加成分，表示程度最深

怒语单音节形容词重叠式加上前加成分 kh$^{35}$表示程度最深。例如：

kh$^{35}$mə$^{35}$mə$^{35}$　$^{55}$thi$^{53}$dz$^{35}$　一棵最高的

最　高　高(助词)一　棵

s$^{53}$　$^{55}$kh$^{35}$xə$^{35}$xə$^{35}$　$^{55}$thi$^{53}$kh$^{53}$　一根最长的橼子

橼子　最　长　长(助词)一　根

### 5. 同比句中可以出现形容词重叠式

怒语的单音节形容词重叠后，前面加上 dɯi$^{31}$（一样），用在同比句中。例如：

kh$^{35}$ph$^{35}$u$^{31}$kh$^{53}$　le$^{31}$di$^{31}$kh$^{53}$dɯi$^{31}$ue$^{35}$ue$^{35}$　这条路和那条路一样远。

路　那条(连词)这条　一样　远远

### 6. 重叠式加前缀程度加深还表示所陈述的事物是多数

载瓦语单音节形容词一般都能重叠，多数形容词重叠后表示性质状态加深。表示粗大、多、长、高、宽等意义的形容词重叠后，再加上前加成分 ke$^{21}$，表示程度的加深，另外还表示所陈述的事物是多数的。这样的重叠式在句中作定语，位于名词之后。例如：

o$^{51}$　i$^{21}$　ke$^{21}$mji$^{21}$mji$^{21}$vo$^{55}$le$^{51}$. 我有很多的果子。

我果子　多　　多　有（谓助）

xu$^{51}$ko:$^{21}$ma$^{55}$sik$^{51}$kam$^{51}$ke$^{21}$i$^{55}$i$^{55}$ju$^{1 21}$　a$^{55}$　那山坡上长着一些特别粗大的树。

那山坡(结助)　树　　粗大粗大生长(语助)

## 三、其他特殊用法

### （一）独龙语带词头的形容词重叠时，只重叠词根，词头不重叠

例如：

pə$^{31}$di:$^{55}$　绿

pə$^{31}$di:$^{55}$di:$^{55}$　绿绿的，很绿的

tə$^{31}$d$^{55}$　困难

tə$^{31}$d$^{55}$d$^{55}$　很困难的

b$^{55}$　快

b$^{55}$b$^{55}$　快快的、很快

### （二）词根重叠表示"经常""反复"

景颇语双音节形容词词根部分重叠后表示"经常""反复"的意思。例如：

ɿ.Á1|e$^{33}$ 骄傲　　　ɿ.Á1|e$^{33}$e$^{33}$ 常常骄傲

ɿ.kÁ1|tsi$^{33}$ 凉　　　kɿ.Á1|tsi$^{33}$tsi$^{33}$ 常常凉

### （三）形容词重叠式中间插入某些副词

独龙语有的形容词重叠式中间可插入某些副词：

ː⁵⁵　　dʑ³¹　　bəcm⁵³ bəcm⁵³ ɖiː⁵⁵ dzəcː⁵⁵ mːː⁵³ kəcː¹⁵⁵ mː⁵³ tiː⁵³ kəcː¹⁵⁵ tiː⁵³ ³¹ jː⁵³ lː⁵³, təçi⁵³ kəcː¹⁵⁵
山坡（助词）　　多　多　　　树　高　也　高大　也　大那　有　短　也
təçi⁵³ tɖiː⁵³ kəcː¹⁵⁵ tɖiː⁵³ ³¹ jː⁵⁵ kəcː¹⁵⁵ lː⁵³.山坡上有很多又高又大的树，也有又矮又小的树。
短　小　也　小　那　也　有

### （四）形容词重叠式后加副词

载瓦语部分性状形容词重叠后，常常要在其后加上副词 tsa²¹ "只、仅"，表示局限在这种性状范围内。它在句中一般作定语或状语。例如：

　　　　mo⁵¹　　ma⁵⁵　lu¹²¹ kok²¹ liː⁵⁵ liː⁵⁵ tsa²¹ to¹²¹ a⁵⁵. 那下面有比较圆的石头。
　　那下面（结助）　石头　圆圆　只　有（语助）

nuː⁵⁵ mo¹⁵⁵ an⁵⁵ an⁵⁵ tsa²¹ jap²¹ ke̱¹⁵⁵! 你们站稀一点！
　　你们　　稀稀　仅　站（语助）

### （五）形容词重叠式之间加其他成分表示强调

载瓦语在重叠的形容词之间加上 jaː²¹ 表示强调。它在句中主要作谓语，这种形式的重叠式的否定式，否定词放在 jaː²¹ 之后。例如：

　　　　pe²¹ jin⁵⁵ kjo¹²¹ jaː²¹ kjo¹²¹ le⁵¹. 北京的确冷。
　　　北京　冷　冷　（谓助）

mau⁵¹ sau²¹ xau⁵¹ phju⁵¹ jaː²¹ a²¹ phju⁵¹. 那种纸的确不白。
　　纸　那　白　不　白

### （六）重叠式之间加其他成分表"所有……的"

载瓦语在重叠式形容词之间加入 -m⁵⁵- 表示"所有……的"意义。例如：

koi⁵⁵ m⁵⁵ koi⁵⁵ 所有弯曲的
弯曲　弯曲

### （七）形容词重叠式加程度副词表示程度最高

彝语程度副词 dɯ³³ 加在形容词重叠式之间，表示形容词的最高的语义程度。例如：

a³³ ni³³ a³³ ni³³ dɯ³³ a³³ ni³³ 顶红
红　红　很　红

va⁵⁵ va⁵⁵ dɯ³³ va⁵⁵ 顶好
好　好　很　好

### （八）形容词受范围副词修饰要重叠

彝语单音节形容词受范围副词修饰要求形容词重叠，范围副词 kha³³ 在形容词重叠式前。例如：

kha³³　kha³³ mbo²¹ mbo²¹ 所有好（的）
所有、凡所有　好　好

### （九）重叠式中的语音变化

羌语支中的木雅语只有部分形容词可以重叠，重叠时第二个音节声调变为 15 调，或变为 55 调后再加上 1/4u⁵⁵，重叠部分读低调。① 例如：

---

① 参见马学良主编：《汉藏语概论·上》第 340 页。

k·$^{33}$ji$^{53}$ 多的    k·$^{33}$ji$^{15}$k·$^{33}$ji$^{33}$ 多多的
nχ$^{33}$nχ$^{53}$ 早的    nχ$^{33}$nχ$^{55}$nχ$^{33}$ 早早的

## （十）重叠式作定语，并且位置可前可后

阿昌语形容词作定语时可以重叠，重叠后表示程度的加深。单音节形容词作定语时一般放在名词后，而单音节形容词重叠式作定语时可以在名词前，也可以在名词后。例如：

(1) ɿ$^{55}$ tse$^{31}$ na$^{55}$ lu$^{55}$. 我要红衣服。
　　我 衣服 红 要

(2) ɿ$^{55}$ tse$^{31}$ na$^{55}$ na$^{55}$ lu$^{55}$
　　我 衣服 红 红 要

(3) ɿ$^{55}$ tse$^{31}$ na$^{55}$ na$^{55}$ s$^{31}$ lu$^{55}$
　　我 衣服 红 红（助）要

(4) ɿ$^{55}$ na$^{55}$ na$^{55}$ s$^{31}$ tse$^{31}$ lu$^{55}$
　　我 红 红（助）衣服 要

(2)、(3)、(4)的意思是"我要红红的衣服。"

## 四、余论

重叠式是汉藏语系语言普遍存在的一种语法手段。石毓智(2001)认为重叠式的语法意义是定量化。"被定量的词语除表达概念义外，还表示该概念的数量、范围、程度、级别等。"当然，不同词的重叠式表示的定量的语法意义并不相同。一般说来，形容词重叠式是确定程度的，多数是表示程度加深，从我们考察的藏缅语中可以证实这一主要倾向。但正如石毓智所说的形容词重叠式表示的程度"是具有伸缩性的模糊量"。朱德熙用现代汉语形容词的重叠式事实已经证明了这一特征。形容词程度量的这种伸缩性在藏缅语中也有表现，景颇语单音节形容词重叠式表示程度的减轻，怒语中通过形容词重叠式的声调屈折变化来表示程度深，声调不变表示程度不深。藏缅语形容词重叠式中，有的是完全重叠法即整个词的重叠，有的是部分重叠法即词的一部分重叠；还有词缀法与重叠法的混合式，即重叠式加词缀；还有重叠法加变异法的混合式，即重叠式中有语音的屈折变化。总之，藏缅语形容词重叠式虽然主要表示的是程度的语法意义，但不论在语义和形式两方面都呈现出多元化的情况。

**参考文献：**

[1]朱德熙. 现代汉语形容词研究[J]. 语言研究,1956(1).
[2]李兆同. 昆明话的谓词重迭式 P 了 P[J]. 思想战线,1984(1).
[3]徐琳,木玉璋,盖兴之. 傈僳语简志[M]. 北京:民族出版社.
[4]徐悉艰,徐桂珍. 景颇族语言简志·载瓦语[M]. 北京:民族出版社,1984.
[5]刘璐. 景颇族语言简志·景颇语[M]. 北京:民族出版社,1984.
[6]孙宏开,刘璐. 怒族语言简志[M]. 北京:民族出版社,1986.
[7]陈士林,边仕明,李秀清. 彝语简志[M]. 北京:民族出版社,1985.
[8]孙宏开. 独龙语简志[M]. 北京:民族出版社,1982.
[9]徐琳,赵衍荪. 白语简志[M]. 北京:民族出版社,1984.

[10]和即仁,姜竹仪.纳西语简志[M].北京:民族出版社,1985.
[11]陆绍尊.普米语简志[M].北京:民族出版社,1983.
[12]田德生,何天贞.土家语简志[M].北京:民族出版社,1986.
[13]李永燧,王尔松.哈尼语简志[M].北京:民族出版社,1986.
[14]常宏恩.拉祜语简志[M].北京:民族出版社,1986.
[15]戴庆厦.阿昌语简志[M].北京:民族出版社,1985.
[16]盖兴之.基诺语简志[M].北京:民族出版社,1986.
[17]陈士林,边仕明,李秀清.彝语简志[M].北京:民族出版社,1985.
[18]马学良,等.汉藏语概论[M].北京:北京大学出版社,1991.
[19]石毓智.肯定和否定的对称与不对称[M].增订本.北京:北京语言文化大学出版社,2001.

(原载《云南民族学院学报(哲学社会科学版)》2001年第5期)

# 汉语与南方少数民族语言在语法类型学上的部分共性特征

## 丁崇明* 荣 晶

对语言共性的研究近几十年来主要有两大派：一派以乔姆斯基(Noam Chomsky)为代表，一派以格林伯格(Joseph H. Greenberg)为代表。两派的研究目的与方法截然不同。乔姆斯基认为各种语言的要素的组合似乎有一些普遍的制约，他力图发现制约各种语言的要素或原则。他认为仅从某个别语言就可以演绎出制约所有语言的某些原则，他所创立的转换生成语法就是要揭示出这些原则。格林伯格则认为要找出语言的共性，必须对尽可能多的语言进行研究，从中归纳出语言的共性特征，通过对众多语言的研究，可以根据不同的个性特征，对世界的语言从结构类型的角度进行分类。他用形态指数形式化方法对语言进行结构类型分类，创造了一种新的分类方法。① 格林伯格还从句法角度，对不同语言的语序及其相关要素进行研究，总结出一些与语序相关的语言共性。尽管17世纪欧洲的普遍语法对语言共性的研究热闹了一阵，但总的看来人们对语言共性的研究还处于探索阶段，从语言类型学的角度对语言的研究还很不够。因此不论是乔姆斯基或是格林伯格的研究都很有价值。本文拟运用格林伯格的某些方法，从语法类型学这一新角度对现代汉语和中国南方少数民族语言进行初步探讨，揭示其语法类型学的某些特征，以加深对汉语及这些语言的认识。

本文用于比较的南方少数民族语言包括十八种藏缅语、十种侗台语、四种苗瑶语、三种孟高棉语和京语。② 藏缅语与汉语同属汉藏语系。侗台语和苗瑶语的系属问题，学术界有较大分歧，多数中国学者认为属汉藏语系，一些外国学者认为不属于汉藏语系。孟高棉语属南亚语系，京语不属汉藏语系，但系属未定。

1.1 语言共性分为绝对共性和倾向共性。绝对共性是没例外的共性，倾向共性是作为倾向性存在，仍有例外的共性。格林伯格指出语言中有些词序的各个参项不是孤立的，有些词序参项之间是有联系的，他指出有的共性是蕴含共性，有的共性是非蕴含共性。伯纳德·科姆里(Bernard Comrie)吸收了格林伯格的观点对语言的共性和类型进行了深入的研究。他指出："对于语言的某些特征，我们似乎不必参照某一语言的任何特征就能判断它们在自然语言里是否存在。例如，所有语言都有口腔元音这一判断绝对不

---

\* 作者简介：丁崇明，男，北京师范大学汉语文化学院副教授。
本文曾于1992年在全国第七次现代汉语语法学术讨论会上宣读过，此次发表作了修改。
① 参见徐通锵：《历史语言学》第20页。
② 十八种藏缅语是：藏语、羌语、珞巴族语、普米语、彝语、错那门巴语、仓洛门巴语、哈尼语、傈僳语、拉祜语、纳西语、基诺语、载瓦语、阿昌语、景颇语、怒语、独龙语、土家语。十种侗台语是：黎语、壮语、布依语、傣语、侗语、水语、仫佬语、毛南语、拉珈语、仡佬语。四种苗瑶语是：苗语、布努语、勉语、畲语。三种孟高棉语是：佤语、布朗语和德昂语。

需要参照其他特征也必定存在。这类共性是非蕴含共性。但是,有许多其他关于语言共性的判断,把一种特性的出现跟其他特性的出现联系起来。也就是说,某一特征必须或者只有在其他某个特征也出现的条件下才能出现。"[①]蕴含共性总要涉及两个或两个以上的特征,两者间有蕴含关系,如以 p 和 q 表示两个语言特性,那么蕴含共性的关系可以表述为"如果 p,那么 q"。例如:"如果一种语言的基本词序是 VSO,那么它也用前置词。"这一蕴含共性是格林伯格发现的。这种没有例外的蕴含共性属绝对蕴含共性。有例外的蕴含共性,属蕴含倾向性。例如格林伯格提出这样一条蕴含倾向性:"如果一种语言的基本词序是 SOV,它大抵也用后置词。"[②]

1.2 藏缅语除了白语外,基本语序是 SOV,藏缅语中白语是前置词,其他藏缅语大多数都有后置词,只是有的学者把这种后置词归入助词中,没单列出来。例如:

(1) a$^{44}$ m$^{33}$ kФ$^{35}$    la$^{35}$    phФ$^{42}$ tho$^{44}$ tɕu$^{55}$.(基诺语)母亲用针缝衣服。
　　母 亲 针(后置词) 衣　服　缝

这句话中的 la$^{35}$,盖兴之先生称为工具助词[③],很显然这就是格林伯格所说的后置词。从藏缅语的情况可以进一步印证格林伯格提出的上述蕴含倾向性是正确的。

1.3 汉语、侗台语、苗瑶语、京语、孟高棉语中的佤语、德昂语、布朗语、藏缅语中的白语的基本语序都是 SVO。这些语言表示可能意愿的情态助动词在动词前,即为"AuxV"。例如:

(2) 他会说英语。(汉语)
(3) wo$^{31}$ tok$^{21}$(侗语)
　　　会　读

藏缅语表可能意愿的助动词放在动词之后,即为"VAux"语序。例如:

(4) ʔno$^{55}$　na$^{35}$　ge$^{35}$　a$^{31}$ga$^{31}$,　a$^{55}$su$^{31}$　ʔno$^{55}$　l$^{53}$　ɣa$^{55}$
　　 他　　病　　好　　(助词),　现在　　他　　做　　能
ga$^{31}$ (怒语)他病好了,现在他能工作了。
(助词)

藏缅语中载瓦语的情况比较复杂,其助动词分三类,第一类助动词放动词前,第二类放动词后,第三类既可放前也可放后。

从大多数语言的情况来看,助动词的位置与某种语言主、动、宾的基本语序是有联系的,从中可以归纳出这样一条蕴含共性:"如果某种语言基本语序是 SOV,那么情态助动词大抵放在动词之后;如果某种语言基本语序是 SVO,那么情态助动词大抵在动词之前。"由于是蕴含共性,所以有例外,白语基本语序是 SVO,但其助动词主要放在动词之后,只有借自汉语的助动词放在动词之前。[④] 载瓦语助动词有的在前,有的在后。但这些是少数例外,大量的语言事实足以使上述蕴含倾向性成立,而且我们可以从语言结构上找到令人信服的解释。在有宾语的句子中,动词与宾语是直接成分,发生句法关系,助动词作为谓语动词的修饰成分,它与动词有直接的句法关系,但与宾语没有直接的句法关系。以 SOV 为基本语序的语言,情态助动词在动词后,形成 SOV Aux 语序,这样不会阻

---

① 伯纳德·科姆里:《语言共性和语言类型》,华夏出版社,1989 年。
② 转引自伯纳德·科姆里:《语言共性和语言类型》,华夏出版社,1989 年。
③ 参见盖兴之:《基诺语简志》,民族出版社,1986 年。
④ 参见徐琳、赵衍荪:《白语简志》,民族出版社,1984 年。

断助动词与动词两个直接成分;而以 SVO 为基本语序的语言形成 SAuxVO 语序,助动词在动词前也不会阻断动词与宾语的直接句法关系。

1.4 汉语、侗台语、苗瑶语、京语及孟高棉语中德昂语、布朗语都有兼语式。例如:

(5)领导派小王去深圳。(汉语)

(6)n$^{45}$ ɣi$^{11}$ toi$^{33}$ la:i$^{11}$ to$^{33}$ tsu$^{45}$ bai$^{33}$.(京语)①
　　他　叫　我　来　看　你们

孟高棉语中的德昂语、布朗语其基本语序是 SVO,这两种语言有兼语式,而佤语基本语序是 SOV,没有兼语式。藏缅语基本语序为 SOV,没有兼语式。由此我们可以看到兼语式不是汉语一个语言独有的特点,它大量存在于以 SVO 为基本语序的语言中。另外,兼语式不是一种单一的语法现象,它以 SVO 语序为其存在的主要先决条件。当然,仅这一点还不够,印欧语系语言多为 SVO 语序语言,但印欧语中无兼语式。原因是印欧语每个句子只能出现一个定式动词,若出现其他动词要以非限定动词的形式出现,例如英语非限定动词表现为不定式、-ing 分词、-ed 分词三种形式。如"He asked a friend to go to his home."另外印欧语中有的动词可以带一个从句作其宾语,但要加入连词。例如英语"He ordered that we marchon that night."在现代英语口语和非正式文体中,从句中的 that 有时可以省略,但在正式文体中要出现。由于以上几方面的原因,所以英语中没有兼语式。

综上所述,我们可以归纳出这样一条蕴含倾向性:如果某种语言以 SVO 为基本语序,那么该语言可能产生兼语式。如果加入更多的条件,可以归纳出这样一条蕴含共性:如果某种语言以 SVO 为基本语序,且 $V_1$ 后的宾语没有格的变化或格标,$V_1$ 的宾语同时又作其后 $V_2$ 的逻辑主语,且其间又不加入别的词,那么这种语言就有兼语式。这是一条绝对蕴含共性,而不是蕴含倾向性,因为它没有例外。

1.5 汉语、侗台语、苗瑶语、京语和孟高棉语中的佤语、布朗语、德昂语都没有主语格助词和宾语格助词,而我们考察的藏缅语中除彝语之外其他 17 种语言有主语格助词或宾语格助词。例如:

(7)la$^{55}$　　i$^{31}$　　khui$^{55}$　　na$^{35}$　　tshua$^{53}$ sa$^{53}$　　ga$^{31}$.(怒语)老虎咬死了狗。
　　老虎(主格助词)　狗　(宾格助词)　咬　杀(语助词)

这句中的主格助词 i$^{31}$ 可以不用,只用宾格助词。

藏缅语的主格助词、宾格助词多为非强制性的,有时可以不用,特别是有了宾格助词使主语和宾语明确后,主格助词往往可以省略。

我们所比较的这些语言有的有主格助词或宾格助词,有的无,这并不是一种偶然的现象,主格助词、宾格助词的有无不是一种孤立的语法现象,它与语言中主、动、宾的基本语序相关。藏缅语除白语外其基本语序为 SOV,藏缅语除彝语外都有主格或宾格助词。任何语言中作主语和宾语的绝大多数是名词性成分,SOV 语序语言,两个名词性成分连用,形成 Np NpVp 这种格局,双宾句三个名词性成分连用,形成 Np Np Np Vp 格局,这样显然比 SVO 型语言容易混淆句子成分,所以 SOV 语序语言中主格助词、宾格助词的功能就在于明确句子成分,使交际双方很容易地把握多个名词成分的句法功能,正确理解语义。彝语虽然没有格助词,但彝语可以通过宾语变调这一内部屈折手段来标明宾格。汉语、侗台语、苗瑶语等语言由于基本语序是 SVO,句子成分之间的语义关系比较容

---

① 本文中国际音标 ᴄ 代表后半高不圆唇元音。

易把握,所以没有格助词,也不用其他手段来标明主语和宾语。

从以上分析中,我们可以归纳出一条蕴含倾向性:以 SOV 为基本语序的语言,主语或宾语往往需要通过某种语法手段来明确其身份;而以 SVO 为基本语序的语言大多不需要通过某种语法手段来明确其身份。

2.1 我们通过上面分析、比较汉语和南方少数民族语言表意愿可能的情态助动词与动词的语序、兼语式的存在以及主格宾格助词的有无,从中归纳出三条蕴含倾向性,并在兼语式蕴含倾向性的基础上又归纳出一条绝对蕴含共性。由于国内多数学者认为我们所用的语料中汉语、藏缅语、侗台语、苗瑶语有同源关系(京语和属南亚语系孟高棉语族的三种语言与这些语言长期以来相互接触),我们为了使归纳出的蕴含倾向性具有语法类型学上的普遍性,所以必须拿一些与这些语言在形态上有较大差异、接触不很密切的语言来进一步检验这些蕴含倾向性。以下是我们尽可能收集到的其他一些语系语言的主语、动词、宾语的语序以及有无主格、宾格或格助词,表意愿可能的助动词与动词的语序,兼语式的有无等方面的情况。属于阿尔泰语系突厥语族的撒拉语、西部裕固语、哈萨克语,蒙古语族的东乡语、土族语、东部裕固语,满—通古斯语族的鄂伦春语、鄂温克语、锡伯语、赫哲语以及属印欧语系伊朗语族的塔吉克语,以上 11 种中国北方少数民族语言其基本语序为 SOV,这些语言名词和代词都有格的变化。这些格的变化是这些语言用来明确句法关系和语义关系的重要标志。其中属突厥语族和蒙古语族的六种语言名词和代词各有主格、宾格等 6~7 个格,属满-通古斯语族的四种语言名词和代词各有主格、宾格等 7~14 个格,塔吉克语名词和代词各有主格、宾格等 4 个格。这 11 种语言中表示意愿可能的情态助动词(其中土族语表情态的是副动词、东乡语表情态的是副动词,哈萨克、撒拉语是附加成分)放在动词之后。另外系属未定的日语其基本语序是 SOV,有主格、宾格助词。以上所有语言都没有兼语式。

(8) bi　　tand　　kili　dan　(东乡语)我不能跟你们说。
　　 我　你们(与位格)　说　(不能)
(9) bii　　d uubi d awamI dan.(鄂温克语)我可以盖房子。
　　 我(主格)　房子　抓　可以

从以上语言事实可以进一步证明我们归纳出的蕴含倾向性是能够成立的。

2.2 本文归纳出的几条句法共性都与主语、动词、宾语在某一语言中的基本语序相关,这说明这三者在语言中的基本语序是一条相当重要的语法特征,它决定或影响着语言的其他一些语法特征。当然也有一些语法特征与它联系不太密切,有的甚至没有联系。从宏观角度来看语法特点是有层级性的,主语、动词、宾语的基本语序处于语法系统中的基础部分,它影响或制约着其他某些语法特点,诸如有无名词、代词的格标记,情态助动词的位置、兼语式出现的可能等语法特点。这些语法特点与语法系统中基础部分的语法特点较为密切,处于第二层,而有些语法特点与基础部分的联系不是很密切,处于距离基础部分较远的更高层。例如名词性修饰语在中心语之前还是在中心语之后等等。也有些语法特点与基础部分语法特点没有制约关系,如量词的有无等等。拿汉语和中国南方少数民族语言来说,它们都有量词,而本文用于验证我们的结论的 11 种北方少数民族语言中只有西部裕固语和撒拉语有量词,由此看来量词的有无与主语、动词、宾语的基本语序无关。另外藏缅语基本语序为 SOV,汉语与侗台语基本语序都是 SVO,藏缅语名词作定语放在中心语前,形容词作定语放在中心语后,如汉语说"白马"而藏缅语说"马白"(只有白语例外,与汉语一致),与汉语基本语序一致的侗台语名词作定语放在中心语前,形容词作定语放在中心语后,与汉语不一致,却与藏缅语一致,也说"马白"。由此看来名词修饰语的语序与基本语序联系不太密切。

2.3 语言的蕴含倾向共性不同于绝对蕴含共性,蕴含倾向共性可以有例外,从出现例外情况的多少来看,不同的蕴含倾向共性是有区别的。有的蕴含倾向共性出现例外的情况少,也就是说其倾向性强;有的出现例外的情况多一些,也就是说其倾向性弱一些。从本文得出的关于情态助动词和动词的语序的蕴含倾向性,兼语式出现的倾向性以及关于主语、宾语等名词代词的格标记的倾向性来看,情态助动词和动词语序的蕴含倾向性较强,而主语、宾语等名词或代词的格标记的蕴含倾向性略弱一些,而关于兼语式的蕴含倾向性因为有一些例外,其倾向性要更弱一些。因为兼语式的出现与否除了与主语、动词、宾语的基本语序相关外,还与其他因素相关。当然,如果我们把兼语式出现的条件都归纳进蕴含条件中,那么便没有了例外,就成了绝对蕴含共性。

绝对蕴含共性没有例外,蕴含倾向性有例外,我们不能说后者的价值就没有前者的价值大。任何规律都有概括性,规律的价值不以是否有例外来衡量,有时有例外的规律的价值比无例外的规律的价值还要大,有的没有例外的规律由于它是显而易见的不证自明的公理,从某种角度来说把它归纳出来对加深人们的认识价值并不大。

2.4 不同的语言间存在相同的形式一般说来有四种原因:第一是偶然巧合;第二是有亲属关系;第三是有接触关系相互影响;第四是由于某种语言共性。那些不能确定有亲属关系而又有长期接触历史的语言之间所存在的相同语言形式,有的是由相互影响所致,有的是由于语言共性所致,有时是由这两种因素共同作用所致。例如兼语式普遍存在于汉语、侗台语、苗瑶语以及京语等少数民族语言中,这首先是由于它们有共同的基本语序这一先决条件,另一个可能的原因便是长期的接触。特别对京语(在越南称为越南语)来说,它与汉语至今没有人认为有亲属关系,但它与汉语以及中国南方一些民族语有长期接触关系,其词汇50%借自汉语。语音系统与汉语较相似,大多数句子成分与汉语是对应的,汉语有兼语式,京语也有。京语之所以如此,一方面由于它与汉语基本语序一致,另一方面由于它与汉语长期接触,受了汉语多方面因素影响。

**参考文献:**
[1]《中国少数民族语言》编委会. 中国少数民族语言简志丛书[M]. 北京:民族出版社,2009.
[2]伯纳德·科姆里. 语言共性和语言类型[M]. 沈家煊,罗天华,译. 北京:华夏出版社,1989.
[3]徐通锵. 历史语言学[M]. 北京:商务印书馆,1992.
[4]格林伯格. 某些主要跟语序有关的语法普遍现象[J]. 陆丙甫,陆致极,译,国外语言学,1984(2).

(原载《思想战线》1997年第3期)

# 汉语与蒙古语语音比较

## 哈斯额尔敦[*]

[摘 要] 本文简要论述了汉语与蒙古语语音系统中的主要差异之处,用共时描写法重点分析比较了现代汉语声母、韵母和现代蒙古语元音、辅音,揭示出它们之间的相同点和不同点。

[关键词] 汉语;蒙古语;语音;分析比较

### (一)

新中国成立以来,特别是改革开放以来,我国社会主义建设事业的迅速发展,促进了我国少数民族与汉族之间在政治、经济、文化等各方面的交往和联系。随着各民族之间交往和联系的日益密切,蒙古族人民学习和掌握汉语的愿望也日益迫切,也有一些汉族同志想学习和掌握蒙古语。通过汉语与蒙古语的比较研究,揭示出它们之间的相同点和不同点,提供学习汉语或蒙古语的捷径,以利于更好地相互学习。因此,进行汉语与蒙古语的比较研究,具有重要的现实意义。同时,通过汉语与蒙古语的比较研究,揭示出它们之间的一般规律和特殊规律,可以丰富和补充普遍语言学的内容,促进普通语言学理论的发展。因此,进行汉、蒙古语的比较研究,也有一定的理论意义。

本人在这篇论文中想用共时描写法将现代汉语语音与现代蒙古语语音作一简要比较。

### (二)

在普通语言学中一般把语音分为元音和辅音,在蒙古语中也把语音分为元音和辅音,但是,汉语语音分析有其传统的方法,即把一个音节(或字)分为声母和韵母。

汉语的音节(或字)都有声调。声调是音节的音高和音高的变化。声调能区别词义。蒙古语没有声调。这是汉语和蒙古语语音的最大、最显著的差异之处。在现代蒙古语里有重音和弱化元音。重音是发音最大而强的音。蒙古语的重音落在词的第一个音节上,但是,不区别词义。词的第一个音节之后的短元音发音不清晰,称为弱化元音。

蒙古语有元音和谐律。第一个音节中的元音限定其后续音节中元音的规则叫作元音和谐律(对此学者们有不同的看法)。在蒙古书面语和古蒙古语中有阳、阴性元音和谐律,在现代蒙古语中还有元音的唇形和谐律。这也是汉语和蒙古语语音的重要差异

---

[*] **作者简介**:哈斯额尔敦,男,中央民族大学教授。

汉语中用的是汉语拼音字母;蒙古语中用的是国际音标,但是为了简便起见,用浊音音标代替了不送气辅音,用清音音标代替了送气辅音。

之处。

汉语和蒙古语有不同结构的音节和不同的音节特点。汉语和蒙古语有不同的语音变化规律。下面只比较分析汉语和蒙古语语音系统中的声母和辅音、韵母和元音。

## (三)

汉语的声母是一个音节的开头部分。声母都是辅音,但是有些辅音不作声母。汉语有21个声母、22个辅音(ng * 不作声母)。现代蒙古语有16个辅音(不包括方言土语和借词中出现的辅音)。下面按声母或辅音的发音部位进行比较。

1. 双唇音:汉、蒙古语有b、p、m,发音都相同。例如:

汉语:拔(bá)、背包(bēibāo)、爬(pá)、批评(pīpíng)、米(mǐ)、麦(mài);

蒙古语:baːtar(英雄)、abarax(救)、dʒəeb(正确)、pagdagar(矮小)、pad xar(漆黑)、maltʃin(牧民)、namar(秋)、əm(药、女的)。

2. 唇齿音:汉语有f,在蒙古语里只出现在借词中。例如:

汉语:飞(fēi)、分(fēn)、方法(fāngfǎ)。

3. 舌尖中音:汉、蒙古语有d、t、n、l,发音基本相同。例如:

汉语:敌(dí)、道德(dàodé)、等待(děngdài)、踏(tà)、淘汰(táotài)、谈吐(tántǔ)、内(nèi)、牛奶(niúnǎi)、泥泞(nínìng)、立(lì)、流利(liúlì)、嘹亮(liáoliàng);

蒙古语:dar(压)、sʊdal(脉、经络)、arad(人民)、tal(草原、方面)、dɔtər(内、里)、xət(火镰)、nar(太阳)、mandax(升起)、xʉn(人)、lab(一定)、gallax(烧火)、dʒil(年)。

4. 舌尖前音:汉语有z、c、s;蒙古语有s、r、dz、ts只出现在某些方言土语和借词中。蒙古语的r是舌尖颤音,不出现在词首,汉语没有这个音。例如:

汉语:再(zài)、总则(zǒngzé)、菜(cài)、层次(céngcì)、搜(sōu)、三岁(sānsuì);

蒙古语:sar(月亮、月)、xʉsəx(希望)、jɔs(礼、礼貌)、asar(楼)、gar(手、出)、gər(家)。

5. 舌尖后音:汉语有zh、ch、sh、r;蒙古语没有这些音,与它们较接近的有dʒ、tʃ、ʃ音。它们之间的主要差别在于舌尖的后缩卷起上,即发汉语的zh、ch、sh时舌尖要后缩卷起,而发蒙古语的dʒ、tʃ、ʃ时舌面要平展。例如:

汉语:摘(zhāi)、政治(zhèng zhì)、折(chāi)、穿插(chuān chā)、沙(shā)、山水(shān shuǐ)、日(rì)、仍然(réngrán)。

6. 舌面前音和舌面音:汉语有j、q、x等舌面前音;蒙古语有dʒ、tʃ、ʃ等舌面音。j、q、x和dʒ、tʃ、ʃ之间的主要差别在于舌位的前后上。例如:

汉语:交(jiāo)、经济(jīngjì)、敲(qiāo)、请求(qǐngqiú)、悬(xuán)、休息(xiū·xi);

蒙古语:dʒam(道路)、adʒil(工作)、ʉdʒ(看)、tʃas(雪)、təmtʃəl(斗争)、xʊtʃ(种公绵羊)、tʃʉ(盖)、ʃat(梯子)、xʊʃʊː(旗、行政区划)、tʊːʃ(一直地)。

7. 舌根音:汉语有g、k、ng、h;蒙古语有g、ŋ、x,k只出现在某些方言土语和借词中。g、ng、h和g、ŋ、x的发音基本相同。例如:

汉语:过(guò)、改革(gǎigé)、扩(kuò)、困苦(kùnkǔ)、昏(hūn)、花卉(huāhuì);

蒙古语:gadʒar(土地、地)、agaːr(空气、天空)、dʒʊrag(图画)、maŋlai(领先、冠军)、dʒaŋ(性格、脾气)。

8. 舌中音:蒙古语有j。它是舌面中浊擦音。在汉语拼音方案中有y,但是把它叫作半元音。例如:

蒙古语：jaduː(贫穷)、taiag(拐杖)、xɵj(喂)。

**汉语声母和蒙古语辅音比较表**

| 发音方法 | | 发音部位 | 双唇音 | | 唇齿音 | | 舌中尖音 | | 舌前尖音 | | 舌后尖音 | | 舌前面音 | | 舌面音 | | 舌中音 | | 舌根音 | |
|---|---|---|---|---|---|---|---|---|---|---|---|---|---|---|---|---|---|---|---|---|
| 塞音 | 清 | 不送气 | b | [b]* | | | d | [d] | | | | | | | | | | | g | [g] |
| | | 送气 | p | [p] | | | t | [t] | | | | | | | | | | | k | [k] |
| 塞擦音 | 清 | 不送气 | | | | | | | z | ([dz]) | zh | | j | [dʒ] | | | | | | |
| | | 送气 | | | | | | | c | ([ts]) | ch | | q | [tʃ] | | | | | | |
| 擦音 | 清 | | | | f | ([f]) | | | s | [s] | sh | | x | [ʃ] | | | | | h | [x] |
| | 浊 | | | ([w])** | | | | | | | r | | | | [j] | | | | | |
| 颤音 | 浊 | | | | | | | | | [r] | | | | | | | | | | |
| 鼻音 | 浊 | | m | [m] | | | n | [n] | | | | | | | | | ng*** | [ŋ] | | |
| 边音 | 浊 | | | | | | l | [l] | | | | | | | | | | | | |

※[ ]中的音是蒙古语辅音。※※( )中的音只在借词和某些方言土语中出现。※※※不作声母

## （四）

汉语的韵母是一个音节的后部分，即声母以后的其余部分。韵母主要是元音，但是有些韵母由元音和辅音构成。所以韵母的范围比元音大一些。汉语的韵母分为单韵母、特殊韵母、复韵母和鼻韵母。现代蒙古语的元音分为短元音、复合元音和长元音。

1. 单韵母和短元音

汉语单韵母有 i、ü、u、o、e、a；蒙古语短元音有 a、ə、i、ɔ、ʊ、ɵ、ʉ。

(1)i：前、高(窄)、非圆唇元音，汉、蒙古语相同。例如：

汉语：一(yī)、集体(jítǐ)；

蒙古语：itgəl(信心)、dʒɔrig(意志)、aŋgi(阶级、班)。

(2)ü：前、高(窄)、圆唇元音，与 i 的差别只在于嘴唇的形状上。蒙古语没有这个音。例如：

汉语：玉(yù)、区域(qūyù)。

(3)u——ʉ：汉语的 u 是后、高(窄)、圆唇元音；蒙古语的 ʉ 是央、高(窄)、圆唇元音。它们之间的差别只在于舌位的前后上。例如：

汉语：五(wǔ)、图书(túshū)；

蒙古语：ʉuən(真、真正)、xʉnd(重)。

(4)o——ɵ：汉语的 o 是后、中、圆唇元音；蒙古语的 ɵ 是央、中、圆唇元音。它们之间的主要差别在于舌位的前后上。例如：

汉语：窝(wō)、拨(bō)、婆婆(pópo)；

蒙古语：ɵndər(高)、ɵdər(日、白天)。

(5)e——ə：汉语的 e 是后、中、非圆唇元音；蒙古语的 ə 是央、中、非圆唇元音。它们之间的主要差别在于舌位的前后上。例如：

汉语：鹅(é)合格(hégé)；

蒙古语:əx(母亲)、xən(谁)。

(6)a——a:汉语的 a 是央、低(宽)、非圆唇元音;蒙古语的 a 是后、低(宽)、非圆唇元音。它们之间的差别只在于舌位的前后上。例如:

汉语:啊(ā)、发达(fādá);

蒙古语:ab(拿)、xatʊ(硬)。

(7)ɔ:蒙古语这个元音是后、次低(次宽)、圆唇元音。与它较接近的汉语韵母是 o。它们之间的主要差别在于舌位的高低(窄宽)上。例如:

蒙古语:ɔlɔn(多)、xɔt(城市)、mɔd(树)。

(8)ʊ:这是蒙古语特有的一个元音。它是后、次高(次窄)、圆唇元音。与它较接近的汉语韵母是 u。它们之间的主要差别在于舌位的高低(窄宽)上。例如:

蒙古语:ʊlas(国家)、ʊs(水)、xʊlas(竹)。

2. 特殊韵母

汉语有[ɿ]、[ʅ](-i)、er([ə])等特殊韵母。蒙古语没有这些元音。

(1)[ɿ]:舌尖前、高(窄)、非圆唇元音,只和 z、c、s 等声母相拼。与它较接近的蒙古语元音是 i,但是发[ɿ]时舌尖对着上齿跟。例如:

汉语:资(zī)、磁(cí)、丝(sī)。

(2)[ʅ]:舌尖后、高(窄)、非圆唇元音,只和 zh、ch、sh、r 等声母相拼。与它较接近的蒙古语元音是 i,但是发[ʅ]时舌尖卷起对着硬腭前部。例如:

汉语:织(zhī)、吃(chī)、施(shī)、日(rì)。

(3)er(ɚ):央、中、非圆唇元音。与它较接近的蒙古语元音是 ə。发 ə 的时候同时把舌尖卷起,就能发出这个音。例如:

汉语:儿(ér)、而(ér)、二(èr)。

汉语单韵母和蒙古语短元音比较表

| 舌位 | 舌面 | 唇状 | 单韵母和短元音 | | | | | | 特殊韵母 | |
|---|---|---|---|---|---|---|---|---|---|---|
| | | | 前 | | 央 | | 后 | | 舌尖前 | 舌尖后(卷舌) |
| | | | 非圆唇 | 圆唇 | 非圆唇 | 圆唇 | 非圆唇 | 圆唇 | 非圆唇 | 非圆唇 |
| 高 | 高 | | i [i]※ | ü | | | [ɤ] | u | -i (ɿ) | -i (ʅ) |
| | 次高 | | | | | | | [ʊ] | | |
| 中 | | | | | [ə] | [ɵ] | e | o | | er |
| 低 | 低 | | | | a | | [ɑ] | | | |
| | 次低 | | | | | | | [ɔ] | | |

※[ ]中的音是蒙古语短元音。

3. 复韵母和复合元音

汉语有复韵母,蒙古语有复合元音。复韵母或复合元音分为后响(上升)复韵母或复合元音、前响(下降)复韵母或复合元音和中响复韵母或复合元音(三合韵母或三合元音)。

后响复韵母汉语有 ia、ua、uo、ie、ue;后响复合元音蒙古语有 iʊ、iu、ʊa。例如:

汉语:鸭(yā)、夏(xià)、蛙(wā)、刮(guā)、卧(wò)、火(huǒ)、也(yě)、切(qiè)、月

(yuè)、决(jué);

蒙古语:ɔliʉ(歪斜的)、biʃiʉ(不是吗?)、xʊa(淡黄的、土岗)。

前响复韵母汉语有 ai、ei、ao、ou;前响复合元音蒙古语有 ai、ɘi、ɔi、ʊi、ʉi。例如:

汉语:来(lái)、爱戴(ài dài)、杯(bēi)、飞(fēi)、袄(ǎo)、报告(bào gào)、藕(ǒu)、口头(kǒu tóu);

蒙古语:ail(村庄、蒙古包群)、sain(好)、ɘmɘgtoi(女的)、ɘrɘgtoi(男的)、ɔlimɘls(袜子)、xɔlit(北、后面)、ʊitan(窄的)、tʊil(极、极端)、ʉil(行为、事业)、xʉitɘn(冷)。

中响复韵母汉语有 uai、uei、iao、iou;中响复合元音蒙古语只有一个 ʊai。例如:

汉语:歪(wāi)、坏(huài)、退回(tùi húi①)、摧毁(cūi hǔi)、腰(yāo)、巧妙(qiǎo miào)、忧(yōu)、秋(qiū*);

蒙古语:gʊai(先生)。

4. 鼻韵母

汉语鼻韵母由一个或两个元音后面带鼻辅音 n 或 ng 而组成。蒙古语把它们分解为元音和辅音。

一个元音后面带 n 或 ng 的鼻韵母有 an、en、ün、ang、eng、ong、ing。例如:

安(ān)、谈判(tán pàn)、恩(ēn)、身份(shēn fèn)、晕(yùn)、均匀(jūn yún);昂(áng)、帮忙(bāng máng)、绷(bēng)、丰盛(fēng shèng)、东(dōng)、工农(gōng nóng)、英(yīng)、倾听(qīng tīng)。

两个元音后面带 n 或 ng 的鼻韵母有 ian、uan、üan、ʋen、iang、uang、ueng、iong。例如:

盐(yán)、片面(piàn miàn)、弯(wān)、宽缓(kuān huǎn)、冤(yuān)、全权(quán quán)、问(wèn)、春笋(chūn sǔn②)、央(yāng)、匠(jiàng)、汪(wāng)、狂妄(kuáng wàng)、翁(wēng)、拥(yōng)、汹涌(xiōng yǒng)。

5. 长元音

现代蒙古语有长元音。把短元音的发音时间拉长就成为长元音。长元音能区别词义。现代蒙古语中有与其短元音相对的 aː、ɘː、iː、ɔː、ʊː、eː、ɵː、ʉː 等七个长元音。例如:

aːb(父亲)、ʊlaːn(红)、ɘːdʒ(母亲)、xɘːr(野外)、iːm(这样)、dɘlxiː(世界、天下)、ɔːr(纽带)、xɔːsɔn(空白)、ʊːt(口袋)、mʊː(坏)、ɵːd(往上、向上)、xɵʃeː(碑)、ʉːd(门)、xʉːxɘd(儿童)。

(原载《中央民族大学学报(社会科学版)》1999 年第 4 期)

---

① 汉语拼音方案规定在 iou、uei 等韵母前面有声母时把它们拼写成 iu、ui 等。
② 汉语拼音方案规定在 uen 韵母前面有声母时把它拼写成 un。

# 汉语、蒙古语中的身体行为动词与言说义

## 马云霞  宝玉柱[*]

[摘　要]　在汉语中,有近百个身体行为动词都能够引申出言说义,在蒙古语中这类动词也有同样的表现。虽然这类词义演变在两种语言中都存在,但又有不同。本文从语义和结构的角度比较了两种语言中这类动词的成类引申。

[关键词]　语义学;词义引申;身体行为动词;言说义

在汉语中,有近百个身体行为动词都能够引申出言说义[1-7],在蒙古语中也有同样的表现。虽然这类动词的成类引申现象在两种语言中都存在,但又有不同。本文比较了这类动词在这两种语言中的语义引申。

本文的分析程序是:先找出汉语词,然后在蒙古语中找出相对应的形式,最后做比较分析。本文所涉及的汉语词基本来自两部词典:《汉语大字典》和《汉语大词典》。其言说义在词典中都已经被独立列为固定的义项。①　身体行为词在汉语与蒙古语中通过隐喻引申出的言说义,有些是类似的,有些是不同的;而由于汉语和蒙古语的语言类型不同,两种语言表达同一词义所使用的语言单位也有所不同。下面分类论述。

## 一、两种语言类似的词义引申②

身体行为动词表示具体身体动作义,却能够大量引申出言说义。在这类引申中,除了少数词的言说义是通过转喻引申出来外,大部分词是通过隐喻引申出言说义的。从认知语言学的角度来看,隐喻是从"始发域"到"目的域"的语义映射,其中包含一系列对应关系。这类词都是从身体行为义引申出言说义,因此身体义是始发域,言说义是目的域。同时值得注意的是,这类词引申出的言说义,表现出比较明显的语义色彩。这里所谓的语义色彩,是指动词词义所反映出的说话人对言说内容本身的态度倾向,大体可分为两类:肯定性态度倾向、否定性态度倾向。在始发域内,这些动词词义中都含有力量成分,力量本身是中性的,但到了目的域内,它们却影响到了语义,在其引申义上形成了一定的

---

\* 作者简介:马云霞,女,上海外国语大学国际文化交流学院副教授,博士。宝玉柱,男(蒙古族),中央民族大学语言研究所教授,博士,博士生导师。

①　文中只有一例来自《近代汉语词典》(许少峰主编《近代汉语词典》,北京:团结出版社,1997年版)。为节省篇幅,来自《汉语大词典》(罗竹风主编《汉语大词典》,上海:汉语大词典出版社,1993年版)的词后面不标注词典出处,而取自《汉语大字典》(汉语大字典编辑委员会《汉语大字典》,成都/武汉:四川辞书出版社/湖北辞书出版社,1993年版)、《近代汉语词典》的,则在其后标明词典出处,分别简称为《大字典》《近代》。

②　两种语言不同的词义引申,即相同的身体动作动词引申出不同的言说义,或不同的身体动作动词引申出相同的言说义。

态度倾向。即这种语义倾向性很大程度上源于身体行为动词词义中所包含的强弱不同的力量成分。① 可以表示为：[5]

**始发域内语义倾向→目的域内语义倾向**

动作对身体构成侵犯或形成伤害　　　　否定性态度倾向

动作不对身体构成侵犯或形成伤害　　　肯定性态度倾向/否定性态度倾向

不少身体行为词在汉语与蒙古语中引申出的言说义是类似的，即：在身体行为域，这些词在两种语言中所表达的词义基本一致，引申到言说域后，其言说义同样是一致的。同时在语义色彩上，其倾向性也是相同的。我们对比了汉语和蒙古语中的身体行为动词，找出了对应关系。下面从上述两种态度倾向的角度分别列表说明。下列表中先列汉语，再列蒙古语。②

（一）肯定性态度倾向的

| 语言 | 身体行为义→ | 言说义 |
| --- | --- | --- |
| 1. 摆<br>delge-xu | 排列；安放<br>展示、摆 | 陈述说<br>一个一个讲出、摆列出 |
| 2. 释<br>taila-xu | 解开<br>解绳扣 | 解释；阐释<br>解释、讲解 |
| 3. 过<br>dagari-xu<br>dagari-gul-xu | 经过<br>经过、冲<br>使经过（少用） | 交谈<br>攻击<br>暗讽 |
| 4. 通<br>amji-gul-xu<br>经过使动态 | 到达；通到<br>传递 | ①传达；通报<br>②叙说；陈述<br>转告、传达、通报 |
| 5. 复<br>xari-gul-xu<br>回使动态 | 还，返回<br>使回去 | 告诉；回答；回复<br>回答 |
| 6. 指<br>jiga-xu | 指向，指着<br>指 | 语；告诉（《大字典》）<br>告状（古）③ |

---

① 言说义语义色彩的判断是复杂的，力量成分不是唯一的影响因素。限于篇幅，本文仅从力量的角度作一分类。

② 为蒙古语书面语的拉丁音标宽式转写，b、d、g 表示清不送气塞音 p、t、k，t 表示清送气塞音 th，j 表示 ʧ，q 表示 ʧh。元音符号同国际音标的对应关系是：a＝ɑ；e＝ə；i＝i；o＝ɔ；u＝ʊ；ə＝o；u＝u。

③ 这是古词，在现代蒙古语中，仅表示"指、教"。

## (二)否定性态度倾向的

| 语言 | 身体行为义→ | 言说义 |
|---|---|---|
| 7. 撸<br>xagula-xu<br>qabqi-xu | 捋<br>扒(皮)<br>砍 | 批评；训斥<br>撸、狠批<br>狠批 |
| 8. 敲<br>balba-xu | 敲击；叩打<br>敲打 | 讥刺；批评<br>老调重弹，反复唠叨 |
| 9. 刺<br>xadxu-xu | 用锐利之物戳人或穿透<br>针刺 | 指责；讥讽(《大字典》)<br>讽刺、挑拨 |
| 10. 咬<br>xaja-xu | 上下牙齿相对,用力夹住或切断压碎东西<br>咬 | 比喻攀扯或诬陷他人<br><br>诬告、暗讽 |
| 11. 碰<br>dagari-xu | 撞；相撞<br>攻击、碰撞 | 斥责；批评<br>攻击、暗讽 |
| 12. 刮<br>xabir-xu | 摩；擦<br>磨、蹭 | 批评；训斥<br>(用言语)磕打、寻衅 |
| 13. 拄<br>tul-xu | 支撑；顶着<br>顶 | 讥刺；反驳<br>(用言语)顶撞 |
| 14. 搡<br>挺<br>mərgu-ldu-xu<br>顶互动态 | 用力推<br>冲刺，搠<br>(牛相互)顶撞 | 顶撞<br>顶撞、得罪(《近代》)<br>(意见)顶撞、冲突 |

从表中可以看出,两种语言中,每组词义类似的身体行为动词,也同样引申出类似的言说义,不但其词义相似,在语义色彩倾向上也是接近的。这也充分说明,这类词义引申具有跨语言的普遍性。

## 二、两种语言不同的语义引申

当然,身体行为动词在两种语言中,也表现出其言说义的引申互不相同,如：

| 语言 | 身体行为义→ | 言说义 |
|---|---|---|
| 15. 举<br>ergu-xu<br>tata-xu | 举<br>拉；拽；抽 | 谈论；称引<br>提问；发问<br>抬举；奉承：ergu-xu; ergu-nmagta-xu<br>　　　　　　举　　举　　赞美<br>举例：jisiye tata-xu<br>　　　例宾格　抽<br>提问：asagu-xu |

续表

| 语言 | 身体行为义→ | 言说义 |
|---|---|---|
| 16.游<br>togori-xu | 遨游；游览<br>兜圈子，参观，游览 | 游说<br>游说：togori-nidxa-xu<br>　　兜圈子　劝说<br>转弯抹角：togori-gul togsi-gul-xu<br>　　　　兜圈子_使动态_　　敲打_使动态_ |
| 17.斗<br>temeqe-xu | 战斗；争斗<br>斗；争斗 | 批判；揭露<br>斗嘴；争先恐后地说：ama uru-ldu-xu<br>　　　　　　　　　　　　嘴_主格_　先_互动态_ |

身体行为动词言说义在两种语言中的不同引申，原因比较复杂，主要有以下几点。

（一）动词本义不同，言说引申义也不同

汉语"举"可同时表示"谈论；称引""提问；发问"两种意义，而蒙古语"ergu-xu"（举），可以表示"抬举；奉承"的言说义。如仍嫌语气不足，则可以用词组"ergu-nmagta-xu"，其中的"magta-xu"（赞美）是对前一词"ergu-n"（举）的词义补充。而"举例"，蒙古语用"jis-iye tata-xu"（例子＋抽）固定结构表示；表示"提问"义时，则用另外一个专门的动词"asagu-xu"。有些身体行为动词引申为言说义动词时，其引申路径一般是：身体行为动词先与言说动词搭配，得到语义补充，而后逐渐兼具言说义，最后独立为言说义动词。

（二）身体行为动词言说义弱，引申为言说义动词时多用词组

"游"在汉语中的身体行为义是"遨游；游览"，而其言说义是"游说"；但在蒙古语中，"togori-xu"表示"兜圈子，参观，游览"，身体行为义重而言说义弱，因此引申为言说义表示"转弯抹角"时，一般用词组、使动态"togoriguljutogsigul-xu"（使兜圈子，使敲打）。表示"游说"的词组"togori-nidxa-xu"是汉语译词，前词保持身体行为义，后词补充言说义。

（三）身体行为动词义虚实程度不同，言说义引申动词的结构和色彩不同

汉语的"斗"，表示身体行为时其意义虚实兼具，既可以表示斗勇的肉搏，也可以表示斗智的较量。而蒙古语的"temeqe-xu"，虽然表示"拼死的争斗"，但语义比较虚，接近汉语的"斗争"或"争"，因此表示"斗嘴"时，蒙古语用"ama uruldu-xu"（嘴＋比赛），即"争先恐后地说"，其中身体动作义较强，"争斗"即对抗义却没有汉语强烈。这是由不同语言的词义概括度与细密度不同所致。

## 三、两种语言所用语言单位不同

词义演变与语言类型密切相关。就原始形态类型而言，汉语是缺乏显性形态的单音节词语言，词的复制和词义扩展主要通过词义引申等方式进行，词的外在形式却相对稳定；随着汉语的双音节化，产生了大量复合词，汉语词的外在形式发生了很大变化，与此同时词义的区别度、词义的表达也越来越缜密、细致和丰富。但蒙古语是黏着型语言，词的形式和词义的派生主要是通过词根缀加后加成分的方式实现的，词是多音节性的，这大大减少了词根多义的概率。但是，在现代生活中，蒙古语的短语词形式有很大发展，当

词缀不足以表示新的意思时，就用复合结构表示，表示的意义或概念却是一个，而不等于两个成分意义的简单相加。

由于两种语言类型不同，有时一个意义在汉语中是用一个词表达，而在蒙古语中则用不同类型的语言单位表达，如下面汉语用一个词形式表示的词义，蒙古语则用一个熟语表示：

| 语言 | 身体行为义→ | 言说义 |
| --- | --- | --- |
| 18. 争<br>buliya-lqa-xu<br>争夺 众动态 | 争取；夺取<br>争夺 | 辩讼；辩论（《大字典》）<br>争论，强词夺理：uge buliya-lqa-xu<br>   言词 争夺 众动态（无贬义） |
| 19. 掘<br>耨<br>malta-xu | 挖<br>除草<br>挖 | （方言）辱骂<br>骂（《大字典》）<br>揭短、揭人隐私：magu-gi-ni malta-xu<br>   坏 宾格 其 挖坏① |
| 20. 戳<br>qogol-xu<br>戳穿 | 刺；用尖端触击<br>戳，穿眼 | 刺激、指责<br>反复嘱咐、叮咛、提醒：qixi-gi-ni qogol-xu<br>   耳朵 宾格 其 戳<br>（暗含预先警告之义） |

汉语中这类词义也可用复合形式来表达。汉语中表示身体行为义的单音节形式引申出言说义后，除了可以单独表达言说义外，也可以跟其他跟言说义相关的形式组合成复合结构来表达言说义。在蒙古语中也用类似的复合形式。如：

| 语言 | 身体行为义→ | 言说义 |
| --- | --- | --- |
| 21. 鞭挞<br>guyada-xu | 鞭打<br>鞭挞 | 抨击<br>狠批 |
| 22. 挑拨<br>jabsarda-gul-xu<br>间隙 使动态 | 拨物；挑动<br>使有间隙；挑拨 | 搬弄是非，调唆<br>挑拨离间：xadxu-njabsarda-gul-xu<br>   插入 间隙 使动态 |

汉语中引申出言说义的单音节动词形式跟与口腔器官有关的名词组合成复合结构，表示言说义的，如：

| 语言 | 言说义 |
| --- | --- |
| 23. 劈口<br>ama negege-xu<br>嘴 宾格 开 | 立即张口<br>开口说话：ama negege—xu<br>   嘴 宾格 开 |

---

① "坏"是宾格，第三人称物主，指坏的东西，包括抽象的东西，如人的劣迹等。

续表

| 语言 | 言说义 |
|---|---|
| 24.插嘴<br>xongshiyar duru-xu<br>嘴_宾格 沾 | 不待他人语终而发言。<br>插嘴：xongshiyar duru-xu<br>　　　嘴_宾格 沾 |
| 25.抢嘴<br>拌嘴争口<br>area uru-ldu-xu<br>嘴_宾格 先_互动态 | 抢先发言,抢先说话<br>口角;争吵<br>争吵;争辩<br>斗嘴,争先恐后地说：ama uru-ldu-xu<br>　　　　　　　　　　嘴_主格 先_互动态 |
| 26.戳舌<br>搬嘴<br>xele ama tata-xu<br>舌嘴_宾格 引<br>xele jøgege-xu<br>舌_宾格 搬 | 搬嘴弄舌<br>搬弄是非<br>惹是生非;搬弄是非：xele area tata-xu<br>　　　　　　　　　　舌嘴_宾格 引<br>传闲话：xele jøgege-xu<br>　　　舌_宾格 搬 |
| 27.传嘴<br>xele xur-ge-xu<br>舌_宾格 至_使动态 | 把一方的话传到另一方<br>捎口信：xele xur-ge-xu<br>　　　舌_宾格 至_使动态 |

因此,从语言形式单位的角度来看,两种语言对同一意义的表达有时相同,有时又有很大差异。同类语义范畴在不同语言中的表达方式存在差异,这是必然的。

## 四、结语

汉字和用汉字记录的浩繁的文献典籍,使我们今天仍有机会追寻汉语每个字词语义演变的过程和轨迹。因此,汉语是世界上研究语义演变条件最优越的语言之一。

汉语、蒙古语中的身体行为动词都能够引申出言说义,进入言说语义域。实际上这类词义引申是有跨语言的普遍性的,一些语言如英语、日语等都存在类似的词义演变。[9]

从认知的角度来看,这类演变体现了Sweester曾指出的"以身喻心"的隐喻模式。[10]从身体行为出发,认知、表达抽象的言说行为,在各种语言中是普遍存在的模式。然而,在各语言中,从身体行为出发,表达抽象的言说行为的方式有所不同。这种差异来自于：

1.生活本身的不同。不同的民族生活环境、生活方式的差异,也影响到语言表达。例如,蒙古族是游牧民族,在牲畜的耳朵上打眼或剪切,是为了给牲畜做印记或给牲畜放血治病。因此才出现熟语"qixi-gi-ni qogol-xu"戳(穿)耳朵,引申为"反复嘱咐、叮咛、提醒"。汉族没有这种生活体验。不过汉语中倒也有类似的表达,如"提撕"一词,原义表示"拉扯;提携",源自"提拉其耳"之义。此义出自《诗·大雅·抑》"匪面命之,言提其耳",郑玄笺："我非但对面语之,亲提撕其耳。"孔颖达疏："非但对面命语之,我又亲提撕其耳,庶其志而不忘。"因此其引申义表示"教导、提醒"。成语"耳提面命"也源自于此,也可表达"教诲殷切,要求严格"。

2. 概念映射不同,引申途径也不同。例如,蒙古语形容词可以名词化,所以"magu"(坏)可以表示"坏事、劣迹","magu-gi-ni malta-xu"可表示"揭短、揭人隐私",但汉语却用表示量度的长短的"短"表示人的缺点。因此其具体的联想途径不同。

3. 语言类型不同,引申用的手段不同。汉语多用字、词的引申义,多从字、词的已有义项出发,利用隐喻、转喻等不同途径向不同方向不断引申出新义,蒙古语多用后缀法(包括构词和构形)表达新义。当然在现代生活中,无论蒙古语还是汉语都发展出相当可观的复合结构形式的引申用法。在复合形式中,由于词的搭配习惯不同,基于引申义的词的搭配不同,也会引起两种语言表达方式的不同。

4. 由于语言之间的接触,特别是通过翻译,不同语言之间的引申方式及其思维基础出现相互借鉴、类比和靠近现象。例如,蒙古语的"xadxu-xu",本义为"扎、刺",引申义为"挑拨",但受汉语短语"挑拨离间"的影响,从译文中发展出了新的短语表达式"xadxun jabsarda-gul-xu"(使动态)。

**参考文献:**

[1] 曾艳青,吴怀智."扌"(手)部动作动词的意义伸展与转用[J]. 兵团教育学院学报,2000(2).
[2] 魏红. 从肢体行为到言说行为——试析明清山东方言里一类词义的演变[J]. 岱宗学刊,2006(3).
[3] 董正存. 词义演变中手部动作到口部动作的转移[J]. 中国语文,2009(2).
[4] 马云霞. 从身体行为到言说行为——修辞动因下言说动词的扩展[J]. 当代修辞学,2010(5).
[5] 马云霞. 从身体行为到言说行为的词义演变[J]. 语言教学与研究,2012(4).
[6] 张雁. 从物理行为到言语行为:嘱咐类动词的产生[J]. 中国语文,2012(1).
[7] Lakof G & Johnson M. Metaphors We Live by[M]. Chicago:Chicago University Press,1980.
[8] Elizabeth Closs Traugott & richard Dasher. On the historical relation between mental and speech act verbs in English and Japanese[G]//In Giacalone-ramat, Anna, Onofrio Carruba and Giuliano Bernini (eds.) Papers from the 7th International Conference on Historical linguistics. Amsterdam Philadelphia:J Benjamins Pub Co,1987.

(原载《中央民族大学学报(哲学社会科学版)》2013年第2期)

# 汉语"动词+结果宾语"在朝鲜语中的对应

## 黄玉花[*]

[摘 要] 本文以《汉语动词用法词典》收入的能带结果宾语的185个动词为考察对象,采用语义语法相结合、定量定性相结合的分析方法,穷尽地分析描写汉语"动词+结果宾语"在朝鲜语中的6种对应形式,揭示两种语言的异同点,为朝鲜族第二语言教学和双语翻译提供参考。

[关键词] 动词;结果宾语;对应形式;述宾结构;能产性

汉语述宾结构在朝鲜语里有多种不同的对应。本文以《汉语动词用法词典》[①]收入的能带结果宾语的185个动词为考察对象,主要分析汉语"动词+结果宾语"在朝鲜语中的6种不同的对应情况,为朝鲜族第二语言教学和双语翻译提供参考。

汉语"动词+结果宾语"在朝鲜语中的对应形式主要如下:1. 对应于朝鲜语的述宾结构。这类动词共有139个。2. 对应于朝鲜语的"动词+主语+ka/i+skita/nata"结构。这类动词共有32个。3. 对应于朝鲜语的修饰结构(状语+动词)。这类动词共有3个。4. 对应于朝鲜语的主谓结构。这类动词共有4个。5. 对应于朝鲜语的"宾语+状语+动词"结构。这类动词共有3个。6. 对应于朝鲜语的独立的动词。这类动词共有4个。具体阐述如下。

## 一、C:V+O→K:O+əL/ləl+V

这是指汉语的述宾结构对应于朝鲜语的述宾结构。朝鲜语的述宾结构与汉语不同的是,宾语在动词的前边,宾语一般要带宾格助词。这种对应形式具体又分为两类:

(一)C:1V+O→K:O+əl/ləl+1V

这是指汉朝语述宾结构中的动词为"1比1"对应的。例如:

1. 煮粥　tsuk əl kkəl i ta.
2. 拍电影　i hua ləl tstsik ta.
3. 下蛋　al əl nah ta.

例1汉语动词"煮"一般对应于朝鲜语的两个动词,"sam ta"和"kkəl i ta"。但是"煮"带结果宾语的时候,只能对应于朝鲜语的一个动词"kkəl i ta",如:"煮粥 tsuk əl kkəl i ta"。所以说,汉朝语述宾结构中的动词"煮"与"kkəl i ta"是"1比1"对应的。

属于这类的动词共有77个。列举如下:糊、打(~借条)、卷、叠、下(~决心)、开(~介绍信)、洗(~相片)、蒸、找(~朋友)、铡、握、贴、挑(~花儿)、掏(~洞)、摊(~煎饼)、捏、磨(~砚台墨)、晾、掘、煎(~点儿芦根水)、织(~布)、画、绣、拼、抹(~白色)、配(~骡子)、砌、

---

[*] 作者简介:黄玉花,女,朝鲜族,中央民族大学研究生院。
[①] 参见孟琮、郑怀德等编写的《汉语动词用法词典》,商务印书馆,1999年。

钻(～孔)、泡(～酸菜)、扎、吹(～口哨)、打(～了一个擦边球)、写(～字)、点(～记号)、盖(～印儿)、破(～零钱)、染(～红色)、凑(～一桌)、包(～饺子)、拧(～麻花)、滚(～雪球)、破(～板子)、摇、炒、扯(～了一个大褂儿)、锯、挖、吐(～烟圈)、留(～辫子)、养成、兑换、合(～伙儿)、发明、培养(～细菌)、生产、采(～标本)、配(～拼盘)、标、排、调、签订、拴、排列、放(～假)、照(～相片)、打(～墙)、碾、腌、交(～朋友)、犯(～罪)、冒充(～军人)、挑(～是非)、抠(～窟窿)、穿(～个洞)、闯(～祸)、惹(～是非)、放(～高利贷)。

(二) C: 1V+O→K: O+əl/ləl+2V(多个 V)

这是指汉朝语述宾结构中的动词为"1 比 2/或"1 比多"对应的。例如：

4. 捆行李 { tsim əl muk ta.
           tsim əl ti ta.

5. { 梳辫子  m li ləl ttah ta.
    { 梳 头   m li ləl pis ta.

6. { 建筑厂房 k tsa əl tsis ta.
    { 建筑桥梁 ta li ləl noh ta.

例 4 汉语"捆行李"中的动词"捆"在朝鲜语里对应于两个动词"muk ta"和"ti ta"。

朝鲜语的两个或多个动词对一个宾语的对应，各有自己的选择。主要有三种：

(1)没有分工，可以换用。例如：

7. 分两组 { tu tso ləl na nu ta.
          { tu tso ləl kal ə ta.

8. 逮了俘虏 { pho lo ləl tsap as ta.
            { pho lo ləl puth t əl s ta.

属于这类的动词共有 11 个。列举如下：和(～泥)、画(～记号)、对(～药水)、生(～火)、涂(～花脸)、劈(～柴)、弄(～饭)、裹(～行李卷儿)、打(～捆儿)、放(～火)、讲(～大话)。

(2)分工严格，不能换用。例如：

9. { 编草帽  mo t sa ləl ki t ta.
    { 编辫子  m li ləl ttah ta.

汉语动词"编"带结果宾语的时候，对应于朝鲜语的两个动词"ki t ta"和"ttah ta"。"ki t ta"侧重与"mo t sa; sas tsa li"等宾语组合，"ttah ta"侧重与"m li th"等宾语组合，而且两类宾语不能互换。

属于这类动词共有 16 个。列举如下：做(～衣服)、织(～网)、搓、捻(～灯芯)、揉(～馒头)、改(～圆的)、裁、推(～光头)、搭(～桥)、开(～路)、开辟、订(～合同)、修(～马路)、立(～条约)、成立(～大学)、编(～杂志)。

(3)没有分工，但语体上有所差别。如：

10. 印书 { tsh kəl t stsik ta.
         { tsh kəl in sø ha ta.

11. 召开会议 { hø əi ləl i l ta.
              { hø əi ləl so t sip ha ta.

例 1 汉语动词"印"在朝鲜语里对应于两个动词，一个固有动词"tstsik ta"，一个是汉字动词"in sø ha ta"。它们虽能带宾语"tsh k"，但用固有动词"tstsik ta"时，多用于口语和日常用语;用汉字动词"in sø ha ta"时,多用于书面语。

属于这类的动词共有 24 个。列举如下:淋、划、盖(~房)、挪、走(~当头炮)、召开、编(~相声)、创造、作、制造(~机器)、制定、造(~纸)、培养(~人才)、拟定、发展、编(~组)、组织、召集、吸收(~团员)、炼、和、抠(~花纹)、弹(~一支曲子)、记(~账)。

## 二、C:V+O→K:V+主语+ka/i+s ki ta na ta

在汉语"动词+结果宾语"的述宾结构中,附加式述宾结构在朝鲜语里多对应于"动词+主语+ka/i+附加动词"结构。所谓附加式述宾结构是指述语动词与名词性宾语组合时,宾语前必带数量成分,否则述宾搭配不成立,这种结构称为附加式述宾结构。如,"摔了一个包"中的宾语"包"前必带数量成分"一个",否则不成立,如"＊摔了包"。在汉语"动词+结果宾语"的述宾结构中,属于附加式述宾结构的大都是动词带"窟窿、口子、洞、坑、缝儿、缺口、眼儿、裂纹、道子、印子、包、泡"等名词组成的"动词+数量成分+消极结果宾语"的述宾结构。例如:

12. 一脚踩了一个坑  palp a s ku t ika s ki ta.
13. 手上烫了一个泡  son i te s multsip i ha na s ki ta.
14. 摔了一个包  n m tsi s hok i hana s ki ta.

属于这类的动词共有 32 个。列举如下:冲(~了一个洞)、叮、顶(~了一个洞)、捂、撞(~了一个大包)、碰(~了一个窟窿)、拆(~了一个大口子)、炸(~了一个洞)、磨(~了一个泡)、射、冻(~了几道口子)、肿(~了一个包)、踢、蹬(~了两个脚印)、踏、捅、敲(~了一个洞)、抽(~了一条紫印子)、打(~了一道纹)、揭(~了一个窟窿)、掐、撕、推、抓(~了几道印子)、顶(~了一个坑)、顶(~了一个包)、划(~了一道缝儿)、砍(~了一个窟窿)、破(~了一个洞)。

## 三、C:V+O→K:状语＋V(修饰结构)

在汉语"动词+结果宾语"的述宾结构中,结果宾语是由形状特点比较明显的名词充当,如"丝儿、块儿、片儿、缝儿",且可以用于量词的名词充当时,这种述宾结构在朝鲜语里多对应于"状语＋V"的修饰结构,形状特点比较明显的名词宾语在朝鲜语里是状语。如:

15. 切丝儿   ka n əl ke ss l ta.
    切片儿   ialp ke ss l ta.
    切块儿   tu kk p ke ss l ta.
16. 擦丝儿   sil kathi tsh tshi ta.
17. (窗户)开一条缝   (tsha munəl)t so k əm i l noh ta.

## 四、C:V+O→K:主语＋V(主谓结构)

汉语带结果宾语的动词在朝鲜语里是自动词的时候,汉语"动词+结果宾语"对应于朝鲜语的主谓结构。例如:

18. 化了好多水   man ən mul i nok asta.

19. 冻冰　l əm i l ta.
20. 起痱子　ttam t te ka s ki ta.
21. 闹矛盾　mo sun i s ki ta.

汉语动词"化、冻、起、闹"在朝鲜语里相应的动词"nok ta、l ta. s ki ta"等都是自动词,不能带宾语,要求带名词性成分的时候,只能组成主谓结构。

## 五、C:V+O→K:$O_1$+状语+V

汉语动词带的由"定语+名词"组成的结果宾语,如"细沙、光头、长音"等在朝鲜语里分化成两部分:定语成分在朝鲜语里对应为状语,名词成分在朝鲜语里对应为宾语,标记为$O_1$。例如:

22. 筛细沙　mo l ləl ka n əl k tsh tsil ha ta.
23. 剃光头　m li ləl pak pak kkak ta.
24. 拉长音　so li ləl kilk kkəl ta.

## 六、C:V+O→K:V

在汉语"动词+结果宾语"的述宾结构中,动词与宾语结合得比较紧、黏合性比较强的述宾结构在朝鲜语里对应为一个动词。例如:

25. 栽跟头　n m t si ta/kon tu pak tsilha ta.
26. 签名　su phio ha ta/s mi ha ta.
27. 挂号　tə lok ha ta/ts p su si khi ta.
28. 扇风　pu t sh tsil ha ta.

## 七、小结

通过分析汉语"动词+结果宾语"的述宾结构在朝鲜语中的几种对应,可以初步得到以下四点认识:

1. 汉语中能带多种宾语的动词在朝鲜语里能产性也强,而且二者的对应形式容易一致;反之亦然。因而,可以根据动词能产性的强弱,将汉语、朝鲜语的动词分为能产性强的动词和能产性弱的动词两类。

2. 汉语"动词+结果宾语"的述宾结构约有75%对应于朝鲜语的述宾结构。这说明汉语和朝鲜语虽然分属不同语系,但表达结果宾语时,大多采用同一的述宾结构的语法形式表达其语法意义。

3. 汉朝述宾结构不同形式(一对二或一对多)的对应中,可以看出汉朝动词特点的异同。朝鲜语有些动词的词义较窄,因此对宾语的选择也较窄;汉语动词的词义较概括,因此对宾语的选择较宽。这是朝鲜语不同于汉语的一个特点。

4. 汉语"动词+结果宾语"的述宾结构约有27%不对应于朝鲜语的述宾结构,而对应于其他语法结构。朝鲜族学习汉语时,这种不同结构是特有的难点。据笔者最近一项问卷调查统计,约91%的朝鲜族学生不会使用"动词+消极结果宾语"的格式。如"肿了一个包"说成是:"因为肿了所以出现了一个包""被肿而生成了一个包""肿了之后鼓起了包""肿得很厉害,出现了伤疤""肿起来一块儿"等形式,使汉语表达啰唆,不够精练。约有 9% 的学生会正确使用。所以,在汉语教学中应特别强调这种不对应形式的用法。

**参考文献:**
[1] 孟琮,郑怀德,等. 汉语动词用法词典[M]. 北京:商务印书馆,1999.
[2] 洪万植,李福洙,等. 中朝词典[M]. 北京:民族出版社,1996.
[3] 谭景春."动+结果宾语"及相关句式[J]. 语言教学与研究,1997(1).
[4] 王秀珍. 关于结果宾语[J]. 汉语学习,2000(2).

(原载《中央民族大学学报(人文社会科学版)》2001 年第 1 期)

# 布依语否定词 mi$^{11}$(不)和 fi$^{33}$(未)试析

## 陈 娥[*]

[摘 要] 通过对布依语否定词 mi$^{11}$(不)和 fi$^{33}$(未)的语义特征和语法功能进行分析,我们发现 mi$^{11}$(不)和 fi$^{33}$(未)的语义和语法功能相对对立,部分交叉;mi$^{11}$能与多种词类和结构组合,能与 fi$^{33}$组合的词类和结构有限;mi$^{11}$和 fi$^{33}$的前置性语序具有类型学特征。

[关键词] 布依语否定词;mi$^{11}$(不);fi$^{33}$(未)

mi$^{11}$(不)和 fi$^{33}$(未)是布依语中最常用的两个否定词,通常用在动词或动词词组、形容词或形容词词组之前表示否定。目前尚未发现有关布依语否定词专题研究方面的成果,仅在中国科学院少数民族语言研究所(1959)、吴启禄(1992)和喻翠容(1980)等文献中有简单论述。本文在《布依语长篇话语材料集》(周国炎等,2010,文中标明"话语材料"的例句)、《布依-汉词典》(周国炎,2011)以及布依语标准音点发音人黄镇邦所提供的语料(文中未加注明的例句)基础上,运用共时描写和对比分析的方法,对布依语 mi$^{11}$(不)和 fi$^{33}$(未)两个否定副词的语义和语法功能进行了探讨。

## 一、mi$^{11}$(不)和 fi$^{33}$(未)的语义特征

mi$^{11}$(不)和 fi$^{33}$(未)除了具有[+否定]这个共同的语义特征外,还有以下区别性语义特征。

(一)[+主观][+客观]

我们先分析同一个词用 mi$^{11}$ 和 fi$^{33}$ 否定时语义的不同。如:

(1)ku$^{24}$mi$^{11}$kun$^{24}$lau$^{53}$. 我不喝酒。

  我 不 吃 酒

(2)ku$^{24}$fi$^{33}$kun$^{24}$lau$^{53}$. 我没/还没喝酒。

  我 没 吃 酒

例(1)表示"我不喝酒","不喝酒"是说话者的主观意愿,因此,句中的 mi$^{11}$ 表示一种主观否定,我们把 mi$^{11}$ 的这种语义特征记作"[+主观]"。布依语的 mi$^{11}$ 多数时候是表达主观否定,即 mi$^{11}$ 多数时候表达[+主观]义。

例(2)表示"我没/还没喝酒",fi$^{33}$ kun24 是一种客观事实,也就是说句中的 fi$^{33}$ 是对客观事实的否定,我们把 fi$^{33}$ 的这种语义特征记作"[+客观]"。布依语的 fi$^{33}$ 只能表达[+客观]义。mi$^{11}$ 有时候能表达客观否定。例如:

---

[*] 作者简介:陈娥,女,云南师范大学汉藏语研究院助理研究员。本文受云南省教育厅科学研究基金项目"壮侗语否定范畴研究"(项目编号:2014Y114)、云南省哲学社会科学创新团队项目"云南少数民族语言研究"(项目编号:2014CX01)以及云南师范大学博士科研启动项目"布依语否定词研究"的资助。

· 195 ·

(3)te²⁴kuə³³ka:i³⁵te²⁴mi¹¹wa:ŋ³⁵pai²⁴le⁰. 他做那个没有空去了。("话语材料")

　　　他 做 那个 不 空闲 去 MP①

(4)xam³³liən¹¹ku²⁴mi¹¹pai²⁴kə¹¹lɯu¹¹ɣa⁰. 昨晚没去哪里。("话语材料")

　　　昨晚 我 不 去 哪里 MP

例(3)(4)中的 mi¹¹ wa:ŋ³⁵ 和 mi¹¹ pai²⁴ 均陈述客观事实,因此说 mi¹¹ 也可表达[＋客观]义。

综上所述,mi¹¹ 既可表客观否定又可表主观否定,那么在具体的语言翻译中应译作汉语的"不"还是"没"②?一般情况可从上下文的语境以及整个句子的语境得到确定。例如:

(5)te²⁴xau⁵³ji²⁴la:n³¹wa³³pai²⁴ɕo³⁵ʔdai³³,te²⁴mi¹¹ka³³ɕo³⁵ʔdi³¹. 她要玉兰花去放,她自己不去放。("话语材料")

　　　她 让 玉兰花 去 放 MP 她 不 自 放 MP

(6)ku²⁴mi¹¹peu²⁴kə³⁵ma¹¹na:ŋ¹¹ɕin¹¹tɕa³³le⁰. 我没得罪什么行佳小姐呀。("话语材料")

　　　我 不 得罪 什么 小姐 行 佳 MP

例(5)表达的是"她"自己主观上"不愿"去放钱,即"下聘礼",要玉兰花帮她去放,因此只能译成汉语的"不"。下聘礼当然得托人去,不能自己去,所以这句的 mi¹¹ 要理解成汉语的"不"。例(6)中的 mi¹¹ 表达的是"没得罪什么行佳小姐"这件事,是客观事实,因此要译作"没"。

(二)[＋已然][＋未然]

布依语的体范畴有已然体和未然体。下面考察 mi¹¹ 和 fi³³ 在体范畴上的区别。例如:

(7)te²⁴mi¹¹ma²⁴. 他不来。

　　　他 不 来

(8)te²⁴fi³³ma²⁴. 他没/还没来。

　　　他 没 来

mi¹¹ ma²⁴ 表达的是一种主观决定,且说话者是站在事件的起点之前进行陈述,因此,例(7)是对未然事件的否定,mi¹¹ 具有[＋未然]义。例(8)fi³³ ma²⁴ 的说话者站在事件的终点陈述。该句可分为两种情况:一种是 te²⁴ 在位移起点;一种是 te²⁴ 在位移起点,但位移事件将来可能会发生。无论哪种情况,fi³³ ma²⁴ 的说话人是站在事件的终点进行陈述,所以 fi³³ 有[＋已然]的语义。

布依语 mi¹¹ 多数时候表达[＋未然]义,有时也能表达[＋已然]义。例如:

(9)ŋɔn¹¹ɕo³³ku²⁴mi¹¹li³¹kho²⁴. 昨天我不有课。

　　　昨天 我 不 有课

(10)xam³³liən¹¹ku²⁴mi¹¹pai²⁴kə¹¹lɯu¹¹ɣa⁰. 昨晚没去哪里。("话语材料")

　　　昨晚 我 不 去 哪里 MP

例(9)(10)的句子都是已然态,因此,mi¹¹ 也能表达[＋已然]义。

---

① Modal Particle,语气词。
② 吕叔湘的《现代汉语八百词》(1980)和彭平的《亦谈"不"和"没有"》(2002)都认为汉语的"不"表主观否定,"没"表示客观否定。

例(8)中的 fi³³ 字句没有标明时间,我们从说话者所处的终点位置推断 fi³³ 用于已然句。对于有明确时间的句子,我们也能从句子发生的时间推断 fi³³ 的已然性。例如:

(11)xam³³ liən¹¹ te²⁴ kɯn²⁴ ka:u³¹ la⁵³ la:i²⁴ to⁵³ fi³³ ʔim³⁵. 昨天晚上他吃了很多都还没有饱。
　　　晚上　昨天　他　吃　　很多　都　没饱

(12)te²⁴ nau¹¹:"ku²⁴ tɕau²⁴ taŋ¹¹ ɕɯ¹¹ ni³¹. fi³³ zan²⁴ pu³¹ lau¹¹ ʔau²⁴" 他说:"我活到现在,还没见谁拿过。"
　　　他说:"　我　活　到　现在,　未见　　谁　拿。"

(13)ŋɔn¹¹ ɕo³³ 8 tiəm⁵³ ku²⁴ fi³³ ðun³⁵ mɯŋ¹¹ pai²⁴ jeu³³ ku²⁴. 明点8点我未起来你就来叫我。
　　　明天　8点　我 未起来 你　去　叫 我

例(11)的时间是"说话时",相对于这个时间点而言"没吃饱"这一动作已经发生,表达的是已然否定。例(12)的时间是"他说"那一刻,相对于"他说"这个时间点而言"没见到谁拿"这一动作已经发生,是已然否定。fi³³ 用在将来时间的句子也是已然否定,如上文例(13),该事件发生的时间是"明天8点",这是将来的时间,如果说话者在这个将来的时间点"还没起来",说话者要求听话者"来叫我",因此该句是将来时间的已然否定。从说话者所述事件的立足点而言,例(11)~(13)中的说话者也都是站在事件的终点进行陈述。由此可知,无论 fi³³ 用于什么时间的句子,都表示在说话的时刻或句中提到的某一时刻,某事已经发生或某种变化已经出现,即 fi³³ 都表[+已然]义。

通过以上分析可知,mi¹¹ 主要表示[+未然]义,有时表示[+已然]义。表示[+未然]义时相当于汉语的"不",表示[+已然]义时相当于汉语的"没"。fi³³ 只表示[+已然]义。fi³³ 的[+已然]义又有两种含义:第一种含义表示说话人提到的事情或动作到说话的那一刻为止客观上没有发生,意思与汉语的"没"相近;第二种含义表示说话人提到的事情或动作到说话的那一刻为止没有出现或发生,但暗含将来可能会发生,意思与汉语的"未"相近,通常译作"还没有"。

## 二、mi¹¹(不)和 fi³³(未)的语法特点

为了了解 mi¹¹、fi³³ 的的语法特点,我们对 mi¹¹、fi³³ 与不同词类和结构单位的组合情况进行考察后发现:mi¹¹ 和 fi³³ 都能否定形容词和动词,mi¹¹ 还能否定名词;mi¹¹ 和 fi³³ 都能与能愿动词和心理动词组合,mi¹¹ 还能与存在动词和判断动词组合。下面我们进一步考察 mi¹¹、fi³³ 与不同单位搭配组合的特征。

(一)mi¹¹、fi³³+能愿动词

(14)ðam³¹ mi¹¹ pan¹¹ kɯn²⁴, fɯn¹¹ mi¹¹ pan¹¹ ɕo³⁵. 是水不能喝,是柴不能烧(谜面)。
　　　水　不　能　喝,　柴　不　能　烧

(15)te²⁴ ta:un³⁵ ni³¹ fi³³ ʔdai³¹ thi³¹ pa³¹. 他这次未能提拔。
　　　他次　这 未 得 提拔

(16)ka:i³⁵ lɯk³³ ma³⁵ ni³¹ kɯn²⁴ mi¹¹ pan¹¹. 这水果不能吃。
　　　种　水果　这 吃　不 成

以上例句是由能愿动词组成的句子。mi¹¹ 否定能愿动词时有两种位序:通常是"mi¹¹+能愿动词+谓语动词",如例(14)(15);也有"谓语动词+mi¹¹+能愿动词"的情况,如例

(16)。

能愿动词一般都能用 $mi^{11}$ 否定,如:$mi^{11}$ ʔan$^{35}$ 不可能、$mi^{11}$ pan$^{11}$ 不能、$mi^{11}$ jin$^{24}$ kai$^{33}$ 不应该等,这些词不能用 $fi^{33}$ 否定。布依语只有 ðo$^{31}$"会"和 ʔdai$^{31}$"能"既用 $mi^{11}$ 否定,又能用 $fi^{33}$ 否定。

(二)$mi^{11}$、$fi^{33}$ + 心理动词

人的心理活动一般都是持续性活动,在时间轴上任何一点所处的状态都一样,因此,心理动词具有恒久性、均衡性、静态性。心理动词的这些特性与表静态否定的 $mi^{11}$ 的语义相吻合,因此心理动词一般都能用 $mi^{11}$ 否定。如 ŋa:i$^{33}$ "爱"、ɕuəŋ$^{35}$ θam$^{24}$ "放心"、ɕin$^{24}$ zun$^{24}$ "信任"、$mi^{11}$ la:u$^{24}$ "怕"、tɕai$^{11}$ "想"、ma:i$^{53}$/juən$^{33}$/ɕu$^4$ "愿意"、ðo$^{31}$ "知道"等都可以用否定副词 $mi^{11}$ 否定。布依语心理动词中只有 tɕai$^{11}$ "想"、ðo$^{31}$ "知道"可以同时受 $fi^{33}$ 和 $mi^{11}$ 否定。用 $mi^{11}$ 否定和用 $fi^{33}$ 否定的语义不同:$mi^{11}$ 表达的焦点是说话者主观上的判断;$fi^{33}$ 表达的焦点是已然否定,有时暗含事件将来可能会发生。

(三)$mi^{11}$、$fi^{33}$ + 存在动词 $li^{31}$

布依语能对存在动词 li31"有"进行否定的副词只有 $mi^{11}$。"$mi^{11}$+$li^{31}$"表示对存在、领有的否定,也可表示"不及"之义。如:

(17)ʔdaɯ$^{24}$ ta$^{33}$ ni$^{31}$ mi$^{11}$ li$^{31}$ pau$^{24}$. 小河沟里没有螃蟹。
　　　里　 河　这 没有　螃蟹

(18)ŋɔn$^{11}$ ɕo$^{33}$ ku$^{24}$ mi$^{11}$ li$^{31}$ kho$^{24}$. 明天我没有课。
　　　明天　我 没有　课

(19)kə$^{35}$ ku$^{24}$ fi$^{33}$ li$^{31}$ ja$^{33}$ lə$^{33}$ me$^{53}$,mɯŋ$^{11}$ ɕo$^{35}$ ku$^{24}$ jaɯ$^{11}$ nei$^0$ ke$^0$. 我还没有妻子,你就让他来追求我吧!("话语材料")
　　　我　 未有妻 MP　 你　 放我 MP MP

(20)te$^{24}$ tɕi$^{24}$ su$^{31}$ mi$^{11}$ li$^{31}$ mɯŋ$^{11}$ θa:ŋ24. 他技术没有你高。("话语资料")
　　　他 技 术 没有　你　高

li$^{31}$"有"表某处存在某物、某人领有某物,这是一种客观事实。对 li$^{31}$"有"的否定就是对客观事实的否定,因此是一种客观否定。如例(17)(18)中的 $mi^{11}$ li$^{31}$"不有"都是客观否定。例(20)中的"$mi^{11}$+li$^{31}$"表示"不及"之义,是 $mi^{11}$ li$^{31}$"没有"之义的引申。布依语中 $fi^{33}$ 和 li$^{31}$ 一般不能搭配,在目前所掌握的语料中,只见例(19)一例,该句中 $fi^{33}$ li$^{31}$ 的意思是"还没有",是客观否定。

布依语对存在的否定用否定副词 $mi^{11}$,这与汉语的情况完全不同。汉语只用表客观的、已然否定的"没"和动词"有"组合,而不用表主观否定的"不"和"有"组合。

(四)$mi^{11}$ 与体词性结构的组合

布依语 $mi^{11}$ 可与体词性结构组合。例如:

(21)mjaɯ$^{53}$ ma$^{24}$ pɯə$^{11}$ pa$^{31}$ ku$^{24}$,ku$^{24}$ mi$^{11}$ wa:ŋ$^{35}$. 不要来缠我,我没空。
　　　别　 来 缠　 我 我 不空

(22)te$^{24}$ mi$^{11}$ kə$^{35}$ ma$^{11}$ lɔŋ$^{24}$,xaɯ$^{53}$ te$^{24}$ tan$^{53}$ pe$^{31}$ tsuŋ$^{31}$ kuan$^{33}$. 她没什么错,要她坦白从宽。("话语材料")
　　　她 不 什么　错 给　她　坦白　从宽

(23)mi$^{11}$ pu$^{31}$ ʔda$^{35}$ luk$^{33}$ ʔdi$^{24}$,mi$^{11}$ laɯ$^{11}$ ti$^{11}$ luk$^{33}$ kan$^{31}$. 乖孩子无人骂,勤的孩子无人打。
　　　没 人 骂 孩子 好 没 谁 打 孩子 勤

例(21)中的 $mi^{11}$ $waŋ^{35}$ 是指"没有空闲", $mi^{11}$ 是对存在的否定；例(22)中的 $mi^{11}$ $lɔŋ^{24}$ "错"的含义为"没有错"，是对领有的否定；(23)中的 $mi^{11}$ $pu^{31}$ "没有人"，是对存在的否定。

通过上文分析可知布依语" $mi^{11}$ +体词性结构"中的 $mi^{11}$ 都是对存在或领有的否定，表示"没有"之义，作否定动词。目前掌握的语料中只发现 $mi^{11}$ 可用于对体词进行否定，未发现 $fi^{33}$ 否定体词性结构的用例。

(五) $mi^{11}$ 和 $fi^{33}$ 与动补结构的组合

布依语 $mi^{11}$ 和 $fi^{33}$ 都能否定动补结构，但两者构成的动补结构的语序和语义不相同： $mi^{11}$ 只位于"述语"和"补语"之间， $fi^{33}$ 多位于"述语"和"补语"之间，也可位于"述语"之前。如：

$kaːŋ^{53}$ $fi^{33}$ $pan^{11}$    $kaːŋ^{53}$ $mi^{11}$ $pan^{11}$    $fi^{33}$ $kaːŋ^{53}$ $pan^{11}$
讲 不 成      讲 未 成      未 讲 成
谈不成       (还)没谈成      没谈成

$kaːŋ^{53}$ $fi^{33}$ $pan^{11}$ 可以表示暂时还没谈成，可以或需要继续谈，也可表示没谈成； $kaːŋ^{53}$ $mi^{11}$ $pan^{11}$ "谈不成"指谈判结果是失败了。

$fi^{33}$ 置于动补结构之前是对"动补"的直接否定，如 $fi^{33}$ $kaːŋ^{53}$ $pan^{11}$ "没讲成"的含义是"没谈成"，倾向于表达一种状态。 $fi^{33}$ 置于补语前是对补语的直接否定，如 $kaːŋ^{53}$ $fi^{33}$ $pan^{11}$ 暗含有"谈了，还没成"，强调一种动态过程。

调查发现凡是能用 $fi^{33}$ 否定的动补结构" $fi^{33}$ +V+补语"，一般也能用 $mi^{11}$ 来否定，但"V+ $mi^{11}$ +补语"的动补结构不都能转换成" $fi^{33}$ +V+补语"。

(六) $mi^{11}$ 和 $fi^{33}$ 对经历体的否定

布依语表经历体有"V+宾语+ $kwa^{35}$ "和"V+ $kwa^{35}$ +(宾语)"两种抽象结构，对经历体进行否定是直接在动词前加 $fi^{33}$ 或 $fi^{33}$ $ʔdai^{31}$ "未/没有"。如：

(24) $te^{24}$ $fi^{33}$ $ʔdai^{31}$ $ðan^{24}$ $pau^{35}$ $kuŋ^{33}$ $te^{24}$ $kwa^{35}$. 他从来没有见过他曾祖父。
  他 没 有 见 祖父   他过

(25) $ta^{24}$ $ɕi^{31}$ $to^{53}$ $fi^{33}$ $ðan^{24}$ $pu^{31}$ $vuən^{11}$ $ni^{31}$ $kwa^{35}$. 大家都没有见过这个人。
  大家 都 未 见 人   这过

(26) $te^{24}$ $kɯn^{24}$ $kun^{24}$ $soŋ^{24}$ $pi^{24}$, $ɕuŋ^{35}$ $tu^{35}$ $fi^{33}$ $ʔdai^{31}$ $tuk^{35}$ $kwa^{35}$. 他当兵两年，枪都没打过。
  他 当兵 两 年，枪 都 未 得 打 过

(27) $te^{24}$ $fi^{33}$ $ðan^{24}$ $kwa^{35}$ $pau^{35}$ $nuəŋ^{31}$ $ʔaːu^{24}$ $te^{24}$.
  她 未 见 过   小叔子   她他还没见过他的小叔子。

例(24)(25)是" $fi^{33}$ +V+宾语+ $kwa^{35}$ "结构，例(26)(27)的结构是" $fi^{33}$ +V+ $kwa^{35}$ +(宾语)"，为了便于陈述，我们把前者称作结构(一)，后者称作结构(二)。结构(一)是本族语固有的形式，结构(二)和汉语经历体结构"没+V+过+(宾语)"完全一致。由此我们推测结构" $fi^{33}$ +V+ $kwa^{35}$ +(宾语)"可能来自汉语。

通过对布依语经历体的考察，我们有以下发现：第一，结构(二)是布依语中的一种优势结构，其使用频率远远超过结构(一)。第二，布依语对经历体的否定只用 $fi^{33}$ 不用 $mi^{11}$ 。 $fi^{33}$ 表已然否定，而"经历体"都是已然态，因此 $fi^{33}$ 能用于经历体。第三， $fi^{33}$ $ʔdai^{31}$ "未、没有"与 $fi^{33}$ 的区别在于 $fi^{33}$ $ʔdai^{31}$ "未、没有"表示否定的语气更强烈，表示"从来没有"之义。

(七)$mi^{11}$和 $fi^{33}$ 用于正反问

布依语由 $mi^{11}$ 或 $fi^{33}$ 构成的正反问构式是在陈述句后加否定词或词组。如：
(28)$tie^{33}$ $muŋ^{11}$ $ʔju^{35}$ $ða:n^{11}$ $mi^{11}$（$ʔju35$）? 你爹在家不在？
　　 爹　你　在家　不　在
(29)$ʔd$ $au^{24}$ $xa:u^{31}$ $fuəŋ^{31}$ $te^{24}$ $ɕɔ^{35}$ $kwa:m^{35}$ $la:u^{11}$ $fi^{33}$? 那粽子里面放油渣了吗？
　　 里面　粽子　那 放 油渣　没？
(30)$tie^{33}$ $muŋ^{11}$ $ʔju^{35}$ $ða:n^{11}$ $mi^{11}$ $ʔju^{35}$ $ða:n^{11}$? 你爹在家不在家？
　　 爹　你　在家　不　在家

上文例句有三种结构。例(28)(29)是正反问的半省略宾语的形式，例(30)是正反问的完整形式①。布依语的正反问都是由 $mi^{11}$ 或 $fi^{33}$ 构成的，回答是用正反问中的肯定式或否定式。

(八)对比较句的否定

布依语对比较句的否定有多种形，主要用否定词 $mi^{11}$ 进行否定。如：
(31)$ɕoi^{31}$ $ni^{35}$ $te^{24}$ $kwa:i^{24}$ $mi^{11}$ $lau^{35}$ $ɕoi^{31}$ $la:u^{31}$. 小的不如大的听话。
　　 孩子 小 那 乖　不 如　孩子 大
(32)$ɕoi^{31}$ $la:u^{31}$ $mi^{11}$ $li^{31}$ $ɕoi^{31}$ $ni^{35}$ $te^{24}$ $kwa:i^{24}$. 大孩子没有小孩子乖。
　　 孩子 大　没有　孩子 小 那 乖
(33)$ka:i^{35}$ $no^{33}$ $ni^{31}$ $nak^{31}$ $mi^{11}$ $lum^{53}$ $ka:i^{35}$ $te^{24}$. 这块肉不比那块肉重。
　　 个　肉　这 重　不　像　个　那。
(34)$ta:u^{24}$ $ka:t^{35}$ $mi^{11}$ $kwa^{35}$ $tɕeu^{11}$，$leu^{11}$ $tɕai^{11}$ $mi^{11}$ $kwa^{35}$ $me^{33}$. 刀不如剪刀快，婶不如娘爱。
　　 刀 快 不过 剪刀 婶 爱 不过 娘。

对比较句"比较主体+比较结果+te24(比较标记)+比较基准"的否定可用 $mi^{11}$ $lau^{35}$ 或 $mi^{11}$ $li^{31}$，如例(31)和例(32)。用 $mi^{11}$ $lau^{35}$ 或 $mi^{11}$ $li^{31}$ 之后句法结构发生了变化，语序应为"比较主体+比较结果+$mi^{11}$ $lau^{35}$(比较标记)+比较基准"和"比较主体+ $mi^{11}$ $li^{31}$(比较标记)+比较基准+比较结果"。

否定由比较标记 $lum^{53}$、$kwa^{35}$ 等构成的句子，只需在比较标记 $lum^{53}$、$kwa^{35}$ 等前加否定词 $mi^{11}$ 即可，如例(33)(34)。

## 三、结语

我们把能与 $mi^{11}$ 和 $fi^{33}$ 组合的词类或结构概括为下表，＋表示存在该种组合，－表示很少有该种组合，空格表示没有该种组合。

---

① 完整式指正反问的完整形式，如例(30)，半省略指省略了宾语，全省略指省略了动宾或动补结构。

| 词类 | 动词 | | | | | | | | | 形容词 | 名词 |
|---|---|---|---|---|---|---|---|---|---|---|---|
| | 经历体 | 能愿动词 | 心理动词 | 判断动词 | 存在动词 li$^{31}$、ʔju$^{35}$ | 比较句 | 动补结构 | 正反问句 | 单独回答 | | |
| mi$^{11}$ | | + | + | + | + | + | + | + | + | + | − |
| fi$^{33}$ | + | − | − | − | − | − | − | + | − | | |

根据上表,我们将 mi$^{11}$ 和 fi$^{33}$ 的特点归纳如下:

1. mi$^{11}$ 的特点:(1)mi$^{11}$ 具有[＋主观]、[＋客观]、[＋已然]、[＋未然]的语义特征。因此 mi$^{11}$ 用于主观否定相当于汉语的"不",用于客观否定相当于汉语的"没",如 mi$^{11}$ li$^{31}$ "不有";mi$^{11}$ 用于未然否定时相当于汉语的"不",用于已然否定相当于汉语的"没"。(2)对名词的否定只用 mi$^{11}$。名词前的 mi$^{11}$ 是个否定动词,相当于汉语的"没有"。(3)除经历体外,mi$^{11}$ 能用于各种动词结构。

2. fi$^{33}$ 的特点:(1)fi$^{33}$ 具有[＋客观]、[＋已然]的语义特征。fi$^{33}$ 只用于客观、已然否定,相当于汉语的"未"或"没"。(2)fi$^{33}$ 不能否定名词。(3)fi$^{33}$ 除了能自由运用经历体外,其他的语境要么不能用,要么很受限制。

熊学亮、刘东虹(2006)认为人类的语言倾向于否定词前置于动词。布依语否定词 mi$^{11}$、fi$^{33}$ 都前置于所修饰的中心词,因此,布依语否定词 mi$^{11}$、fi$^{33}$ 前置于所修饰的中心词的位序特点具有类型学意义。

**参考文献:**
[1]吕叔湘.现代汉语八百词[M].北京:商务印书馆,1980.
[2]彭平.亦谈"不"与"没"[J]成都师专学报,2002(3).
[3]吴启禄.贵阳布依语[M].贵阳:贵州民族出版社,1992.
[4]喻翠荣.布依语简志[M].北京:民族出版社,1980.
[5]熊学亮,刘东虹.否定语序的类型学分析[J].外语学刊,2006(4).
[6]中国科学院少数民族语言研究所主编.布依语调查报告[M].北京:科学出版社,1959.
[7]周国炎.布依语长篇话语材料集[M].北京:中央民族大学出版社,2010.
[8]周国炎.布依－汉词典[M].贵阳:贵州民族出版社,2011.

# 汉语与非汉语历史比较研究

# 藏缅语疑问方式试析
## ——兼论汉语、藏缅语特指问句的构成和来源

### 孙宏开[*]

[摘 要] 藏缅语中,表示疑问的方式有许多种,本文简要介绍了藏缅语中 7 种疑问方式的构成及特点。在此基础上,对藏缅语中的特指问句和谓语特指问句的构成、来源进行了初步分析,特别指出汉语书面语中及汉语方言中特指问句的形式和来源与藏缅语同出一源,并指出汉语和藏缅语构成特指问句的疑问语素在发生学上有同源关系,文章试探性地构拟了疑问语素的原始形式,并简要论述它的演变途径和趋势。

## 一

藏缅语中,句子的疑问方式有多种表达形式,其构成方式大致有以下几类。

1. 特指问。句中通常用疑问代词。这种句式在藏缅语中最普遍,所有的藏缅语里都有这种形式。例如[①]:

怒苏语：$ɕi^{35}$ $ku^{31}$ $tɕhu^{31}$ m $ɑ^{31}$ $viɯ^{55}$ $ɑ^{31}$ $ɕi^{55}$？　　这是什么种子？
　　　　这个　　什么　　　种子　（助词）

基诺语：$nə^{42}$ $khə^{44}mə^{33}$ $no^{44}$ $lə^{44}$ $ɛ^{44}$？　　你何时回来呢？
　　　　你　何时　回来（语气）

土家语：$a^{55}$ $se^{21}$ $te^{21}$ $li^{21}$ $a^{21}$？　　谁说的？
　　　　谁　（助词）说（助词）

彝　语：$o^{21}$ $dzo^{33}$ $bo^{33}$ $su^{33}$ $ga^{31}$ $mo^{21}$ $kha^{55}$ $ŋga^{33}$？　　去西昌走哪条路？
　　　　西昌　去　（助）路　哪里　过

以上 4 个不同语言的例子,分别代表"物""时""人""处所"的不同疑问。

2. 反复问。句中通常用谓语的肯定加否定来构成疑问方式,这也是藏缅语中常见的一种疑问方式。例如:

哈尼语：$ɕi^{55}$ $tɕha^{33}$ $mɯ^{31}$ $ma^{31}$ $mɯ^{31}$？　　这种好不好？
　　　　这种　好　不　好

阿昌语：$nuaŋ^{55}$ $lə^{35}$ $ma^{31}$ $lə^{35}$？　　你去不去？
　　　　你　去　不　去

---

[*] 作者简介:孙宏开,男,中国社会科学院研究员,博士生导师。

[①] 本文所用例证除特别注明者外,均引自《中国少数民族语言简志丛书》中有关语言简志,恕不一一注明。特此说明。

傈僳语：nu³³ me³⁵ tha⁵⁵ hi³³ dzu³¹ tso⁴⁴ dzu³¹ ma³¹ tso⁴⁴ ?　　你坐过火车没有？
　　　　 你　 火车　　坐　过　坐　不　过

柔若语：tu³⁵ tɕ⁵⁵ ie⁵⁵ ʔa³¹ tɕ⁵⁵ ie⁵⁵ ?　　　　　　　　你回去不回去？
　　　　 你　回去　不　回去

3. 选择问。句中通常用两种动作的选择来表示疑问。这种句式与是非问的不同之处是句中没有否定副词，句子结构比是非问更松散。例如：

基诺语：nə⁴² ɕo⁴² sɤŋ³³ la⁴² ku⁵⁵ khoe⁴² vu⁴² loe³³ lɔ⁴⁴ si³³ la⁴²?　你是学生呢还是老师呢？
　　　　 你　学生（语气）　 还是　　老师（语气）

羌　语：tsuŋ¹³ tʃĩ³¹ da²⁴¹ ʂĩ³¹　 ma³³　χba²⁴¹ ɲ i³¹ ʂĩ³¹?　我们俩走呢还是休息呢？
　　　　 我俩　走（后加）（语气）　休息（后加）

独龙语：na⁵³ tjaŋ⁵⁵ iŋ⁵³ ma⁵⁵ nɯ³¹ ɟaŋ⁵³ ɕi⁵⁵ ma⁵⁵ nɯ³¹ ɟaŋ⁵³?　你看电影呢还是看戏呢？
　　　　 你　电影（前加）看　戏　（前加）　看

仓洛门巴语：nan¹³ kur⁵⁵ ta⁵⁵ laŋ¹³ pe⁵⁵ mo¹³ taŋ¹³ te¹³ le¹³?　你骑马还是走路？
　　　　　　 你　马　骑（语气）步行　去

这种句子通常用表示选择的语气词连接前后两种供选择的谓语。

4. 语气问。句中通常用疑问语气词来表示疑问。例如：

彝　语：nɯ³³ a²¹ bo³³ da²¹?　　　　　　　你不去啊？
　　　　 你　不　去（语气）

纳西语：zy⁵⁵ zy³¹ dʐa³¹ lə³¹ la⁵⁵?　　　　 小孩很漂亮吗？
　　　　 孩子　很　漂亮（语气）

景颇语：kan⁵⁵ the³³ khau³³ na³¹ kǎ¹ lau³¹ ŋut⁵⁵ mǎ¹ sai³³ i⁵⁵?　他们犁完水田了吗？
　　　　 他们　　水田　犁　完（后加）（语气）

博嘎尔路巴语：mə lu ɕojop da dəna　teːla?　　他们有酥油吧？
　　　　　　　 他们　酥油　有（语助）（语气）

用疑问语气词构成的疑问句，从形式来分析大体一致，疑问语气词往往加在句末。但仔细推敲起来，这类疑问句中还有许多细小的差别，有的表示在程度上，有的表示在方式上，由于与本文主旨关系不大，这儿就不去一一仔细分析它了。

藏缅语中，除了以上 4 种常见的疑问句式外，还有 3 种较为特殊的疑问句式。这 3 种句式，有的分布面稍广，有的分布面很窄；有的明显是后起的语法形式，有的可能是原始形式的遗存。这些句式与上面 4 种句式有或多或少的联系。现简要分析如下：

5. 谓语特指问。这类特指问句[①]与第一类特指问句有密切联系，从来源来分析，它们可能同出一源，但是它们的构成方式不同。前者用疑问代词构成疑问句，后者采用在动词或形容词前加一前加成分构成疑问句。例如：

纳西语：thɯ³³ ə⁵⁵ bɯ³³?　　　　　　　　他是否要去？
　　　　 他（前加）去

　　　　 ndzy³¹ ə⁵⁵ ʂua³¹?　　　　　　　 山是否高？
　　　　 山（前加）高

---

① 1988 年《民族语文》第 2 期刊载过竟成的一篇文章，他将此类疑问句分析为是非问句型。详情请参阅该刊第 35～36 页。

独龙语怒江方言：ɑ ŋ⁵³ gu⁵⁵ khe⁵⁵？　　　　　　　他吃了吗？
　　　　　　　他（前加）吃
　　　　　　　nɑ⁵³ gu⁵⁵ nɯ³⁴ dzi⁵³？　　　　　　你去吗？
　　　　　　　你（前加）去

6. 重叠问。这种疑问句的构成是通过重叠句中的动词或形容词，目前仅在彝语北部方言中较普遍地使用。例如：

ni⁵⁵ thu³¹ zʅ³³ de³³　ko³³ bʅ⁴⁴ bʅ³³ o⁴⁴？　　　你的书给他了没有？
你的　书　（辅动）（代）给　给　了

thsʅ³³ i²¹ ȵi²¹ no²¹ bo²¹ to⁴⁴ to³³？　　　　　他今天能劳动吗？
他　今天　劳动　能　能

zʅ³³ a³¹ vu⁵⁵ vu³³ li³³ o⁴⁴？　　　　　　　　草绿了吗？
草　绿　绿　去了

mbo³³ mbo³³？　　　　　　　　　　　　　好吗？
好　好

从上例可见，双音节动词、形容词重叠仅重叠最末音节，其声调变化规则是词根原调如为非中平调，则末一音节用中平调。如词根为中平调，则末一音节用44调。

这类疑问句在藏缅语中较少见，从来源看似属后起现象，我们现在推测它起源于反复问句。因为彝语北部方言的否定副词是 a²¹，它很可能与被否定的词紧缩成一个词，使这个词发生声调变化，产生上述重叠表示疑问时，声调发生异化现象。

7. 句调问。用句调问来表示疑问在汉语、壮侗语、苗瑶语中几乎普遍存在，但是在藏缅语中却很少见，翻开语言简志丛书，几乎没有一本简志介绍这种句型的，这反映了这种句型在藏缅语中确实不多见。但在实际口语中，用语调表示疑问的现象并不是完全没有，例如彝语支的怒苏语和柔若语中就有这种句型：

怒苏语：ʔno⁵⁵（hɯ³⁵ a³¹ iɔ³⁵）？ no⁵⁵ ma⁵⁵ ie³⁵ dze⁵³↗？　他说他不去？
　　　　　他　说　（助词）他　不　去　说

柔若语：nɑu³¹ ne³¹ zau⁵⁵ zou³³↗？　　　　　你是柔若人？
　　　　你（助词）　柔若人

这种句子的语调与在句末加疑问语气词的句型相仿，所不同的是句末没有语气词，很可能是语气问句历史演变的结果。

以上各类疑问句，其分类依据是构成这种疑问的方式，方式不同的算不同类，这种分类也许与别的分类原则不同，因此结果也可能不大一样。

另外，在实际口语中，一个疑问句可能兼用几种方式，有的句子，句中既用疑问代词，句末还有疑问语气词；同样，谓语用疑问方式的句子，末尾也可能出现疑问语气词等等。

## 二

前面提到，藏缅语中有在动词或形容词前加附加成分构成疑问句的情况。现在看来，这是一种残存的语法现象，它不仅在藏缅语族一些语言中存在，而且在汉语方言中也并不少见。这种形式的特点以及它的来源，很值得研究。下面先就这一现象的特点作一简要剖析，在下一节再进一步分析它与特指问句中疑问代词的关系。

在藏缅语中，动词、形容词前加附加成分构成疑问方式大体分布在藏语支、羌语支、彝语支、景颇语支等语言中,其前加成分大体有以下几种形式。

1. 用ə、ɛ、ɑ或a作前加成分的。例如:

白马语:toɕhø⁵³ kho⁵⁵ ə⁵³ ue³⁵ ue³⁵ uɛ¹³?　　　你背来了吗?
　　　　你　背(疑问)来(后加)

藏语安多方言:toɕho nthoŋ ə　re?　　　你喝了吗?
　　　　　　　你喝　(疑问)　是

纳西语:u³³ tʂhɯ³³ ȵi³³ ə⁵⁵ bɯ³³ le³³?　　　你今天去吗?
　　　　你　今天　(疑问)　去　(语气)

普米语:tə⁵⁵ zʮə⁵⁵ dzi⁵⁵ ɛ¹³ dzy⁵⁵ si⁵⁵?　　　他们吃饭了吗?
　　　　他们　饭(疑问)　吃　(后加)

尔苏语:thɛ⁵⁵ dɛ⁵⁵ ȵi⁵⁵　ɑ⁵⁵　zɛi³³?　　　他是病了吗?
　　　　他(前加)病(疑问)　是

木雅语:nɛ⁵⁵ nɛ⁵⁵ vɛ³³ vɯ⁵⁵ tɕɛ⁵⁵ khu³⁵　ɛ⁵⁵ ndzɯ⁵³ ŋ ʐ³³?　　　你爷爷在家吗?
　　　　你　爷爷　家(助词)(疑问)在　(后加)

尔龚语北部方言:nʑjə⁵³ ə⁵³ dzən¹³?　　　你吃吗?
　　　　　　　你(疑问)吃

扎巴语:zi³⁵ ku⁵⁵ zʮū³¹ zʮ¹³⁵?　　　河里有鱼吗?
　　　　河(助词)鱼(疑问)有

纳木义语:no⁵⁵ mi³³　ɛ⁵⁵　dzɿ⁵³　ɛ³³?　　　你吃了吗?
　　　　　你(前加)(疑问)吃(后加)

史兴语:ɔ̃⁵⁵ rɛ⁵⁵ mɛ̃⁵³ khɛ⁵⁵ xui³⁵ gɑ⁵⁵ ɑ⁵⁵ wɛ̃³³?　　　咱们今天是要开会吗?
　　　　咱们　今天　开　会　(疑问)是

以上藏语、白马语属藏语支,纳西语属彝语支,普米、尔苏、木雅、尔龚、扎巴、纳木义、史兴等语言属羌语支。这些语言的表疑问的前加成分,其读音往往前面带喉塞,元音与动词或形容词词根发生和谐变化。例如,白马语中,词根 i 韵母前的疑问式前加成分的音值为 e;e 韵母前为ɛ;a 韵母前为 ɑ;o 韵母前为 ɔ;a 韵母前为 a;y、ø 韵母前为 ø;ə、ʅ 及复元音韵母前为 ə。例:ɔ⁵³khoʔ⁵³"背吗?"ɑ⁵³dzɑʔ³⁴¹"补吗? "ø⁵³ndzʮø⁵³"打吗? "e⁵³ndziʔ⁵³"走吗? "ɛ⁵³tʃeʔ³⁵"砍吗? "ə⁵³rʅʔ³⁵"麻吗? "o⁵³guʔ³⁴¹"等吗? "ə⁵³kueʔ⁵³"剥吗? "ø⁵³yʔ⁵³"灌吗? "a⁵³zaʔ³⁴¹"借吗?"

上述在动词或形容词前加附加成分表示疑问的形式在汉语方言(吴语、徽语、赣语)中也有表现①。吴语上海话中就有用前加成分 aʔ"阿"表示疑问的。例如:

耐阿好?(你好吗?)

耐阿晓得里勒浪生病嘎?(你是否知道他在生病?)

阿有啥勿好?(有什么不好吗?)

在上海附近的一些县里,表疑问的前加成分可分别读为 əʔ(常熟)、ɛʔ(苏州)、ilʔ(江阴)等。

2. 用 kəʔ、khəʔ、gɯ、xeʔ、mɑ、tɑ 等形式作前加成分表示疑问的。这类前加成分在藏

---

① 感谢中国社会科学院语言研究所郑张尚芳先生和上海复旦大学陈忠敏先生向我提供了汉语吴、徽、赣3个方言的材料及有关情况,汉语方言的有些例证引自竟成的文章《汉语和藏缅语的一种是非问句》(《民族语文》1988年第2期),恕不一一注明。

缅语中不多见,但在汉语方言中则比"阿"分布得面广。在藏缅语中,独龙语怒江方言则用前加成分 gɯ⁵⁵ 表示疑问。例如:

nɑ⁵³ gɯ⁵⁵ nɯ³¹ dʑi⁵³? 你去吗?
你 (疑问)(人称)去

kɔ⁵⁵ jɔʔ⁵⁵ bɑ³¹ tɕi⁵⁵ gɯ⁵⁵ ptu³¹ sɑi⁵³ sɑi⁵⁵? 那个辣椒红了吗?
那个 辣椒 (疑问) 红

与怒江方言非常接近的独龙语独龙江方言则用前加成分 mɑ⁵⁵ 表示疑问。例如:

nɑ⁵³ i⁵⁵ ɯʔ⁵⁵ mɑ⁵⁵ nɑ⁵⁵ sɯ³¹ dɑt⁵⁵ pɑŋ⁵⁵ wɑn⁵⁵? 你要把绳子弄断吗?
你 麻绳 (疑问)(人称)(使动) 断 (后加)

nɯ⁵⁵ niŋ⁵⁵ nuŋ⁵⁵ ŋwɑ⁵³ mɑ⁵⁵ nɯ³¹ sɑt⁵⁵ pɑŋ⁵⁵ wɑn⁵⁵? 你们要杀牛吗?
你们 牛 (疑问)(人称) 杀 (后加)

柔若语是云南省兰坪县的怒族使用的一种独立的语言,在这个语言里,可在动词前加 tɑ⁵³ 表示疑问。例如:

n̥o³¹ ɕi³⁵ li³¹ tɑ⁵³ ŋɛ⁵³? 你姓李吗? n̥o³¹ tsu⁵⁵ tɑ⁵³ tsou³¹? 你吃饭了吗?
你 姓李 (疑问) 是     你 饭 (疑问) 吃

在我的家乡吴语张家港话里,往往在动词前加 kɤ³⁵ 表示疑问。例如:

n³⁵ toʔ³⁵ kɑ³¹ li³⁵ kɤ³⁵ lɛ²¹⁴ khɑʔ⁵⁵ ɲin²¹⁴ lɑʔ³⁴? 你们家里来客人了吗?
你们 家里 (疑问)来 客人 (语气)

kiɫʔ⁵⁵ dʑl³⁴¹ i³¹ zɑŋ²¹⁴ ŋɛ²¹⁴ sə ʔ⁵⁵ kɤ³⁵ hɔ³⁵? 这件衣服颜色好吗?
这 件 衣服 颜色(疑问)好

云、贵地区的西南官话中,在谓语前用前加成分 kə 表示疑问的现象则相当普遍。此外,安徽省芜湖城关也有用 keʔ⁵⁵ 前加表示疑问的。例如:

n̩i²¹³ keʔ⁵⁵ tɕhi⁵⁵ ko①? 你去过吗?  n̩i²¹³ keʔ⁵⁵ ɕio²¹⁴ tɛ³³? 你知道吗?
你(疑问) 去 过        你(疑问) 晓 得

在安徽省境内的一些地区,除用 keʔ 作前加成分外,还有用 khei³¹、khe⁵⁵、khə⁵⁵、kho²¹³、khə²¹³、xaʔ⁵⁵ 等不同前加成分表示疑问的。例如:

泾县:hzi¹³ khei³¹ ɕio³¹ tɛ³³? 他知道吗?
     他 (疑问) 晓得

旌县:n²¹² khe⁵⁵ tɔ²¹² ko²¹² pe⁵⁵ tɕiŋ³³ le? 你到过北京吗?
     你 (疑问) 到过 北京

贵池:khə⁵⁵ sl⁵³ kɑ³³ tɕhi⁵³ tsɔʔ⁵⁵? 你是不是回家了?
     (疑问) 是 家 去 着

青阳:kho²¹³ lɛ¹³ tsɔ? 来了没有?
     (疑问) 来 唭

滁县:ni¹³ khə²¹³(kho²¹³) khi⁵³ lɛ? 你去了没有?
     你 (疑问) 去 勒

马鞍山:xaʔ⁵⁵ lɛ¹³ kəʔ⁵⁵ lə? 来了没有?
       (疑问)来 格 勒

安徽省除了上述地区外,在郎溪、石台、广德、宁国、车至、怀宁、铜陵、径县等县市,都

---

① 轻声不标调,下同。

有用类似的前加成分表示疑问的。另外据上海复旦大学陈忠敏先生转告,江苏省除上海市及常熟、无锡、江阴、张家港等地有类似表疑问的前加成分外,在靖江、丹阳、金坛、嘉定、宝山、崇明、昆山以及江西省的上饶地区,都有相同或相似的前加成分表示疑问。用舌根辅音 k、kh 等表示疑问,可追溯到早期汉语,如《红楼梦》中不乏这样的例句:

不知可使得么?
若天天过来替嫂子解解闷儿,可好么?
《水浒》也有类似的例子。
李小二问道:"可要吃面么?"
可是七星成聚会?却于四海显英雄。

大家知道,"何"当疑问词使用早在上古汉语就大量出现,故《辞源》中对"何"字的解释,其第一种用法就是"什么"的意思。但"可"作疑问用,《辞源》中未作解释,故杨伯峻先生著文提到"可"可以作"何"用。他引证了《左传》《国语》《尔雅》《诗经》等文献中大量用"可"表示疑问的例证。如:[①]

《左传·宣十二年》:今罪无所,而民皆尽忠以死君命,又可以为京观乎?
《小雅·苕之华》:牂羊坟首,三星在罶。人可以食?鲜可以饱?
《国语·晋语四》:未报楚惠而抗宋,我曲楚直,其众莫不生气,可谓老?
《魏风·葛屦》:纠纠葛屦,可以履霜?掺掺女手,可以缝裳?

从上文所引例证可知,从上古汉语的"何""可",到现在方言中用在谓语前表示疑问的"阿",它们的语法意义一脉相承,他们的读音非常接近。如果以形声字的声符来看,"哥""可""何""阿"的声符都是"可",现在读 k、kh、x、? 等是历史语音演变的结果。据竟成的文章中讲,在现代温州话中"阿"共有 4 读,即 kha、ga、ha、a,更说明这 4 个音可能是互通的。至于"可"字的促化,宋代已有记载。王安石《户部郎中赠谏议大夫曾公墓志铭》云:"上惊曰:'曾某乃敢治魏庠,克畏也! 克畏,可畏也,语转而然。'""可"转"克",在宋代已有人注意到它已由上声转成入声了。

## 三

汉语方言和藏缅语中,都有在动词或形容词前加附加成分构成疑问的谓语特指问句。那么,这些特指问句的来源如何?它们与一般特指问句的关系又如何?这是本节需要讨论的问题。

大家知道,藏缅语中,特指问句主要采用在句中使用疑问代词的方式。这些疑问代词,用来代替各种不同的对象,有的用来代替人(谁),有的用来代替物(什么),有的用来代替地点(哪儿),有的用来代替时间(何时),有的用来代替数量(多少),还有的用来代替性质、状态(怎样)等。下面拟简要分析一下构成特指问句的部分疑问词的情况。

---

① 此处例证转引自杨伯峻《"可"作"何"用》,《中国语文》1979 年第 4 期,第 306~307 页。

| 语支 | 语言 | 谁 | 什么 | 哪里 | 多少 |
|---|---|---|---|---|---|
| 藏语支 | 藏文 | su | ga re | ga par | ga tshod |
| | 拉萨藏语 | su$^{53}$ | kha$^{13}$re$^{13}$ | kha$^{13}$pa$^{55}$ | khə$^{13}$tshɛʔ$^{53}$ |
| | 德格藏语 | shu$^{53}$ | tɕi$^{53}$ | ka$^{31}$pa$^{53}$ | ka$^{31}$tshɛ$^{53}$ |
| | 夏河藏语 | shə | tɕhə zək | kaŋ na | tɕhə mo zək |
| | 泽库藏语 | shə | tɕhəzək | kanna | maŋ ȵoŋ |
| | 错那门巴语 | su$^{53}$ | tsi$^{13}$ | kA$^{13}$to$^{53}$ | kA$^{13}$tsem$^{13}$ |
| | 墨脱门巴语 | ʔibi | haŋ | ʔoba | haptur |
| | 白马语 | su$^{341}$, ka$^{35}$lɛ$^{53}$ | tʃh$^{53}$ | ka$^{35}$la$^{53}$ | tʃh$^{53}$zo$^{35}$ |
| 羌语支 | 麻窝羌语 | sə | ȵika | tanu | ȵabal |
| | 桃坪羌语 | sɿ$^{55}$ | ȵa$^{55}$ | a$^{55}$ȵi$^{31}$ | na$^{33}$tɕi$^{55}$na$^{33}$ |
| | 箐花普米语 | xɛ$^{55}$ | mi$^{55}$ | ɛ$^{55}$tɕi$^{13}$ | tshə$^{55}$tshɛ$^{55}$ |
| | 桃巴普米语 | xɛ$^{53}$ | me$^{53}$ | xɛ$^{55}$ki$^{53}$ | tɕhi$^{35}$tshɐ$^{53}$ |
| | 嘉戎语 | sə | thə | kə təi | thə stE |
| | 尔龚语 | sɯ | a tɕhɯ | lau | wʐɯ wʐe |
| | 木雅语 | ɦɛ$^{35}$nɯ$^{33}$ | ɦɛ$^{33}$zɯ$^{53}$ | ə$^{33}$hɐ$^{33}$tɕhɐ$^{33}$ | mɐ$^{35}$ni$^{35}$ |
| | 扎巴语 | li$^{35}$ | dɐ$^{35}$ | la$^{35}$ȵi$^{55}$ | də$^{35}$te$^{55}$ |
| | 贵琼语 | sø$^{55}$ | tɕhə$^{55}$ | ø$^{33}$lø$^{55}$ | wɔ$^{35}$tʃɿ$^{55}$ |
| | 尔苏语 | sɛ$^{55}$ | a$^{55}$nte$^{55}$ | kha$^{55}$kɛ$^{33}$ | tʃho$^{55}$mia$^{55}$ |
| | 纳木义语 | khi$^{55}$ | fu$^{55}$ | qho$^{55}$ | qha$^{55}$bu$^{55}$ta$^{55}$ |
| | 史兴语 | ȵi$^{55}$ | tɕhi$^{33}$pɛi$^{53}$ | zɑ$^{33}$ | bɛ̃$^{33}$ȵi$^{55}$ |
| 彝语支 | 喜德彝语 | kha$^{44}$di$^{33}$ | ɕi$^{44}$ | kha$^{55}$ko$^{33}$ | khɯ$^{21}$ni$^{44}$ |
| | 大方彝语 | a$^{33}$ɕe$^{33}$ | mɯ$^{33}$lɯ$^{33}$ | sa$^{55}$na$^{33}$ | kho$^{21}$ŋo$^{21}$ |
| | 南涧彝语 | a$^{21}$sa$^{21}$ | a$^{55}$tsa$^{55}$ | o$^{13}$ | a$^{21}$ta$^{35}$n̩(ɿ)$^{21}$sɿ$^{21}$ |
| | 南华彝语 | A$^{33}$se$^{21}$ | A$^{33}$tsA$^{33}$mo$^{33}$ | A$^{21}$du$^{33}$kA$^{55}$ | ɣo$^{21}$mo$^{33}$si$^{55}$ |
| | 弥勒彝语 | A$^{21}$si$^{33}$ | A$^{21}$mi$^{55}$ | xA$^{33}$, tA$^{33}$xA$^{33}$lɯ$^{33}$ | no$^{21}$ʂo$^{21}$ |
| | 墨江彝语 | A$^{21}$su$^{33}$ | A$^{21}$xɯ$^{33}$ | xA$^{55}$n e̠$^{33}$ | khɯ$^{21}$ŋo$^{21}$ |
| | 傈僳语 | a$^{31}$ma$^{33}$ | a$^{55}$ʃɿ$^{31}$ | a$^{44}$kua$^{44}$ | a$^{44}$miɛ$^{44}$, a$^{44}$ȵɛ$^{44}$ |
| | 丽江纳西语 | ə$^{33}$ne$^{31}$ | ə$^{31}$tsɯ$^{33}$ | ze$^{13}$k ɣ$^{31}$ | ze$^{33}$tɕ$^{31}$ |
| | 永宁纳西语 | ȵi$^{31}$na$^{55}$ | a$^{33}$tsɿ$^{33}$ | ze$^{31}$ko$^{33}$ | kha$^{31}$za$^{13}$ |
| | 碧卡哈尼语 | ɔ$^{31}$sɣ$^{55}$ | xa$^{55}$tse$^{31}$ | xɔ$^{33}$tsa$^{55}$ | xɔ$^{33}$lɣ$^{31}$ |
| | 哈雅哈尼语 | a$^{31}$so$^{55}$ | xa$^{55}$dzi$^{31}$ | xa$^{55}$ge$^{33}$ | xa$^{55}$mja$^{33}$ |
| | 豪白哈尼语 | ɔ$^{31}$sɣ$^{55}$ | ɔ$^{31}$tʃhɐ$^{33}$ | xɔ$^{31}$tɣ$^{33}$ | xɔ$^{55}$thi$^{55}$ |
| | 拉祜语 | A$^{33}$su$^{33}$ | A$^{31}$tho$^{21}$mA$^{33}$ | qhA$^{31}$kA$^{31}$ | qhA$^{35}$mA$^{33}$ |
| | 基诺语 | kho$^{33}$so$^{33}$ | khue$^{33}$ | ŋa$^{55}$ | ŋa$^{33}$pə$^{33}$ |
| | 大理白语 | a$^{55}$na$^{44}$ȵi$^{21}$ | xe$^{31}$le$^{31}$ | a$^{55}$na$^{44}$ui$^{33}$ | tɕi$^{55}$ɕou$^{33}$ |
| | 剑川白语 | a$^{31}$to$^{21}$ | a$^{55}$sɛ$^{31}$ | a$^{55}$na$^{44}$ɣɯ$^{42}$ | tɕi$^{55}$ɕu$^{33}$ |
| | 碧江白语 | a$^{55}$ma$^{44}$ȵi$^{21}$ | a$^{55}$xã$^{31}$ | a$^{55}$mã$^{44}$ | te$^{55}$tɯ$^{42}$ |

续表

| 语支 | 语言 | 谁 | 什么 | 哪里 | 多少 |
|---|---|---|---|---|---|
| 彝语支 | 土家语 | $a^{55}sie^{21}$ | $tɕhie^{53}ɕi^{21}$ | $khɯi^{35}tu^{55}$ | $kai^{55}$ |
| | 碧粟语① | $a^{31}saŋ^{31}$ | $a^{55}1um^{31}$ | $a^{55}kɤŋ^{33}$ | $a^{55}lɔ^{31}$ |
| | 怒苏语 | $khe^{31}$ | $tɕho^{55}ma^{55}$ | $kha^{35}bo^{53}$ | $kha^{35}m̥ia^{31}$ |
| | 柔若语 | $khɛ^{35}$ | $se^{55}iã^{35}$ | $xou^{53}$ | $xua^{31}$ |
| | 普诺伊语② | si | ʔacə̀ | sə̀ | thə́də |
| 缅语支 | 缅文 | $maṇ^2thu^2$ | $a^1bhaj^2$ | $a^1bhaj^2ne^2ra^2$ | $maṇ^2hmja^1$ |
| | 仰光缅语 | $mji^{22}tθu^{22}$ | $a\ bɛ^{22}$ | $a\ bɛ^{22}ne^{22}ja^{22}$ | $a\ bɛ^{22}m̥ja^{53}$ |
| | 阿昌语 | $xau^{55}$ | $pi^{31}si^{55}$ | $xoi^{55}thɔ^{55}$ | $xoi^{55}n̥e^{31}$ |
| | 载瓦语 | $o^{55},\ kha^{51}juʔ^{31}$ | $xai^{51}$ | $kha^{51}ma^{55}$ | $khã^{51}mjo^{21}$ |
| | 浪速语 | $khak^{55},\ khã^{31}jauk^{55}$ | $pɛ^{55}$ | $khã^{31}mɛ^{31}$ | $khã^{31}mjo^{55}$ |
| | 仙岛话③ | $xau^{55}$ | $pɛ^{31}$ | $xau^{55}lɔ^{31}$ | $xu^{55}ɲe^{31}$ |
| 景颇语支 | 景颇语 | $kã^{31}tai^{33}$ | $pha^{33}$ | $kã^{31}teʔ^{31}$ | $kã^{31}teʔ^{31}$ |
| | 独龙语 | $a^{31}mi^{55}$ | $tãŋ^{53}$ | $a^{31}ɹa^{55}do^{53}$ | $dăŋ^{55}bɯm^{53}$ |
| | 阿侬语 | $kha^{31}lu^{55}$ | $kha^{55}tʂɿ^{31}$ | $kha^{55}kha^{31}$ | $kha^{31}daŋ^{55}iɛ^{31}$ |
| | 格曼僜语 | $ɲa^{55}$ | $ɕan^{31}$ | $ji^{55}hai^{53}$ | $ja^{55}saŋ^{55}mu^{53}$ |
| | 达让僜语 | $ɕa^{53}$ | $ɕim^{55}$ | $xa^{31}no^{55}$ | $ka^{31}da^{35}gie^{53}$ |
| | 义都珞巴语 | $ʔi^{55}si^{55}$ | $ka^{55}di^{55}he^{55}$ | $ka^{55}dia^{55}$ | $ka^{31}da^{35}ge^{55}$ |
| | 博嘎尔珞巴语 | hɯː | ɦɛːko | ɦɛː lo | a go |
| | 苏龙珞巴语 | $ha^{33}$ | $hi^{55}ɹeh^{53}$ | $kə^{33}la^{53}la^{11}$ | $hi^{53}ɣue^{53}$ |

以上所列材料,基本上是国内藏缅语的情况,下面拟再列出部分中国境外藏缅语的情况。

| 语言 | 谁 | 什么 | 哪儿 | 多少 |
|---|---|---|---|---|
| 昌语④ | au | aila | lau ni | lāting, lājuji |
| 仁玛语⑤ | segü | nyu la | dikipon | dikho |
| 唐乎尔纳嘎语⑥ | kachi pā | khisāta | kachishoŋ | karankha – khala |
| 钦语⑦ | au | i – ang | izahzah | ichü |

---

①碧粟语材料引自李永燧《米必苏语初探》,《民族语文》1991年第2期,第43页。

②普诺伊语材料引自 David Bradley：Proto-Loloish,第334~335页,曼谷 Curzon 出版。

③仙岛话材料引自戴庆厦等《藏缅语十五种》,北京燕山出版社,1991年出版。

④昌语资料引自 J. H. Hutton：Grammar and Vocabulary of the Language of the Chang Nagas,第116页,印度德里,1987年出版。

⑤仁玛语资料引自 Hindi rengma English Dictionary,Nagaland Bhasha Parishad。

⑥唐乎尔纳嘎语资料引自 W. Pettigrew：Thanghul Naga Crarnmar and Dictionary,印度西隆,1981年出版。

⑦钦语资料引自 M. Jordam M. E. P.：Chin：Dictionary and Grammar,巴黎,1969年出版。

| 语言 | 谁 | 什么 | 哪儿 | 多少 |
| --- | --- | --- | --- | --- |
| 米佐语① | tu | eng | khoi³a | |
| 诺克特语② | han | celè | manang | cento |
| 阿帕塔尼语③ | hu | ní | no | néna |
| 达夫拉语④ | hi | hugu | hugulok | kano |
| 雷布查语⑤ | šu | kăšu | săbón | sătet |
| 林布语⑥ | ha:ʔlɛ | the:ʔ | atan | akhenu |

从上述藏缅语族60多种语言或方言4个疑问代词的对照材料中，我们可以大致发现，虽然它们各自已经变化得面目全非，但它们表示疑问的基本语素却有明显的一致关系。其中以代替人的疑问代词"谁"变化最复杂。下面拟一一进行分析。

代替人的疑问代词是由一个表示疑问的语素 X 与表示人物的名词相结合，用来表示"谁"的意思。这个疑问语素暂时用 X 代表，下节再讨论这个疑问语素的形式。

在彝语支中，比较一致的是用疑问语素加 su、sy、so、sɑ、si、ɕe……"人"构成相当于汉语的"何人"。如彝语、哈尼语、拉祜语、基诺语、碧粟语、土家语，以及景颇语支的义都珞巴语等。因为现代藏缅语中，还有不少语言的"人"是用 su、so、tsho、tshu、tshɔ 等表示。当然，在彝语支中也有少数语言或方言用疑问语素加表示人物的量词构成代替人的疑问代词的。例如喜德彝语的 kha⁴⁴di³³，傈僳语中的 ɑ³¹mɑ³³，剑川白语中的 ɑ³¹to²¹ 等。在藏语支、羌语支及中国境外的一些藏缅语以及部分缅语支、景颇语支中，多数语言疑问语素和表示人物的词融为一体，有的已看不出疑问语素的痕迹，如藏语、错那门巴语、羌语、嘉戎语、尔龚语、贵琼语、尔苏语、普诺伊语、雷布查语等。有的虽有疑问语素的痕迹，但它与表示人物的语素结合得十分紧密（成为一个音节），已看不出谁是疑问语素，谁是表示人物的名词了，如普米语、纳木义语、怒苏语、柔若语、阿昌语、载瓦语、浪速语、仙岛话、达让僜语、博嘎尔珞巴语、昌语、钦语、诺克特语、阿帕塔尼语、达夫拉语等。

还有部分藏缅语代替人物的疑问代词是用疑问语素和另一些表示人物的语素结合而成的。例如，独龙语是用表示疑问语素的 ɑ³¹ 与 mi⁵⁵ "人"结合成"何人"。阿侬语的 kha³¹lu⁵⁵、白马语的 kɑ³⁵lɛ⁵³、林布语的 ha:ʔlɛ、载瓦语的 kha⁵¹juʔ²¹、浪速语的 khã³¹jauk⁵⁵、景颇语中的 kă³¹tai³³、木稚语中的 ɦɛ³⁵nu⁵³、墨脱门巴语中的 ʔibi、唐乎尔纳嘎语中的 kachipā、碧江白语中的 ɑ⁵⁵mɑ⁴⁴ɲi²¹ 等，都是疑问语素与表示人物的名词或量词结合而成"何人""哪个"的意思。值得注意的是白马语、载瓦语、浪速话中，疑问代词"谁"都有两读，这一现象反映了语言演变中的一种趋势，即由复合语素向单一语素过渡。但是，这种

---

①米佐语资料引自 Lalnunthangi Chhangte：A Preliminary Grammar and Dictionary of the Mizo Language，博士论文，发表于美国 University of Taxas at Arlington，1986年。

②诺克特语资料引自 K. Das Gupta：An Introduction to the Nocte Lauguage，印度西隆，1971年出版。

③阿帕塔尼语资料引自 I. M. Simon：An InUoduction to Apatani，印度甘托克，1972年出版。

④达夫拉语资料引自 K. Das Gupta：Dafla IAnguage Guide，印度西隆，1969年出版。

⑤雷布查语资料引自 Nbert Grunwedel：Dictionary of the Lepcha Language，柏林，1898年出版。

⑥林布语资料引自 A. Weidert，B. Subba：Concise Limbu Grammar and Dictionary，荷兰阿姆斯特丹，Lobster 出版。

两读现象留下的遗迹,却是我们分析疑问方式构成和历史演变的活证据。

上面我们简要分析了疑问代词"谁"的构成方式及其在一些藏缅语中的演变途径,那么"什么""哪儿""多少"等疑问代词的构成方式是什么呢?仔细研究起来,它们与表示人物的疑问代词"谁"的构成方式大同小异。这里所指的大同小异是说它们构成疑问的语素是基本相同的,只不过由于代替的对象不同,它所结合的语素也不同罢了。

例如,代替事物的疑问代词"什么"在藏缅语中往往是用疑问语素加判断语素"是"或指物语素构成,甚至在四川、云南当地少数民族讲本地汉语方言时,把"什么"译成"啥子块"来表达,这多少反映了由于受母语影响,把母语中的疑问语素译成了"啥子",与疑问语素结合的名词、量词,往往翻译成"块"。

表地点的疑问代词"哪儿"是由疑问语素与表示处所的名词或结构助词结合而成,表数量的疑问代词"多少"也是由疑问语素与表示数量多少或形状大小的形容词结合而成,这种构成形式非常类似英语中的 WH 句(Who、What、Where、When 等)。虽然在藏缅语中,每一种语言或方言中其结合的内容、形式可能会有更大的差别,但大的框架及主要的结构不会出格,因此,我们就不再逐一去分析它了。

## 四

综观上述第二、三两个部分的例证,我们可以清楚地发现,构成特指问的疑问代词中的疑问语素和构成谓语特指问句动词前面添加的疑问前加成分之间有密切关系。

在上文第三部分中,构成特指问句的疑问代词中的疑问语素,我们用 X 表示。具体分析一下 X 所代表的内容,其中出现频率最高的是元音起首的(或者说带[ʔ]的) ə 或 a,其次是 kha,依次有 ka、xa、ha、ɦa、ga、qhɑ(gho)、ŋa 等语素。

同样我们再比较一下在第二部分构成谓语特指问句的表示疑问的前加成分在藏缅语中有 gɯ、a(ə,ɔ)mɑ、tɑ 等。在汉语方言中有 kə、khə、ə(a) 等,在书面语中有"可""何""阿"等。

在比较了出现在不同条件下表示疑问的两类形式不同的语素以后,我们发现它们之间有惊人的一致性。我们可以比较肯定地说,它们同出一源。因此,我们可以构拟它们的原始形式为 * ga 或 * Ga。

在藏缅语中,用代词的部分或全部缀于谓语前后表示一致关系的形式是较普遍地存在的,例如动词的人称范畴。那么,这种表示疑问语素的成分,既出现在代词的位置,又出现在动词或形容词前面表示疑问,这也就不足为怪了。

在第二、三部分,都出现过疑问语素 ma 和 ta,ma 在独龙语中出现在谓语前表示疑问,而缅甸语用类似的语素构成代替人的疑问代词,在柔若语中在动词或形容词前加 ta 表示疑问,而在独龙语、扎巴语、米佐语中,也发现用类似的语素构成代替不同对象的疑问代词。我们很难肯定它们之间的偶然联系是否同出一源,因为目前对它们的意义、来源等还不大清楚,这可以留待今后作进一步研究时再论证。不过值得注意的一点是,与独龙河方言十分接近的怒江方言用的是 gɯ,而独龙河方言更接近缅甸,接受缅甸语的影响使其与怒江方言分道扬镳也未可知。

另外需要说明一点,本文并未列出藏缅语中所有在特指问句中间出现的疑问代词,仅列出较常用的 4 个。我们认为特指问句中疑问代词的构成,一般均由两个语素结合而成,但是它们并不在一个平面上,这有两层意思:第一,它们构成的时间有早有晚;第二,它们结合的程度有松有紧。因此,虽然我们认为,汉语、藏缅语中的疑问语素极其古老,但由它发展起来的疑问代词却是在不断变化,逐步丰富的。而由它构成的谓语特指问句的形式,仅仅留下了一些残迹,因此我们说,这两种形式的变化也是不平衡的。

关于疑问语素 k、q、ʔ 3 个发音部位之间的对应关系,在藏缅语词汇比较中也不乏其例,详情请参阅拙作《藏缅语语音和词汇》一书导论部分的有关章节,这里就不一一举例论证了。

(原载《民族语文》1995 年第 2 期)

# 论古汉语和藏语同源词比较的音韵框架模式

冯 蒸[*]

关于汉语和藏语同源词比较的音韵框架模式,目前学界尚无一致意见。这里所说的"音韵框架模式"指的是上古汉语方面采用何种声、韵母体系来与藏文的何种声、韵母体系进行比较。已有的汉藏语比较研究成果在这方面也是表现不一。根据当前汉藏两语同源词比较的实际情况,提出一个较为理想的汉藏两语音韵比较模式以找出汉藏两语音韵间的可靠对应关系并进而找出更多更可靠的汉藏同源词实为当务之急。下面我们就从上古汉语和藏文两个方面对这个问题加以探讨。

## 一、用于汉藏两语比较的上古汉语声母体系

汉藏两语声母比较的困难集中在复声母问题上。上古汉语有复声母,目前音韵学界已经基本上达成共识。但目前的上古汉语复声母构拟体系诸家并不一致。应该采用哪一家的上古汉语复声母构拟体系来与藏文进行比较为好?我们认为应该采用郑张尚芳先生的上古复声母构拟体系,因为该体系是到目前为止最系统、全面、解释力最强的上古复声母构拟体系。具体言之,我们认为用于汉藏语比较的上古汉语声母体系,应以中古汉语的 38 声母为基础,全面吸收郑张尚芳(2003)的研究成果,充分考虑到前缀音(郑张尚芳称冠音,下同)和垫音影响的上古汉语声母体系。

郑张尚芳的上古复声母构拟遵循基辅音后有 r、l、j、w 四种垫音、前有若干种冠音的(冠于相同发音部位塞音前为 N-,可有 m-、n-、ŋ-三类冠音形式,冠于不同发音部位塞音前为 m-。郑张尚芳上古鼻冠音的不同划分得于藏文情况,见郑张尚芳,2003:147)通则。声母分冠音、基辅音、垫音三种成分,分处于声首、声干、声尾三种位置。

处于声首的冠音有五类:咝冠 s-、喉冠 ʔ-、h-、ɦ-、鼻冠 m-、N-、流冠 r-、塞冠 p-、t-、k-。

作为声干的基辅音可由各个单辅音充当。

垫音即流音 r、l 与通音 j、w,通音性垫音两个可同时出现,亦能与流音性垫音同时出现。流垫音 r、l 有双重作用:r 垫是中古二等和重纽三等 B 类及庚蒸幽喉牙唇出现条件,l 垫是一等、四等,除上述三等外出现条件;r 和 l 具有塞化作用(r'、l')产生舌音,可单独出现亦可前附喉牙唇塞音鼻音(郑张尚芳,2003:137)。

上古汉语中,上述三种成分与谐声紧密相关的通常是基辅音,作为声干的基辅音通

---

[*] 作者简介:冯蒸,首都师范大学文学院教授。
本文系 2010 年度国家社科基金项目"汉藏语同源词综合研究"(项目批准号:10BYY079)的阶段性成果。

常就是谐声系统声符(即主谐字)的声母辅音。也就是说基辅音在上古汉语谐声系统中有主谐功能;作为声首的冠音成分跟词根无关,无主谐功能;垫音情况有些特别,垫音中有部分属于词根形式,这部分垫音能在谐声上起作用。郑张尚芳的上古汉语复声母结构式有:

前冠式 sC:冠音+基辅音

后垫式 Cl:基辅音+垫音

前冠后垫式 sCl:冠音+基辅音+垫音

下面我们以列表方式,以中古汉语的38声母为基础,分为:唇、舌、牙、齿、喉五大类声母,每类列出郑张复声母系统的前冠音和后垫音,把用于汉藏语比较的上古汉语单复声母框架(郑张尚芳,2003:70,225-230)陈述如下(注意:下文各表的∅-冠音或∅-前缀音指汉藏两语的单声母本身):

(一)(上古汉语)唇音

| 中古\上古 | ∅-冠音 | p-冠音 | | | 鼻冠音 | |
|---|---|---|---|---|---|---|
| | | p-k | p-q | p-ŋ | N- | m- |
| 帮 | p | pk | pq | pŋ | mp | |
| 滂 | ph、mh | pkh | pqh | pŋh | mph | |
| 並 | b | pg | pɢ | | | |
| 明 | m | | | | mb | mg、mɢ、mn、mɲ、mq |

注:pg例字郑张古音字表无。郑张尚芳(2005)有墼,《释文》薄历反。

(二)(上古汉语)舌音

| 中古\上古 | ∅-冠音 | 先期消失的冠音 | 塞化流音 | | 喉冠音 | 流冠音r- | N-冠音 | t-冠音 | |
|---|---|---|---|---|---|---|---|---|---|
| | | | -l'- | -r'- | | | | 塞音 | 鼻音 |
| 端 | t | | pl'、kl'、ql' | | ʔl' | | nt | tk、tq | tn、tŋ |
| 透 | th、nh、lh、rh | | phl'、khl'、qhl' | | hl' | | nth | tkh、tqh | tŋh |
| 定 | d | | bl'、gl'、ɢl' | | ɦl' | | | | |
| 泥 | n | | ml'、ŋl' | | | | nd | | |
| 来 | r | g·r、gw·r、m·r、b·r | | | | | | | |
| 知二 | | | | pr'、kr'、qr' | ʔr' | rt | | | |
| 徹二 | | | | phr'、khr'、qhr'、mhr'、ŋhr' | hr' | rth | | | |
| 澄二 | | | | br'、gr'、ɢr' | ɦr' | rd、rl | | | |
| 娘二 | | | | mr'、ŋr' | | m、rŋ | | | |
| 知三 | t | | pl'、kl'、ql' | | ʔl' | | | | |
| 徹三 | th、nh、lh、rh | | ŋhl' | | hl' | | | | |
| 澄三 | d | | bl'、gl'、ɢl' | | ɦl' | | | | |
| 娘三 | n | | ml'、ŋl' | | | | | | |

注:1. phr'、br'例字郑张古音字表无。2. khr'、gl'、gr'例字郑张古音字表无。3. ql'、qhr'、qr'、cl'、ɢr'例字郑张古音字表无。4. mr'例字郑张古音字表无。5. hl'例字除前文qhl'例字外郑张古音字表未见其他例。6. nth例字郑张古音字表无。

### (三)(上古汉语)牙音

| 中古＼上古 | ∅-冠音 | 鼻冠音 | | k-冠音 | |
|---|---|---|---|---|---|
| | | N- | m- | k+塞音 | k+鼻音 |
| 见 | k | ŋk | mk | kp、kt | kŋ、km |
| 溪 | kh、ŋh | ŋkh | mkh | kph | kmh |
| 群 | g | | | | |
| 疑 | ŋ | ŋg、ŋG | | | |

注:1. ŋkh例字郑张古音字表无。2. 郑张新增km，根据《说文》："囧读若猕，贾侍中说读与明同。"郑张拟"囧"为kmraŋ。

### (四)(上古汉语)齿音

甲、精庄组：

| 中古＼上古 | ∅-冠音 | -j | ʔ-冠音 | s-冠音 | | |
|---|---|---|---|---|---|---|
| | | | | s+塞音 | s+鼻流音 | s+塞化流音 |
| 精 | | | ʔs | sp、st、sk、sq | | sl' |
| 清 | sh | | | sph、sth、skh | smh、snh、sŋh、slh | |
| 从 | | | | sb、sd、sg | | |
| 心 | s | | | sqh | sm、sn、sŋ、sl | |
| 邪 | z | lj | | sG | | |
| 庄 | | | ʔsr | spr、str、skr、sqr | | sr' |
| 初 | shr | | | sphr、sthr、skhr | smhr、sŋhr | |
| 崇 | | | | sbr、sgr | | |
| 生 | sr | | | sqhr | smr、sŋr | |
| 俟 | zr | rj | | sGr | | |

注：sr'：郑张古音字表无此类例字。

乙、章组(郑张尚芳，2003：124："章母字带l与否看它有无跟来、以、定、澄母字通谐"，下表不列附l的上古章母)：

| 中古＼上古 | 塞音+j | | | | 鼻流音+j | 喉冠音+鼻流音+j |
|---|---|---|---|---|---|---|
| | t+j | k+j | p+j | q+j | | |
| 章 | tj | kj | pj | qj | | ʔlj、ʔnj |
| 昌 | thj | khj | phj | | mhj、nhj、ŋhj、lhj、rhj | |
| 禅 | dj | gj | bj | | | |
| 书 | | | | qhj | | hlj、hmj、hnj、hŋj |
| 船 | | | | Gj | | ɦlj、ɦnj |
| 日 | | | | | nj、ŋj、mj | |

注：phj、bj例字郑张古音字表无。

### (五)(上古汉语)喉音

| 中古＼上古 | ∅-冠音 | 喉冠音+鼻流音 | 先期消失的冠音 |
|---|---|---|---|
| 影 | q/ʔ | ʔm、ʔn、ʔl、ʔr | |
| 晓 | qh/h | hm、hn、hŋ、hl、hr | |
| 匣(云) | G/ɦ、g | ɦm、ɦn、ɦŋ、ɦl、ɦr | |
| 喻四(以) | l | | g·l、gw·l、b·l |

注：1. hr：与来母谐声的晓母上古复声母拟音，例字郑张古音字表无。2. ɦn：与舌尖鼻音谐声的匣(云)母上古复声母拟音，例字郑张古音字表无。

## 二、用于汉藏比较的上古汉语韵母体系

根据目前学界对上古汉语韵母系统的最新成果，以冯蒸(2006)提出的阴、去、入、阳四分法 33 部框架为基础，吸收郑张尚芳(2003)的脂质真三部各分两类韵尾二分说，俞敏(1949/1999、1989)的侵缉部各二分说，提出了下表作为汉藏比较的上古汉语韵母框架表。该框架的最大特点，就是在传统的阴、阳、入三分的基础上，增加了"去声韵"三部。该去声韵仅限于与-t/-n 尾相配的阴声韵，它们不但系统地对应于藏文的-s 尾韵类，而且本身也应是收-s 尾的。

作为一个框架表，本不需要列出与藏文韵母的对应关系，但是表中列出了俞敏先生《汉藏同源字谱稿》的汉藏韵母对应结果，以供参考。意在说明上古汉语韵部系统四分法的重要性。

这里还要郑重提一下郑张尚芳的脂质真三部各分两类韵尾二分说理论，在他的上古音韵部体系中脂质真三部字谐声上既与-d 尾又与-g 尾相关，郑张尚芳上古拟音分为收舌-il、-id、-m 与-i、-ig-iŋ 两类，认为两类后来合并为-i、-it、-in。这样能解释"即节""益溢""洫血""奠掷"等相谐现象。郑张尚芳(1981、1987)分质部的-ig 为"即"，真部的-iŋ 为"甯"；郑张尚芳(2003)分列脂部的-i 为"豕"，-il"齐"。下表分别以 1、2 标示。

**俞敏 1989《汉藏同源字谱稿》汉藏韵母对应表**（595 例，括号内字数为同源词例数）

| | | 阴声韵（176） | | 去声韵（16） | | 入声韵（165） | | | 阳声韵（238） | |
|---|---|---|---|---|---|---|---|---|---|---|
| | | 汉 | 藏 | 汉 | 藏 | 汉 | 藏 | | 汉 | 藏 |
| 甲类 | | 之 | -i(8)- e(2) | | | 职 | -ig(3) | | （蒸） | 无字俞敏 (-aŋ、-iŋ 郑张尚芳) |
| | | 幽 | -u(16) | | | 沃 | -ug(11) -ig(2) | | | |
| | | （宵） | 无字俞敏 (-o/-ogs郑张尚芳) | | | （药） | 无字俞敏 (-og 郑张尚芳) | | | |
| | | 侯 | -o(15)-u(3) | | | 屋 | -ug(11) | | 东 | -uŋ(18)-aŋ(3) |
| | | 鱼 | -a(52) | | | 铎 | -og(29) | | 阳 | -oŋ(22)-aŋ(4) -uŋ(1) |
| | | 支 | -e(4) | | | 锡 | -ag(18) -ig(19) | | 耕 | -aŋ(24)-iŋ(6) -eŋ(5) |
| 乙类 | 脂 | 1 | -i(9)-e(5)-ir(3) | （至） | -is(2) | 质 | 1 | -id(4) | 真 | 1 | -in(7)-en(9) |
| | | 2 | -er(4)-il(3)-as(1) | | -es(2) | | 2 | -ed(4) -is(2) | | 2 | |
| | 微 | | -ur(5)-ol(5)-ul(2) -or(6) | （队） | -os(1) | 术 | | -ud(8) -od(2) -ed(2) | 谆 | | -un(11)-on(13) -ul(7) -en(2)-el(2) |
| | 歌 | | -al(33) | 祭 | -as(11) | 月 | | -ad(12) -od(5) -al(3)-as(1) | 元 | | -an(12)-al(3) -on(3) |
| 丙类 | | | | | | 缉 | -ib(6) -eb(9) | | 侵 | -im(18)-em(12) |
| | | | | | | 合 | -ub(5) -ob(4) | | 覃(冬) | -um(13)-om(16) |
| | | | | | | 盍 | -ab(15) | | 谈 | -am(27) |
| 总计 | | 595 | | | | | | | | |

下面把郑张尚芳(2003)的韵母体系与俞敏(1949/1999)《汉藏韵轨》比较列为下表：

|   |   | 俞敏 | 郑张尚芳 | 俞敏 | 郑张尚芳 | 俞敏 | 郑张尚芳 |
|---|---|------|---------|------|---------|------|---------|
| 甲类 | 1 | （之）哈-i | -ɯ | （职）德-ig | -ɯg | （蒸）登（没字） | -ɯŋ |
|  | 2 | （幽）觉-u | -u | （觉）萧人-ug | -ug | （冬）冬-om | -uŋ |
|  | 3 | （宵）豪（没字） | -ew,-aw,-ow | （药）沃（没字） | -ewG,-awG,-owG |  |  |
|  | 4 | （侯）侯-o,-u | -o | （屋）屋-ug | -og | （东）东-uŋ,aŋ | -oŋ |
|  | 5 | （鱼）模-a,-ar | -a | （铎）铎-og | -ag | （阳）唐-oŋ,-aŋ | -aŋ |
|  | 6 | （支）齐（没字） | -e | （锡）锡-ag,-ig | -eg | （耕）青-aŋ,-iŋ-eŋ | -eŋ |
| 乙类 | 7 | （脂微）灰-i,-e,-ir | （脂）-i,-il, | （质）屑-id,-ed | -id,-ig | （真）先-in,-en | -in,-iŋ |
|  | 8 | -er,-ur,-or,-ol,-is,-es | （微）-ul,-uɪ | （物）没-ud,-ud | -ud,-ɯd | （文）魂痕-un,-on,-en | -un,-ɯn |
|  | 9 | 痕部与灰对转的-ul,-el |  |  |  |  |  |
|  | 10 | （歌）歌（没字） | -el,-al,-ol | （月）曷末-ad,-od | -ed,-ad,-od | （元）寒桓-an,-on | -en,-an,-on |
| 丙类 | 11 |  |  | （缉）合₁-ib,-ob | -ib,-ɯb,-ub | （侵）覃₁-im,-em | -im,-ɯm,-um |
|  | 12 |  |  | （缉）合₂-ub,-ob | | （侵）覃₂-um,-om | |
|  | 13 |  |  | （葉）怗-ab | -eb,-ab,-ob | （谈）添-am | -em,-am,-om |

## 三、用于汉藏比较的藏文声母体系

藏文有 30 个辅音声母。完全据此进行汉藏语的声母比较我们认为还不够。这里提出的原始藏语声母框架是吸收了李方桂(1933)、白保罗(1942)、张琨(1977)、龚煌城(1977)、赵彤(2003)诸家对原始藏语形式的拟测，即充分考虑到藏文前缀音（八个：b, d, g, m, ɦ, r, l, s）和介音（四个：r, l, w, j）对于声母的影响。

李方桂(1933)全面讨论了藏文前缀音对于声母的影响，共得到如下 31 条规则，其中 19 条是去送气化音变，12 条（5、6、14~16、19~22、26、27、31）为增减塞音或其他音变，对拟测原始藏语做出了重要贡献。

（一）前缀音 s-
1. sk-<s-kh-
2. st-<s-th-
3. sp-<s-ph-
4. sl-<s-lh-
5. s-<s-tsh-
6. ɕ-<s-tɕh-

（二）前缀音 b-
7. bk-<b-kh-
8. bt-<b-th-
9. btɕ-<b-tɕh-
10. bts-<b-tsh-

（三）前缀音 g-
11. gt-<g-th-
12. gtɕ-<g-tɕh-
13. gts-<g-tsh-
14. gʐ-<g-dʐ-
15. gz-<g-dz-
16. gl-, kl-< g-lh-, g-l-

（四）前缀音 d-
17. dk-<d-kh-
18. dp-<d-ph-

（五）前缀音 ɦ-
19. ɦtɕh-< ɦ-ɕ-
20. ɦtsh-< ɦ-s-
21. ɦdʐ-< ɦ-ʐ-
22. ɦdz-< ɦ-z-

（六）前缀音 l-
23. lk-<l-kh-
24. ltɕ-<l-tɕh-
25. lt-<l-th-
26. lt-<d-lh-(?)
27. ld-<d-l-<ɦ-l-(?)

（七）前缀音 r-
28. rk-<r-kh-
29. rt-<r-th-
30. rts-<r-tsh-
31. rdʐ-<r-ʐ-

张琨(1977)认为，在无前缀的情况下，部分原始藏语不送气的清塞音和塞擦音在藏语中变为送气音；赵彤(2003)进而认为除此之外，在前缀音为 m-、ɦ-的情况下，原始藏语不送气的清塞音和塞擦音在藏语中也变为送气音。

龚煌城(1977)利用内部比较法拟测古藏语语音。藏文有 tɕ 组声母，k 组声母，p 组声母可以接 j 介音，而 t 组，ts 组不可以。龚先生据此和藏语同族词论证部分藏文的 tɕ 声母来源于 tj-和 tsj-(郑张塞音限于 tj 组，擦音才有 s 组)。

Stephan V. Beyer(1992:74—81)、赵彤(2003)曾据藏语-l-"介音"的分布特殊情况(藏文中词根辅音声母带介音 l[下加字 l]的有 6 个，即 k-、g-、b-、r-、s-、z-，这 6 个声母除了 k、z 外在藏文中都可作前加字或上加字，即前缀音)和 Cl 声母(zl-除外)在现代藏语方言中的读音推测它并不是介音，而是主要声母，前面的辅音地位应该相当于前加字，下文写为 C-l-。藏语本身的时式变化、自动使动变化和同族词变化都可证明这一点(孙顺，2008)。

此外，白保罗(Paul K. Benedict)(1942)根据外部证据提出部分藏文声母 ɕ-＜＊sr-；ʑ-＜＊zr-的拟测也可供参考。Paul K. Benedict(1942)推测好些藏文的 ʑ-和 ɕ-是从 zr-和 sr-变来的：如藏 ɕig，Bunan 语是 srig，Lushei 语是 hrik＜＊srik"虱子"；藏文 ʑag(Lahuli 方言 gjag)，缅文是 rak"一天"；藏文 ɕags"笑话"，Bunan 语是 šrag，缅文 hrak＜＊srak"害羞"。俞敏(1949)据此把汉语的"甥"与藏文的 ʑaŋ 比，并推测藏 ʑaŋ 该是从＊zraŋ 变来的，认为这个可以拿来比 Kukish 的语根＊t-rang＊m-rang"姑夫，公公"，也可以比缅文 a-hrang＜＊srang(老拼法儿是 a-hysang)"主儿"。

下面把藏文的声母大致按照发音部位分为五组，在相关声母后列出上述各家的有关拟测，以此作为汉藏两语声母比较时的藏文声母方面的比较框架。表中个别的藏文声母李方桂(1933)、赵彤(2003)的构拟形式不同，这里暂时采取两说并存，以待进一步的研究。希望能够通过可靠的汉藏同源词对诸说加以检验。

(一)藏文 p 组

| | ∅-前缀 | s-前缀 | d-前缀 | ɦ-前缀 | -l-介音 |
|---|---|---|---|---|---|
| p | p-部分＜ph- | sp-＜s-ph- | dp-＜d-ph- | | |
| ph | | | | ɦph-＜ɦ-p- | |
| b | | | | | bl-＜b-l- |
| m | | | | | |

(二)藏文 t 组

| | ∅-前缀 | s-前缀 | b-前缀 | g-前缀 | l-前缀 | r-前缀 | m-前缀 | ɦ-前缀 | -l-介音 |
|---|---|---|---|---|---|---|---|---|---|
| t | t-部分＜th- | st-＜s-th- | bt-＜b-th- | gt-＜g-th- | (1)lt-＜l-th-<br>(2)lt-＜d-lh-(?) | rt-＜r-th- | | | |
| th | th | | | | | | mth-＜m-t- | ɦth-＜ɦ-t- | |
| d | d | | | | ld-＜d-l-＜ɦ-l-(?) | | | | |
| n | n | | | | | | | | |
| l | l | sl-＜s-lh- | | gl-，kl-＜g-lh,g-l- | | | | | |
| r | r | | | | | | | | rl-＜r-l- |

(三)藏文 k 组

| | ∅-前缀 | s-前缀 | b-前缀 | d-前缀 | l-前缀 | r-前缀 | m-前缀 | ɦ-前缀 | -l-介音 |
|---|---|---|---|---|---|---|---|---|---|
| k | k-部分＜kh- | sk-＜s-kh- | bk-＜b-kh- | dk-＜d-kh- | lk-＜l-kh- | rk-＜r-kh- | | | kl-＜k-l- |
| kh | kh | | | | | | mkh-＜m-k- | ɦkh-＜ɦ-k- | |
| g | g | | | | | | | | gl-＜g-l- |
| ŋ | ŋ | | | | | | | | |

## (四) 藏文 ts 组

|   | ø-前缀 | s-前缀 | b-前缀 | g-前缀 | ɦ-前缀 | r-前缀 | m-前缀 | -l-介音 |
|---|---|---|---|---|---|---|---|---|
| ts | ts-部分<tsh- |   | bts-<b-tsh- | gts-<g-tsh- |   | rts-<r-tsh- |   |   |
| tsh | tsh | tsh |   |   | (1) ɦitsh-<ɦi-s-<br>(2) ɦitsh-<ɦi-ts- |   | mtsh-<m-ts- |   |
| dz | dz | dz |   |   | ɦidz-<ɦi-z- |   |   |   |
| s | s | s-<s-tsh- |   |   |   |   |   | sl-<s-l- |
| z | z | z |   | gz-<g-dz- |   |   |   | zl-<z-l<scl-(?) |

## (五) 藏文 tɕ 组

|   | ø-前缀 | s-前缀 | b-前缀 | g-前缀 | ɦ-前缀 | l-前缀 | r-前缀 | m-前缀 | -j-介音 | -r-介音 |
|---|---|---|---|---|---|---|---|---|---|---|
| tɕ | tɕ-部分<tɕh- |   | btɕ-<b-tɕh- | gtɕ-<g-tɕh- |   |   |   |   | tɕ-<tj- | tɕ-<tsj- |
| tɕh | tɕh |   |   |   | (1) ɦitɕh-<ɦi-ɕ-<br>(2) ɦitɕh-<ɦi-tɕ- |   |   | mtɕh-<m-tɕ- | tɕh-<thj- | tɕh-<tshj- |
| dʑ | dʑ |   |   |   | ɦidʑ-<ɦi-ʑ- |   | rdʑ-<r-ʑ- |   | dʑ-<dj- | dʑ-<dzj- |
| ɕ | ɕ | ɕ-<s-tɕh- |   |   |   | ltɕ-<l-tɕh- |   |   | ɕ-<sj- | ɕ-部分<sr- |
| ʑ | ʑ |   |   | gʑ-<g-dʑ- |   |   |   |   | ʑ-<zj- | ʑ-部分<zr- |
| ɲ | ɲ |   |   |   |   |   |   |   | ɲ-<nj- |   |

## (六) 藏文 h 组

|   | ø-前缀 |
|---|---|
| h | h- |
| ɦ | ɦ- |
| ʔ | ʔ- |
| w | w- |
| j | j- |

## 四、用于汉藏语比较的藏文韵母体系

通常认为藏文有 77 个韵母，如下表：

**藏文韵母总表**

| a | ag | ags | aŋ | aŋs | ad | an | ab | abs | am | ams | ar | al | as | aɦi | aɦu |
|---|---|---|---|---|---|---|---|---|---|---|---|---|---|---|---|
| e | eg | egs | eŋ | eŋs | ed | en | eb | ebs | em | ems | er | el | es | eɦi | eɦu |
| i | ig | igs | iŋ | iŋs | id | in | ib | ibs | im | ims | ir | il | is | iɦi |   |
| o | og | ogs | oŋ | oŋs | od | on | ob | obs | om | oms | or | ol | os | oɦi |   |
| u | ug | ugs | uŋ | uŋs | ud | un | ub | ubs | um | ums | ur | ul | us | uɦi |   |

从汉藏语比较的角度有必要对藏文的韵母系统进行新的分类，参照汉语上古音的韵部分类体系和术语，我们认为藏文的韵母分类亦可采用四分法，即也把藏文的韵母按照韵尾的特征分成阴、阳、去、入四类。具体来说，凡韵尾是-ø,-r,-l,-ɦi,-ɦu 的是阴声韵，韵尾是-m,-ms,-n,-ŋ,-ŋs 的是阳声韵，凡韵尾是-s 的是去声韵，凡韵尾是-b,-bs,-d,-g,-gs 的是入声韵(其中-gs,-bs 还可再细分为两类，一类即是入声韵，另一类可为去声韵，不过

这里暂统一归为入声韵）。藏文的阳声韵和入声韵的韵尾发音部位相同者可以按照主元音相配，至于藏文的阴声韵与阳声韵和入声韵的相配关系尚不十分清楚，这里暂时把-ø尾与收喉的-ŋ,-ŋs,-g,-gs尾相配,-r,-l尾与收舌的-n、d尾相配，以待进一步的研究。藏文的去声韵亦只与收舌的韵母相配。据此，我们可以把藏文的韵母列成下表：

**藏文韵母分类及相配关系表**

| 阴声韵 | | 入声韵 | | 去声韵 | 阳声韵 | |
|---|---|---|---|---|---|---|
| -ø | | -g | -ag | | | -aŋ |
| | | | -eg | | | -eŋ |
| | -i | | -ig | | -ŋ | -iŋ |
| | -o | | -og | | | -oŋ |
| | -u | | -ug | | | -uŋ |
| | | -gs | -ags | | | -aŋs |
| | | | -egs | | | -eŋs |
| | | | -igs | | -ŋs | -iŋs |
| | | | -ogs | | | -oŋs |
| | | | -ugs | | | -uŋs |
| -r | -ar | -d | -ad | -as | | -an |
| | -er | | -ed | -es | | -en |
| | -ir | | -id | -is | -n | -in |
| | -or | | -od | -os | | -on |
| | -ur | | -ud | -us | -s | -un |
| -l | -al | | | | | |
| | -el | | | | | |
| | -il | | | | | |
| | -ol | | | | | |
| | -ul | | | | | |
| | | -b | -ab | | | -am |
| | | | -eb | | | -em |
| | | | -ib | | -m | -im |
| | | | -ob | | | -om |
| | | | -ub | | | -um |

以上汉藏两语声韵母的比较框架或可作为汉藏同源词比较的基础。这个方案或有不妥，敬请方家指正。

**参考文献：**

[1]冯蒸.上古汉语的宵谈对转与古代印度语言中的-am> o/u 型音变[G]//汉语音韵学论文集.北京：首都师范大学出版社,1997.

[2]冯蒸.王力、李方桂汉语上古音韵部构拟体系中的"重韵"考论[G]//冯蒸音韵论集.北京：学苑出版社,2006.

[3]冯蒸.汉藏语比较语言学重要论著述评与初步研究——附论：提高汉藏语比较研究水平亟需编纂《从现代汉语查找古汉语同义词的词典》《按韵母编排的藏汉词典》两部基础性词典[J].汉字文化,2009(1).

[4]黄侃.谈添盍帖分四部说[J].制言,1936(8).

[5]黄侃.黄侃国学文集[M].黄延祖,重辑.北京:中华书局,2006.

[6]李方桂.上古音研究[M].北京:商务印书馆,1980.

[7]李新魁.汉语音韵学[M].北京:北京出版社,1986.

[8]李新魁.从方言读音看上古汉语入声韵的复韵尾[J].中山大学学报,1991(4).

[9]潘悟云.上古脂、质、真的再分部[M]//语苑新论.上海:上海教育出版社,1994.

[10]潘悟云.汉语历史音韵学[M].上海:上海教育出版社,2000.

[11]孙顺.汉藏同源词音义对应问题研究[D].北京:北京大学,2008.

[12]俞敏.释甥[J].燕京学报,1949(36).

[13]俞敏.汉语的"其"跟藏语的gji[J].燕京学报,1949(37).

[14]俞敏.汉藏同源字谱稿[J].民族语文,1989(1、2).

[15]赵彤.藏语声母演变的几个问题[G]//语言学论丛第二十六辑,北京:商务印书馆,2003.

[16]郑张尚芳.汉语上古音系表解[G]//语言第4卷,北京:首都师范大学出版社,2003.

[17]郑张尚芳.上古韵母系统和四等、介音、声调的发源问题[J].温州师院学报,1987(4).

[18]郑张尚芳.上古音系[M].上海:上海教育出版社,2003.

(原载《汉字文化》2011年第6期)

# 藏文＊-r、＊-l 韵尾与上古汉语若干韵尾的对应

## ——兼论前上古汉语的复辅音韵尾

### 薛才德＊

[摘　要] 藏文＊-r、＊-l韵尾跟上古汉语＊-r、-n、＊-d 和＊-t韵尾对应，上古汉语跟藏文＊-r、＊-l对应的＊-r、＊-n、＊-d 和＊-t韵尾很可能是前上古汉语＊-nd、＊-rd、＊-ld 等复辅音韵尾遗留下来的痕迹，湘鄂赣三省交界地区的汉语方言和汉字的谐声偏旁为这种假设提供了证据。

[关键词] 韵尾；复辅音；对应

上古汉语有复辅音声母已成定论，相关论文也发表了不少，但上古汉语是否有复辅音韵尾则很少有人讨论。一些学者在探讨汉语声调的来源时曾推测去声来源于＊-s尾，上声来源于＊-ʔ尾，实质上是承认上古汉语有复辅音韵尾。跟汉语有亲属关系的古藏语没有声调有复辅音韵尾。但是我们没有发现汉语去声跟记录古藏语的藏文再后加字-s有一对一的对当关系，也没发现汉语上声跟藏文的后加字或再后加字有什么特殊的联系[1]，不过我们并不否认上古汉语或前上古汉语有复辅音韵尾。在上古汉语＊-r、＊-n、＊-d、＊-t韵尾跟藏文-r、-l韵尾的对应中，我们发现前上古汉语带有复辅音韵尾的蛛丝马迹，并在现代汉语方言和汉语谐声字中找到了佐证。

## 一

藏文-r韵尾可以跟汉语＊-r韵尾、＊-n韵尾、＊-d韵尾和＊-t韵尾对应，藏文-l韵尾也可以跟汉语＊-r韵尾、＊-n韵尾、＊-d韵尾和＊-t韵尾对应。例如：

1．藏语 ɦkhjor( ba)"失误"和"跌倒"，这两个义项可以分别跟汉语"愆、过"和"蹶"对应。(1)失误(《格》)。《玉篇·心部》："愆，过也。"《书·冏命》："中夜以兴，思免厥愆。"又，《广雅·释诂三》："过，误也。"《周礼·地官·调人》："凡过而杀人者，以民成之。"(2)跌倒(《格》)。《说文·足部》："蹶，僵也。"《孟子·公孙丑上》："今夫蹶者、趋者，是气也，而反动其心。"这样，可以列出对应式①：

广州 hiːn¹　　＜＊khjan　　"愆"：　夏河-＜ɦkhjor(ba)"失误"

---

＊　作者简介：薛才德，男，上海大学文学院中文系副教授，博士。

① 汉藏同源字对应式的排列顺序为汉语广州话、汉语上古音、汉语例字、藏语夏河话、藏文和藏文字义。汉语上古音从李方桂(1980)的拟音系统。藏文用国际音标转写。汉语广州话字音按李新魁等著的《广州方言研究》标记(略有改动)。藏语夏河话字音按华侃等编著的《安多藏语口语词典》标记。汉语例字下面加个点"·"表示这个字是前人和时贤已经找出的汉语同源字。

广州 kwɔ⁵　　<* kwarh　"过"　: 夏河-<ɦkhjor(ba)"失误"
广州 khyt:⁷²　<* kjuat　"蹶"　: 夏河-<ɦkhjor(ba)"跌倒"

2. 藏语 gor"虫害"和 gor(ba)"圆块",这两个义项可以分别跟汉语"祸、害、割"和"丸"对应。(1)虫害。《说文·示部》:"祸,害也。"《诗·小雅·何人斯》:"二人从行,谁为此祸。"又,《诗·鲁颂·閟宫》:"上帝是依,无灾无害。"《广韵·曷韵》:"割,害也。"《书·尧典》:"汤汤洪水方割。"《大诰》:"天降割于我家。"(2)圆块(《格》)。《说文·丸部》:"丸,圜,倾侧而转者。"《左传·宣公二年》:"晋灵公不君,厚敛以彫墙,从台上弹人,而观其辟丸也。"这样,可以列出对应式:

广州 wɔ⁶　　<* gwarh　"祸"　:夏河 kor　　<gor　"虫害"
广州 hɔ:l⁶　<* gadh　"害"　:夏河 ko　　 <gor　"虫害"
广州 kɔ:t⁷²　<* kat　　"割"　:夏河 kor　　<gor　"虫害"
广州 jy:n³　 <* gwan　"丸"　:夏河 kor kor <gor(ba)"圆块"

3. 藏语 ɦphur(ba)(现在式)"抚摩"和 ɦphur(ba)"飞行",这两个义项可以分别跟汉语"拂"和"飞、奋"对应。(1)抚摩。《广韵·物韵》:"拂,拭也。"《仪礼·既夕礼》:"商祝拂柩,用功布。"郑玄注:"拂,去尘也。"又,《说文·手部》:"扪,抚持也。"《楚辞·九章·橘颂》:"据青冥而攄虹兮,遂儵忽而扪天。"洪兴祖补注:"扪,抚也。"现代汉语有成语"扪心自问"。(2)飞行。《说文·飞部》:"飞,鸟翥也。"《诗·大雅·旱麓》:"鸢飞戾天。"又,《说文·奞部》:"奋,翚也。"《诗·邶风·柏舟》:"静言思之,不能奋飞。"毛传:"不能如鸟奋翼而飞去。"这样,可以列出对应式:

广州 fat⁷　　<* phjət"拂"　:夏河 hər　<ɦphur(ba)　"抚摩"
广州 mu:n²　 <* mən "扪"　:夏河 hər　<ɦphur(ba)　"抚摩"
广州 fei¹　　<* pjəd "飞"　:夏河 hər　<ɦphur(ba)　"飞行"
广州 fan⁴　　<* pjənh"奋"　:夏河 hər　< ɦphur(ba)　"飞行"

4. 藏语 ɦphar"平板"和 ɦphar(ba)"前进",这两个义项可以分别跟汉语"板"和"前进"对应。(1)平板(古)。《玉篇·木部》:"板,片木也。"《诗·秦风·小戎》:"在其板屋,乱我心曲。"孔颖达疏:"《地理志》云:天水、陇西,山多林木,民以板为屋。"(2)前进(《达》)。《尔雅·释言》:"征、迈,行也。"《诗·小雅·小宛》:"我日斯迈,而月斯征。"这样,可以列出对应式:

广州 pa:n³　　<* pranx "板"　:夏河-<ɦphar　　  "平板"
广州 ma:l⁶　 <* mradh "迈"　:夏河-<ɦphar(ba)"前进"

5. 藏语 ɦkhor"圆形"和 ɦkhor(ba)"围绕",这两个义项可以分别跟汉语"圆(员)"和"围"对应。(1)圆形(《格》)。《说文·口部》:"圆,圜全也。"《诗·商颂·长发》:"幅陨既长。"笺:"陨当作圆。圆,周也。"《墨子·法仪》:"百工为方以矩,为圆以规。"《孟子·离娄上》:"不以规矩,不能成方员。"《墨子·非命中》:"若言而无义,譬犹立朝夕于员钧之上也。"(2)围绕。《玉篇·口部》:"围,绕也。"《庄子·则阳》:"精至于无伦,大至于不可围。"这样,可以列出对应式:

广州 wan⁶　　<* gwjənh "圆"　:夏河—<ɦkhor　　"圆形"
广州 wai²　　<* gwjəd "围"　:夏河—<ɦkhor(ba)"围绕"

6. 藏语 ɦdral(ba)(现在式)"折断""毁坏"和"割开",这三个义项可以分别跟汉语"断""堕"和"列"对应。(1)折断(《达》)。《说文·斤部》:"断,截也。"《易·系辞下》:"断木为杵,掘地为臼,臼杵之利,万民以济。"(2)毁坏。《左传·僖公三十三年》:"堕军实而长寇仇,亡无日矣。"杜预注:"堕,毁也。"(3)割开。《说文·刀部》:"列,分解也。"《荀子·大略》:"故古者列地建国。"这样,可以列出对应式:

  广州 ty:n⁶    <* duanx "断"   :夏河 ndʐa<ɦdral(ba) "折断"
  广州 tɔ⁶    <* duarx "堕"   :夏河 ndʐa<ɦdral(ba) "毁坏"
  广州 li:t⁸    <* ljat "列"   :夏河 ndʐa<ɦdral(ba) "割开"

7. 藏语 phral(ba)(现在式)"分开"和"弄坏",这两个义项可以分别跟汉语"八"和"破、败"对应。(1)分开。《说文·八部》:"八,别也,象分别相背之形。"(2)弄坏。《说文·石部》:"破,石碎也。"段玉裁注:"引申为碎之偁。"《荀子·劝学》:"风至苕折,卵破子死。"《说文·攴部》:"败,毁也。"《诗·大雅·民劳》:"无俾正败。"笺:"败,坏也。"这样,可以列出对应式:

  广州 pa:t⁷²    <* priat "八"   :夏河— <phral(ba) "分开"
  广州 phɔ⁵    <* pharh "破"   :夏河— <phral(ba) "弄坏"
  广州 pa:i⁵    <* pradh "败"   :夏河— <phral(ba) "弄坏"

8. 藏语 ɦbral(ba)(现在式)"分离"和"没有",这两个义项可以分别跟汉语"别"和"靡"对应。(1)分离。《说文·冎部》:"𠛱,分解也。"即别。《史记·周本纪》:"始,周与秦国合而别,别五载复合,合十七岁而霸王者出焉。"(2)没有。《尔雅·释言》:"靡,无也。"《书·咸有一德》:"天难谌,命靡常。"又,《诗·小雅·节南山》:"不吊昊天,乱靡有定。"这样,可以列出对应式:

  广州 pi:t⁸    <* bjiat "别"   :夏河— <ɦbral(ba) "分离"
  广州 mei²    <* mjiarx "靡"   :夏河— <ɦbral(ba) "没有"

9. 藏语 ɦkhjol(ba)"度过"和"到达",这两个义项可以分别跟汉语"过、越"和"括"对应。(1)度过。《说文·辵部》:"过,度也。"《论语·宪问》:"子击磬于卫,有荷蒉而过孔氏之门者。"《广雅·释诂二》:"过,渡也。"《书·禹贡》:"北过降水,至于大陆。"又,《说文·走部》:"越,度也。"(2)到达。《广雅·释诂一》:"括,至也。"《诗·王风·君子于役》:"日之夕矣,羊牛下括。"这样,可以列出对应式:

  广州 kwɔ⁵    <* kwarh "过"   :夏河— <ɦkhjol(ba) "度过"
  广州 jy:t⁸    <* gwjat "越"   :夏河— <ɦkhjol(ba) "度过"
  广州 kwu:t⁷²    <* kwat "括"   :夏河— <ɦkhjol(ba) "到达"

10. 藏语 rgjal(po)"君主"和"鬼",这两个义项可以分别跟汉语"君"和"鬼"对应。(1)君主。《书·大禹谟》:"皇天眷命,奄有四海,为天下君。"(2)鬼。《说文·鬼部》:"鬼,人所归为鬼。"《易·睽》:"见豕负途,载鬼一车。"这样,可以列出对应式:

  广州 kwan¹    <* kwjən "君"   :夏河 hdʐa(wo)    <rgjal(po) "君主"
  广州 kwai³    <* kwjədx "鬼"   :夏河 —    <rgjal(po) "鬼"

11. 藏语 khrol(po)(《达》)"光耀",可以跟汉语"煇"对应。《说文·火部》:"煇,光也。"《诗·小雅·庭燎》:"夜如何其? 夜乡晨! 庭燎有煇。"毛传:"煇,光也。"《广韵》:煇,胡本切,又许归切。这样,可以列出对应式(表层多重):

  广州 fai¹    <* hwjəd "煇"   :夏河— <khrol(po) "光耀"
  广州 -    <* gwjənx "煇"   :夏河— <khrol(po) "光耀"

12. 藏语 bsil(ba)"洗濯",可以跟汉语"洗"对应。《说文·水部》:"洗,洒足也。"《礼记·内则》:"足垢,烊汤请洗。"《广韵》:洗,苏典切,又先礼切。这样,可以列出对应式:

  广州 si:n³    <* siənx "洗"   :夏河— <bsil(ba) "洗濯"

广州 sai³　　　<*sidx "洗"　:夏河— <bsil(ba)"洗濯"

从单层对应的视角来分析，这些对应在音理可以得到很好的解释。从发音部位来说，它们都是同部位的舌尖音。从发音方法来说，-r 和 -l 同属流音(liquid)，发音时阻力增大，流音就变成了塞音-d，浊音清化-d 就变成了-t；发音时口腔通道阻塞，鼻腔通道开启，流音就变成了鼻音-n。

用语义比较法的视角来分析，上述单层对应不少彼此是有关联的。例 11 和例 12 一个汉字有两个读音，一个读阴声韵，一个读阳声韵。这种异读，有人认为是方言的差异，有人认为是汉语构形法的遗存。其他 10 例都是一个藏文几个义项，相应对应于几个汉字，这几个汉字分别是阳声韵、阴声韵或入声韵，也许我们可以换一种思路来作假设，这会不会是前上古汉语复辅音韵尾的遗存呢？

复辅音声母的演变可以给我们一些启示。复辅音声母演变的方式大致有四种：(1)古今保持原样，即 $C_1C_2-C_1C_2$；(2)由复辅音变成既非前一个辅音又非后一个辅音的单辅音，即 $C_1C_2-C$；(3)由一个音节内的复辅音变成两个音节中的单辅音，即 $C_1C_2V-C_1VC_2V$；(4)由复辅音变成单辅音，或者保留前一个辅音或者保留后一个辅音，即 $C_1C_2-C_1$ 或 $C_2$。

古藏语是有带 -nd、-rd、-ld 这样的复辅音韵尾的。例 5 藏文 ɦkhor 的更古老形式恰恰是 ɦkhord。藏文 mthil 有"底"和"主要部分"两个义项，可以分别跟汉语"底"(*tidx)和"体"(*thidx)对应，柯蔚南(1986:47)指出，藏文 mthil 更古老的形式为 thild。如果藏文这些跟汉语*-n、*-r、*-d 和*-t 韵尾对应的字在古藏语中是带有-rd 和-ld 这样的复辅音韵尾的话，那么反过来，汉语这些跟藏文-r 和-l 韵尾对应的字，它们韵尾的不同，跟复辅音声母的第 4 种演变方式很相似，有可能就是前上古汉语*-nd、*-rd 和*-ld 这样的复辅音韵尾遗留下来的痕迹。

## 二

我们能否在现代汉语方言中发现复辅音韵尾遗留下来的蛛丝马迹呢？回答是肯定的。例如，湘鄂赣三省交界地区方言中的入声韵，有的带-t 尾，有的带-ʔ 尾，有的带-l 尾或-n 尾，还有的带-nʔ 尾，这在汉语方言里是极其罕见的，很可能就是前上古汉语复辅音韵尾的遗存。

所谓湘鄂赣三省交界地区方言，指的是湖南平江、湖北通城、江西修水三县大部分地区的方言。董同龢先生 1935 年调查过湖南平江县三墩话[2]，吴宗济先生 1936 年调查过湖北通城县十里市话[3]，他们分别记录了入声韵的-l 韵尾，但没有作进一步的探讨。董为光先生(1987)讨论了-l 韵尾的语音特征、音韵来源及演变规律，指出:-l 韵尾虽然分布于中古咸深山臻曾梗六摄的入声字之中，但是就音韵来源而言，应直接来源于-t 韵尾，此前中古-p 韵尾很可能已经并到-t 韵尾之中；曾、梗两摄三四等入声字今带有-l 韵尾的，它们历史上未经历-t 韵尾阶段，由-k 韵尾演变为-ʔ 韵尾后，在一定的条件下，和-l 韵字发生了互混。不过他是站在单辅音韵尾的立场上来讨论问题的。

湘鄂赣三省交界地区方言的入声韵，除了带-l 韵尾外，还有其他多种表现形式。例如[4]：

平江三墩　　　平江城关　　　平江长寿镇　　　平江长寿桂桥　　　例字
(1935)

| | | | | |
|---|---|---|---|---|
| -aʔ- iaʔ | -aʔ | - at | - al | 塔眨腊夹瞎 |
| -aʔ | - uaʔ | - uat | - ual | 挖刮滑猾袜 |
| -ɔʔ | -ɔʔ | -ɔɔ | -ɔl | 拔刷哲割磕 |
| - ieʔ | - iaʔ | - iet | - iel | 别接劣结协 |
| - yaʔ | - yɔʔ | - yet | - yel | 决掘穴热月 |
| -iʔ | - it | - it | - il | 笔疾历吉激 |
| -ət(1) | - ət | - ət | -əl | 不拾质汁侄 |
| - uət(1) | - uət | - uət | - uəl | 骨窟机核物 |
| - yəl(t) | - yət | - yt | - yl | 术人日域役 |

董同龢先生 1935 年描写平江三墩话入声韵时指出:"t 尾是变值音位,读 t 或 l 不定,大致的倾向是韵母在 y 介音后容易读 l,其他大都读 t。"这种变读现象,在 20 世纪 80 年代的平江方言里似乎已经消失了,它们或者读-t,或者读-l。这种韵尾-l、-t 在同一种方言或不同方言中的变读,不是跟上文提到过的复辅音声母的第 4 种演变方式很相似吗?又如:

| 通城十里市(1936) | 通城石板铺(1985) | 例字 |
|---|---|---|
| - al | - ai | 八法发答达察甲瞎 |
| -ual | - uai | 刮挖 |
| - ol | -o、- wγ | 末活缀刷鸽合喝盍 |
| - uol | - uai | 阔 |
| - el | -e、-ie | 灭撇贴列铁劣 |
| - iel | -ie(-iē) | 接劫结绝业协胁挟 |
| - yel | - ye(-yē) | 拙掘彻没说热阅越 |
| - əl | - en | 不勃忽突卒实食 |
| - uəl | - uən | 骨物 |
| - il | -in | 立栗律力历 |
| - yl | - yn | 橘出入日域役疫郁 |
| -ɿʔ | - ən | 质十实食石蚀直 |
| -eʔ | - yən | 月 |

十里市和石板铺名称不同,其实是一个地方。吴宗济先生 1936 年作的调查记录和董为光先生 20 世纪 80 年代作的调查记录差别很大。是语音发生了重大的变化,还是另有其他原因?同一地区的草开方言也许可以给我们一些启发。

湖北通城北港区草开方言的入声韵,根据韵尾的不同,可以分为四类[5]。

第一类,一般喉塞韵尾。如同吴方言,在韵腹元音后,带有喉塞音。它们在咸、深、山、臻、宕、江、曾、梗、通九摄都有分布(例字从略)。

第二类,韵尾-i 后再带有喉塞音,只有- aiʔ 和- uaiʔ 两个韵母,分布于咸山两摄。例如:

咸摄——答搭 taiʔ,踏塌榻塌溻 daiʔ,蜡镴 naiʔ,劄眨 tsaiʔ,插 dzaiʔ,夹袂被 kaiʔ,掐 haiʔ,鸭押压 ŋaiʔ,法 faiʔ。

山摄——达 daiʔ,辣瘌 naiʔ,察擦 dzaiʔ,扎札紮 tsaiʔ,萨杀 saiʔ,八 paiʔ,拔 baiʔ,轧 ŋaiʔ,瞎 haiʔ,活死活挖袜 uaiʔ,刮 kuaiʔ,发伐筏罚 faiʔ。

第三类,鼻韵尾-n 后再带有喉塞音。例如:

咸摄——甲接劫 tɕienʔ，聂_姓_镊业 nienʔ，捷 dzienʔ，胁协 ɕienʔ。

深摄——执汁 tsenʔ，湿十什拾 senʔ。

山摄——薛歇雪穴 ɕienʔ，热孽捏 nienʔ，杰切绝 dzienʔ，揭节结洁 tɕienʔ，月 ŋyenʔ，决诀 tɕyenʔ，缺 dzyenʔ，血 fyenʔ。

臻摄——质卒 tsenʔ，实失室 senʔ，日_今日_ nin?，不 penʔ，没 menʔ，骨 kunʔ，窟 gunʔ，忽佛佛 fenʔ，出 dzynʔ，术 ɕynʔ，物 unʔ。

曾摄——织职 tsenʔ，食蚀_月蚀_识饰 senʔ。

梗摄——适_适合_释 senʔ。

第四类，假性鼻韵尾加喉塞。韵腹元音仅限于 u 和 uo。这类入声的鼻韵尾比第三类入声的鼻韵尾更短促，几乎没有气流从鼻腔出来，但发音时的舌位确实相当于 n（当声母为舌尖音时）或 ŋ（当声母为唇音或喉音时），而不是 l。它不同于-oʔ 和- uoʔ，也不同于-oʔ、- uoʔ，当地人分辨得一清二楚。例如：

咸摄——纳 nonʔ，杂 dzonʔ，合_十合一升_鸽 konʔ，喝合盒磕 honʔ。

山摄——割葛 konʔ，渴喝_喝采_honʔ，钵拨 ponʔ，泼钹 bonʔ，末沫抹 monʔ，掇 tonʔ，脱夺 donʔ，挼 nonʔ，撮 tsonʔ，括 kuonʔ，阔 guonʔ，活_生活_fuonʔ（文），刷 sonʔ。□ŋonʔ（用小瓦罐放在灶膛里煮米饭）。

草开方言的这四类入声韵都来源于中古入声韵，第一类收字最多，占了入声字的大部分；第一、第二类以单辅音收尾，第三、第四类以复辅音收尾。第四类入声韵韵尾的第一个辅音既不是-n-，也不是-l-，那么有没有是-r-的可能呢？第三、第四类入声韵分布于中古咸深山臻曾梗六摄的入声字，其中大部分是山臻两摄的入声字。可以肯定它们的音韵来源是中古的山臻两摄，它们的韵尾原本应该是*- Nt（这个*-Nt 的 N 意思是它可能是 n，也可能是 l 或 r 等等）。第三、第四类入声韵的分布跟-l 尾字相同，说明两者关系密切。

草开方言的入声韵跟十里市的-l 尾韵、石板铺相应的韵母比较，它们的对应关系如下：草开方言第一类入声韵对应于十里市的 el、il，石板铺的 e、ie、in。草开方言第二类入声韵对应于十里市的 al、ual，石板铺的 ai、uai；由此可见，草开方言第二类入声韵- aiʔ 和-uaiʔ 中的韵尾-i-来源于-l-。草开方言第四类入声韵对应于十里市的 ol、uol，石板铺的 o、wʏ、uai。草开方言第三类入声韵对应于十里市剩下的其他-l 尾韵，石板铺剩下的其他相应的韵母。

## 三

在中古山臻两摄中，汉语谐声字-n 尾是可以跟-t 尾通转的。例如[6]：

-n 通-t

尹余準切　芛餘律切　夋七倫切　焌倉律切　刃而振切　帉人質切　孔息晉切　盩所櫛切　隼思尹切
準職悦切　因於真切　咽乌結切　盾徒損切　腯陀骨切　見古電切　靬虎结切　昌乌縣切　焆於決切
囷胡困切　捆户骨切　昷乌渾切　熅乌没切　安乌寒切　頞乌葛切　旦得按切　怛当割切　官古丸切
捾乌括切　戋昨干切　巀所八切　干古寒切　訐居列切　間古閑切　齃恪八切　宛於袁切　菀紆物切
元愚袁切　鞁魚厥切　匽於幰切　撎乌黠切　虞語偃切　獻魚列切

-t 通-n

必卑吉切　虦必刃切　孛呂卹切　胉力衮切　比毗必切　批部田切　劣丘列切　蚕丑善切　兀五忽切
髡苦昆切　勿文弗切　吻武粉切　八博拔切　汃府巾切

-n 尾跟-t 尾通转,理想的解释是它们来源于复辅音韵尾*-nt。如果音系中只有*-nt一个复辅音韵尾,就显得太孤单了,好在谐声字中,-m 尾可以跟-p 尾通转,-ŋ 尾可以跟-k 尾通转,*-nt 可以跟*-mp、*-ŋk 形成一组对称和谐的复辅音韵尾。陆志韦先生当年看到了谐声字的这些通转现象,但认为仅仅凭这些通转现象就给上古音构拟复辅音韵尾是太冒险了。今天,有汉藏同源字比较和汉语方言的证据,我们说前上古汉语有复辅音韵尾可以理直气壮一些了。

　　在谐声字中,-n 尾跟-t 尾的通转,比-m 尾跟-p 尾,-ŋ 尾跟-k 尾的通转,要多得多,它透露了一个信息,远在谐声字时代,复辅音韵尾*-mp 和*-ŋk 就在逐渐消失。在湘鄂赣三省交界地区现代汉语方言中,前上古汉语复辅音韵尾的遗存仅仅保留在中古山臻两摄字的入声韵中,说明舌尖复辅音韵尾在语言中是相对比较稳固的成分。联系到 7 世纪藏文还保存着藏语的- nd、- ld、- rd 等舌尖复辅音韵尾,我们有理由推测古藏语也曾经有*-mp 和*-ŋk 这样的复辅音韵尾。

**参考文献:**
[1]薛才德.汉语藏语同源字研究[M].上海:上海大学出版社,2001.
[2]杨时逢.湖南方言调查报告[R].台北:历史语言研究所,1974.
[3]赵元任,等.湖北方言调查报告[R].上海:商务印书馆,1948.
[4]董为光.湘鄂赣三界方言的"l"韵尾[J].语言研究,1987(1).
[5]张归璧.草开方言的浊音和入声[G]//北京市语言学会.语言论文集.北京:商务印书馆,1985.
[6]陆志韦.陆志韦语言学著作集[M].北京:中华书局,1985.

# 藏文前加字 *ɦ 和上古汉语的鼻音前置辅音

薛才德*

[摘 要] 对上古汉语带有鼻音前置辅音的复辅音声母，前人多有构拟。本文用邢公畹先生的语义比较法进行藏文和上古汉语的比较，论证藏文前加字 *ɦ 所标记的实际语音和上古汉语的鼻音前置辅音对应。

一

藏文前加字标记的是藏语声母中的前置辅音。藏文中有一个前加字 *ɦ，应该是标记古代藏语复辅音声母中的前置辅音。但这个字母究竟读什么音，历来有不同的看法。因为这个字母在藏文中有三种读音：在单独作声母时读 *ɦ 或不发音，如 *ɦog"光"，拉萨话读 ɦɔʔ¹²，夏河话读 ol；在作韵尾时不发音，如 *dgaɦ"喜欢"，拉萨话读 ka¹²；在作前置辅音时，除了已经没有复辅音的藏语方言外，有复辅音的藏语方言，这个前置辅音一律读与基本辅音同部位的鼻音，如夏河话 *ɦbu"虫"读 mbə，*ɦgug"待"读 ngəʔ，*ɦgo"头"读 ŋgo 等等。由于藏文前加字所标记的语音和基字的语音基本是一致的，这个字母读三个音，作为前加字和基字的读音不一致，这个前加字所标记的语音就令人生疑，有人认为是浊擦音，有人认为是鼻音。认为浊擦音是根据基字的读音，认为鼻音是参考方言的读音，似乎都有道理。上古汉语有复辅音声母已是定论，对鼻音前置辅音，前人多有构拟，但依据的大多是汉语材料；虽也有人依据汉语和亲属语言比较材料，但往往推测多于实证。本文使用邢公畹先生创造的语义比较法，进行藏文和上古汉语的比较，论证藏文前加字 *ɦ 所标记的实际语音和上古汉语的鼻音前置辅音。请看一组例子：

1. 藏文 *ɦphur(ba)"飞行、翱翔"和 *ɦphur(ba)（现在式）"抚摩、搓揉"，这两个义项可以分别跟汉语"奋"和"扪"对应。(1)飞行、翱翔。《说文·奞部》："奋，翚也。"《诗·邶风·柏舟》："静言思之，不能奋飞。"毛传："不能如鸟奋翼而飞去。"(2)抚摩、搓揉。《说文·手部》："扪，抚持也。"《楚辞·九章·橘颂》："据青冥而摅虹兮，遂儵忽而扪天。"洪兴

---

* 作者简介：薛才德，男，上海大学文学院中文系副教授，博士。
本文由笔者博士论文的一节改写而成。本人博士论文的指导老师为邢公畹先生，瞿霭堂先生参与指导，谨在此向两位先生表示诚挚的感谢。

祖补注:"扪,抚也。"现代汉语有成语"扪心自问"。这样,可以列出对应式:①

$$\begin{cases} a & \text{广州 } fan^4 & <{}^*pjənh \text{"奋"}: & 夏河 hər & <{}^*ɦphur(ba) \text{"飞行"} \\ b & \text{广州 } mu:n^2 & <{}^*mən \text{"扪"}: & 夏河 hər & <{}^*ɦphur(ba) \text{"抚摩"} \end{cases}$$

2. 藏文 *ɦbar(ba),有两个义项可以分别跟汉语"燔"和"谩"对应。(1)烧、燃。《说文·火部》:"燔,爇也。"《韩非子·和氏》:"燔《诗》《书》而明法令,塞私门之请,而遂公家之劳。"(2)责骂。《荀子·非相》:"乡则不若,偝则谩之。"杨倞注:"谩,欺毁也。"可列出对应式:

$$\begin{cases} a & \text{广州 } fa:n^2 & <{}^*bjan \text{"燔"}: & 夏河 nbar & <{}^*ɦbar(ba) \text{"烧、燃"} \\ b & \text{广州 } \underline{ma:n^2} & <{}^*man \text{"谩"}: & 夏河 nbar & <{}^*ɦbar(ba) \text{"责骂"} \end{cases}$$

3. 藏文 *ɦbral(pa)(现在式),有两个义项可以分别跟汉语"披"和"靡"对应。(1)分散、分离。《左传·成公十八年》:"今将崇诸侯之奸,而披其地,以塞夷庚。"杜预注:"披,犹分也。"(2)没有。《尔雅·释言》:"靡,无也。"《书·咸有一德》:"天难谌,命靡常。"又,《诗·小雅·节南山》:"不吊昊天,乱靡有定。"这样,可以列出对应式:

$$\begin{cases} a & \text{广州 } phei^1 & <{}^*phjiar \text{"披"}: & <{}^*ɦbral(pa) \text{"分离"} \\ b & \text{广州 } mei^2 & <{}^*jiarx \text{"靡"}: & <{}^*ɦbral(pa) \text{"没有"} \end{cases}$$

4. 藏文 *ɦbjes(pa)(古),有两个义项可以分别跟汉语"仳"和"美"对应。(1)分开。《说文·人部》:"仳,别也。"《诗·王风·中谷有蓷》:"有女仳离。"毛传:"仳,别也。"(2)美丽。"美",甲骨文有这个书写符号,像人首上加羽毛或羊头等饰物之形,古人以此为美。《诗·邶风·静女》:"匪女之为美,美人之贻。"这样,可以列出对应式:

$$\begin{cases} a & \text{广州 } phei^3 & <{}^*bjigx \text{"仳"}: & <{}^*ɦbjes(pa) \text{"分开"} \\ b & \text{广州 } mei^4 & <{}^*mjigx \text{"美"}: & <{}^*ɦbjes(pa) \text{"美丽"} \end{cases}$$

5. 藏文 *ɦbjer(ba)(现在式)"遍布、蔓延",既可以跟汉语"蕃"对应,又可以跟汉语"蔓"对应。《玉篇·艸部》:"蕃,滋也,息也。"《左传·僖公二十三年》:"男女同姓,其生不蕃。"《玉篇·艸部》:"蔓,延也。"《诗·唐风·葛生》:"葛生蒙楚,蔹蔓于野。"这样,可以列出对应式:

$$\begin{cases} a & \text{广州 } fa:n^2 & <{}^*bjan \text{"蕃"}: & <{}^*ɦbjer(ba) \text{"遍布"} \\ b & \text{广州 } me:n^6 & <{}^*manh \text{"蔓"}: & <{}^*ɦbjer(ba) \text{"遍布"} \end{cases}$$

6. 藏文 *ɦphuŋ(ba)"失败、衰亡、破灭、遭殃",可以跟汉语"崩、薨"对应。《广雅·释诂一》:"崩,坏也。"《诗·鲁颂·閟宫》:"不亏不崩。"郑玄笺:"亏、崩,皆毁坏也。"又,《尔雅·释诂下》:"崩,死也。"《书·大诰》:"武王崩,三监及淮夷叛。"《说文·死部》:"薨,公侯殄也。"《论语·宪问》:"君薨,百官总己以听于冢宰三年。"这样,可以列出对应式:

$$\begin{cases} a & \text{广州 } paŋ^1 & <{}^*pəŋ \text{"崩"}: & <{}^*ɦphuŋ(ba) \text{"衰亡、破灭"} \\ b & \text{广州 } kwaŋ^1 & <{}^*hməŋ \text{"薨"}: & <{}^*ɦphuŋ(ba) \text{"衰亡、破灭"} \end{cases}$$

例1至例6内部都有 a 和 b 两个对应式。在 a 式中,汉语的唇塞音声母自然对应于藏文的唇塞音基字,但在 b 式中,汉语的唇鼻音声母是对应于藏文前加字 *ɦ- 还是对应于藏文基字唇塞音呢?一些学者往往将汉语的唇鼻音声母跟藏文基字唇塞音对应,而不跟

---

① 汉语上古音从李方桂(1980)拟音系统。藏文用国际音标转写。汉语广州话字音按李新魁等《广州方言研究》标记(略有改动)。藏语夏河话字音按华侃等《安多藏语口语词典》标记。现代口语里有这个字音,没有这个义项,在这个字音下加一短横。汉语例字下面加个点"·"表示这个字是前人和时贤已经找出的汉语同源字。

藏文前加字*ɦ-对应(如全广镇,1996:174)。

如果把例1至例6内部的a、b两式结合在一起分析,就会发现例1至例4都有两个义项,汉语的两个字各有一个义项,它们韵母两两相同或相近,它们的声母,一个是唇塞音,一个是唇鼻音,例5和例6都只有一个义项,例5中的"蕃"和"蔓"是同义字,例6中的汉语"崩"和"薨"也是同义字,它们的韵母两两相同或相近,它们不同的仅仅是声母,一个唇塞音,一个唇鼻音。每例a、b两式,a式汉语声母为唇塞音,b式汉语声母为唇鼻音,它们都对应于藏文的前加字和基字*ɦB-(B代表唇塞音),这种整齐的对应使我们有理由推测b式汉语唇鼻音声母对应的是藏文前加字*ɦ-而不是基字*-B-。语义比较法同源字对应式不仅列出上古汉语和藏文的语音形式而且也附加列出了现代方言的语音形式。例2、例3、例4和例5藏语夏河话的读音清楚地表明藏文前加字*ɦ-是一个鼻音。联系藏语的其他方言和亲属语言情况就更清楚了。例如:

"没有",普米(兰坪)ma¹³bo̅⁵⁵,却域 ma⁵⁵ra⁵⁵,贵琼 mā³⁵,吕苏 ma³³bo³⁵,墨脱门巴 ma,仙岛 m³¹pɔ³⁵,彝(武定)ma¹¹ gʑ̩p¹¹,傈僳 ma³¹ gʑo³⁵,哈尼(绿春)ma³¹ gʑa³³《黄》第1519号)。

"虫",藏文*ɦbu,藏(阿力克)mbə,木雅 mbə³³tʂɑ²⁴,贵琼 mbu³⁵,藏(拉萨)pu¹³,墨脱门巴 bu,缅文 po³,阿昌 pau³¹,傈僳 mɑ³³xu³³《黄》第0353号)。

"吹",藏文*ɦbug,普米(兰坪)mu¹³py⁵⁵,错那门巴 phuʔ⁵³,纳木兹 fu⁵³,白 phu⁵⁵,普米(九龙)mo³⁵,独龙 muut⁵⁵,载瓦 mut²¹《黄》第1215号)。

"叫",藏文*ɦbaɦ,道孚 mba,藏(拉萨)pa¹³,纳西 bɑ²¹,独龙 mEʔ⁵⁵,彝(喜德)mo³³,傈僳 muu³³《黄》第1434号)。

"麻子",藏文*ɦbar tshag,道孚 mbar tsha,却域 mba¹³ tsha⁵⁵,扎坝 mba³³ tsha⁵⁵,基诺 mja⁴²pjo⁵⁵,藏(拉萨)paː¹³tsha⁵²,普米(九龙)bɑ³⁵tsha⁵⁵,木雅 bɑ⁵⁵tsha⁵⁵,吕苏 mɑ³³ts⁵⁵,彝(南华)mɑ²¹ts²¹,纳木兹 mɑ³³ts⁵³《黄》第0206号)。

藏文带前加字*ɦ-加双唇塞音基字的字,在现代方言或亲属语言中,或者保留同部位鼻音加塞音的复辅音声母,或者将一个音节变成两个音节,双唇鼻音同塞音分离,自成一个音节,或者脱落鼻音保留塞音,或者脱落塞音保留鼻音。

## 二

用相同的方法,我们又发现了下列汉语跟藏文的对应:

7. 藏文*mkhraŋ(op)"强健、坚硬",可以跟汉语"梗"和"猛"对应。《广雅·释诂四》:"梗,强也。"王念孙疏证:"梗之言刚也。"《楚辞·九章·橘颂》:"淑离不淫,梗其有理兮。"《方言》卷二:"梗,猛也。韩、赵之间曰梗。"《广雅·释诂二》:"猛,健也。"这样,可以列出对应式:

{ a 广州 kaŋ³ ＜*kraŋx "梗": ＜*mkhraŋ(po) "强健、坚硬"
{ b 广州 maːŋ⁴ ＜*mraŋx "猛": ＜*mkhraŋ(po) "强健、坚硬"

8. 藏文*mgaŋs"光泽、光彩",可以跟汉语"昌、明"对应。《说文·日部》:"昌,日光也。《诗》曰:'东方昌矣。'"《尔雅·释言》:"明,朗也。"《易·系辞下》:"日往则月来,月往则日来,日月相推而明生焉。"这样,可以列出对应式:

{ a 广州 tshæːŋ¹ ＜*thjaŋ "昌": 夏河 ngaŋ ＜*mgaŋs "光泽、光彩"
{ b 广州 meŋ² ＜*mjiaŋ "明": 夏河 ngaŋ ＜*mgaŋs "光泽、光彩"

9. 藏文 *mkhregs(pa)，有"坚硬"和"无畏"两个义项，可以跟汉语"固"和"武"对应。(1)坚硬。《玉篇·口部》："固，坚固也。"《诗·小雅·天保》："天保定尔，亦孔之固。"(2)无畏(《格》)。《广雅·释诂二》："武，勇也。"《诗·郑风·羔裘》："羔裘豹饰，孔武有力。"这样可以列出对应式：

$\begin{cases} a \quad 广州\ kwu^5 \quad <{}^*kagh\ "固"\text{：} \quad 夏河\ nt\d{s}ak \quad <{}^*mkhregs(pa)\ "坚硬" \\ b \quad 广州\ mou^4 \quad <{}^*mjagx\ "武"\text{：} \quad 夏河\ nt\d{s}ak \quad <{}^*mkhregs(pa)\ "无畏" \end{cases}$

例7至例9也有a、b两式，a式上古汉语声母为塞音对应于藏文基字塞音，b式上古汉语声母为唇鼻音对应于藏文前加字 *m-。从汉语的角度来看，例1至例6 b式汉语声母 *m-和例7至例9 b式汉语声母 *m-没有什么不同。从藏文的角度来看，情况就不一样了。例1至例6 b式藏文前加字和例7至例9 b式藏文前加字，藏文是用不同字母来表示的，它们肯定有所不同。根据藏语现代方言(格桑居冕，1991)和亲属语言比较，可以认定藏文前加字 *ɦ-是跟基字塞音同部位的鼻音，具有可变性，随基字塞音发音部位的变化而变化。例如：

"这"，藏文 *ɦgi，藏(阿力克)ngə，藏(夏河)ngə，景颇 n³³tai³³，藏(拉萨)ti¹³，普米(兰坪)gi¹³，吕苏 the³³，纳木兹 tE³³，白 no²¹(《黄》第0942号)。

"发抖"，藏文 *ɦgar，藏(巴塘)nga⁵³，藏(阿力克)ngar，藏(拉萨)tar¹³，缅文 tun²，独龙 ɑ³¹gan⁵³，阿昌 nan³⁵，载瓦 nan⁵⁵，纳西 n̠y⁵⁵(《黄》第1303号)。

"光滑"，藏文 *ɦgʑam po，藏(夏河)ŋgʑa mbo，贵琼 ŋgʑã³⁵，藏(拉萨)tɕam¹³po⁵⁵，墨脱门巴 gʑam po，错那门巴 num⁵⁵sthir⁵⁵，木雅 na⁵⁵na⁵³(《黄》第1037号)。

"缝"，藏文 *ɦtshem，吕苏 ngʑɯ⁵³ngʑɯ⁵³，错那门巴 tshim⁵⁵po⁵³ja³⁵，白 te⁴²，克伦 tsha⁵⁵，彝(南华)næ²¹，彝(撒尼)na³³(《黄》第1324号)。

"对"，藏文 *ɦgrig，藏(阿力克)ntsək，吕苏 khe³³gu⁵³，勒期 kE³¹，错那门巴 kha⁵⁵tɕo?⁵³，道孚 ɲi ɲi，彝(南华)ŋa³³，彝(撒尼)næ⁵³(《黄》第1045号)。

"盖"，藏文 *ɦgebs，藏(夏河)ŋgep，藏(拉萨)khep⁵²，却域 kɯ⁵⁵tə⁵⁵，普米(兰坪)kho⁵⁵，载瓦 ŋop⁵⁵，浪速 ŋɔ?⁵⁵，勒期 ŋu:⁵⁵(《黄》第1331号)。

"卡住"，藏文 *ɦgag，藏(巴塘)ŋa?⁵³，错那门巴 gak³⁵，博嘎尔珞巴 ka: pa，彝(武定)kɑ⁵⁵，嘎卓 kha⁵⁵，傈僳 ŋo³³，哈尼(墨江)ŋa³³the³¹(《黄》第1459号)。

从敦煌汉藏对音材料中，我们同样发现藏文前加字 ɦ-是一个与基字塞音同部位的鼻音。如在藏译汉音的《般若波罗蜜多心经》①中，藏文 *ɦbjiar 对汉字"灭"，藏文 *ɦbji 对汉字"蜜"，藏文 *ɦgeɦi 对汉字"乃"，藏文 *ɦger 对汉字"涅"，藏文 *ɦgu 对汉字"五"，藏文 *ɦgeɦi 对汉字"碍"，藏文 *ɦgan 对汉字"眼"。根据李荣先生的《切韵音系》，"灭"是中古明母薛韵开口三等字，可以拟音为 *miat；"蜜"是中古明母质韵开口三等字，可以拟音为 *miet；"乃"是中古泥母海韵开口一等字，可以拟音为 *ni；"涅"是中古泥母屑韵开口四等字，可以拟音为 *net；"五"是中古疑母姥韵合口一等字，可以拟音为 *ŋo；"碍"是中古疑母代韵开口一等字，可以拟音为 *ŋai；"眼"是中古疑母产韵开口二等字，可以拟音为 *ŋan。而汉语塞音声母字，藏文则用单辅音塞音字来对音。

## 三

既然一些汉字的 *m-声母可以跟藏文前加字 *ɦ-对应，那么，一些汉字的 *n-声母和

---

① 周季文：《藏译汉音〈般若波罗蜜多心经〉校注》，载《语言研究》1982年第1期。

ŋ-声母也可能跟藏文前加字*ɦ-对应。例如：

10. 藏文 *ɦgrub(pa)现在式，有两个义项可以分别跟汉语"沓"和"纳"对应。(1)伤口愈合。《小尔雅·广言》："沓，合也。"《楚辞·天问》："天何所沓？十二焉分？"王逸注："沓，合也。言天与地合会何所？"(2)缝纫(古)。《论衡·程材》："刺绣之师，能缝帷裳。纳缕之工，不能织锦。"章炳麟《新方言·释器》："今淮南、吴、越谓破布牵连补缀者为纳头，亦谓刺绣为纳绣。直隶谓粗缝曰纳。"这样，可以列出对应式：

{
a 广州 ta:p$^8$    <*gəp "沓"：    <*ɦgrub(pa) "愈合"
b 广州 na:p$^8$    <*nəp "纳"：    <*ɦgrub(pa) "缝纫"
}

11. 藏文 *ɦkhegs(pa)(《达》)，有两个义项可以跟汉语"阂"对应。(1)阻止。《集韵·德韵》："阂，碍也。"汉焦赣《易林·咸》："树柱阂车，失其正当。"(2)关闭。《说文·门部》："阂，外闭也。"《广韵·代韵》："阂，五溉切。"这样，可以列出对应式：

{
a 广州 hak$^8$    <*gək "阂"：    <*ɦkhegs(pa) "阻止"
b 广州 ŋɔ:i$^6$    <*ŋəgh "阂"：    <*ɦkhegs(pa) "关闭"
}

12. 藏文 *ɦkhrug(pa)(《格》)，有两个义项可以分别跟汉语"角"和"狱"对应。(1)争斗。《广韵·觉韵》："角，竞也。"《尉缭子·武议》："夫将提鼓挥袍，临难决战，接兵角刃，鼓之而当，则赏功立名。"(2)口角。《说文·㹜部》："狱，确也。"朱骏声《通训定声》："狱，讼也。"陆德明《释文》引卢植曰："狱，相质骰讼者也。"《诗·召南·行露》："谁谓女无家，何以速我狱？"这样，可以列出对应式：

{
a 广州 kɔ:k$^{(2}$    <*kruk "角"：    夏河 tɑh(k(kwa)    <*ɦkhrug(pa) "争斗'
b 广州 jok$^8$    <*ŋjuk "狱"：    夏河 tɑh(k(kwa)    <*ɦkhrug(pa) "口角'
}

13. 藏文 *ɦkhu(ba)，有"背叛、反对"和"损害"两个义项可以分别跟汉语"违"和"危"对应。(1)背叛、反对。《广雅·释诂二》："违，偝也。""违"字《说文》作"韦"。《说文·韦部》："韦，相背也。从舛□声。兽皮之韦可以束，枉庆相韦背，故借以为皮韦。"甲骨文"韦"书写形式为二止(或三止)，前进方向相反相违而隔□相对。□似非声符而指城邑。"韦"字象巡行城邑之外，有包围之意。《书·尧典》："吁！静言庸违，象恭滔天。"(2)损害。《左传·昭公三十一年》："若艰难其身，以险危大人，而有名章彻，攻难之士将奔走之。"这样，可以列出对应式：

{
a 广州 wai$^2$    <*gwjəg "违"：    <*ɦkhu(ba) "背叛、反对"
b 广州 ŋai$^2$    <*ŋwjəg "危"：    <*ɦkhu(ba) "损害"
}

14. 藏文 *ɦkhrol(po)"和气、谦和"和*ɦkhrol(ba)"弄"，这两个义项可以跟汉语"和"和"玩"对应。(1)和气、谦和。《广韵·戈韵》："和，顺也。"《左传·文公十八年》："高辛氏有才子八人……忠肃共懿，宣慈惠和。"(2)弄(《格》)。《说文·玉部》："玩，弄也。"对应式：

{
a 广州 wɔ$^2$    <*gwar "和"：    <*ɦkhrol(po) "和气、谦和"
b 广州 wu:n$^6$    <*ŋwanh "玩"：    <*ɦkhrol(ba) "弄"
}

15. 藏文 *ɦkhjor(ba)"失误"和*ɦkhjor"伪品"，这两个义项可以分别跟汉语"过"和"伪"对应。(1)失误(《格》)。《广雅·释诂三》："过，误也。"《周礼·地官·调人》："凡过而杀人者，以民成之。"(2)伪品。《荀子·性恶》："其善者伪也。"这样，可以列出对应式：

{
a 广州 kwɔ$^5$    <*kwarh "过"：    <*ɦkhjor(ba) "失误"
b 广州 ŋai$^6$    <*ŋwjarh "伪"：    <*ɦkhjor "伪品"
}

16. 藏文 *ɦgog(pa)(现在式)"阻拦"，可以跟汉语"拒"和"御"对应。《广韵·语韵》：

"拒,捍也。"《孙子·九地》:"是故始如处女,敌人开户;后如脱兔,敌不及拒。"《小尔雅·广言》:"御,抗也。"《诗·小雅·常棣》:"兄弟阋于墙,外御其务。"这样,可以列出对应式:

$\begin{cases} a & 广州\ khæy^4 & <{}^*gwjagx\ "拒": & 夏河\ \eta ok & <{}^*ɦgog(pa)\ "阻拦" \\ b & 广州\ jy^6 & <{}^*\eta wjagh\ "御": & 夏河\ \eta ok & <{}^*ɦgog(pa)\ "阻拦" \end{cases}$

17. 藏文 *ɦkhrun "分际、界限",可以跟汉语"限、垠"对应。《小尔雅·广诂》:"限,界也。"《管子·山权数》:"置四限高下。"《说文·土部》:"垠,地垠也。"《楚辞·九章·涉江》:"霰雪纷其无垠兮,云霏霏而承宇。"现代汉语有"万里无垠"等词语。这样,可以列出对应式:

$\begin{cases} a & 广州\ haːn^6 & <{}^*grənx\ "限": & <{}^*ɦkhrun\ "界限" \\ b & 广州\ \eta an^2 & <{}^*\eta jən\ "垠": & <{}^*ɦkhrun\ "界限" \end{cases}$

## 四

在上述17例对应式中,汉语和藏语存在着语义(或语音)的多层对应关系,它从一个新的角度证明了这些用于比较的字是同源字,从而也就有力地证明了汉语和藏语之间的亲缘关系。而汉语和藏语声母鼻冠音+同部位塞音系列严整的两两对应关系说明,不但古藏语声母有 *mB-①、*nD-、*ŋG-等系列,而且上古汉语(或前上古汉语)声母也有 *mB-、*nD-、*ŋG-等系列。同时还证明了藏文前加字 *ɦ 标记的是与基字同部位的鼻音。

陆志韦先生(1947)认为上古汉语声母存在鼻冠音+同部位塞音的系列。他将上古明母拟为 *mp-和 *mb-,上古泥母拟为 *nt-和 *ng-,上古疑母拟为 *ŋk-*ŋg-。严学窘和尉迟治平先生(1986)对上古汉语声母鼻冠音+同部位塞音系列作了进一步的论证。他们所依据的大多是汉语内部的材料。张谢蓓蒂和张琨先生(1976)也认为上古汉语声母有鼻冠音+同部位塞音系列,他们所依据的主要是汉语和藏语的比较材料,使用的是"语音语义单层对应"的历史比较法,这样,不可避免,推测的成分就比较大。他们认定藏文前加字 *ɦ-是个鼻音,当汉语一个鼻音声母字跟藏文带前加字 *ɦ-+塞音基字的字对应时,就推测这个汉字的鼻音曾经是鼻冠音,在这个鼻音后曾带有一个已失落了的同部位的塞音;当汉语一个塞音声母字跟藏文带前加字 *ɦ-+塞音基字的字对应时,就推测这个汉字的塞音前曾经带有一个已失落了的同部位的鼻冠音。本文运用语义比较法,每个例子都有a、b两式,除例7、例8和例9外,在a、b两式中,上古汉语的声母都是同部位的,a式为塞音声母,b式为鼻音声母,它们分别对应于藏文作为基字的塞音和作为前加字的 *ɦ-。这就大大提高了上古汉语(或前上古汉语)存在鼻冠音+同部位塞音系列推测的可信度。尤其当a、b两式中的上古汉语为同一个字或同一个谐声偏旁时,这种推测的可信度就更高了。如例11,上古汉语"阁",有两个义项,两个读音都对应于藏文同一个字 *ɦkhegs(pa);例17,"限"和"垠"是同义字,它们都从"艮"得声,都对应于藏文同一个字 *ɦkhrun,可见,"阁"和"艮"的上古声母当是 *ŋG-无疑了。既然藏文的前加字 *ɦ 跟上古汉语的鼻音前置辅音对应,它标记的应是鼻音而不是浊擦音也是确定无疑的了。

在藏文声母系统中,鼻音既可以出现在单辅音中,又可以出现在二合辅音和三合辅音中,出现在复辅音第一个位置上的鼻音有 *m-和 *ɦ-两个。陆志韦先生将上古汉语鼻

---

① 大写字母代表鼻音后同部位的塞音。

音声母仅拟为鼻冠音＋同部位塞音系列一套似乎是过于简单了。至于汉语厦门话中古明母字大多读唇塞音声母,中古疑母字大多读舌根塞音声母,很可能是类推作用造成的。

**参考文献:**

[1] 北京大学中文系语言学教研室. 汉语方音字汇[M]. 2版. 北京:文字改革出版社,1989.
[2] 格桑居冕. 藏文字性法与古藏语音系[J]. 民族语文,1991(6).
[3] 格西曲吉札巴. 格西曲札藏文辞典[M]. 法尊,张克强,等,译. 北京:民族出版社,1985.
[4] 胡坦. 藏语的语素变异和语音变迁[J]. 民族语文,1984(3).
[5] 胡坦. 略谈规则与例外[J]. 民族语文,1993(4).
[6] 华侃,龙博甲. 安多藏语口语词典[M]. 兰州:甘肃民族出版社,1993.
[7] 黄布凡. 藏缅语的"马"与古汉语的"駹"[J]. 中央民族学院学报,1989(2).
[8] 黄布凡. 藏缅语族语言词汇[M]. 北京:中央民族学院出版社,1992.
[9] 李方桂. 上古音研究[M]. 北京:商务印书馆,1950.
[10] 李新魁,等. 广州方言研究[M]. 广州:广东人民出版社,1995.
[11] 陆志韦. 古音说略[G]//陆志韦语言学著作集(一). 北京:中华书局,1985.
[12] 瞿霭堂. 藏语的复辅音[J]. 中国语文,1965(6).
[13] 瞿霭堂. 藏语动词屈折形态的结构及其演变[J]. 民族语文,1985(1).
[14] 瞿霭堂. 汉藏语言历史比较研究的新课题——系属问题及其他[J]. 中国社会科学,1985(5).
[15] 全广镇. 汉藏语同源词综探[M]. 台北:台湾学生书局,1996.
[16] 孙宏开. 藏缅语复辅音的结构特点及其演变方式[J]. 中国语文,1985(6).
[17] 孙宏开. 原始藏缅语构拟中的一些问题——以"马"为例[J]. 民族语文,1989(6).
[18] 邢公畹. 汉台语比较研究中的深层对应[J]. 民族语文,1993(5).
[19] 邢公畹. 汉台语舌根音声母字深层对应例证[J]. 民族语文,1995(1).
[20] 邢公畹. 汉苗语语义学比较法试探研究[J]. 民族语文,1995(6).
[21] 邢公畹. 汉藏语研究的意义和方法[C]. 汉藏语系研究理论方法问题研讨会,1995.
[22] 于道泉. 藏汉对照拉萨口语词典[M]. 北京:民族出版社,1983.
[23] 严学窘,尉迟治平. 汉语"鼻－塞"复辅音声母的模式及其流变[G]//音韵学研究第2辑,北京:中华书局,1986.
[24] 张怡荪. 藏汉大辞典[M]. 北京:民族出版社,1985.
[25] 赵秉璇,竺家宁. 古汉语复声母论文集[M]. 北京:北京语言文化大学出版社,1998.

(原载《民族语文》2001年第1期)

# 藏文后置辅音 j-和中古汉语*-i-的来源

薛才德*

[摘　要]　藏文后置辅音 j-,大部分来源于后置辅音 l-,小部分来源于后置辅音 r-。上古汉语*-j-介音可以与藏文的后置辅音 j-比较,也可能是大部分来源于后置辅音 l-,小部分来源于后置辅音 * r-。

[关键词]　后置辅音;中古汉字

一

中古汉语三等韵有一个-i-介音已是学术界的共识。但对于三等韵-i-介音的上古来源各家却有不同看法。蒲立本(Pulleyblank E. G,1962—1963)认为中古三等介音在上古不存在,是后起的。郑张尚芳(1987)认为中古三等介音不但是后起的,而且是从上古汉语的短元音中发展出来的。但是,李方桂(1980)却给上古汉语构拟了一个*-j-介音。藏文的后置辅音 j-可以跟上古汉语的介音*-j-比较。例如:

| 藏　文 | | 上古汉语① | | 广韵音系 |
|---|---|---|---|---|
| skjid(pa) | 高兴 | *kjit | 吉 | 臻开三入质见 |
| skjem | 饮 | *ʔjəmx | 饮 | 深开三上寑影 |
| skjel(ba) | 运送 | *gwjənh | 运 | 臻合三去问云 |
| skjoŋ(ba) | 供养 | *kjuŋ | 供 | 通合三平钟见 |
| skjor(ba) | 扶助 | *gwjan | 援 | 山合三平元云 |
| khjogs(pa) | 载运之具 | *gjagw | 桥 | 效开三平宵群 |
| ɦkhjil(ba) | 旋转 | *kwjin | 钧 | 臻合三平谆见 |
| ɦkhjor | 伪品 | *ŋwjarh | 伪 | 止合三去寘疑 |
| ɦkhjol(ba) | 度过 | *gwjat | 越 | 山合三入月云 |
| gji | 的 | *gjəg | 其 | 止开三平之群 |
| gjoŋ(po) | 强硬 | *gjaŋ | 强 | 宕开三平阳群 |
| gjol(po) | 跛的 | *khjar | 踦 | 止开三平支溪 |
| mgjogs(po) | 快 | *gjagh | 遽 | 遇合三去御群 |
| phjug(po) | 富 | *pjəgh | 富 | 流开三去宥帮 |
| (ʔa)phji | 祖母 | *pjidx | 妣 | 止开三上旨帮 |
| ɦphjo(ba) | 漂流 | *phjiagw | 漂 | 效开三平宵滂 |
| ɦphjar | 屋檐 | *mjian | 棉 | 山开三平仙明 |
| dbjig | 珠宝 | *pjik | 璧 | 梗开三入昔帮 |
| dbjug(pa) | 棍 | *bjəgw | 枹 | 流开三平尤并 |
| ɦbjer(ba) | 遍布 | *bjan | 蕃 | 山合三平元并 |
| ɦbjes(pa) | 美丽 | *mjidx | 美 | 止开三上旨明 |
| sbjoŋ(ba) | 效法 | *pjaŋx | 仿 | 宕合三上养帮 |

---

* 作者简介:薛才德,男,上海大学文学院中文系副教授,博士。
① 上古汉语拟音从李方桂(1980)。

藏文的后置辅音 j-，主要出现在舌根音和唇音的后面。无论它出现在哪个位置，都可以跟上古汉语的介音*-j-对应。跟藏文 j-对应的上古汉语带介音-j-的同源字涉及中古遇、止、流、效、深、臻、山、宕、梗、通等十个韵摄，涉及面的广泛说明对应的普遍性。正因为如此，包拟古(Bodman N.，1980)认为汉语中古三等-j-介音，可以分为两类：一类是原生性的 j (primary j)，它能够跟藏缅语的 j 对应；一类是次生性的 j (secondary j)，它是汉语后来自身发展出来的。包拟古的这种认识，显然同他认为藏缅语后置辅音 j-是原生的观点密切相关。看来，藏缅语后置辅音 j-是否为原生是问题的关键。

## 二

马提索夫(Matisoff J. A.，1991)为原始藏缅语声母的后置辅音构拟*r、*l、*w、*y (实际应为*j)四个。而恰恰"r-、l-、w-、j-"这四个后置辅音在藏文中都有。孙宏开(2001)认为，马提索夫为原始藏缅语声母的后置辅音构拟四个后置辅音*r、*l、*w、*j 不是处在同一个发展层次上，*r、*l 在前，*w、*j 在后。他进一步指出，原始汉藏语原本可能没有介音，汉藏语系语言的介音是从后置辅音中发展演变而来的。它们的主要发展途径是：

**[-r-]、[-l-] → *[-w-]、[-j-] → [-u-](u-)、[-i-](i-)

不过，孙宏开没有具体论及藏文后置辅音 j-的来源和汉语介音的来源。

在原始藏缅语的构拟中，学者们都把藏文材料作为极其重要的参考资料，因为藏文创制的年代最早。的确，藏文记录的古代藏语的语音形式从总体上说是比较古老的，但并不能说它的每一个成分都比较古老。藏文记录的古代藏语的两组塞擦音，一般认为是后起的。藏文记录的古代藏语后置辅音 j-也未必古老。

在汉语藏语同源字中，上古汉语的*-j-介音可以跟藏文的后置辅音 r-对应。例如：

| 藏 文 | | 上古汉语 | | 广韵音系 |
|---|---|---|---|---|
| bkren(pa) | 饿 | *gjənh | 馑 | 臻开三去震群 |
| skru(ba) | 乞求 | *gjəgw | 求 | 流开三平尤群 |
| braŋ | 住宅 | *bjaŋ | 房 | 宕合三平阳并 |
| bkres(pa) | 饿 | *kjid | 饥 | 止开三平脂见 |
| khrol(po) | 高兴 | *hjən | 欣 | 臻开三平殷晓 |
| ɦkhra(ba) | 附着 | *ʔjəd | 依 | 止开三平微影 |
| ɦkhrug(pa) | 口角 | *ŋjuk | 狱 | 通合三入烛疑 |
| phra(ma) | 谗言 | *pjəd | 诽 | 止合三平微帮 |
| phru | 糠秕 | *phjəgw | 稃 | 遇合三平虞滂 |
| ɦphru(ba) | 陶器 | *pjəgwx | 缶 | 流开三上有帮 |
| ɦkhrun | 界限 | *ŋjən | 垠 | 臻开三平真疑 |

## 三

藏文的后置辅音除了 j-外，还有 r-、l-和 w-。如果说后置辅音 j-来自 r-和 l-，那么该怎么解释藏文中后置辅音 j-和 r-、l-并存的现象呢？(后置辅音 w-在此我们暂不讨论)

首先我们来看一看这三个后置辅音的分布情况：

二合辅音

kj   khj   gj                    phj   bj   mj
kr   khr   gr   tr   dr   pr     phr   br          sr   hr
kl         gl                           bl   zl   rl   sl

二合辅音带后置辅音 j-的有六个,带后置辅音 r-的有十个,带后置辅音 l-的有六个。后置辅音 j-同后置辅音 r-形成对立分布的有五对,后置辅音 j-同后置辅音 l-形成对立分布的有三对。

三合辅音

dkj   bkj   rkj   skj   mkhj   ɦkhj        dgj   bgj   mgj   ɦgj   dbj   ɦbj   sbj
dkr   bkr         skr   mkhr   ɦkhr   grw  dgr   bgr   mgr   ɦgr   dbr   ɦbr   sbr
             bkl
dmj   rmj   smj
            smr                                  bsr
bzl   brl   bsl

三合辅音带后置辅音 j-的有十六个,带后置辅音 r-的有十五个,带后置辅音 l-的有四个。后置辅音 j-同后置辅音 r-形成对立分布的有十三对,后置辅音 j-同后置辅音 l-形成对立分布的只有一对。

四合辅音

brkj   bskj   brgj   bsgj
       bskr          bsgr

四合辅音带后置辅音 j-的有四个,带后置辅音 r-的有两个,没有带后置辅音 l-的。后置辅音 j-同后置辅音 r-形成对立分布的只有两对。

语音结构的特点是平衡对称。平衡结构的被打破,出现大量的不对称现象,这肯定是语音演变的结果。在复辅音中,带后置辅音 l-的数量是最少的,只有十个,其次是带后置辅音 j-的,有二十六个,数量最多的是带后置辅音 r-的,有二十七个;后置辅音 j-同后置辅音 l-形成对立分布的有四对,后置辅音 j-同后置辅音 r-形成对立分布的有二十对。如果说后置辅音 j-来源于后置辅音 l-和 r-,那么可以说后置辅音 j-大部分来源于后置辅音 l-,小部分来源于后置辅音 r-。后置辅音 l-大量地变成 j-,自然带后置辅音 l-的复辅音数量就大大减少了。由于这种演变的方式,不是采用"音变规律无例外"式而是采用"词汇扩散"式,这就造成了音变的不同步或不规则。大部分带后置辅音 l-的复辅音变成了带后置辅音 j-的复辅音,留存下来十个带后置辅音 l-的复辅音;在 zl、rl、sl、bzl、brl、bsl 六个复辅音中,后置辅音 l-保持不变;在 kl、gl、bl、bkl 四个复辅音中,后置辅音 l-部分不变,部分变成 j-,形成 kl——kj、gl——gj、bl——bj、bkl——bkj 的对立。后置辅音 r-,在 tr、dr、pr、sr、hr、grw、bsr 七个复辅音中保持不变,在其他与带后置辅音 j-复辅音对立的复辅音中,后置辅音 r-是部分不变,部分变成 j-,还是根本就没有变,要作具体分析。我们已经假定大部分带后置辅音 l-的复辅音变成了带后置辅音 j-的复辅音,这样,带后置辅音 r-的复辅音同带后置辅音 j-的复辅音的对立,也有可能是原来的带后置辅音 l-的复辅音同带后置辅音 r-的复辅音的对立。

带后置辅音 r-的复辅音有 tr、dr、pr,却没有相应的带后置辅音 l-的复辅音 tl、dl、pl 和带后置辅音 j-复辅音 tj、dj、pj 与之相配。

龚煌城(1976)认为藏文的舌面塞擦音 tɕ、tɕh、dʑ,分别由年代早于藏文的古藏语*

tj、*thj、*dj 和 *tsj、*tshj、*dzj 演变来的。从藏文语音系统的格局来分析,龚氏的看法是有道理的。古藏语不但应该有 *tj、*thj、*dj,还应该有 pj(在藏文 9 世纪第二次厘定前,原来是有这个复辅音的(罗秉芬、安世兴,1981))和 *tl、*thl、*dl、*pl;藏文 tr、dr 系列中还缺送气的 thr,这个 thr 古藏语中也应该是有的。这样古藏语就恢复了原来整齐对称的格局:

　　*tj　　*thj　　*dj　　pj
　　 tr　　*thr　　dr　　pr
　　*tl　　*thl　　*dl　　*pl

演变的过程也许可以描述为,首先,舌尖音带流音的复辅音 *tl、*thl、*dl 变成 *tj、*thj、*dj,类推作用 *pl 和 *thr 也随即变成了 pj 和 *thj,然后,*tj、*thj、*dj 变成 tɕ、tɕh、dʑ,受之影响,大部分的 pj 也变成了 tɕ。到此,藏文中只剩下没有发生音变的 tr、dr、pr,出现了许多的空位。在 *tj、*thj、*dj 和大部分的 pj 变成 tɕ、tɕh、dʑ 后,其他带后置辅音 l-的复辅音也参加到音变的进程中来了,逐步变为带后置辅音 j-的复辅音。由于 *phl、bl、*ml 逐步变成了 phj、bj、mj,对同系列的还没有变为 tɕ 的 pj 产生强大吸引力,使这剩下的小部分的 pj 的演变改变方向,与 phj 合流。这也许就是藏文在 9 世纪第二次文字厘定时,取消 pj 复辅音的原因。正因为演变的时间性,藏文时代带后置辅音 j-的复辅音还没有参与到演变成舌面塞擦音的进程中,被保存了下来。

　　另有几个复辅音 hr、rl、zl、brl、bzl、grw,没有相应的带后置辅音 j-的与之相配,彼此之间也显得不对称。如有 zl,却没有 zr;有 bzl,却没有 bzr;有 hr,却没有 hl;有 grw,却没有 glw;这也许跟发音的协同性有关。藏文中有 rl、brl 却没有 rr、brr,道理很简单,两个 r 叠在一起就变成一个 r 了。

## 四

　　上文讨论了后置辅音 j 和 r-、l-在藏文中的分布,从语音格局的不对称,推导出后置辅音 j-可能大部分来源于后置辅音 l-,小部分来源于后置辅音 r-的结论。如果这个结论是正确的话,那么我们相信尽管在语音层面存在着 kl——kj、gl——gj、bl——bj、bkl——bkj 四组复辅音的对立,但在词汇层面上它们的对立应该是很小的。

　　下面我们来考察这四组复辅音在词汇层面上后置辅音 j 和后置辅音 l-分布的情况。我们把张怡荪主编的《藏汉大辞典》作为考察的样本,考察的范围限于单音节词和单音节语素+词缀构成的双音节词。带后置辅音 j-和 l-的词总共有 257 个,理论上可能存在的最大对立为 128 对。事实上,带后置辅音 j-的词和带后置辅音 l-的词是不对等的,带后置辅音 j-的词有 140 个,带后置辅音 l-的词有 117 个。事实上可能存在的最大对立为 117 对。而实际统计数字要比它小得多。

不能形成对立的大致有以下几种类型:
1. 元音不同。例如:
kjed(名.伸音符)——klad(名,前面,顶上)
kjis(介.以,用以)——klas(古.后妃宫院)
gjam(名.岩洞)——glum(名.醪糟)
gjoŋ po(形.生硬)——gleŋ po(名.说话者)
bjuŋ ba(名.传说,往事)——bloŋ ba(古.神志不清)

2. 韵尾不同。例如：

kjaŋ(连.虽然,而且)——klag(名.毽子)
kjal pa(名.空谈)——klad pa(名.脑袋)
gjoŋ(名.亏损)——glog(名.闪电)
gjabs(名.玩笑)——glag(名.岩雕)
bjur po(名.灾祸)——blun po(名.傻瓜)

3. 元音和韵尾都不同。例如：

kjin(助.正在,着)——klab(古名.厚毽予)
kjams pa(古.剩余)——kluŋ pa(名.平川人)
gjad(名.体力)——glegs(名.板,片)
gjis(介.以)——glaŋ(名.公黄牛)
gjim po(古.哨兵)——glen po(形.愚蠢)

4. 词缀不同。例如：

kjo ba(古.铁钩)——klo pa(名.珞巴人)
kjoŋ kha(名.坑,洼地)——kloŋ(名.中央,内部)
gju ba(古.恭敬,食毕)——glu pa(名.歌手)
gjos po(名.夫之父,妻之父)——glos pa(古.愚昧,笨拙)
bjugs pa(名.敷涂法)——blugs ma(名.铸件,铸造成品)

5. 词形变化不同。例如：

gja ba(古.衰微,没落)——gla ba,glas pa,gla ba,glos(雇佣,租用)
gjon pa(名.衣服)——glon pa,glan pa,glan pa,glon(缝补,报答)
bju ba(古.鼠)——blu ba,blus pa,blu ba,blus(赎买)
bjug pa(名.涂剂)——blug pa,blugs pa,blug pa,blugs(注入,浇灌,放进)
ḥbjo ba,bjos pa,bjo ba,bjos(倾注,转移)——blo ba(方.出主意的人)

真正形成对立的如下：

| gja | 连.连接数词 | gla | 名.工资,工钱 |
| gjag pa | 古.遗失,破坏 | glag pa | 古.后面,背面 |
| gjam pa | 古.河床,河槽 | glam pa | 古.薄毽子 |
| gjiŋ | 名.神的仆从或使者 | gliŋ | 名.岛屿,部分 |
| bja | 名.鸟类,禽,鸡 | bla | 名.上,高,优 |
| bja ba | 称,呼 | bla ba | 古.谈,讲,说 |

可能存在的最大对立有117对,而实际对立只有6对,实际对立是最大可能对立的5%。可见,带后置辅音 j- 的140个词和带后置辅音 l- 的117个词绝大部分是处在互补分布之中。说明这些带后置辅音 j- 的词很可能大部分是从带后置辅音 l- 的词演变而来的(不排斥有小部分带后置辅音 j- 的词是从带后置辅音 r- 的词演变而来的,有关带后置辅音 r- 的词的分布情况在此从略),演变的方式是"词汇扩散"式。在上文概括的不能形成对立的五种类型中,第一类、第二类和第三类,每一对词在未演变前词根就不同,后来其中一个词后置辅音变成了 j-,它跟未变的带后置辅音 l- 的词自然就不能形成对立;第四类,每一对词原来词根相同,词缀不同,是形式不同的词,其中一个词后置辅音变成了 j-,它跟未变的带后置辅音 l- 的词自然也不能形成对立;第五类,每一对词中,一个有词形变化,一个没有,原来这个没有词形变化的词和另一个有词形变化的词的一个形式同形,后来其中

一个词后置辅音发生了演变,由于,一个有词形变化,一个没有,因此它们仍然形不成严格意义上的对立。在有对立的6对词中,最后2对词可以明显地看出彼此语义上有关联,原来是一词多义,现在成了同族词。另外4对词,是同音词分化,还是其中一个由带后置辅音r-的词演变成后置辅音为j-的词,形成与带后置辅音l-的词的对立,有待进一步的研究。

在现代藏语方言里,藏文后置辅音j一般和它前面的辅音结合在一起,演变为舌面塞擦音和擦音,藏文后置辅音r一般和它前面的辅音结合在一起,演变为舌尖塞擦音和擦音,但有一部分后置辅音r和它前面的辅音结合在一起,没有演变为舌尖塞擦音和擦音,而是演变成舌面塞擦音和擦音。例如:

|  | 蚂蚁 | 羽毛 | 血 | 头发 | 刀 | 牵(牛) |
|---|---|---|---|---|---|---|
| 藏文 | grog ma | sgro | khrag | skra | gri | ɦkhrid |
| 夏河 | tɕok ma | hdzo | tɕhak | htɕa | tɕə | tɕhəl |

夏河藏语这些由藏文后置辅音r和它前面的辅音结合在一起,演变来的舌面塞擦音,从音理上讲,在演变过程中,肯定经历过后置辅音由r-变成j-的过程。当后置辅音由r-变成j-的时候,就跟由l-变成j-的音合流了。

在现代藏语方言里,还有少量的词保整了一些古老的成分,从中可以发现藏文后置辅音j-来源于后置辅音r-或l-的蛛丝马迹。例如:

做:藏文bjed、巴塘藏语lɛ[13]、夏河藏语le、阿力克藏语li。

扫:藏文ɦphjag、夏河藏语rə。

拿(书):藏文ɦkhjer、夏河藏语len、泽库藏语lən。

变:藏文ɦgjur、夏河藏语lok。

聪明:藏文spjaŋ po、夏河藏语rək gol。

藏文的声母都是复辅音,在现代藏语方言中,声母已脱落为单辅音l-或r-,这个单辅音恰恰跟藏文声母的后置辅音对应。

通过藏语与其他藏缅语言同源字比较、藏文本身的材料和现代藏语方言材料的分析研究,我们可以相当肯定地断言,藏文后置辅音j-,大部分来源于古藏语后置辅音l-,小部分来源于古藏语后置辅音r-。李方桂(1980)给上古汉语构拟了*-r-和*-j-两个介音,我们从历时来源和共时系统来看,把它们分析为复辅音声母的后置辅音也许更恰当些。换句话说,即上古汉语没有介音。汉语这个跟藏文的后置辅音j-有对应关系的上古*-j-介音实质上是后置辅音*-j-。这个后置辅音*-j-是否也像藏文的j-一样大部分来源于前上古汉语后置辅音l-,小部分来源于前上古汉语后置辅音r-。它发展到中古就变成了-i-介音。它们的发展演变过程可以大致描述为:后置辅音**l-(或**r-)→后置辅音*j-→介音-i-。

至于那些跟藏文后置辅音j-或r-在上古没有对应关系的中古汉语三等介音,它们介音的来源可能比较复杂,需要作进一步的研究。

**参考文献:**

[1]包拟古. 原始汉语与汉藏语[M]. 潘悟云,冯蒸,译. 北京:中华书局,1995.

[2]黄布凡. 藏缅语族语言词汇[M]. 北京:中央民族大学出版社,1992.

[3]罗秉芬,安世兴. 浅谈历史上藏文正字法的修订[J]. 民族语文,1981(2).

[4]李方桂. 上古音研究[M]. 北京:商务印书馆,1980.

[5]蒲立本. 上古汉语的辅音系统[M]. 潘悟云,徐文堪,译. 北京:中华书局,2000.

[6]潘悟云.汉语历史音韵学[M].上海:上海教育出版社,2000.
[7]瞿霭堂,劲松.汉藏语言研究的理论和方法[M].北京:中国藏学出版社,2000.
[8]瞿霭堂,谭克让.阿里藏语[M].北京:中国社会科学出版社,1983.
[9]孙宏开.原始汉藏语中的介音问题[J].民族语文,2001(6).
[10]薛才德.汉语藏语同源字比较研究[M].上海:上海大学出版社,2001.
[11]藏缅语语音和词汇编写组.藏缅语语音和词汇[M].北京:中国社会科学出版社,1991.
[12]张怡荪.藏汉大辞典[M].北京:民族出版社,1985.
[13]郑张尚芳.上古韵母系统和四等、介音、声调的发源问题[J].温州师范学院学报,1987(4).

(原载《民族语文》2004年第3期)

# 汉藏语系"风"字的读音
## ——兼论上古汉语"风"的构拟

### 张玉来

上古汉语的观察研究已进入了一个新的阶段,突破旧材料和方法上的束缚,同系语言的比较研究为大家所重视,汉语同汉藏语系诸语言的对照研究也取得了可喜的成绩,本文试图在汉藏语比较研究的道路上作一点尝试。

关于"风"字的读音,在汉语和在其他同系语言中都是引人注目的。邢公畹先生说"'风'字是一个谜"①就是很好的说明,这话是针对汉台语说的,他把原始汉台语的"风"的声母构拟为 *pl-(*dl-),不同意李方桂先生构拟的 *dl-。在邢先生这个基础上,我们试图把眼光放得更宽阔一些,以期通过观察对汉藏语"风"字的读音问题认识得更深入一点。

特别提一下,自从本尼迪克特排除壮侗、苗瑶两个语族以来,许多人对汉藏语系有了动摇的感念。其实,迄今为止还没有充分的理由来说明汉藏语系传统说法的不合理。因此,本文工作的第一步还是按过去汉藏语的分法,把若干语言"风"字的读音大略观察一下,希望得出一些信息。下面列表显示②:

⟨1⟩ 壮语 侗语 水语 仫佬语 毛难语 傣语 老挝语 布依语
    ʀum  ləm  zum  ləm  ləm  lum  lom  zum

⟨2⟩ 藏语    羌语    景颇语    普米语    独龙语    珞巴语
    dakpa   maʁu    npuŋ      mumo      mămbwŋ    ɳuluŋ

⟨3⟩ 中古汉语    现代汉语
    *pjuŋ       fəŋ

这一共是十六种语言(汉语其实只算一种)。下面就有必要把各语言比照一下了。在⟨1⟩组中,各语言同属一个语族,声母都是舌尖辅音③,韵尾都是-m,主要元音是后元音(u)和央元音(ə)。在⟨2⟩组中,各语言也同属一个语族,"风"字的读音全是双音节,词根的声母大都是唇辅音,也有个别的是边音,主要元音大都是后圆唇音(u)。在⟨3⟩组,中古汉语同现代汉语的主要差别在于声母的不同。按照汉语音韵学家的一般看法,f 是 p 等在三等合口韵母前面变来的,这倒不是很引人注意的地方,更重要的是中古汉语中的那个介音 j。又,⟨3⟩组同⟨2⟩组相似,声母是唇音,韵尾是-ŋ,主要元音是后元音(u)和央元音(ə)。再把⟨1⟩、⟨2⟩、⟨3⟩组总的比较一下,一个趣事就出来了。⟨2⟩、⟨3⟩两组的字,声母大都是唇音,韵尾是-ŋ。⟨1⟩组的声母大都是舌音,韵尾是-m。这种分组现象很难说是偶然的巧合。邢先生在解释这种现象的时候说,隔着一重重汉台语语词交替系列的轻纱帘

---

① 邢公畹:《语言论集》,商务印书馆,1983 年,第 261 页。
② 所列各语言的材料大都取自各语言简志,恕不一一列出。
③ 壮语的 ʀ 是舌根音,但是在方言中有 ʀ、z、ð 等读法,也可作舌尖音处理,龙州土话读 lum。

幕,我们可以朦胧地看到一些引人深思的现象:泰语的 l- 往往跟汉语的双唇声母对应。如:

| 泰 ₁lw:m "忘" | 汉 ₁mjwan "忘" |
| 泰 lap₂ "磨" | 汉 ₁mua "磨" |
| 泰 lu:t₂ "腐" | 汉 bjuʔ "腐" |
| 泰 lu:p₂ "抚" | 汉 ₁pʻju "抚" |

我们还可以在台语内部找出一些对应的例子,例如:

| 泥 | 壮语 poŋ | 傣语 lum |
| 肚子 | 黎语 pok | 毛难语 lum |
| 肚脐 | 侗语 pjoljo | 仫佬语 loŋlwa |

这种微妙的对应关系,实在令人深思! 我们设想原始汉藏语很可能有一类辅音声母是唇音与 -l- 的组合体(风字就读这个音),后来分化为两类。在声母的分化过程中韵尾也随之变化,分化的结果是 -l:-m, p-:-ŋ。

这一设想可以放诸汉语里来检验。在汉语,"风"的读音经历了复杂的变化过程。俞敏先生肯定古汉语中"风"字就有过"孛缆"的读音①。这里可以补充好多事实来印证俞敏先生的结论。

第一,从汉字的谐声系列来看,同汉藏语的情况相类似。谐声系列在中古的读音情况如下②:

〈1〉 风*pjuŋ  汎*bjuŋ  芃*bjuŋ  讽*pjuŋʔ
〈2〉 岚*₁lăm  葻*₁lăm
〈3〉 軓*₁bjwʻem  骉*bjwʻem

〈1〉组中,p(b)-:-ŋ,〈2〉组中 l-:-m,多像咱们上面分析的结果。〈3〉组另有原因下面再谈。这可以支持上面的设想(在汉语,谐声字是重要的材料,可以反映汉语语音的许多真实情况)。

第二,从古籍反映的汉语词的分化来看,也支持这个设想。如《尔雅·释天》:"梵轮谓之飚。"郝懿行疏:"暴风从上下。"《广雅·释天》:"风师谓之飞廉,雨师谓之蓱翳,云师谓之丰隆。"又《离骚》:"前望舒使先驱兮,后飞廉使奔属。""风"与"梵轮""飞廉"同源,读音相同,当是"风"的分化③,故此风字音应为"梵轮""飞廉"的折合音,声母当为 pl- 或 bl-,韵尾当是 -m。

第三,梵汉对音也支持这种设想。如:后汉支娄迦文件谶在《兜沙经》中以"枫摩"译 brahm,支谦以"须枫"译 Subrama④。很可能"风"字在东汉还读 br- 之类。r 或就是 l,r 和 l 在上古汉语中是可以交替的⑤。

汉语的"风"的韵尾,也是引人注目的。从上古汉语来看,"风"在"侵"部,读 -m 尾。

---

① 见《民族语文》1982 年第 5 期《古汉语"风"字确实有过"孛缆"的音》。
② 邢公畹:《语言论集》,商务印书馆,1983 年,第 261 页。
③ 参见张永言:《关于词的"内部形式"》,载《语言研究》创刊号。
④ 见《民族语文》1982 年第 5 期《古汉语"风"字确实有过"孛缆"的音》。又见俞敏:《后汉三国梵汉对音谱》,第 316 页。
⑤ 本尼迪克特:《汉藏语言概论》,中国社会科学院民族研究所语言室译,1984 年,第 171 页。

如《说文》:"风,八风也。……从虫凡声。"《释名》:"风,泛也。"可见"风"字在东汉还读-m①。后来读-ŋ,是语音发展的结果。

这样我们就可以肯定汉语中"风"字的读音的确像俞先生说的有过"字缆"的音,也就是读 * pl(bl)m□("□"代表元音)。

我们的设想虽然在汉语中得到了支持,但这并不是目的,更要紧的一个方面应该是这个设想能够解释以上诸方面的现象!

在使用设想来解决问题之前,我们把设想再充实一些。汉藏语的情况,使我们设想原始汉藏语的声母是 * pl-(bl-)。汉语的情况使我们设想原始汉藏语的韵尾是-m,-n 尾是后来产生的。至于原始汉藏语的"风"的主要元音似乎不易确定,参合汉语及其他诸语言拟为央元音(ə?),也就是李方桂先生的构拟。到此为止,原始汉藏语的"风"字读音拟构为 * pləm。

构拟汉藏语"风"字的原始读音,正像王力先生指出的:"仍旧只能建立一个语音系统,而不是重建古代的具体音值,如果拟测的比较合理,我们能看清楚古今语音的对应关系……"②我们也就本着这样一个原则,构拟出来的读音仍是种设想,唯一要求于这种设想的是能同现代汉藏语系诸语言有对应关系,也就是能够作出历史的解释。

先来解释汉藏语上述几种语言的历史发展。这可以用下面一个程式表示("□"代表元音):

$$*pləm > \begin{cases} l□m & 〈1〉壮、侗、水、傣等语 \\ p□ŋ & 〈2〉藏、羌、景颇等语 \\ *pj□ŋ > fəŋ & 〈3〉中古、现代汉语 \end{cases}$$

这个过程可以考虑用分化、融合的方式来解释。在解释这个过程之前,再把汉语的谐声、词的分化等的演化过程也用一个程式表示出来,然后一起来解释。汉语"风"字的演化过程如下:

$$*Pləm > \begin{cases} *P(b)juŋ & 风、汎、芃、讽 〈1〉 \\ *lăm & 岚、葻 〈2〉 \\ *bjwem & 軓、馶、凡、泛 〈3〉 \\ *p□l□m & 苊轮、飞廉 \end{cases}$$

那么汉藏语的原始形式是怎样演化出现代汉藏语诸语言的呢?要解释这个问题,还必须从演化方式上来寻求。在 * pləm 的演化过程中由于各个音素作用的不平衡,发生了不同的变化。就 pl-复辅音来看,它的演化经历了同化、异化、融合、分化等不同的方式③。* pləm 在各音素的抗衡中,pl-复辅音发生分化,两个音素不再是一个组合体,而成为两个音节,如汉语的"飞廉"就是这种演化方式的产物。又, * pləm 在演化中,p-与 m-发生抗衡,产生异化,-m 与-p 对衡不谐,-m 把 p-排挤掉了,形成 l□m,像泰、壮等语,汉语谐声的"岚""葻"等,这是异化的结果。又 * pləm,在演化中发生融合,复辅音 pl-在抗衡中-l-向 p 靠拢,导致-l-的丢失或腭化,形成 p-或 pj-,又因为 p-或 pj-同韵尾-m 同位而产生异化作用,-m 发展成为-ŋ,也就是藏语、羌语以及中古汉语、现代汉语的情形。汉语谐声"軓"

---

① 参见田明:《秦汉时期"风"字韵尾的演变》,载《古汉语论文集》(语言所)。
② 王力:《先秦古韵拟测问题》,载《北京大学学报》,1964 年第 5 期。
③ 可参孙宏开:《藏缅语若干音变探源》,载《中国语言学报》,第 1 期,第 275 页。

"馭"等（"biwem"）也是这种融合方式下的产物，只是 p(b)j- 与 -m 没有发生异化作为，仍保持原来 -m 的音读。

这就是汉藏语系"风"字的演化过程，这就是风字的分化方式。

如果把汉藏语"风"的演化系列用一个式子表示，并在这个式子上标明演化方式，那么情形大致如下：

$$*pl\text{ə}m \begin{cases} \xrightarrow{\text{异化}} l\square m \quad\text{——壮侗语、岚岚……} \\ \xrightarrow{\text{融合+异化}} p\square\eta(pj\square\eta) > f\text{ə}\eta \quad\text{——藏、羌语、风汛} \\ \xrightarrow{\text{融合}} p\square m \quad\text{——钒、馭、凡、泛} \\ \xrightarrow{\text{分化}} p\square l\square m \quad\text{——飞廉、苋轮} \end{cases}$$

基于这种结论，我们再回过头来讨论上古汉语"风"字的拟音。

在讨论上古音之前，很有必要先观察一下"风"字的中古音韵结构。《广韵》："风，方戎切。"东韵合口三等，高本汉拟作 *pjiuŋ，李方桂拟作 *pjiuŋ 王力拟作 *pĭuŋ，各家少有差异，并且基本的一点是相同的：共同构拟了一个辅音性的介音"j"，前面也曾谈到这个"j"。

由中古音上推上古音是一条大路，那么中古汉语"风"字的读音"pjiuŋ"是怎样由上古而来的，即是说由 pjiuŋ 怎样上推"风"字的上古音来呢？这在前面已有涉及，原来"风"在上古是一种同中古完全不同的音韵结构，它的演化程式是：

$$*pl\text{ə}m > *pjuŋ$$

在音理上是 pl- 的融合，和 p- 与 -m 的异化两种方式。-m 变成 -ŋ 是不难理解的，而 pl- 变成 pj 却是不太得人赞同的，原因就是 pl- 是个复辅音，大家对复辅音还有疑义，因此宁可把"风"的上古音拟成 *pjwəm，也不肯拟成 pləm，就因为 pl- 是复辅音。其实这完全是一种误会，在同系语言中腭化辅音给我们留下了由复辅音演化来的痕迹，如：

| 汉义 | 缅文 | 缅甸语 |
|---|---|---|
| 做 | plu | pju |

| | 武鸣壮话 | 壮语 |
|---|---|---|
| 鱼 | pla | pja |
| 眼 | mlai | mjai |

这就很启发我们对汉语的"j"的认识。如果上古汉语的"j"同中古一样，就令人感觉到一种凝滞的味道，也不合汉藏语的。其实 -l- 的腭化（j）过程是很漫长的，出现过不同的发展层次。比如中古汉语的重纽韵问题，越来越多的人认为是个介音问题，有人拟作 j 和 i，我们就怀疑是 -l- 在中古发展的两种结果，重纽的问题还有重新考虑的必要。

凡此种种，我们认为大胆构拟"风"字的上古音是"*pləm"是有根据的，是同汉藏语的情势相适应的。同时，这也向我们表明上古汉语音韵系统的构拟正面临着一种新的挑战。

（原载《山东大学学报》（哲学社会科学版）》1989 年第 1 期）

# 藏语和上古汉语中与ɯ元音相关的音变过程比较

## 徐世梁[*]

[摘　要]　藏文中的高元音i、u在藏语北部方言大多变为后高元音ɯ，这使北部藏语的元音格局与藏文和其他藏语方言大不相同。北部藏语与上古汉语在元音系统、元音与韵尾的配合格局等方面十分接近，基于前人对上古汉语内部音变过程的研究，文章作出推测：上古汉语早期阶段的\*\*i、\*\*u元音在多数韵尾前面变成\*ɯ。这是上古汉语内部的重要音变之一，北部藏语与上古汉语的接近正是由于它们经历了相近的音变过程。把藏语和上古汉语中与ɯ元音相关的音变过程联系起来观察，可以为上古汉语元音的研究、原始汉藏语元音的拟测等提供参考。

[关键词]　藏文；北部藏语；上古汉语；元音；ɯ音变过程

## 一、引　言

汉语、藏语以及汉藏两种语言的比较等方面的研究，经过前辈学者的努力已经积累了相当丰富的成果，虽然要圆满解释与汉、藏两种语言相关的种种复杂的语言现象，还有很多问题需要进一步研究，但目前这些成果已经为我们奠定了坚实的基础，提供了宝贵资料。汉语和藏语之间已经确定了一批对应整齐的关系词，不论这批关系词是同源还是借用，它们都是汉语或藏语研究的珍贵材料。上古汉语和藏文之间比较接近的音韵结构也引起学者们的重视，并被运用到汉语上古音的研究中。汉语语音史的研究已经硕果累累。藏文到藏语各方言的语音演变大势也有不少学者做过讨论。笔者在前人研究的基础上发现汉、藏两种语言中的一些音变类型、音变过程也十分接近，如果把它们结合起来，互相参证，可以为这两种语言各自内部相关现象以及汉、藏两种语言之间对应关系的解释提供一些线索，甚至可以为原始汉藏语的拟测提供参考。华侃(2005)比较了汉语和藏语声母、韵母、声调的历史演变中一些相同或相似的现象，指出语言的比较应重视方言材料，很有启发性。本文将具体讨论与ɯ元音相关的音变在藏语和上古汉语中的表现，并尝试联系这种音变过程对相关现象进行解释。

---

[*]　**作者简介**：徐世梁，男，南京大学中国语言战略研究中心研究员，主要研究方向为藏语、汉藏比较、历史语言学。
　　本文写作过程中得到曾晓渝教授的悉心指导。初稿写成后曾在不同场合交流，先后得到很多学者的批评指正，他们是南开大学汉语言文化学院施向东教授，台湾师范大学博士生丘彦遂先生，南开大学文学院洪波教授，北京大学中文系孙玉文教授、耿振生教授，武汉大学文学院万献初教授，湖北大学文学院黄斌副教授。《语言科学》匿名评审专家也提供了宝贵的修改意见。在此一并表示诚挚的谢意。文中的错误疏漏之处，一概由笔者本人负责。

## 二、藏语中与 ɯ 元音相关的音变

藏语方言传统上划分为卫藏、康、安多三大方言区,也有不少学者指出分为五大方言区更全面,分别为中部方言(卫藏)、东部方言(康)、北部方言(安多)、南部方言、西部方言(参见张济川,1993;江荻,2002b)。总体来看,这五大方言区中,西部方言无论声母系统还是韵母系统都与藏文最为接近,保留了一定数量的复辅音,元音格局与藏文基本相同,韵尾保留得也比较完整,甚至还有复韵尾。中部方言、东部方言和南部方言,从声母系统来看与藏文相去甚远,只有少数方言保存数量很少的复辅音;从韵母系统来看,韵尾大大简化,元音也发生了一定变化,主要变化是在舌音韵尾的影响下产生了一定数量的前高元音和前圆唇元音,但除此以外,元音系统大致与藏文相同。这三个方言一般都有声调。北部方言声母系统虽然已经简化,但还是保留了一定数量的复辅音,与除西部方言之外的其他几大方言相比更接近藏文,韵尾也是如此,但元音格局与藏文相差较大,而其中最主要的变化就是本文要讨论的与 ɯ 元音相关的音变。(参见张济川,1993;江荻,2002b;格桑居冕、格桑央京,2002)

在北部方言大部分地区,高元音 i、u 在大部分韵尾前面(除 ŋ、l、s 外)变为后高元音 ɯ[①],而且个别方言中在 ŋ、l、s 韵尾前也有读作 ɯ 的。如表1:

表1 藏文 i、u 元音在今北部方言夏河、道孚的读音

| 藏文 | i | ig | igs | iŋ | id | in | ir | il | is | ib | im |
|---|---|---|---|---|---|---|---|---|---|---|---|
| 夏河 | ɯ | ɯk | ɯk | aŋ | ul | ɯn | ɯr | i | i | ɯp | ɯm |
| 道孚 | ɯ | ɯk | ik/ɯk | ɯŋ/iŋ | ɯt/it | ɯn/in | ɯr | i | i/ɯ | ɯp | ɯm |
| 藏文 | u | ug | ugs | uŋ | ud | un | ur | ul | us | ub | um |
| 夏河 | ɯ | ɯk | ɯk | oŋ | ɯt | ɯn | ɯr | u | i | ɯp | ɯm |
| 道孚 | ɯ | ɯk | ɯk | oŋ | ɯt | ɯn | ɯr | i/ɯ(ː) | i/ɯ | ɯp | ɯm |

藏文 i、u 元音在其他方言中一般仍读 i 和 u。如表2:

---

[①] 藏语方言材料中虽然一般记为 ə,但往往会说明其实际音值为 ɯ,如华侃(2002:30—38)、周毛草(2003:37),在笔者所调查的青海省乐都县卓仓藏语中,除了在 r 韵尾前近于 ə 外,其他环境中都是 ɯ。本文所引材料除注明具体出处或为笔者调查所得外,主要来自江荻(2002b),不过,为方便比较,笔者进行了适当的整理,并将原书中的 ə 全部改作 ɯ,原书在讨论夏河等来自藏文 uk 的 ək 时,也指出 ək 实际读音为 ɯχ 或 ɯɣ(184页)。另外,在北部藏语不少地方,藏文中的 ak 也变为 ək,为不使问题过于复杂,这里暂不作讨论。

表 2  藏文 i、u 元音在今各方言区的读音

| 汉义 | 藏文 | 北部 | | 西部 | 中部 | 南部 | 东部 |
|---|---|---|---|---|---|---|---|
| | | 夏河 | 阿力克 | 桑噶尔 | 拉萨 | 夏尔巴 | 巴塘 |
| 虫 | ɦbu | mbɯ | mbɯ | bu | pu13 | pu31 | mbʊ53 |
| 肠 | rgju ma | dzɯ ma | rɟɯ mæ | ɣju ma | cu13 ma52 | cɕ331 ma53 | dzo55 ma53 |
| 算 | brtsi | htsɯ | wtsi | | tsi55 | | tsɿ53 |
| 山 | ri | rɯ | rɯ | | ri13 | ri31 | ʐˍ231 |
| 西方 | nub | nɯp | nɯp | nup | nup132 | nup31 | nuʔ231 |
| 擦掉 | sub | ɕɯ | wɕɯɪ | | sup52 | sop53 | suʔ53 |
| 肋骨 | rtsib ma | htsɯ ɣɯ | rtsu ɣɯ | | tsip55 ry52 | tsi51 ma53 | tsi55 ma53 |
| 影子 | grib ma | ɕɯ ma | ɕɕɯn mæ | tɕip kjak | tʂhim13 na52 | ɕip51 ca:ŋ51 | tɕi13 nɑʔ53 |
| 线 | skud pa | re hkɯ | ri kɯt | xut pa | ku55 pɯ55 | ʂu51 ta53 | ko55 pa53 |
| 脱 | ɦpud | hɯl | hɯt | put | pi52 | pi?53 | ɬyʔ53 |
| 重 | ldzid po | dzɯ mo | rdzɯ ɣɯ | ltsin tɕ | tɕi13 pu55 | tɕi:n331 ti53 | dzi55 po53 |
| 春 | dpjid ka | ɕɯ ka | ɕɯt khæ | ɸit kha | tɕi:55 kə55 | tɕi51 ka53 | ɕi55 kha53 |
| 富 | phjug po | ɕɯχ kwo | wɕuk ko | tɕhuk po | tɕhu55 ku55 | tɕhu?51 po53 | ɕu55 pʊ53 |
| 六 | drug | tʂɯχ | tʂuk | tʂuk | tʂhu132 | tʂhu?31 | tʂu?231 |
| 眉毛 | mig spu | dzɯ ma | rdzɯ ma | mik ɸu | mĩ55 mɯ55 | mĩ:51 pu:r51 | mi55 pʊ53 |
| 眼 | mig | hnɯχ | ɣnɯk | mik | mi52 | mi?53 | mi?53 |
| 三 | gsum | hsɯm | ɣsɯm | sum | sum55 | su:m51 | sã55 |
| 闭(～口) | btsums | shɯm | ptsɯm | tɕuk | sum13 | | tsũ55 |
| 香(味道香) | zim po | ɕɯ mbo | ɕɯm bo | | ɕim13 pu55 | ɕi:m331 po53 | xĩ13 bʊ53 |
| 沉 | dim | nɯp | nthɯm | nup | thim13 | tp31 | ti13 |
| 前面 | mdun | hɲɯn tso | rɲɯn | dun | tỹ13 | tu:ŋ331 | ɲy55 ɕho?53 |
| 葡萄 | dgun / ɦbrum | ɡɯm / ndʐɯm | rɡɯn / dʐɯm | | kũ13 / tʂum55 | | ɡy55 |
| 白天、昼 | ɲin mo | ɲɯn kar | ɲɯn kɯr | ɲi ma | ɲi13 mu55 | ɲi331 mu53 | ɲi13 kɑ55 |
| 信 | phrin jig | hkɯr jɯχ | juk ɣe | ji ɣje | ji13 ki55 | ji331 ke53 | ji13 ɣ̥53 |
| 变化 | ɦgjur | ndzɯr | ndzɯr | gjur | cur13 | tɕha:51 | ndzo53 |
| 角落 | zur | sɯr ka | sɯr | | su:13 | | ta55 mɡʊ53 |
| 这里 | ɦdir | ndɯ na | ndɯ næ | ji la | ti:13 | te:331 | ʔɑ55 tsa |

表 2 中这些例词在藏文中元音都为 i 或 u,在北部方言夏河、阿力克除个别例外都变为 ɯ,西部方言桑噶尔基本与藏文一致,中部方言拉萨、南部方言夏尔巴、东部方言巴塘除了部分在舌尖前韵尾 d、n 前发生舌位前移的音变外,其他基本与藏文一致。

## 三、上古汉语的 ɯ 元音:上古汉语央元音诸部与藏语的对应

上古汉语中拟为央元音的一般包括之职蒸、微物文、缉侵三系,在李方桂的系统中还包括幽觉终三部。笔者曾从音变过程的角度考察过上古汉语与藏语的元音对应情况,发现由于北部藏语发生了高元音 i、u 变为 ɯ 元音的音变,使得北部藏语与上古汉语的元音对应,比藏文或其他藏语方言与上古汉语的元音对应更加密合,而一些不规则的对应也可以用相关的音变规则来解释(详见徐世梁,2007)。表 3 举例说明上古汉语央元音诸部对应藏文 i、u,却对应北部藏语夏河话 ɯ 的情况,上古汉语列出李方桂(1980)、王力(1985)、郑张尚芳(2003)三家拟音,汉藏对应的例词主要来自施向东(2000)、薛才德(2001),">"前为藏文,">"后为夏河话,"—"后为上古汉语拟音,拟音采用两书原文,两书所用都为李方桂(1980)的拟音。

表3 上古汉语央元音诸部与藏文和藏语北部方言夏河话的对应

| 韵部 | 藏文 | 夏河 | 李方桂 | 王力 | 郑张 | 例词 |
|---|---|---|---|---|---|---|
| 之职蒸 | i<br>u | ə<br>ə | ə | ə | ɯ | ɦbri>ndʐə"母牦牛"—ˑljəɡ"犛"，ɦdi>ndə"这"—ˑdjəɡ"时"；phjuɡ>ɕək"富"—ˑpjəɡs"富" |
| 微物文 | u<br>i | ə<br>ə | ə | ə | ɯ,u | khud>kəl"袋"—ˑgwjəd"帟"，ɦphur>hər"飞行"—ˑpjəd"飞"，ɦphur>hər"撫摩"—ˑmən"抆"；drid>tʂəl"引诱"—ˑthrjət"怵"，srid>səl"领袖"—ˑsrjət"帅" |
| 缉侵 | i<br>u | ə<br>ə | ə | ə | ɯ,i,u | ɦjim>zəm"泥，泞泥"—ˑdəm"潭"，sim>shəm"渗入"—ˑsrjəmh"渗"；khums>khəm"杀"—ˑkhəm"戡"，rŋub>hŋəb"吸气"—ˑhjəp"吸" |
| 幽觉终 | u<br>i | ə<br>ə | u | u | u,i,ɯ | dgu>hgə"九"—ˑkjəɡwx"九"，ɦbu>nbə"虫子，蚁"—ˑbjəɡw"蜉"，mthuɡ>thək"密"—ˑdrjəɡw"稠"；miɡ>nək"眼睛"—ˑmjəkw"目" |

上文已经指出，北部藏语的 ə 其实是 ɯ，而上古汉语央元音诸部的具体音值，郑张尚芳(2003:163)从方言、借词和上古到中古的演变等方面论证也为*ɯ。上古汉语同一词对应藏文的 i、u，却对应北部藏语的 ɯ，从藏文到北部藏语有 i、u>ɯ 的音变过程，那么上古汉语的*ɯ 在更早的时候是不是也来自*i、*u 呢？下面再从元音与韵尾的配合格局做进一步观察。

## 四、上古汉语和藏语元音与韵尾配合格局的比较

上古汉语三十部中，如果采取郑张尚芳(2003)的六元音系统来看，只有*a、*ɯ 两个元音的分布比较齐全，在各种韵尾前都能出现，*i、*u、*e、*o 四个元音分布受限。如表4：

表4 上古汉语六元音与韵尾的配合(一)

|   | 喉牙音韵尾 | 舌音韵尾 | 唇音韵尾 | 圆唇喉牙音 |
|---|---|---|---|---|
| a | 鱼铎阳 | 歌月元 | 盍谈 | 宵药 |
| ɯ | 之职蒸 | 微物文 | 缉侵 |   |
| e | 支锡耕 |   |   |   |
| o | 侯物东 |   |   |   |
| i |   | 脂质真 |   |   |
| u | 幽觉终 |   |   |   |

郑张尚芳(2003)注意到这种空档，同时看到上古音中收喉各部同一声系没有重出的中古韵类，但收唇和收舌诸部有多处同等韵类重出的现象，于是为收唇与收舌诸部重出的韵类拟测了不同元音，来添补这些空档。这样就得到下面的格局(表5)：

表5　上古汉语六元音与韵尾的配合(二)

|   | 喉牙音韵尾 | 舌音韵尾 | 唇音韵尾 | 圆唇喉牙音 |
|---|---|---|---|---|
| a | 鱼铎阳 | 歌月(曷)元(寒) | 盍谈 | 宵(高)药(乐) |
| ɯ | 之职蒸 | 微(衣)物(迄)文(欣) | 缉(涩)侵(音) | 幽(攸)觉(肃) |
| e | 支锡耕 | 歌(地)月(灭)元(仙) | 盍(夹)谈(兼) | 宵(尧)药(的) |
| o | 侯屋东 | 歌(戈)月(脱)元(算) | 盍(乏)谈(凡) | 宵(夭)药(沃) |
| i | 脂(豕)质(节)真(龟) | 脂质真 | 缉(执)侵(添) | 幽(叫)觉(吊) |
| u | 幽(流)觉终 | 微(畏)物(术)文(淳) | 缉(纳)侵(枕) | |

在解释这些不同的元音如何能够在一起押韵时,他认为在收唇、收舌各部韵尾的影响下元音发音空间变窄,不如收喉各部分明,从而容易发生合韵。这种观点有一定解释力,但押韵的宽严、合韵的界限,都不容易把握,而且从藏语所提供的材料来看,还有从其他角度解释的可能性。

藏文中五个元音与韵尾的配合没有空档,如表6:

表6　藏文元音与韵尾的配合

|   | 喉牙音韵尾 | | | 舌音韵尾 | | | | | 唇音韵尾 | |
|---|---|---|---|---|---|---|---|---|---|---|
| a | a | ag | aŋ | ad | an | ar | al | as | ab | am |
| e | e | eg | eŋ | ed | en | er | el | es | eb | em |
| o | o | og | oŋ | od | on | or | ol | os | ob | om |
| i | i | ig | iŋ | id | in | ir | il | is | ib | im |
| u | u | ug | uŋ | ud | un | ur | ul | us | ub | um |

但在北部方言中,元音与韵尾的配合有不少空档,如夏河话(见表7)。由上述藏语音变规则可知,藏文原有的 i、u 在北部方言大部分变为 ɯ,因此 i、u 与韵尾的配合出现了很多空档。由上古汉语与藏语关系词的元音对应发现,上古汉语拟音为 *ɯ 的央元音诸部中对应藏文 i、u 的,却刚好对应北部藏语的 ɯ。因此,我们可以考虑,上古汉语 *i、*u 与韵尾配合的空档也可以从与 ɯ 元音相关的音变来解释,在构拟时不一定要把它们全部填满。但与上古汉语不同的是,夏河话的 e、o 也能与各种韵尾配合而不受限制,上古汉语中 *e、*o 的配合空档难以用音变的思路解释,这些空档或许正可以用郑张先生的做法把它们填满。在上古汉语的研究中多角度的开放性思维十分重要。有些现象可能是多种因素共同制约的结果,因此也需要从不同的角度来考虑,如果非要用一种思路解释全部材料,往往会顾此失彼。

表 7　藏语北部方言夏河话元音与韵尾的配合

|   | 喉牙音韵尾 | | | 舌音韵尾 | | | | 唇音韵尾 | |
|---|---|---|---|---|---|---|---|---|---|
| a | a | ak | aŋ | | an | ar | al | ap | am |
| ɯ | ɯ | ɯk | | ɯt | ɯn | ɯr | ɯl | ɯp | ɯm |
| e | e | (ek)① | | | en | er | el | ep | em |
| o | o | ok | oŋ | | on | or | ol | op | om |
| i | i | | | | | | | | |
| u | u | | | | | | | | |

下面对 i、u 的分布做进一步的讨论。在上古汉语中,*i 只与舌音韵尾配合,如果把支系也拟为*i 的话,还可以与喉牙音韵尾配合。从藏文到北部方言道孚话有如下音变: ig＞ɯk,igs＞ik/ɯk,iŋ＞ɯŋ/iŋ,id＞ɯt/it,in＞ɯn/in。i 部分变为 ɯ,部分未变,未变成 ɯ 的 i 恰好就有与喉牙音、舌音的配合。如表 8:

表 8　藏语北部方言道孚话元音与韵尾的配合

|   | 喉牙音韵尾 | | | 舌音韵尾 | | | | 唇音韵尾 | |
|---|---|---|---|---|---|---|---|---|---|
| a | a | ak | aŋ | at | an | ar | (al) | ap | am |
| ɯ | ɯ | ɯk | ɯŋ | ɯt | ɯn | ɯr | ɯl | ɯp | ɯm |
| e | e | ek | | et | en | er | | ep | em |
| o | o | ok | oŋ | ot | on | or | | op | om |
| i | i | (ik) | (iŋ) | (it) | (in) | | | | |
| u | u | | | | | | | | |

因此也可以考虑上古汉语中支系和脂系的部分词是 *i＞ *ɯ 这一音变的残留。

上古汉语中 *u 只与喉牙音韵尾配合,这也能从藏语方言中找到一些参证。u＞ɯ 的音变在大部分北部方言几乎所有的韵尾前面都完成了,少数方言在-k 尾前还保留着 u,如阿力克:smjug ma-rn̩ukmæ"竹子", ɦbrug - ndʐuk"龙", smug pa-rmuk kwa"雾", thug - thuk"遇见", dug - ɣduk"毒", drug -tʂuk"六", ɦthug po tok po"厚", ɦbrug - ndʐuk"雷", sgug - rguk"等待", rgjugs rɟjuk"跑", ɦphrugs ntʂhuk"挠(～痒)"。不同韵尾前 u＞ɯ 的变化并不是同步完成的,而是经历了一个从部分韵尾到另一些韵尾的逐步扩散的过程,喉牙音韵尾的发音与 u 有相近的地方,有利于保持 u 的读音,所以处于这一过程的最后阶段。上古汉语的幽系韵部,或许正像阿力克一样,至少其中对应藏文 u、夏河话 ɯ 的那部分词,很可能属于这种情况。

最后,为了对比再来看看拉萨话中元音与韵尾的配合情况。表 9 显示,无论是元音与韵尾的类别,还是 i、u 元音的分布,拉萨话元音和韵尾的配合格局,与藏文、北部藏语和汉语上古音都有很大的不同。

元音对应及元音与韵尾的配合格局都显示藏语北部方言与上古汉语更为接近。在类型上相近并且有着整齐对应的语言很可能经历了相近的演变过程,而且更有可能在进一步的演变中选择相近的方向。从藏文到藏语北部方言 i、u＞ɯ 的演变大势已经较为明

---

① 加括号表示一部分已经变作其他读音,另一部分保留了原来的读音,即括号内的读法。下同。

确,那么上古汉语又经历过什么样的变化呢?下文将结合上古汉语内部历史演变的探索略加讨论。

表9 藏语中部方言拉萨话元音与韵尾的配合

| | 喉牙音及鼻化 | | | | | 舌音 | 唇音韵尾 | |
|---|---|---|---|---|---|---|---|---|
| a | a | a: | a? | ak | aŋ | ã | ar | ap | am |
| e | e | e: | e? | | | ẽ | er | ep | em |
| o | o | o: | o? | ok | oŋ | õ | or | op | om |
| i | i | i: | i? | ik | iŋ | ĩ | ir | ip | im |
| u | u | u: | u? | uk | uŋ | | ur | up | um |
| ɛ | ɛ | ɛ: | ɛ? | ɛ? | | ɛ̃ | | | |
| y | | y: | y? | y? | | ỹ | | | |
| ø | | ø: | ø? | ø? | | ø̃ | | | |

## 五、上古汉语内部与 ɯ 元音相关的音变

随着研究的深入,汉语上古音的研究中逐渐开始重视上古音内部的时段划分和方言差异,开始有意识地把各种不同质的材料离析开分别加以研究(如余迺永,1985;郑张尚芳,2003;杨建忠,2004;赵彤,2006)。上古音内部的分期、各期特点及演变过程的研究,有待于对各种材料做精细的离析和研究,这完全超出了本文的范围。这里笔者将结合已有的研究,看看汉、藏两种语言的比较能够给我们带来什么启示。

余迺永(1985)考定谐声时代有四十一韵部,元音有 i、e、a、o、u 五个,《诗经》时代为三十一部[①],包括 i、ə、a、u 四个单元音和 iə、uə、ia、ua 四个后响复元音,从谐声四十一部至《诗经》三十一部的演变规律如表10:

表10 谐声时代到《诗经》时代的元音变化(一)

| 谐声时代 | 诗经时代 | 韵尾条件 | 韵部名称 |
|---|---|---|---|
| **i | *i | ɦ、k、ŋ | 佳锡耕₁ |
| | | r、l、t、n | 脂₂、脂₁质真 |
| | *iə | ɦʷ、kʷ、ŋʷ | 幽₁觉₁ |
| | | v、p、m | 隶₂缉₂侵₂ |
| **e | *ia | 所有韵尾 | 之₂、鱼₂、铎₂、阳₂、耕₂、宵卓、歌₂、介薛仙、荔怙添 |
| **a | *a | 所有韵尾 | 鱼₁铎₁阳₁、豪沃、歌₁、废、月₁、元₁、盖盍谈 |
| **o | *ə | 所有韵尾 | 之₁职蒸(非 j 介音舌齿音字)、幽₁觉₁中、隶₁缉₁侵₁、微₁、微₁物文(非舌齿音字) |
| **o | *uə | ɦ、k、ŋ | 之₁职蒸(j 介音舌齿音字) |
| **o | *uə | r、l、t、n | 微₂、微₁物文(舌齿音字) |
| **u | *u | ɦ、k、ŋ | 侯屋东 |
| | *ua | r、l、t、n | 歌₃、废、月₂、元₂ |

从表10可以看出,从谐声时代到《诗经》时代,**a 不变,**e 裂化为 *ia,**i 裂化为 *iə,**u 裂化为 *ua,**o 有裂化为 *uə、变为 *ə 两种变化的。这些变化中除了 **u

---

① 余迺永(1985)采用"祭"部独立之说,故比通常的三十部多出一部。

>*ua、**e>*ia 的变化外,其他变化(阴影显示)全都与上文所说的央元音诸部有关(包括幽觉终)。

余迺永(1985)得出以上结论的主要论据来自谐声、诗韵、汉语方言、音译材料和对中古音系的分析,这些材料主要限于汉语内部,他所得出的结论与笔者从汉藏比较看到的现象有一致的地方,即上古汉语中的央元音诸部是经过了某种音变而形成的。如果想为这种音变寻找一种实际存在的演变类型方面的参证的话,藏语从藏文到北藏方言中与ɯ元音相关的变化是最好的选择。不过,从藏语中实际存在的音变类型来看,ɯ元音主要来自高元音 i、u,而藏语一些方言中裂化为复元音的一般是藏文中的 e 和 o。在笔者所调查的藏语北部方言农区话卓仓藏语中 o 裂化为各种带 u 介音的后响复元音,如:dgod gtam>ɦguɐ htsʅ"笑话"、ɦod>uɐ"光"、bod>uɐ"藏族(人)"、dom>tuæ"熊"、khom>khuæ"闲"、thom bu>thuɔ̃ bvʉ"瓢"、gon ba>kuɔ̃ ʁa"衣领"、btson khaŋ>tsuæ khəŋ"监狱"、ɡjon>ʐuæ tho"偏"、ɦbroŋ>ndʐuɔ̃"野牛"、stoŋ>tuɔ̃"千"。e 也有裂化的情况,但不如 o 普遍,如:lte ba>htie"肚脐"、sme ba>ɦmie"痣"。① 因此笔者将余著所给出的演变方向做如表11所示调整:

表11 谐声时代到《诗经》时代的元音变化(二)

| 谐声时代 | 诗经时代 | 韵尾条件 | 韵部名称 |
|---|---|---|---|
| **i | *i | ɦ、k、ŋ | 佳锡耕₁ |
|  |  | r、l、t、n | 脂₂、脂₁质真 |
|  | *ɯ | ɦʷ、kʷ、ŋʷ | 幽₂觉₂ |
|  |  | v、p、m | 隶₂、缉₂侵₂ |
| **e | *ia | 所有韵尾 | 之₂、鱼₂、铎₂、阳₂、耕₂、宵卓、歌₂、介薛仙、荔怗添 |
| **a | *a | 所有韵尾 | 鱼₁、铎₁、阳₁、豪沃、歌₁、废₁、月₁、元₁、盖盍谈 |
| **u | *ɯ | 所有韵尾 | 之₁职蒸(非 j 介音舌齿音字)、幽₁觉₁中、隶₁缉₁侵₁、微₁、微₁物文(非舌齿音字) |
| **u | *ɯ | ɦ、k、ŋ | 之₁职蒸(j 介音舌齿音字) |
| **u | *ɯ | r、l、t、n | 微₂、微₁物文(舌齿音字) |
| **o | *o | ɦ、k、ŋ | 侯屋东 |
|  | *ua | r、l、t、n | 歌₃、废₂月₂元₂ |

各家构拟的上古汉语,其时间段一般跨度很大,在 800~1000 年以上,在这样的时间段里语音肯定是要发生变化的。虽然谐声时代、《诗经》时代这样的分期还需要进一步论证,谐声时代的提法也过于笼统,但这种讨论上古汉语内部音变过程的思路非常值得我们借鉴。由以上藏语中实际存在的音变过程和上古汉语中的音变现象,笔者推测:上古汉语早期阶段的**i、**u 元音在多数韵尾前面变成*ɯ,这是上古汉语内部重要音变之一,恰好这种音变与藏文到藏语北部方言的音变过程接近,而北部藏语与上古汉语在元音系统及元音与韵尾配合格局方面的接近,正是因为它们经历了相近的音变过程。

---

① 藏语中裂化音变也是非常重要的音变方式,不仅见于北部方言农区话,也见于北部藏语其他方言,这种音变对上古汉语的研究也可以提供很多启发,但这涉及如何处理介音、垫音和复元音、复辅音等问题,还要费很多笔墨,本文暂不作过多讨论。

## 六、从上古汉语与藏语看原始汉藏语元音系统的拟测

Gong(1980)、龚煌城(2000)结合上古汉语、藏文和缅文元音的比较,构拟了原始汉藏语的元音系统,并讨论了原始汉藏语到上古汉语、原始藏缅语及藏文、缅文的变化。龚先生的研究给我们很大的启发,但其中有些地方还值得进一步讨论。他的原始汉藏语有四个单元音\*\*a、\*\*i、\*\*u、\*\*ə和两个复元音\*\*ua、\*\*ia,上古汉语与藏文的变化大致如表12:

表12  原始汉藏语到上古汉语、藏文的元音变化

| 原始汉藏语 | \*\*a | \*\*i | \*\*u | \*\*ə | \*\*ua | \*\*ia① |
|---|---|---|---|---|---|---|
| 上古汉语 | \*a | \*ə/\_-P<br>\*i/-其他② | \*ə/\_-P,-T<br>\*u/-其他 | \*ə | \*ua | |
| 藏文 | a | i | u | u/\_-Kw<br>a/-其他 | o | |

其中\*\*a、\*\*i、\*\*u三个元音的变化与上文讨论过的从藏文到北部藏语、从上古汉语谐声时代到《诗经》时代的变化接近,\*\*i、\*\*u在藏文中仍然保持不变,在上古汉语部分韵尾前已经变成\*ə,其他韵尾前也不变。但原始汉藏语到藏文\*\*ə>u、\*\*ua>o的变化却与上文所述藏文到北部藏语 u>ə、o> wa 的变化刚好相反,这使得从原始汉藏语到藏文再到北部藏语出现这样的演变过程:\*\*ə>u>ə、\*\*ua>o>ua,如果没有其他因素的影响,这种音类自身的循环音变是不多见的。一般来看,ɯ(或ə)与复合元音是后起的现象,它们是否在原始汉藏语中就已经存在,还值得进一步考察。

## 七、结　语

上古汉语、藏语以及汉藏语系诸语言的元音还有许多问题需要进行更精细的研究,本文尝试把汉、藏两种语言的音变过程结合起来,对相关的语言现象做出解释。当然,这些解释还需要在更多的材料中去检验和修正。上古汉语和藏语之间这种音变过程的接近可以从两个角度或层次来看:(1)这是人类语言演变类型方面的接近,很多毫无关系的语言之间都可以找到这种接近;(2)这是汉藏两种语言密切关系的证据之一,因为上古汉语和藏语之间的近似并不仅仅是音类、音值和音系结构方面的,更为重要的是同一批关系词(藏语中由 i,u 变为 ɯ 并和上古汉语中央元音诸部对应的那些词)有着相近的音变过程,这无法用类型学来解释。当然,这种同一批关系词音变过程的接近其实还是无法断定这些词是同源还是借用,这不是本文想讨论的问题,其实本文想暂时避开这一问题,而着重强调这样一种思路:把不同语言中的历史音变过程联系起来,相互参证,来寻找解释一些语言现象的线索。对汉藏语系各种语言共时音系的描写、单个语言历史音变的考察以及不同语言共时系统的比较等方面都已经积累了不少成果,而且正在进一步展开,

---

① 龚文指出\*ia的发展还不清楚,这里也不多讨论。
② 这种表达方式用文字表述为:\*i在 p 韵尾前面变为\*ə,在其他韵尾前面仍读为\*i,P、T、K 分别为唇齿、舌音、喉音。以下相同。

如果在上述研究的基础上,把不同语言的音变过程联系起来对相关的语言现象进行观察,一定可以为我们对语言现象的解释提供更多线索,并且可以帮助我们发现汉藏语言里具有普遍意义的音变规律,加深对汉藏语系诸语言的认识。

当然,这种研究必须以对相关语言音变规则、音变过程的细致考察为基础,而对一种语言音变过程的研究又必须以对这种语言文献材料和方言材料的深入研究为前提。本文对与 ɯ 元音相关的音变过程在藏语、上古汉语中具体表现的观察和描述尚不够充分和细致,将在以后的研究中对这种音变在这两种语言中的具体表现、详细过程、产生条件等进行更深入、更全面的挖掘。本文尝试运用这种方法来解释上古汉语和藏语元音比较中的一些问题,是想强调音变规则和音变过程在汉藏比较中的作用。笔者希望,今后汉、藏两种语言的研究能够分别建立起汉语、藏语两种语言的音变规则体系,这两种体系能够分别反映汉语、藏语语音系统演变的各种可能性以及各种音变过程的具体环节,能够对藏、汉两种语言在文献和方言中的各种音变现象给予充分解释。在此基础之上,我们可以对汉、藏两种语言语音系统的演变过程进行全面、深入和细致入微的比较,并把不同语言中的现象通过某一种音变过程联系起来,相互参证,进行解释。汉语语音史的研究已经硕果累累,藏文到藏语各方言的语音演变大势不少学者也有过讨论,但要建立能够比较全面反映语音系统演变过程的音变规则,还有赖于更多文献材料的整理、更多方言音系的调查,而且在研究中要注重音变规则的建立和对音变过程的考察。

**参考文献:**

[1] 格桑居冕,格桑央京. 藏语方言概论[M]. 北京:民族出版社,2002.
[2] 龚煌城. 从原始汉藏语到上古汉语以及原始藏缅语的韵母演变[G]//汉藏语研究论文集. 北京:北京大学出版社,2004.
[3] 华侃. 藏语安多方言词汇[M]. 兰州:甘肃民族出版社,2002.
[4] 华侃. 论藏语和汉语在历史音变中的一些相似现象[J]. 西北民族大学学报,2005(3).
[5] 华侃,龙博甲. 安多藏语口语词典[M]. 兰州:甘肃民族出版社,1993.
[6] 江荻. 汉藏语言演化的历史音变模型[M]. 北京:民族出版社,2002.
[7] 江荻. 藏语语音史研究[M]. 北京:民族出版社,2002.
[8] 李方桂. 上古音研究[M]. 北京:商务印书馆,1980.
[9] 瞿霭堂. 藏语韵母研究[M]. 西宁:青海民族出版社,1980.
[10] 施向东. 汉语和藏语同源体系的比较研究[M]. 北京:华语教学出版社,2000.
[11] 王力. 汉语史稿[M]. 北京:科学出版社,1980.
[12] 王力. 汉语语音史[M]. 北京:中国社会科学出版社,1985.
[13] 徐世梁. 从音变过程看上古汉语与藏语的元音对应[J]. 南开语言学刊,2007(1).
[14] 薛才德. 汉语藏语同源字研究:语义比较法的证明[M]. 上海:上海大学出版社,2001.
[15] 杨建忠. 秦汉楚方言韵部研究[D]. 南京:南京大学,2004.
[16] 余迺永. 上古音系研究[M]. 香港:香港中文大学出版社,1985.
[17] 张济川. 藏语方言分类管见[C]//民族语文论文集———庆祝马学良先生八十寿辰文集. 北京:中央民族学院出版社,1993.
[18] 郑张尚芳. 上古音系[M]. 上海:上海教育出版社,2003.
[19] 赵彤. 战国楚方言音系[M]. 北京:中国戏剧出版社,2006.
[20] 周毛草. 玛曲藏语研究[M]. 北京:民族出版社,2003.

(原载《语言科学》2009 年第 2 期)

# 白语南部方言中来母的读音

## 王 锋[*]

[摘 要] 白语中有数量较多的白汉关系词,其读音与汉语有较为复杂的对应关系。本文归纳和分析了白语中来母关系词声母的读音,将其分为两类,即读为 l-(n-、n̠-)的主体读音和读为 k-、ŋ-、x-、ɣ-、ø-、j-等的非主体读音,认为读为 l-(n-、n̠-)的是中古以来的历史层次,而非主体读音则分属上古及中古早期的历史层次。

[关键词] 白话;南部方言;来母关系

白语在汉藏语系语言中地位独特,其词汇系统中大批与汉语相关的词汇尤其引人注意。对于这些词汇,学术界的认识仍有较大分歧。鉴于同源词和早期借词的区分目前仍有不同意见,本文将这些词汇统称为白语的白—汉关系词,并以白语南部方言大理话中的来母关系词为例,试图通过对其语音对应关系的揭示,探讨白语中白—汉关系词语音的历史发展。

## 一、汉语来母的历史发展

来母是汉语声母系统发展过程中具有重要地位的一个声母。高本汉把来母的中古音构拟为 l-,这一意见后来成为学界共识。高本汉认为来母的音值从上古到中古没有变化,因此,他把来母的古音也拟作 l-。

但蒲立本(Pulley Blank,1962)通过汉语与藏缅语同源词的比较研究发现,藏缅语同源词与汉语以母对应的是 l-,与来母对应的是 r-。因此,他把来母改拟作 *r-,把以母改拟作 *l-(1973)。这一构拟得到很多学者的支持,包括 Schuessler(1974)、包拟古(1980)、俞敏(1985)、郑张尚芳(1987)、潘悟云(1984,1987)等。上述学者除了进一步补充藏缅语同源词与汉语来母对应的材料,证明藏缅语同源词的 r-主要与汉语来母对应,l-主要与汉语以母对应之外,还提供了古代译音方面的丰富材料,论证了类似的对应关系。在这些证据的有力支持下,来母的上古音为 *r-、以母的上古音为 *l-这一构拟逐渐成为学界共识。至于 *r-演变为 l-的时间,雅洪托夫(1976)认为在 5 世纪初。北凉天竺昙无谶译《大般涅槃经》第八如来性品第四之五(414—421)以及后来的许多音译中,ra 用带"口"旁的"囉"表示。佛经翻译中如果碰到汉语中没有的梵音,往往用一个读音相近的汉字再加一个"口"旁来代表。可见当时的汉语中已经没有 r 这个音了。由此可知,来母的上古音应拟为 *r-。在 5 世纪初, *r-全部变为 *l-。

---

[*] 作者简介:王锋,男,中国社会科学院民族学与人类学研究所研究员。

本文的研究基于笔者在上海师范大学语言研究所的博士后研究项目"白语大理方言中白—汉关系词的声母系统"。初稿曾在 2013 年 1 月中国社会科学院民族学与人类学研究所第二届"青年学术论坛"上宣读。在本刊发表时,承蒙吴安其研究员等专家提出了中肯的修改意见,谨致谢忱。

此外,汉语来母字自身的发展,以及来母字在藏缅语同源词中有不少对应为复辅音,其他民族语言中的汉语来母字借词往往有复辅音声母,这些语言事实都表明有些来母可能不是简单的*r-,而是带有塞音成分。从高本汉开始,汉语是否有复辅音问题就困扰着汉语学界,与来母相关的语言事实则使与来母谐声的复辅音类型成为讨论的焦点。郑张尚芳在汉藏语同源词的比较研究中发现,上古汉语中还有*kl-(*pl-)的形式。潘悟云进一步提出了复辅音简化的基本规则,认为在复辅音序列中,发音强度较弱的音素失落。这就较好地解释了汉语与藏文复辅音声母Cl-两种不同的演变方向①:

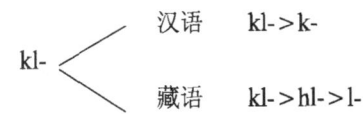

由于上古汉语的*Cr-到中古变作二等字,所以包拟古把跟见组和帮组谐声的来母上古形式构拟为**g-r-、**b-r-、**b-r->r-(包拟古1980)。潘悟云进一步指出,有些来母字的声母在上古只是一个塞音C加上流音r的辅音序列。但它不可能是Cr-,因为Cr-中C的发音强度比r强,最后会保留下来,而这些来母字中的声母中C是要失落的。如何解释这一发展？令人信服的解释就是C与r分属两个音节,C所在的音节是次要音节,次要音节都是弱的,后来就失落了,最后剩下*r->l-。根据这一假设,潘悟云(1999)指出这些来母字在上古是*C·r->r-,圆点前的部分为次要音节。如"蓝"为*gram,故泰文译为graːm^A2 蓝靛,也可解释它与"监"*kram之间的关系。

## 二、白语中来母的主体读音及其历史层次

从上古时期的*r到中古以及当代各汉语方言中的l-,汉语来母读音的发展总体上比较稳定,尤其是中古以来,很多方言中的来母读音基本没有变化。中古以来的来母读音,大多数汉语方言都较为一致地读为l-。

白语各方言中来母的主体读音与汉语中古以来的读音一致,都读l-。如下列南部方言大理话中的来母关系词②:

藍蓝(靛)蘭兰(花)la²¹ 懶la³¹ 蠟(洋)蜡:蜡烛 辣辣(子)欖(橄)榄la³⁵ 欄栏(杆)攔(阻)拦邋邋(遢)瀨癞(头)拉la⁴⁴ 籬籬(筛)蘆声(苇)浪浪(穿):今大理洱源lɔ²¹ 了(做完)了 溜溜(走),溜(开)絡绕,缠lɔ³² 鑼锣(锅),(铜)锣騾蘿(胡)萝(卜)籮(碗筷)笼lɔ³⁵ 癆癆(病)lɔ⁴² 籃(提)筐lɔ⁵⁵ 禮礼(仪),礼(物)理(道)理le³³ 勒賴赖(账)le⁴⁴ 另le³² 剌(拉)剌li³¹ 倮倮(倮子):倮倮族 璃(玻)璃離連(黄)连厘(一)厘li⁴² 立立(秋)慮(顾)虑籬(笊)篱li⁴⁴ 梨(雪)梨li⁵⁵ 亮(明)亮lia⁴⁴ 籠(灯)笼lɯ³⁵ 詈咒骂,诅咒lɯ⁴⁴ 老(阿)老:爷爷lou³² 爐炉(子)lu³¹ 六鹿马(鹿)lu³⁵ 輪轮(流)蓮莲(花)lue²¹ 輪轮(子)lue⁴² 亂吵闹論(议)论lue⁵⁵ 落落(后)駱骆(驼)luo³⁵ 螺螺(丝钉)luo⁴² 綠lγ⁴⁴

除了读为l-以外,来母的主体层次还包括两个读音,即n-和ȵ-。这涉及泥母与来母读音的相混问题。泥母与来母混读,在汉语中除北京话等部分方言外,在很多方言中都有不同程度的存在。在一些方言中,泥母和来母部分混读,有的方言中则完全混读。混读的条件一般是洪细音的区别。另外一些方言中鼻化与否也会造成混读的不同。如赣

---

① 潘悟云:《汉语历史音韵学》,上海教育出版社,2000年,第275页。
② 限于篇幅,现代汉语借词不列出。

方言中,来母与泥母相混多出现在洪音上,而在细音上不混。①

白语中也有来母和泥母混读的情况,但混读只出现在部分泥母和来母字,多数来母和泥母字并不混读。当然情况也因地而异。大理市下关镇的汉语中,混读情况较为普遍,相应地邻近下关的白语也有较多的混读现象,应该是受当地汉语西南官话的影响发展而成,这里不作过多讨论。多数白语方言中,来母混读为泥母的词并不多。南部方言大理话中来母混读为 n- 的词有如下一些:

n-: 煉炼(油) ne³² 領领(受) ne³³ 樓nuɯ²¹ 兩(斤)两nou³² 糧(公)粮nu²¹ 龍nɣ²¹ 櫳关,圈(动)nɣ³² 籠笼,筐nɣ³³

一些来母关系词的声母 n- 进一步发展为舌面鼻音 ȵ-,如:

ȵ-: 爛ȵa³¹ 略(省)略ȵɔ³⁵

以上两种读音,都是 l- 比较常见的变读现象。

上述例子中泥母和来母混读的都为洪音字,可见白语中泥、来母相混的情况与包括客赣方言在内的汉语方言基本一致。

在历史层次上,白语中来母的主体读音属于中古以后的层次。在 5 世纪初,汉语来母已全部由 *r- 变为 *l-。因此,白语中读为 l- 的来母字,主要都是中古前期以后输入白语的汉语借词。

## 三、白语中来母的非主体读音及其历史发展

### (一)白语中来母的非主体读音

相比起汉语中来母读音的稳定发展,尤其是中古以来较为一致地读 l- 的现象,与汉语关系密切的白语中,来母的读音发展则有比较复杂的表现。郑张尚芳先生归纳了白语中部方言(剑川方言)中白—汉关系词来母的读音,除了上述的 l、n、ȵ 三种主体读音以外,还有很多特殊的读法,这些读法在汉语方言中也不多见,值得关注(郑张尚芳,1999)。本文对南部方言大理话中来母的几种非主体读音进行了归纳,大致有如下几种:

——k-: 硌硌(脚) ka⁴⁴ 露露(水) kɔ³² 流kɯ²¹ 兩两(个) kou³³ 老老(人) ku³³ 卵男生殖器kua³³ 聾kɣ³⁵ 犂kɣ²¹

——ŋ-: 嶺(山)岭 領(衣)领ŋe³³

——x-: 裏(房子)里xɯ³¹ 縷线李李(子) xɯ³³

——ɣ-: 漏漏(水) 露露(出) ɣɯ³¹ 鵼猫头鹰ɣɯ³³ 力(气)力ɣɯ⁴² 柳ɣɯ⁴⁴

——ø-: 列(行)列裂剪、撕(布料) e⁴² 樑(房)梁ua²¹ 落(陷)落ou⁴² 量(测)量ou⁴⁴

——j-: 蠟(蜂)蜡臘臘(月) ja⁴² 鈴(马)铃je²¹ 鐮ji²¹ 利(锋)利ji³¹ 來(这里)来jɯ³⁵

以上仅列出两个例子以上读法,孤例未列出。如,kh-:"裏"里(面)khɯ³¹;ɕ-:栗(板)栗ɕi²¹。郑张尚芳先生指出剑川方言中来母还有 f(fɣ⁴⁴,六)、tɕ(tɕi⁵⁵,犂)两种读法。大理方言中也有类似读音,但因没有更多的词例支持,这些读法与来母的关系还有待进一步论证。但即便如此,大理白语中来母的读音已有 9 种之多(包括零声母和三种主体层次的读音)。这是比较复杂的语音对应关系。这种复杂对应的原因,一方面是在于这些读音来源于不同的历史层次,另一方面则是这些关系词的读音在白语中有了新发展的结果。

---

① 刘泽民:《客赣方言历史层次研究》,甘肃民族出版社,第 74 页。

## (二)来母非主体读音的历史层次及其发展

### 1. 上古层次

除占主体的中古层次之外,白语中的来母关系词还有一些特殊的读音层次,很难用中古音来概括,这就需要讨论其上古来源。白语中来母的上古层次,即包括由 r-发展而来,而非从 l-发展而来的各种读音。这些读音或许在白语中有新的发展,但仍属于上古层次,与从 l-发展而来的中古及以后层次的读音有根本的区别。

白语中来母的上古层次,大体先由颤音擦化为舌根浊擦音,即:$^*$r-→ɣ-。这是一个很常见的音变。舌根浊擦音 ɣ-是一个很不稳定的音,它在白语中又有不同的后续发展。总的来看,白语中来母上古层次读音的历史发展可以归纳为如下几种类型。

(1) $^*$r->ɣ-。

白语中的来母不少读为舌根浊擦音 ɣ-。这是一个很常见的音变,如表1:

表1 读舌根塞音 ɣ-的白语来母关系词及其上古拟音

| | 漏 | 露露(出) | 鹨 | 力 | 柳 |
|---|---|---|---|---|---|
| 白 语 | ɣɯ$^{31}$ | ɣɯ$^{31}$ | ɣɯ$^{33}$ | ɣɯ$^{42}$ | ɣɯ$^{44}$ |
| 白一平 | *c-ros | *g-raks | *c-rju | *c-rjək | *c-rju? |
| 郑张尚芳 | *roos | *g.raags | *m.ru | *rɯg | *ru? |
| 潘悟云 | *roos | *[g]raags | *[m]ru | *[g]rɯg | *[g]ru? |

从表中可知,白语的舌根擦音 ɣ-与来母的上古拟音$^*$r-有整齐的对应关系。$^*$r->ɣ-的音变,在汉语来母字的发展中很少见到。但可以肯定的是,ɣ-不可能变成 l-,所以$^*$r->ɣ->l-的音变不能成立,$^*$r->ɣ-与$^*$r->l-是两个不同的发展方向。汉语中$^*$r->ɣ-的音变,在二等字介音的发展过程中是常见的:-r->-ɣ->-ɯ-。白语来母的发展与汉语二等字介音的发展十分相似。

潘悟云认为有的上述来母字带有塞音成分。如"力""里""柳"。这些字的前置辅音 g 与 r 分属两个音节,g 所在的音节是次要音节,次要音节都是弱的,这几个字声母的音变应该是舌根塞音先擦化,并最终脱落,只剩下后面的 r-。这一发展过程如:"力"$^*$[g]rɯg>[ɦ]rɯg>[ɦ]ɣɯg>ɣɯg>ɣɯ。

(2)塞化:$^*$r-→ɣ-→g-→k-。

很多来母字在现代汉语中读为舌根塞音,这是上古汉语有复辅音声母的重要论据之一,其发展途径为$^*$gr->kl->k-。但在汉语官话中不少读为 l-的来母字在白语中也读为舌根音声母 k-,且其来源并非为复辅音声母,就是很特殊的现象,如表2:

表2 读舌根塞音 k-的白语来母关系词及其上古拟音

| | 硌 | 露水 | 流 | 兩 | 老 | 卵 | 垄 |
|---|---|---|---|---|---|---|---|
| 白 语 | ka$^{44}$ | kɔ$^{32}$ | kɯ$^{21}$ | *kou$^{33}$ | *ku$^{33}$ | *kua$^{33}$ | *kɣ$^{21}$ |
| 白一平 | *g-rak | *g-raks | *c-rju | *b-rjaŋ? | *c-ru? | *c-roj? | *b-rjoŋ? |
| 郑张尚芳 | *g.raag | g.raags | *ru | *raŋ? | *ruu? | *g.rool? | *roŋ? |
| 潘悟云 | *[g]raag | *[g]raags | *ru | *raŋ? | *[g]ruu? | *[g]rool? | *[g]roŋ? |

白语中来母读成舌根塞音 k-很难解释。郑张尚芳(1999)认为这既非汉语上古音所能解释,也是任何现存汉语方言所没有的现象,不可能找出可相类比的、可作为影响源的

汉语方言作为借出点。因此只能说这些词是同源词而非借词。但后来他提出了一种新的解释。他在比较壮语、水语、仫佬语等语言材料的基础上,提出了*r-→ɣ-→g-→k-的塞化音变模式,即来母由上古的*r-,发展为舌根擦音 ɣ-,舌根擦音塞化成 g-,g 又进一步清化为 k-。① 这一音变有其他语言的材料证明,是一个值得重视的意见。

(3) 鼻化:*r->ɣ->ŋ-。

白语中有少数几个来母字读为后鼻音声母 ŋ-。如:"嶺(山)岭""领(衣)领"都读 ŋeɹ33。其音变途径当为*r->ɣ->ŋ-。这些字的共同特点是都为带后鼻音韵尾的梗摄清韵字。在借入白语后,由于白语无后鼻音韵尾,鼻音韵尾在脱落过程中,不仅使韵母变为卷舌元音,同时还对舌根擦音 ɣ-发生影响,使之变为舌根鼻音 ŋ。因此,后鼻音韵尾应是这一音变的条件。

(4) 清化:*r->ɣ->x-。

白语中来母有的可以读为清擦音声母 x-。其语音发展为浊擦音声母 ɣ-发生清化,即*r->ɣ->x-。例如,"裹(房子)里"读 xɯ31,"缕线""李李(子)"都读 xɯ33。这些字的共同特点都是细音字。

(5) 弱化并脱落:*r->ɣ->ø-。

在白语中,浊擦音声母 ɣ-最常见的音变是进一步弱化,这有点类似于汉语中二等字介音的发展过程:-r->-ɣ->-ɯ-。白语的 ɣ-往往在弱化以后并最终脱落,变成零声母。白语方言的内部发展以及不同方言之间的比较,都证明了 ɣ->ø-音变的普遍性。此外,白语中还有不少词汇有 ɣ-、ø-两读的现象,如白语的"柳"字,除读 ɣɯ44 外,也可自由变读为零声母 ɯ44。在白语的来母关系词中,读为零声母的不在少数,都是从浊擦音声母 ɣ-弱化而成,如"列(行)列"eɹ42、"裂剪、撕(布料)"eɹ42、"梁"ua21、"落"ou42、"量"ou44 等字,都经历了*r->ɣ->ø-的语音变化。

2. 中古层次

中古层次的非主体读音,主要是中古前期来母完成*r->l-的音变之后在白语中的新发展。主要的新发展是 l->j-(ɕ-)。白语中的来母关系词有部分读作 j-声母,如表3 所示:

表3 读为半元音声母 j-的白语来母关系词及其上古拟音

| | 蠟 | 臘 | 鈴 | 鐮 | 利 | 連 | 來 |
|---|---|---|---|---|---|---|---|
| 白 语 | ja42 | ja42 | jeɹ21 | ji21 | ji31 | ji42 | jɯ35 |
| 白一平 | c-rap | c-rap | c-reŋ | c-rjem | c-rjits | c-rjen | c-rə |
| 郑张尚芳 | raab | raab | reeŋ | g.rem | rids | ren | m.rɯɯg |
| 潘悟云 | raab | raab | reeŋ | [g]rem | [b]rids | [b]ren | rɯɯ |

*l->j-在汉语中是常见的音变。如以母上古拟音为*l-,此后陆续向 j-变化。雅洪托夫(1976)举了《后汉书·东夷列传》用"邪马台"对译日本 jamatö 的例子,说明当时的以母字"邪"已经用来对译 j 了。Schessler(1974)认为以母在汉代变作 ʎ-。从边音 l-到半元音 j-,中间只能经过 ʎ-。潘悟云指出,与以母谐声的定母字原来与以母一样也是 l-。到后来,一二四等的 l-变作了定母 d-,三等的 l-变作了以母 j-。至于来母字,在由上古的*r-变成中古的 l-以后,在白语中,l-又继续变成 j-,在南部方言大理话中还可以进一步变成 ɕ-,形成一个 r->l->j->ɕ-的音变链。

---

① 郑张尚芳:《白语"来、以"母的特殊变化》,首届白语国际学术研讨会,云南大理,2009 年。

l-经常变为 j-,是由于这两个音在读音上有内在的相似性。潘悟云先生指出,l-和 j-的共振峰十分相似。l-的持阻时间缩短会变成闪音,音色上很类似于塞音,后来与塞音合流。l-的持阻时间延长,就会变成 j-。这个音变现象具有普遍性,不仅在汉语中常见,英语中也有类似的音变,如美国加州的地名 Laholla,读作 lahoja,其中的第一个 l-保持 l-的读音不变,但是-ll-变成了-j-。①

由上可知,白语中读为 j-的来母字,其音变规律如下:*r->l->j-。由 l-到 j-是一个中古以后的音变。

在白语大理方言中读为 j-的来母,在其他一些方言中对应为舌根浊擦音 ɣ-。如"来":

| 大理 | 洱源 | 剑川 | 云龙 | 昆明 | 鹤庆 | 兰坪 | 元江 | 祥云 |
|---|---|---|---|---|---|---|---|---|
| jɯ$^{35}$ | jɯ$^{35}$ | ɣɯ$^{35}$ | ɣɯ$^{35}$ | ɣɯ$^{35}$ | ɣɯ$^{35}$ | ɣɯ$^{35}$ | ɣɯ$^{12}$ | ɣɯ$^{12}$ |

这些来母关系词在白语中有两种不同的读音,显示它们之间并非历史的发展关系,而是平行发展的不同音变,其音变的路径不同。大理白语中读 j-的来母字,其发展路径是*r-先变成流音 l-,l-再变 j-,即*r->l->j-。而读 ɣ-的来母字,则是由上古的*r-直接变成了 ɣ-,其音变规律是如前所述的*r->ɣ-。ɣ-在白语中有多种新的发展形式。因此,这两种不同的读音,说明来母字进入白语的时间很早,并且在不同方言中发生分化,各自发展路径不同,形成了当代白语中两种不同的来母读音。同一个汉语来母字进入白语,在不同方言中的音变完全不同,其中的机制值得进一步研究。当然,也不能完全排除不同汉语方言影响的可能性。

从来母的读音及其历史层次可以看出,白语中白—汉关系词声母有上古、中古、中古以来等多个历史层次,是一个多个历史层次重叠的系统。其主体层次是中古及中古以来的层次,占绝大比例的白—汉关系词也可以确认是中古以来的汉语借词。此外还有部分借词属上古层次,体现了白语和汉语早期的密切关系。

**参考文献:**

[1]包拟古.原始汉语与汉藏语[M].潘悟云,冯蒸,译.北京:中华书局,1995.
[2]高本汉.中国音韵学研究[M].北京:商务印书馆,1946.
[3]刘泽民.客赣方言历史层次研究[M].兰州:甘肃民族出版社,2005.
[4]潘悟云.非喻四归定说[J].温州师专学报,1984(1).
[5]潘悟云.汉藏语历史比较中的几个声母问题[G]//语言研究集刊.上海:复旦大学出版社,1987.
[6]潘悟云.汉藏语中的次要音节[G]//中国语言学的新拓展.香港:香港城市大学出版社,1999.
[7]潘悟云.汉语历史音韵学[M].上海:上海教育出版社,2000.
[8]韦树关.汉越语关系词声母系统研究[M].南宁:广西民族出版社,2004.
[9]吴安其.白语的语音和归属[J].民族语文,2009(4).
[10]吴安其.藏缅语的分类和白语的归属[J].民族语文,2000(1).
[11]徐琳,赵衍荪.白语简志[M].北京:民族出版社,1984.
[12]徐琳,等.大理丛书·白语篇[M].昆明:云南民族出版社,2008.
[13]雅洪托夫.上古汉语的开头辅音 L 和 r[C]//汉语史论文集.北京:北京大学出版社,1986.
[14]俞敏.等韵溯源[G]//音韵学研究(第2辑).北京:中华书局,1985.
[15]郑张尚芳.上古韵母系统和四等、介音、声调的发源问题[J].温州师范学院学报,1987(4).

---

① 潘悟云:《汉语历史音韵学》,上海教育出版社,2000年,第272~273页。

[16]郑张尚芳.白语是汉白语族的一支独立语言[G]//潘悟云,石锋.中国语言学的新拓展.香港:香港城市大学出版社,1999.

[17]郑张尚芳.白语"来、以"母的特殊变化[C].首届白语国际学术研讨会,2009.

(原载《民族语文》2013年第3期)

# 从几个词语讨论苗瑶语与汉藏语的关系

## 潘悟云[*]

[摘　要]　东亚人群中,汉藏与苗瑶O3－M122的出现频率很高,而侗台与南岛O1－M119的出现频率很高,这说明汉藏与苗瑶有相当近的发生学关系。苗瑶与上古汉语、藏缅语的几个同源词"月亮、土、田地"等可以为此提供有力的证明。

[关键词]　苗瑶语;汉藏语

东亚的现代人群来自非洲,这个观点已经得到越来越多的学者的支持。但是,这支现代人到达东亚以后迁徙路线的细节,还存在许多讨论。复旦大学现代人类学研究所通过Y染色体的遗传结构研究,认为现代人分东西两支进入中国:一支是从云贵西侧进入的南亚—苗瑶—汉藏,另一支是从云贵东侧进入的南岛—侗台。

以下是东亚人群的Y染色体PC图:

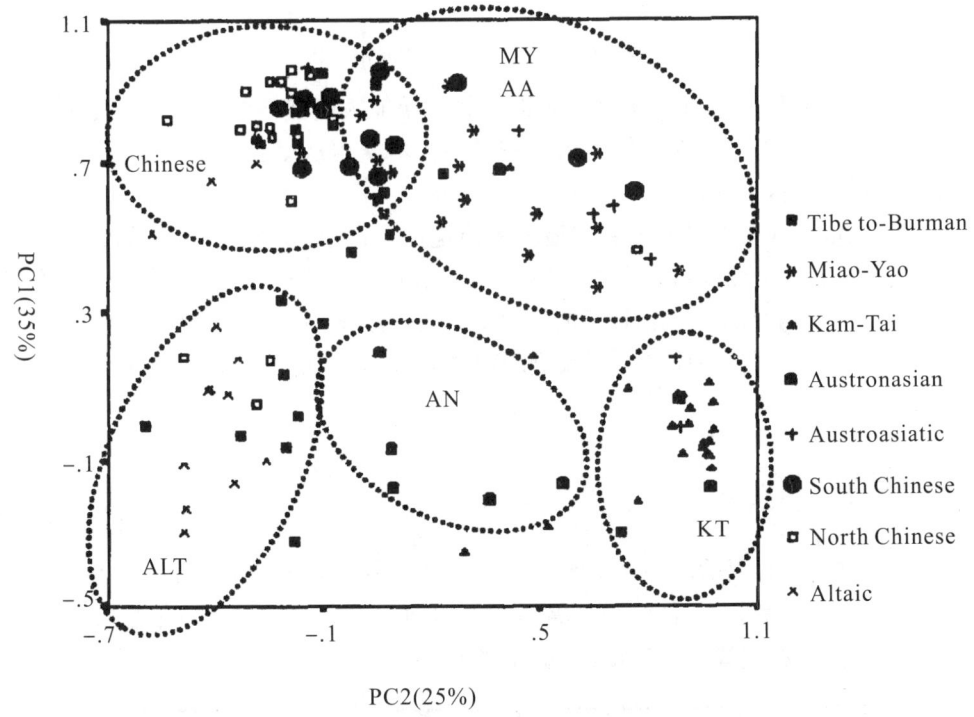

从图中可以看出,Y染色体单倍群的频率分布具有明显的语系偏向性。从Y染色体角度,几乎所有的汉藏语系人群均有很高的O3－M122频率,苗瑶和南亚语系同时具有

---

[*]　作者简介:潘悟云,男,上海师范大学语言研究所、上海市高校比较语言学E-研究院教授,博士生导师,主要研究历史语言学。

高频的 O2a—M95 和 O3—M122。侗台和南岛语系具有高频的 O1—M119，O1b—M110 则全部分布在南岛和部分侗台语系人群中。

现代人群的这种关系，大体上能得到语言学上的支持。Benedict 指出侗台语（Kam-Tai）与南岛语（Austranasian）的关系比汉藏语（Sino-Tibetan）更密切[1]，Sagart 认为侗台语是南岛语中的一个分支[2]。在 Benedict 的分类（见下图）中他把苗瑶语看作是澳泰语（Austo-Tai）的一个分支[3]。

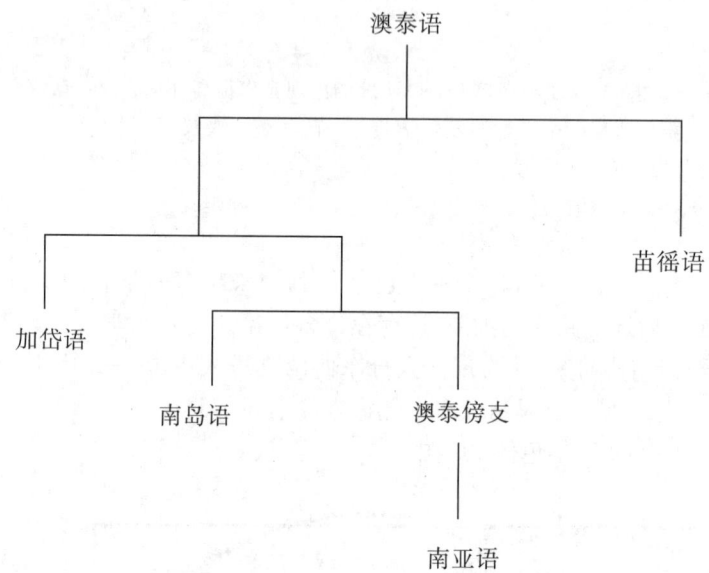

远古时期的人群分化与语言分化同步。苗瑶、南亚人既然与汉藏人有比较接近的遗传结构，他们的语言怎么反而与侗台语比较近呢？本文想从语言学的角度，观察苗瑶语是不是有与汉藏语接近的地方。

基本词在语言的历史发展中具有最大的稳定性，有些词历经数千年，乃至上万年的变化，在一些语言中仍然保持同源关系，例如，"首、颇、亢（下巴）、乳、手、肺、肠、虹、绳索、鸡、鸟、屎、死、盖、闻、烧、中间、旧、弯曲"等词语在汉藏、侗台、苗瑶语之间还可以分析出这种关系来。我们发现，苗瑶语与汉藏语同源词更多一些，这或许说明这两个人群的分离时间更晚一点。

# 一、月亮

汉语的"月"*ŋot＞MC.ŋʷiɐt 语源不明，在甲骨文中月亮作"夕"*sclak＞zlak＞MC.ziɐk，太阳与白天用同一个"日"字，月亮与晚上用同一个"夕"字。此词在藏缅语中的同源词为（戴庆厦、黄布凡等[4]，下简称 DH）下表所示。

| 藏文 | 独龙 | 阿侬怒 | 景颇 | 达让僜 | 克伦 | 吕苏 | 缅文 | 怒苏怒 |
|---|---|---|---|---|---|---|---|---|
| zla | sɯ³¹la⁵⁵ | sɿ³¹la⁵⁵ | ʃa³³tɕa³³ | xa⁵⁵lo⁵⁵ | ɬɜ⁵³ | la⁵⁵ | la⁵³ | la³¹ |

Benedict 把原始藏缅语拟作*s-la，后来改拟作*s-gla，认为可以更好地解释景颇语的形式[1]，他的*s-gla 与我所拟的汉语"夕"*sclak 非常接近。在克伦、怒苏怒语中，*sl-＞

l-/l-。

下面是苗瑶语中的"月亮、月份"（王辅世、毛宗武[5]，下简称 WM）。为了构拟它的韵母，我们把它与另两个词作比较：

|   | 养蒿 | 先进 | 青岩 | 七百弄 | 文界 | 长坪 | 览金 |
|---|---|---|---|---|---|---|---|
| 月 | lha⁴⁴ | li⁴⁴ | le⁴⁴ | lo⁴¹ | la⁵⁵ | la³⁵ | la³¹ |
| 父 | pa³⁵ | tsi⁵⁵ | pje¹³ | po⁴³ | pa³³ | pwa⁵³ | fa⁵³ |
| 瓜 | fa³³ | tɕi⁴³ | ke⁵⁵ | ko³³ | kɔ⁴² | kwai³ | kwa³⁵ |

这三个词的韵母相同，苗瑶语的"父""瓜"显然与汉语的"父"*ba、"瓜"*kʷaa 语音对应，所以这三个苗瑶语的原始韵母应该是*-a。"月"的声母有 l-、ɬ-、l-几种，与克伦语的 l- 相仿，也可能从*sl-变来。由此可以把它的原始形式构拟作*sla 之类的音。但是它是不是一个借词呢？古代的苗瑶族与汉族有较多的接触关系，与藏缅的接触较少。此外，借词一般是向强势语言借用，对于苗瑶语来说，只有汉语才是强势语言。所以，如果苗瑶语中的"月"是一个借词，一般会从汉语借来。但是苗瑶语的"月"并不带韵尾，声调是第 5 调（WM），相当于汉语的阴去调。这与汉语"夕"读入声调，带-k 尾很不一样，所以它更可能是一个苗瑶语的固有词。

下面是侗台语中的"月亮"（中央民族学院少数民族语言研究所第五研究室，下简称 CC[6]）。

| 壮 | 布依 | 临高 | 傣西 | 傣德 | 侗 | 仫佬 | 水 | 毛难 | 黎 |
|---|---|---|---|---|---|---|---|---|---|
| dɯ:n¹ | di:n¹ | mai¹sai¹ | dɤn¹ | lən⁶ | ŋa:n¹ | nje:n² | nja:n² | nje:n² | ŋa:n¹ |

侗台语的"月亮"跟汉藏语、苗瑶语都没有语源的关系。

## 二、土

从"土"在以下苗瑶语中的读音看，声母主要有 l-、t-两大类，韵母主要是-a：

| 兴发苗 | 石门坎苗 | 青岩 | 华严 | 养蒿 | 绞坨 | 高强苗 | 陶化努努 | 湘江勉 | 长坑畲 | 大坪江勉 |
|---|---|---|---|---|---|---|---|---|---|---|
| la²¹ | lfia²⁴ | tɔ⁵⁵ | lua²² | qa³⁵la²² | laŋ⁵⁵ | tle²¹ | te⁵³ | tei¹¹ | ta³³ | dau³³ |

但是高强苗语的声母是 tl-，说明它更可能是其他苗瑶语中 l-与 t-的共同来源。从下面的两组例子看，tl-还有可能来自 pl->tl-或*kl->tl-：

|  | 壳蛋壳 | 叶子 | 舌 | 光滑 | 毛 | 心 |
|---|---|---|---|---|---|---|
| 高坡 | phlo¹ | mploŋ² | mplɛ⁸ | mplɛ⁶ | plo¹ | plə³ |
| 瑶里 | tlaə¹ | ntlɔŋ² | ntlja⁸ | ntlei⁴ | tlja¹ | tlou³ |

|  | 六 | 笑 |
|---|---|---|
| 三江 | klɔ³⁵ | klæ³⁵ |
| 石门 | tɕau³³ | tɕo¹¹ |

所以，我们认为原始苗瑶语的"土"可能是*tla，与汉藏语的读音比较，更有可能来自*kla>tla>la>ta。

我们再来讨论汉语中的"土"字：

"土"与"塗"显然同根。《诗·小雅·角弓》："如塗塗附。"毛传："塗,泥也。""塗"从"余"* la>MC. jiɤ 得声,上古音为 * laa>MC. duo。

"土"与"野"* la 也有同根关系。"土"的原义为泥土,后引申为土地。"野"古文字作"埜",从"林"从"土","土"亦声。长满树木的土地为未垦的土地。

"土"的另一读音通"杜"* g-laa>da>MC. duo,《方言》："东齐谓根曰杜。""根"在塔芒语中为 taa,但是格曼僜语中为 kɹa⁵³,错那门巴语为 ra³⁵,土家语为 tɕi⁵⁵la²¹,声母都带有流音,塔芒语的 t-当从流音塞化而来。

从以上几个"土"的同根词分析,"土"的词根一定带有 * la。江浙一带的方言中,表示"田地"的词与"洋"同音,折合成上古音为 * laŋ,多了一个韵尾 ŋ,这与绞坨苗语"土"laŋ 相一致。

根据"土"的词根 * la 以及它的中古声母 th-,其上古音可能是 *laa>thaa>MC. thuo,也有可能是 * kh-laa>khɬaa>ɬaa>thaa>MC. thuo。Ladefoged 就讨论过第二种音变："当近音(approximants)出现在塞音/p,t,k/后面,通常会清化,如 play、twice、clay 会发作[pler、twans、kley]"[7]。如果"土"与软腭音发生关系,那么它就是 * kh-laa。我们在古代文献中确实找到一个与软腭音发生关系的例子。《庄子》："其土苴以治天下。"陆德明释文："司马云：'土苴,如粪草也。'""粪土"是古代的常见语词。"粪"原义秽物,弃物,所以"粪土"即秽土,用以肥田,内中杂有屎、草、土以及其他秽物,"粪土""土苴""粪草"实为一物,其中的"土"就是泥土。《经典释文》对"土苴"一词中的"土"注有四个读音："敕雅反,又片賈、行賈二反,又音如字"(黄焯以为"片"为"斥"之误)。"如字"就是通常的读音 MC. thuo。"行賈反"的中古音为 ɦɣa,折合成上古读音应为 * graa,带软腭音。可见"土"的通常读音 MC. thuo 一定有 * kh-laa>khɬaa>ɬaa>thaa>MC. thuo 的来源,这样才能解释它与 * graa 的关系。中国北方的一些汉语方言中,"土块"说成"圪垃"kəla,很可能就是上古汉语"土"* kh-la 的遗留。

"土"在藏缅语中有以下的形式(DH)：

| 景颇语 | 独龙语 | 羌语 | 僜语达让 | 巴兴语 | 阿侬怒 | 加罗语 |
|---|---|---|---|---|---|---|
| ka⁵⁵ | ga⁊⁵⁵ | khiɑ | khɯ³¹lai⁵⁵ | kha | la³¹ma⁵⁵ | ha |

可见原始藏缅语中"土"当为 k-la 或 kla 之类的音,达让僜语还保留这种古老的形式,羌语的 khiɑ 当为 khla>khia。其他各语失去了流音。阿侬怒语的语义是土地,失去了前置辅音 * k-。

苗瑶语的 * kla 与汉藏语的 khla 有语源上的关系,但是与侗台语中的"土"没有关系(CC)：

| 壮 | 布依 | 临高 | 僳西 | 僳德 | 侗 | 么佬 | 水 | 毛难 | 黎 |
|---|---|---|---|---|---|---|---|---|---|
| tom | naːm⁶ | mat⁸ | din¹ | lin⁶ | maːk¹⁰ | naːm⁶ | khəm⁵ | khəm⁵ | van¹ |

## 三、田地

为了弄清楚"田"的上古读音,我们先来讨论"陈"字。齐国国君田姓,为陈完之后,所以"田"与"陈"读音甚近。《礼记·檀弓下》："工尹商阳兴陈弃疾追吴师",郑玄注："陈,或作陵,楚人声。"也就是说,"陈"在楚国的读音与中原地区不一样,在中原地区的人听来,好像是"陵"* rɯŋ 的读音。"陈"的中古韵母为-in,中古的-in 上古有两个来源:* -in 与 * -iŋ[8],在《易》《尚书》与《诗经》的颂中还可以见到有些中古的-in 韵字跟带-ŋ 的字相押的例子。到了《诗经》的国风中,这些中古的-in 就没有这种押韵现象了,这说明这时候中原地区的 * -iŋ 变作 * -in。但是在《楚辞》中这些 * -iŋ 还没有变化,仍然与带 * -ŋ 的字押韵。如《楚辞》中有韵例:名均(《离骚》),天名(《哀郢》),荣人征(《远游》),耕名身生真人清楹(《卜居》)。这说明楚语中还保留比较早期的语音特征。楚地"陈"读如"陵"说明"陈"的上古韵母应为 * -iŋ。中古的 d-有两个上古来源。与中古 t-有关系者上古为 * d;与中古 j-、ɕ-有关系者,上古为 l-。因为"陈"的读音近"陵"* rɯŋ,所以"陈"的上古读音应该是一个流音。"田"又能借用作"敶",《诗·周颂·有瞽》:"應田縣",郑玄笺:"田,当作敶。""敶"的中古音为 * jin,因为声符"申"及其同根词"引"在藏文中分别对应于 riŋ 与 sriŋ,带-ŋ 尾,所以"敶"的上古音当 * liŋ>lin>MC. jin。由此,我们可以把"田"的词根拟作 * liiŋ>liin>MC. den。不过变作中古 * j-的上古音可能是 * l-,也可能是 * g-l->l->MC. j-,其中 * g-为前置辅音,后来失落。与下面藏缅语的陆地、田地比较(DH),汉语的"田"更可能是 * g-liiŋ>g-liin>MC. den:

| 藏文 | 景颇 | 缅文 | 错那门巴 |
|---|---|---|---|
| gliŋ | kriŋ | kraŋ<kriŋ | leŋ³⁵ |

Benedict 把原始藏缅语拟作 gliŋ[1]。藏文的 ziŋ⟨liŋ(田)是另一个同源词。汉语的"田"还有打猎一义。《郑风·叔于田》:"叔于田。"毛传:"田,取禽也。"藏文有同源词 liŋs(围猎)。

原始苗瑶语中的"田"也是 * gliŋ 之类的音,在有些语言中失落 g-,有些语言中失落 l-(WM):

| 青岩 | 高坡 | 文界 | 江底 | 罗香 | 览金 | 三江 |
|---|---|---|---|---|---|---|
| len⁵⁴ | lɛ⁵⁵ | lhɛ³³ | li:ŋ³¹ | giŋ³¹ | gi:ŋ²² | ljaŋ⁵⁵ |

但是侗台语的"田"与汉藏语显然没有这种联系(CC):

| 壮 | 布依 | 临高 | 傣西 | 傣德 | 侗 | 仫佬 | 水 | 毛难 | 黎 |
|---|---|---|---|---|---|---|---|---|---|
| na² | na² | nia² | na² | la² | ja⁵ | ɣa⁵ | ʔa⁵ | ʔja⁵ | ta² |

## 四、舌

"舌头"一词在苗瑶语中有以下的形式(WM):

| 吉伟 | 先进 | 高坡 | 枫香 | 瑶里 | 长坪 | 江底 | 湘江 | 长坪 | 大坪 |
|---|---|---|---|---|---|---|---|---|---|
| mja⁸ | mplai⁸ | mple⁸ | mplɛ⁸ | ntlja⁸ | mpli⁸ | bjet⁸ | pje⁸ | blet⁸ | bet⁸ |

王辅世把这个词的原始苗瑶语构拟作 * mblet[5]。与下面的侗台语相比较(CC),两者好像没有语源上的联系,至少是距离比较远:

| 壮 | 布依 | 临高 | 傣西 | 傣德 | 侗 | 仫佬 | 水 | 毛难 | 黎 |
|---|---|---|---|---|---|---|---|---|---|
| lin⁴ | lin⁴ | lin⁴ | lin⁴ | lin⁴ | ma² | ma² | ma² | ma² | li:n³ |

但是苗瑶语与汉藏语的同源关系是很明显的。先讨论汉语的"舌"。"舌"的中古汉语是ʑiet。中古ʑ的来源很复杂,从下面两个例子来看,至少有一部分来自*sbl->ʑ-。

"孕"与"朡"是一对同根词。《管子·五行》:"朡妇不销弃。""朡妇"即"孕妇",这两个字在中古都是-iŋ韵,来自上古的 *-uŋ。上古 *-uŋ 有部分来自原始汉语的 * *-um,如"熊"来自 * * Gum>Gʷuŋ>MC. ɦʷiuŋ,现代泉州话还说khim。"腾"从"朕"得声,"朕"中古读ɖim。*-um 中的 u 受-m 异化作 ɯ,-m 受 u 异化作-ŋ。"孕"在北京话中读* yn,正说明它在古代一定带圆唇元音。它在北京话中的音变是:* lum>lun>yn,在《切韵》中的音变是* lum>MC. luŋ。"朡"中古 ʑiŋ<sbluŋ,它们在藏文中有一对同源词相对应:

| 汉语 | 孕*lum | 朡*sblum |
|---|---|---|
| 藏文 | rum(胎,子宫) | sbrum(怀孕,怀胎). |

"绳绳"是连续不绝的意思,"绳"* sblŭŋ>MC. ʑiŋ,它在《集韵》中还有一个读音 * mbrŭŋ>MC. min,藏文中也有一对同源词与之对应:

| 汉语 | *sbluŋ>MC.ʑiŋ | *mbruŋ>MC.min |
|---|---|---|
| 藏文 | sbreŋ(相连排列) | ɦbreŋ<Nbreŋ(相续) |

如果中古汉语的 ʑ 有部分确实有* sbl-的上古来源,那么我们可以把"舌"的上古汉语构拟作* sblet>MC. ʑiet。

Matisoff 把"舌"的原始藏缅语(PTB)拟作* s-lya[9],他没有考虑到下列藏缅语的比较:

| 独龙 | 阿侬怒 | 澄格曼 | 景颇 | 克伦 | 缅 | 纳西 | 却域 |
|---|---|---|---|---|---|---|---|
| pɯ³¹lai⁵³ | phɯ³¹le³¹ | blai⁵³ | ʃiŋ³¹let³¹ | ble³³ | hlja:² | ɕi⁵⁵ | ɬi⁵⁵ |

从这些语言的比较可知,原始藏缅语中"舌"的词根可能是* blet 之类的音,前面有一个表身体部位名称的 s-前缀。纳西语词根部分失落,保留了这个前缀。却域语的ɬ-来自 sl-。景颇语的前缀换成了 ʃiŋ,塞音 b-失落,剩下了 let。澄语的前缀与韵尾都失落了。Matisoff 构拟所依据的 Dimasa 的 salai,Lushai 的 lei,都失去了 p 或 b。

我们知道,汉藏语中的前缀 s-与 m-都表示身体部分名称,经常交替。"舌"在汉藏语中是* sblet,苗瑶语则是* mblet,它们之间的同源关系是很明显的,只不过前缀不一样,这也正说明苗瑶语的"舌"绝不是借词。

## 五、女生殖器

女生殖器在大部分汉语方言中为"屄"。此字不见于早期的文献。我们注意到,在《切韵》中没有平声 pi 这个最普通音类的存在,这是一个很奇怪的现象。我们只能作这样的解释,这个词在当时的口语中就存在,古代文献因为避亵而不收它。而且"屄"的读音就是 pi,所以其他同音字避开它读作其他音去了,造成《切韵》中这个音类的缺失。在汉语方言中,女生殖器还有许多其他的说法,那都是为了避亵而产生的,最普遍最土俗的说法就是"屄"。根据它的中古读音,上古音应该就是* pi。女性的称呼"妣"* pi,以及对雌性动物的称呼"牝"* bi 与* bin,都与"屄"有语源上的联系。

"屄"在藏缅语中的同源词有(DH):

| 纳西 | 嘎卓 | 基诺 | 哈尼墨江 | 哈尼绿春 | 傈僳 | 史兴 | 独龙 |
|---|---|---|---|---|---|---|---|
| pi⁵⁵ | pi³¹pi⁵³ | pɛ⁵⁵ | pi³¹ | bɛ³¹ | bi² | bæ⁵³ | pi⁵⁵ |

这个词在原始藏缅语中的形式显然是 *pi 或 *bi，独龙语有韵尾 -n，这与汉语"牝"读 *bin 又读 *bi 的现象可做类比。基诺、史兴语中的元音发生了低化 -i>-ɛ>-æ。

我所得到的苗瑶语的语料中女生殖器的材料较少，而且它们跟汉语一样，由于避讳的原因会有多种说法，根据提供材料的中国社科院民族研究所李云兵言，同一种语言中如果有多种说法，最具土俗感的是 pi 类的词：

| 大南山 | 兴发 | 石门坎 | 野鸡坡 | 洞头寨 | 牛石坝 |
|---|---|---|---|---|---|
| pi³³ | pi⁴⁴ | pɛi¹¹ | pja²⁴ | pæ³⁵ | pje³⁵ |

这些词与汉藏语显然有语源上的联系，但是它们与侗台语中的读音是无法比较的（CC）：

| 壮 | 布依 | 临高 | 傣西 | 傣德 | 侗 | 仫佬 | 水 | 毛难 | 黎 |
|---|---|---|---|---|---|---|---|---|---|
| ɕet⁸ | ɕi:t⁸ | se² | hi¹ | hi¹ | ŋa:i¹ | khən³ | ŋa:i¹ | khən³ | thai³ |

仫佬语还有一个说法 pe⁶，可能是一个借词。

数词是判定语言之间远近亲疏的重要证据。侗台语的数词虽然与汉语有关系，但是语音上接近中古汉语，而不是上古汉语，从下面侗语数词与中古汉语的比较可见一斑：

| | 一 | 二 | 三 | 四 | 五 | 六 | 七 | 八 | 九 | 十 |
|---|---|---|---|---|---|---|---|---|---|---|
| 中古汉语 | ʔit | ɲi | sam | si | ŋo | ljok | tshit | pyɛt | kju | dzip |
| 侗语 | ʔət | ɲi | sa:m | si | ŋo | ljok | sət | pet | tu | ɕap |

但是，苗瑶语的数词则接近上古汉语，下面让我们讨论几个例子。

# 六、四

侗台语中的"四"显然借自中古汉语的"四"si，只有黎语中的"四"有另外的来源（CC）：

| 壮 | 布依 | 临高 | 傣西 | 傣德 | 侗 | 仫佬 | 水 | 毛难 | 黎 |
|---|---|---|---|---|---|---|---|---|---|
| sei⁵ | si⁵ | ti³ | si⁵ | si⁵ | si⁵ | ti⁵ | ɕi⁵ | si⁵ | tshau³ |

我们之所以认为它们是借词，而不是同源词，是因为它们与中古汉语太像了，而与上古汉语距离甚远。上古汉语的"四"高本汉拟作 *si，李方桂拟作 *sidh[10]，这与藏文的 bʑi〈blji 是无法比较的。在我的上古音系中中古 s-有部分来自上古的 *lj-，所以我把"四"拟作 *ph-lji>lji>MC. si，前置辅音 ph 使后接的 l 清化，这种变化类似于英语 play 读作 plei，上文已做过讨论。上古汉语"四"的这种构拟有以下的证据。

"四"的古文字像鼻出涕貌，当为"泗"之初文。"泗"古义鼻涕，还有许多汉语方言，鼻涕一词至今仍读唇音，如客家话的河源、揭西、秀篆、武平、长汀、宁化、西河都说 phi，赣语石江说 phi lan，其中的 lan 为"澜"，意义是黏液。翰语南城、永新说 phi phi。广东封开南丰话"浓鼻涕"叫 pei。还有些地方在 pi 后面加一个表小的后缀。有的加"子"，如湖北的许多方言管鼻涕叫"鼻子"："你穿少了，光流清鼻子。"有的加"儿"，徽州屯溪方言 phin，后带的儿尾变作-n。河南原阳方言说 piou,其中的 ou 也是小称词尾。

上古汉语中"涕、泗、洟"三字往往相混。"洟"有 * li>MC>ji 与 * ph-li>li>MC. thei 两读。"涕" * ph-li>li>MC. thei 原义是泪,后来"泗"用作一条河流的专名,声音很近的"涕" * ph-li 就取代了"泗" * ph-lji 的地位,眼泪则为"泪"所取代。下面藏缅语中的眼泪可以印证"涕" * ph-li 的读音(DH):

| 门巴墨脱 | 道孚 | 扎坝 | 景颇 | 独龙 | 怒阿侬 | 阿昌 | 浪速 | 怒怒苏 | 彝喜德 | 傈僳 | 克伦 |
|---|---|---|---|---|---|---|---|---|---|---|---|
| ri | blɛ | ʑɿ | pʒui | pin | phɿn | pi | pji | bɿi | bɿ | bj̇ | ji |

"洟"的声符"夷" * (p)li>MC. ji,其中的一个语义为"平",下面藏缅语中的"平"(DH)说明它的前头可能有一个前置辅音 p-:

| 纳西 | 拉 | 彝撒尼 | 彝巍山 | 格曼僜 | 藏巴塘 | 羌 | 土家 |
|---|---|---|---|---|---|---|---|
| phi | le | phʐ | phi | toŋ bli | lei | phin | phin²¹ |

跟"四"同音的"柶"与"匕"为同根词,《说文》:"匕,一名柶。""匕"的上古音为 * pli,"柶"则为 * ph-lji>lji>MC. si。这也是"四"字可能带有前置辅音 * p-的一个间接证据。

下面是藏缅语的"四"(DH),马蒂索夫(Matisoff)把原始藏缅语拟作 * b-ləy[9],我以为更可能是 * b-li,与上古汉语的"四" * ph-lji 非常接近:

| 藏文 | 错那门巴 | 景颇 | 独龙 | 阿侬怒 | 缅文 | 拉祜 |
|---|---|---|---|---|---|---|
| bzi<blji | pli⁵³ | mǎ³¹li³³ | a³¹bli⁵³ | bɿi³¹ | le³ | li⁴⁴ |

从下面苗瑶语"四"(WM)的比较,其原始形式好像是 * pli 的读音,它与汉藏语的形式非常接近:

| 吉伟 | 先进 | 七百弄 | 文界 | 江底 | 东山 | 三江 | 长垌 |
|---|---|---|---|---|---|---|---|
| pzei³⁵ | plou⁴³ | tɬa³³ | pi³⁵ | pjei³³ | pləi³³ | pli³³ | ple³³ |

# 七、七

侗台语的"七"同样是中古汉语 tshit 的借词(黎语另有来源)(CC):

| 壮 | 布依 | 临高 | 傣西 | 傣德 | 侗 | 仫佬 | 水 | 毛难 | 黎 |
|---|---|---|---|---|---|---|---|---|---|
| ɕat⁷ | ɕɛt⁷ | sit⁷ | tset⁷ | tset⁹ | sət⁷ | thət⁷ | ɕat⁷ | ɕit⁷ | thou¹ |

它们与中古汉语的形式太接近了,而与上古汉语相距甚远。上古汉语的"七"高本汉拟作 * tshĭět,李方桂拟作 * tshjit[10],与藏缅语很难比较。所以,我们不妨先来看看藏缅语中的"七"(DH):

| 独龙 | 景颇 | 阿侬怒 | 阿昌 | 载瓦 | 拉祜 | 纳家 | 桃坪羌 | 麻窝羌 | 箐花普米 |
|---|---|---|---|---|---|---|---|---|---|
| sɯ³¹ɲit⁵⁵ | sǎ³¹nit³¹ | sɿ³¹ŋ̍⁵⁵ | ɲit⁵⁵ | ŋjit⁵⁵ | si¹¹ | ɕini | ɕiŋ³³ | stə | xiɛ̌¹³ |

Benedict 把藏缅语中"七"构拟作 s-nit,词根是 nit[1]。阿昌语只留下了词根 nit,拉祜语只留下前缀 si。载瓦语的声母变成 ŋ-。最有意思的是桃坪羌语 ɕiŋ,初看起来好像是来源不同,实际上它经历了如下的变化: * sinit>ɕinit>ɕin>ɕiŋ。箐花普米语则是 * s-nit>

sɛnit>sɛn>xɛn>xiɛn>xiĕ。

Matisoff 注意到,前缀 s-会使后面的 n 塞化,他举了 Kanauri 语的例子[9]:

|  | PTB | Kanauri |
|---|---|---|
| gums | *s-nil | stil |
| heart | *s-niŋ | stiŋ |
| nose | *s-na | sta-kuc |
| seven | *s-nis | stis,tis |
| smell | *s-nam | stam |

麻窝羌语的"七"stə 与 Kanauri 语相似,经历了变化:snə>stə。

潘悟云认为汉语的"七"经过以下的变化:*s-nit>s nit>sthit>MC. tshit[11]。s-使后面的 n 清化。李方桂说:不带音的 hn-,听起来仿佛是 nth-,不带音的 n-可能变成 th-。sn-变成 sth-以后就很容易变成 tsh-。"次"字来源可以印证"七"的这种音变。"次"从"二"得声,而且很可能就与"二"同根,"次"就是"第二"。"二"是*ȵis>MC. ȵi,那么"次"就是*sȵis>s ȵis>sthis>MC. tshi。

我们再来讨论苗瑶语的"七"(WM):

| 养蒿 | 高坡 | 枫香 | 长峒 | 湘江 | 罗香 | 长坪 |
|---|---|---|---|---|---|---|
| ɕoŋ¹³ | saŋ²² | saŋ³¹ | ʃɐŋ²² | sje¹¹ | ȵi¹¹ | ȵi²² |

苗瑶语中的各种读音与汉藏语是非常相似的,可能从原始苗瑶语*sin 变来。如罗香的 ȵi 与阿昌语的 ȵit 相当,湘江的 sje 与拉祜语的 si 相当,长坪的 ȵi 与载瓦语的 ȵjit 相当。枫香的 saŋ 则与桃坪羌语的 ɕiŋ 相当,saŋ 来自于 saŋ‹san‹sani 之类的音。

# 八、十

与"四"一样,侗台语的"十"也借自中古汉语的"十"ʑip(CC):

| 壮 | 布依 | 临高 | 傣西 | 傣德 | 侗 | 仫佬 | 水 | 毛难 | 黎 |
|---|---|---|---|---|---|---|---|---|---|
| ɕip⁸ | ɕip⁸ | təp⁸ | sip⁷ | sip⁷ | ɕəp⁸ | səp⁸ | səp⁸ | zəp⁸ | fu:t⁷ |

而苗瑶语的"十"则反映一个可以与上古汉语、原始藏缅语比较的形式(WM):

| 青岩苗 | 养蒿苗 | 先进苗 | 复员苗 | 巴亨 | 陈湖畲 | 文界瑶 | 七百弄 | 江底瑶 | 瑶里 |
|---|---|---|---|---|---|---|---|---|---|
| ku⁵⁴ | tɕu³¹ | kou²⁴ | ɣo³¹ | kou¹³ | khjɔ³⁵ | kfɯ⁴² | tɕu²¹ | tsjop¹² | tɕau⁵⁴ |

其调类与汉语的阳入对应,反映一个浊的声母 g。主元音可能是 u 之类的音,从江底瑶语的读音看,原来应该有一个韵尾-p,在圆唇主元音的异化下,这个*-p 在许多苗瑶语中失落。根据陈湖畲语、江底瑶语与养蒿苗语的读音看,可能还带有-j-,因为主元音是 u,在一些语言中前舌位的 j 被吞没。所以,我们认为原始苗瑶语的"十"可能是*gjup。

苗瑶语的"十"与藏缅语具有可比性(DH,Matisoff[9]):

| 藏文 | 格曼僜 | 土家语 | 纳木义 | 土家 | 米基尔 | Limbu | Miju |
|---|---|---|---|---|---|---|---|
| btɕu | kiap | xɯ³⁵ | χuo³¹ | xɯ³⁵ | kep | gip | kap |

马蒂索夫把原始藏缅语构拟成*gip,主要的依据是米基尔语、Limbu语的读音。但是如果根据藏文等语言的韵母,其主元音很可能是 u。藏文的 tɕ-有部分与汉语的软腭音对应(例子取自格西曲札《藏文辞典》):

| 藏文 | tɕig | gtɕu | btɕab | btɕigs |
|---|---|---|---|---|
| 上古汉语 | 一 qik | 纠 kiu | 盖 kaps | 系 geeg |

辞典中 btɕigs 又作 bkjig,更说明 tɕ 与 kj 的关系。所以,我们猜想"十"在原始藏语中可能是*bkjub＞btɕu,韵尾-b 在圆唇元音的异化下失落。从"十"得声的"汁"*kjup,初义为含有某种物质的液体。它在藏文中的同源词为 khu,义同,如肉汁、米汤之类。藏语的原始形式也应该是 khub,韵尾-b 在 u 的异化下失落。"汁"在汉语中引申为雨夹雪,《礼记·月令》:"行秋令,天时雨汁。"注:"雨汁者,水雪杂下也。"藏文的 khu 也有这个意义,khu ɦpʰaŋs,义为"霰",下霰通常是雨雪夹杂,ɦpʰaŋs 义为投掷,雨霰夹杂,向下倾射。

从"十"得声的"协""叶""汁"古通用。古叠韵联绵词"汁洽",又作"协洽""叶洽","洽"的上古音为*grup,"汁"为*kjup,所以"协"当为*guup＞gɯɯp＞MC.ɦep,u 受 p 的异化非圆唇化为 ɯ。

"四"与"七"在上古汉语中都带*-t 尾,但是苗瑶语都不带-t 尾,而且调类也都不与汉语的入声调对应,所以其形式近藏缅语,而不近汉语。根据我们在讨论"月亮"一词时所陈述的理由,它更可能属于苗瑶语的固有词。

除了上面几个词以外,我们还可以找到一些基本词,苗瑶语近汉藏语,而跟侗台语没有发生学上的关系,如"短、狗、花、村庄、锐利、猪、挑、穿"等等。

同源词在汉藏、苗瑶、侗台三种语言中的出现情况可以有四种:(1)三种语言都有;(2)汉语、苗瑶有,侗台没有;(3)汉藏、侗台有,苗瑶没有;(4)侗台、苗瑶有,汉藏没有。本文只讨论了头两种,实际上后两种情况也是有的。如"胸、臀"好像属于第三种,"鱼、蛋、重、猴"好像属于第四种。因为语言之间的接触、借用经常发生,上面四种情况形成的真实过程就更加复杂。如本文讨论的情况(2)就有两种可能的解释。一种解释是侗台语跟汉藏的分离比苗瑶语早得多,所以汉藏语与苗瑶语有较多的同源词。另一解释是由于苗瑶长期在楚地,与汉族有亲密的接触、借用。要甄别这些情况还有许多工作要做,只有对许多基本词做更仔细的分析、比较,东亚大陆上这几种语言的发生学关系才能搞清楚。

**参考文献：**

[1] Benedict P. Sino-Tebetan：A Conspectus[M]. 乐赛月，罗美珍，译. 北京：中国社会科学院民族研究所语言室，1984.

[2] Sagart L. Comment：Malayo-Polynesian Features in the AN-related Vocabulary in Kadai[J]. Perspectives on the Phylogeny of East Asian Languages Perigueux，2001(8).

[3] Benecict. Austro-Thai：Language and Culture，with a Glossary of Roots[M]. New Haven：HRAF Press，1975.

[4] 黄布凡，等. 藏缅语族语言词汇[M]. 北京：中央民族学院出版社，1992.

[5] 王辅世，毛宗武. 苗瑶语古音构拟[M]. 北京：中国社会科学出版社，1995.

[6] 中央民族学院少数民族语言研究所第五研究室. 壮侗语族语言词汇集[M]. 北京：中央民族学院出版社，1985.

[7] Peter Ladefoged，Keith Johnson. A Course in Phonetics[M]. Boston：Cengage Learning，2010.

[8] Pulleyblank E G. The Consonantal System of Old Chinese[J]. 潘悟云，徐文堪，译. 北京：中华书

局,2000.

[9] James A Matisoff. Handbook of Proto-Tibeto-Burman[M]. Berkeley: University of California Press,2003.

[10] 李方桂. 上古音研究[M]. 北京:商务印书馆,1980.

[11] 潘悟云. 汉语历史音韵学[M]. 上海:上海教育出版社,2000.

(原载《语言研究》2007 年第 2 期)

# 汉、侗-泰、苗-瑶语声调和量词产生与发展的相同过程

## 罗美珍[*]

汉藏语系诸语言发展至今有一些相同的发展变化现象。如语音方面,语词由多音节变为单音节,又从单音节词发展为双音节复合词和四字格成语;音节结构简化,复辅音声母变为单辅音声母,韵母的塞音尾和鼻音尾由多变少,进而脱落;有的语言只有单元音韵;有一些相同的语音演变程式。语法方面,修饰成分的位置逐渐前移,以动词虚化来表示各种语法意义等。本文仅揭示汉藏语系分化以后汉、侗-泰、苗-瑶语三个语群声调(属语音)和量词(属语法)产生与发展的相同过程。

## 一、声调

声调是现今绝大多数汉藏语言共同的重要特征之一。但是在汉藏语言内部,各语言声调的发生时间不一,发展也不平衡。侗-泰语、苗-瑶语和汉语的声调有悠久的历史,声调比较发达,彼此有着相同的发展过程,声调的调类彼此对应。藏-缅语言声调的产生要晚得多,创于 7 世纪的藏文尚无声调(胡坦,1980),1044—1287 年蒲甘时期的缅碑文也没有声调标志(汪大年,1983),个别藏-缅语言或方言至今还没有声调,如藏语安多方言、羌语北部方言、嘉戎语。由此可知原始汉-藏母语是没有声调的。汉藏母语分化以后,有些藏缅语言也产生了声调,但是这些已产生声调的藏缅语,他们之间声调的调类不构成对应,可见是分别发展的。

声调的产生常常是语言结构简化的补偿物。在亚洲大陆的汉藏语言中,大凡音节结构比较复杂的语言往往没有声调。因为这些语言具有其他丰富的语音手段用来区分词义,如有清浊音声母、复辅音声母、丰富的辅音韵尾、元音分长短、卷舌与不卷舌元音等。上述嘉戎语、藏语的安多方言等就是这种情况。一旦语音结构发生简化,音节结构变得简单,同音词就会增多,声调就有可能产生出来成为区分同音词的替代手段。拉萨藏语的声调就是这样产生的。侗-泰、苗-瑶语言和汉语的声调产生也是单音节化和声、韵母简化的结果。汉语、侗-泰、苗-瑶语声调产生之初的数目都较少,一般只有两个[①],经过多次分化(如受声、韵母变化的制约)声调才逐渐增多。汉语最早只有平、上两声,去声是后来产生的。[②] 至于带-p、-t、-k 尾的入声,上文已经提到多数语言的调值与舒声相同或相

---

[*] 作者简介:罗美珍,女,中国社会科学院民族学与人类学研究所研究员。

① 带塞音韵尾的音节,即所谓的"入声",其调值一般都和舒声调相同或接近,塞音韵尾与声调叠合并存。因有塞音尾作区分,从音位学观点看,可以把它看作不构成独立的调位。

② 段玉裁认为上古无去声,见《六书音均表·古四声说》。

近,因它有塞音尾作区别标志,从音位学角度看不一定给予独立的调位。但传统都分出一个入声来,也无不可。后来由于声母清、浊对立的消失,平、上、去、入4个声调各分阴、阳,成了8个声调,再后来有些方言的声调有合并的现象。我们从黎语和同语族语言比较中,证实侗-泰语最早也只有不分阴、阳的平、上2个声调,黎语人数较多的侾方言保定话至今还只有3个舒声调。侗-泰语支和黎语构成对应的同源词大多数集中在平声,少数在上声这2个声调上,没有对应的去声词。黎族是新石器时代从大陆迁至海南岛的,这证明3000多年前侗-泰母语也只有平、上2个声调,声母有清、浊对立,去声没有产生(罗美珍,1986)。大陆的侗-泰语言和黎语通什话的去声是分化以后分别产生的。后来侗-泰语也因声母清、浊对立的消失,声调分化为8个,还因元音在韵尾前分长短,在阴入、阳入上各区分出2个声调(有的语言只在阴入或阳入调上有分化)。汉语赣方言和侗语还因塞音声母送气与否在阴类调上分化出2个声调,有12至15个调之多。傣语有的方言则只在阴平声调上因塞音声母送气与否分化出2个声调。苗语的声调系统和汉语、侗-泰语完全相同,分化与合并的原因也相同。现在川黔滇方言的罗泊河次方言第二土语的复员话只有3个声调(入声与平声合);有的方言的入声已没有塞音韵尾,但是还保留入声调值。紫云的苗语也因塞音声母送气与否声调有所分化,有12个声调。下面列举一些三个语群对应词的声调调类以及侗-泰语中只和苗瑶语对应不和汉语对应的词。(调类均用数码代号表示:阴平1,阳平2,阴上3,阳上4,阴去5,阳去6,阴短入7,阴长入9,阳短入8,阳长入10)

三个语群的词和调类对应比较整齐的:

| 汉 | 傣(版纳) | 傣(绿春) | 侗(车江) | 苗(养蒿) | 苗(吉伟) | 苗(先进) | 瑶 |
|---|---|---|---|---|---|---|---|
| 弓¹ | koŋ¹ | | | | koŋ¹ | | tɕwaŋ¹ |
| 鸦¹ | ka¹ | kɒ² | a¹ | a¹ | ɔ¹ | ua¹ | a¹ |
| 针¹ | xim¹ | si¹ | thəm¹ | tɕu¹ | tɕu¹ | koŋ¹ | sim¹ |
| 铜² | toŋ² | toŋ² | toŋ² | tə² | toŋ² | toŋ² | toŋ² |
| 银² | ŋən² | zə² | ȵan² | ȵi² | ŋoŋ² | ȵa² | ȵa:n² |
| 牛² | ho² | vu² | kwe²(水牛) | ȵen² | ȵe² | ȵo² | ŋoŋ² |
| 广³ | kwa:ŋ³ | kaŋ³ | kwa:ŋ³ | faŋ³ | kwei³ | tlaŋ³ | kjaŋ³ |
| 屎³ | xi³ | tshn³ | e⁴ | qa³ | qa³ | qɒ³ | gai³ ① |
| 马⁴ | ma⁴ | mɒ⁴ | ma⁴ | ma⁴ | me⁴ | nen¹ | ma¹ |
| 送⁵ | soŋ⁵ | soŋ⁵ | sun⁵ | shoŋ⁵ | soŋ⁵ | saŋ⁵ | fuŋ⁵ |
| 剖⁵ | pha⁵ | pha⁵ | pha⁵ | pha⁵ | pha⁵ | phua⁵ | ba:i⁵ |
| 价⁵ | ka⁶ | kɒ⁴ | | nqa⁵ | qa⁵ | nqe⁵ | tɕa⁵ |
| 匠⁶ | tsa:ŋ⁶ | tsa:ŋ⁴ | ɕa:ŋ⁶ | ɕaŋ⁶ | tɕaŋ⁷ | | tsa:ŋ⁶ |
| 箸⁶ | thu⁵ | thaɯ⁵ | ɕo⁶ | tu⁶ | tɯ⁶ | tɕu⁶ | tsou⁶ |
| 窦⁶(门) | tu¹ | tu² | to¹ | tə² | tu² | toŋ²(洞) | to¹(拉娜) |
| 笠⁷ | kup⁷ | kuɯ³ | təm¹ | ku¹ | tu⁷ | kou⁷ | lap⁸ |

---

① "屎"的古音是双音节,前音节是 si 或 xi 等,后音节是 qa。普米语丢失了前音节的元音,成了复辅音 sqa。

| 汉 | 傣(版纳) | 傣(绿春) | 侗(车江) | 苗(养蒿) | 苗(吉伟) | 苗(先进) | 瑶 |
|---|---|---|---|---|---|---|---|
| 铁[7] | lek[7] | lei[3] | khwət[7] | lhəu[5] | lho[5] | lou[5] | ɬjek[7] |
| 客[7] | xɛk[9] | khie[5] | ek[9] | qha[5] | qha[5] | qhua[5] | tɕhɛ[7] |
| 局[8] | kot[8] | | toŋ[5] | qoŋ[4] | ŋkhu[7] | ŋkhou[7] | ŋau[1] |

调类对应不很整齐的[①]:

| 汉 | 傣(版纳) | 傣(绿春) | 侗(车江) | 苗(养蒿) | 苗(吉伟) | 苗(先进) | 瑶 |
|---|---|---|---|---|---|---|---|
| 豝[1](猪) | mu[1] | mu[1] | ŋu[5] | pa[5] | mpa[5] | mpua[5] | mpai[1](布努) |
| 岜[1] | pha[1] | pha[1] | pja[1] | | | | pjai[1](石头、山) |
| 鸡[1] | kai[5] | kai[1] | a:i[1] | qei[1] | qa[1] | qai[1] | tɕai[1] |
| 金[1] | xam[2] | xɛ[2] | təm[1] | tɕen[1] | ɲce[1] | ko[1] | tɕom[1] |
| 骑[2] | xi[5] | tshn[5] | thi[2] | tɕi[1] | ntsaŋ[5] | tɕai[1] | tɕei[1] |
| 早[3] | tsau[1] | tsau[4] | sam[1] | so[3] | ntso[3] | ntso[3] | ŋzjou[3] |
| 弩[3] | na[3] | nau[2] | | na[3] | nhen[3] | nen[3] | |
| 死[1](断) | ta:i[1] | tai[2] | təi[1] | ta[6] | ta[6] | tua[6] | tai[6] |
| 价[5] | ka[6] | kɒ[1] | a[5] | qa[5] | nqa[5] | nqe[5] | tɕa[5] |
| 豆[6] | tho[5] | thu[1] | to[6] | tə[8] | tei[3] | tou[8] | top[8] |
| 窟[7] | xu[2] | xu[2] | | qha[3](孔) | qhu[5] | qhau[7] | khot[7] |
| 角[7] | xau[1] | xau[1] | pa:u[1] | ki[1] | ce[1] | ko[1] | tɕoŋ[1] |
| 肺[7] | pɔt[9] | pəu[5] | pup[9] | zɛ[6] | mẓə[5] | ntʂu[7] | phjom[1] |
| 臼[8] | xɔk[8] | khəu[1] | toi[5] | tɕio[4] | tɕio[4] | tɕio[1] | to:i[1] |
| 鸟[1] | nok[8] | nəu[4] | mok[8] | nə[3] | nu[6] | noŋ[3] | no[8] |

侗-泰语和苗-瑶语对应的:

| 汉 | 傣(版纳) | 傣(绿春) | 侗(车江) | 苗(养蒿) | 苗(吉伟) | 苗(先进) | 瑶 |
|---|---|---|---|---|---|---|---|
| 远 | kai[1] | klai[2](泰) | ka:i[1] | qɯ[1] | to[4] | tle[1] | ku[1] |
| 簸箕 | duŋ[3] | loŋ[3] | loŋ[3] | vaŋ[1] | wei[1] | vaŋ[1] | sjaŋ[1] |
| 厚 | na[1] | na[1] | na[1] | ta[1] | ta[1] | tua[1] | hu[1] |
| 药 | ja[1] | zɒ[1] | əm[3] | tɕa[1] | ŋka[1] | kua[1] | ŋje[1] |
| 锄头 | xɔ[1] | xɔ[1] | | khɔ[3] | sho[3] | lou[5] | |
| 遇见 | ja[2] | na[2](老挝) | təm[1] | tɕa[6] | ẓa[6](复员) | tɕua[6] | pwaŋ[2] |
| 稻子 | na[2] | na[2] | əu[4] | na[2] | nɯ[1] | mple[1] | bjau[2] |
| 有 | mi[2] | mi[2] | me[2] | mɛ[2] | me[2] | mua[1] | ma:i[2] |
| 蚊子 | juŋ[1] | nuŋ[2](老挝) | mjuŋ[1] | zu[2] | maŋ[1] | ẓoŋ[3] | muŋ[4] |
| 蛋 | xai[1] | khai[5] | kəi[5] | | ki[5] | qe[5] | tɕau[5] |
| 穿衣 | nuŋ[6] | nəŋ[4] | tan[3] | naŋ[1] | nhei[3] | naŋ[3] | nɤŋ[4](布努) |
| 开(门) | pɯt[9] | pəɯ[5] | əi[1] | pu[7] | pu[7] | pou[7] | pou[7](瑶里) |

---

① 调类对应不整齐的原因是多方面的,要作具体分析。有些是因塞音尾脱落,变成了舒声;有些是该字在某些语言还没有从平声变到去声(如"猪");有些是声母变为清音,但声调还保留浊调;有些是某些语言的调类有所合并。

| 辣椒 | phik⁸ | phiɯ³ | lja:n⁶ | za³ | mẓei⁸ | ntʂi⁸ | bjɛt⁸ 人种 |

声调的发生与喉头作用有关。从1911年法国东方学家马伯乐探讨越南语声调起源至今，不少学者（如普立本、欧德里古尔、易家乐、梅祖麟等）通过与越南语、孟高棉语、藏语、侗台语以及汉语方言的比较研究，论证汉语的上声源于-ʔ尾的失落，去声源于-h 或-s 尾的失落。赵元任也认为现在北京话的上声，音降到最低时嗓子有一点卡的作用（赵元任，1980：65）。笔者的母语是福建长汀的客家话，自我感觉长汀话的上声调比较短促，最后也略带喉塞。已产生声调的海南岛占语的回辉话也是收-ʔ尾和收-h 尾的词不在一个调类上①，如：

|  | 坐 | 影子 | 近 | 倒塌 | 打 | 钓鱼 |
|---|---|---|---|---|---|---|
| 拉德 | dok | mŋat | ɖɛʔ | kluh | pɔh | wah |
| 回辉 | thoʔ²¹ | ŋaʔ²¹ | seʔ²¹ | khiə⁵⁵ | po⁵⁵ | va⁵⁵ |

王敬骝、陈相木（1983）通过傣文和缅甸、孟、泰等文字的比较以及与佤语比较，也证实了这几种文字上声的调符与-ʔ尾有关，去声的调符与-h 尾有关。据此我们可以作以下的设想：汉语和侗泰语的声调，最先是短元音后面带-ʔ尾的音节由于声门急促闭塞的作用所形成的音高与舒声韵尾音节所具有的音高有区别，喉塞韵尾-ʔ丢失后，音高起主导作用而产生平声与上声的对立（上声是短调）。再进一步是长元音带-h 尾的音节也因声门作用形成的音高和平声不同，在-h 尾失落后音高起主导作用时又从平声分化出去声（去声是长调）。至今侗台语还有一些基本词是去声和平声对应，说明这些词有些语言没有变到去声去，有些语言则已变为去声（罗美珍，1988）。

| 汉 | 傣 | 壮 | 布衣 | 侗 | 水 | 毛南 | 么佬 | 黎 |
|---|---|---|---|---|---|---|---|---|
| 豝（豬） | mu¹ | mou¹ | mu¹ | ŋu⁵ | mu⁵ | mu⁵ | mu¹ | pau¹ |
| 鸡 | kai⁵ | kai⁵ | kai⁵ | a:i⁵ | qa:i⁵ | ka:i¹ | ci¹ | khai¹ |
| 退 | thɔi¹ | toi⁶ | tui¹ | thoi⁵ |  | thɔi⁵ |  |  |
| 叶 | bai¹ | baɯ¹ | baɯ¹ | pa⁵ | va⁵ | va⁵ | fa⁵ | beɯ⁵ |

有趣的是傣语和布依语带-p、-t、-k 韵尾的音节，有些方言由于丢失塞音尾，调类要归入到舒声。原是清声母短元音的阴入声（即第7调）大多数并入到阴上（即第3调）；长元音的阴入声（即第9调）大多数并入到阴去（即第5调）。浊声母短元音的阳入调（即第8调）大多数并入阳平或阳上（即第2、4调），长元音的阳入调并入阳去（即第6调）。可见长短元音和清浊声母对声调还起制约的作用，也证明声调的产生与发展和元音的长短、声母的清浊有关。

## 二、量词

计量词是汉藏语系分化以后才产生的现象。时至今日一些藏缅语言的量词和上古汉语一样还很不发达，多以名词或动词本身来计量，如：

汉语中，殷墟卜词"羌百羌"、西周金文"玉十玉""书一卷""奴二人"是两汉到隋唐的

---

① 此为郑贻青提供的材料。

主要形式。

　　　　藏语　　mig　sum　　三人　　　　rtab　dun　七匹马
　　　　　　　　人　　三　　　　　　　　马　　　七
　　　　景颇语　　tʃum²¹ la̱tup⁵⁵ mji³³　一把盐
　　　　　　　　盐　　握　　一

哈尼语有些多音节名词可以用自身的末尾音节或头一音节作为计量单位：

　　　　　　ha³¹la³¹ qi³¹ la³¹　一只老虎　　lo⁴⁴ba³¹ qi³¹ lo⁴⁴　一条河
　　　　　　老虎　一　老虎　　　　　　　　河　一　河

现代汉语和侗－泰、苗－瑶两个语族语言的量词都很发达，有着共同的来源渠道和演变途径。除了也有一些直接以名词、动词为计量单位外，还在表示名词性状的主要成分上发展了不少量词。汉语、侗－泰语、苗－瑶语都习惯将一些名词进行分类。有按事物的品种、类别来分类的，冠以大类名加专名。也有按事物的性状进行分类的，冠以不同的性状标志。后来这些性状标志都发展成了性状量词。汉语在夏代以前甲骨文、金文时代是大名冠小名。到秦汉以后汉语才变为专名在前，大名在后了。汉语作为修饰成分的小名或专名后来会变为放在大名的前面，这是否受到北方少数民族语言的影响，很值得研究。

汉语：

国名：有夏、有穷(《左传·襄公四年》)、有苗(《尚书·高陶谟》)

地名：丘商(甲骨文乙 4518)、丘雷(合 24367)

动物名：虫螟(《吕氏春秋·仲冬纪》)、虫蛇(《韩非子·定法》)、虫蚁(《史记·五帝本纪》)、鸟雀(《左传·文公十八年》)、兽鹿(《韩非子·内储说上》)

植物名：草茅(《楚辞·卜居》)、草菜(《管子·七臣七主》)

　西双版纳傣语：

　　　　məŋ² dai²　傣族地方　　　məŋ² la⁴　勐腊县(种茶的地方)
　　　　地方　傣　　　　　　　　地方　茶

　　　　kai⁵ tən⁵　野鸡　　　　　kai⁵ ka⁸la²　火鸡　　　kai⁵ ʔɛn⁵　矮脚鸡
　　　　鸡　山林　　　　　　　　鸡　西洋　　　　　　　鸡　燕

　　　　mai⁴ tsoŋ¹　樟木　　　　mai⁴ saŋ²　大青竹　　　mai⁴ xai⁴sɔi⁴　垂柳树
　　　　木、树　樟　　　　　　　竹　专名　　　　　　　树　垂柳

黔东苗语：

　　　　fa³³ qɛ⁴⁴　黄瓜　　　　fa³³ qhaŋ³³　葫芦　　　tsen³⁵ mi¹¹　柿子
　　　　瓜　　　　　　　　　　瓜　　　　　　　　　　果子

　　　　kaŋ³³ va⁵⁵　蜜蜂　　　kaŋ³³ zo¹³　蚂蚁　　　　kaŋ³³ khu⁵³　蜈蚣
　　　　昆虫　　　　　　　　　昆虫　　　　　　　　　昆虫

按名词的性状进行分类，冠以不同性状标志的(汉语的性状成分在后面)，其性状标志成分具有形象的实在的意义。它实际是名词的主要成分，其他成分修饰、限制说明是什么样的性状(如：虎那样的个)。带有这些标志成分的一般表示通称，如傣语：

　　　　to¹sə¹ kin¹ tsin¹ to¹ho² kin¹ ja³　　　老虎吃肉，黄牛吃草
　　　　个虎 吃 肉　个黄牛 吃 草

由于性状标志成分具有形象的实在的意义,和名词、动词一样可以用来计量,这些名词的性状标志也就发展成了性状量词,可以单独受其他成分的修饰,如傣语的情况。

1) 动物类冠以 $to^1$（体、个）,发展为"只""头""个":

$to^1 pa^1$　鱼　　　　$pa^1 to^1 nɯŋ^6$　一条鱼　　　$sə^1 sa:m^1 to^1$　三只老虎　　　$to^1 loŋ^1$　大只的
鱼　　　　　　　　　　鱼 只 一　　　　　　　　　　虎 三 只　　　　　　　　　　只 大

2) 植物类冠以 $kɔ^1$、$tun^3$,发展为量词"棵、蔸":

$kɔ^1 xau^3$　未割的稻子　　　$kɔ^1 ʔɔi^3$　未割的甘蔗　　　$tun^3 mai^1$　树木
谷　　　　　　　　　　　　　甘蔗　　　　　　　　　　　　木

$mai^1 pɛk^9 sa:m^1 kɔ^1$　三棵松树　　　$tun^3 mai si^5 tun^3$　四棵树　　　$kɔ^1 nɔi^4$　小棵的
木 松 三 棵　　　　　　　　　　　　株 木 四 株　　　　　　　　　棵 小

3) 支架物冠以 $laŋ^1$,发展为量词"栋、架、顶"等:

$laŋ^1 ma^4 sa:m^1 laŋ^1$　三架马驮子　　　$laŋ^1 hən^2$　房屋　　　$laŋ^1 la:i^1$　多座、多架
架 马 三 架　　　　　　　　　　　　　　房　　　　　　　　　　　架 多

$xo^1 si^5 laŋ^1$　四座桥　　　$laŋ^1 ma^4$　马驮子　　　$laŋ^1 xo^1$　桥梁
桥 四 座　　　　　　　　　　马　　　　　　　　　　　　桥

4) 条状物冠以 $sin^3$,发展为量词"根、条":

$ta:ŋ^2 sin^3 ni?^8$　这条路　　　$sin^3 ja:u^2$　长条的
路 条 这　　　　　　　　　　条 长

$mai^4 kan^2 sin^3 nɯŋ^6$　一根扁担　　　$sin^3 ta:ŋ^2$　道路　　　$sin^3 sa:i^1$　线条
木 竿 根 一　　　　　　　　　　　　路　　　　　　　　　　　线

5) 丸状或圆状物冠以 $noi^5$、$met^8$ 发展为一些圆体物的量词"颗、粒、顶、块"等:

$met^8 ja^1 ha^3 met^5$　五粒药丸　　　$noi^5 pɛk^9$　松子　　　$noi^5 tsə^4 phak^7$　菜籽种
粒 丸 五 粒　　　　　　　　　　松　　　　　　　　　　　种 菜

$fun^1 la:i^1 met^8$　几点雨　　　$noi^5 ta^1$　眼珠
雨 多 粒　　　　　　　　　　眼

6) 块状物冠以 $kɔn^3$,发展为量词"块、团":

$kɔn^3 hin^1$　石头　　　$kɔn^3 kɛu^3$　玻璃球
石　　　　　　　　　　　珠

$xau^3 kɔn^3 nɯŋ^6$　一团饭　　　$kɔn^3 hin^1 kɔn^3 nɯŋ^6$　一块石头
饭 团 一　　　　　　　　　　块 石 块 一

名词前面的性状标志成分发展为量词后和数词、指示词组合时,或作宾语时,有些会脱落,有些则不脱落(能说 $kɔ^1$ 棵 $mai^4$ 木 $nɯŋ^6$ 一"一棵树";不能说 $to^1$ 只 $ma^4$ 马 $nɯŋ^6$ 一,只能说 $ma^4$ 马 $to^1$ 只 $nɯŋ^6$ 一"一只马")。金平傣语方言和壮语多不脱落,名词前面的性状标志兼表"一"的量。试比较:

景洪: $ma^1 to^1 nɯŋ^6$　一只狗　　　$mu^1 sa:m^1 to^1$　三只猪
　　　狗 只 一　　　　　　　　　猪 三 只

金平: $to^1 ma^1 nɯŋ^6$　一只狗　　　$sa:m^1 to^1 mu^1$　三只猪
　　　只 狗 一　　　　　　　　　三 只 猪

景洪：kun² to¹ ni⁴　　这个人　　　　sə³ phɯn¹ ni⁴　这件衣服
　　　　人　个　这　　　　　　　　　衣　件　这
金平：to¹ kun² ni⁴　　这个人　　　　phɯn¹ tshoŋ³ ni⁴　这条裤子
　　　　个　人　这　　　　　　　　　件　裤子　这
　　　mɯŋ² pin¹ to¹ ma¹　你是条狗
　　　　你　是　只　狗
　　　to¹ ma¹ ȵɕom⁴ sɯ⁴ ma² nan⁴　刚买来的那匹马
　　　　只　马　刚　买　来　那
　　　to¹ kai⁵ tsɔ³ to¹ ŋu² tɔt⁸ taːi¹ lɔ⁶　鸡被蛇咬死了
　　　　只　鸡　着　只　蛇　咬　死了

黔东苗语：

  1) 生物类冠以 tɛ¹¹，发展为量词"个、只、棵"：
    tɛ¹¹ nɛ⁵⁵　人　　tɛ¹¹ tə⁴⁴　树　　o³³ tɛ¹¹ pa⁴⁴　二只猪
    　　　人　　　　　　树　　　　二　只　猪

  2) 无生物类多冠以 lɛ³³，发展为量词"个、栋"：
    lɛ³³ ti⁴⁴　碗　　lɛ³³ tse⁵⁵　房屋　　i³³ lɛ³³ ti⁴⁴　一个碗　　i³³ lɛ³³ tse⁵⁵　一栋房
    　　　碗　　　　　　房　　　　　一　个　碗　　　　一　栋　房
    moŋ⁵⁵ naŋ⁵⁵ lɛ³³ ljhə³³ noŋ³⁵　你吃这大碗的
    　你　吃　个　大　这

  3) 条状物类冠以 tɕu⁴⁴，发展为量词"条、根"：
    tɕu⁴⁴ lha⁴⁴　绳子　　i³³ tɕu⁴⁴ lha⁴⁴　一条绳子
    　绳　　　　　　一　条　绳子

  汉语也有类似的情况：

  1) 汉语有些名词也有性状标志成分，不过它放在名词的后面，表示事物的通称，前一词素修饰后一词素。如：船只、布匹、马匹、纸张、书本、笔杆、银两、麦垛、粪堆、草棵、花朵、楼层、土块、枪支等。北京话把后置的性状标志成分儿化，构成名词，也是前一词素修饰后一词素。如：(布)片儿、(纸)片儿；(米)粒儿、(沙)粒儿；(花)朵儿、(云)朵儿；(石)块儿、(盐)块儿；(雨)点儿、(钟)点儿。

  2) 性状标志成分也发展为量词，和数词一起组成数量结构，按照汉语的习惯放在中心词前面修饰名词，如：一张纸、一朵云、一只船、三匹马、一匹布。发展为量词以后，名词后面的标志成分不再保留(不能说"一匹马匹")。

  3) 性状量词能单独受其他成分修饰；不和数词组合时也表示"一"的量。如：这匹、高层、大张、硬块；吃口饭、买条鱼、扯块布。

  性状标志发展为量词以后，汉语和侗-泰语都概括出泛量词"个""只"，傣语是 ʔan¹ (ʔan²)。这个泛量词在北方汉语发展为联系助词"的"字结构的"的"字。这个"的"字，有可能来源于量词"只"，因为这两个字在上古的读音是相同或近似的。虽然"的"在中古属端母，"只"属照母三等，但端母与照母三等字在上古音相同，"的"属锡韵，"只"属昔韵，都是舌根辅音收尾的入声。南方汉语方言的"的"字结构，有的写作"箇""葛""格"，有的写作"介"字,其实都是量词"个"的变音。福建长汀客家话的量词"个"和"的"字结构所用的字都是"个"字,只是前字在一定声调条件下有变调现象。如:红个(红的)、嚎个(读轻声)(哭的)、打撒个(打掉的)、唱喏个(读轻声)(作揖的)、去赴墟个(读轻声)(去赶集的)。这和傣语的泛量词 ʔan¹(个)很相似。傣语也可以说 ʔan¹(个)dɛŋ¹(红)红的;ʔan¹(个)niʔ⁸(这)这个;ʔan¹(个)puk⁹(种)种的;man²(他)ʔan²(个)vd⁶(说,谓)他所说的。

**参考文献:**

[1] 胡坦. 藏语(拉萨话)的声调研究[J]. 民族语文,1980(1).
[2] 罗美珍. 黎语声调雏议[J]. 民族语文,1986(3).
[3] 罗美珍. 对汉语、侗-台语声调起源的一种设想[J]. 中国语文,1988(3).
[4] 汪大年. 缅甸语中辅音韵尾的历史演变[J]. 民族语文,1983(2).
[5] 王敬骝,陈相木. 傣语声调考[G]//云南省民族研究所语文研究室编. 民族语文研究丛刊(第4号). 1983.
[6] 赵元任. 语言问题[M]. 北京:商务印书馆,1980.

(原载《语言科学》2007年第6期)

# "九黎"之"九"考

## 罗 骥[*]

[摘 要] 本文根据与"九黎"之"九"相关的苗瑶语名词前缀系统、苗族姓氏部落名词前缀的具体使用和古文献中"九"单用指称"九黎"的现象,证明"九黎"之"九"并非汉语数词而是苗瑶语名词前缀。

[关键词] 九黎;苗;九;前缀

## 一、关于九黎

要考证"九黎"之"九",就要先了解与"九黎"相关的历史学和民族学背景。

"九黎"之称最早所见的文献,是先秦时代的《国语·楚语》:

少昊之衰也,九黎乱德,民神杂糅,不可方物;夫人作享,家为巫史。

学者们通常认为,"九黎"为一部族名,大约在传说中的黄帝时代即已存在。当时这个部族颇为强大,对黄河中下游人们生活(尤其是精神生活)影响巨大。

黄帝时代的黄河中下游,有个赫赫有名的蚩尤,先战炎帝而胜之,后败于炎黄联军并被杀;其后,偏南义有个强大的部族叫"苗"或"三苗",长期与当时的主流部族华夏族对抗,历经尧、舜、禹三代,最后失败,被迫撤向南方。汉代学者如是论述三者的关系,《尚书·吕刑》郑玄注:

苗民即九黎之后,颛顼诛九黎,至其子称为三苗。

《礼记·衣疏》郑玄注:

有苗,九黎之后,颛顼代少昊,诛九黎,分流其子孙,为居于西裔者三苗。

《国语·楚语》韦昭注:

九黎,黎氏九人,蚩尤之徒。

《尚书·吕刑》伪孔传:

九黎君号蚩尤。

《礼记·缁衣》正义引郑玄注《吕刑》曰:

苗民谓九黎之君也。九黎之君于少昊氏衰而弃善道,上效蚩尤重刑。必变九黎言苗民者,有苗,九黎之后。颛顼代少昊,诛九黎,分流其子孙为三国。高辛之衰,又复九黎之君恶,尧兴又诛之。尧末又在朝,尧臣舜又窜之。

从上可见,汉代学者认定三者有着密切的关系,蚩尤是黄帝时代九黎族的著名首领;而三苗应是九黎稍晚于黄帝的后续部族。有证据表明,先秦学者亦有相同的看法,《国语·楚语》在叙毕九黎之事后,接着说:

其后三苗复九黎之德,尧复育重黎之后不忘旧者,使复典之。

---

[*] 作者简介:罗骥,男,云南师范大学教授,硕士,主要从事汉语史及古代文化研究。

这暗示了三苗与九黎的传承关系。

对以上观点,现在学术界多表赞同,而且认为,后世苗族亦应为三苗之后。这是本文论述的一个基础。

根据蚩尤和三苗的史迹,大致可考察九黎活动的地域。《逸周书·尝麦篇》说:

昔天之初,□作二后,乃设建典,命赤帝分正二卿,命蚩尤于宇少昊,以临四方,司□□上天未成之庆。蚩尤乃逐帝,争于涿鹿之阿,九隅无遗,赤帝大慑,乃说于黄帝,执蚩尤,杀之于中冀。

《战国策·魏策》说:

吴起云,昔者三苗之居,左彭蠡之波,右洞庭之水。

《韩非子》说:

三苗之不服者,衡山在南,岷江在北,左洞庭之波,右彭蠡之水。

《史记·五帝本纪》说:

三苗在江淮荆州数为乱。

《帝王世纪》说:

诸侯有苗氏处南蛮而不服。

《尝麦篇》显示九黎曾在东夷之地即黄河中下游一带活动,而其他史料则说明九黎之后三苗处江汉地区,即两湖、江西及其周围。那么,究竟是九黎本居北方,失败后南迁;还是本居南方,北进失败后撤回?徐旭生认为九黎一直为北方民族,并划定其地在黄河中游、东夷之两邻[1];多数学者如范文澜赞成后者[2]。《尝麦篇》中"于宇少昊"也说明其并非主人而是外来者。事实上,原始汉族融合形成之初,在黄河中下流活动的若干部族除东夷外都是外来的,如炎黄来自西部,百越来自东南,至于其原因,罗骥说,这"大概也是看中了这一个有较好生存条件的地盘,同时可能也被这里的先进文明所吸引"[3]。可见,九黎原居南方,为南方民族,强盛时曾北进黄河中下游,但与炎黄相争时失败,被迫撤回南方。

九黎属南方部族,有学者认为古代南方众多部族如百越、苗蛮关系密切而复杂,陈国强等认为,百越属苗蛮系统,在商代早期,百越才从苗蛮中分离出来。[4]我认为,这两个部族确有一些关系,其原因可能是:三者出自一源,也有可能是由于地域交叉,长期接触而造成的。马学良就说,三苗有史以后居江淮荆州,但"史前可能居住长江下游地区"[5]。

## 二、关于"九黎"之"九"

对于九黎得名之理据,尤其是其中"九"的意义,汉人即试图加以解释,如《国语·楚语》韦昭注:

九黎,黎氏九人。

将"九"训为数词,尽管后人不信"黎氏九人"之说,但多循韦说为训,或引申作人数众多;或作九个部落,至泛言部落众多。今人如郭沫若[6]、范文澜[2]等有影响的史家,均从此说,并往往引用不大可靠的、据说出于两汉的谶纬之书《河图》中"蚩尤兄弟81人"(据明孙毂揖本《龙鱼河图》)证之。

以上解释从逻辑上看非常可疑,首先,九黎族是否人数或部落众多,无可考;其次,即使如是,也不一定要在族称前加"九"或其他泛言其多的词。黄帝东进大败九黎、东夷联军,人数少了肯定不行,因为愈古老的战争,众寡因素愈重要;而且据《晋语》说,黄帝有子二十五人,比"黎氏九人"多多了,但未闻在族名前加了类似的词。所以徐旭生直言韦说是"望文生义,不足凭信"[1]。

有证据表明,上古之人并未像汉代一样将九黎之"九"视为汉语数词。蚩尤失败,大部分九黎族南撤,但仍有部分留在中原乃至建国,至商代被称为黎方,商、周均以之为敌国。陈梦家说,武丁时代征伐黎方的规模很大[7]。可见,当时九黎仍有较大势力。九黎这个时期所建国称"黎",但又称"阞"。"阞"应是九黎之"九"。徐旭生说:

《尚书》有西伯戡黎篇,《史记·周本记》"黎"作"耆",而《宋世家》却作"阞",它说"及祖伊以西伯之修德,灭阞,阞国惧祸至,以告纣……"古人对于双名常简略为单名,用上字或下字也没有一定。我们因此可以推断"阞"即九黎之"九"。[1]

"九(阞)"和"黎"均可称九黎族余部所建方国这一事实至少可以说明以下两点:

一是九黎之"九"绝非数词;否则,我们很难解释其作方国名的命名依据。

二是"九黎"结构非常紧密,因为只有像这样难分彼此的复音结构(如联绵词和音译词),在为适应上古汉语单音节特征而被改造为单音节词时,才会出现其中任意一音节都可表示此词的情况,如"枸簍"(古车盖之弓架),可单称后音节为"簍",亦可单称前一音节为"簨""筱"或"弓"。据马学良先生说,汉语"间阎"是苗语"门"的音译词[5]。在汉语词汇系统中,"间"和"阎"均可指"门"。如《礼记·月令》:

耕者少舍,乃修阎扇。

《吴越春秋·阖间内传》:

立间门者以象天门。

上古复辅音声母的书面语形式与此相似,如"不律"(笔),用前音节(弗)和后音节(聿),均可表"不律"之义。《仪礼·大射》郑注"狸之言不来也",《方言》说,"狸"可称"猎"(用前音节),也可称"狭""狸"(用后音节)。只不过前后音节的韵母相同而已。

复辅音声母与表名物的叠韵联绵词关系密切,张世禄、杨剑桥认为二者有源流关系[8]。

"九黎"紧密的结构,可证明"九"不可能为汉语数词,否则的话,"九"只能与作为族称的中心词"黎"构成松散的偏正短语。有人往往以"九夷"之"九"来证明"九黎"之"九"也为汉语数词。"九夷"之"九"确为汉语数词,理由一是古代文献明白无误地指出了它所指的九种夷;二是"九夷"确是一个松散的偏正短语,我们也找不出依据来证谬这一性质。可见,二者从来源和构词上都有本质的不同。

韦昭一类的解释完全建立在"九黎"族名纯属他称的基础上,即"九黎"是操汉语的华夏族完全用自己的语言对该族的称呼,这个称呼反映了华夏族对该族一些重要特征的理解。所以人们很自然地按汉语的结构方式和词汇系统进行解释。但历史事实恐怕恰恰相反,根据"名从主人"的原则,在民族的接触之初,族名应是自称占优势,在较为了解之后,才会陆续产生一些他称,此所谓,"必先自称之,尔后人称之"。如北方匈奴早期称猃狁、荤粥、猃狁、獯鬻,应是很明显的自称。九黎之后南方的"苗"在古代文献中又叫"毛""髳""髦""蛮"等,这些众多不同的音同、音近的书面语形式往往暗示其为音译形态;而且现说中部方言的苗族仍自称"模",说西部方言的仍自称"蒙",说滇东北方言的仍自称"阿髦"。王辅世、毛宗武调查分析了现代苗瑶语23个方言点的苗族自称,发现其读音均与"苗"近似。[9]可见"苗"应属自称。东南的百越一支"句吴"作为族名最早为华夏所知应是商末周大伯、仲雍奔荆蛮,自号"句吴"。史家历来认为,周太伯是主动完全同化于当地文化,这当然包括语言,所以陈国强认为"自号句吴"是用"吴语讲话"[4]。而且"句吴"也有一系列异体形式如"攻敔""攻㪘""攻𠭩""攻敌""攻吾""工㪘"等。可见，对于早期族称，我们似乎应该更多地从自称的角度进行审视。九黎也不应例外，它也有某种形式上的异体，"九"，《史记·宋世家》又作"阢"；"黎"，《史记·周本纪》作"耆"，《殷本纪》又作"饥"，一作"阢"。再者，九黎在苗之前，根据自称、他称的一般规律，"苗"是自称，更古的"九黎"更应为自称。可见，以"九黎"为他称是很难成立的，因而，在此基础之上对"九黎"之"九"的训释，从语言学的角度看也是非常可疑的。

如果考虑"九黎"更可能是自称的话，就不能按汉语的构词和词义分析之。"九黎"的上古音为[kǐəulǐei]（从王力、郭锡良说），其中[lǐei]是部族名，此无争议；而[kǐəu]不是汉语数词"九"，又是什么呢？

通过对九黎之后苗族语言的考察，我们发现，"九黎"构词与现代苗族很多姓氏或部落之称非常一致。杨鹍国说，黔东南舟溪类型的苗族自称为"嘎闹"[qa$^{33}$ nau$^{13}$]，其中[qa$^{33}$]为通用词头[10]；龙海清说，东部苗族方言区的苗族自称"果雄"，其中"雄"似与楚始封者熊绎有关，而"果"为词头。《苗语概况》把湖南花垣、凤凰、保靖等地苗族自称描写为[go$^{22}$ ɕo$^{35}$]，把龙山、古丈、泸溪等地的自称描写为[gɯ$^{22}$ suaŋ$^{53}$]（此可作为"果雄"尤其是"果"的注音）。另据中科院少数民族语言调查第二工作队《苗族方言调查报告》称，有此自称的还涉及湘、川、黔、桂另外9个县。[11]

这种构词形式还用来称呼苗人自认之先祖。翁家烈说，湘西苗族吃牯藏所祭先祖被称为"仡颛""仡玃""仡戎"。[12]仡应读[kɤ]；何光岳说，苗族史诗称蚩尤为"够([kəu])尤"，称祝融为"仡索"，甚至直接把"九黎"称为"仡黎"或"绞黎"[13]（绞[tɕiao]）。上述构词的前一音节嘎、够、果、仡、够、绞和[qa$^{33}$]、[go$^{22}$]、[gɯ$^{22}$]等应属名词前缀（词头）。其用法和音值都与"九黎"之"九"极其相似。

陈其光、李云兵等人研究表明，现代苗瑶语确有较多的、成系统的名词前缀[14]，其中不少前缀的音值与上述音值相同或相似。李云兵发现仅川、黔、滇苗语次方言的名词前缀就有15个[15]，陈其光认为古苗瑶语的名词前缀更丰富。考虑到九黎族与后世苗族的源流关系，无论从苗族姓氏部落之称的构词形式还是从苗瑶语前缀的音值来看，"九黎"之"九"都应看作名词前缀。

其实早期部族之称前常有前缀，如有夏、有扈、有仍、有虞，于越、句吴等，加前缀"有"似多用于黄帝族，"于"和"句"应是百越族特有的前缀，《汉书》颜师古注，将二者均解作"夷俗语之发声也"。

其中令人称奇的是，"句吴"作为族称在构词的形式上与"九黎"极其一致，前缀音值（句：见侯[ko]，九：见幽[kǐəu]）也非常近似。与苗瑶语一样，在上古百越之地，这种前缀的使用应该也很广泛，因为我们至今还能找到不少证据，如人名的句践，地名的句章、句东、姑苏、姑蔑等。这似乎说明，苗越之间确有某种联系。

**参考文献：**

[1]徐旭生.中国古史的传说时代[M].北京:文物出版社,1985.
[2]范文澜.中国通史[M].北京:人民出版社,1978.
[3]罗骥,巩红玉.论汉族主体源于东夷[J].云南民院学报,2002(1).
[4]陈国强.百越民族史[M].北京:中国社会科学出版社,1988.
[5]马学良.汉藏语概论[M].北京:北京大学出版社,1991.
[6]郭沫若.中国史稿[M].北京:人民出版社.1976.

[7]陈梦家.殷虚卜辞综述[M].北京:中华书局,1988.
[8]张世禄,杨剑桥.论上古带复辅音声母[G]//古汉语复声母论文集.北京:北京语言文化大学出版社,1998.
[9]王辅世,毛宗武.苗瑶语古音构拟[M].北京:中国社会科学出版社,1995.
[10]杨鹏国."康回"与苗族关系管窥[J].贵州民族研究,1985(3).
[11]龙海清.屈原族别再探[G]//苗族研究论丛.贵阳:贵州民族出版社,1988.
[12]翁家烈.从山海经窥索苗族族源[J].贵州民族研究,1985(3).
[13]何光岳.楚源流史[M].长沙:湖南人民出版社,1988.
[14]陈其光.苗瑶语前缀[J].民族语文,1993(1).
[15]李云兵.苗语川黔滇次方言的名词前加成分[J].民族语文,1992(3).

(原载《云南师范大学学报(哲学社会科学版)》2002年第5期)

# 汉语与非汉语接触研究

# 黔东苗语帮系三等汉借字的形式

## 石德富[*]

[摘 要] 文章讨论帮系三等汉借字在黔东苗语的不同表现形式,说明上古汉语重纽三等韵有 *-r-介音。材料还显示轻唇韵与重纽四等韵的介音只是发音部位相同,但发音方式有异。

[关键词] 帮系三等汉借字;轻唇韵

唇音非三等韵的汉语借字在黔东苗语各个小土语里,声母比较一致,帮母为 p-,滂母为 ph-,并母为 p-,明母一般为 m-,个别明母字变成阴平字的mh-(为方便叙述,本文把苗语音节称为字)。不仅重唇三等字的反映形式特殊,就连轻唇音的表现形式也颇令人深思。

## 一、帮组三等借字在黔东苗语的表现形式

(一)轻唇音的表现形式

三等轻唇音在黔东苗语北部土语一些地方的表现形式,其情形如下。[①]

| 意义 | 字 | 声 | 韵 | 调 | 养蒿 | 鱼粮 | 洪溪 |
|---|---|---|---|---|---|---|---|
| 分配 | 分 | 非 | 文 | 平 | fhen$^1$ | fhe$^1$ | fhe$^1$ |
| 分(计量) | 分 | 非 | 文 | 平 | fhen$^1$ | fhe$^1$ | fhɛ$^1$ |
| 方向 | 方 | 非 | 阳 | 平 | fhaŋ$^1$ | fhaŋ$^1$ | fhaŋ$^1$ |
| 夫役 | 夫 | 非 | 虞 | 平 | fhu$^1$ | fhə$^1$ | fhə$^1$ |
| 翻转 | 反 | 非 | 元 | 上 | fhe$^3$ | fhe$^3$ | fhɛ$^3$ |
| 反抗 | 反 | 非 | 元 | 上 | fhe$^3$ | fhe$^3$ | fhe$^3$ |
| 使放心[②] | 放 | 非 | 漾 | 去 | fhen$^5$ | fhe$^5$ | fhɛ$^5$ |
| 放心 | 放 | 非 | 漾 | 去 | — | fha$^5$ | fha$^5$ |
| 副(量) | 副 | 敷 | 尤 | 去 | fhu$^5$ | fhə$^5$ | fhə$^5$ |
| 防备/惕防 | 防 | 奉 | 阳 | 平 | vaŋ$^2$ | vaŋ$^2$ | vaŋ$^2$ |
| 万 | 万 | 微 | 元 | 去 | vaŋ$^6$ | vu$^6$ | vjɛ$^6$ |
| 跳舞 | 舞 | 微 | 虞 | 上 | vu$^2$ | vu$^2$ | vuɪ$^2$ |

---

[*] 作者简介:石德富,男,中央民族大学教授。

[①] 语料来自以下6个村:凯里市湾水镇洪溪村(笔者母亲出生地)、鱼粮村(笔者所在村)、舟溪镇甘囊香村(由中央民族大学吴德坤老师提供)、三棵树镇养蒿村(张永祥,许世仁,1990)、台江县台拱镇报恩村(由贵州省民族研究所姬安龙先生提供)和排羊乡小江村(由国家民委民族文化宫杨胜锋先生提供)。以上苗话均属于黔东苗语的北部土语。谨向各位先生致谢。行文中,若不注明,均为养蒿话。

[②] fhen$^5$,《苗汉词典·黔东方言》解释为"安心",应为"使放心,使安心",在其他语言点,又有"安慰,安抚"义。"放"是以"放心"这个词的意义借入苗语的,在使用的过程中发生了变异。

除了少数的例外,如"未(地支)"属微母合口三等韵去声字读 mie⁶,轻唇音借字表现形式的一般情况是:非敷二母变成 fh-,奉微变成 v-。①

(二)三等重唇的表现形式

笔者发现除了"平"(汉语地名用字)、"平"(形容词)、"坪""凭"(石德富,2003:46)、"丙"(李炳泽,2003:42),"命""名""庙""棉"(石德富,2004:23)外,最近又发现"笔""偏"和"鸣(呻吟)"字的特殊读法。前者的来源与鉴别已在有关论文中详细说明。"偏"字的苗语读法出现在地名"偏桥"一词中。偏桥是贵州省施秉县的旧称,明洪武二十五年(1392 年)置偏桥卫,是通往云南以及东南亚驿道中的重镇之一。该地名各地苗语读法如下:

养蒿 tɕhi¹tɕu²(张永祥、许世仁,1990:358),鱼粮 tɕhi¹tɕɛ²,洪溪 tɕhe¹tɕɛ²。

按照对应规律,养蒿应该是 tshen¹tɕu²,以 tɕhi¹tɕu² 的形式出现,是因该词以发源地的形式(即以 tɕhi¹tɕɛ² 的形式)向其他地区扩散的结果;施秉以及它周围的黄平、镇远、凯里一带的苗语没有 ts-、tsh-声母,凡养蒿的 ts-、tsh-,均发 tɕ-、tɕh-。不过在台江县的一些地方仍把施秉称为 tshen¹tɕu²(商君、王安江、燕宝,1984:144)。

"毛笔",养蒿称 tsen⁷lei²(张永祥、许世仁,1990:435),lei² 是"字"的意思,"笔"是入声字,其韵以-t 收尾,tsen⁷ 形式是进入苗语后,韵尾-n 通过-t＞-n 演变而成(陈其光,1989)。研究时,只用了 tsen⁷"笔"作为材料。

"黄平"之名于南宋理宗宝祐六年(1258 年)始见于史,元中统元年(1260 年)置黄平元帅府,至元二十八年(1291 年)置黄平府(黎平,2004:8,13),而不是笔者在 2003 年的论文中注为"元置县治"(石德富,2003:46)。

这些借字在黔东苗语北部土语的一些语言点的表现形式如下:

| 汉字 | 养蒿② | 洪溪 | 鱼粮 | 舟溪 | 小江 | 报恩 |
|---|---|---|---|---|---|---|
| 笔 | tsen⁷ | tɕɛ⁷ | tɕi⁷ | tsen⁷ | — | tsen⁷ |
| 丙③ | tsen³ | — | — | — | — | — |
| 偏 | tɕhi¹ | tɕhe¹ | tɕhi¹ | tshen¹ | — | — |
| 凭 | tsen² | tɕɛ² | tɕɛ² | tsen² | tsen² | tsen² |
| 平 | tsaŋ²/tsen² | tɕɛ² | tɕɯ² | tsaŋ² | tsaŋ² | tsaŋ² |
| 坪 | tsaŋ² | tɕɛ² | tɕɯ² | tsaŋ² | tsaŋ² | tsaŋ² |
| 平地名 | tsaŋ² | tɕɛ² | tɕɯ² | tsaŋ² | tsaŋ² | tsaŋ² |
| 命 | zaŋ⁶ | ȵɛ⁶ | ȵɯ⁶ | nzaŋ⁶ | zaŋ⁶ | naŋ⁶ |
| 鸣 | zaŋ² | ȵɛ² | ȵɯ² | nzaŋ² | zaŋ² | naŋ² |
| 名 | zaŋ² | ȵɛ² | ȵɯ² | nzaŋ² | zaŋ² | naŋ² |
| 庙 | zo⁶ | ȵu⁶ | ȵu⁶ | nzo⁶ | zo⁶ | no⁶ |
| 棉 | zen² | — | — | — | — | — |

---

① 在南部、东部或其他土语,这些送气成分已经消失;在北部土语的一些地方也正在处于消失的过程中。例如在凯里市舟溪镇,老年人都发送气音,中年有的发,有的不发,年轻人则一律不发送气音。所以这种演变的方向应该是 th＞f,而不是相反的 f＞fh。也可参阅燕宝(1994:73)。

② 三等重唇明母字,养蒿的对应形式是 z,因为很多地方都把这个声类读成 n,所以字典规范成 n。

③ 苗族纪时纪日和纪年一般用生肖和地支,天干一般只有巫师用来择算日子(李炳泽 2003:40),不为常人所知,所以出现很多空白,并不意味着各点的巫师不知道。

以上黔东苗语各点的对应是：帮母和并母为 ts-或 tɕ-,帮母字是阴调字,并母是阳调字；滂母为 tsh-或 tɕh-；明母为 z-、ȵ、nz 或 n-。

问题一,以上各点的苗话音系都有 f-声母,为什么非敷二母的对应形式却选择了与它有较大差异的 fh-而放弃与它们相同的 f-？

问题二,以上各点的苗话音系都有 p-、ph-、m-声母,为什么三等字在各点上的反映形式不选择这些声母而选择与之差异很大的另一套声母 ts-、tsh-和 z-(养蒿)？要回答以上问题,就必须弄清楚黔东苗语固有词相应声类的来源。

## 二、固有声母 fh-和 f-的来源和相关拟音

（一）黔东苗语声母 fh-的来源和构拟

非敷二母对应黔东苗语的 fh-。黔东苗语固有词的 fh-主要有两个来源,一是原始苗瑶语的"头"母(﹡ps),二是原始苗瑶语的"雷"母(﹡phs)。此外还发现有一例是从"吹"母(﹡phɻ)演变而来(见后文)。

"头"母(﹡ps)在苗语各个方言的表现形式为：

| 词义 | 养蒿 | 腊乙坪 | 大南山 | 石门坎 | 摆托 | 甲定 | 绞坨 | 野鸡坡 | 枫香 |
|---|---|---|---|---|---|---|---|---|---|
| 头 | fhu³ | pɻei³ | hou³ | fau³ | hu³ | ho³ | wɔ⁵ | hu^B | hou³ |
| 树 | — | — | — | fauɯ¹ | ho¹ | — | hu¹ | wa¹ | — | fa¹ |

王辅世先生构拟成 ﹡f(1994:10,13)。这种构拟忽略了腊乙坪的形式,该形式正是一种有意义的残存的原始形式。只要把眼界扩大到整个苗瑶语,就会发现它的重要性。如：

| 词义 | 七百弄 | 瑶里 | 文界 | 罗香 | 樑子 | 览金 | 东山 | 三江 | 大坪 |
|---|---|---|---|---|---|---|---|---|---|
| 头 | fa³ | vɦja³ | pɦi³ | pje³ | pjei³ | pjei³ | pli³ | pli³ | pɛi³ |

王辅世和毛宗武先生把这个词视为两个异源词,韵和调均分别归为同一个类,但把声类分成两个：苗语支为一个,构拟为 ﹡v,勉语支为另一个,构拟成 ﹡pl(王辅世、毛宗武,1995:82,130,593,594)。其实,它是一个声韵调完全严整对应的同源词。就其声母而言,以勉语东山和三江方言的 pl 为一端,苗语一些方言的 h 或 w 为另一端,腊乙坪的 pɻ 是连接两端的分水岭。苗语支：腊乙坪 pɻ,文界 pɦ,瑶里 vɦ,石门坎 f,养蒿 fh,苗语其他方言 h 或 w,呈现出一种比较明显的演变轨迹。勉语支：腊乙坪 pɻ,东山和三江 pl,罗香和樑子 pj,大坪 p,呈现出另一走向的演变轨迹。

"雷"(﹡phs)母在苗语各个方言的表现形式为：

| 词义 | 养蒿 | 腊乙坪 | 大南山 | 石门坎 | 摆托 | 甲定 | 绞坨 | 野鸡坡 | 枫香 |
|---|---|---|---|---|---|---|---|---|---|
| 雷 | ho¹ | so¹ | so¹ | so¹ | sau¹ | shə¹ | so¹ | su^A | phau¹ |
| 搓（绳） | fha¹ | — | sua¹ | sa¹ | so¹ | hu¹ | sa¹ | sa^A | pha¹ |
| 线 | fhə³ | so³ | so³ | so³ | sau³ | shə³ | so³ | su^B | phau³ |
| 糠 | fha⁵ | sa⁵ | sua⁵ | sa⁵ | so⁵ | sha¹ | sa⁵ | si^C | pha⁵ |

王辅世先生原构拟成 ﹡fs(1994:13),忽略了枫香的形式,而这个形式应当是比较古老的。这个声类在布努语三个方言的表现形式都为 ph(蒙朝吉,2001:168)；在巴亨语的巴亨方言（大坳）和唔奈方言（虎形山）的反映形式有点变异,或 mp 或 m 或 mph；炯奈语龙华方言为 x 或 ,六巷方言为 hu 或 hw；优诺语柳田方言为 th 或 f(毛宗武、李云兵,2002：

174)。

| | 布努 | 包瑙 | 努茂 | 巴亨 | 唔奈 | 龙华 | 六巷 | 柳田 |
|---|---|---|---|---|---|---|---|---|
| 雷 | phɔ¹ | phuɔ¹ | phəu¹ | mpo¹ | mpo¹ | xu¹ | hu¹ | — |
| 线 | phɔ³ | phuɔ³ | phəu³ | mpo³ | mpo³ | xu³ | hu³ | fu³ |
| 糠 | phai⁵ | phai⁵ | phai⁵ | mei⁵ | mphe⁵ | ȵei¹ | hwai⁵ | fai⁵ |

后来王辅世先生和毛宗武先生把原始苗瑶语的这个声类构拟成 *phs（王辅世、毛宗武，1995：111），这比以前的构拟对现代苗瑶各语言或方言更有解释力。

（二）黔东苗语声母 f 的来源和构拟

黔东苗语声母 f 来源于原始苗瑶语的"过"母（*kw）和"黄"母（*gw）。前者变成阴调，后者变成阳调。

"过"母在苗语各个方言的表现形式为：

| 词义 | 养蒿 | 腊乙坪 | 大南山 | 石门坎 | 摆托 | 甲定 | 绞坨 | 野鸡坡 | 枫香 |
|---|---|---|---|---|---|---|---|---|---|
| 远 | — | qɯ¹ | tle¹ | tli¹ | ka¹ | kæ¹ | hwæ¹ | qweiᴬ | qwei¹ |
| 黄瓜 | fa¹ | kwɑ¹ | tli¹ | tli¹ | ke¹ | kɑ¹ | hwi¹ | qwaᴬ | qwa¹ |
| 宽 | faŋ³ | kwen³ | tlaŋ³ | fauɯ³ | koŋ³ | koŋ³ | hwua³ | — | qwoŋ³ |
| 过（河） | fa⁵ | kwɑ⁵ | tlua⁵ | tla⁵ | ko⁵ | ku⁵ | — | qwaᶜ | qwa⁵ |

王辅世先生构拟成 *qlw（1994：40），后来又构拟为 *qlv（王辅世、毛宗武 1995：346）。笔者的构拟一是考虑到在布努语、巴亨语、炯奈语、优诺语和畲语各个方言的表现形式为 kw(k)，同时也考虑到这些词可能与汉语有关系。

"黄"母在苗语各个方言的表现形式为：

| 词义 | 养蒿 | 腊乙坪 | 大南山 | 石门坎 | 摆托 | 甲定 | 绞坨 | 野鸡坡 | 枫香 |
|---|---|---|---|---|---|---|---|---|---|
| 黄 | faŋ² | kwen² | tlaŋ² | vɦauɯ² | koŋ² | koŋ² | hwua² | ʁwenᴬ | — |
| （天）亮 | faŋ² | — | kaŋ² | | koŋ² | koŋ² | hwua² | ʁwenᴬ | qwoŋ² |
| （逃）脱 | fa⁸ | qwei⁸ | tli⁸ | dlɦi⁸ | — | kɑ⁸ | hwɪ⁸ | ʁwaᴰ | qwa⁶ |

王辅世先生构拟成 *glw（王辅世 1994：40），苗语支其他语言或方言的反映形式也多为 kw 或 kh（王辅世、毛宗武 1995：347；蒙朝吉 2001：180），笔者构拟为 *gw。无论哪种构拟，原始苗语支的"过""黄"二母与汉语中古非敷二母差异都很大。

## 三、固有声母 ts-、tsh- 和 z- 的来源和相关拟音

（一）养蒿固有声母 ts-、tsh- 和 z- 在黔东苗语的其他小土语的对应形式

养蒿固有词声母 ts- 和 tsh- 分别对应鱼粮和洪溪的 tɕ- 和 tɕh-，其他地点的 ts- 和 tsh-：

| 词义 | 养蒿 | 洪溪 | 鱼粮 | 舟溪 | 小江 | 报恩 |
|---|---|---|---|---|---|---|
| 果子 | tsen³ | tɕaŋ³ | tɕaŋ³ | tsen³ | tsɛ³ | tsen³ |
| 结（果子） | tsen⁵ | tɕaŋ⁵ | tɕaŋ⁵ | tsen⁵ | tsɛ⁵ | tsen⁵ |
| 五 | tsa¹ | tɕa¹ | tɕa¹ | tsa¹ | tsa¹ | tsa¹ |
| 房子 | tsɛ³ | tɕi³ | tɕi³ | tsei³ | tsa³ | tsa³ |
| 拧（干） | tso⁵ | tɕu⁵ | tɕu⁵ | tso⁵ | tso⁵ | tso⁵ |

| 暗 | tsə⁷ | tɕə⁷ | tɕə⁷ | tsə⁷ | tso⁷ | tsə⁷ |
| 吹（火） | tsho¹ | tɕhu¹ | tɕhu¹ | tsho¹ | tsho¹ | tsho¹ |
| 鱼笱 | tsha⁵ | tɕha⁵ | tɕha⁵ | tshei⁵ | tsha⁵ | tsha⁵ |
| 鞭子 | tshei¹ | tɕhi¹ | tɕhi¹ | tshei¹ | tsha¹ | tshei¹ |

养蒿固有词声母 z-分别对应洪溪和鱼粮的 ɲ-、舟溪的 nz-、小江的 z-和报恩的 n-：

| 词义 | 养蒿 | 洪溪 | 鱼粮 | 舟溪 | 小江 | 报恩 |
| --- | --- | --- | --- | --- | --- | --- |
| 耳朵 | zɛ² | ɲi² | ɲi² | nzɛ² | za² | nɛ² |
| 鱼 | zɛ⁴ | ɲi⁴ | ɲi⁴ | nzɛ⁴ | za⁴ | nɛ⁴ |
| 鼻子 | zɛ⁶ | ɲi⁶ | ɲi⁶ | nzɛ⁶ | za⁶ | nɛ⁶ |
| 辣 | za⁸ | ɲa⁸ | ɲa⁸ | nza⁸ | za⁸ | na⁸ |
| 笋子 | za⁶ | ɲa⁶ | ɲa⁶ | nza⁶ | za⁶ | na⁶ |

以上固有词在各个小土语的对应形式与重唇三等借字的情况一致，这说明这些借字和固有词一样，都遵守苗语的历史音变规律。下面探讨固有声母 ts-、tsh-和 z-来源。

（二）养蒿固有词声母 ts-、tsh-和 z-的来源和构拟

养蒿的固有声母 ts-来源于原始苗语的"三"母（*pr）、"簸"母（*pɻ）、"手"母（*br）和"套"母（*bɻ）。王辅世（1994）把"三""手""劈"构拟为 *pts、*bdz、*phtsh，"簸""套""吹"为 *ptʂ、*bdʐ 和 *phtʂh，与本文不同。需要说明的是，*-r 应是具有流音性质的与 s、z 同部位的舌尖前音。

"三"母（*pr）一般演变成养蒿的 p-，只有与古苗语的"果"韵结合时，才变成 ts-（王辅世，1994：11），所以 *pr>ts-应当不是主流。见例词：

| 词义 | 养蒿 | 腊乙坪 | 大南山 | 石门坎 | 摆托 | 甲定 | 绞坨 | 野鸡坡 | 枫香 |
| --- | --- | --- | --- | --- | --- | --- | --- | --- | --- |
| 三 | pi¹ | pu¹ | pe¹ | tsi¹ | pa¹ | pæ¹ | pæ¹ | pzi^ | tsi¹ |
| 我们 | pi¹ | pɯ¹ | pe¹ | tsi¹ | pa¹ | pæ¹ | pæ¹ | pei^ | pi¹ |
| 公的 | pa³ | pɑ³ | tsi³ | tsi³ | pje¹ | pɑ³ | pi³ | paᴮ | pa³ |
| 果子 | tsen³ | pji³ | tsi³ | tsi³ | pji³ | pi³ | pei³ | pzeᴮ | tsi³ |
| 结果子 | tsen⁵ | — | tsi⁵ | tsi⁵ | pji⁵ | pi⁵ | pei⁵ | pzeᶜ | tsi⁵ |
| 满 | pe³ | pe³ | po³ | pu³ | poŋ³ | pən³ | poŋ³ | paŋᴮ | pu³ |

养蒿的 ts-主要来源应该是"簸"母（*pɻ）。

养蒿苗语固有词的声母 tsh-主要来源于"吹"母（*phɻ）（王辅世 1994：14）。例词如：

| 词义 | 养蒿 | 腊乙坪 | 大南山 | 石门坎 | 摆托 | 甲定 | 绞坨 | 野鸡坡 | 枫香 |
| --- | --- | --- | --- | --- | --- | --- | --- | --- | --- |
| 吹（火） | tsho¹ | phɻo¹ | tʂhua¹ | tsha¹ | phjo¹ | phlu¹ | pɻa¹ | phja^ | tsha¹ |
| 吹(芦笙) | fhə³① | — | tsho³ | tsho³ | phjau³ | phlo³ | pɻo³ | — | tshau³ |

目前发现 tsh-与其他方言同源的字仅有 2 例，这是因为黔东方言由 tsh-构成的字很少，而且绝大多数都是现代的汉语借词。按照条件相同的演变规律，"劈"母（*phr）如果与古苗语的"果"韵组合，也应该演变成养蒿的 tsh，但未见例词。

养蒿固有词的声母 z-来源于古苗语的"鼻"母（*mbɻ）。王辅世先生（1994：15）把"鼻"母重建为 *mbdʐ，但是绞坨 mpɻæ² 当是比较保守的形式。

---

① 声母不对应，这可能是非线性演变。

## 四、上古汉语三等唇音字的声母结构与苗语的对应形式

在鉴别的三等唇音借字中,有 12 个轻唇,11 个重唇。重唇有 10 个重纽字[①],重纽三等 7 个:"平""坪""丙""笔""鸣""命"和"庙";重纽四等 3 个:"偏""棉"和"名";此外,还有"凭"字,它属于无重纽关系的蒸韵。下文将依次探讨各类的上古声母结构形式以及与苗语对应形式的联系。

关于三等唇音字的声母结构,潘悟云、朱晓农(1982)根据汉越语的材料做过专题研究。他们根据郑张尚芳先生的观点制作的表格对本文问题的解决很有帮助,现引录如下:

**上古韵部和中古韵类对照表(下标加括号者为例字)**

|  | 寒部 | 仙部 | 阳部 | 耕部 | 幽部 | 宵部 | 蒸部 |
|---|---|---|---|---|---|---|---|
| 上古一等 | 寒(潘) | 先(偏) | 唐(旁) | 青(萍) | 豪(袍) | 豪(毛) | 登(朋) |
| 上古二等 | 删(扳) | 山(编) | 庚二(彭) | 耕(押) | 肴(包) | 肴(猫) | 耕(棚) |
| 上古三等 | 元(番) | 仙A(扁) | 阳(方) | 清(名) | 尤(袍) | 宵A(漂) | 东三(冯) |
| 上古四等 | 仙B(播) | 仙B(谝) | 庚三(明) | 庚三(平) | 幽(谬) | 宵B(苗) | 蒸(凭) |

郑张尚芳先生认为上古的每个韵部到中古都发展为四个韵类。中古一等和纯四等韵出现于上古一等,中古独立二等韵出现于上古二等,轻唇化了的各韵以及重纽 A 类出现于上古三等,重纽 B 类出现于上古四等。本文所涉及的内容都是上古三等和上古四等。

### (一)重纽三等的上古声母结构与苗语的对应形式

自蒲立本(1962-1963,引自龚煌城 1997)始,经白一平(Baxter,1977,引自潘悟云、冯蒸,2000:242)对汉字异读的研究,施向东(1983)及其导师俞敏(1985,又 1989)对唐人的梵汉译音材料的研究,再到郑张尚芳(1987,1995)和包拟古(1995)等学者经过各自的途径和努力,学界基本取得了共识:中古重纽 B 类在上古有 *-r 或 *-rj-介音。龚煌城(1997)通过对藏文和缅文的同源词研究也得到这个结论。如果接受这个结论,那么以上 7 个重纽三等重唇字声母的早期形式应该分别是:

帮 *pr(j)-　　丙笔
滂 *phr(j)-　　——
並 *br(j)-　　平坪
明 *mr(j)-　　鸣命庙

这种结构形式不管是与古苗语"簸"(*pɻ)、"吹"(*pɻ)、"套"(*bɻ)三母还是与"三"(*pr)、"劈"(*phr)、"手"(*br)三母比较,其形式都很相近,所以在古代黔东苗语引进古代汉语重唇重纽三等帮滂並的字时,就分别以苗语的"簸"(*pɻ)、"吹"、(*pɻ)、"套"(*bɻ)或者"三"(*pr)、"劈"(*phr)、"手"(*br)等声母来拼读。由于借字后来也参与了"簸""套""吹""三""劈""手"等母的演变,所以就分别变成了养蒿的 ts-、tsh-和鱼粮的 tɕ-、tɕh-。

---

① 包括庚三与清两韵之间的重纽关系。

(二)上古汉语重组三等的明母 *mr(j)-与苗语的对应形式

如前所述,养蒿的 z-源自原始苗瑶语的"鼻"母(*mbɹ),z-又跟汉语中古三等韵的重唇明母有对应关系。但是 *mr(j)-与 *mbɹ 的音值显然差异很大,以前把古明母的音值构拟成 *m(含接三等韵),差异就更大了。这是令人迷惑的问题。但是如果了解苗语"鼻"母 *mbɹ 如何演变成养蒿的 z-,这问题也就迎刃而解。*mbɹ 如何演变成 z-? 看看下面各个点的反映形式,其演变轨迹也就一目了然。①

| 词义 | 养蒿 | 鱼粮 | 报恩 | 舟溪 | 白兴② | 腊乙坪 | 绞坨 |
|---|---|---|---|---|---|---|---|
| 耳朵 | $zε^2$ | $ɲi^2$ | $nε^2$ | $nzε^2$ | $mei^2$ | $mɯ^2$ | $mpɹæ^2$ |
| 鱼 | $zε^4$ | $ɲi^4$ | $nε^4$ | $nzε^4$ | $mei^4$ | $mɯ^4$ | $mpɹe^4$ |
| 鼻子 | $zε^6$ | $ɲi^6$ | $nε^6$ | $nzε^6$ | $mjε^6$ | $mε^6$ | $mpɹu^6$ |
| 辣 | $za^8$ | $ɲa^8$ | $na^8$ | $nza^8$ | $mja^8$ | $mɹei^8$ | $mpɹu^8$ |
| 笋子 | $za^6$ | $ɲa^6$ | $na^6$ | $nza^6$ | $mja^6$ | $mɹa^6$ | $mpɹæ^6$ |
| 孤寡 | $za^6$ | $ɲa^6$ | $na^6$ | $nza^6$ | $mja^6$ | $mɹa^6$ | $mpɹæ^6$ |

绞坨等地的形式比较古老,腊乙坪失去塞音,是个过渡形式,白兴和舟溪的形式都是由腊乙坪的形式演变而来,养蒿、报恩的形式分别从舟溪的形式演变而来,鱼粮的形式有可能从白兴的形式演变来。由此推测,"鼻"母在苗语黔东方言的演变过程大概如是:*mbɹ > *mɹ > mj/nz;*mj > *nj > n,nz > n/z。

中古汉语的重组三等明母借字对应黔东苗语的"鼻"母字,这说明:当这些字进入苗语的时候,正处在原始黔东苗语的"鼻"母从原始苗瑶语的 *mbɹ 演变成 *mɹ 的时期,所以它们都被以 *mɹ 的形式来拼读。后来,它们也随着 *mɹ 在各地的演变而发生演变。

(三)蒸韵在上古汉语的地位与借字"凭"在苗语中的反映形式

在众多非重组的三等韵中,为什么只有蒸韵的帮组字能像重组字一样在养蒿苗语中变成 ts-?

其实,蒸韵和重组三等韵共同属于上古四等韵类,其地位和性质与仙$_B$、宵$_B$、庚$_三$、幽等重组三等韵相同(潘悟云、朱晓农,1982:见"上古韵部和中古韵类对照表"),这就回答了上面提出的问题。因此,在上古"凭"字声母结构应该为 *br(j)-。

(四)上古汉语重唇重组四等字的声母结构与苗语的对应形式

关于上古汉语重组四等字介音的音值,俞敏(1985,又 1989)、施向东(1983)、白一平(Baxter,1977)和龚煌城(1997)等认为是 *-j-(俞、施认为与重组三等的 *-r-对立,白、龚认为与 *-rj-对立);郑张尚芳(潘悟云、冯蒸,2000:242)认为是-ø-和-l-,来自上古的短元音,语音条件是后带前元音;包拟古(吴安其,2006:208)认为是 *-rj-,与重组三等相同,只是前者出现在前元音之前,后者出现在后元音之前。据此,上古重组四等重唇音字的声母结构就有以下 3 种可能:

(1) 帮*pj- 滂*phj- 并*bj- 明*mj- 俞敏等
(2) 帮*p(l)- 滂*p(l)- 并*b(l)- 明*m(l)- 郑张尚芳
(3) 帮*prj- 滂*phrj- 并*brj- 明*mrj- 包拟古

---

① 关于该类声母在苗语黔东方言各个土语的演变情况,王春德(1992)有详细的阐述。王春德依照王辅世 1979 年的构拟为 *mbr,与笔者的拟测略异。

② 白兴话是绕家人说的话,属于黔东方言的西部土语(李云兵,2000:208)。

从"偏""棉"和"名"三个重纽四等借字在黔东苗语中的反映形式来看，它们与重纽三等借字没有什么差别。不过这不足以说明上古重纽四等和重纽三等的介音相同，因为养蒿的 ts 和 tsh 本身也有"簸"(*pɻ)系声母和"三"(*pr)系声母两个来源。根据近音原则，古代苗族人可能用带有卷舌介音的"簸"(*pɻ)系声母来读上古汉语帮组重纽三等借字；用带有与 s 同部位的流音介音的"三"(*pr)系声母来读帮组重纽四等借字。后来这两个音系合并了。

另外一个推测就是：在那个向古黔东苗语提供借词的古南方汉语里，重纽三等和四等已经合并为一，但合并后，还保留着*-r-介音。颜之推在《颜氏家训·音辞篇》中记载，早在隋朝，江南人已经把"奇"和"衹"两个具有重纽关系的字读为一音；五代十国时，扬州人已经密(重纽三等)蜜(重纽四等)不分了(李新魁，1986：189)。

（五）三等轻唇音字的上古声母结构与苗语的对应形式

传统的看法认为，唇音有开合之别。但自黄淬伯始，经赵元任、李荣到潘悟云、朱晓农(1982)等学者的努力，《切韵》的唇音无开合对立的观点已经确立。唇音无开合对立，轻唇化的条件是为合口韵的说法自然就被否定。那么轻唇化的条件是什么？潘悟云、朱晓农(1982)在采纳赵元任先生观点的基础上，注意到轻唇化的各韵和重纽四等韵都属于上古三等，而他们根据汉越语的反映形式认为重纽四等原本是*-j-介音，因此轻唇化韵也应该相应地有*-j-介音。最后他们总结出如下结论：带有*-j-介音和央、后元音(即除了前高元音*i、*ɛ以外的所有元音)的唇音字，除了通流两摄的三等明母字以外，一律轻唇化。根据他们的观点来看，三等轻唇韵字和重纽四等韵的上古声母结构应该是*pj-、*phj-、*bj-、*mj-，后接前、高元音者变成重纽四等，后接央、后元音者变成轻唇韵。

通过前文的论述我们已经知道，三等轻唇音字在黔东苗语里读 fh-，而固有词的 fh-主要来源于原始苗瑶语的"头"母(*ps)和"雷"母(*phs)。因此我们认为，非敷二母字在上古的声母形式有可能是*ps-、*phs-。根据苗瑶语的反映，轻唇音借字的介音为*-s-，重纽四等借字的介音为*-r-(与 s 部位相同的流音)。两者发音部位相同，但发音方法不同。

## 五、余 论

汉语中古唇音三等借字在黔东苗语的反映形式，对汉语中古唇音的分类和音值的拟测以及关于三等字性质的研究应该说是有启发意义的。由于汉语音韵学近来已经取得一些公认的研究成果，所以透过中古唇音三等借字在黔东苗语的反映形式，对研究原始黔东苗语、原始苗语甚至原始苗瑶语的古音拟测无疑是有帮助的。

（一）轻唇音的有关问题

汉语轻唇音往往引起学者的重视。但是包括通行的*pf(非)、*phf(敷)、*bv(奉)、*ɱ(微)在内的各种拟测一直没有得到证实。非敷两韵的借字在养蒿反映为 fh-，而 fh-主要来源于原始苗瑶语的"头"母(*ps)和"雷"母(*phs)。如果"头""雷"二母的拟测有说服力的话，那么古汉语的非敷二母也很可能曾经以*ps 和 phs 的形式经存在过一段时期(奉微也相应为*bz 和*mz)。重纽 A 类介音为*-r-(与 s 同部位的流音)，轻唇十韵介音为*-s-，这种说法是否成立，有待于更深入的研究，但是本研究的成果支持轻唇化的条件是介音而不是合口这种观点，从而也肯定了古唇音无开合口对立的主张。

一直以来,学术界理所当然地认为,养蒿的 faŋ¹（鱼粮为 fɯ¹,洪溪为 fjɛ¹）"地方、地区"是近现代汉语"方"的借词（如苗语小组,1962）。但是通过考察发现,汉语非母借字在养蒿的反映形式是 fh 而不是 f,f 来源于"过"母（*kw）和"黄"母（*gw）。"过""黄"二母在布努语布努方言弄京东努土语的反映形式为 kw。如布努语弄京东努土语：kwe¹"远",kwen³"宽",kwen²"黄",kwen²"（天）亮"（蒙朝吉,2001:180）。"地方、地区",在富宁龙绍东努话念 kwən¹,弄京念 kwen¹（蒙朝吉,2001:44,110）,与养蒿的 faŋ¹、鱼粮的 fɯ¹、洪溪的 fjɛ¹ 严整对应,无疑是同源词。

古苗语的"头"韵和"雷"韵与中古汉语的帮滂借字对应,根据汉语众所周知的古无轻唇音规律,所以构拟成 *f 和 *fs 的合理性就受到质疑。根据现代苗瑶语言或方言的各种表现形式,根据(对各种演变趋势)解释的充分性原则和系统性原则,构拟成 *ps 和 *phs 可能更加有说服力。

(二)重纽问题

帮并明三等韵借字在养蒿反映分别为 ts-、tsh-、z-,ts-主要来源于"簸"母（*pɻ）和"套"母（*bɻ）,有部分来源于"三"母（*pr）和"手"母（*br）；tsh-来源于"吹"母（*phɻ）,还有可能源自"劈"（*phr）；z-来源于"鼻"母（*mɻ<*mbɻ）。苗瑶语的现代表现形式也充分证明了上古汉语的重唇三等字有-r-介音的存在。

潘悟云、朱晓农(1982)指出,汉越语重纽四等唇音变成舌齿音,其过程是从一个跟唇音相联接的舌齿音或腭音演变过来的。他们同时提出演变模式：*phj->*phʐ->*pɕ->*ɕ->th-(滂母),*bj->*bʐ->*bz->*z->t-(并母),*mj->*j->z-(明母)。但苗语的材料表明,有的演变环节与他们的模式刚好相反：例如,*pr-(r 是与 s 同部位的流音)>pj(腊乙坪、摆托、绞坨等地),或>ts(养蒿、大南山、石门坎、枫香)。这些问题有待学者们发掘更多新的材料,做更深入的研究,才能比较圆满地解决。

另外,本文中引用作为语料的汉语地名都出现在宋末至明初时期的汉文献,从以上的苗语反映形式来看,现在的黔东南地区在被西南官话覆盖之前可能存在着一种比较存古的汉语方言,古代黔东苗语可能直接向这个方言借用这些汉语地名。

**参考文献：**

[1]陈其光.苗瑶语鼻塞音声母的构拟问题[J].民族语文,1998(3).
[2]陈其光.苗瑶语入声的发展[J].民族语文,1979(1).
[3]陈其光.话言调查[M].北京：中央民族大学出版社,1998.
[4]邓方贵,盘承乾.从瑶语论证上古汉语复辅音问题[J].中央民族学院学报：增刊,1990.
[5]龚煌城.从汉藏语的比较看重纽问题——兼论上古 *rj-介音对中古韵母演变的影响[J].声韵论丛,1997.
[6]龚煌城.上古汉语与原始汉藏语带 r 与 l 复声母的构拟[J].台大文史哲学报,2001.
[7]黎平.漫步且兰黄平[M].北京：中国文献出版社,2004.
[8]李炳泽.黔东苗语 sh、ɕh 产生的时代[J].民族语文,1994(1).
[9]李炳泽.黔东苗语的天干地支[J].民族语文,2003(4).
[10]李新魁.音韵学[M].北京：北京出版社,1986.
[11]李云兵.苗语方言划分遗留问题研究[M].北京：中央民族大学出版社,2000.
[12]毛宗武,李云兵.炯奈语研究[M].北京：中央民族大学出版社,2002.
[13]毛宗武.瑶族勉语方言研究[M].北京：民族出版社,2004.
[14]蒙朝吉.瑶族布努语方言研究[M].北京：民族出版社,2001.

[15]潘悟云,冯蒸.汉语阴韵研究概述[G]//汉藏语同源词研究(一),丁邦新,孙宏开.南宁:广西民族出版社,2000.

[16]潘悟云,朱晓农.汉越语和(切韵)唇音字[G]//中华文史论丛·语言文字研究专辑(上),1982.

[17]商君,王安江,燕宝.仰阿莎[G]//民间文学资料(第六十二集).贵州:中国民间文艺研究会贵州分会编印,1984.

[18]施向东.玄奘译著中的梵汉对音和唐初中原方言[J].语言研究,1983(1).

[19]石德富.汉借词与苗语固有词的语义变化[J].民族语文,2003(5).

[20]石德富.苗瑶民族的自称及其演变[J].民族语文,2004(6).

[21]王春德.古苗语声母 * mbr 在黔东方言的演变[J].民族语文,1992(1).

[22]王辅世,毛宗武.苗瑶语古音构拟[M].北京:中国社会科学出版社,1995.

[23]王辅世.苗语古音构拟[M].北京:国立亚非语言文化研究所,1994.

[24]吴安其.历史语言学[M].上海:上海教育出版社,2006.

[25]燕宝.黔来苗语中新出现的音变现象[J].民族语文,1994(1).

[26]俞敏.等韵溯源[G]//俞敏语言学论文集.哈尔滨:黑龙江人民出版社,1989.

[27]张永祥,许世仁.苗汉词典·黔东方言[M].贵阳:贵州民族出版社,1990.

(原载《民族语文》2008年第4期)

# 汉借词与苗语固有词的语义变化

## 石德富[*]

[摘 要] 汉语借词冲击着苗语黔东方言含有同样意义的固有词,使固有词的意义发生转移或引申等变化,这些转移或引申出的新义有时又冲击着苗语的另一个与之同义的固有词,使第二个固有词也发生意义的变化。

[关键词] 汉借词;固有词

一种语言从另一种语言引进某个借词后,含有同样意义的固有词和借词相互竞争,使其中一个语义发生变化,这是常有的现象。印欧语的词源研究和语义变化研究在这方面做得比较深入。如,拉丁语 penna(变成古法语 penne)的意思是"羽毛",当它被借入英语时,因为英语里已经有了"羽毛"的固有词 feather,就变成"鹅毛管笔",后来鹅毛管笔不用了,就变成"笔"pen(布龙菲尔德,1980:537)。这种现象是固有词处在主位,不发生变化,外来词处在客位,不得不变化转移,另谋出路。笔者对苗语黔东方言的借词进行研究,发现了另外一种变化[①],这种变化与上述的情况刚好相反,外来词反客为主,没有发生变化,或者变化很少,而固有词反而发生了一系列变化。

## 一

一个词从甲义引申出乙义或从甲词滋生出或者变成乙词时,有些义素是保持不变的,王贵元把这些不变的义素称为"核义素"(王贵元,1990:264),刘殿义称为"源义素",王宁、杨光荣沿用王贵元的术语,但含义略有不同(杨光荣,2000:57)。但那些增加、减少或变化的义素没有引起他们足够的重视,亦未被赋予相应的术语。笔者把前者称为义核,后者为变素(变异义素)。义核是多义词的义位之间或同源词之间共同的义素束集,是词义的核心部分,是维系本义与引申义或原始词与滋生词之间的纽带。

本文以王辅世《苗语古音构拟》中的声韵调作为原始苗语的词形,用它来判断其方言土语的现代形式的来源;然后,着手研究固有词或原始词的词义发展变化。

一些词虽然养蒿苗话没有,但腊乙坪、大南山等其他大多数苗语代表点有,并且这些能从中理清其源流关系的词,就被认为是原始苗语的固有词;同样的道理,在黔东方言里,虽某些土语没有,但其他几个土语有,并能从中理清其源流关系的词,就被认为是原

---

[*] 作者简介:石德富,男,中央民族大学教授。
[①] 本文所引用语料是:鱼粮苗话(笔者所在村的苗话)、洪溪话(笔者母亲的母语)、舟溪话(由吴德坤老师提供)、养蒿话(以张永祥等所编的词典为准)、排烧话(李玉军等人提供,由贵州省民族研究所姬安龙和笔者于2003年7月下旬记录)。前4种苗语土语均分布在贵州凯里市境内。排烧话分布在贵州省三都县拉揽乡。我们以养蒿话为黔东方言的代表点,若其他土语的语义变化与养蒿相同时,则只举养蒿的为例。

始黔东苗语的固有词。

## 二

汉语借词的介入，对苗语的固有词汇系统形成冲击。"由于语言不喜欢保持两个能指来表示一个观念"（索绪尔，1980：230），含有相同意义的外来词和固有词争夺语言中的语义地位会引起其中一个或者两个的语义发生变化。下文介绍其中的一些变化情况。

（一）一次性转移

一次性转移是指汉语借词的介入使与之同义的苗语固有词变成另外一个词的情况。

1. 湿

养蒿苗话表示"湿"义的词形是 ɕu⁸，这是中古汉语"湿"的借词。苗语黔东方言中汉语借词的 ɕ-或者 ɕh-对应于中古汉语的"禅""书"或"船"母（本文的中古音构拟来自郭锡良先生的《汉语古音手册》）：

| 汉字 | | 构拟 | 鱼粮 | 养蒿 | 洪溪 | 说明 |
|---|---|---|---|---|---|---|
| 湿 | 书缉开三入 | *ɕĭəp | ɕəu⁸ | ɕu⁸ | ɕəu⁸ | |
| 收 | 书尤开三平 | *ɕĭəu | ɕhəu¹ | ɕhu¹ | ɕhəu¹ | |
| 收 | 书尤开三平 | —— | ɕhɯ¹ | ɕhu¹ | ɕhɯ¹ | 仅用ɕhɯ¹ɕha¹"收拾" |
| 申 | 书真开三平 | *ɕĭen | —— | ɕhen¹ | —— | 仅用"地支"一义 |
| 升 | 书蒸开三平 | *ɕĭəŋ | ɕhaŋ¹ | ɕhen¹ | ɕhaŋ¹ | 量器和容量单位 |
| 伸 | 书真开三平 | *ɕĭen | ɕhoŋ¹ | ɕhoŋ¹ | ɕhoŋ¹ | |
| 试 | 书志开三去 | *ɕĭə | ɕhi⁵ | ɕhi⁵ | ɕhi⁵ | |
| 时 | 禅之开三平 | *ʑĭə | ɕi¹ | ɕhi¹ | ɕi¹ | 仅用于表示时辰 |
| 竖 | 禅虞合三去 | *ʑĭu | ɕhɯ³ | ɕhu³ | ɕhɯ³ | 调不对应，存疑 |
| 受 | 禅有开三上 | *ʑĭəu | ɕhəu⁵ | ɕhu⁵ | ɕhəu⁵ | |
| 善 | 禅獮开三上 | *ʑĭɛn | ɕhɛ⁵ | | ɕhwɛ⁵ | 语义有所变化 |
| 拾 | 禅缉开三入 | *ʑĭəp | ɕha¹ | ɕha¹ | ɕha¹ | 用于ɕhɯ¹ɕha¹"收拾" |
| 实 | 船质开三入 | *dʑĭet | ɕi⁷ | | | 用于"老实" lo²ɕi⁷ |
| 赎 | 船烛合三入 | *dʑĭwok | ɕhɯ⁷ | ɕhu⁷ | ɕhɯ⁷ | |

以上借入词的声韵调和汉词的声韵调是对应的，若偶有变化也是有规律的（陈其光，1979；1989）。汉语的"湿"ɕu⁸ 渗透进来，冲击着原始黔东苗语的固有词 tɛ¹"湿"，迫使它把本义的位置让出，变成"弄湿，蘸"义（张永祥，1990：49）。黔东方言的"蘸"和其他方言代表点的"湿"对应，当属原始苗语的固有词。该词属"戴"母"断"韵平声＊ntonᴬ（王辅世，1994：23，58）：[①]

| 养蒿 | 腊乙坪 | 大南山 | 石门坎 | 摆托 | 甲定 | 绞坨 | 野鸡坡 | 枫香 |
|---|---|---|---|---|---|---|---|---|
| —— | nte¹ | nto¹ | ntau¹ | —— | —— | ntoŋ¹ | nʔtoᴬ | ntoŋ¹ |

---

① 原始苗语的 A、B、C、D 调相当于汉语的平上去入，第 1、2、3、4、5、6、7、8 调分别对应于汉语的阴平、阳平、阴上、阳上、阴去、阳去、阴入和阳入，所以本文有时也用平上去入来讨论苗语的声调。文中的苗语方言代表点均来自王辅世的《苗语古音构拟》。

2. 蛋壳

如同湘西方言腊乙坪苗话的 khu¹ 一样,养蒿苗话的 qhu¹(鱼粮苗话的对应形式是 qhu¹)为汉语"壳"的借词。汉语的 kh 被借入苗语黔东方言后变成 qh,如养蒿苗话:

| 汉字 | 苗语读音 | 汉字 | 苗语读音 | 汉字 | 苗语读音 | 汉字 | 苗语读音 |
|---|---|---|---|---|---|---|---|
| 开(路) | qha¹ | 咳① | qha³ | 炕(烘烤) | qhaŋ⁵ | 科(法律条文) | qho³ |
| 客 | qha⁵ | 靠 | qho⁵ | 扣、扣子 | qhu⁵ | 刻② | qhei⁷ |
| 锞 | qhu⁵ | 空 | qhoŋ⁵ | 抠 | qhə¹ | 眍 | qhə¹(tjə¹) |
| 裤 | qhə⁵ | 苦 | qhə³ | 敲 | qha³ | — | — |

以上的汉字和黔东方言借入词的声母和声调对应严整,韵母偶有出入。可见,qhu¹ 记确实是汉语"壳"的借词。原始苗语的固有词"蛋壳"属于"抚"母"毛"韵平声字 *phloi^A (王辅世,1994:17,51):

| 养蒿 | 腊乙坪 | 大南山 | 石门坎 | 摆托 | 甲定 | 绞坨 | 野鸡坡③ | 枫香 |
|---|---|---|---|---|---|---|---|---|
| — | — | phlou¹ | tl̥hau¹ | phlou¹ | phlo¹ | — | phlau^c | — |

养蒿苗话应为 ɬhu¹,但无。这是因为借入汉语的"壳"后,除了只残存在复合名词 ɬhu¹ ɬhaŋ¹ "破衣筋"以(其中 ɬhaŋ¹ 的意义为"胞衣")外,ɬhu¹ 在养蒿苗话里就处在被废弃状态。但是,鱼粮苗话的对应形式 ɬhu¹ 还存在,只是已经由"蛋壳"义变成"蛋软膜"义。另外,养蒿苗话尚有(qa¹)ɬhu⁷ 一词,义为"蛋软膜",调不对应,可能是 ɬhu¹ 的变异,也可能是动词义"剐、剥、脱"加名词前缀 qa¹ 变化而来,尚难确定。

3. 坟

"坟"养蒿苗话叫作 paŋ² ɬaŋ²,与中古汉语的"坟陵"对应。古时,苗族实行岩洞葬,不久前,一些苗族社区尚行此俗。现在虽然大部分已经改行土葬,但个别地方的苗族仍然举行洞葬(李梅,罗继荣),语言属于苗语支的努茂(自称与苗族的相同)瑶族亦行此俗(黄海,1998:36)。有些改行土葬的地区,仪式上还残留岩洞葬的痕迹。可见,苗语黔东方言的 paŋ² ɬaŋ² 是中古汉语借词(在轻唇音分化出来之前)。原始苗语固有词"坟"属于"早"母"疮"韵上声 *ntseŋ^c(王辅世,1994:19,60):

| 养蒿 | 腊乙坪 | 大南山 | 石门坎 | 摆托 | 甲定 | 绞坨 | 野鸡坡 | 枫香 |
|---|---|---|---|---|---|---|---|---|
| Saŋ⁵(停尸) | ntsen⁵ | ntsaŋ⁵ | ntsaɯ⁵ | ntsoŋ⁵ | nzoŋ⁵ | ntsua⁵ | — | zoŋ⁵ |

*ntseŋ^c 的古代意义很可能是"存放或停放尸体的地方(很可能是崖洞)",排烧话 tsəx⁵ 义为"在野外体尸(凶死者)"。原始黔东苗语引进汉语的 paŋ² ɬaŋ² 后, *ntseŋ^c 就由本义"存放或停放尸体的地方"变成"停放尸体"义。

(二)二次性转移

汉语借词的介入使苗语固有词的意义发生转移,使之变成另一个词,这个词又同时引申出一个或几个新的义位,这些新义位中的一个又冲击着另一个与之同义的苗语固有词,使之发生语义转移而变成另一个词,这个新词又引申出新的义位。

---

① 苗语的声调和汉语的声调不对应,存疑。
② 苗语的声调和汉语的声调不对应,存疑。
③ 韵调不合,义为"蛋软膜"。

1. 鞋

汉语的"鞋"$ha^1$ 进入原始黔东苗语以后，与固有词 $tɕhu^5$ 争夺地位，致使 $tɕhu^5$ 的本义转移。$tɕhu^5$ 属于"鞋"母"凿"韵去声 * $cho^c$（王辅世：34，47）：

| 养蒿 | 腊乙坪 | 大南山 | 石门坎 | 摆托 | 甲定 | 绞坨 | 野鸡坡 | 枫香 |
|---|---|---|---|---|---|---|---|---|
| —— | $ɕɔ^5$ | $khou^5$ | $khau^5$ | $khu^5$ | $kha^5$ | $kɔ^5$ | $khu^c$ | $khou^5$ |

养蒿苗话应是 $tɕho^5$，却变成了 $tɕhu^5$，韵母不合，可能是变异的结果，有两义："木屐"和"蹄子"（张永祥，1990：360）。$ha^1$ 的介入使它从"鞋"义变成了"木屐"义。又由"木屐"义引申出"蹄子"义。木屐已不通用，"木屐"义鲜为人知，故不易发现"鞋"义和"蹄子"义之间的联系。赫尔曼·保罗（Hermann Paul）把这种因链环中断而难以推知词义的演变轨迹的情况叫作"孤立化"（布龙菲尔德，1980：534）。但同属于黔东方言的排烧话的 $ɕa^5$（鞋），尚存古义。

$tɕhu^5$ 引申出"蹄子"义后，"蹄子"义的固有词就受到冲击。"蹄子"义的固有词的原始词形属"爪"母"毛"韵上声（王辅世，1994：24，51）* $toi^B$：

| 养蒿 | 腊乙坪 | 大南山 | 石门坎 | 摆托 | 甲定 | 绞坨 | 野鸡坡 | 枫香 |
|---|---|---|---|---|---|---|---|---|
| —— | $ta^5$ 蹄 | $tou^3$ | $tau^5$ | $tu^3$ | $to^3$ | $to^5$ | —— | —— |

养蒿苗话的对应形式为 $tu^3$，词义是"一把抓住"（张永祥，1990：83），而表示"爪子和指甲"义的词形为 $ken^5$。通过研究，笔者发现"一把抓住"正是从"爪子"义经过多重引申而来。

在原始苗语里，* $toi^B$ 的指称范围很宽，包括指甲、趾甲、爪子和蹄子。苗语川黔滇方言现在仍保留着这种情况（鲜松奎，2000：66）；湘西方言除了完全保留外，还引申出"器物的脚、腿或底部"义和动词"踩、踏"义（石如金，1997：194，535）。若承认 $tu^3$ 这个形式来源于 * $toi^B$，那么它的本义当是"指甲、趾甲、爪子和蹄子"，现代的"一把抓住"义是从本义引申出来的。在其引申变化的过程中出现了上面所说的"孤立化"现象。在湘西方言里，$ta^5$ 的主要流行的义位是"蹄子"，而"爪子"只是残存意义，只存在于少数复合词中，如 $ta^5 qa^1$ "鸡爪"（石如金，1997：535），所以它继承了"用蹄子踢、踏、踩"这个义位，此后再次变成"踏、踩"义。而黔东方言的 $tu^3$ 却继承了"用指甲或爪子一把抓住"这个义位，这是因为由 $tɕhu^5$ 来分担"蹄子"一义后，$tu^3$ 就失去了"蹄子"义。如同现代湘西方言的 $ta^5$ 一样，黔东方言的 $tu^3$ 此时是名词兼作动词；再后，名词"趾甲、爪子和指甲"义由另外的词形 $ken^5$ 来指称后，就只剩下"用指甲或者爪子一把抓住"这个义位由 $tu^3$ 来承担了①；最后，由于"趾甲、爪子和指甲"义由 $ken^5$ 来指称后，作为动词的 $tu^3$ 的"用爪子或指甲"这个表工具的义素就自然逐渐消隐，$tu^3$ 终于由专指"用爪子和指甲一把抓住"变成泛指的"一把抓住"，但义核未变。

2. 平

表示"平、平坦"义，养蒿苗话的词形是 $tsen^2$（张永祥，1990：435）或 $tsaŋ^2 zaŋ^2$（张永祥，1990：431），$tsen^2$ 和 $tsaŋ^2$ 实际上是同一个词在不同土语中的表现形式。养蒿苗话的 $tsen^2$ 和 $tsaŋ^2$ 与汉语的"帮""并"二母有对应关系：

---

① $ken^5$ 可能借自汉语的"甲"（见母押韵开口二等入声），韵尾演变过程可能是：-p→-m→-n 或-ŋ，古苗语入声常演变成现代的去声（陈其光 b），布努语的 $kwa^5$，努茂语的 $kuɑ^5$，排烧话的 $kja^8$ 也可能与大南山的 $ko^5$ "叶柄，蒂"有关。具体来源，待再考。

|  | 养蒿 | 鱼粮 | 洪溪 |
|---|---|---|---|
| 黄平（元置县治） | vaŋ²tsaŋ² | vaŋ²tɕɯ² | vaŋ²tɕɛ² |
| 清平① | shen¹tsen² | shɛ¹tɕɛ² | shɛ¹tɕɛ² |
| 平越② | —— | tɕi²/tɕɛ²vi² | tɕi²vi² |
| 平寨（位于施秉县） | tsaŋ²ə¹ | tɕɯ²əu¹ | tɕɛ² əu¹ |
| 凭 | tsen² | tɕɛ² | tɕɛ² |
| 丙（天干，汉语借词） | tsen³ |  |  |
| 坪 | tsaŋ² | tɕɯ² | tɕɛ² |
| 蒿菜坪 | tsaŋ²ɣo¹xhi¹ | tɕɯ²ɣo¹hai¹ | tɕɛ²ɣo¹hai¹ |
| 棉花坪 | tsaŋ²mɛ⁶shen¹ | tɕɯ²maŋ⁶shaŋ¹ | tɕɛ²maŋ⁶shaŋ¹ |

中古的"平""坪"和"凭"均属"并"母开口三等平声字，"平、坪"属"耕"韵，"凭"属"蒸"韵。"丙"为"帮"母"梗"韵开口三等上声字。"并""帮"母变成苗语的 ts 的原因，可能是在原始苗语音系里，与汉语"耕""蒸"和"真"韵开口三等字近似的韵母不能跟"抱"母（＊b）和"百"母（＊p）组合，只能跟"簸"母（＊ptʂ）和"套"母（＊bdʐ）或者"手"母（＊bdz）和"三"母（＊pts）组合。＊ptʂ 和 ＊bdʐ 二母在养蒿苗话的表现形式都是 ts（王辅世，1994：13，14），＊pts 和 ＊bdz 跟 en 组合时养蒿苗话的表现形式也是 ts（王辅世，1994：11）。③"平"在摆托和甲定话中分别为 phjen² 和 phlin²（王辅世，1994：56）；湘西方言的"坪"和"平"分别为 pen² 和 mpin²（石如金，1997：29，372），以上都是汉语借词。显然，养蒿苗话的 ts-en² 或 tsaŋ² 是汉语借词，而 tsaŋ²ʐaŋ² 就是"平原"的借词。原始苗语固有词"平"属"铜"母"新"韵平声 ＊dinᴬ（王辅世，1994：21，55）：

| 养蒿 | 腊乙坪 | 大南山 | 石门坎 | 摆托 | 甲定 | 绞坨 | 野鸡坡 | 枫香 |
|---|---|---|---|---|---|---|---|---|
| —— |  | ta² | dhie² | ten² | —— | tæin² | —— | ten² |

养蒿苗话为 tei²，腊乙坪苗话为 tɛn²。如同腊乙坪的情况一样（石如金，1997：99），汉语"平"（tsaŋ² 或 tsen²）的介入，使苗语黔东方言的固有词 tei² 从本义"平坦"变成"直"义（张永祥：62）。但是，一些地名还保留有它的本义，如，tei²ɬi¹〔村名，在凯里市，直译：ɬi¹ 氏族（居住）的平地〕，tei²ɕoŋ⁶〔村名，在黄平县，直译：（制造）陶器的台地〕，tei² tsa⁵（翁项，村名，在凯里市，直译：岩崖下的平地），tei²qoŋ³（台拱，地名，在台江县，直译：山坳上的平地），尽管人们通常已经不知道这些地名的含义了。

当 tei² 为"直"义后，冲击着原始黔东苗语表示"直"义的固有词，使之处在被废弃的状态。该词的词形属"啄"母"匠"韵平声 ＊n̠tɕaŋᴬ（王辅世，1994：32，61）：

| 养蒿 | 腊乙坪 | 大南山 | 石门坎 | 摆托 | 甲定 | 绞坨 | 野鸡坡 | 枫香 |
|---|---|---|---|---|---|---|---|---|
| —— |  | n̠tɕaŋ¹ | n̠tɕaɯ¹ | —— | n̠tɕaŋ¹ | n̠tɕaŋ¹ | n̠ʔtɕaŋᴬ | n̠tɕaŋ¹ |

养蒿苗话应为 tɕaŋ¹，但是现代养蒿苗话的 tɕaŋ¹ 与"直"义无关。

承担了"直"义的 tei² 又由引申出"正直"义和"准，准确，对着"义。又从"准确"义引申出"着，中"义和"（话）真实、确实"义。"直"义又引申出"右"义，苗族认为右（手）是"直

---

① 指明洪武年间所置卫所。

② 今福泉市。

③ ＊pts 和 ＊bdz 跟其他韵母组合时，养蒿苗话的表现形式为 p。

的、方便的、正确的",而左 tɕaŋ⁴(手)是"弯曲的、不方便的"。

tei² 引申出"着,中"义后,它就对该义位的固有词形成冲击,使之变化。"着、中"的原始苗语词形属"笛"母"凿"韵去声(王辅世,1994:25,47) *dɔᶜ:

| 养蒿 | 腊乙坪 | 大南山 | 石门坎 | 摆托 | 甲定 | 绞坨 | 野鸡坡 | 枫香 |
|---|---|---|---|---|---|---|---|---|
| —— | tɔ⁶ | tou⁶ | tau⁶ | tu⁶ | tɔ⁶ | tɔ⁶ | | |

养蒿苗话应为 tɔ⁶。tɔ⁶ 的现代主要意义为"正确,对,是"和"是(判断动词)",但从少数几个双音节复合词中还可以找到它本义的痕迹,如:tɔ⁶ xhi¹(心)"中意",tɔ⁶ li⁴(道理)"合理"(张永祥,1990:81)。在黔东方言里,由于 tei² 引申义的冲击,使原始苗语的 *dɔᶜ 从本义"中、着"转移成"正确"义,而且不再承担本义,其间可能发生了孤立化现象,可能先引申出"对准、对着"义再引申出"正确,对"义。① 之后,经过语法化(虚化),"正确,是"这个义位便引申出表示判断功能的意义"是"。在黔东方言的一些土语里,如鱼粮话,判断动词 tɔ⁶ 又再次虚化(语法化)成表示虚拟条件的连词(和 qa² 联用)"如果,要是"和表示原因的连词(和 tɕəu⁸ 联用)"因为",如:

tɔ⁶ ɲhai¹ noŋ⁴ n̠in² ta²  pi¹  qa² ɣəu⁵ no⁵  zɛ²
是   日    昨  他   来  我们  就  好   多 (完成体助词)
要是(如果)昨天他来,我们就好多了(事实上,他没来)。来)。

tɔ⁶ ta² noŋ⁶  zɛ²   vai⁴ tɕəu⁸ a² moŋ⁴ toŋ⁷ tɯ³. 因为下雨了我才不去读书。
因 下 雨 (完成体助词)我  才    不去  读书

3. 口袋

汉语的"袋"字进入苗语黔东方言里,变成 tai⁸(鱼粮话为 tei⁸)——对应调类应为第五调。这个字在养蒿苗话里不仅夺得了固有词的主人地位,而且把主人给废了。原始苗语"口袋"义的固有词属"弩"母"疮"韵平声 *neŋᴬ(王辅世 22,60):

| 养蒿 | 腊乙坪 | 大南山 | 石门坎 | 摆托 | 甲定 | 绞坨 | 野鸡坡 | 枫香 |
|---|---|---|---|---|---|---|---|---|
| | ŋ̊aŋ¹ | ŋ̊aɯ¹ | ŋ̊o¹ | | na¹ | | | |

养蒿苗话的对应形式为 nhaŋ¹。虽然在养蒿等地的土语里 nhaŋ¹ 被废弃了,然而在一些土语如鱼粮苗话仍然存在。原始苗语的"弩"母在鱼粮和洪溪等地的土语里出现两种表现形式,即 ŋ̊h- 和 nh-(出现变异的条件尚未弄清楚)。如:

| 鱼粮 | 洪溪 | 养蒿 | 汉义 |
|---|---|---|---|
| ŋ̊hɯ¹ | ŋ̊he¹ | ŋ̊haŋ¹ | 谷穗 |
| ŋ̊haŋ¹ | ŋ̊haŋ¹ | —— | 箱子,抽屉,刀鞘,带在腰后或钉在墙壁上的刀架 |
| ŋ̊he³ | ŋ̊he³ | ŋ̊he³ | 弓弩 |
| ŋ̊he¹ | ŋ̊he¹ | ŋ̊he¹ | 日 |

虽然韵类不对应,认为 ŋ̊haŋ¹ 正是 *neŋᴬ 在鱼粮苗话里的现代表现形式的理由还是很充足的:(1)可能是非线性变化的结果,因为它和"谷穗"同属一样的声韵调(王辅世 22,60),如果按照线性变化,它就变成"谷穗"的同音词,为了辨别词义,所以其中的一个在演变过程中保持不变;(2)它的语义变化符合一般的语义变化规律(见下文);(3)只有认为 ŋ̊haŋ¹ 来源于 *neŋᴬ,并只能从它的语义变化及其所形成的冲力的角度,才能合理地解释原始黔东苗语的另一个固有词 loŋ⁴"箱子"在鱼粮苗话里所发生的语义变化(见下文)。

---

① 现代汉语"正确"、"对"的引申过程也与之相同,可作旁证。

因为汉语"袋"tai⁸ 的猛烈冲撞,致使ȵhaŋ¹ 的本义在鱼粮苗话里发生了变化:由"口袋"义变成"箱子、抽屉、刀鞘和刀架"等义。在ȵhaŋ¹ 中指称"箱子,抽屉"后,它又跟原始黔东苗语的另一个固有词 loŋ⁴"箱子"竞争,并把它的同胞挤到一个偏僻的角落里。loŋ⁴ 在鱼粮苗话里仅仅指称"盛米的箱子",而且它和别的语素组合的能力很弱,除了和 mo¹(猫)组合成 loŋ⁴mo¹"供猫住的箱子"一词外,不能和其他语素构成新的名词。loŋ⁴ 在养蒿等地的土语里,属于基础词,很活跃,不仅能独立使用,而且有很强的构词能力(张永祥 301)。

4. 烫(虱子)

"烫"义,现代黔东方言的形式为 thaŋ⁵,声韵调完全跟汉语对应,显然是汉语借词。原始苗语"烫"的固有词属"绳"母"疮"韵平声 * ɬeŋA(王辅世,1994:24,60):

| 养蒿 | 腊乙坪 | 大南山 | 石门坎 | 摆托 | 甲定 | 绞坨 | 野鸡坡 | 枫香 |
|---|---|---|---|---|---|---|---|---|
| —— | —— | ɬaŋ¹ | ɬaɯ¹ | ɬoŋ¹ | thoŋ¹ | lua¹ | ɬenA | —— |

养蒿苗话的对应形式为 ɬhaŋ¹,但不使用。这是因为苗语黔东方言借入汉语的"烫"后,ɬhaŋ¹ 在养蒿苗话里就处在被废弃的状态。在鱼粮苗话里,作为 ɬhaŋ¹ 对应形式的 ɬhuɯ¹ 还存在,但已由"烫"义转移为"浇"义。如:quɯ⁵(担)mo²(粪)ɬhuɯ¹(浇)ɣo¹(菜)"担粪浇菜"。又由"浇"义引申出"泼,洒水"。如:ɬhuɯ¹(泼)əuɯ¹(水)ɬo⁵(于)qa¹ta¹(地下)"泼水在地上"。

"烫"thaŋ⁵ 被借入养蒿话后,便引申出"浇"义(张永祥,1990:372)。再由"浇"义引申出"淋(雨)"义。在鱼粮苗话里,thaŋ⁵ 有"烫""浇"(ɬhuɯ¹ 并存)和"淋(雨)"义,但无"泼"义;ɬhuɯ¹ 有"浇""泼"义而无"淋(雨)"义。

"淋,洒"的原始词形属"麻"母"买"韵去声:川黔滇方言大南山苗话为 ntiua⁶(鲜松奎,2000:200),养蒿苗话为 ne⁶(张永祥,1990:318)。由于 thaŋ⁵ 和 ɬhuɯ¹(在鱼粮)的引申而引起的冲击力对语义场进行挤压,使得 ne⁶ 使用范围缩小:仅用于"给甑子里被蒸半熟的食物洒水"一义。大南山苗话的 nto³(鲜松奎,2000:186)"浇,淋"可能是 nto¹"湿"的曲折变化。

5. 播(种)

"播,撒"养蒿苗话为 tsa⁶,是当地汉语借词。除了几个最新借词外,凡在养蒿话里读为 ts-的词,在鱼粮话里都读为 tɕ-(鱼粮苗话的固有音系没有 ts-、tsh-),该词在鱼粮话里也读为 tsa⁶,应为当地汉语"拽"tsua³¹的最新借词。而原始苗的固有词"播、撒(种子)"则属"簸"母"地"韵平声 * pʂæA(王辅世,1994:13,43):

| 养蒿 | 腊乙坪 | 大南山 | 石门坎 | 摆托 | 甲定 | 绞坨 | 野鸡坡 | 枫香 |
|---|---|---|---|---|---|---|---|---|
| —— | pʐo¹韵 | tʂe¹ | pə¹ | pæ¹ | plæ¹ | pzæ¹ | pjiA | tsei¹ |

养蒿苗话应为 tsɛ¹。借入汉语后,"播"的原始词形 tsɛ¹ 就转移来指称"晾、晒"义。tsɛ¹ 转移来指称"晾、晒"义后,"晾、晒"的固有词的词义就变成"(使)变干,干涸"。"晾、晒"的原始苗语词形当属"石"母平声,韵不详,待考。大南山苗话为 ʐa¹(鲜松奎:254);养蒿苗话为 ɣa¹"(使)变干,干涸"(张永祥,1990:382)。补充例句(鱼粮):

a²ki³ to³ tɯ⁴  zo⁴, le¹ vi⁴ ɣa¹ ə¹ tɕa⁴  zɛ². 别烧火了,锅已经干水了
别  烧 火 (祈使式助词)个 锅 变干 水 完 (完成体助词)

(三)地域的不平衡性

从空间的角度来说,汉语借词闯入苗语黔东方言,对不同土语的冲击程度是不同的,

从而形成了不同土语的语义变化发展的不平衡。例如,在鱼粮等地的土语里,ɬo⁶"是"虚化成引导原因状语从句和虚拟状语从句的连词,在养蒿等地的土语里则没有发生虚化(见上文例2);固有词"口袋"和"烫"的词形nhaŋ¹和ɬhɯ¹在养蒿苗话被废弃了,但在鱼粮等地的土语里,它们对应形式ȵhaŋ¹和ɬhɯ¹还存在,只是语义发生转移(见上文例3和例4)。此外,再举几个例子。

### 1. 阁楼

汉语的"楼"(qa¹)lo² 进入苗语后,"阁楼"的固有词在鱼粮等地的土语里就被废弃了,但它的形式还在养蒿等地的土语里得到保存,只不过是它的本义已经转移了。原始苗语"楼阁"义的词形属"摊"母"疮"韵平声(王辅世:23,60)＊ntheŋᴬ:

| 养蒿 | 腊乙坪 | 大南山 | 石门坎 | 摆托 | 甲定 | 绞坨 | 野鸡坡 | 枫香 |
|---|---|---|---|---|---|---|---|---|
| —— | —— | nthaŋ¹ | nthaɯ¹ | —— | —— | ntua¹ | nʔthenᴬ | —— |

养蒿苗话应为thaŋ¹。thaŋ¹在养蒿苗话里已转移用来指称"梯子,楼梯",但thaŋ¹的"椽子"义则较多地保留有"楼阁"的义核。当thaŋ¹来指称"梯子"后,就对"梯子"的固有词产生冲击。笔者推测,原始苗语的固有词"梯子"应当属于"笛"母"疮"韵去声＊ɖeŋᶜ。养蒿苗话为taŋ⁶(张永祥,1990:72),湘西方言腊乙坪苗话为ten⁶(石如金,1997:538)。受到冲击后,养蒿苗话的taŋ⁶便引申出"独木桥,木桥"义。

与养蒿苗话的情况不同,借用汉语的"楼"(鱼粮苗话为lu²)后,thaŋ¹在鱼粮苗话就被废弃了。因此,taŋ⁶在鱼粮苗话里没有受到任何冲击,所以仍然承担"楼梯"义,并没有引申出"独木桥,木桥"义。

### 2. 葫芦

词义不准确,应为"瓜",在苗人的意识里,"葫芦"属于瓜之一种(石如金,1997:99;鲜松奎,2000:57)。正如fa⁵是汉语"过"的借词读音一样,养蒿苗话的fa¹是汉语"瓜"的借词读音。而原始苗语固有词"瓜"的词形属"答"母"收"韵平声(王辅世,1994:20,49)＊təᴬ:

| 养蒿 | 腊乙坪 | 大南山 | 石门坎 | 摆托 | 甲定 | 绞坨 | 野鸡坡 | 枫香 |
|---|---|---|---|---|---|---|---|---|
| —— | tɔ¹ | tou¹ | tau¹ | tu¹ | —— | tu¹ | toᴬ | toŋ¹韵 |

养蒿苗话应为tə¹。借入fa¹"瓜"后,tə¹在黔东方言的许多土语里就处在被废弃的状态,但一些土语还保留在复合词如tsen³(果子)tə¹"南瓜,葫芦瓜"一词里(张永祥,1990:433)。

### 3. 钉(动词)

"钉"养蒿苗话的现代词形为ʈns⁵,声韵调和汉语的"钉"对应,是汉语借词。而原始苗语"钉子"或"钉(动词)"义的词形属"眨"母"新"韵去声＊ntsinᶜ(王辅世,1994:29,55):

| 养蒿 | 腊乙坪 | 大南山 | 石门坎 | 摆托 | 甲定 | 绞坨 | 野鸡坡 | 枫香 |
|---|---|---|---|---|---|---|---|---|
| —— | ntɕɛn⁵ | ntʂa⁵ | ntʂie⁵ | ntsen⁵ | —— | nze⁵ | nʔtsenᶜ | —— |

养蒿苗话应为ɕi⁵,已无"钉子,撅子"和"钉(动词)"义,但有"(被刺儿等)刮破皮儿(条状)"义。笔者认为,养蒿话ɕi⁵的这个义位正是从＊ntsinᶜ的本义"钉(动词)、钉子、撅子"引申而来,但在引申、借贷和转移过程中发生了孤立化现象。具体来说,就是在ɕi⁵引申出新义后,汉语的ʈtn⁵和ʈtn¹(钉子)插入苗语的词汇体系,ɕi⁵的本义在养蒿话里完全被

汉语的 ʨtn⁵ 和 ʨtn¹（钉子）替代后就消失了，它的引申变化环节因此而被隔断，所以不易发现本义"钉子"与引申义"（被尖锐之物）刮破皮（条状）"之间的联系。但可以从它在鱼粮苗话的发展变化情况中找到它的引申发展的脉络。在汉语借词 ʨtn⁵ 和 ʨtn¹ 的冲击下，鱼粮苗话的 ɕi⁵ 虽然已失去了动词义，但名词义还保存，只不过它的指称对象缩小到专指"细小的木刺"和"竹钉"了：

qa¹  ɕi⁵  tə⁵  木刺、木钉　　　　qa¹  ɕi⁵  tə⁵  ʈɯ⁸  竹钉
前缀  刺  木头　　　　　　　　　前缀 钉 树  竹。

### 4. 斗笠

"斗笠"义引申变化更加复杂，但也更能说明汉语借词对固有词的冲击所引起的语义变化在地域上的不平衡性。原始黔东苗语引进了中古汉语的"帽"mo⁶（声韵调均对应）之后，mo⁶ 引申出"斗笠"义（张永祥,1990:315）。mo⁶ 引申出"斗笠"义后，就同固有词争夺语言中的地位，使固有词意义发生转移和变化，但因土语不同，其变化的情况也就不同。"斗笠"义固有词的词形属于"沟"母"收"韵入声 *kəᴰ（王辅世,1994:35,49）：

| 养蒿 | 腊乙坪 | 大南山 | 石门坎 | 摆托 | 甲定 | 绞坨 | 野鸡坡 | 枫香 |
|---|---|---|---|---|---|---|---|---|
| —— | ku⁷ | kou⁷ | kau⁷ | ku⁷ | kə⁷ | ku⁷ | | koᴰ |

养蒿苗话应为 ku⁷，但是它的现代意义是"罩子"和"罩住"（张永祥,1990:192）。①

在凯里市的舟溪等地的土语里，ku⁷（舟溪对应形式为 khə⁷）的意义已从"斗笠"义变成"伞"义，表达"伞"义时，舟溪苗话就不用汉语借词 ʂaŋ⁵（鱼粮的对应形式为 ʂɯ⁵）来指称了；在一些土语如养蒿苗话里，ku⁷ 意义则变成"（竹子制的）罩子"义，而没有变成"伞"义（这些地方表示"伞"义就借用汉语 ʂaŋ⁵），之后，又从"罩子"义引申出"罩住、覆盖、遮住"义；在鱼粮苗话里（对应形式为 kə⁷）又从"罩子"义再次引申出"（罩鸡用的）笼子"义，由 kə⁷ 来指称"（罩鸡）笼子"后，"笼子"的原始黔东苗语词形 ɣoŋ⁴（张永祥,1990:391）的意义在鱼粮苗话里就变成"鸡埘、鸡窝"。

### （四）外来词的引申义冲击固有词

汉语借词被引进到苗语后先引申出新义，这个新义冲击着与之同义的苗语固有词，使之发生变化。如：汉语的"烫"被引进到苗语后，在鱼粮苗话里先引申出"浇"义，又从"浇"义引申出"泼、洒"义和"淋（雨）"义，之后它的新义就冲击着鱼粮苗话的固有词 ɳaŋ⁶（养蒿苗话为 nɛ⁶），使 ɳaŋ⁶ 的本义转移（具体情况见上文的例 4）。又如：汉语的"帽"mo⁶ 进入苗语黔东方言后，引申出"斗笠"义，之后，含有"斗笠"义的 mo⁶ 就冲击着苗语的固有词 ku⁷，使之在不同的土语中发生了不同的变化（具体见上文的例 4）。

但是，大部分借词的引申义并没有足够的冲击力使固有词的词义发生变化和转移。例如，苗语黔东方言借入汉语的"苦"（苦难）qhə³，并从"苦难"义引申出"贫穷"义（张永祥 276），但它对固有词 ɕha⁵"苦难,发愁,苦闷,贫穷,困难"的冲击不大，固有词还处在基本词的地位。当与 ɬa⁶"富"对举和 tɛ⁴（量词,有生命之物）构成名词时，只用后者。如（带 * 为不可接受句）：

nen² tse³ ɬa⁶ qe³ ɕha⁵.　　*nen² tse³ ɬa⁶ qe³ qhə³.　　他家是富还是穷？
他　家　富　还　穷　　　他　家　富　还　穷

nen² to⁶ tɛ⁴ ɕha³.　　　*nen² to⁶ tɛ⁴ qhə³.　　他是个穷人。
他　是　个　穷　　　　他　是　个　穷

---

① 词典里虽然收入了"伞"义，但在养蒿不用该义项，收进的是土语词汇。

又如,在鱼粮苗话里,首先把汉语的"土"(tɯ⁸)的"不合潮流"这个义位借入该土语:

  moŋ² nɯ⁴ phaŋ¹ ɯ³ nen³ tɯ⁸ poŋ⁵wa⁵. 你穿的那件衣服土得很。
  你 穿 件 衣 那 土 很

之后从"不合潮流"义引申出"贫穷、苦闷、困苦"和"难受"义:

  ȵin² ta⁶ qa² no² naŋ¹ naŋ⁷moŋ³ tɕi⁶tei² thɯ⁸ poŋ⁵wa⁵. 他死就算了,那活法真太苦了。
  他 死 就 算了 存在 那 样 真 的 穷困 很
  tɬi⁸ kə² fa⁸ poŋ⁵  ʑɛ⁵, naŋ¹ tɕi³ tɯ⁸ xhi¹ poŋ⁵wa⁵ ʑɛ².
  出 门 脱/漏 气 (先行体助词) 在 家 难受 心 很 (完成体助词)
  先出门散散心(再说), 呆在家里心太难受了。

和"苦"(苦难 qhə³)的情况一样,"土"(不合潮流 tɯ⁸)对固有词 ɕha⁵ 施加影响,但是形成的冲击力量不足以动摇固有词的基本词地位。

**参考文献:**

[1][法]梅耶. 历史语言学中的比较方法[M]. 岑麒祥,译. 北京:科学出版社,1957.
[2][美]布龙菲尔德. 语言论[M]. 袁家骅,等,译. 北京:商务印书馆,1980.
[3]曹翠云. 苗语黔东方言的系词 ti¹³[J]. 民族语文,1981(3).
[4]陈其光. 苗瑶语词汇发展的一种方式[J]. 民族语文,2000(3).
[5]陈其光. 苗瑶语入声的发展[J]. 民族语文,1979(1).
[6]陈其光. 苗瑶语族语言的几种调变[J]. 民族语文,1989(5).
[7]高守纲. 古代汉语词义通论[M]. 北京:语文出版社,1994.
[8]郭锡良. 汉字古音手册[M]. 北京:北京大学出版社,1986.
[9]黄海. 瑶麓婚碑的变迁[M]. 贵阳:贵州民族出版社,1998.
[10]贾彦德. 汉语语义学[M]. 北京:北京大学出版社,1999.
[11]蒋绍愚. 古汉语词汇纲要[M]. 北京:北京大学出版社,1989.
[12]李梅. 甲定苗族洞葬奇观[J]. 南风,1994(5).
[13]刘殿义,张仁明.《广雅疏正》同源字的语义问题[J]. 毕节师专学报,1995(3).
[14]罗继荣. 神秘的苗族洞葬仪式[J]. 南风,1994(5).
[15]石如金. 苗汉汉苗词典[M]. 长沙:岳麓书社,1997.
[16]王宁. 训诂学原理[M]. 北京:中国国际广播出版社,1996.
[17]王辅世. 苗语古音构拟[M]. 东京:国立亚非语言文化研究所,1994.
[18]王贵元. 汉语同源字(词)意义关系研究[J]. 北京师范大学学报:增刊,1990(8).
[19]鲜松奎. 新苗汉词典川黔滇方言[M]. 成都:四川民族出版社,2000.
[20]杨光荣. 藏语汉语同源词研究[M]. 北京:民族出版社,2000.
[21]张永祥,许世仁,等. 苗汉词典黔东方言[M]. 贵阳:贵州民族出版社,1990.

(原载《民族语文》2003 年第 5 期)

# 湘西苗语被动句研究

## 余金枝[*]

[摘　要]　湘西苗语被动句的句法结构形式,可根据 to$^{22}$"着"后带不带施事分为两类。表被动意义的 to$^{22}$"着",来自实义动词,其本义是"(打)中"。后来逐渐虚化,成为表示被动关系的介词。to$^{22}$ 是借自上古汉语的动词"着(著)",其被动用法应该是在汉语被动句影响下平行产生的。苗、汉两种不同的语言使用相同的语法手段来表示相同的语法意义,与其类型学上的共性有关。

[关键词]　湘西苗语;被动句;语法化;类型学

湘西苗语(不涉及苗语方言对比时,均简称为"苗语")的被动句,是句子的一种类型。本文主要分析苗语被动句的句法结构和语义特征,并对 to$^{22}$"着"的语法化即被动句形成的内部因素进行分析;同时还通过苗语方言的比较和苗、汉语的比较,分析 to$^{22}$"着"的来源以及湘西苗语被动句的类型学特征。[①]

## 一、湘西苗语被动句的句法结构

苗语被动句的句法结构形式,可根据 to$^{22}$"着"后带不带施事分为两类:一类是"受事主语＋to$^{22}$'着'＋施事宾语＋动词性成分";另一类是"受事主语＋to$^{22}$'着'＋动词性成分"。前一类带施事宾语,使用频率较高;后一类不带施事宾语,出现频率较低。下面对被动句中的成分做更细的分析。

（一）to$^{22}$"着"的词性

苗语的被动标记只有 to$^{22}$"着"一个。关于它的词性研究,目前只见介词一说。[1]其实,to$^{22}$"着"不是专门标记被动的介词,在非被动句中,仍作动词用。就是在被动句中,它的功能也不同:带施事宾语时,to$^{22}$"着"介引施动者,是介词。例如:

bw$^{44}$ to$^{22}$ ne$^{31}$ pə$^{31}$ za$^{44}$.　他被人家打了。
他　着 人　打 了

不带施事宾语时,to$^{22}$"着"直接加在动词前面,是表示被动关系的特殊助动词。其助动词功能特点有三。

第一,从语法关系看,to$^{22}$"着"与其后的动词性成分是修饰关系,句子的中心成分是其后的动词性成分。例如:

bw$^{44}$ to$^{22}$ ne$^{35}$ məŋ$^{44}$ ɯa$^{44}$.　他被叫走了。
他　着叫去　了

---

[*]　作者简介:余金枝,女,苗族,云南师范大学教授,主要从事苗语研究。
[①]　本文语料采自作者的母语——湘西苗语矮寨土语。本文的总体思路、to$^{22}$"着"的来源及其语法化均求教于相关专家。特此说明并致谢。

to$^{22}$ nɛ$^{35}$ məŋ$^{44}$"着叫去"的中心成分是 to$^{22}$"着"后面的动词结构 nɛ$^{35}$ məŋ$^{44}$"叫去"。

第二，从表意功能看，to$^{22}$ 虽然含"遭受"义，但句子的语义中心是其后的动词性成分，它只起辅助表义作用。

第三，从语法功能看，to$^{22}$ 与其他助动词一样，可构成"～不～"式，还可单说。例如：

məŋ$^{31}$ to$^{22}$ tɕu$^{53}$ to$^{22}$ da$^{35}$ to$^{22}$?　你遭不遭骂？
你　遭　不　遭　骂　遭

但 to$^{22}$ 又不同于一般的助动词，它具有明显的动词特征。助动词一般不能带体标记 za$^{44}$"了"，而它可以。如上例可以回答为：to$^{22}$ za$^{44}$"遭了"。因此，在不含施事的被动句里，to$^{22}$ 是特殊的助动词。

**(二) to$^{22}$"着"的宾语的属性**

to$^{22}$"着"的宾语一般由名词或名词性成分充当。例如：

tɛ$^{53}$ qa$^{53}$ to$^{22}$ ta$^{53}$tu$^{44}$ nəŋ$^{44\,21}$ za$^{44}$.　小鸡被老鹰吃了。
小　鸡　着　老鹰　　吃　　了

qo$^{53}$ paŋ$^{35}$ to$^{31}$ dʑi$^{35}$ mɛ$^{31}$ pu$^{53}$ le$^{53}$ o$^{53}$ za$^{44}$.　山林被他们三个烧了。
山林　　着　　他们三个　　　　烧了

to$^{22}$"着"的宾语可以省略。省略的条件是：宾语所指称的对象是交际双方所共知而不必说的、不便说或无法指明的。例如：

lo$^{53}$ ti$^{35}$ pʐɯ$^{44}$ to$^{22}$ χwa$^{31}$ kʰwɛ$^{53}$ za$^{44}$.　老地家被罚款了。（双方共知不必说）
老　地　家　着　　罚款　　　了

pə$^{35}$ ʐə$^{44}$ to$^{22}$ nɛ$^{31}$ za$^{44}$.　玉米被偷了。（不便或无法指明）
玉米　　着　偷　了

**(三) 哪些动词可以用来构成被动句**

出现在被动句里的动词都是及物性动作动词，如"踢、打、拿、扔、切、撕、扯、杀、洗、骂、压"等，还有少数是含消极义的心理动词，如"恨、怄、气"等。例如：

ma$^{31}$ ɕu$^{53}$ ʐu$^{44}$ to$^{22}$ ma$^{31}$ ljəŋ$^{44}$ za$^{44}$ to$^{31}$ za$^{44}$.　小牛被大牛踢。
小的　牛　　着　大的　　牛　踢了

məŋ$^{31}$ nəŋ$^{53}$ ʐaŋ$^{22}$ tʰu$^{44}$ ʂei$^{53}$ to$^{22}$ nɛ$^{31}$ dze$^{31}$ naŋ$^{31}$.　你这么做会被人恨的。
你　　这样　　说话会　着　人　恨　的

**(四) 动词后的成分**

被动句里的动词不能以光杆形式出现，它的后面必须带其他成分。常带的成分是结果补语或助词 za$^{44}$"了"。结果补语凸显主语所遭受的动作结果。za$^{44}$"了"用在句尾，兼有体助词和语气助词两种功能，既表示动作完成，又起到完足句子的作用。例如：

pə$^{35}$ ʐə$^{44}$ to$^{22}$ u$^{53}$ dzəŋ$^{44}$ pu$^{22}$ məŋ$^{44}$ za$^{44}$.　玉米被洪水冲走了。
玉米　　着水　红　背　去了

ə$^{44}$ to$^{22}$ ta$^{53}$ nəŋ$^{44}$ qa$^{53}$ za$^{44}$.　衣服被老鼠咬了。
衣着　老鼠　　咬了

动词后一般不带宾语。但也有少量带宾语的。宾语与主语的语义关系限于领属关系或整体与部分关系。例如：

bɯ$^{44}$ to$^{22}$ pə$^{31}$ tei$^{35}$ a$^{44}$ te$^{44}$ ʐɛ$^{44}$.　他的一颗牙被打掉了。
他　着　打　断　一根牙

a⁴⁴ tɕ³⁵ ŋa³¹ nəŋ⁴⁴ to²² tɕ⁵³ me³¹ nəŋ³¹ tɕu⁴⁴ a⁴⁴ naŋ²² tɕ³⁵
一  碗  肉   这   着   小   妹   吃   完  一  半  碗
这碗肉被小妹吃了半碗。

## （五）充当主语的成分

充当主语的，多是体词或体词性成分。例如：

pə³⁵ z̩ə⁴⁴ to²² ta⁵³ kəŋ⁵³ ku²² za⁴⁴.  玉米被虫咬了。
苞谷    着   虫    蛀   了

bu⁴⁴ naŋ⁴⁴ tɕ⁵³ ŋaŋ³¹ to²² ne³¹ pa³¹ məŋ⁴⁴ za⁴⁴.  他的小船被别人划走了。
他  的  小  船   着  人   划   去   了

但在有些复句的后一分句里，谓词性成分也可充当主语。主语位置上的谓词性成分显性意义表示动作行为，但其隐性意义却是指称动作行为的发出者。例如：

u⁵³ ljəŋ³¹ kwa³⁵，kwa³⁵ u⁵³ ʂei⁵³ to⁴⁴ lə⁴⁴ ʂə⁵³.  水太大了，过河会被冲走的。
水  大   过    过河  会   着   冲   跑

上例的主语"过河"，显性意义表示动作，隐性意义指称"过河者"。

## 二、湘西苗语被动句的语义特点

与其他句式相比，苗语被动句的语义有以下特点。

### （一）表示被动意义

被动意义是苗语被动句的基本意义，是所有被动句共有的语义特征。被动句是一个固定的语义结构格式，主语位置被赋予"受事义"，to²²"着"的宾语位置被赋予"施事义"。任何语义角色，只要进入主语位置，即获得"受事"的语义角色，失去"可控性"的语义特征，成为整个事件的被动承受者。任何语义角色只要进入"着"的宾语位置，即获得"施事"的语义角色，获得"可控性"的语义特征，从而成为整个事件的制造者。例如：

qo⁵³ tɕi⁴⁴ to²² qo⁵³ z̩ɯ⁵³ tso³¹ tei³⁵ za⁴⁴.  背篓被石头砸坏了。
背篓    着   石头    砸   断  了

上例的"背篓"是工具，本身不具备受事特性，但由于处于受事位置，从而成为事件的被动承受者。"石头"是材料，本身也不具备施事特性，但由于处于施事位置，从而成为事件的制造者。

### （二）表示消极意义

苗语被动句都具有消极意义，表示"不如意、不愉快"的感情色彩，所以在句子结构中排斥"如意、赞扬"类的褒义动词。但被动句的消极意义有强弱之分，其强弱主要靠动词性成分的意义来体现。动词含"祸害、损耗"义的被动句，消极意义较强，该类句子表示的事件违背主语事物意愿并致使主语事物遭受损害。而动词不含"祸害、损耗"义的被动句，消极意义较弱，该类句子表示的事件违背主语事物的意愿，但未必致使主语事物遭受损害。例如：

lo⁵³ sɛ⁴⁴ to²² ne³¹ tso³¹ qa³⁵ ŋaŋ²² u⁵³ məŋ⁴⁴ za⁴⁴.  老三被别人撞到河里去了。
老三   着  人   撞   到   里   河   去  了

lo⁵³ sɛ⁴⁴ to²² ne³¹ lja²² məŋ⁴⁴ ɢə³¹ sa⁴⁴ za⁴⁴.  老三被别人拉去唱苗歌了。
老三   着  人   拖   去   唱   苗歌 了

第一句的消极意义比第二句重。第一句里,"老三"遭受双重后果:违背意愿、被撞到河里。第二句里,"老三"只遭受单一后果:违背意愿,因为唱苗歌对"老三"并无害处。

### (三)表示完结意义

被动句表示完结意义与被动标记 $to^{22}$ 的源义有关。$to^{22}$ 的本义是"(打)中",当"(打)中"义得以实现时,动作已经完成。所以在被动句的谓语动词后必须带结果补语或完成体标记 $za^{44}$ "了",使 $to^{22}$ 隐含的完结意义形式化、显性化。例如:

$məŋ^{31}$ $naŋ^{44}$ $ʐei^{53}$ $to^{22}$ $ta^{53}$ $ʐu^{44}$ $ta^{35}$ $lə^{31}$ $tɕu^{44}$ $za^{44}$.
你 的 菜 着 牛 踩 碎 完 了   你的菜都被牛全踩坏了。

## 三、$to^{22}$"着"的语法化

苗语没有反映古代语言的历史文献,所以研究苗语的语法化只能从共时平面入手,即主要从分析 $to^{22}$ "着"的共时特点和被动句形成的内部因素,来认识 $to^{22}$ "着"的语法化规律。苗语表被动义的 $to^{22}$,来自实义动词,其本义是"(打)中",带人体类宾语。例如:

$məŋ^{31}$ $to^{22}$ $χo^{35}$ $tɕi^{53}$? 你伤哪儿?
你 中 哪儿

后来 $to^{22}$ 逐渐虚化,其组合关系、语法功能也发生相应的变化,动作性减弱,变为助动词。再进一步语法化,失去了原来的词汇意义,成为表示被动关系的介词。意义的虚化和功能的转化是语法化过程的两个方面,二者互为表里,互相依存、相互促进。[2] 下面我们结合句法功能的变化和语义的虚化来分析 $to^{22}$ 的语法化。

### (一)"$to^{22}$+名"

$to^{22}$ 是核心动词,带名词宾语,表示的意义与"(打)中"有关。但由于所带宾语意义的不同,$to^{22}$ 体现的动作性强弱程度和语义抽象程度也不同。据此我们把 $to^{22}$ 分为以下三个义项。

#### 1."(打)中"义

$to^{22}$ 带人体类宾语,表示动作打中人体。此类组合关系中,$to^{22}$ 动作性较强,意义实在。例如:

$pɯ^{53}$ $qə^{44}$ $to^{22}$ $ɯ^{53}$ $le^{53}$ $ne^{31}$. 我寨伤了两人。
我们 寨 中 两 个 人

$məŋ^{31}$ $naŋ^{44}$ $tu^{35}$ $to^{22}$ $we^{44}$ $naŋ^{44}$ $tɕʰi^{53}$. 你的话合我的心意。
你 的 话 中 我 的 肚子

#### 2."花费"义

$to^{22}$ 带财物、时间类宾语,表示花费财物或时间类行为"(打)中"了主语事物,此行为非主语事物的主观意愿。动作性不及"(打)中"义强。如下例的 $to^{22}$ $taŋ^{35}$ "着钱"和 $zəŋ^{35}$ $taŋ^{35}$ "用钱",前者凸显主语事物的非意愿性,后者凸显主语事物的意愿性。请看下例:

$we^{44}$ $to^{22}$ $ɯ^{53}$ $wε^{35}$ $kʰwε^{44}$ $taŋ^{35}$. 花了我两万块钱。
我 着 两 万 块 钱

$we^{44}$ $zəŋ^{35}$ $ɯ^{53}$ $wε^{35}$ $kʰwε^{44}$ $taŋ^{35}$. 我花了两万块钱。
我 用 两 万 块 钱

### 3."遭受"义

to$^{22}$所带宾语的语义类别由人体、财物、时间扩大到具有伤害力的事物,表示宾语事物所引发的消极事件打中主语事物,致使主语事物遭受某种后果。该类宾语事物又可分为三类:一是风、霜、雨、雪、虫等可造成群体性灾害的自然物,二是巴掌、拳头、脚等可发出伤害性动作的身体部位,三是鬼、蛊、红眼病、圈套等对人有害的事物。这三类事物名词,在充当 to$^{22}$ 的宾语时,兼有动词特性:从静态角度看,它们指称事物,具有名词性;从动态角度看,它们可以引发殃及人、物的动作行为,具有动词性。由于 to$^{22}$ 后的宾语事物引发了损害性动作,并使主语事物遭受其害,所以 to$^{22}$ 为"遭受"义。虽然它仍是实义动词,但动作性减弱。此类句子译为汉语时,名词的动态性往往体现不出来。例如:

lei$^{53}$ pə$^{44}$ to$^{22}$ nəŋ$^{22}$ za$^{44}$. 谷子遭雨(淋)了。
　谷子　遭　雨　了

pa$^{53}$ȵi$^{35}$ to$^{22}$ me$^{22}$ȵu$^{44}$ za$^{44}$. 把义感染了红眼病。
　把义　遭　红眼病　了

### (二)"to$^{22}$+动"

由于另一动词的出现,to$^{22}$ 由核心动词变为次要动词。同时在语义上,也处于次要地位,其意义要借助后面的动词来体现。此时的 to$^{22}$ 虽然仍含"遭受"义,但意义不及在"to$^{22}$+名"中实在,已变为表示被动意义的助动词。例如:

te$^{53}$ ku$^{44}$ to$^{22}$ ma$^{31}$ za$^{44}$. 弟弟被扇耳光了。
　弟弟　遭　扇耳光　了

le$^{35}$ to$^{22}$ nəŋ$^{31}$ tɕu$^{44}$ za$^{44}$. 饭被吃完了。
　饭　遭　吃　完　了

### (三)"to$^{22}$+名+动"

在 to$^{22}$ 和动词之间插入表示施事的名词。因为一个被动事件的完整表达一般需要三个基本要素:动作、受事和施事。"to$^{22}$+动"结构的被动句,仅指明动作和受事,没有指明施事,语义的表达不够清晰完整。而语言发展的一般规律是:表义逐步趋向准确,语法逐步趋向完善。因此,"to$^{22}$+名+动"的产生是符合语言发展的客观规律的。在这个结构中,to$^{22}$ 用作介词,词汇意义基本消失,主要体现结构意义,起到介引施动者表示被动关系的作用。例如:

qo$^{53}$ du$^{35}$ to$^{22}$ ci$^{35}$ pʐɛ$^{53}$ qo$^{22}$ za$^{44}$. 树被风吹倒了。
　树　被　风　吹　倒　了

以上三种结构,体现出 to$^{22}$ 的意义虚化与句法功能弱化是同步的。在"to$^{22}$+名"结构中,它是句中的核心动词,动作性较强,表达实在意义。在"to$^{22}$+动"结构中,它的句法功能下降,动作性减弱,变为助动词。在"to$^{22}$+名+动"被动句中,它的动作性消失,成为表示施受关系的介词,演化为被动标记。

当然,to$^{22}$ 之所以能语法化,还与它的本义有关。to$^{22}$ 的本义是"(打)中",及物性低,主语对动作的支配性不强。而且"(打)中"义所涉及的两个物体之一,是动作的被动承受者。这两个特点使它具有成为被动标记的语义基础。随着 to$^{22}$ 语义的不断泛化,动作义逐渐消失,凸显了被动义。

## 四、to$^{22}$"着"的来源

关于湘西苗语 to$^{22}$"着"的来源,主要有两种对立的意见:一种认为是固有词,另一种认为是汉语借词。[3](p63) 以下就 to$^{22}$"着"的来源问题进行分析。

### (一) to$^{22}$"着"是苗语的同源词

to$^{22}$"着"的本义是"(打)中"。此义在苗语三个方言都读第 6 调,声、韵也相近。王辅世把它的语音形式构拟为笛母凿韵去声 *ɣ$^c$:

| (打)中 | 养蒿 | 腊乙坪 | 大南山 | 石门坎 | 摆托 | 甲定 | 绞坨 | 野鸡坡 | 枫香① | 古音构拟 |
|---|---|---|---|---|---|---|---|---|---|---|
| | to$^6$ | to$^6$ | tou$^6$ | ɣau$^6$ | tu$^6$ | ta$^6$ | to$^6$ | — | — | *ɣ$^c$ |

"(打)中"在湘西方言和川黔滇方言仍用作动词,并兼作被动标记。在黔东方言已引申为"正确"义,"(打)中"义只作为语素残存在复合词中,如 to$^6$ xhi$^1$(心)"中意"。② 因此湘西苗语的 to$^{22}$ 与其他方言存在同源关系。

### (二) 湘西苗语的 to$^{22}$ 和湘西官话的 tsʰo$^{35}$"着"

1. 关于 tsʰo$^{35}$ 的相应汉字

湘西官话③的被动标记只有一个,即 tsʰo$^{35}$。但存在年龄变体,老年人读 tsʰo$^{35}$,年轻人读 ts$^{22}$。tsʰo$^{35}$ 对应于哪一个汉字?刘自齐记作"遭"。[4] 本人认为是"着(著)"。"着(著)"属澄母宕摄入声。澄母入声字在湘西官话多读 tsʰ,如"辙、秩、泽、择、逐、轴"等。宕摄入声字湘西官话读[o]韵母。入声在湘西官话多归入阳平(22),但也有少量浊母入声字归去声(35),如"凿、屑、秩、术、述、霍、藿、剧、射、欲"等。"着(著)"读 tsʰo$^{35}$ 符合湘西官话的声韵调演化规律。而"遭"属精母豪韵平声,平声在湘西官话分阴阳二读,清声母演变为阴平(55)。但是"遭"实际读音却是阳平(22),可见把 tsʰo$^{35}$ 作"遭"不符合中古汉语在湘西官话的演变规律。

2. 湘西苗语的 to$^{22}$ 和湘西官话的"着(著)"

湘西苗语的 to$^{22}$ 和湘西官话的"着(著)"存在以下共性:语法上,均可用作动词、助词和被动标记。语义上,均含"(打)中"义、"遭受"义和"被动"义。

(1) 用作动词,带名词宾语,表示"(打)中"义或"遭受"义。例如:

| | 湘西苗语 | 湘西官话 | 普通话 |
|---|---|---|---|
| "(打)中"义: | məŋ$^{31}$ to$^{22}$ qo$^{53}$ lo$^{53}$ za$^{44}$? 你 着 脚 了 | 你着脚杆了? | 你伤着脚了? |
| "遭受"义: | mi$^{31}$ χwa$^{53}$ to$^{22}$ nəŋ$^{31}$ za$^{44}$. 棉花 着 雨 了 | 棉花着雨了。 | 棉花遭雨了。 |

---

① 各点的记音,养蒿参见石德富的《汉借词与苗语固有词的语义变化》(《民族语文》,2003 年第 5 期,第 47 页),其余点均参见王辅世的《苗语古音构拟》(第 47 页)。

② 参见石德富的《汉借词与苗语固有词的语义变化》(《民族语文》,2003 年第 5 期,第 47 页)。

③ 湘西州境内西南官话分布最广,其次是湘方言、瓦乡话。本文只涉及西南官话,故简称湘西官话。

(2)用作助动词,修饰核心动词,表示"遭受"义和"被动"义。例如:

| 湘西苗语 | 湘西官话 | 普通话 |
|---|---|---|
| te⁵³ ku⁴⁴ to²² da³⁵ ʑa⁴⁴. | 弟弟着骂了。 | 弟弟被骂了。 |
| 弟弟 着 骂 了 | | |

(3)用作介词,引介施事宾语,表示被动关系。例如:

| 湘西苗语 | 湘西官话 | 普通话 |
|---|---|---|
| taŋ³⁵ to²² pa⁵³ wu⁵³ tsʰən³⁵ tɕu⁴⁴ ʑa⁴⁴. | 钱着把五用完了。 | 钱被把五花完了。 |
| 钱 着 把五 用 完了 | | |

(三)古苗语 *ɣᶜ 和古汉语"着(著)"之间的关系

湘西苗语被动标记 to²² "着"的源义是"打(中)",其古音构拟为笛母 ɣ,与 to²² "着"音近的 tə²² "箸",其古音也构拟为笛母 ɣ。而古苗语的笛母 ɣ 又和汉语的澄母 d 有对应关系,例如:

| | 普通话 | 汉语中古音 | 汉语上古音① | 古苗语② | 湘西苗语 |
|---|---|---|---|---|---|
| 着(著) | tʂau³⁵ | 入药澄 | *dÁk | *ɣᶜ | to²² |
| 箸 | tʂu³⁵ | 去御澄 | *da | *ɣeuᶜ | tə²² |

这种相似现象属偶合的可能性不大,可能性最大的应该是借用关系,即汉语的澄母字借入苗语后读为笛母字。

而且苗语 *ɣᶜ 和古汉语"着(著)"意义相同。苗语 *ɣᶜ 的源义是"(打)中"。而上古汉语的"着(著)"也有"(射)中"义。③[5] 在《左传·宣公四年》就有此意义,如:"伯棼射王,汏輈,及鼓跗,著于丁宁。"直到中古汉语,"着(著)"仍表示"(射)中"义。如《新唐书·韦挺传》:"矢著左足,隐不言。"

因"(打)中"和"(射)中"隐含语义有五个因素:(1)施动者;(2)受动者;(3)工具;(4)受动者与工具接触;(5)后果。其整体意义是施动者借助工具触及受动者使其遭受某种后果。如果以受动者为视角强调后果,必然引申出"遭受"义。在唐宋文献中,有此意义。如:

林花着雨燕支湿,水荇牵风翠带长。(杜甫《曲江对雨》)

已是黄昏独自愁,更着风和雨。(陆游《卜算子·咏梅》)

"遭受"义进一步虚化,便表示被动意义。"着(著)"的被动用法大约也始于唐代[6](p40),请看唐宋文献中用"着(著)"表示被动意义的例句:

一朝着病缠,三年卧床席。(寒山《诗三百三首》)

两鬓青青,尽着吴霜偷换。(袁去华《雨中花》)

"着(著)"字被动句一直延续到元明清。在现代汉语中,"着(著)"被其他被动标记取代,没有在共同语中沿用下来,只在方言中继续使用。

湘西苗语和川黔滇苗语的 *ɣᶜ 也是由"(打)中"义引申到"遭受"义[7],再语法化为被动标记。黔东苗语则由"(打)中"义引申为"正确"义[8],被动标记改用他词[9]。这主要是由于词义引申的方向不同。

---

① 汉语中古音和上古音参见郭锡良的《汉字古音手册》(第96页,第152页)。古苗语拟音参见王辅世的《苗语古音构拟》(第25页,第47页,第53页)。

② 古苗语拟音参见王辅世的《苗语古音构拟》。

③ "着(著)"的"(射)中"义是陈其光教授帮助查阅到的,谨表谢忱。

（四）"着（著）"字被动句的分布

用"着（著）"表示被动意义，不仅出现在湘西苗语和湘西汉语方言中，还分布在"西南官话区，即四川、云南、贵州、湖北（东南角除外）等省，广西西北部，湖南西北角，河南南缘。其他散见于冀北官话、晋语、徽语、湘语、粤语以及一些西南少数民族语言地区"[10](p62)。如"傣语德宏话、京语、布依语、纳西语、瑶语"[10](p63)。桥本万太郎在考察汉语被动式的区域发展时也注意到"汉语南方方言和一些台语、苗瑶语、少数南亚语之间的被动句法共性"[11](p47)。他认为"有些非汉语里被动标志也可能是从汉语借来的；相反，有些汉语方言里的标志也可能是底层语言留给那个汉语方言的"[11](p46)。以上分析提供这样一条思路：苗语三个方言表示"（打）中"义的词共同来源于古苗语的 *ɣᶜ，而古苗语的 *ɣᶜ 与古汉语"着（著）" *Ák 音近义同。并且"着（著）"字被动句，不仅存在于湘西苗语以及与湘西苗语有接触关系的湘西汉语方言中，还广泛存在于与苗语没有接触关系的汉语方言和少数民族语言中。由此笔者认为湘西苗语的被动标记是由于语言接触借自汉语的。其借用的途径是：苗语三个方言未分化之前，从上古汉语借表示"（射）中"义的"着（著）"。后来苗语方言分化，"着（著）"在三个方言里经历了各自的发展。选择被"（打）中"物为语义引申方向的湘西方言和川黔滇方言，*ɣᶜ 语法化为被动标记。选择"（打）中"物的接触点为语义引申方向的黔东方言，ɣᶜ 没有成为被动标记。至于湘西苗语为什么也用 to$^{22}$ "着"作为被动标记，这主要是由于语言内部机制的类型学共性。笔者认为 to$^{22}$ 是借自上古汉语的动词"着（著）"，但其被动用法应该是在汉语被动句的影响下平行产生的。

## 五、湘西苗语被动句的类型学特征

苗、汉语的被动句存在诸多共性。在结构形式上，采用"受事主语＋被动标记＋施事宾语＋动词性成分"语序，用单音节词作被动标记。在语法意义上，都表示遭受类消极意义。苗、汉两种不同的语言选用相同的语法手段来表示相同的语法意义，是与其类型学共性有关。分析性、单音节性、SVO 语序以及话题优先是苗、汉语的共性，也是制约其被动句形式的根本因素。苗、汉语都是分析性语言，缺少形态变化，主要借助语序和虚词来表示语法意义。苗、汉语的 SVO 语序是无标记语序。与其相对应的语义结构是"施事＋动作＋受事"，话题结构是"话题＋述题"。如果话题是施事，则话题结构与语序结构是一致的，不需要添加标记。而苗、汉语都是话题优先型语言，本应处于 O 位置的受事可以前移到 S 位置充当话题[12]，这就导致了话题结构与语序结构的矛盾。[13]要解决这个矛盾，不同类型的语言选用不同的方式，以区分主语和宾语、施事和受事。至于添加什么成分作为被动标记，这与语言系统的自身特点有关。有的语言选用形态标记，如声调屈折、动词加缀。有的选用虚词，如使用格助词、介词、助词。有的语言形态和虚词同时使用，藏缅语族语言中不乏这种情况。[14]苗语和汉语都是单音节词根语素，都缺少形态变化，也没有格标记，只能选用非作格类的虚词来充当被动标记。

湘西苗语被动句不及汉语发达。从被动标记的数量看，苗语的被动标记只有 to$^{22}$ 一个；而汉语的被动标记有"被、让、叫、给"多个。从表义的丰富程度看，苗语的被动句只表示消极意义；汉语的被动句除了表示消极意义外，还表示积极意义。从语法化程度来看，苗语被动标记语法化程度没有汉语高，还没有专门的被动标记，被动标记还兼有动词用法；汉语"被"已语法化为专门的被动标记。被动句的发达程度主要与语言分析性的强弱有关,苗语的分析性不及汉语强,这制约了它的被动句的发展。

**参考文献：**

[1]向日征.吉卫苗语语法[M].成都:四川民族出版社,1999.
[2]刘坚,曹广顺,吴福祥.论诱发汉语词汇语法化的若干因素[J].中国语文,1995(3).
[3]崔显军,张雁.汉语方言中表被动的"着"论略[J].湛江师范学院学报,2006(5).
[4]刘自齐.汉语方言志[M].香港:天马图书有限公司,2000.
[5]汉语大字典编辑委员会.汉语大字典[M].成都:四川辞书出版社,1988.
[6]郑宏.近代汉语"着(著)"字被动句及其在现代汉语方言中的分布[J].语文研究,2006(2).
[7]鲜松奎.新苗汉词典[M].成都:四川民族出版社,2000.
[8]石德富.汉借词与苗语固有词的语义变化[J].民族语文,2003(5).
[9]张永祥.苗汉词典[M].贵阳:贵州民族出版社,1990.
[10]崔显军,张雁.汉语方言中表被动的"着"论略[J].湛江师范学院学报,2006(5).
[11]桥本万太郎.汉语被动式的历史·区域发展[J].中国语文,1987(1).
[12]徐烈炯,刘丹青.话题和结构与功能[M].上海:上海教育出版社,1998.
[13]何洪峰.试论汉语标记产生的语法动因[J].语言研究,2004(4).
[14]戴庆厦,李洁.从藏缅语族语言反观汉语的被动句[G]//藏缅语族语言研究(四).北京:中央民族大学出版社,2006.

(原载《中央民族大学学报(哲学社会科学版)》2009年第1期第36卷)

# 湘西州汉语与土家语、苗语的相互影响

## 李启群*

[摘 要] 湘西州汉族、土家族、苗族人民长期接触,语言相互渗透,相互影响。本文运用描写比较的方法,分析当地汉语与土家语、苗语在语言结构和语言功能方面的变化及规律。

[关键词] 湘西州;语言;影响;演变

## 一、湘西州民族、语言概况

湘西土家族苗族自治州简称湘西州,位于湖南省西北部,东经 109°10′至 110°22.5′,北纬 27°44.5′至 29°38′之间,总面积 15486 平方公里。辖吉首、泸溪、凤凰、花垣、保靖、古丈、永顺、龙山等县市。州域东与张家界市毗连,南与怀化地区接壤,西与贵州省铜仁地区和重庆市黔江地区相邻,北与湖北恩施土家族苗族自治州交界。

湘西州州域,古有"蛮地"之称。秦为黔中郡,汉改为武陵郡,南朝梁置夜郎郡(今吉首、花垣县地)、卢州(今泸溪县地),之后州域隶属和建制屡有变更。唐宋时设有羁縻州府。元明时设有宣慰司、安抚司、长官司等。清改土归流后,置永顺府和永绥、乾州、凤凰直隶厅。民国时,州域分属第八、九行政督察区。1952 年成立湘西苗族自治区,首府为乾城县所里(今吉首市)。1955 年改为湘西苗族自治州。1957 年 9 月,成立湘西土家族苗族自治州,州域和治所不变(当时还包括大庸、桑植两县,1988 年该两县析出)。

湘西州是以土家族、苗族为主体的少数民族自治州。据 2000 年州统计局统计,全州有 30 个民族,总人口 260.82 万人,其中土家族 101.22 万人,占全州总人口的 38.9％,苗族 85.27 万人,占全州总人口的 32.6％,汉族 73.1 万人,占全州总人口的 28％,回、瑶、侗、白、满、壮等民族 1.28 万人,占总人口的 5％。

土家族有自己的语言,没有文字。现使用本民族语言作为交际工具的土家人约 16 万人。历史上曾有人用汉字记录过土家语。如乾隆九年(1744 年)《永顺县志·卷四·风土志》记录了土家族词语 145 个:天曰墨,地曰理,人曰那,日曰晓,月曰舒舒,云曰麦浪翁,雾曰所帕,风曰热暑,大雨曰墨者,细雨曰墨者喧,下雪曰舒舒者,大山曰卡科,小山曰卡柯鼻,水曰辙,河曰爱,路曰喇,池曰熊节,田曰夕烈格,火曰米,烧火原文误作"水"曰米那……土家语属汉藏语系藏缅语族。本州土家语主要分布在永顺、龙山、保靖、古丈等地,分南北两个方言区,南部方言分布在泸溪县潭溪乡,使用人口仅 2000 余人,其余的地区全部使用北部方言。

苗族也有自己的语言。苗语属汉藏语系苗瑶语族苗语支,湘西苗语属湘西方言,分

---

\* 作者简介:李启群,女,湖南吉首大学中文系副教授。
本文受湖南省教委省属高等学校科研助项目(项目号:96169)资助。

为东西部两个土语,主要分布在花垣、凤凰、吉首、泸溪、古丈、保靖等县市。苗族以苗语为交际工具,不少苗族兼通汉语。过去苗族没有文字,1956年创制了三套苗文,目前也只是试行使用。历史上人们也是用汉字记录苗语,如光绪三十三年(1907年)《古丈坪厅志·卷九·方言相异编》中记录了15类204个词语:天(各达)、日(奈)、月(喇)、风(箕)、雨(侬)、雪(拍)、天晴(鲁内)、天阴(乍内)、天晚(茫内)、夜(晦际)、地(罗)、山(补)、上山(留补)、路(能勾)、塘(各印)、田(蜡屋补)、耕田(铄喇)、踩田(铄落)、瓦屋(背瓦)、茅屋(补楚)……

湘西境内的汉族杂居于各县市,其中以龙山、泸溪两县为最多。汉族居民使用汉语,主要为西南官话。西南官话也是各民族间的通用语。除此之外,还有泸溪话为湘语,古丈、泸溪与沅陵交界处有瓦乡话,也是一种汉语方言。

在漫长的历史长河中,湘西州各民族相互交往,语言互相接触,相互影响。促进了各民族语言的发展,也形成了湘西州较为独特的语言特征。本文试从语言比较入手,探讨湘西州汉语与土家语、苗语之间的相互影响问题。

本文的汉语方言、土家语及丹青苗语语料主要为笔者调查所得。土家语发音合作人是王焕龙(男,70岁)、王先述(男,37岁),丹青苗语发音合作人是胡昌礼(男,54岁)、张忠玉(女,53岁)。土家语意译词语料引自叶德书《土家语研究》,原文中调值及送气符号均按本文标记方式转写。吉卫苗语语料根据向日征《汉苗词典》标音。

苗语、土家语[an ian uan]实际音值为[ɛ̃ iɛ̃ uɛ̃]。除特殊需要外,一般不用鼻化韵。

## 二、汉语方言对土家语、苗语的影响

语言的影响始于民族的接触。湘西州土家、苗、汉人民自然接触的历史可追溯至久远的年代。大批汉人进入湘西之前,土家、苗族主要从事农业,商品经济不发达。光绪《古丈坪厅志·卷十》:"土籍重耕农,男女合作,喜渔猎。……稼穑而外,不事商贾。"自秦汉起,汉人陆续进入湘西。明清时期,尤其是清代"改土归流"之后,清政府取消了"蛮不出境,汉不出洞"的禁令,汉人大量移居湘西。汉人的大量进入改变了湘西地区的人口分布结构,形成了民族聚居的局面。如同治《永顺县志·风俗志》:"隶楚极边,土人、汉人、苗民杂处。土人十分之四,汉人三分,苗人亦仅三分。"土家、苗、汉人民同处一个地区,生产生活相习,汉族对土家、苗族影响很大,土家、苗族在接受汉族先进的生产技术、经济文化的同时,也受到了汉语的影响。汉语对土家、苗语的影响主要表现在语言结构和语言使用功能两个方面。

(一)汉语方言对土家语、苗语结构的影响

1. 词汇影响

语言的影响最先涉及的是语言的词汇系统。词语的借用是最直接、最根本的反映,也是最为显著的方面。随着汉人先进生产技术的传入,当地经济文化的发展,新事物、新概念不断涌入,土家语、苗语必然要吸收自己语言所没有的词语。早期的汉语借词主要是有关生活生产、文化贸易的。如:

|  | 土家语(苗市) | 土家语(潭溪) | 苗语(吉卫) | 苗语(丹青) |
|---|---|---|---|---|
| 马 | ma˧ | mo˨ | ta˧ me˨ | me˨ |
| 豺狗子 狼 | ts'ai˨ kəu˨ tsɿ˧ | dzai˨ ku˧ ts'ɿ˧ | 狼 laŋ˨ | 豺狗 dze˨ kue˨ |
| 萝卜 | la˧ pe˨ | la˨ be˨ | l'a˧ pɤ˨ | la˨ pu˨ |
| 红薯 白薯 | sau˨ | hoŋ˨ su˨ | hu˨ | hoŋ˨ su˨ |
| 棉花 | mie˨ xua˨ | me˨ hua˨ | mi˨ hua˧ | mi˨ hua˧ |

|  | 土家语(苗市) | 土家语(潭溪) | 苗语(吉卫) | 苗语(丹青) |
|---|---|---|---|---|
| 豆腐 | tie˧ fə˨ | ta˨ | ta˧ ho˨ | ta˧ fu˨ |
| 耙 动词 | p'a˧ | pa˨ | p'a˨ | p'a˨/ba˨ |
| 箩筐 | lo˨ k'uaŋ˨ | lo˧ k'uaŋ˨ | lu˨ fai˨ | lu˨ k'uaŋ˨ |
| 蜡烛 | la˧ tsu˧ | la˨ tsu˨ | la˧ tu˨ | la˨ tsu˨ |
| 照镜 镜子 | tsau˧ tɕiŋ˧ | tsau˨ tɕiŋ˧ | tɕo˧ kien˧ | tɕo˨ tɕiŋ˧ |
| 袜子 | ua˧ tsɿ˧ |  | wa˨ tsɿ˨ | su˨ ua˨ |
| 尺 | ts'ɿ˨ | ts'ɿ˨ | tɕ'i˨ | ts'ɿ˨ |
| 寸 | ts'un˧ | ts'en˨ | ts'en˧ | ts'un˧ |
| 千 | tɕ'ian˧ |  | tɕ'an˧ | tɕ'ia˧ |
| 万 | uan˧ | uan˧ | wan˧ | uan˧ |
| 卖 |  |  | me˨ | me˧ |
| 赶场 赶集 | kaŋ˨ ts'aŋ˨ | kaŋ˨ dzaŋ˨ | kie˨ ntɕ'aŋ˨ | ko˨ ts'aŋ˨ |
| 窗户 | 亮眼 liaŋ˧ kaŋ˨ | ts'uaŋ˨ fu˨ |  |  |
| 算 | suan˧ | so˧ | san˧ | suan˧ |
| 读 | t'u˧ | t'u˨ | tɯ˨ |  |
| 墨 | mie˧ | mie˨ | me˨ | me˨ |
| 铅笔 | zan˨ pi˧ | yan˨ pi˨ | zan˨ pi˨ | yan˨ pi˨ |
| 学堂 学校 | ɕiau˨ t'an˨ | ɕiau˨ dan˧ | ɕo˧ ntan˨ | ɕo˨ daŋ˨ |
| 官 |  |  | qo˧ kue˧ | kue˧ |
| 兵 | piŋ˧ |  | kiŋ˧ | piŋ˧ |
| 国 | kue˨ | kuei˧ | kue˨ | kuei˨ |

　　以上列举的早期借词涉及动植物、生产生活、度量衡、贸易、文化教育、政治等方面。从中足以看出借词已影响到土家、苗族生活的各个领域。

　　近现代的借词主要表现在政治、经济、文化、教育、现代科技等方面。例如：

|  | 土家语（苗市） | 苗语（丹青） |
|---|---|---|
| 社会主义 | seɪ˥ xueiɤ tsuɤ ȵiɤ | seiɤ xueiɤ tsuɤ ȵiɤ |
| 革命 | keɤ minɤ | keiɤ minɤ |
| 法律 | xuaɤ liɤ | faɤ lueiɤ |
| 党员 | tanɤ ianɤ | tɑŋɤ yanɤ |
| 学习 | ɕioɤ ɕiɤ | ɕioɤ ɕiɤ |
| 经济 | tɕinɤ tɕiɤ | tɕiɤ tɕiɤ |
| 银行 | ȵinɤ xanɤ | ȵiɤ xɑŋɤ |
| 电影 | tianɤ inɤ | tianɤ iɤ |
| 中学 | tsoŋɤ ɕioɤ | tsoŋɤ ɕioɤ |
| 钢笔 | kanɤ piɤ | kɑŋɤ piɤ |
| 工业 | koŋɤ ȵiɤ | koŋɤ ȵiɤ |
| 汽车 | tɕ'iɤ ts'ɤ | tɕ'iɤ ts'ɤ |

|  | 土家语（苗市） | 苗语（丹青） |
|---|---|---|
| 电棒手电 | tianɤ panɤ | tianɤ pɑŋɤ |
| 肥皂 | xueiɤ tsauɤ | feiɤ tsɔɤ |
| 冰箱 | pinɤ ɕiɑŋɤ | pinɤ ɕiɑŋɤ |
| 彩电 | ts'aiɤ tianɤ | ts'iɤ tianɤ |
| 第一 | tiɤ iɤ | tiɤ iɤ |
| 第九 | tiɤ tɕiuɤ | tiɤ tɕiɤ |
| 便宜 | 相因 ɕiaŋɤ inɤ | bianɤ ȵiɤ |
| 容易 | ioŋɤ iɤ/易得 iɤ tiɤ | ioŋɤ iɤ |

不同民族的语言借词的类别和数量也是不同的。这个往往跟自身词汇系统的特征有关。如土家语固有数词必须与量词合用才可表数，单独使用则没有意义，因此土家语借用了汉语的整个数词系统，包括基数词（一般是"七"以上借汉语）、序数词，而苗语只借序数词。此外新旧借词的界限也不是绝对的，随着社会生活的变革，人们对语言的使用又有了新的要求，这样晚期的借词就取代了早期借词，或两者并用，形成同义词组。如土家语中，"电灯 tianɤ tenɤ"代替了"电灯 □□ tianɤ tenɤ t'eɤ t'eɤ"（□□ t'eɤ t'eɤ 即"灯"），又如"学堂 ɕiuɤ t'anɤ"和"学校 ɕioɤ ɕiauɤ"并用，"洋火 ianɤ xoɤ"和"火柴 xoɤ ts'aiɤ"并用。

2. 语音影响

词语的借入或多或少都会引起语音系统的变化。湘西州的情况也不例外，由于汉语的影响，土家语、苗语音系中产生了新的语音成分。

（1）声母影响。土家语、苗语音系中没有唇齿清擦音声母[f]，通过借词，苗语及土家语的南部方言吸收了汉语的辅音[f]为声母。例如：

|  | 土家语（苗市） | 土家语（潭溪） | 苗语（吉卫） | 苗语（丹青） |
|---|---|---|---|---|
| 飞机 | xueiɤ tɕiɤ | feiɤ tɕiɤ | feiɤ kiɤ | feiɤ tɕiɤ |
| 模范 | moɤ xuanɤ | moɤ fanɤ | moɤ fanɤ | moɤ fanɤ |
| 拥护 | ioŋɤ xuɤ | iuɤ fuɤ | zoŋɤ huɤ | ioŋɤ fuɤ |
| 法院 | xuaɤ ianɤ | faɤ yanɤ | faɤ zanɤ | faɤ yanɤ |

以上四个点中,土家语北部龙山苗市方言是用自己音系固有的[x]替代[f],苗语吉卫话的[f]音值不稳定,也有念[h]的,另外两个点都有[f],正好与当地汉语方言[f]声母的分布相吻合。湘西的汉语方言中,龙山、永顺等地没有[f]声母,只有[x]声母,潭溪土家语、吉卫苗语、丹青苗语所在的泸溪、花垣、吉首、保靖、凤凰、古丈等地则兼有[f x]声母。

(2)韵母影响。土家语和苗语都没有撮口呼,通过汉语借词的吸收,土家族南部方言和苗语的东部土语增加了撮口呼韵母[y ye yan yn]。例如:

|  | 土家语(苗市) | 土家语(潭溪) | 苗语(吉卫) | 苗语(丹青) |
|---|---|---|---|---|
| 洋芋 马铃薯 | ian˩ i˧ | ian˩ y˧ | zaŋ˩ zi˧ | iaŋ˩ y˧ |
| 预防 | i˧ xuan˩ | y˧ fan˩ | i˧ faŋ˩ | y˧ faŋ˩ |
| 缺点 | tɕ'ie˧ tian˩ | tɕ'ye˧ tian˩ | tɕ'eʔ tɕan˧ | tɕ'ye˧ tian˩ |
| 裙 裙子 | tɕ'in˩ | dzyn˩ bo˧ |  |  |
| 运动 | in˧ toŋ˩ | yn˧ toŋ˩ | ien˧ toŋ˩ | yn˧ toŋ˩ |
| 宣传 | ɕian˧ ts'uan˩ | ɕyan˧ dzyan˩ | ɕian˧ ȵtɕan˩ | ɕyan˧ dzuan˩ |
| 捐款 | tɕian˧ k'uan˩ | tɕyan˧ k'uan˩ | tɕian˧ k'uan˩ | tɕyan˧ k'uan˩ |

(3)声调影响。借词引起的声调变化与声韵母相比是最小的,各语言(方言)都选择自己音系中与当地汉语方言最为接近的调型来读借词,从以上所举例词可见一斑。只有土家语早期借词与现代借词的调值有一些变化,这主要是汉语古入声字在土家语早期借词的调值是[˧]35调,现代借词为[˩]21调。如:

|  | 药 | 学 | 石 | 策 | 蜡 |
|---|---|---|---|---|---|
| 早期借词 | iau˧~铺 | ɕiau˧~堂 | sɿ˧~灰 |  | la˧~烛 |
| 现代借词 | io˩~店 | ɕio˩~校 | sɿ˩~门(地名) | ts'e˩政~ | la˩~笔 |

这说明随着借词的吸收,民族语自身也在调整,另一方面也反映了当地汉语方言的一些变化。从当地汉语方言看,古入声字在湘西的西南官话中多数地区(尤其是城镇)归阳平,调值为[˩]21调,少数地区归去声,调值为[˧]35调,归去声的地区有的存在文白异读。如永顺县龙家寨,白读去声,文读阳平。例如:"脚 tɕio˧白.~盆/tɕio˩文:踢一~球|角 ko˧白.门~~/ko˩ 或 tɕio˩文:英语~|学 ɕio˧白.~生伢儿/ɕio˩文.大~。"龙家寨话中的文白异读情况与土家语新老借词中古入声字调值的变化是完全一致的。可以这样说,土家语借词声调的调整是依循着当地汉语方言的语音变化而作的调整。

3.语法影响

借词对苗语、土家语的构词规则和句法规则都有影响。

(1)构词规则的影响。主要是产生了一些特别的词的格式,在借词的前后加上了本民族语言的类别指示标志。如:

|        | 土家语(苗市)                          | 苗语(吉卫)              |
|--------|--------------------------------------|------------------------|
| 白菜   | pe˧ tsʰai˧ zaˀ tsʰ˧<br>白 菜 蔬菜   | ʑei˥ peʴ tsʰaʴ<br>菜 白 菜 |
| 电灯   | tian˧ ten˧ tʰeˀ tʰeʴ<br>电 灯 灯   | tɕianʴ tenʴ<br>电 灯    |
| 荷花   | xoʴ xuaʴ<br>荷 花                    | peiʴ hoʴ hwaʴ<br>花 荷 花 |
| 公路   | koŋ˧ lu˧ zaʴ<br>公 路 路             | maʴ luʴ<br>马 路        |
| 拖拉机 | tʰoˀ laʴ tɕiʴ kʰaʴ tʰeˀ<br>拖 拉 机 机器 | tʰoˀ laʴ tɕiʴ<br>拖 拉 机 |

这种形式产生在半借类型的借词中,它是民族语言与汉语构词规则矛盾的反映,在现代借词中,这种现象逐渐减少。

此外,构词的语序也受到汉语的影响,如苗语的名词修饰名词时,修饰成分放在中心语后面,而在永顺、龙山等地一些苗语借词中,有的修饰成分已经前置,如"韭菜"一词都说成"tɕiuɪ(韭)ʑei˥(菜)",与汉语同。月序的表示法,苗语固有的表示法是在"月lʴaʴ"的后面加数词,如吉卫:"月一lʴaʴ iʴ正月|月二lʴaʴ ɯ二月"。在泸溪洞头寨苗语中则可说成"月一lʴaʴ iʴ|月二lʴaʴ ʏu",也可说成"一月 iʴ lʴaʴ|二月二ʴ lʴaʴ"。"月"和数词的位置较为自由。而丹青苗语中则完全借用汉语,说成"一月 li yeʴ|二月二ʴʴ yeʴ"。

(2)句法规则的影响。较为突出的影响有以下几个方面。

土家语判断句的产生:土家语原来没有判断词"是",因此也没有判断句。判断词"是"的借入,不仅增加了一个判断词,而且产生了判断句。早期的土家判断句与土家语固有的"主语+宾语+谓语"的语序一致,"是səu˧"置于宾语后,但后来进一步受汉语影响,将"是"移到主语后,形成了"主语+谓语+宾语"的语序。请看下面的例句,其中①②是固有的名词谓语句,③~⑤是借入的判断句。

① ŋa˧ ɕiaŋ˧ ɕiʴ ȵieʴ loʴ
   我 湘 西 的 人 我是湘西人。

② ko˧ piʴ tsʴ kʰaʴ
   他 毕 兹 卡 他是土家族。

③ ŋa˧ ɕiaŋ˧ ɕiʴ ȵieʴ loʴ səu˧      ŋa˧ sʴ ɕiaŋ˧ ɕiʴ loʴ
   我 湘 西 的 人 是我是湘西人。     我 是 湘 西 人。

④ ko˧ piʴ tsʴ kʰaʴ səu˧            ko˧ sʴ piʴ tsʴ kʰaʴ
   他 毕 兹 卡 是他是土家族。        他 是 毕 兹 卡。

⑤ ŋa˧ pʰaʴ kʰaʴ puʴ səu˧           ŋa˧ puʴ sʴ pʰaʴ kʰaʴ
   我 汉族 不 是我不是汉族。          我 不 是 汉族。

值得注意的是判断句产生的同时,也借入否定副词"不",否定副词"不"的语序与汉语同,而异于土家语。

土家语比较句的变化:土家语原有的比较句的格式是"乙+甲+A",没有介词,语句的重点在句子的后半部。借入介词"比"后,语序随之发生了变化,变为"甲+比+乙+A"的格式,与汉语完全相同,语意重点在主语甲。请比较以下例句,其中⑥~⑧是原有的比较句,⑨~⑪是借入的比较句。

⑥ ȵiˉ ȵieˇ ŋaˉ ȵieˇ tsʻɿˉ pʻuˉ ʮieˇ
　你的　我的　书　多　还我的书比你的多。

⑦ koˉ ȵieˇ ȵiˉ ȵieˇ ɕiˊ ɣaˇ a ʮieˇ
　他的　你的　衣服　白　还你的衣服比他的白。

⑧ kaiˉ laˉ puˉ aiˉ laˉ puˉ tseˉ sɿˉ ȵieˇ
　这　一　个　那　一　个　辣　还那个比这个辣。

⑨ ŋaˉ ȵieˇ tsʻɿˉ pʻuˇ ȵiˉ ȵieˇ ȵieˇ
　我的　书　比　你的　多　还我的书比你的书多。

⑩ ȵiˉ ȵieˇ ɕiˊ ɣaˇ piˇ koˉ ȵieˇ a ʮieˇ
　你的　衣服　比　他的　白　还你的衣服比他的白。

⑪ aiˉ laˉ puˉ piˇ kaiˉ laˉ puˉ tseˉ ʮieˇ
　那　一　个　比　这　一　个　辣　还那个比这个辣。

苗语比较句的变化：苗语固有比较句格式为"甲+A+乙(+数量词语)"，借入了汉语介词"比"形成了与北京话完全相同的比较句："甲+比+乙+A(+数量词语)"。例如丹青苗语的例句。⑫~⑭是原有的比较句，⑮⑯是借入的比较句。

⑫ vuˉ lʻoˊ weˇ poˇ tsɯˉ
　他　大　我　三　岁他比我大三岁。

⑬ vuˉ ȵaŋˉ weˇ
　他　年轻　我他比我年轻。

⑭ vuˉ zoˇ weˇ tioˉ leˇ
　他　少　我　六　个。

⑮ vuˉ piˇ weˇ lʻoˊ poˇ tsɯˉ
　他　比　我　大　三　岁。

⑯ vuˉ piˇ weˇ heiˇ ɣaˉ tsʻuenˉ
　他　比　我　高　一　寸。

很有意思的是，丹青话中原有的"甲+A+乙"句型可用于表示甲的数量多或者少，如例⑫⑬⑭，而新句型"甲+比+乙+A"则只用于表甲数量多，下列句子丹青话极少用。

⑰ vuˉ piˇ weˇ ȵaŋˉ poˇ tsɯˉ
　他　比　我　年轻　三　岁。

⑱ vuˉ piˇ weˇ zoˇ tioˉ leˇ
　他　比　我　少　六　个。

### (二) 汉语方言对土家语、苗语语言使用功能的影响

语言的接触，不仅对语言结构产生影响，而且也影响到语言使用功能。语言使用功能变化的结果是产生语言的兼用和语言转用，从湘西州的情况看，语言兼用和转用都有，不同民族的具体情况不同。

湘西的土家族有一百余万，约占全国土家族人口总数的六分之一。目前已有半数以上的土家族转用汉语，仅龙山、永顺、保靖、古丈等县的偏僻山区的土家族仍在使用土家语，而且，这部分人中的大多数是汉语、土家语兼用者。这说明土家语的使用功能已发生了变化。这种变化是与土家族同汉族接触的历史紧密地联系在一起的。土家族与汉族接触时间早，受汉语汉文化的影响大，语言兼用情况也出现得早，如乾隆《永顺县志》记载："土人语言，呢喃难辨，近开辟渐久，能道官音者十有五六。"光绪《古丈坪厅志》也有这方面的记载："厅治古丈坪为土族者是不一姓，皆司官音客话也。"（客话即汉话）从史书记载的情况看，在清代土家族当中有相当多的人说土家语、汉语双语。20世纪50年代以后，随着当地经济、文化教育的发展，人们生活方式的改变，交通状况的改善，土家族兼用

与转用汉语的趋势发展更加迅速。如古丈县的断龙乡,全乡98%的人口是土家族,1949年全乡通用语是土家语,乡政府必须专门配备会说土家语的干部,不然无法开展工作。1997年笔者调查时,乡干部中仅一人会说简单的土家话。全乡的通用语为汉语,大部分土家族已转用汉语。土家语保存得最好的大龙热村,也属土家语、汉语双语类型,他们中的许多人既能熟练地使用本民族语言,又会说汉语。

苗语使用功能的变化同土家语比较,发生时间相对晚,类型上也有差异。据史书记载,在清代苗族兼用汉语的只有极少数人,如光绪《古丈坪厅志》记载:"苗弁皆能官音客话,苗民则多用苗话,非其人莫辨"。清嘉庆二十五年(1820年)严如熤《苗防备览·卷九·风俗下》载道:"犵狫<sub>笔者按,即苗人</sub>往来浦市泸溪,经商贸易者,能言客话,与外人无异;居村寨未曾至城市者,则专为土语,又其自相问答俱不作客语"。到了20世纪40年代,语言影响和兼用有所发展,如石启贵《湘西苗族实地调查报告》所载:"查乾、古等县所属之乡,有部分之苗族,称谓之仡佬人。男妇装束,较为进化。每接谈间,半说汉语,半讲苗话。有近苗语者,苗人知之;有近汉语者,汉人知之"。1949年以后,大部分苗族仍说苗语,在苗族聚居区的一些小学,中低年级多采用苗汉双语教学,教学语言多为西南官话。不过随着和谐的民族关系的建立,苗族地区文化教育、经济的发展,苗族中说双语者逐渐增加,尤其是青壮年。靠近城镇的苗族,已出现转用汉语的趋势。如花垣县集垌坪镇的一些苗族村寨,五六十岁的老人能使用苗汉两种语言,三四十岁的人正向汉语过渡,能听懂苗语,会说少量苗语,而青少年则已转用汉语,类似情况在吉首、凤凰、保靖、古丈等地都有。至于处于湘西北部土家、汉族杂居的苗族大部分早已转用汉语,如永顺、龙山等地的苗族。

## 三、土家语、苗语对汉语的影响

语言的影响是双向的,湘西州各语言间的影响也不例外。湘西州土家语、苗语对当地汉语的影响表现在以下几个方面。

(一)语音方面

土家族和苗族说的汉语语音带有明显的母语特征。如在龙山、永顺、保靖、古丈一些已转用汉语的土家族地区,汉语前鼻音韵母[an ian uan en in uen]往往说成元音鼻化韵母;没有后鼻音韵母[aŋ iaŋ uaŋ];没有撮口呼韵母,与土家语音系完全相同。例如永顺县首车汉语,"先香"念ɕiã˧,"玩王"念uã˩,"演痒"念iã˩,"鱼移"念i˩,"军金"念tɕĩ˧,"圆盐"念iã˩。又如苗语借词鼻音尾[-n]不稳定,韵母往往鼻化,"民族平等"多说成[mi˩ tsʻu˩ mpi˩ tei˩],"政治经济"说成[tɕi˧ tsʅ˧ tɕi˧ tɕi˧],"飞山庙"说成[fei˧ sa˧ miau˧]。

(二)词语方面

当地汉语直接从土家语、苗语中借的词不多。土家语与汉语接触早,语言融合相对多些,下列是当地汉语的土家语借词:

|  | 土家语 | 汉语 |
|---|---|---|
| 姑姑 | ma˨ ɣma˥ | ma˨ ma˥(永顺)/ma˨ ɣma˥(保靖) |
| 哑巴 | ka˨ pa˨ | ka˨ ·pa(永顺) |
| 蜻蜓 | dzi˨ nian˥ du˨(潭溪) | dziau˨ niə˥(吉首) |
| 牛虱 | mau˨ pi˨ | mau˨ pi˨(永顺) |
| 颗粒 | pu˥/pu˥ li˥ | bu˨ ·bə/ɣə˨(吉首) |
| 砍把树砍成两截 | liau˨ | liau˨(永顺) |
| 骂 | lo˨ | z̹˨ lo˨(永顺) |
| 瘦 | uai˥ | uai˥(永顺) |
| 木然 | mu˨ ta˨ mu˨ sa˨ | mu˨ ta˨ mu˨ sa˨(永顺) |

汉语中的苗语借词更少。如吉首话中道别语"慢走",也有人说成[laŋ˨ tɑŋ˥ xən˨](郎当行),多用于非正式场合,或知道对方是苗族时才说。"郎当laŋ˨ tɑŋ˥"苗语为"慢慢"的意思。如吉首丹青苗语道别语为[laŋ˨ tɑŋ˥ xuei˨],花垣吉卫苗语"慢慢做"说成[laŋ˨ tɑŋ˥ tʼu˥]。"郎当"在吉首汉语方言还可以重叠,说成"郎郎当当"或"郎当郎当","郎当"还与其他成分构成词,如"二五郎当<sub>漫不经心的样子</sub>"。从另一个角度考虑,我们是否可以这样推测,"郎当"一词最早是苗语从汉语中借去的,汉语有成语"吊儿郎当<sub>形容仪容不整,作风散漫,态度不严肃等</sub>",成语意与苗语"郎当"大致吻合。然后吉首话又从苗语借过来。但不管是哪一种情况,"郎当"一词反映了苗语词汇对当地汉语词汇的影响。此处还有凤凰俗语"鸡娘屙□[ko˨],越屙越缩"。□[ko˨],语义为"蛋",但当地汉语没有把"蛋"称作[ko˨]的,湘西苗语称"蛋"为[qo˥ nu˨],疑是汉人按汉语习惯取苗语"蛋"第一个音节[qo˥](实为冠词)借入俗语。

(三)意译借词

在土家、汉族杂居区的汉语里,有一批词语形式是汉语的,但意义与土家语一致或相仿。这种形式的词语可以认为是汉语按土家语词义借入的意译词,但更确切地说,它们是土家文化在词汇中的积淀,也是土家词汇底层的遗留。例如:

害组耳朵<sub>找婆家</sub>:
汉语(花垣)   paŋ˥ ni˨ ɣie˥ ɣiu˨ ·to ·ko˨ tʼa
             帮   你   耳朵     割  它把你耳朵割了(给你找个婆家)!

土家语   an˥ ma˨ ma˨ lai˥ eŋ˨ tɕʼei˥ so˥ liau˨
         我    姑姑     的    耳朵    割    了我姑姑有婆家了。

跨一脚再醮:
汉语(吉首)  tsau˥ tau˨ xo˨ ts̹˨ ti˥ dzya˥ yi˥ tɕio˨ li ieɁi˨ kʼo˥ ɣo˨
            找    到    合适的    跨   一  脚  也   可   以找到适合的人再嫁也行。

土家语   ni˥ pa˨ po˨ lo˨ ɣa˨ tɕi˨ tsa˨ nie˥
         你  看 (助)  一   脚   跨  再你看着再跨一脚(再嫁)。

鸡□□ kaɤ˦ ˙ka 肉香了要坐月子了:
汉语(永顺)　你屋鸡□□kaɤ˦ ˙ka 香了你家(有人)要坐月子了。
土家语　　　kei˦ tse˦ p'u˦ za˨ ŋ sʅ˦ kai˦
　　　　　　他们　媳妇　鸡　肉　将吃他家媳妇要吃鸡肉了(有身孕了)。

□ lo˦ 找个炔脚的 指老人找对象:
汉语(永顺)　paŋ˦ lau˦ kuŋ˦ ɡu˦ ro˦ ko˨ ŋəu˦ tɕio˨ ˙ti
　　　　　　帮　　老　公　公　□　个　炔　　脚　的 给老头儿找个炔脚的(对象)。
土家语　　　ɲi˦ tɕi˦ Lo'˦ Lam˦ lau˦ ti˦
　　　　　　你　脚　握　的　一个　应该要 你应该要找个握脚的(对象)。

得个酒葫芦儿 生个女儿:
汉语(永顺)　t'a˦ u˨ tie˦ ˙ko tɕiəu˦ xu˨ ˙lə
　　　　　　他　屋　得　个　酒　葫　芦 儿他家生了个女儿。
土家语　　　ke˦ tse˦ ze˦ t'i˦ k'u˦ lau˦ t'i˦
　　　　　　他　家　酒　缸　子　一个　得 他家得了个酒缸子(生个女儿)。

有的词借入汉语后，语义和色彩发生了变化。例如"p'a˦ pu ta˦ sən˦ 拔普大神"一词，"p'a˦ p'u˦ 拔普"土家语指"祖父"，"p'a˦ p'u˦ ta˦ sən˦"即土家族的祖先之神，有的写成"八部大神"，或称为"八部大王"。土家族地区到处都建有八部大王庙，供奉八部大王神像。借入汉语后，读音为"p'a˦ pu ta˦ sən˦"，语音稍有差异，意义则变了，一般用来形容人穿着臃肿或沉默寡言。例如："你看他那□□[p'au˨ p'u˦]的 肥大,臃肿状，像个拔普大神"，"他声不做气不出地坐倒 他一声不吭地坐着，像个拔普大神"。"拔普大神"一词在汉语方言里全然没有了神秘、敬重的宗教色彩。

### (四)语法方面

土家语、苗语对汉语语法影响主要表现在两个方面，一是形态，二是语序。本文仅讨论形态影响，语序拟另文讨论。

1. 语缀"阿"和"老"

在苗汉聚居区通行的汉语中，语缀"阿"和"老"特别活跃。

(1)阿a˨。语缀"阿"在吉首话有如下用法：

甲　用于称谓名词前，表敬称或喜爱。例如：

阿婆老儿 a˨ bo˨ lə˦ 婆婆,背称　　　　阿公老儿 a˨ kuŋ˦ lə˦ 公公,背称
阿婆 a˨ bo˨ 奶奶　　　　　　　　　　阿公 a˨ kuŋ˦ 爷爷
阿娘 a˨ ȵiaŋ˨ /la˨ ɾam˨ 妈妈　　　　　阿爹 a˨ tia˦
阿大 a˨ ta˦ 姑姑　　　　　　　　　　阿伯 a˨ pei˨
阿姨 a˨ i˨ 姨妈　　　　　　　　　　阿哥 a˨ ko˦
阿妹 a˨ mei˦　　　　　　　　　　　阿老 a˨ lau˦ 弟弟

"阿姨"读成 a˦ Li˨，指与母亲同辈分，年龄相当的女性，这是北京话词汇进入了方言。

乙　用于姓或名前，表亲切。如：阿龙 a˨ luŋ˦｜阿向 a˨ ɕiaŋ˦｜阿石 a˨ sʅ˦｜阿麻 a˨ ɾam˨｜阿梅 a˨ mei˨｜阿菊 a˨ tɕy˦｜阿维 a˨ uei˨｜阿芳 a˨ faŋ˦。

(2)老 lau˦。用于姓或名前，色彩不鲜明。如花垣话：老麻 lau˦ ɾam˨｜老向 lau˦ ɕiaŋ˦｜老发 lau˦ fa˦｜老友 lau˦ ɾuei˦｜老美 lau˦ mei˦｜老光 lau˦ kuaŋ˦。

"老"，加在姓或名前之后，还可再与亲属称谓组合。如：老文满 lau˦ uən˨ man˨ 满:叔叔｜老万 lau˦ uan˦ ta˦ 大:哥哥｜老满妹 lau˦ man˨ mei˦｜老珍姐 lau˦ tsən˦ tɕi˦。

用语缀"阿"和"老"在古汉语和现代汉语方言中都是常见的现象。在苗、汉聚居区这种现象相当普遍,但在土家、汉聚居区则极少。这应该是与苗语名词有着丰富的语缀的语言现象以及苗族称谓习惯有关。在《湖南通志·卷四十·地理志·苗俗附》(清光绪十一年重刊本)有这样的记载:"其命名男子多以老,如老二、老三、老四、老五、老铁、老乔、老伞、老叟、老晚、老宰之类。妇女多以阿,如阿史、阿匕、阿帕、阿妹、阿吉、阿金、阿息、阿布之类。"这进一步证明了当地汉语称谓前用"阿""老"的现象是受苗语的影响。不过汉语方言中"阿""老"对性别没有限制,使用范围更广。如"阿勇""老生"是称谓男子的,"阿花""老菊"是称谓女子的。

2. 动词、形容词的重叠形式

湘西州汉语方言动词、形容词都可重叠,其重叠形式和语法意义异于北京话,而与土家语相同。下面分别以龙山话和永顺话与土家语进行比较。

(1)龙山话。动词"V 嘞 V"式重叠,表示动作的反复进行或持续。例如:

| 龙山 | tʼa˧ tsʼo˩ zən˩ ka˩ ɣat˩ ti˧ kʼu˩ le˧ kʼu˩ |
| | 他 着 人 家 打 得 哭 嘞 哭 他被别人打得不停地哭。|
| 土家语 | ko˧ lo˧ ti˩ ko˩ xa˩ lie˩ tɕʼi˩ le˩ tɕʼi˩ |
| | 他 别人 打 哭 嘞 哭 |
| 龙山 | tɕin˧ ɕie˩ tɕi˩ tɕiau˩ le˧ tɕiau˩ |
| | 今 晚 歇 鸡 叫 嘞 叫今天晚上鸡不停地叫。|
| 土家语 | la˩ tʼie˩ za˩ oŋ˧ le˩ oŋ˧ |
| | 今夜 鸡 叫 嘞 叫 |
| 龙山 | li˩ yi˧ təŋ˩ kuan˧ li˧ ti˧ suei˧ kʼai˧ le˧ kʼai˧ |
| | 你 鼎 罐 里 的 水 开 嘞 开你锅里水开得厉害(不停地沸腾)。|
| 土家语 | sei˧ tsʼo˧ ɕien˧ ɕie˧ pʼo˩ ɾo˧ tʼu˧ nie˧ a˩ tsʼa˩ pʼei˩ le˩ pʼei˩ |
| | 你们 屋 的 鼎罐 内 的 茶水 开 嘞 开 |

(2)永顺话。形容词重叠进一步强调生动色彩及表示程度的加深。可以是"A 嘞 A"式,也可是"ABBABB"式。例如:

| 永顺 | tsai˧ tɕʼi˧ ɾuei˧ lian˩ ɕiau˧ le˩ ɕiau˧ |
| | 这 丘 田 小 嘞 小这丘田很小。|
| 土家语 | kai˧ sɿ˩ tʼie˩ kei˩ la˧ kʼei˩ suan˧ le˩ suan˧ |
| | 这 田 一 丘 小 嘞 小 |
| 永顺 | tʼa˧ ti˧ lian˧ it˧ xoŋ˩ le˩ xoŋ˩ |
| | 他的 脸 红 嘞 红他的脸通红。|
| 土家语 | ko˧ nieɣ˧ ku˧ mia˧ tɕieɣ˧ le˩ mia˧ tɕieɣ˧ |
| | 他 的 脸 红 嘞 红 |
| 永顺 | la˩ ko mei˩ li˩ suan˧ kei˧ kei˧ suan˧ kei˧ kei˧ ti |
| | 那个 麦 李儿 酸 □ □ 酸 □ □ 的那个李子酸得厉害。|
| 土家语 | ai˧ sa˧ lie˧ ɕi˧ suan˧ pʼie˧ pʼie˧ suan˧ pʼie˧ pʼie˧ |
| | 那 李子 酸 (语缀) 酸 (语缀) |
| 永顺 | la˧ tsoŋ˧ tsʼɿ˧ tsʼau˧ kei˧ kei˧ tsʼau˧ kei˧ kei˧ ti |
| | 那 种 纸 糙 □ □ 糙 □ □ 的那种纸非常粗糙。|
| 土家语 | ai˧ tsʼɿ˧ ɾɿ˧ kʼei˧ tʼa˧ sɣ˧ pʼa˧ pʼa˧ sɣ˧ pʼa˧ pʼa˧ |
| | 那 纸 糙 (语缀) 糙 (语缀) |

土家语、苗语对汉语的影响,主要表现在语言结构方面,没有引起大范围的语言功能的变异,但是在小范围、小区域中,也有汉人兼用土家语或苗语。语言兼用的现象在光绪《古丈坪厅志·卷九》中有记载:"(客族姓者)言语自成一种乡音,谓之小客乡话。且习于

苗者能为苗语,习于章土者能为章土语。"据调查,《厅志》记载的小客乡话实为汉语方言瓦乡话,章语为湘西苗语东部方言,土语即土家话。可见当时居住于苗族聚居区的汉人能兼用苗语或土家语。今在苗族聚居区经商的商人,及各种工匠很多兼通苗语;苗族聚居区中小学的汉族师生,也有兼通苗语的。另外,族际婚姻家庭内部,汉族兼通苗语或土家语的现象也存在。

**参考文献:**

[1]梁敏,张均如.广西壮族自治区各民族语言的互相影响[J].方言,1988(2).
[2]吕叔湘.现代汉语八百词[M].北京:商务印书馆,1981.
[3]马本立.湘西文化大辞典[M].长沙:岳麓书社,2000.
[4]石启贵.湘西苗族实地调查报告[M].长沙:湖南人民出版社,1986.
[5]田德生,何天贞,等.土家语简志[M].北京:民族出版社,1986.
[6]王辅世.苗语简志[M].北京:民族出版社,1985.
[6]向日征.吉卫苗语研究[M].成都:四川民族出版社,1999.
[8]叶德书.土家语研究[M].吉首:吉首大学湘楚文化研究所,1995.
[9]袁炎.语言接触与语言演变[M].北京:民族出版社,2001.

(原载《方言》2002年第1期)

# 勉语早期汉语借词全浊声母探源

## 谭晓平[*]

[摘　要]　勉语早期汉语借词浊声母的数量及其所牵涉的众多古声类颇具特色,它们主要借自汉语塞音与流音 *r-或 *-l 结合的复辅音。借自古汉语清声母的词经历了向鼻冠塞音加清塞音复辅音的转变,鼻冠音使其后清塞音浊化之后消失;借自古汉语浊声母的词则经历了向鼻冠塞音加浊塞音复辅音的转变,鼻冠音的脱落使它们成了纯全浊声母词。

[关键词]　勉语;汉语借词;复辅音;鼻冠音;浊声母

现代勉语拥有全浊声母,其来源由两部分构成:(1)由古鼻冠音声母演变而来,包括三种情况:一是古全清鼻塞复辅音声母失去鼻冠音,清塞音变成浊塞音;二是古次清鼻塞复辅音声母失去送气成分和鼻冠音,清塞音变成浊塞音;三是古全浊鼻塞复辅音声母各阳调字的鼻冠音消失,声母都是浊塞音。(2)直接或间接受侗台语族带先喉塞音的声母的影响,清声母浊化。[1-4]前人的探讨多针对固有词,未曾详尽分析勉语汉语借词读全浊声母的情况。我们依据《瑶族勉语方言研究》[5]10 个方言土语代表点的词汇材料,考察了勉语汉语借词全浊声母的分布情况。据我们的统计,今读全浊声母的借词涉及 20 个古声母,其分布情况如下:

勉语今声母为 b:补、豹、爆帮母;拍滂母;排、步、办并母;反、粉非母;翻敷母

勉语今声母为 d:担、癫、底、吊、滴端母;跳、脱、踢透母;钝、筒、毒定母;中知母

勉语今声母为 dz/dɯ:尖、钻、接精母;齐、净从母;散心母;砧、转知母;撑、圻澈母;争庄母;枕章母;秤昌母

勉语今声母为 g:冠、光、管、卷、盖、救、夹、隔见母;开、空、渴溪母;嫌、下、县匣母

声母读全浊并非勉语汉语借词声母读音的主流,现代西南官话借词声母就没有读浊音的现象,因此,它应该属于早期发生的一种特殊现象。另外,古全清、次清、全浊声母字在现代勉语都有读不送气浊音的,可见借词中今读全浊声母的字,除了"步、筒、毒、齐、净、县"等少数字外,并不是古汉语全浊声母的残留。勉语早期汉语借词浊声母的数量及其所牵涉的众多古声类是颇具特色的。尤其特别的是,古汉语全清、次清声母借入勉语以后有不少字变成了浊音。汉字借入南方少数民族语言以后,全浊声母读作清音是常见的,但全清、次清读作浊音的现象较为罕见,值得深入探讨。

古鼻塞复辅音声母的简化是勉语固有词清音浊化的主要原因之一。虽然现代勉语方言没有鼻冠塞音声母,但苗语、布努语、炯奈语的鼻冠塞音声母在勉语中一般反映为浊闭塞声母,因此我们假设上述全浊声母汉语借词在早期也曾带有鼻冠音。我们的假设得到语言事实的证明。参照《苗瑶语古音构拟》[6]所收例词及其构拟,上述借词中有三分之一原始声类被拟作鼻冠音声母。王辅世、毛宗武先生还常常从瑶语支方言的浊闭塞音反

---

[*] 作者简介:谭晓平,女,湖南常德人,华中科技大学汉藏比较语言学研究方向博士研究生。

推古苗瑶语是鼻闭塞音。由于苗语支、勉语支鼻冠音的不一致性,一些未被构拟为鼻冠音声母的词在古勉语中一般构拟作带鼻冠音声母,如"坼"与"开"。[7]《苗瑶语古音构拟》未列的语词,查阅《苗瑶语方言词汇集》[8],与之对应的苗语、布努语代表点例词多带有鼻冠音声母。虽然这些例词是否全为汉语借词尚有争议,但其中一部分无疑应该属于早期汉语借词。古勉语中本来就存在不带鼻冠音的辅音声母,为什么在这些汉语借词上勉语却用鼻冠音呢?

一种简单的解释是在勉语借汉语词的时代,借入的就是带鼻冠音的汉语词。借入之后,要么鼻冠音使其后面的清塞音浊化,产生汉语全清、次清声母在勉语中读作浊音的现象;要么鼻冠音脱落,使借词声母变成纯全浊声母(即不带鼻冠音的全浊声母)。

古汉语曾有过鼻冠音,张琨、陆志韦、严学、尉迟治平等都有讨论。[9-11]但由于汉字的掩盖和语音的发展变化,使得鼻冠音不易追踪。上述勉语汉语借词除"冠"在谐声中尚留有鼻冠音痕迹之外,其他词的上古音各家都未能构拟出鼻冠音声母。有的汉语方言还保留着上古汉语鼻-塞复辅音声母,但大多为鼻-(浊)塞复声母,主要来源于古明、微、疑母,极少数来源于帮、非、奉、晓、影等母。在已发表的汉语方言材料中,平南闽南话的鼻-(浊)塞复声母最为完整,字数也最多,但上述勉语汉语借词并没有出现在所列举的近 90 个例词中。[12]

另一种解释是汉语词在借入勉语时受勉语构词规则的制约而加上鼻冠音,即鼻冠音为勉语构词词缀。唐纳通过对汉语早期借词的研究,假定原始苗瑶语具有可以派生不及物动词的鼻冠音前缀。[7]但他列举的带有形态功能的鼻冠音的词大多为汉语借词,缺乏苗瑶语固有词的例子,有循环论证之嫌。金理新通过苗瑶语和上古汉语、藏缅语等同源语言的比较,认为现代苗瑶语鼻冠音来自构词前缀 *m-。这个前缀主要出现在动植物和身体部位名词之前。汉语借词受苗瑶语构词规则的制约,借入苗瑶语后便带上鼻冠音。[13]问题是,如何解释非动植物和身体部位名词之前 *m-前缀的功用,为什么一些动词、形容词借入苗瑶语后也带上了鼻冠音。据陈其光对 25 个苗瑶语方言点的研究,苗瑶语构词前缀一般为不送气清塞音,前缀的作用除区别词外,主要是做词类的标志。这些构词前缀可出现在带鼻冠音的词之前,如石板寨苗语的 qo⁵⁵ qwa³¹ 天、qo⁵⁵ ntsa³³ 煤,甲定苗语的 qe¹³ mple⁵⁵ 舌头、qe¹³ mpl⁵⁵ 耳朵。[14]古苗瑶语曾有丰富的前缀,但由于语音演变而趋于消失的苗瑶语前缀几乎没有留下金理新所讨论的构词前缀 *m-的痕迹。若 *m-果真为构词前缀的话,我们必须解释苗语中何以出现构词前缀叠置的情况。

现有分析方案均面临种种问题。寻找苗瑶语鼻冠音的源和流,有助于解释勉语早期汉语借词与鼻冠音的密切关系。

现代苗瑶语的一些方言有丰富的鼻冠音,如石门坎苗语。石门坎苗语共有 36 个带鼻冠音的塞音、塞擦音声母。不过,苗语支中的一些语言或方言已经没有鼻冠音,如养蒿苗语。目前瑶语支语言鼻冠音声母已消失。总之,苗瑶语鼻冠音在发展过程中一直处于简化之中。苗瑶语专家一般认为原始苗瑶语也有鼻冠音。张琨、王辅世、毛宗武等学者所构拟的原始苗瑶语都有鼻冠音。吴安其则提出上古早期和中期的苗瑶语没有鼻冠音,上古晚期苗瑶共同语的鼻冠塞音声母的主要来源是原始苗瑶语塞音与流音 *r-或 *-l 结合的复辅音。例如"沸"苗语古音 *mpjei$^C$,古勉语 *mprei$^C$,原始苗瑶语 *prei$^C$;"洒"古苗语 *mphjo$^C$,古勉语 *mprɛn$^C$,原始苗瑶语 *pron$^C$;"烤",苗语古音 *nte$^C$,古勉语 *ntsau$^C$,原始苗瑶语 *kre$^C$。[15]我们认为吴安其先生的设想也适用于勉语早期汉语借词。勉语早期和鼻冠音声母密切相关的汉语借词主要借自汉语塞音与流音 *r-或 *-l 结合的复辅音。试看下面借词至今保留浊音的各个代表点的语音形式及汉语上古拟音[①]：

豹，上古音 * prewks，江底（tom² sjen²）beu⁵ 大坪 bɐu⁵ 庙子源 bau⁵

爆，上古音 * prowks，江底 beu⁵ 东山 b³ 大坪 bau³ 庙子源 bei⁵

拍，上古音 * phrak，江底、东山、庙子源、罗香、滩散 bɛ⁷ 子 bai⁸ 长坪 bje⁷

排，上古音 * brət，东山 blɛ² 大坪 bai⁵ 庙子源 bai² 滩散 bai² 石口 be² 牛尾寨 bai²

办，上古音 * brens，江底 ben⁶ 子、东山、滩散 ban⁶ 庙子源 b⁶ 长坪 bjen⁶

担，上古音 * k·lam，江底、子、滩散、长坪 dam⁵ 东山、牛尾寨 da⁵ 大坪 dm⁵ 庙子源 da⁵ 石口 d⁵

滴，上古音 * k·ek，江底 djop⁷ 东山 dja⁵ 大坪 dɛp⁷ 庙子源 dje⁷ 长坪 djep⁷

跳，上古音 * g·lew，东山、石口 diu⁶ 大坪 dɛu⁴

脱，上古音 * kh·lot，江底、子、长坪 dut⁷ 庙子源 du⁷ 滩散 dut⁷

中，上古音 * k·l，江底、庙子源 do⁵ 石口 d¹

接，上古音 * sklp，庙子源 dzi⁷

砧，上古音 * k·lm，江底 dzɛ² 庙子源 dzɛ²

撑，上古音 * khrla，江底 dzɛ⁶ 庙子源 dz⁶ 长坪 dzjen¹ 罗香 dɯɛ¹

坼，上古音 * khrlak，庙子源 dzɛ⁷ 长坪 dzje⁷ 罗香 dɯɛ⁷

争，上古音 * skre，江底 dzɛ¹

枕，上古音 * g·lm，江底 dzom⁵ 庙子源 dzw⁵

菅，上古音 * kron，江底、子、长坪、罗香、滩散 gan¹ 大坪 gn¹ 东山 gwan¹ 庙子源 ga¹

卷，上古音 * grn，江底 dɯun⁶ 庙子源 gu⁶ 长坪 glon⁶ 滩散 gln⁶

盖，上古音 * klap，江底、庙子源 gwai⁵ 长坪 gwai⁵ 罗香 gai⁵

夹，上古音 * krep，长坪 gap⁸

隔，上古音 * krek，东山 gjɛ⁷ 庙子源 gɛ⁷ 长坪 gje⁷

空，上古音 * khlo，子 gun³ 东山 kl¹ 庙子源 go¹ 长坪 gj¹ 罗香 go¹

渴，上古音 * grăt，江底、子、长坪、罗香、滩散 gat⁷ 大坪 gt⁷ 庙子源 ga⁷

嫌，上古音 * glem，东山 gjɛn² 庙子源 g² 长坪 gjm²

下，上古音 * Gra，大坪 ga⁶ 长坪 gja⁶

观察上述借词的语音形式，可发现借自古汉语清声母的词虽然声母浊化，但声调一般仍为阴调，只有"跳"与"卷"两个词是例外。有趣的是，潘悟云先生恰好将它们的上古声母拟为浊音，声调为阳调，也在情理之中。由于借入年代的久远，为适应勉语语音系统，一些汉语借词的语音有所变化，但借词与汉语上古音的对应关系仍较为明显。借自古汉语清声母的词经历了由塞音与流音 * r-或 * -l 结合的复辅音向鼻冠塞音加清塞音复辅音的转变。鼻冠音在使其后面的清塞音浊化后消失，从而使这些借词的声母走上了清音浊化的道路。部分借自古汉语浊声母的词则经历了由塞音与流音 * r-或 * -l 结合的复辅音向鼻冠塞音加浊塞音复辅音的转变。随着鼻冠音的脱落，这些借词的声母便成了纯全浊声母。

需要指出的是，上述音变仅限于勉语中的上古早期和中期借词，上古晚期和中古借词如帮组清声母字"斧、放"等被借入时，汉语的复辅音声母大多消失，苗瑶语塞音与流音 * r-或 * -l 结合的复辅音转化为鼻冠塞音的音变现象也不复存在，因此，借词声母清音浊

---

① 汉语上古音采用潘悟云先生的拟音。

化的现象不再发生了。如：

斧，江底 pou³ 子 pou³ 大坪 pu³ 庙子源 pu³ 长坪 pau³ 罗香 pou³

放，江底 pu⁵ 子 pu⁵ 庙子源 pu⁵ 长坪 po⁵ 罗香 pu⁵ 滩散 pu⁵

我们的分析可解释大部分勉语早期汉语借词全浊声母的来源，但仍有少数词无法用上述音变规律解释。这些词部分借自汉语带鼻冠音声母或鼻冠音前缀的词，如"冠"与"补"。"冠"从"元"得声，在谐声中留有鼻冠音痕迹。"补"在闽西北方言中带软化辅音声母。该词带轻重格前缀，其上古音为 * am-pa。[16]另外，还有部分汉语借词如"反、粉、翻、癫、底、吊、踢、尖、钻、秤、光、救"等，声母清音浊化的原因不明。勉语主要分布在华南地区，这部分汉语借词全浊声母也可能是受侗台语带先喉塞音声母的影响。但"翻、吊、光"等词读浊音的现象几乎遍及所有的勉语代表点，统统用受侗台语带先喉塞音声母的影响来解释有些牵强。这部分借词还需要进一步研究。

**参考文献：**

[1] 邓方贵. 现代瑶语浊声母的来源[G]//民族语文研究. 成都：四川民族出版社，1983.
[2] 陈其光. 苗瑶语浊声母的演变[J]. 语言研究，1985(2).
[3] 陈其光. 华南一些语言的清浊对转[J]. 民族语文，1993(6).
[4] 李云兵. 苗瑶语语音的基本理论和现实研究[J]. 贵州民族研究，2000(1).
[5] 毛宗武. 瑶族勉语方言研究[M]. 北京：民族出版社，2004.
[6] 王辅世，毛宗武. 苗瑶语古音构拟[M]. 北京：中国社会科学出版社，1995.
[7] 唐纳. 瑶语勉方言中汉语借词的层次[J]. 全亚季刊，1973(18).
[8] 中央民族学院苗瑶语研究室. 苗瑶语方言词汇集[M]. 北京：中央民族学院出版社，1987.
[9] 张琨. 苗瑶语藏缅语的鼻冠音声母——是扩散的结果呢，还是发生学的关系的证据呢？[G]//汉藏语系语言论文选译. 中国社科院民族语言研究所语言室，1980.
[10] 陆志韦. 陆志韦语言著作集[C]. 北京：中华书局，1985.
[11] 严学宭，尉迟治平. 汉语"鼻－塞"复辅音声母的模式及其演变[G]//音韵学研究. 北京：中华书局，1986.
[12] 李玉. 平南闽南话的音韵特征及声母的古音痕迹[J]. 语言研究，1990(1).
[13] 金理新. 构词前缀 * m- 与苗瑶语的鼻冠音[J]. 语言研究，2003(3).
[14] 陈其光. 苗瑶语前缀[J]. 民族语文，1993(1).
[15] 吴安其. 汉藏语同源研究[M]. 北京：中央民族大学出版社，2002.
[16] 沙加尔. 上古汉语词根[M]. 上海：上海教育出版社，2004.

（原载《中央民族大学学报》2007 年第 1 期第 34 卷）

# 论苗瑶语古汉语借词的调类对应

## 谭晓平[*]

**[摘　要]**　苗瑶语中古汉语借词的调类与汉语有十分整齐的对应。类型相近的四声八调的声调格局,为苗汉之间调类对应奠定了坚实的基础。四声时代,苗瑶语借词者主要通过音强、音长特征感知借词,八调时代则在此基础上,借助清高浊低、清音浊流等特征匹配借词。近、现代,语音的发展变化搅乱了原来的平上去入的字,调类对应不复存在。借源语西南官话入声的失落、双音节借词的词重音导致借词音长、音强特征弱化,音高、调型成为匹配借词的主要依据。

**[关键词]**　苗瑶语;中古汉语;借词;调类

苗瑶语中古汉语借词虽然调值差异较大,但其调类与汉语有十分整齐的对应。不论在哪个方言里,汉语的阴平、阳平、阴上、阳上、阴去、阳去、阴入、阳入老借词都分别归苗瑶语的1、2、3、4、5、6、7、8调,而且方言之间对应关系很整齐。但是上古汉语借词以及近现代借词的声调一般不按四声八调系统对应。

类型学的解释认为,苗瑶语和汉语都是先从通音>平声、喉塞音韵尾>上声、擦音韵尾>去声、塞音韵尾>入声的调型,再从声母的清浊产生声调的高低,因此,这两种语音类型相近的语言平行地形成相同的四声八调的声调格局。[1](p88~96)这应该说是目前对苗、汉语声调对应最为合理的解释。但问题在于,上述解释要求产生声调之时的苗、汉语音系统相当接近,而且还要从相同的韵尾脱落产生相同的四声,再从清浊对立的消失分化出相同的八调。难以设想音系、词汇存在较大差异的苗、汉语之间,会经历如此整齐的声调产生与演变过程。

从语言接触的角度对苗瑶语与汉语调类对应的成因有"相似性借贷"和"对应借贷"两种推测:(1)中古时代,苗瑶语ABCD四调和所接触的声韵调系统与《切韵》系统近似的古南方汉语方言平上去入在调值上分别近似,从而形成调类调值相似性对应的借贷,这种"相似性借贷"从苗瑶语尚未分化的中古早期持续到苗瑶语已经分化的中古中期和晚期。[2](p258、273)(2)苗瑶语处于中华帝国境内,经受了汉唐千余年文化的持续影响,其声调系统和汉语本质上相同,以至于苗瑶语中汉语借词声调上大致准确对应。苗、汉语在深层次上的这种对应,归结于两者的亲密接触——声调首先在汉语中发展起来,然后扩展到苗瑶语中去。[3](p507)

根据前一种推测,苗瑶语各语言无论是在分化之前还是在分化之后,其四声和汉语的四声不但调类一致,调值也相同或相近,各语言四声升降曲折的调型应该是大体一致的。根据黄行对仍保持标准舒声六调(即未分化或合并)的2种苗语、2种瑶语舒声调起音调值和收音调值平均值所做的统计,平声和上声大致为中降调,去声大致为中升调。[4](p8)统计结果与丁邦新对古汉语平仄调调型"平调就是平声,非平调包括上去入三

---

[*] 作者简介:谭晓平,女,湖南常德人,三峡大学文学院副教授,硕士生导师,博士。

声,其中上声是高平调,去声大约是中降调"[5](p80)的推断不尽一致。因此,我们对中古苗瑶语与中古汉语四声的调值、调型相同或相似的推测存疑。另外,这种推测假定苗瑶语分化之后,苗瑶语各语言与所接触的南方汉语在声调上大致平行发展,各自因声母清浊对立的消变而分化为八个调类,从而继续保持相似性借贷。诚然,类型相近的四声八调的声调格局,使苗汉之间调值调类对应的借贷成为可能,但在漫长的平行发展期内,苗瑶语各语言所接触的南方汉语是否就没有方言的差别,或者虽有差别但主要体现在声、韵母上,各类调的调值、调型仍大致相同,以保证分化后借入的词继续保持调值、调类的相似性借贷呢?

后一种推测将语言之间调类的对应归因于语言之间的深刻接触。苗瑶语中大量的古汉语借词说明它们和汉语的确有过深刻接触,汉语借词及其声调的扩散作用,对苗瑶语声调的形成和演化可能是有影响的,即接触可能引起包括声调在内的结构的相互影响,但是相互影响为什么可以到了调类调值完全同构的地步,对此尚需进一步证明。另外,国内研究苗瑶语的学者大都认为尽管苗瑶语声调的发展变化与汉语十分相似,但其声调并非"借汉声调",苗瑶语声调有自己产生发展的内部规律,苗瑶语与汉语的声调是各自独立发生的。从苗瑶语诸语支语言的声调对应看,苗瑶语在语族分化以前已经形成一致的声调系统。[2](p273)

鉴于上述三种推测还不能完全解读老借词调类一致之谜,我们试图从实验语音学、田野语音学、演化音系学角度,探讨苗瑶语中古汉语借词调类对应的成因,并利用苗瑶语、汉语方言调查材料为调类对应的不同阶段提供例证。

## 一、四声时代:音强、音长、音高并进

古汉语声调的语音基础,除了音高之外,还包含有音长、音强等因素。现代汉语声调的语音基础是音高,但是我们还不能断定古代汉语平上去入四声也仅仅是一种音高现象。汉语的声母系统和韵母系统从古至今发生了许多质的变化,声调不可能千余年来语音基础毫无变化。如现代汉语的声调,除了音高外,还有音色、音强、音长等因素。四声时代的声调,除了音高外,音强、音长等因素的作用更明显一些。因此,在研究古汉语四声时,应将声调看作是古人根据听感给汉字字音分的大类,其意义是广泛的,包括声韵及其他各种特征的总和。古人在描写四声时,往往用"长短、轻重、缓急、疾徐、清浊"等字眼,由于历史条件的限制,这些认识是模糊的,但决不可以一概斥之为无稽之谈,应该透过这些诉诸听感的主观感受,探索四声的客观含义和其中的复杂因素。[6](p112)

汉语平上去入的声调系统东汉末已齐备。平、入二声最早产生,随后产生上声,去声最后产生。关于苗瑶语族声调的产生,最新的研究显示,原始苗瑶语从汉藏共同语中分化出来之后,其中的一支大约在汉晋之时,分化出现存的不同支系,即苗、瑶、畬3个语支。从苗瑶诸语支语言的声调对应来看,苗瑶共同语已有ABCD四个声调。原始苗瑶语声调的形成与韵尾相关,具体是:-·、-ˀ A类声调,-ˀ、-h ̚ B类声调,开音节和鼻音尾音节 ̚ C类声调,-p、-t、-k D类声调。[2](p253,278,281)苗瑶语四声分别与汉语的平、上、去、入四声对应,苗瑶语调类的建立,曾得益于早期汉语借词声调状况的启发。

虽然四声时代,汉、苗语只有四个辨义的声调,但借词者当时并没有调类的概念,也不会自觉地运用对应规律,只会根据听感直接将借词归入与其母语念法相同或相似的那一类词;或根据听感将借词归成四种读法不同的类别,再分别与其母语中读法相同或相

似的类别匹配。古汉语入声具有其他声调所不具备的较为明显的特点：短时性与唯闭塞音尾，与同样带有塞音尾、读音短促的苗瑶语D调词的特征完全一致，因此入声借词成为最易与其母语词匹配的一类词。那么，汉、苗语的平、上、去声字又是凭借何种读音特征相互匹配的呢？

首先，我们来看上声的情况。对汉语上声的描述，无论是唐释处忠《元和韵谱》中的"上声厉而举"，还是明释真空《玉钥匙歌诀》里的"上声高呼猛烈强"，都是对上声音感直觉的文字刻画——上声发音时用力，响度大。语音学上有所谓强度和响度，强度决定于说话时气流的强弱；响度是听觉器官感受各种声音的敏锐度。强度和响度不是一回事，却又有密切的关系。一般说来，一个音越强就越响。最近，朱晓农通过田野考察，从实验语音学角度论证上声是强烈的高声调，早期"厉而举"的上声是由假声引起的，并可能附有一个喉塞尾。[7](p160)朱晓农的结论也证明上声较为强烈。那么，在苗瑶语平、上、去三声中，上声的念法又有何与众不同之处呢？据陈其光对苗瑶语103个点各类调的总平均调值的统计，阴上调的平均调值最高。[8](p583)因此，有理由推测古苗瑶语中上声调值最高。

声调的感知主要依据基频的变化，但基频并不是辨认声调的唯一信息。除基频外，还有一些信息能帮助人们感知声调，如音强、音长等。王士元指导过一篇研究普通话音节辨别的博士论文。文章通过实验发现，区别四声，单靠F0，成功的可能性在80%以上；单靠振幅，成功的可能性也在70%以上。[9](p87)因此，借词者感知上声借词主要根据其音强特征。当然，并不排斥音高作为次要特征。一般来说，当声调较高时，音强可能较强。古苗瑶语上声因其较高的调值，很可能音强也较强。因此，借词者有可能依据借词音强特征与其母语中的上声相配。另外，斯特雷克调查的老挝西北部勉语金门方言仍保留短暂的喉塞音，这个音在国内苗瑶语中全都丢失，可能暗示四声时代某些苗瑶语方言上声也附有一个喉塞尾。喉塞尾可能也是借词者匹配同样有喉塞尾的上声借词时所借助的喉部发声态特征。

再来看去声的情况。上古汉语去声和入声关系密切。王力认为产生于魏晋时代的汉语去声源于失去塞音韵尾的先秦时代的长入。[10](p697)尉迟治平根据日本悉昙家所传古汉语四声调值猜测上古汉语去声与入声相同，都是促调。[11](p30)陈重瑜详尽地统计了《广韵》声系里舒入字并列的谐声系统，比较其四声的分布，他的统计数字和一些实例都证明上古音到中古音之间入声与去声关系密切。[12](p352)我们推测，去声是古四声中除入声之外，音长最短的一个调。

苗瑶语去、入两声关系也十分密切。古入声字在瑶语支里一般仍是入声，但是在苗语、布努语和畲语里，有的则变成了去声。它们变成去声，是以塞音韵尾弱化、元音变长为条件的，可简称为长入变去。从长入变去（没有变平、上）还可以推想，当入声字的塞音韵尾消失以后，它们和去声字一定具备了形成相同声调的某种相同或相近的语音基础。[8](p581)一般认为，汉藏语失去塞音韵尾并舒化的入声调与其他声调合并的原因，是由于调值的相同或相近，但出现入声变去声现象的下水村的5、7调调值分别为33、35，6、8调调值分别为53、35，相应去、入两声的调值并不完全相同。[8](p587)我们推测苗瑶语去声字的音长应与入声字最为接近。一些中古汉语入声字借入苗语后读去声可作为上述推测的旁证。汉语中古借词虽然与苗瑶语固有词的调类对应在各个方言基本不乱，但也有少数例外，即收k尾的阴入、阳入在苗语中分别与阴去、阳去合并。这些入5、6调的阴入、阳入老借词也许暗示后人，它们正是因其与苗语去声字近似的音长而入了另类，成为不合调类对应规律的例外。另外，唐永亮对瑶族勉语六冲标曼话的声调试验研究显示，阴去5调的调长相对值在舒声调中最小。[13](p18) 标曼话有舒声调类6个,促声调类2个,其相应的阴阳调保持清高浊低的特征。标曼话各调调长相对值的大小有助于中古时期苗瑶语去声特征的解读。

到此为止,苗瑶语借词者已成功地将汉语入声、上声、去声借词与其母语中相应调类的词匹配。那么,仅剩的一类词——汉语平声词,即使与苗瑶语平声词毫无共同之处,借词者蒙对的概率已近100%。由于上述有关汉语、苗瑶语四声时代上声、去声的讨论并非建立在十分确凿的语言事实上,我们将继续探讨汉语、苗瑶语平声的共同特征。

汉语中平声是一个基本调,从古到今都是平声字最多。关于四声时代汉语的平声,各家的构拟虽在调值上还存在一些不同的看法,但大都认为平声是平调,而且是一个长调。苗瑶语平声古今也均为词频最高的无标记声调。黄行曾对养蒿苗语和金秀瑶语的调类分布概率进行统计,结果显示,三分之一以上的语素——音节为平声。[14](p18) 苗瑶语古平声应该是什么调呢?根据实验语音学研究,生理上最自然的声调、最无标记的声调是五度制里的[21,31];区别度最大、也是最常见的声调是平调[15](p425)。声调发生研究的相关成果证明,声调发生的顺序一般是平调在先。[16](p232) 我们推测苗瑶语四声时代的平声是一个平调。苗语谷冰、老君寨、石板寨、复员、水尾现在仍只有四个声调。其中,只有谷冰的平声为33调,其他4个点均为31调。因此,我们无法确定平声到底是平调还是降调,很可能当时的苗瑶语就是两者并存。如果是平调的话,借词者自然可以轻松地将两者准确匹配。但即使是与汉语调型不同的降调,由于汉语平声不具上声显著的音强,又比去声的音长长,因此还是归入苗瑶语的平声。另外,苗瑶语平调的起点音高也与汉语的平声(33或22)相近。因此,借词者主要依据音长、起点音高两个参数,将苗、汉语中词频最高的无标记声调加以匹配。上述分析得到声调的声学和感知研究的支持。从声学和感知两个角度看,声调的感知和物理量(基频)之间并不一定完全对应,或按某种数学关系完全等分,因为声调的感知是在知觉平面,它存在于语言系统的对立中。[17](p161)

## 二、八调时代:清浊阴阳珠联璧合

自四声时代到八调时代,汉语声调类型演变的大致情况为:(1)四声时代,可以认为清浊字等高,尽管音频不相等;(2)到了八调时代,根据清浊分化为两两平行不等高的八个调。苗瑶语中清浊声母对声调的影响恰好和汉语一样。由于全浊声母完全清化或在部分声调字里清化,平上去入各分阴阳,分化为两两平行不等高的八个声调。由于相应的阴阳调中,清声母来源的字总是比浊声母来源的字读得高,加上八调时代入声字依然拥有短时性与唯闭塞音尾,阴、阳、入的匹配自然不成问题。但苗瑶语和汉语仍各剩6个声调,各声调之间对应的可能性高达36种。借词者如何正确匹配各分阴阳的平、上、去声借词就十分费解了。丁邦新曾据释了尊《悉昙轮略图抄》关于汉语八个声调的记录,将中古平上去调值拟为:平轻21,平重为低平,上轻为高平,上重为升调,去轻为高降,去重为低降或中降。[18](p81) 这个八调系统中,平上去出现了3个降调,2个平调,1个升调,平轻、去重的音高又相当接近,即使是同一语言的不同方言的人借词都难以保证调类、调值之间的整齐对应,遑论分布在南方不同地域各有方言之别、汉语水平较低、实际上是与不同南方汉语方言接触的苗瑶语借词者。

如果八调时代汉、苗的平、上、去声的特征依然与四声时代相同,再加上清高浊低的普遍特征,平、上、去声借词的听辨应该较容易:借词者先根据音长、音强等定调类,再根据相对音高定阴阳。各朝先贤对汉语四声的描写,从唐释处忠《元和韵谱》中的"平声哀而安,上声厉而举,去声清而远,入声直而促",到明释真空《玉钥匙歌诀》里的"平声平道莫低昂,上声高呼猛烈强,去声分明哀远道,入声短促急收藏",向来都是平、上、去、入各类的阴阳并举。以阴平、阳平为例,古人大概认为它们虽然清浊有异,但具有某种共同的读音特征。这种共同特征应该不是音高、调型,否则释明觉《悉昙要诀》中就不会有对阴、阳平"初昂后低为平声之轻,初后俱低为平声之重"的说明。因此,我们认为,即使到了八调时代,平、上、去、入各类之中,其阴阳调在音长、音强方面仍存在共同之处。因此,借词者可根据平声、去声的音长对比、上声的音强特征等定调类,然后再根据清高浊低特征定阴阳。

这当然是一幅相当理想化的图景。虽然苗瑶语和汉语一样由于声母清浊而使四声分化为八调,两者清化的脚步也大体是一致的:汉语的浊音清化,李新魁认为是"以平声始,去声终",在苗瑶语中,浊音清化的顺序为阳平>阳入>阳上>阳去[8](p584),但是两者是各自单独进行的,各有其演变步骤和演变程度。处于动态发展进程中的汉、苗浊音词的匹配难道仅仅只是靠音高特征?

从方言比较可以推断,古苗瑶语有全清、次清、浊音三大类声母。[8](p537)浊音中的纯浊闭塞音声母、鼻冠浊闭塞音声母明显趋向清化,浊连续音声母 m、n、l 等在苗瑶语中都比较稳定。苗瑶语鼻边音这样的响音同样存在清浊对立,它们实际上分三类:一类是带先喉塞的,一类是读成清音的,一类是与汉语相同的浊音。三类中只有最后一类与阳调相配。因此,来自汉语明、泥、疑、来母等次浊声母的借词可归入阳调。我们还注意到一个有趣的现象。在苗瑶语中,当清浊辨义声调生成之后,浊声母并没有消失。而中古与苗瑶语有过接触的南方汉语方言,如老湘语,也保留了浊声母。苗瑶语、部分南方汉语浊声母的保留无疑也有利于借词者凭借声母特征将借词归入阳调类。但汉语全浊声母清化之后,声母已变成同部位清音的借词是如何归入苗瑶语阳调的呢?

我们设想,苗语与所接触的南方汉语方言所共同拥有的浊流特征,使清化后的原汉语全浊声母借词得以归入阳调类。吴语中的浊流特征早就引起了学界的关注,而这一特征也在苗语中普遍存在。由于记音方法的不同,两者的相似性并没有引起学者们的注意。请观察浊流特征在腊乙坪苗语中的表现。为了简明,不列出原文带介音 -j-、-w-、-ɥ(-）的声母;卷舌塞音 ʈ-组声母作为 tʉ-,舌面中塞擦音 tɖ-组声母作为 tj-,舌面中塞音的 c-组声母作为 kj-处理的,也不列出。

| p | ph | mp | mph | m | m̥h | w |
| ts | tsh | nts | ntsh | | s | |
| th | nt | nth | n | nh | l | l̥h |
| k | kh | k | kh | | | |
| q | qh | Nq | Nqh | | h | |

声母说明的第二条指出,在固有词中,p、m、w 各行声母出现在 33、42(即第 4/8、6 调)音节时,带有浊送气成分。[19](p8) "清音浊流"并非腊乙坪苗语所特有,苗语三大方言——腊乙坪、养蒿和大南山方言都存在这种较有特色的语音现象。"清音浊流"只出现在和阳调类有关的音节中,是一种声调伴随现象。"这种浊送气是一种喉头摩擦,发元音时摩擦并不中止,甚至与整个韵母相始终。"[8](p527) 这和吴语中所谓的"清音浊流"实际上是同一种语音现象。因此,我们假设,八调时代与苗语接触的南方汉语,其清化后的原全浊声母词也具有"清音浊流"的特征,正是该特征使之得以归入苗瑶语阳调类。请看腊乙

坪"清音浊流"的例子。ts$^{1/4}$4"凉"、p$^{1/4}$o$^6$"进入"、t$^{1/4}$o$^8$"咬"等例词为古苗瑶语纯全浊声母词,:$^{1/4}$i$^6$"筷子箸"[8](P547)则为中古汉语借词。① 可见,共同的特征使清化后的苗语纯全浊声母固有词与汉语借词在阳调类中共现。

瑶语支未见"清音浊流"特征的说法。但浊音清化,大概会经过半清化的阶段。这就是说,在成阻时是清音,在除阻时是浊音。后来再经过"清音浊流"的阶段。八调时代与瑶语接触的南方汉语,其清化后的原全浊声母词也应经历"半清化阶段"。因此,瑶语借词者仍能将清化后的原全浊声母词归入瑶语的阳调类。

## 三、近、现代:音高独领风骚

苗瑶语近现代借词大多源于西南官话。新借词往往根据西南官话的读音只有四个声调。新借词不仅古今调类不一致,而且各地的调类有的也不对应。根据田野调查的语料,各地苗瑶语诸语言里现代汉语借词的声调都是与当地西南官话形成相似调值的一对一匹配关系。

应该说,新老借词在借入时都是基本符合借入语言和被借语言的读音的。为什么新借词不能像中古保持调类对应?为什么听者再也无法主要依据音长、音强将借词与其母语词匹配,而只能主要依据音高、调型特征呢?近、现代,汉语、苗瑶语的声调都经过了分化、维持或合并,变成今天各方言三到十二声调不等的复杂局面。语音的发展变化搅乱了原来的平上去入的字,汉语、苗瑶语四声八调整齐对应的格局不复存在。这是近、现代苗瑶语借词无法与汉语保持调类对应的最重要的原因。而主要凭借音高感知借词基于以下两个原因。

首先,西南官话入声韵尾的失落使音长在声调感知中的地位发生变化。由于入声的舒化,借词者可资参照的入声音长与音段特征不复存在。西南官话的常见调型为:阴平高平调,阳平低降调,上声高降调,去声是低降升或升调。其四声的音长可以近似地认为是等长的。对与西南官话相近的现代北京话声调信息载体的实验结果也证明,声调信息基本上是由基频负载的,音长在声调感知中虽然提供一定的声调信息,但所提供的信息很少。[20]

其次,西南官话双音词、多音词的声学特性也使音长、音强特征弱化。苗瑶语中古借词是单音节的居多,而近现代西南官话借词多为双音节词,还有一些多音节词。单音声调形态与双音、多音声调形态是不完全相同的,后者并不是前者的简单相加,而是在前者的基础上以变形的方式出现的。单音中的声调比较饱满,而进入双音节、多音节之后,其读音规律会影响借词者对声调的听辨。语图仪实验结果表明,北京话两字组正常重音的声学特性,主要是后字有较长的长度和较完整的音高模式[21](p57);不带轻声的三字组里,可以有两种重音:一种是"中轻重"格式,在这种格式中,字音音长对重音的作用比字音强度大;另一种为加强重音,发音人所强调的字,其强度可能加大,但音长不一定加长。[22](p227)

虽未见有关西南官话词重音声学特性的报道,但西南官话是笔者的母语,凭借语感,

---

① 据王辅世《苗语简志》(1985:42)的介绍,腊乙坪苗语33调的声母原来都带有浊送气成分,由于吸收了阳平调的现代借词,这种情况有所改变,如现代借词 pji$^{33}$"笔"的声母就不带浊送气成分。这种情况正好证明只有中古进入苗语的汉语借词才有"清音浊流"特征,现代西南官话借词没有该特征。

我们发现西南官话双音词、多音词的声学特征与北京话相近，词重音的实现手段也如北京话一般，主要是靠延长发音时间或加大音强。近、现代西南官话借词不变调的特征证明我们的语感是正确的。近、现代西南官话借词借入后不像老借词那样发生变调。苗瑶语调查者早就发现了这个有趣的现象，但未加解释。笔者在调查湘南瑶语的过程中注意到，瑶语的双音节词，有一种前一个音节弱些、短些，后一个音节读得强些、长些的音律节奏格式。[23](p94)类似的报道见蒙朝吉调查的苗语支布努语[24](p217)、赵敏兰调查的瑶语支柧山勉语[25](p23)。这种音律节奏格式与西南官话词重音的实现手段是相近的，因此，西南官话借词进入后无需变调。

在词重音中，音高模式基本不变，而音长、音强会发生与单音节状态不同的变化，相应同一借词音节又大多可以出现于双音词、多音词的不同位置，因此，词重音必然干扰听者对借词音长、音强特征的准确判断，借词者对音长、音强的感受远不如中古单音节词那样明晰，再也无法主要依据音长、音强特征听辨，只能主要依赖音高特征将借词与其母语词匹配。

**参考文献：**

[1]欧德里古尔.越南语声调的起源[J].民族语文研究情报资料集,1954(7).
[2]吴安其.汉藏语同源研究[M].北京:中央民族大学出版社,2002.
[3]蒲立本.蒲立本的评论[G]//王士元.汉语的祖先.北京:中华书局,2005.
[4]黄行.汉藏民族语言声调的分合类型[J].民族语文,2005(5).
[5]丁邦新.汉语声调的演变[G]//丁邦新语言学论文集.北京:商务印书馆,1998.
[6]尉迟治平.周隋长安方音再探[J].语言研究,1984(2).
[7]朱晓农.论早期上声带假声[J].中国语文,2007(2).
[8]马学良,陈其光.汉藏语概论[M].北京:民族出版社,2003.
[9]王士元,彭刚.语音、语言与技术[M].上海:上海教育出版社,2006.
[10]王力.汉语语音史[M].北京:商务印书馆,2008.
[11]尉迟治平.日本悉昙家所传古汉语调值[J].语言研究,1986(2).
[12]陈重瑜.中古音之前入声舒化的路线[J].中国语文,1992(5).
[13]唐永亮.瑶族勉语六冲标曼话语音特点和声调试验研究[J].民族语文,1994(5).
[14]黄行.汉藏语言关系的计量分析[G]//汉藏语同源词研究.南宁:广西民族出版社,2004.
[15]朱晓农.音韵研究[M].北京:商务印书馆,2006.
[16]范俊军,宫齐.声调音系学研究的重要进展[J].外语教学与研究,2007(3).
[17]孔江平.紫云苗语的五平调系统的声学和感知研究[G]//中国民族语言学会.民族语文新探.成都:四川民族出版社,1992.
[18]丁邦新.平仄新考[G]//丁邦新语言学论文集.北京:商务印书馆,1998.
[19]王辅世.苗语简志[M].北京:民族出版社,1985.
[20]Xu Yi, D H Whalen. Information for Mandarin tones in the amplitude contour and in brief segments[C]. The 119th Meeting of the Acoustical Society of America,1990.
[21]林茂灿,颜景助,孙国华.北京话两字组正常重音的初步试验[J].方言,1984(1).
[22]颜景助,林茂灿.北京话三字组重音的声学表现[J].方言,1988(3).
[23]谭晓平.江永勉语与汉语的接触与演变[D].武汉:华中科技大学,2008.
[24]蒙朝吉.瑶语布努话连续变调问题初探[J].语言研究,1985(1).
[25]赵敏兰.瑶语勉方言里汉语借词研究[D].天津:南开大学,2004.

# 程度副词作补语的跨语言考察

### 唐贤清　罗主宾[*]

[摘　要]　本文通过跨语言考察发现,汉语各方言、少数民族语言里都存在程度副词后置于谓词作补语的现象。这一现象可从类型学上得到解释,是优势语序原则、和谐原则、历时发展以及汉语南方方言与壮侗语言接触等相互影响的结果。

[关键词]　程度副词;补语;跨语言

## 一、引　言

　　一般认为,副词的功能在于修饰、限定动词或形容词,在句中只能充当状语。随着研究的深入,学界发现副词组合功能在扩大(如副词可修饰体词)、副词句法功能在扩展(如程度副词可作补语),并对相关问题进行了讨论。关于程度副词能否作补语的问题,主要存在三种看法。

　　朱德熙(1982)提出"副词只能作状语,不能作定语、谓语和补语",代表了目前很多学者的看法。这是从共性角度来谈作为功能词的副词的句法功能,这样的提法是在就"汉语词类与句法成分之间的对应关系"与印欧语作比较提炼出来的。程度副词作为副词的一大次类,自然也不能作补语。但我们注意到,朱先生在同一本书里谈到程度补语时,说"形容词之后加上'极、多、透'组成的述补结构表示程度",并提出"这一类述补结构之后都带后缀'了'",此外还提到了"死、很、慌"可作程度补语。显然,朱先生没有把这些词看作是程度副词。沈家煊(1999)也认为"只有副词是专作状语",因而副词不存在不对称现象。

　　吕叔湘(1981)认为个别程度副词如"很、极"等可作补语,并且"很"组成的述补结构中间要加"得"。邢福义(2000)提出"个别副词,包括'很'和'极',以及强调极度的'万分',可以作补语",认为"个别程度副词对副词的纯状语性稍微有所突破"。这代表了一些学者认为个别副词可例外作补语的看法。

　　张谊生(2000)对处于补语位置上的副词作了深入调查,认为"现代汉语中有相当一些程度副词可以充当补语",专门列出一章"副词的特殊句法功能——充当补语",对以往人们尚未充分认识而又带有普遍性的程度副词的功能进行了多维考察。叶南(2007)赞同张先生的观点,并认为程度副词作状语和补语存在不对称性,用标记理论对此进行了描写和解释。

---

　　[*] 作者简介:唐贤清,男,湖南师范大学文学院教授。罗主宾,男,湖南人文科技学院教师。
　　本文为教育部人文社会科学规划基金项目"历时状态下汉语副词的主观性研究(13YJA740048)"和湖南省哲学社会科学基金项目"程度副词作补语的类型学研究(11JL04)"的部分成果。

以上三种说法都谈到程度副词可以作状语,但在能不能作补语以及能作补语的程度副词的数量问题上存在分歧,说到底这是个程度副词的语序问题。与这些问题联系在一起的是谓词后的程度副词该如何称呼的问题,通行的说法把它们称为补语,吕叔湘(1979)、金立鑫(2009)等认为可以把它们称为"后置状语"。这三种说法到底哪一种更符合语言事实,程度副词作补语在组合方式上是否受到限制,这是不是汉语共同语特有的现象,这种现象是怎么形成的,在类型学上有没有表现特征,以及可不可以称它们为"后置状语",这些正是我们要考虑的问题。

要回答这些问题,必须进行跨语言考察,考察汉语方言和国内民族语言程度副词的语序情况。我们考察的重点是程度副词居谓词后的情况,所依据的材料主要是前人已用的可靠的调查资料。

## 二、程度副词作补语的民族语言考察

程度副词居前作状语在现代汉语里是不争的事实,承认有少数例外可以作补语的,一般也只提到"很""极"等几个。对于这几个词的词性,杨荣祥(2005)等认为它们不是程度副词,并提出至少在近代汉语里程度副词不能作补语。而张谊生(2000)提出现代汉语中作补语的程度副词数量不少,可补副词和唯补副词分别为 16 个,当然部分词是否为程度副词还存在争议。张谊生主要从共时角度考察它们的句法功能、结构方式和表义特征,涉及了历时和方言现象,但没有展开讨论。唐贤清、陈丽(2010,2011)分别对"极""死""煞"等作程度补语进行了历时和跨语言的考察,用跨语言的材料为这三个副词作程度补语进行了佐证,但未考察其他程度副词的情况。

专门对程度副词作补语进行民族语言和方言考察的论文不多,要想深入地了解某一现象的语法特征,必须细致地观察该语言现象。

(一)分布与表现

我们根据一些民族语简志和一些学者的调查资料,考察了程度副词在小句中的语序。发现大部分语言的副词包括程度副词只能居谓词前作状语,但部分语言存在程度副词作补语的现象。下面是我们的粗略统计。

侗语(石林,1997):副词特别是修饰形容词的程度副词只能放在形容词后作补语,表现在句型上,侗语没有状心形容词谓语句。

布兴语(高永奇,2004):副词修饰谓词性词语时,一般处于补语的位置。如:suŋ năk"很高",tsui năk"最好"。

有些语言个别程度副词只能作补语。例如:

壮语(韦庆稳、覃国生,1980):只能用作补语的程度副词有 ɣa:i⁴² ɕa:i⁴² "极、十分"、ɣau³³ "很、多么"、ta:ŋ³⁵ ma³¹ "极"。如:sa:ŋ²⁴ ɣa:i⁴² ɕa:i⁴² "高极了"。

黎语(欧阳觉亚、郑贻青,1980):dat⁵⁵"真、很"、dat⁵⁵ dat⁵⁵"十分、很"、pai¹¹ ja¹¹"极、非常"既能修饰形容词也能修饰动词,但必须处于补语的位置。例如:

hwou¹¹ nei⁵⁵ phe:k⁵⁵ pai¹¹ ja¹¹.    这座山高极了。
山     这   高    极

京语(欧阳觉亚、程方等,1984):lam⁴⁵"很"只能用作补语。如:daŋ⁴⁵ lam⁴⁵"苦极"(很苦),jɛŋ⁴⁵ lam⁴⁵"冷很"(很冷)。

基诺语(盖兴之,1986):tse⁴⁴"太"在句中一般用作补语。如:jɔ⁴⁴ kho⁴⁴ xə⁴⁴ tse⁴⁴ a"路太远"。

纳西语(和即仁、姜竹仪,1985):副词 ʐua³³"极"只能居后作补语。如:ka³³ ʐua³³ se³¹"好极了"。

浪速语(戴庆厦,2005):用作补语的程度副词,常用的只有 tək³¹"极"。如:jauŋ⁵⁵ tək³¹ va⁵⁵"漂亮极了"。

阿昌语(时建,2009):程度副词分为作状语和作补语两种,后者的典型成员包括 kaŋ³¹"很"、kɯ³³"很"、kɯ⁵⁵"太"、kaŋ⁵¹"太",其中 kɯ⁵⁵ 和 kaŋ⁵¹ 分别是由 kɯ³³ 和 kaŋ³¹ 经过声调屈折变化而来的。如:kuai³³ kaŋ³¹"很热",tɕui³¹ kɯ⁵⁵"太滑"。

勉语(毛宗武,2004):nən³⁵"很"和 khəu³⁵"很"作补语,而且 khəu³⁵ 一般都在结构助词 tu⁵³"得"之后。如:njen³⁵ nən³⁵"很多",khə³⁵ tu⁵³ khəu³⁵"瘦得很"。

苗语(王辅世,1985):只能作补语的有 poŋ⁴⁴ va⁴⁴"很"、ljen¹³ ɲoŋ⁵⁵"极"。如:ken⁵⁵ poŋ⁴⁴ va⁴⁴"哭得厉害",nɛ⁴⁴ ljen¹³ ɲoŋ⁵⁵"极多"。

此外,程度副词只能作补语的还有傣语(喻翠容、罗美珍,1980)的 tɕ¹¹"很",布依语(喻翠容,1980)的 la:i³⁵"太",毛南语(梁敏,1980)的 hən⁵¹"很",拉珈语(毛宗武、蒙朝吉,1982)的 a:k²⁴"很",苏龙语(李大勤,2001)的 bua⁵⁵"最"、du⁵⁵"很",基诺语(盖兴之,1986)的 se⁴⁴"极",景颇语(徐悉艰、徐桂珍,1984)的 laʔ²¹"极"、tik²¹"顶、很",载佤语(徐悉艰、徐桂珍,1984)的 tik³¹"极",布努语(毛宗武、蒙朝吉,1982)的 ɕi³³ nɣ²³¹"很",布朗语(李永燧、聂锡珍等,1986)的 kaʔ²¹ ʐɣʔ²¹"最",排湾语(陈康、马荣生,1986)的 arava"很"等。

有些语言个别程度副词修饰动词或形容词时,既可以在前面也可在后面,但在意义表达方面分两种情况:

一是用作状语和补语意思一致。如仡佬语(贺嘉善,1983)的 hen³³"很":hen³³ ɒ³³~ɒ³³ hen³³"很好"。仫佬语(王均、郑国乔,1980)的 kon⁵³"很":i⁴² kon⁵¹~kon⁵¹ i⁴²"很好"。京语(欧阳觉亚、程方等,1984)的 thət²²"很":thət²² ŋan⁴⁵~ŋan⁴⁵ thət²²"很短"。

二是用作状语和补语意思不一致。如壮语(韦庆稳、覃国生,1980):能用作状语和补语的副词有 la:i²⁴"稍、最",但意义不同,用作状语时是"稍",用作补语时是"最"。如 la:i²⁴ diŋ²⁴"稍红",diŋ²⁴ la:i²⁴"最红"。另外韦景云、覃晓航(2006)也指出,壮语有些程度副词在修饰、限制动词和形容词时,有两种结构,即副词可作状语和补语,但其意义不同。如:lai hoengz"多一点红",hoengz lai"太红"。义都语(江荻,2005)修饰形容词的词语一般都是表示程度的副词,可以作状语也可以作补语,但意思不一样,作补语的程度副词表示程度过度的意思。如:ka³³ tio³³ ja⁵⁵ bra⁵⁵"太短",ka³³ mbra⁵⁵"非常苦"。

(二)比较与归纳

在我们所调查的范围内,不论是 OV 型语言还是 VO 型语言,程度副词大部分都作状语,但都不同程度存在作补语的现象。程度副词可作补语的语言在各语系里表现很不均匀,阿尔泰语系很少有这类现象,南亚语系和南岛语系也相对较少,汉藏语系相对较多,其中壮侗语族这一现象比较突出。在这些语言里,状语在 VP 之后是固有的自然语序,前置状语很可能是汉语影响的结果。在数量上,往往也只有个别程度副词,如"很、极"等,个别语言还有"最、太"等,壮语和侗语相对多一点,侗语程度副词修饰形容词时只能作补语;在组合方式上,作补语的"很"类程度副词前不用加"得","极"类程度副词后面一般不带后缀"了";在表达上,有些民族语言程度副词作状语和作补语语义不同。

## 三、程度副词作补语的汉语方言考察

邢福义(2000)重视"普－方－古"结合,认为共同语即现代汉语共同语里的一个语法事实,往往可以在方言或古代、近代汉语里找到印证的材料。汉语方言里居后的程度副词表现情况如何呢? 为此我们进行了调查。

(一)分布与表现

在汉语方言里,"很""极"可直接加在形容词后,以"形＋程度副词"形式出现。《汉语方言地图集》(语法卷)以"很热、热很、热得很"为例调查方言点里的"程度副词＋形""形＋程度副词""形＋得＋程度副词"的情况。其中程度副词作补语的"热很""热极"类在方言点的分布如下:

热很:山西(平定、万荣、平陆)、陕西(宝鸡)、浙江(龙泉)、安徽(当涂、绩溪、歙县)、江苏(南通)、湖南(保靖)、广西(三江、龙胜、河池)

热极:陕西(富县、黄龙)、广西(贺州、桂平、兴业)、海南(昌江、屯昌、定安)

此外,该地图集还列出了方言程度副词"杀、险、紧、太、恶、消"等组合成"形＋程度副词"的分布。例如:

热杀:浙江(开化、昌化旧、于潜旧、临安、桐庐、富阳、诸暨、上虞、萧山、杭州、余杭、孝丰旧、武康旧、崇德旧、德清、海宁、桐乡、嘉兴、嘉善)

热险:浙江(常山、遂昌、松阳、丽水、云和、景宁吴、青田、永嘉、乐清台、乐清瓯、温州、瑞安、平阳)

热恶:广西(融水)

热紧:广西(资源)、浙江(景宁畲)

热太:陕西(富县、黄龙)

在共同语里,"很"作程度补语时前面要加"得",如"热得很";但在方言里却可以直接组合,即用"热很"来表达。有些地方"很热""热很"两种说法并存,在语义上没有什么大的区别。在地域上,"热很"主要集中在浙江、海南、广西等地。

"极"在共同语里作程度补语时直接加在谓词后面,且述补结构后要带后缀"了",如"热极了"。但在海南、浙江一些地方可以用于组合式,并且后面不用带"了":

热得极:海南(万宁、琼海)、浙江(长兴)。

《汉语方言语法类编》对程度副词"很、极"以及部分方言程度副词作补语进行了描写和分析,与共同语表现不同的是,有些方言里作补语的"很"前不用加"得"。例如:

四川话:不要太呕很了,这都是命中注定的,该她要遭这个灾。

宁夏固原话:"很"作补语有前加"得"与不加"得"两种格式,而以不加"得"为常见形式。例如:美(得)很、快(得)很、大(得)很、碎(得)很、热闹(得)很、老实(得)很。

有些方言作补语的"极"也与共同语不同。例如:

福建永安话:与共同语里"形/动＋极"相比,永安话通常只有"形＋极"这一格式,并且"极"后不能加"了"。如:好极、累极、惜极、歹极。同时,永安话"极"作为形容词的补语,表示形容词的最高程度时,有时"形"和"极"之间可加"得"构成组合式,如:悬得极、寒得极、慢得极、轻得极。

另外,一些方言里有些程度副词只能后置,如宁夏固原话的程度副词"很、咋(咧)、灵

干(咧)、差大、完(咧)",这些词只能单独加在动词或形容词谓语后作补语,而不能加在谓语前作状语。类似的还有:

甘肃兰州话的"很":汤咸得很。

贵州贵阳话的"很":这个娃娃兜人想得很。(这孩子很惹人爱。)

甘肃临夏话的"呱、凶",只能居形容词后,表示程度加深。如:这朵花香的呱!(这朵花香得很!)

浙江磐安县尚湖镇袁村:程度副词修饰形容词,以作补语占优势。如:好显(很好)、苦死(很苦)、臭倒(很臭)、香尽(十分香)。这些程度副词一律不能前置,并且形容词和程度副词之间一律不能插入任何其他类似于共同语"得"的成分。

(二)特征与分析

通过列举以上材料可以看出,汉语方言里同样存在程度副词作补语的现象,并且有些方言里一些程度副词只能作补语。从类别上看,一般表现为跟共同语"很、极"相当的程度副词;从地域上看,主要集中在浙江等南方地区;从组合方式来看,在方言里存在"谓词+很""谓语+得+极"这样的格式。对于"极"在方言中的表现,张谊生(2000)、唐贤清、陈丽(2010)等认为是古汉语的遗留,历史上曾经出现过这样的组合式。例如:

又曰:"丰卦象许多言语,其实只在'日中则昃,月盈则食,天地盈虚,与时消息'数语上。这盛得极,常须谨谨保守得日中时候方得;不然,便是偃仆倾坏了。"(《朱子语类》卷七十三《易九》)

两人用远镜一看,都道:"哎呀,哎呀!实在危险的极!"(刘鹗《老残游记》第一回)

慧生道:"老残所说极是,我们就赶紧照样去办。不然,这一船人实在可危的极。"(刘鹗《老残游记》第一回)

人多得极,晓得那个是你官人?(《雷峰塔·水斗》)

语言是一种动态机制,在一个较长的时期内,它必定会不断发展和变化,"极"作补语组合方式的变化及其在方言中的表现反映了这一点。程度副词作补语在"普、方、古"都有表现,我们认为程度副词是可以作补语的。同时我们还应注意新出现的语言现象,据刘尚荣(2008)调查,现代汉语里还存在名词带由程度副词充当的程度补语的现象。例如:

这四个来自英国利物浦的穷小子抵达美国时,清一色西装笔挺,绅士得很,当时的音乐风格也没有离经叛道之处,谁说他们反主流?他们只是要重新定义主流。(《时代人物周报:大学者的"呆气"》,新浪 2005.08.23)

到大业百货的品牌特卖区,偶然看见一条格子百褶裙,便试穿起来,裙子裁剪得体,配上身上那件针织短袖,玲珑曲线尽收眼帘,淑女极了。(《制服进行曲》,新浪 2004.09.16)

我们认为这种程度副词居名词后起修饰作用的现象更是后起的,是在语言类推的影响下形成的。程度副词"很""极"修饰谓词时位置可前可后,既然程度副词可以修饰名词,受语言类推的作用,程度副词也可居名词后起修饰作用。如下所示:

| | 程度副词居谓词前 | 程度副词居谓词后 |
|---|---|---|
| 程度副词修饰谓词 | 程度副词+谓词 | 谓词+程度副词 |
| 程度副词修饰名词 | 程度副词+名词 | — |

剩下的空格可在语言的类推作用下产生"名词+程度副词"这一语序排列。

(三)共性与个性

类型学研究表明,一种语言总是用同一语序表示所有具有修饰语和中心语的关系(石毓智,2006:207)。据刘丹青(2003)、石毓智(2006),汉语定语一定在中心语前,在"同性质的结构采用一致的语序"原则下,起修饰作用的程度副词应该在中心语之前。

从现代类型学的角度来看,现代汉语是 SVO 型语言,根据"核心-从属语"原则,VO 型语言偏正结构倾向于核心前置,附加成分后置,汉语里不应该出现这样一些可前可后的附加成分。显然,介词短语、程度副词和数量短语与中心语的语序,无论是在"同性质的结构采用一致的语序"还是在"核心-从属语"原则上都形成了矛盾:从前者出发,介词短语、程度副词和数量短语作修饰成分要么都居中心语前,要么都居中心语后,事实上居前的情况为多数;而从后者来看,介词短语、程度副词和数量短语应居后,而居后的占少数。对于介词短语与谓词的语序问题,刘丹青(2003)用类型学理论进行了解释,认为是联系项居中原则、语序和谐性原则、时间顺序象似性原则和信息结构原则特别是联系项居中原则共同作用下决定了汉语介词短语在小句中的语序。对于名词和动词数量格式语序的对立,石毓智(2006)做了跨语言研究,认为是数量词在组合中的作用不同所致。对于程度副词与修饰语的语序,很少有人专门对此做出解释。

## 四、程度副词作补语的成因探讨

我们从汉语共同语、汉语方言和国内民族语言看到,不论是 VO 型语言还是 OV 型语言,程度副词作状语普遍存在,程度副词在部分语言里也可作补语。但即使如英语、壮语等被认为是典型的 VO 型(核心-从属)语言,能作补语的程度副词也不是很多。假如在类型学上过分强调绝对和谐性,把语言简单地归为核心居首和核心居末两类,那很难解释 VO 型语言里程度副词为何大多作状语。我们认为,程度副词与动词、形容词的相对位置在类型学上并不能做一个重要的参项,一般居前作状语,可以说程度副词居谓词前是一种优势语序。Greenberg(1966:97)说一种优势语序总是能存在,而其反面,即劣势语序,却只能在与该语序和谐的结构也存在的情况下存在。"程度副词+谓词"是一种优势语序,这种优势语序也可以分布在许多 VO 型语言中,同时"程度副词+谓词"这种组合跟汉语定名组合相和谐。反过来,非优势语序的"谓词+程度副词"绝不可能大量分布在 OV 语言中,但可以分布在 VO 语言里,因为跟 VO 语序和谐。这样,汉语程度副词居前居后的问题,我们可不必说是汉语作为 SVO 语言遗留了 SOV 语言的部分特点。

但作补语的副词为什么只集中体现为一部分程度副词?程度副词作补语为什么又只在部分地域体现突出呢?刘丹青(2003)认为"从类推性和灵活性看,状语后置像是一种化石化现象"。我们通过考察发现,只有少数程度副词在不大的地域范围内作补语,有以下几方面的原因。

(一)和谐原则

相对于优势语序"程度副词+谓词"而言,"谓词+程度副词"是一种劣势语序,在 OV 型语言里不可能大量出现,因为跟它和谐的结构不多。但它与 VO 型语言相和谐,所以能在 VO 型语言里存在。之所以在汉语共同语里程度副词不是绝对地位于谓词后,除了汉语不是典型的 SVO 型语言外,还因为汉语修饰性结构一般修饰词位于中心词之前。心理学研究表明类似的结构用同样的语序规则可减少大脑记忆和处理的负担,人们在选择程度副词与谓词的组合时,更偏向于"程度副词+谓词"这一语序,结构趋于统一符合省力原则。汉语名词的各类修饰语、谓词的部分修饰语位于中心词前,这可能是一个很重要的原因。

(二)历时发展

语法化理论表明,程度副词的语法化往往是在状语的位置完成的,所以大部分程度副词位于谓词前。但张谊生(2000)提出现代汉语部分副词的虚化是在补语的位置上实现的,尤其是一些唯补程度副词,如"透、慌、绝伦"等。宗守云(2010)认为"透、死"之类的程度补语是从结果补语进一步虚化而来。其他的一些程度副词因为难以处于补语位置上,所以在共同语里处于补语位置的程度副词数量不是很多。

(三)南方汉语与壮侗语族语言接触

程度副词作补语在汉语方言里有地域上的差异,在南方方言里表现比较突出;而在国内民族语言里分布也不均匀,在壮侗语族里表现尤为明显。在数量上,主要集中在"很""极"类程度副词;在与形容词或动词的组合方式上,一般采用无标记形式,即"很"类程度副词不用补语标记"得","极"类程度副词不带"了"。这一系列的一致性,值得我们思考南方汉语和壮侗语言之间有没有因为语言接触而引发的演变。

判定语言接触性演变的一个先决条件是相关语言存在过接触关系,南方汉语和壮侗语言之间具有数千年的接触历史,这已得到了人类学、考古学、语言史和社会语言学的证明。但到底是哪种语言影响另一种语言呢?吴福祥(2008)指出,识别和判定接触性演变的一个重要方法是观察和比较某一特征在相关语言的亲属语或姐妹语中的分布模式。基本的假设是:给定某个语言特征P为语言M和语言R所共有,而这两个语言在地域上是紧邻关系并且处于长期密切的接触之中。如果特征P也见于与语言M有发生关系学的语言但不见于与语言R有发生学关系的语言;那么可以推断这是接触引发的语言特征迁移的实例,更明确地说,P是由语言M移入语言R的。石林(1997)认为壮侗语族的侗语副词特别是修饰形容词的程度副词只能放在形容词后作补语。韦庆稳、覃国生(1980)认为壮语大部分程度副词也只能居后,此外,黎语、仡佬语、毛南语等也有一部分程度副词只能居后作补语。泰语和越南语是和他们发生学关系极近的境外语言,泰语的程度副词一般只能放在动词或形容词后,越南语的大部分程度副词也是如此。而与南方方言紧邻的其他方言程度副词作补语表现不很突出,并且程度副词特别是"很"作补语在共同语里一般要在前面加补语标记"得",这在南方汉语和壮侗语言之间很少见到。因而我们推断这种现象是南方民族语言影响南方方言而产生的。

南方民族语言影响南方方言并不只是表现在程度副词语序这一现象上。语音上,郑张尚芳(1988)论述南方语言里的先喉塞音是侗台语的底层;词汇上,游汝杰(1982)介绍了台语量词在汉语南方方言中的底层遗存;构词上,吴安其(2004)说浙江南部方言中的"菜咸、鱼生、鞋拖"等反映了侗台语的遗存形式。刘丹青(2003)认为很多南方语言现象与百越壮侗语言(更属典型的VO前置词型语言)的底层或接触层有关,不排除这些结构反映了南方汉语与壮侗语言更密切的历史联系,因为从吴语区到粤语区在汉人大量南下前都是壮侗系的先民百越人的活动区域,而百越特征的底层肯定会在南方言里有所表现。

我们通过跨语言考察也注意到,越是靠近壮侗语的南方地区,程度副词作补语越发达,并且特征与壮侗语相似,所以我们认为程度副词作补语是南方汉语和壮侗语言接触而保存下来的一种壮侗语言的遗存现象。有趣的是,由于南方民族语与汉语接触历史悠久,南方方言里保存了壮侗里的底层语言现象,而汉语共同语又影响到壮侗语言的演变。在程度副词上,体现为一些壮侗语借用了汉语的一些程度副词;语序也发生了变化,程度副词可以放在动词形容词之前;引进了补语标记"得",出现了由"得"引出的程度补语等,这里不再详细讨论。

### 五、结　语

程度副词表性质、状态的程度,具有[＋量]的语义成分,形容词和心理动词也有一个共同语义特征:性质状态有[＋量]的特征,因而程度副词能修饰形容词和部分心理动词,这种程度表达的方式普遍存在于世界语言中,这是思维的共性在语言层面的表现。通过跨语言考察,我们发现一般语言里程度副词大都作状语,在类型学上这是一种优势语序。程度副词作补语不是汉语共同语的特有现象,在汉语方言和国内民族语里也存在,而且在能作补语的语言里也不只是表现在个别的程度副词上,只是在汉语共同语里程度副词作补语时一般会有标记形式。汉语共同语、南方方言以及主要是壮侗语族里存在的程度副词作补语现象可以从类型学上得到解释,作状语是优势语序的结果,而作补语是和谐原则、历时发展以及南方汉语与壮侗语言接触共同作用的结果,南方汉语方言和南方民族语有着与汉语共同语不一样的程度副词作补语的现象,从接触语言学上来说是南方汉语方言对南方民族语言的底层保留。

**参考文献:**
[1]曹志耘.汉语方言地图集(语法卷)[M].北京:商务印书馆,2008.
[2]陈康,马荣生.高山族语言简志[M].北京:民族出版社,1986.
[3]戴庆厦.浪速语研究[M].北京:民族出版社,2005.
[4]盖兴之.基诺语简志[M].北京:民族出版社,1986.
[5]高永奇.布兴语研究[M].北京:民族出版社,2004.
[6]和即仁,姜竹仪.纳西语简志[M].北京:民族出版社,1985.
[7]贺嘉善.仡佬语简志[M].北京:民族出版社,1983.
[8]黄伯荣.汉语方言语法类编[M].青岛:青岛出版社,1996.
[9]江荻.义都语研究[M].北京:民族出版社,2005.
[10]金立鑫.解决汉语补语问题的一个可行性方案[J].中国语文,2009(5).
[11]李大勤.苏龙语研究[M].北京:民族出版社,2001.
[12]李永燧,聂锡珍,等.布朗语简志[M].北京:民族出版社,1986.
[13]梁敏.侗语简志[M].北京:民族出版社,1980.
[14]梁敏.毛难语简志[M].北京:民族出版社,1980.
[15]刘丹青.语序类型学与介词理论[M].北京:商务印书馆,2003.
[16]刘尚荣.程度副词和名词关系的多角度探讨[D].北京:北京师范大学,2008.
[17]吕叔湘.汉语语法分析问题[M].北京:商务印书馆,1979.
[18]吕叔湘.现代汉语八百词(增订本)[M].北京:商务印书馆,1981.
[19]吕叔湘.中国文法要略[M].北京:商务印书馆,1981.
[20]毛宗武,蒙朝吉.瑶族语言简志[M].北京:民族出版社,1982.
[21]毛宗武.瑶族勉语方言研究[M].北京:民族出版社,2004.
[22]欧阳觉亚,程方,等.京语简志[M].北京:民族出版社,1984.

[23]欧阳觉亚,郑贻青.黎语简志[M].北京:民族出版社,1980.
[24]沈家煊.不对称和标记论[M].南昌:江西教育出版社,1999.
[25]石林.侗语汉语语法比较研究[M].北京:中央民族大学出版社,1997.
[26]石毓智.语法化的动因与机制[M].北京:北京大学出版社,2006.
[27]时建.梁河阿昌语参考语法[M].北京:中国社会科学出版社,2009.
[28]唐贤清,陈丽."极"作程度补语的历时发展及跨语言考察[J].古汉语研究,2010(4).
[29]唐贤清,陈丽."死"作程度补语的历时发展及跨语言考察[J].语言研究,2011(3).
[30]唐贤清,陈丽.程度补语"煞"的历时来源及跨方言考察[J].理论月刊,2011(2).
[31]王均,郑国乔.仫佬语简志[M].北京:民族出版社,1980.
[32]王辅世.苗语简志[M].北京:民族出版社,1985.
[33]韦景云,覃晓航.壮语通论[M].北京:中央民族大学出版社,2006.
[34]韦庆稳,覃国生.壮语简志[M].北京:民族出版社,1980.
[35]吴安其.温州方言的壮侗语底层初探[J].民族语文,1986(4).
[36]吴福祥.南方民族语言处所介词短语位置的演变和变异[J].民族语文,2008(6).
[37]邢福义.汉语语法学[M].上海:华东师范大学出版社,2000.
[38]徐悉艰,徐桂珍.景颇族语言简志[M].北京:民族出版社,1984.
[39]杨荣祥.近代汉语副词研究[M].北京:商务印书馆,2005.
[40]叶南.程度副词作状语和补语的不对称性[J].西南民族大学学报,2007(5).
[41]游汝杰.论台语量词在汉语南方方言中的底层遗存[J].民族语文,1986(4).
[42]喻翠容,罗美珍.傣语简志[M].北京:民族出版社,1980.
[43]喻翠容.布依语简志[M].北京:民族出版社,1980.
[44]张谊生.现代汉语副词研究[M].上海:学林出版社,2000.
[45]郑张尚芳.浙南和上海方言中的紧喉浊塞音声母ʔb、ʔd初探[G]//吴语论丛.上海:上海教育出版社,1988.
[46]朱德熙.语法讲义[M].北京:商务印书馆,1982.
[47]宗守云.补语"透"语义的泛化和虚化[J].汉语学习,2010(6).

(原载《民族语文》2014年第1期)

# 从云南汉语方言阳声韵的演变看少数民族语言对汉语的影响

薛才德*

本文汉语"阳声韵"所指的范围相当于中古咸山江宕深臻梗曾通九个韵摄的舒声韵。人们在描述汉语阳声韵演变的过程时,常使用这样的公式:

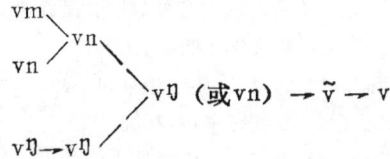

下面用现代汉语方言来给予说明。如,广州话保留-m、-n、-ŋ 三个鼻韵尾;北京话保留-n、-ŋ 两个鼻韵尾;温州话只剩-ŋ 一个鼻韵尾等等。在讨论鼻韵尾脱落的原因时,从语音的自然属性和音系内部的相互作用方面作解释的比较多。至于同样是汉语方言,为什么一种方言能保留三个鼻韵尾,而另一种方言却只能保留一个鼻韵尾或者一个鼻韵尾都保留不住,则很少有人问津。本文试图从云南汉语方言阳声韵演变的轨迹中寻找问题的答案。

一

云南汉语方言阳声韵的基本情况①。在现代云南汉语方言里,中古的一些韵摄已基本没有区别,因此可以把中古的九个阳声韵摄归在四大类的框架中进行分析,即咸摄和山摄为一类,宕摄和江摄为一类,深摄、臻摄、梗摄和曾摄为一类,通摄自成一类。

从音质角度分析,云南汉语方言的阳声韵大致有三种类型:a. 鼻尾韵;b. 鼻化韵;c. 口元音韵。

咸山摄,韵母全部是鼻尾韵的方言点占 26%。韵母全部是鼻化韵的方言点占 48%。韵母部分是鼻尾韵,部分是鼻化韵,或部分是鼻化韵,部分是口元音韵的方言点占 21%。韵母全部是口元音韵的方言点占 5%。

江宕摄,韵母全部是鼻尾韵的方言点占 72%。韵母全部是鼻化韵的方言点占 25%。韵母全部是口元音韵的方言点占 3%。

深臻曾梗摄。韵母全部是鼻尾韵的方言点占 32%。韵母全部是鼻化韵的方言点占 48%。韵母部分是鼻尾韵,部分是鼻化韵,或部分是鼻化韵,部分是口元音韵的方言点占

---

\* 作者简介:薛才德,男,上海大学文学院教授,博士生导师。
① 本文以杨时逢《云南方言调查报告(汉语部分)》101 个方言调查点的调查资料为分析和统计的依据。

18%。韵母全部是口元音韵的方言点占2%。

通摄。韵母全部是鼻尾韵的方言点占95%。韵母全部是鼻化韵的方言点占3%。韵母全部是口元音韵的方言点占2%。

以音类角度分析,咸山摄、江宕摄、深臻曾梗摄和通摄,这四大类的每一类在各地方言中保持独立的程度是不同的,大致可以分三种类型:a.保持完全独立(即不混入其他类);b.保持部分独立(即有部分混入其他类);c.丧失独立(即完全混入其他类)。

咸山摄。韵类保持完全独立的方言点占67%,韵类保持部分独立的方言点占30%,韵类丧失独立的方言点占3%。

江宕摄。韵类保持完全独立的方言点占69%,韵类保持部分独立的方言点占28%,韵类丧失独立的方言点占3%。

深臻曾梗摄。韵类保持部分独立的方言点占9%,韵类丧失独立的方言点占1%。

通摄。韵类保持完全独立的方言点占98%,韵类丧失独立的方言点占2%。

以上所述,可以看出在云南汉语方言阳声韵中,鼻化韵很多,韵类间的相混也比较多。

## 二

云南汉语方言同《中原音韵》及北方官话区一些方言的比较。云南方言属于北方官话。云南的汉族先民大多是在明清时期从内地,主要是从北方官话区迁移来的。如果将云南方言同近代北方话的代表《中原音韵》和现代北方话的代表北京话做个比较,那么就会发现它们在声母和声调方面的共同点是相当多的。云南的一些方言,微母读"v"声母,疑母读"ŋ"声母,声调还保留入声,这些方言在声母和声调方面,比北京话更接近《中原音韵》。但是,在阳声韵方面彼此的差别就相当大了。

《中原音韵》十九韵部中阳声韵占十部,它们同中古九个阳声韵摄的关系如下:

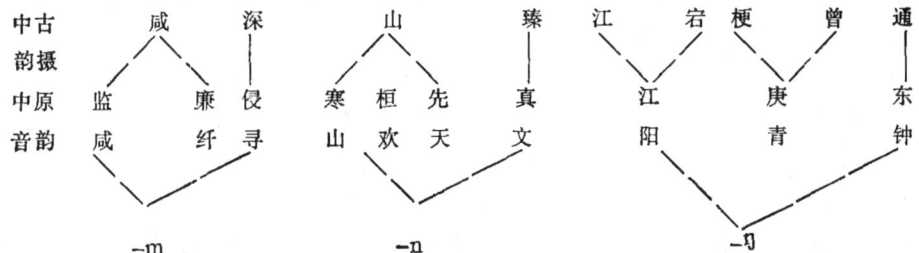

中古九个阳声韵摄在《中原音韵》中,江摄和宕摄归江阳韵,梗摄和曾摄归庚青韵,其他几个韵摄仍保持独立。也就是说,中古九个阳声韵在《中原音韵》里归并为七个大类。鼻韵尾《中原音韵》仍然同中古韵摄一样,-m、-n、-ŋ三分。

在现代北京话里,中古阳声韵摄得到进一步的归并,咸摄和山摄合为一类,深摄和臻摄合为一类。中古的九个韵摄,经过《中原音韵》到现代北京话已归并为五大类。-m韵尾已不存在,但还保持-n、-ŋ二分的局面。

在云南方言里,中古阳声韵摄进一步归并为四大类,并且四大类都大致保持独立的方言点共占36%,-m韵尾已不存在,带有-n和-ŋ两个鼻韵尾的方言点共占46%。

虽然云南方言同《中原音韵》有渊源关系,但是云南方言阳声韵的演变速度却大大超过北京话。

一般来说,语言演变的速度,在政治、经济、文化发达的地区比不发达地区要快得多。云南地处边陲,交通闭塞,语言演变的速度按常理应该比北京慢。例如明清小说中的不少词语,在北京等地的北方话里已很难听到,但在云南方言中却还被继续使用着。可见,云南方言阳声韵演变的速度是超出常规的。

四川和贵州是云南的近邻,地理上的接近,对彼此的方言都会产生影响。事实上,四川方言、贵州方言和云南方言确实有许多共同点,都属西南官话。在成都话和贵阳话里,九个阳声韵摄都可以归为四大类,即咸山为一类,江宕为一类,深臻梗曾为一类,通独自为一类。它们同云南方言的韵类完全相同。北京等地方言通摄有部分字混入梗曾摄,如"蓬蓬、捧、蒙、梦、风、疯、丰、封、峰、锋、臻、冯、逢、缝、讽、风、奉"等字都读-əŋ。成都、贵阳和云南大多数方言一样,这些字仍然在通摄,没有混入其他摄。咸山摄,四川有不少方言点读鼻化韵,贵州的一些方言点甚至读成口元音韵,云南方言也有类似的现象。除了共同点外,云南方言阳声韵还有许多跟四川和贵州不同的地方。云南方言韵类间的相混和阳声韵读成鼻化韵或口元音韵的现象比较多。如,成都话和贵阳话,咸山摄和江宕摄区别泾渭分明,而昆明话则将两者合而为一;成都话和贵阳话的阳声韵几乎都没有鼻化,并且带有-n和ŋ两个鼻韵尾,而昆明话除通摄带ŋ尾外,已全部鼻化,在云南以外的西南官话里,阳声韵读成鼻化韵或口元韵的,一般都集中在咸山摄,云南方言阳声韵读成鼻化韵或口元音韵的范围要大得多。这里有一个例子特别能说明问题。

非阳声韵的古流摄字在西南官话的大多数方言里都是开尾韵,但"亩某谋茂"等字在四川近130个方言点和与四川接壤的贵州的一些方言点中都读成带-ŋ尾的鼻韵母。同样,云南方言也有14个方言点一些古流摄字带-ŋ尾,或读成鼻化韵。其中昭通、巧家、镇雄、大关、永善、盐津、绥江、华坪、永仁等九个方言点都紧靠四川,洱源、宾川、云龙、剑川、兰坪等五个方言点则在云南的腹地。如果假设云南这14个方言同四川读"亩某谋茂"带-ŋ尾的方言来源上有直接的联系,那么我们就发现一个有趣的现象,靠近四川的昭通等九个方言同大多数四川方言一样,阳声韵可以分成四大类(绥江除外),并且大多数韵类都以鼻音收尾。处于云南腹地的宾川等五个方言,韵类的相混和鼻韵尾的脱落都比较突出。可见,云南方言阳声韵的演变有自己的特点。

云南汉族先民大多是从内地迁入的,这些汉族移民来自内地的区域不完全相同,迁入云南的时间也有先后,这就可能意味着云南方言阳声韵的现状不是演变速度快慢的问题,而是不同时期不同地域的汉语方言在现代云南方言中的映现。要排除这种可能性,就需要在更大的范围内进行方言之间的分析比较。

现在我们将济南、西安、太原、合肥、扬州等在北方官话中具有一定代表性的方言同云南方言做个比较。济南话和西安话同北京话一样,中古九个阳声韵摄可以归为五大类,即咸山为一类,江宕为一类,深臻为一类,梗曾为一类,通为一类。不过,济南话和西安话的阳声韵只有一个ŋ韵尾,咸山摄和深臻都是鼻化韵。太原话,中古九个阳声韵摄归并为三类,即咸山为一类,江宕为一类,深臻梗曾通为一类。太原话阳声韵只有一个-ŋ尾,江宕摄都是鼻化韵,咸山摄有的读鼻化韵,有的读口元音韵。合肥话,中古九个阳声韵摄归并为四类,即咸山为一类,江宕为一类,深臻为一类,通摄为一类,梗曾的一部分同深臻合流,另一部分通摄合流。韵尾有-n、-ŋ两个,咸山和江宕都是鼻化韵。扬州话,中古九个阳声韵摄归并为四类,同云南方言相同,即咸山为一类,江宕为一类,深臻梗曾为一类,通摄为一类。鼻化韵尾有-n、-ŋ两个,只有咸山摄是鼻化韵。上述几个方言对中古九个阳声韵摄都是有所归并的,归并的方向除扬州话外,同云南方言都有所不同。这些方言的鼻韵尾,有的也有脱落读成鼻化韵或口元音韵,但鼻韵尾脱落的范围同云南相当一部分方言相比就要小得多了。太原话无论在韵类的归并还是在鼻韵尾的脱落方面,在上述方言中都是相对突出的,但同云南的一些方言相比就算不了什么。如,昆明话除通摄带-ŋ尾外,阳声韵全部是鼻化韵,凤仪话阳声韵不但鼻韵尾全部脱落读成口元音韵,而且大多归并入相应的非阳声韵类之中。(参看汉语北方官话阳声韵比较表)

**汉语北方官话阳声韵比较表**

| 中古韵摄<br>例字 | 山<br>反 | 山<br>年 | 宕<br>方 | 臻<br>人 | 臻<br>新 | 臻<br>春 | 臻<br>群 | 梗<br>争 | 梗<br>轻 | 梗<br>风 | 通<br>龙 | 通<br>雄 |
|---|---|---|---|---|---|---|---|---|---|---|---|---|
| 曲靖 | an | iɛn | aŋ | ən | in | uen | in | ən | in | oŋ | oŋ | ioŋ |
| 昆明 | ã | iẽ | ã | ə̃ | ĩ | uə̃ | ĩ | ə̃ | ĩ | oŋ | oŋ | ioŋ |
| 凤仪 | a | ie | a | ɯ | iɯ | uei | yɯ | ɯ | iɯ | ou | u | yu |
| 成都 | an | iɛn | aŋ | ən | in | uan | yn | ən | in | oŋ | oŋ | yoŋ |
| 贵阳 | an | ian | aŋ | ən | in | uən | in | ən | in | oŋ | oŋ | ioŋ |
| 武汉 | an | iɛn | aŋ | ən | in | yn | yn | ən | in | oŋ | oŋ | ioŋ |
| 北京 | an | iɛn | aŋ | ən | in | uən | ýn | əŋ | iŋ | uŋ | uŋ | iuŋ |
| 济南 | æ̃ | iæ̃ | aŋ | ẽ | iẽ | uẽ | yẽ | əŋ | iŋ | əŋ | uŋ | iuŋ |
| 西安 | æ̃ | iæ̃ | aŋ | ẽ | iẽ | ẽ | yẽ | əŋ | iŋ | əŋ | uoŋ | yoŋ |
| 太原 | æ̃ | ie | ɒ̃ | əŋ | iŋ | uŋ | yuŋ | əŋ | iŋ | əŋ | uŋ | yuŋ |
| 合肥 | æ̃ | iĩ | ã | ən | in | uən | yn | ən | in | əŋ | əŋ | iŋ |
| 扬州 | æ̃ | iẽ | aŋ | ne | iŋ | uɛn | yŋ | ən | in | oŋ | oŋ | ioŋ |

注:咸山摄用"山"代表,江宕摄用"宕"代表,深臻摄用"臻"代表,梗曾用"梗"代表。

在排除了上文假设的可能性后,人们自然会问,云南方言的阳声韵演变速度为什么会如此之快呢?

## 三

云南汉语方言阳声韵演变类型的地理分布为我们寻求问题的答案提供了重要线索。根据阳声韵是否带鼻韵尾,综合分析咸山摄、江宕摄、深臻梗曾摄和通摄这四个大类,可以把云南方言①分成两种类型。第一种类型,阳声韵全部带鼻韵尾;第二种类型,阳声韵有不同程度的鼻化或读成口元音等现象。

属于第一种类型的方言点占20%。它们是盐津、永善、绥江、沾益、陆良、曲靖、马龙、富源、罗平、寻甸、西畴、富宁、镇康、陇川、腾冲、龙棱、保山、鹤庆、大理、维西。

属于第二种类型的方言点占80%。它们还可以再分成四小类。

1. 一个大类的阳声韵部分鼻化或全部鼻化。这些方言点是昭通、巧家、大关、会泽、广南、邱北、马关、华坪、思茅、镇沅、墨江、潞西、禄劝、嵩明、晋宁、镇南、永仁、漾濞。

2. 两个大类的阳声韵部分鼻化或全部鼻化(包括极少数方言点把有的阳声韵读成口

---

① 101方言调查点的地名,大多沿用《云南方言调查报告(汉语部分)》上原来的名称,只在少数几处做了改动。把"平彝"改为"富源","蒙化"改为"巍山","顺宁"改为"凤庆","宁洱"改为"普洱","缅宁"改为"枪"等等。

元音韵)。这些方言点是镇雄、师宗、宣威、宜良、昆阳、呈贡、罗次、牟定、楚雄、双柏、武定、禄丰、元谋、大姚、广通、江川、华宁、徽江、峨山、易门、玉溪、通海、元江、沪西、弥勒、建水、开远、蒙自、石屏、景东、澜沧、云龙、剑川、弥渡、邓川、兰坪。

3. 三个大类的阳声韵全部鼻化(包括个别方言点把有的阳声韵读成口元音韵)。这些方言点是路南、昆明、安宁、富民、新平、屏边、个旧、文山、普洱、河西、永胜、姚安、永平、巍山、洱源、祥云、昌宁、凤庆、临抢、云县、盐兴、盐丰。

4. 四个大类的阳声韵全部鼻化或全部读成口元音韵。这些方言点是双江、景谷、凤仪、丽江、宾川。

属于第一种类型和第二种类型中第一小类的方言点主要分布在云南的四周,特别是云南的北部和东部。属于第二种类型中第二、第三和第四小类的方言点主要分布在云南的内地。方言点越往云南腹地延伸,阳声韵的鼻化就越多,甚至完全读成口元音韵。

如果再以音类角度来综合分析,那么具体方言点的分布状况虽然同上文所述的状况不会完全相同,但总趋势是一致的,即方言点越往云南腹地延伸,韵类间的相混就越厉害。

云南汉语方言阳声韵演变类型的地理分布同历史上汉族先民进入云南的路线大体一致。汉族移民首先到达云南的东北部和北部,然后逐步向东南部、南部和西南部推进。云南东北部和北部是汉族移民最先到达的地区,随着时间的推移,汉族人口逐渐增多,并在当地取得压倒优势。当地的土著民族人口越来越处于劣势,其中的相当一部分融入汉族之中。这些地区的汉族方言同邻近的四川和贵州方言比较接近,阳声韵的四个大类彼此基本不混,大都带有鼻韵尾,鼻化成分比较少。随着汉族移民向云南腹地的深入,汉族人口就相对分散了,数量也相对减少了,同当地少数民族人口相比,或者没有占明显优势,或者仅处于均势,有的甚至还处在劣势。于是汉语方言阳声韵演变的步伐就大大加快了。可见,要解开云南汉语方言阳声韵演化之谜,必须联系云南少数民族语言对汉语的影响来考虑问题。

## 四

云南少数民族及其语言的概况和少数民族语言影响汉语的途径。云南是一个多民族的省份,少数民族的人口约占全省总人口的三分之一。人口在 4000 人以上的民族中,除汉族外,有彝、白、哈尼、壮、傣、苗、傈僳、回、拉祜、佤、纳西、瑶、藏、景颇、布朗、普米、怒、阿昌、德昂、基诺、蒙古、布依、独龙、水、满等 25 个少数民族。这些少数民族除回族、满族和水族通用汉语外,都有自己的民族语言。其中属汉藏语系藏缅语族的彝、白、哈尼、傈僳、拉祜、纳西、普米、怒、基诺等民族语言,韵母大多不用鼻辅音收尾,鼻化韵也较少。个别语言有少量音节收-ŋ尾。如基诺语,据说这还是受了汉语的影响。这些韵母不以鼻辅音收尾的语言,使用人口占云南少数民族人口的 60% 以上。这些民族的居住区域大都在云南的内地。另外一些韵母带有鼻韵尾的少数民族语言,不但使用人数少,而且使用这些语言的民族的主要居住地都在云南边界。如文山壮族苗族自治州处在云南的东南部,紧靠广西,与越南接壤,西双版纳傣族自治州和德宏傣族景颇族自治州,一个在云南南部,一个在云南西部,同老挝和缅甸接壤。迪庆藏族自治州在云南西北部,紧靠四川和西藏。少数民族语言的地理分布同云南汉语方言阳声韵演变类型的地理分布密切相关。当地少数民族语言韵母带有鼻韵尾,当地汉语方言阳声韵一般地保留着鼻韵尾;

当地少数民族语言韵母没有鼻韵尾,当地汉语方言阳声韵鼻韵尾的脱落就比较多,有的甚至全部脱落。这当然不会是偶然的巧合。

语言之间的接触和影响往往是以词语的借用开始的。外来词进入一种语言,它的语音形式一般必须服从这种语音系的规则,如有不符合的地方就需要进行改造。但是当大量的外来词涌入一种语言的时候,外来词原有的语音形式就可能对这种语音系统产生影响。云南少数民族语言都大量借用汉语的词语,随着汉语词语的借入,汉语音系的一些特点就影响了少数民族语言的音系,使之产生出一些原来没有的语音成分和规则。

语言间的影响是双向的,但不一定是对等的。一般来说,经济文化发达,人口占优势的民族,它的语言输出多而输入少。汉语显然就是这种情况。汉语从少数民族语言引进的借词少,是否就能证明汉语音系就不受少数民族语言影响呢？回答是否定的。我们认为借词不是影响一种语言音系的唯一途径。影响一种语言音系的方式可以有多种。"双语制"是影响云南汉语方言阳声韵演变的主要途径。

云南全省 17 个地、州、市和 128 个县(市、区),没有一个是单一民族的。汉族和少数民族生活在同一区域内,交际的需要,使彼此都必须学习、掌握和使用对方的语言,于是该地区就出现了双语现象。在说双语的人们中,双语说得不好的人,很容易用原来习惯了的母语发音去替代第二语言中相似的音,或者用母语的音位系统去硬套第二语言的音位系统,把第二语言里有辨义作用的音读成自己母语中没有辨义作用的音。如,当汉语为母语的人说彝语、白语、哈尼语等语言时,常会把松紧元音读成完全相同的音,或者该读紧的时候不紧,该读松的时候不松。以彝、白、哈尼等语言为母语的人说汉语,常会把汉语的鼻韵母全部读成鼻化韵母和口元音韵母,或者,把一些鼻韵母读成鼻化韵母和口元音韵母,把一些口元音韵母读成鼻化韵母和鼻韵母。同时这种第二语言的发音反过来也会对母语产生某些影响。另一种情况是双语人的第二语言说得非常好。这种人在说第二语言时,一方面仍旧不能完全摆脱母语的影响,另一方面还可能用第二语言的发音影响自己的母语。如,汉语借词在不同的少数民族语言中有不同的读音,都遵守借用它的这种语言的语音规则。以汉语为母语的双语人,在说汉语时,常会把这种同汉语词语发音有差异的借词读音当作汉语读音说出来;以少数民族语言为母语的双语人,在说自己母语时,又会把汉语的读音直接用于汉语借词上。这些都是以说话者的角度来分析的。从听说者角度来说,如果听说双方都是双语人,会听会说的两种语言是相同的,那么,说话者无论用哪种语言来说,哪怕一种语言说的不标准(指夹杂另一种语言的发音习惯或一些成分),听话者自然不会发生理解上的偏差,即使听话者是单语人,只要说话者是用单语人掌握的那种语言来交谈,说得不标准,听话者一般也是可以理解的。听话者对说话者说话中出现的种种偏差有很强的适应能力。特别是那些熟悉的经常出现的偏差,听话者往往很宽容地接受它们。事实上,任何一种语言都不是整齐划一的同质的系统,它的内部充满杂质。可以说有多少人使用一种语言,一种语言就有多少种差异和变体。就是同一个人说同一个词,由于具体场合不同,发音也会出现许多差异。由于语言符号本身具有极大的羡余量,而说话总是在一定的语境中进行的,这就有利于听话者对话语的理解。说话者有差异,听话者容许差异的出现,这就蕴含着语言演变的可能性。双语的存在,就必然存在着两种语言的相互影响,这就导致了语言的演变具有某种可以预测的方向性。

几个民族长期和睦相处在一起,频繁的交往必然使民族间的通婚增多,这就促进了民族之间相互融合的步伐。历史上汉族向云南的移民大致可以分两个时期,明代以前,汉族迁入云南的人数比较少,这个时期汉族移民大多被融合于少数民族之中;从明代开始,汉族入滇移民剧增,这个时期汉族开始大量融合于少数民族(当然在具体的地区情况还会有所不同)。民族间的相互融合肯定会推动语言的加速演变。

值得注意的是,云南汉语阳声韵演变速度最快的方言点几乎都集中在洱海及其周围地区。如样云、永平、巍山、姚安、永胜、昌宁、凤庆、云县等方言除了通摄外,阳声韵全都是鼻化韵;宾川方言的阳声韵大部分读口元音韵,小部分读鼻化韵;凤仪和丽江方言阳声韵全部是口元音韵,洱源和弥渡方言把相当一部分非阳声韵读成鼻化韵等等,这显然同聚居在这块土地上的主体民族白族有密切的联系,白语正是韵母不带鼻韵尾的语言。

白族的经济文化处在云南少数民族的前列。在历史上白族同汉族交往密切,大量吸收汉族先进的科学文化知识,创造了自己民族的灿烂文化。白族中相当多的人都会说汉语。白族曾经借用汉字或改用汉字来标记白语,即所谓"白文"。白语中的汉语借词高达40%~60%。这么多的汉语借词就可能使白族人说汉语时,直接使用汉语借词的读音,使会说白语的汉族人直接用白语的汉语借词读音来读汉语相应的词语。在历史上,白族在吸收汉文化的同时,把大量的汉语融入白语之中。到了明代,白族在经济发展水平上和汉族已基本相同,文化上也有许多方面和汉族相似。近代以来,当地汉族的人口骤增,汉族将经济发展水平相同、文化相近的白语,大量融合于汉语之中就成了很自然的事了。这种民族间互相融合,加剧了两种语言的碰撞,也加速了两种语言的演变。可以想象一个汉族和白族结合的家庭的语言使用情况。假定丈夫是汉族,妻子是白族,家里通行汉语。孩子一般都是跟母亲学话的,这样,母亲说的带有白语腔的汉语就成了孩子的母语。当这种家庭不断增多的时候,它们对当地汉语方言的影响就可想而知了。可以说洱海及其周围地区汉语方言阳声韵的现状正是没有鼻韵尾的白语猛烈撞击的结果。而云南汉语方言阳声韵的剧烈演变正是彝、白、哈尼等缺乏鼻韵尾的少数民族语言猛烈撞击所造成的。

**参考文献:**

[1]杨时逢.云南方言调查报告(汉语部分)[J]."中央研究院"史语所专刊,1969.
[2]黄雪贞.西南官话的分区[J].方言,1986.
[3]汪平.贵阳方言的语音系统[J].方言,1981.
[4]杨耐思.中原音韵音系[M].北京:中国社会科学出版社,1981.
[5]尤中.中国西南民族史[M].昆明:云南人民出版社,1985.
[6]北京大学中文系.汉语方音字汇[M].2版.北京:文字改革出版社,1989.
[7]中共云南省委政策研究室.云南省情 1949—1984[M].昆明:云南人民出版社,1986.
[8]《中国少数民族语言》编委会.中国少数民族语言简志丛书[M].北京:民族出版社,2009.

(原载《思想战线》1992 年第 4 期)